沙坡头区年鉴

2016—2017

中卫市沙坡头区人民政府办公室　编

黄河出版传媒集团
宁夏人民出版社

图书在版编目(CIP)数据

沙坡头区年鉴.2016—2017 / 中卫市沙坡头区人民政府办公室编. — 银川:宁夏人民出版社,2018.11

ISBN 978-7-227-06973-7

Ⅰ.①沙… Ⅱ.①中… Ⅲ.①沙坡头区—2016—2017—年鉴 Ⅳ.①Z524.34

中国版本图书馆 CIP 数据核字(2018)第 251564 号

沙坡头区年鉴 2016—2017

中卫市沙坡头区人民政府办公室 编

责任编辑 周淑芸
责任校对 王 艳
封面设计 张 宁
责任印制 肖 艳

黄河出版传媒集团
宁夏人民出版社 出版发行

地 址 宁夏银川市北京东路 139 号出版大厦(750001)
网 址 http://www.yrpubm.com
网上书店 http://www.hh-book.com
电子信箱 nxrmcbs@126.com
邮购电话 0951-5052104 5052106
经 销 全国新华书店
印刷装订 宁夏精捷彩色印务有限公司
印刷委托书号 (宁)0011505

开本 880 mm × 1230 mm 1/16
印张 25 字数 620 千字
版次 2018 年 11 月第 1 版
印次 2018 年 11 月第 1 次印刷
书号 ISBN 978-7-227-06973-7
定价 168.00 元

《沙坡头区年鉴 2016—2017》
编辑委员会

《沙坡头区年鉴 2016—2017》
编审人员

编 辑 说 明

一、《沙坡头区年鉴2016—2017》是中卫市沙坡头区人民政府办公室编纂的大型综合性资料文献。主要记载2015、2016年度沙坡头区政治、经济、文化、社会概貌和发展情况，旨在为各级党政机关和社会各界了解、研究沙坡头区提供全面、系统的信息资料。

二、《沙坡头区年鉴2016—2017》以邓小平理论、"三个代表"重要思想、科学发展观以及习近平新时代中国特色社会主义思想为指导，坚持辩证唯物主义和历史唯物主义的科学观点与方法，遵循地方志、年鉴编纂的有关规定，广征博采，深度挖掘，存真求实，服务现实，垂鉴后世。

三、《沙坡头区年鉴2016—2017》是沙坡头区成立以来的第二部综合年鉴，主要记录沙坡头区2015年1月1日至2016年12月31日各项事业发展状况、重大事件和最新成就。所刊载的资料由各乡镇、区直各部门（单位）和中央、自治区、市驻沙坡头区各单位提供，并经乡镇、部门（单位）领导审核，编辑部认真整理修改后刊载。部分资料来源于《中卫日报》等新闻媒体。宏观数据以各年度《沙坡头区统计公报》为准，行业数据以各部门提供的数据为依据。

四、《沙坡头区年鉴2016—2017》采取分类编辑法，以类目、分目、条目组成框架结构的主体部分，个别分目中增设子分目层次。全书条目标题统一用黑体字加【】表示。

五、《沙坡头区年鉴2016—2017》设专文、大事记、组织机构和领导成员、工作机构职能、沙坡头区综览、乡镇、党派群团、政权政协、法治建设、军事、经济管理、工业与园区建设、农业和农村经济、旅游业、商贸流通和交通运输、城乡建设与环境保护、财政税收、科学技术、教育和医疗卫生、文化体育和计划生育、民生保障与扶贫开发、人物、先进名录、重要文献共24个类目，全书共列分目121个、子分目24个、条目906个，彩色插页48页。

六、《沙坡头区年鉴2016—2017》条目撰稿人附于条目后，条目下未署名者为年鉴编辑部根据有关资料编写。

七、《沙坡头区年鉴2016—2017》除专文、大事记、文献内容保留原文表述方法外，其他篇目均采用第三人称记述。

八、《沙坡头区年鉴2016—2017》入编文字资料、图片资料等截至时间为2016年12月31日。人物只收录沙坡头区党工委、管委会、区委、人大、政府、政协领导班子成员以及在区内外主流媒体宣传报道的具有一定影响的社会名人。

九、《沙坡头区年鉴2016—2017》经自治区地方志办公室、中卫市地方志办公室评审，宁夏人民出版社编辑出版，在此深表谢忱！

《沙坡头区年鉴2016—2017》编辑部

2018年6月

2016年6月21日，自治区党委常委、宣传部部长，自治区政协副主席蔡国英(前排右三)调研沙坡头区公共文化服务体系建设工作

2015年9月2日，自治区党委常委、组织部部长傅兴国(前排中)到沙坡头区柔远镇永久性蔬菜基地调研

2015年5月26日，自治区党委常委、副主席李锐(前排右二)参观指导沙坡头区万齐农业发展集团节粮爱粮教育基地建设

2015年4月16日，自治区党委常委、副主席，中卫市委书记马廷礼(右二)到柔远镇冯庄永久性蔬菜基地调研

2015 年 10 月 14 日，自治区副主席马力（中）到沙坡头区滨河镇调研民族宗教工作

2015 年 5 月 6 日，自治区副主席屈冬玉（前排左三）到沙坡头区柔远镇永久性蔬菜基地调研

2016年8月19日，沙坡头区正式挂牌成立

2016年8月19日，市委书记、人大常委会主任张柱（左）和沙坡头区委书记王学军（右）为中国共产党中卫市沙坡头区委员会成立揭牌

2016年3月30日，市委书记、人大常委会主任张柱（前排右三）调研沙坡头区美丽村庄建设及农村环境卫生综合整治

2016年8月20日，市委书记、人大常委会主任张柱（前左一）、市长万新恒（前右一）带市产业发展和重点工作现场交流会人员观摩沙坡头区镇罗镇沈桥村美丽村庄

2016 年 5 月 16 日，沙坡头区党工委书记王学军（左四）调研永康镇永新村美丽村庄建设

2016 年 8 月 12 日，沙坡头区区长童刚（前排左四）调研吴忠至中卫城际铁路沙坡头区段建设项目

2016 年 6 月 11 日，中共沙坡头区委召开第一次代表大会

中共沙坡头区第一次代表大会第五代表团

沙坡头区党工委书记王学军作工作报告

2016年7月13—15日，沙坡头区召开第一届人民代表大会第一次会议

沙坡头区人大常委会筹备领导小组组长焦清春作工作报告

沙坡头区人民政府筹备领导小组组长童刚作工作报告

2016年7月12—14日，沙坡头区召开政协第一届委员会第一次会议

沙坡头区政协一届一次会议主席团第二次会议

沙坡头区政协筹备领导小组组长刘希宁作工作报告

2016年5月5日，沙坡头区召开“两学一做”学习教育工作座谈会

2016年2月19日，沙坡头区召开党风廉政建设和反腐败工作会议

2015年3月10日，沙坡头区召开组织纪检暨"守纪律，讲规矩"主题教育活动动员会

2016年2月19日，沙坡头区召开脱贫攻坚誓师大会

2016年6月27日，沙坡头区召开2016年信访维稳暨平安建设工作会议

2016年3月18日，沙坡头区召开2016年度安全生产工作会议

2015年4月2日，沙坡头区召开农村环境卫生深度保洁暨村容村貌管理动员大会

2015年5月26日，沙坡头区召开第九届社区“两委”换届选举动员暨培训会

2016年6月7日，中卫市改革和加强综治大调解工作现场会在沙坡头区柔远镇召开

2016年8月5日，沙坡头区一届人大常委会任命的政府副区长、政府组成部门负责人和人大常委会委室主任进行任职宪法宣誓

2016年4月5日，中卫市举行民兵应急分队整组点验大会

2016年中卫市沙坡头区“八一”军事日活动

沙坡头区全景

中央大道

五馆一中心

黄河宫

鼓楼

沙坡头水镇

红太阳广场

中关村科技产业园

宁夏大学中卫校区

沙漠越野

驼　队

黄河漂流

大漠·黄河·太极图

沙海冲浪

黄河飞索

JINGSHADAO
金沙島

LOVE

寺口峡谷风光

寺口丹霞地貌

寺口石窟

寺口索桥

寺口攀岩

寺口索桥

高 庙

沙坡头旅游新镇

长滩梨花

南长滩党项民俗村

科豪陶瓷高档地砖生产线

宁夏三元中泰冶金有限公司

中卫市茂烨冶金有限责任公司

拱棚西瓜

黄 瓜

辣 椒

镇罗镇永久性蔬菜基地

宣和镇长泰兴供港蔬菜基地

香山硒砂瓜

南山台苹果

沙坡头枸杞

苹果交替控灌

农田水利建设示范片

二排水沟草桩砌护

沐沙奶牛养殖场

自动旋转挤奶厅

镇罗镇沈桥美丽村庄

迎水桥镇夹道村环境整治示范点

兴仁镇团结村文化广场

常乐镇李营村民风文化墙

宣和镇保洁队伍

2016年7月4日，沙坡头区举行产业扶贫贷款集中发放仪式

2016年6月8日，沙坡头区退役士兵参加自治区就业专场招聘会

2016 年 8 月 31 日，沙坡头区举行“金秋助学、希望工程圆梦行动”助学金发放仪式

“三下乡”义诊活动

”母亲节“慰问活动

春季义务植树

2015 年 12 月 4 日，沙坡头区检察院开展法制宣传活动

强化训练

安全生产大检查

防汛抗洪应急救灾演练

消防培训

小学生“零距离”接触气象

2016年6月23日，举行“红歌大家唱”——庆祝中国共产党建党95周年“万人红歌演唱”比赛

2016年9月28日，举行“脱贫攻坚　同步小康”文艺巡演启动仪式

“迎新春，送春联”活动

农家书屋

彩　车

舞　龙

秧　歌

2016年10月21日，举行第二届全民健身节职工运动会

羽毛球

乒乓球

拔　河

2016年10月20日，沙坡头区举行全民健身节健身舞大赛

迎新春农民运动会

目 录

专 文

大 事 记

组织机构和领导成员

2015 年

工作机构职能

综　览

乡　镇

党派群团

政权政协

法治建设

军　事

经济管理

工业与园区建设

农业和农村经济

旅游业

商贸流通和交通运输

城乡建设与环境保护

财政税收

科学技术

教育和医疗卫生

文化体育与计划生育

民生保障与扶贫开发

人　物

先进名录

重要文献

专 文

站在新起点 谋求新发展
为建设开放富裕和谐美丽沙坡头区而努力奋斗

——在中国共产党中卫市沙坡头区第一次代表大会上

（2016 年 6 月 11 日）

中共中卫市沙坡头区党工委书记 王学军

各位代表、同志们：

中国共产党中卫市沙坡头区第一次代表大会，是在“十三五”起步开局，沙坡头区体制理顺、开启改革发展新征程的关键时期，召开的一次具有划时代意义的重要会议。大会的主要任务是：回顾总结沙坡头区党工委、管委会成立四年来的工作，深入分析面临的新形势，积极主动适应新常态，全面部署“十三五”时期的奋斗目标和主要任务，选举产生第一届中共沙坡头区委员会和纪律检查委员会，动员和号召各级党组织、广大党员和各族群众，站在新起点，抢抓新机遇，适应新常态，谋求新发展，为建设开放、富裕、和谐、美丽沙坡头区而努力奋斗。

现在，我代表中国共产党中卫市沙坡头区工作委员会向大会作报告，并就“十三五”发展提出意见。

过去四年工作回顾

沙坡头区党工委、管委会自 2012 年 5 月组建运行以来，紧紧围绕职能定位，服务全市发展大局，团结带领广大干部群众，准确把握区情，科学谋划发展，在推动改革创新、保障改善民生、维护社会和谐稳定等方面做了大量卓有成效的工作，确保了沙坡头区和全市重大项目、重点工作顺利推进，经济社会发展取得了显著成效。

——经济综合实力大幅提升。四年来，我们积极应对经济持续下行压力和各种自然灾害的严峻考验，以提升发展质量和效益为核心，以保障和改善民生为目标，全力以赴稳增长、调结构、抓改革、惠民生、促和谐，经济社会总体呈现“稳中有进，稳中向好”发展态势。地区生产总值、规模以上工业增加值、全社会固定资产投资、社会消费品零售总额等主要经济指标总量均大幅增长，分别是2011年的1.4倍、1.45倍、1.86倍、1.6倍。2015年，地方财政收入突破10亿元大关，主要经济指标年均增速均保持全市前列。

——结构调整迈出坚实步伐。四年来，我们积极主动调整结构，优化产业布局，三次产业结构趋于合理，为15.7：38.4：45.9，服务业比重超过第二产业并稳步提升。全域旅游、商贸物流、金融保险等服务产业蓬勃发展。借助中卫工业园区和镇罗金鑫园、宣和冶金园、常乐陶瓷园等园区平台，加快发展新型工业，2015年实现规模以上工业增加值39.5亿元。硒砂瓜、苹果、设施蔬菜、畜禽等优势特色农业扩规提质增效，逐步形成了“四带一区”特色产业发展格局。2015年农林牧渔业增加值达到23.7亿元，较2011年增长了1.2倍，沙坡头区被国家农业部命名为第三批现代农业综合示范区。

——城乡人居环境明显改善。四年来，我们坚持推进城乡一体化进程，加快推进棚户区改造和美丽乡村建设，实施了幸福立方、宜居家园、民生花园、时代佳苑、福润苑等棚户区改造项目42个，7500余户居民告别土坯房，住上新楼房。完成4个小城镇改造建设，建成美丽村庄22个、改造农村危房1.4万户，农村砖房率达92%。集中开展了主干道路“大整治大绿化”、农村环境卫生综合整治和农田水利建设三大工程，“清工筹劳”经验在全国推行。将城市“以克论净”环卫保洁模式向农村延伸，推行农村环境卫生“5个3”深度保洁机制，每村配备1~2名保洁员，实现了农村垃圾“户分类、村收集、镇运转、市处理”，城乡人居环境明显改善。

——社会各项事业繁荣发展。四年来，我们坚持以保障和改善民生为重点，在全区率先建立了大病医疗救助制度和重度残疾人生活保障制度，社会救助体系不断完善，社会保障覆盖面不断扩大，公共卫生和医疗服务体系不断健全，人口和计划生育管理服务水平不断提高。教育事业长足发展，沙坡头区义务教育均衡发展顺利通过国家评估认定，学前教育实现全覆盖。大力培育和践行社会主义核心价值观，民风建设不断扩面深化。严格落实安全生产责任制，各类安全生产事故大幅下降。深入开展“平安沙坡头区”创建和信访矛盾纠纷排查化解活动，沙坡头区被评为全国法治县创建先进单位，人民群众对社会治安的满意度逐年提高。党管武装、统一战线、民族宗教工作得到加强，工青妇等人民团体桥梁纽带作用充分发挥，沙坡头区呈现出政治安定、社会稳定的良好局面。

——人民生活水平不断提高。四年来，我们坚持把保障和改善民生作为各项工作的根本出发点和落脚点，农、工、商多元化就业增收渠道日渐宽广，城镇失业登记率控制在3.84%，城乡居民人均可支配收入分别达到22703元和9669元，是2011年的1.46倍和1.49倍。生态移民和脱贫攻坚稳步推进，新建宣和敬农、常乐康乐、迎水桥龙湖3个生态移民区，建成移民安置房3514套，开发整理土地15806亩，搬迁安置移民3514户15806人。整合项目资金，培育发展产业，完善配套了移民村学校、卫生室、文化广场、主干道路等基础设施，移民群众的生产生活条件明显改善。

——从严治党得到全面落实。四年来，我们坚持把全面从严治党作为重大政治责任，自觉履行管党治党职责。思想道德建设和思想政治建设不断深化，党员干部“三个自信”不断增强。严格贯彻落实中央“八项规定”，党的群众路线教育实践活动和“三严三实”专题教育成效显著，党风、政风和干部作风进一步好转。各级领导班子和干部队伍建设进一步加强，干部人事制度改革有序推进，选人用人更加规范。从严抓好基层党建工作，新建、维修村级组织活动场所52个，实现了全覆盖。大力实施“示范、提升、治弱”三大工程，下大气力整顿转化软弱涣散基层党组织，基层党组织的凝聚力和战斗力不断增强。党风廉政建设和反腐败斗争深入推进，“两个责任”落实得到进一步强化，“清廉沙坡头区”建设扎实开展，严肃查处了一批发生在群众身边的不正之风和腐败问题，保持了惩治腐败的高压态势，营造了良好的政治生态。

各位代表、同志们，沙坡头区的发展，是一部爬坡追赶、负重前行的创业史，是一部勇于创新、与时俱进的改革史，是一部攻坚克难、开拓奋进的拼搏史。四年来所取得的一切成绩，是区、市党委、政府坚强领导、亲切关怀、大力支持的结果，是沙坡头区党员干部群众万众一心、顽强拼搏、奋勇争先的结果，是历届班子继往开来、扎实工作、夯实基础的结果。在此，我代表中共中卫市沙坡头区工作委员会，向所有关心支持沙坡头区改革发展的各位领导、区属驻卫和市直各部门单位，向长期以来为沙坡头区经济社会各项事业发展付出辛勤汗水、作出积极贡献的各位代表，并通过你们，向广大干部群众和社会各界致以衷心的感谢和崇高的敬意！

成绩来之不易，经验弥足珍贵。总结四年来的实践历程，有五条宝贵的经验需要一如既往地坚持和把握：

一是必须坚持把科学发展作为第一要务。发展是解决一切问题的关键，我们必须坚定不移地走科学发展之路，坚持把挑战当机遇、把压力变动力，在落实宏观调控政策中推进发展；坚持干在实处、走在前列，在新一轮区域竞争中跨越发展；坚持更新发展观念、创新发展模式，在转变发展方式中提升发展的质量和效益。

二是必须坚持把执政为民作为根本宗旨。实现和维护广大人民群众根本利益是我们一切工作的出发点和落脚点，我们必须坚持群众观念，走群众路线，从解决人民群众最关心、最直接、最现实的利益问题出发，相信群众、依靠群众、发动群众、凝聚群众，充分激发蕴藏在人民群众中的强大动能，把好事办在群众心坎上，把实事办在群众需要上，让广大人民群众共享改革发展成果。

三是必须坚持把维护稳定作为首要任务。和谐稳定是发展的前提，我们必须牢固树立抓发展是硬道理、保稳定是硬任务的理念，切实把维护社会和谐稳定放在更加突出的位置，注重把改革的力度、发展的速度和社会可承受的程度统一起来，统筹兼顾各方利益，正确处理人民内部矛盾，切实承担起保一方平安的政治责任。

四是必须坚持把开放创新作为根本动力。改革开放是时代的主旋律，开拓创新是跨越发展的力量源泉。我们必须以解放思想为先导，坚持不懈地深化改革，坚定不移地扩大开放，不断以科学发展的理念、改革创新的思路破解发展难题，培植发展新优势。

五是必须坚持把从严治党作为第一责任。全面从严治党是实现“四个全面”战略布局的根本保证，我们必须牢固树立“抓好党建是本职、不抓党建是失职、抓不好党建是不称职”的思想，把党建工作与经济建设、改革发展稳定同研究、同部署、同落实，为推进经济社会各项事业发展提供坚强的政治保证和组织保障。

各位代表、同志们，在肯定成绩、总结经验的同时，我们必须更加清醒地认识到前进中的困难和发展中的差距：经济欠发达是我们最大的区情，发展不足是我们最大的短板，思想观念落后是我们最突出的问题，改革创新滞后是我们最大的制约。经济总量还比较小，发展方式仍较粗放，倚重倚能的工业结构尚未根本改变，经济增长仍处于旧动能动力减弱和新动能释放发展潜力不足的阶段；城乡一体化进程比较缓慢，基础设施还不够完善，建管水平有待进一步提高；城市规划区改造建设安置任务依然繁重艰巨，影响社会和谐稳定的因素仍然不少，矛盾纠纷调处化解压力大；部分基层党组织软弱涣散，引领发展的能力还不强；个别基层干部作风不实，损害群众利益、违纪违法问题仍时有发生，等等。对此，我们必须要用改革创新的思路和办法，不空谈、不议论，不折腾、不懈怠，在科学发展、追赶跨越的新征程上行稳致远，努力创造出无愧于党、无愧于这片热土、无愧于这方百姓的辉煌业绩！

“十三五”奋斗目标

立足全局才能把握大局，顺应大势方可乘势而进。展望“十三五”，我们既面临难得机遇，也面临严峻挑战。“十三五”时期，是全面建成小康社会的决胜期，是沙坡头区爬坡追赶、转型升级的关键期，是缩小差距、追赶跨越的机遇期。从全国看，经济长期向好的基本面没有变，潜力大、韧性强、回旋余地大的基本特征没有变，经济持续增长的良好支撑基础和条件没有变，经济结构调整优化的前进态势没有变，我国发展的前景依然广阔。从全区看，中央对西部地区、民族地区、革命老区、欠发达省区的支持力度越来越大，正在实施的新一轮西部大开发战略、“一带一路”战略、脱贫攻坚战略、区域发展总体战略，有利于我们加快转型升级。从全市看，打造全域旅游城市、国际云端城市、特色产业城市、物流枢纽城市、生态宜居城市的战略规划，实现脱贫攻坚、公共服务、社会治理走在全区前列的“三个走在前”战略构想，为我们厘清了发展思路，明确了发展方向。随着沙坡头区行政管理体制的理顺，作为市辖区，在全市改革发展大格局中的地位更加突出，影响更加广泛，作用更加重要。

面对经济发展新常态和全面从严治党的新要求，今后五年，沙坡头区经济社会发展的指导思想是：高举中国特色社会主义伟大旗帜，全面贯彻落实中共十八大和十八届三中、四中、五中全会精神，以马克思列宁主义、毛泽东思想、邓小平理论、“三个代表”重要思想和科学发展观为指导，深入贯彻习近平总书记系列重要讲话精神，按照“五位一体”总体布局和“四个全面”战略布局，坚持“创新、协调、绿色、开放、共享”五大发展理念，以全面建成小康社会为目标，围绕打造生态宜居城市核心区、全域旅游城市先行区、交通物流城市枢纽区、特色产业城市示范区、国际云端城市云产业集聚区，着力实施“创新驱动、产业带动、富民共享、生态优先”四大战略，努力建设开放、富裕、和谐、美丽沙坡头区。

主要发展目标是：经济保持中高速增长，地区生产总值年均增长8%左右，全社会固定资产投资年均增长12%左右，地方公共财政预算收入年均增长8%左右，社会消费品零售总额年均增长8%左右，城镇、农村居民人均可支配收入年均分别增长9%和10%左右，坚决打赢脱贫攻坚战，与全国全区全市同步全面建成小康社会。

确定上述目标是抢抓机遇、奋力赶超的战略抉择，是挖掘潜力、提质增效的必然要求，是强区富民、科学发展的迫切需要，我们必须要有“朝受命，夕饮冰”的使命感和“昼无为，夜难寐”的责任感，牢固树立和坚持“五大发展理念”，以“不破楼兰终不还”的雄心壮志和“不到长城非好汉”的坚定信念，加快推动沙坡头区经济社会又好又快发展。

第一，坚持创新发展，培育经济增长新动力。创新是引领发展的第一动力，决定发展的速度、规模、结构、质量和效益。面对经济发展新常态，我们要想有所作为、有所突破，就必须牢固树立抓创新就是抓发展、谋创新就是谋未来的理念，始终把创新作为缩小与发达地区差距、实现后发赶超的唯一选择和根本路径。最大限度激发创新创造创业活力，改造提升传统产业，培育壮大新兴产业，促进发展模式、发展动力的根本转变。

第二，坚持协调发展，构建和谐发展新格局。主动适应经济发展新常态，将协调发展贯穿于全方位、各领域。把经济又好又快发展与转方式、调结构结合起来，与保障改善民生、提高公共服务均等化水平结合起来，与政治、文化、社会和生态文明建设结合起来，加快形成良性互动、协调共进、融合发展的新局面。

第三，坚持绿色发展，建设生态文明新家园。牢固树立绿水青山就是金山银山的理念，把生态文明建设融入经济社会发展全过程，更加自觉地推动绿色发展、循环发展、低碳发展，坚持土地、资源和环境底线，走生产发展、生活富裕、生态良好的发展之路。通过健全科学合理的生态保护与补偿机制，严守耕地、水资源红线，加大环境治理和生态保护力度，构筑科学合理的城镇化格局、农业发展格局和生态安全格局，努力使生态美、城乡美、和谐美与产业强、百姓富、生活美的目标高度契合。

第四，坚持开放发展，开创合作共赢新局面。以开放思维谋划发展，突破内陆腹地的空间限制，充分利用国际国内两个市场和两种资源，全方位融入国家"一带一路"建设和宁夏空间发展战略大格局，在扩大开放中实现市场、空间和资源的全面拓展，以开放引领发展，推进产业、技术和人才的优化配置，谋求潜力、优势和后劲的持续增强。

第五，坚持共享发展，顺应人民群众新期盼。按照"六个精准"要求，扎实推进"六个一批"脱贫攻坚行动计划，坚决打赢脱贫攻坚战，确保2020年实现全面小康，绝不落下一户一人。加快构建普惠均衡优质的公共服务体系，努力实现"经济发展实现赶超，产业体系更加完善，生态环境更加美丽，社会民生更加和谐，体制机制更加优越"的目标，让人民群众在发展中共享改革红利、提升幸福指数。

今后五年的主要工作

今后五年，是沙坡头区加快转变发展方式、提升综合实力和可持续发展能力的五年，也是全力改善民生、促进社会建设快速跃升的五年，更是冲刺决胜全面小康社会的五年。我们必须突出科学发展主题，统筹城乡发展，统筹经济社会发展，统筹人与自然和谐发展，大力实施"创新驱动、产业带动、富民共享、生态优先"四大战略，努力建设开放富裕和谐美丽沙坡头区。

一、实施创新驱动战略，加快建设开放沙坡头区

解放思想激发活力。解放思想，更新观念，始终是我们适应新形势、应对新挑战、完成新任务的有力武器。面对经济发展新常态，我们必须增强敢为人先的魄力，强化"只有大跨越才会不落后""发展缓慢也是倒退"的共识，以大目标、大气魄、大动作抓发展，鼓足立志跨越、敢争一流的精气神；增强敢打必胜的豪情，做到任务面前勇担当、困难面前勇进取、矛盾面前勇开拓；增强敢作敢当的胆识，视发展为使命，视事业为生命，只要是符合科学发展观、对沙坡头区发展有利的事，都要解放思想大胆闯，锐意创新破难题；增强创业创新的意识，充分激发全民创业创新活力，尊重基层和群众的首创精神，鼓励基层创造性工作。要在摸清基本底数、吃透基本政策、把握基本规律的基础上，深化"二次创业"大讨论，把解放思想用在招大商、引资金上，用在上大工程、干大项目上，促进沙坡头区大发展、快发展；要把解放思想用在创新作为上，政策之内抢着干，政策之外探索干，能够在别人找不到出路的地方找到出路，在别人不能突破的地方抢先突破；要把解放思想用在攻坚克难、负重赶超上，比不过条件比干劲，比不过基础比精神。

深化改革增添活力。沙坡头区经济总量较小，发展基础薄弱，实现"十三五"发展目标任务艰巨而繁重，不改革创新就难以走出困境，实现后发赶超。要打破只看"上面讲没讲、别人干没干、过去有没有"的思维定式，建立改革创新干事创业容错免责机制，破除"多干生非，不干无损"的保守思维，为想干事者打气助力，为敢干事者鼓劲加油，为敢担当者撑腰壮胆。要大力推进重点领域和关键环节改革取得明显突破。深化农村土地产权制度改革，建立农村产权交易中心，规范土地承包经营权流转工作。总结推广南关村集体经济组织产权制度改革成果经验，稳步推进扶持壮大村集体经济试点和"村改居"试点工作。建立农村承包地及宅基地有偿退出机制。深化农村金融改革创新，探索

林权、土地承包经营权、宅基地等不动产抵押贷款模式，增加农民财产性收入。积极建立现代农业担保基金，拓宽金融支农渠道。

扩大开放释放活力。开放是强区之策、发展之要、富民之路。“十三五”时期，要坚持高水平“引进来”和大规模“走出去”协调发展、共同推进，着眼基础设施互联互通，加快实施乌玛高速、城际铁路、黄河大桥建设及中卫至海原公路提升改造等一批铁路公路项目，全力构建交通物流枢纽，畅通陆上、空中、网上丝绸之路，全面形成自由开放、区域互通的综合交通网络体系。依托自治区对外开放布局，借助宁夏内陆开放型经济试验区的政策优势，以打造国际云端城市云产业集聚区为契机，加快构建人文、经济交流平台。依托宁夏大学中卫校区，深化科技和人才交流合作，推进重点人才开发计划，大力培养一批符合产业发展需求的信息、物流、化工、金融、旅游专业人才。准确把握国家政策导向和市场规律，加快招商引资，强化项目带动，不断培育壮大新型工业、特色农业、农产品加工、信息、旅游等产业。鼓励和引导非公经济快速健康发展，建立面向中小企业的服务体系，完善“政府扶持中介，中介服务企业”的运行机制。树立为企业成长搭桥铺路的理念，让更多小微企业参与到转方式、调结构的经济大潮中来，真正形成大众创业、万众创新、百舸争流、千帆竞发的开放局面。

二、实施产业带动战略，加快建设富裕沙坡头区

大力发展现代农业。坚持农业基础地位不动摇，以农业强、农村美、农民富为目标，以建设国家现代农业示范区为引领，以实施全国农村一二三产业融合发展试点项目为契机，转变农业发展方式，加大结构调整力度，着力繁荣农村经济，加快构建发展动力持久、产业布局合理、组织方式先进、资源利用高效、保障供给安全、综合效益显著的现代农业发展体系和生产经营模式，切实提高农业质量效益和竞争力。到2020年末，粮食播种面积稳定在30万亩，实现农林牧渔业增加值30亿元，年均增长5%。提升特色农业效益。以“改棚体、提质量、引技术、扩品种、增效益”为目标，推动设施蔬菜产业提质增效，打造5万亩永久性蔬菜生产基地。以品质品牌保护为核心，建设30万亩硒砂瓜品质品牌核心保护区，探索硒砂瓜接续产业发展新模式，增强硒砂瓜产业可持续发展能力，提升“中卫硒砂瓜”品牌影响力。稳步实施经果林扩规提质增效工程，加快老化树体改造步伐，加大引进新技术新品种，经果林面积扩大到45.5万亩。加快先进节水灌溉技术推广应用，高效节水灌溉面积达到20万亩，出台高效节水农业发展优惠政策，释放高效节水农业的经济效益和社会效益。扩大畜牧养殖业规模。依托腾格里沙漠南缘和香山北麓地理环境优势，以标准化规模养殖场建设为牵引，大力发展奶牛、肉牛、肉羊等养殖产业，促进养殖企业、合作社向标准化、规模化方向发展。2020年，实现奶牛存栏4.5万头，肉牛、生猪、肉羊饲养量分别达到6万头、35万头、45万只。实施品牌带动战略。强化科技支撑，树立绿色发展理念，切实增强农产品质量和品牌保护意识，把“宁夏红”枸杞果酒、“沙坡头”蔬菜、“南山阳光”苹果、“香山硒砂瓜”等打造成全国知名品牌。夯实农业发展基础。争取启动实施“宁夏中部干旱贫困片区西线供水工程”等一批重大水利工程项目，实施高标准农田水利基本建设和农产品质量安全保障工程，稳步推进无公害、绿色食品、有机食品、地理标志农产品认证。实施农业发展保障工程，落实最严格耕地保护制度，完善农业气象灾害防御和服务体系，提高防灾减灾能力。

着力发展新型工业。优化园区环境。重点抓好中卫工业园区、镇罗金鑫工业园、宣和冶金工业园、常乐陶瓷园、农副产品加工园等园区的“五通一平”基础设施配套建设，提高园区承载力，把园区打造成为“宜业、宜商”的产业园区。改造提升传统产业。大力推进供给侧结构性改革，坚持“三去、一降、一补”，从要素驱动转向创新驱动，调整工业内部结构，推进高耗能产业转型升级。抓好冶金、化工、建材等行业技术改造，鼓励发展高分子材料、聚氨酯类等精细化中高端化工项目，加快淘汰落后产能和化解过剩产能，推进企业用水、用电、用能梯级利用和废弃物再利用。培育壮大新型工业。加快培育发展光伏材料、电池组件、风机组装等新能源制造产业。围绕云计算产业项目的实施，配套发展服务器、存储设备、机电一体化等设备，培育工业经济新的增长极。提升农产品加工业。加快建设中卫农副产品加工产业园，大力发展粮油产品、畜产品、乳产品、果蔬产品等特色农产品加工业，完善产业扶持政策，优化投资环境，培育经济效益明显、上下游产业联动、产加销一体化的农副产品加工产业聚集区。

加快发展现代服务业。围绕发展全域旅游、交通物流、信息、金融、商贸服务等现代服务业，建立具有地方特色、比较优势的现代服务业体系。构建“一核、两区、三带、多节点”的旅游空间布局，整合推进沙坡头旅游景区、新沙漠旅游、自然生态旅游、黄河漂流旅游等8个旅游项目集群资源，依托云计算、大数据等新技术，打造智慧景区、智慧旅行社、智慧旅游酒店、智慧旅游乡村相结合的智慧旅游综合体。着力推动中国物流中卫物流园、镇罗公铁物流园等园区建设，逐步构建以装备制造、农副产品、新材料和能源化工等产业为重点服务对象的产业物流。推进千村电商工程建设，建成区级电子商务服务中心和村级电子商务服务站，促进“快递+互联网”“快递+电商”协同发展，打通“农产品进城、工业品下乡”的城乡双向流通渠道。依托中卫云基地建设，大力发展云应用、云服务，大幅提升信息产业与其它各产业的配合度。创新发展现代金融服务业，大力推进新型农村金融机构发展，加快村镇银行、小额贷款公司、担保公司、农村资金互助社、农村保险互助社发展步伐。完善城乡社区商业网点规划，优化网点布局，建成“51015”商业生活服务圈。

三、实施富民共享战略，加快建设和谐沙坡头区

坚决打赢脱贫攻坚战。坚持“精准扶贫、精准脱贫”基本方略，以建档立卡贫困人口“脱贫、销号、增收”为核心，紧盯山区及生态移民区脱贫攻坚主战场，切实做好特色产业发展“有土”和劳动力培训转移就业“离土”两篇大文章。按照“六个精准”要求，全面落实“六个一批”脱贫攻坚行动计划，采取基础设施到村、产业项目到户、培训转移到人、帮扶责任到人的“四到”措施，切实发挥“互助资金”“双到资金”、整村推进项目资金和产业扶贫担保基金等金融扶贫政策的撬动作用，确保2020年实现现行标准下64个贫困村3954户15001名贫困人口全部脱贫，25个重点贫困村全部销号，贫困地区农民人均收入达到1万元以上，发展环境明显改善，社会事业全面进步，贫困人口稳定实现“两不愁、三保障”目标，不让一个贫困村、一个贫困群众掉队。

持续保障和改善民生。深入实施全民参保登记计划，建立机关事业单位养老保险、职业年金制度。全面落实被征地农民参加养老保险政策。建立健全商业保险、医疗保险、医疗救助等医疗保障体系，提高城乡居民医疗保险和大病保险待遇，并向贫困人口倾斜。全面完善城乡居民最低生活保障制度，推行扶贫线、低保线“两线合一”，实现应保尽保、动态管理，逐步提高保障水平。健全完善灾害救助、高龄津贴、孤儿津贴、医疗救助、农房改造等各类惠民资金通过社会保障卡发放机制。严格执行人口和计划生育各项政策法规，抓好流动人口计划生育服务管理。大力发展养老院、社区日间照料中心、老年饭桌等，建成功能完善、规模适度、覆盖城乡的多层次养老服务体系。逐步建立起政府主导、社会力量参与的社会救助体系，引导社会力量开展慈善公益活动。

统筹推进社会事业发展。以保障和改善民生为重点，大力发展各项社会事业，推进基本公共服务均等化，形成覆盖城乡、设施完善、适应经济社会发展的公共服务体系。不断提高教育质量，加快发展学前教育，推进义务教育均衡发展。大力发展科技事业，整合区域科技资源，构建开放型区域创新体系，努力提高自主创新能力，增强科技对经济增长的支撑作用。积极发展医疗卫生事业，强化政府责任，动员社会力量参与，进一步深化医药卫生体制改革，构建覆盖城乡居民的基本医疗卫生制度。繁荣文化体育事业，努力构建布局合理、功能完善、覆盖全社会的公共文化服务体系，广泛开展全民健身和广场文化、节庆文化等群众文体活动。完善就业和社会保障体系，建立城乡统一的人力资源市场，积极落实就业援助、援企稳岗、农民工返乡创业等政策，大力发展以“互联网+”、贸易服务、家庭服务业等为重点的新兴服务业和劳动密集型产业，创造更多的就业机会，切实促进劳动力在地区间、城乡间合理有序流动。认真做好民族宗教、民主党派、工商联等统一战线工作，进一步巩固社会和谐局面。

着力推进社会治理创新。健全党委领导、政府负责、社会协同、公众参与的社会管理格局。坚持稳定压倒一切的方针，牢牢把握最大限度激发社会活力、最大限度增加和谐因素、最大限度减少不和谐因素的总要求，建立健全重大决策社会稳定风险评估机制。坚持以群众工作统揽信访工作，创新诉求表达、矛盾调处、权益保障等信访工作机制，深入推进矛盾“大排查”、干部“大走访”、领导“大接访”等活动，实现矛盾排查常态化、问题化解及时化、工作程序规范化，使广大人民群众问题有处反映、矛盾有人化解、权益得到保障。持续深入推进“平安沙坡头区”建设，进一步完善社会治安防控体系，继续扩大村(组)、社区网格化管理覆盖范围，巩固社会矛盾纠纷“大调解”工作机制，依法严厉打击各种违法犯罪活动，构建“大平安”工作格局，不断提高人民群众的安全感和满意度。强化安全生产监督管理，严格落实安全生产责任制，较大、特大安全事故发生率控制在可控范围内。加强突发事件应急管理体系建设，着力提高自然灾害和突发事件的预警、预防、应急处置能力，保障人民生命财产安全。

四、实施生态优先战略，加快建设美丽沙坡头区

不断改善人居环境。依托辖区独特地理位置和交通优势，全面融入宁夏空间发展战略，合理规划空间布局，准确定位城市、集镇、村庄发展目标，以城区空间扩展和镇村基础设施建设促推城乡协调发展。围绕“四区四轴”城镇发展布局，通过“产业连城、生态连城、水系连城、交通连城”，加快推进沙坡头区与中宁县相向发展。以打造生态宜居城市核心区为目标，不断加强和完善城市基础设施，助推城市产业功能、服务功能、居住功能升级，大力提升城区品质品位，全面推进城区现代化进程。按照“城市郊区村落向市区集中、城镇周边村落向集镇集中、分散村落向中心村集中”的思路，稳步推进文昌、滨河、迎水桥、东园、宣和、柔远等镇棚户区改造项目，有序开展城中村、规划区内周边村及重点城镇老旧住宅小区综合整治和危旧住房、非成套住房改造工作，加快推进城镇化进程。2020年，常住人口城镇化率达到62%，户籍人口城镇化率达到50%。

加快建设美丽乡村。沙坡头区要美，乡村必须美。围绕改善农民生产生活条件、实现公共基础设施均等化、培育优良民风、增强幸福感的建设目标，以“幸福宜居”“生态环保”“文明和谐”三大工程为载体和抓手，突出基础设施建设、环境综合治理和文化惠民等重点内容，探索美丽乡村建设新模式。重点抓好宣和、镇罗、兴仁、迎水桥、常乐、永康6个特色小城镇和姚滩、沙渠等40个美丽村庄建设，集中连片改造农村D级危房，基本消除农村土坯房。完善农村道路、供排水、供电、通信、网络等基础设施，达到给排水系统完善、管网布局合理、信息通讯畅通。饮用水安全率达到国家标准，森林覆盖率达到16.6%。将“以克论净”城市环境卫生深度保洁模式向农村延伸，全面推行农村“5个

3”保洁机制,完善配套农村环卫基础设施,努力将沙坡头区打造成全区农村环境卫生保洁示范区。

加强生态文明建设。强化耕地质量保护,突出抓好产地环境检测、投入品质量监管和生产技术规范,加大农业面源污染防治力度,实现“一控两减三基本”目标。落实最严格水资源管理制度,开展水资源使用确权登记,加强饮用水源地保护,推广农业高效节水技术,优化水资源配置,基本形成全域统筹、城乡兼顾的水资源调配管理体系。加快落实全国统一的企业投资项目负面清单,建立投资项目能耗准入制度,逐步淘汰资源利用效率低下的低端产业。开展蓝天、绿水、净土三项行动,加强乡村绿化建设,加大封山禁牧力度,巩固禁牧封育、退耕还林还草成果,逐步修复南部山区脆弱的生态环境,为子孙后代保护好蓝天白云、绿水青山。

全面加强党的建设

面对发展任务加重、竞争态势加剧的新形势,实现“四个沙坡头区”奋斗目标,关键在党,根本在人,成败在干。各级党组织必须牢记历史使命,把“从严治党”摆到更加突出的位置,全面加强党的思想、组织、作风、制度和反腐倡廉建设,勇担转型追赶、科学发展的时代重任,以精神大振奋引领发展大提速,以党建大提升保障发展大跨越。

加强常委会自身建设,提升统揽全局的能力水平。更加注重常委会制度建设,加快建立完善常委会议事规则,严格执行“三重一大”事项集体决策等制度规定,用制度保证常委会规范运行。更加注重理论武装,完善中心组学习制度,增强学习内容的针对性、系统性。更加重视决策科学化、民主化、规范化,加强对国内外经济形势的分析和预判,坚持民主集中制原则,进一步完善决策机制,提高科学决策能力水平。更加注重运用法治思维和法治方式来深化改革、推动发展、化解矛盾、维护稳定,创新群众工作体制机制和方式方法,协调和平衡各方面利益,最大限度调动一切积极因素,凝聚改革发展的强大合力。更加注重创新领导经济社会发展机制,定期研究经济社会发展战略、分析经济形势、研究重大方针政策,推动党领导经济社会发展制度化、规范化。

加强思想政治建设,激发加快发展的昂扬斗志。实践发展永无止境,认识真理永无止境,理念创新永无止境。要带头讲政治。各级党员干部要坚持用中国特色社会主义理论体系武装头脑,加强党性锻炼,提升党性修养,坚定理想信念,切实增强政治意识、大局意识、核心意识、看齐意识,把思想高度统一到中央及区市党委和区委的战略部署上来,坚决贯彻各项决策部署,确保政令畅通、令行禁止。要带头讲正气。党风要正,社会风气要好,首先干部要一身正气。各级党员干部要牢固树立正确的世界观、人生观、价值观,对党要忠诚、对人要坦诚,不以私情废公事,不拿原则做交易。对不正之风和错误言行,要敢于批评和抵制;对矛盾和棘手问题,要敢于正视和解决,努力创造经得起实践、人民和历史检验的实绩。要带头讲大局。当前的大局就是建设开放、富裕、和谐、美丽沙坡头区,各级党组织和广大党员都要围绕大局想,围绕大局转,围绕大局干,牢牢把握市辖区角色定位,坚决服从服务于全市发展大局,始终保持思想一致、步调一致、行动一致,凝心聚力,众志成城,以昂扬的斗志推进发展。

加强民主政治建设,凝聚加快发展的强大合力。积极发展社会主义民主,健全民主选举、民主决策、民主管理和民主监督等制度,不断巩固和发展民主团结、生动活泼、安定和谐的政治局面。重视和加强人大工作,支持和保证人大及其常委会依法履行监督权、重大事项决定权和人事任免权,加强对“一府两院”的监督。支持和保证政协依章履行政治协商、民主监督、参政议政职能,更好地协调关系、汇聚力量、建言献策、服务大局。支持和保证法院和检察院依法独立公正行使职权。做好爱国统一战线工作,加强与民主党派、无党派人士团结合作，加强工商联工作，广泛听取意见，促进民主决策。巩固和发展平等、团结、互助、和谐的社会主义新型民族关系，依法管理宗教事务，促进宗教领域和谐稳定。充分发挥工会、共青团、妇联等人民团体和社会组织的桥梁纽带作用，引导和支持他们积极参与社会管理和公共服务，形成推动发展的强大合力。提高党管武装工作水平，加快推进军民融合深度发展。加强基层民主建设，做实村民代表会议和党员大会制度，加强党务、政务、村务公开工作，有效保障人民群众的知情权、参与权、表达权和监督权。大力弘扬社会主义法治精神，深入开展“七五”普法，切实增强全民尊法学法守法用法观念，全面推进依法治区。

加强领导班子和干部队伍建设，强化加快发展的组织保证。深入实施“领导干部素质提升工程”，进一步提高各级领导班子和领导干部的整体素质。坚持德才兼备、以德为先的用人标准，深化干部人事制度改革，树立正确的用人导向，坚持在改革发展主战场、维护稳定第一线、服务群众最前沿培养发现选拔干部，注重选用那些在谋长远、促发展上有新思路、勤探索的干部；在稳增长、转方式上有新成效、能创新的干部；在惠民生、保稳定上有新办法、肯负责的干部；在基层一线埋头苦干、甘于奉献的干部；在抓改革、促开放上有新突破、敢担当的干部；在抓班子、带队伍上有新风气、威信高的干部。加强干部队伍建设，科学制定部门“三定”方案，调整乡镇内设机构，理顺管理服务体制，及时制定并公布“三个清单”，进一步完善干部管理考核机制，加强干部教育培训，努力打造想干事、会干事、能干事、干成事、不出事的干部队伍。坚持党管人才原则，大力推进人才强区战略，统筹抓好各类人才队伍建设，建立健全干部能上能下，有利于人才脱颖而出、全面发展的新机制，为全面建成小康社会提供人才支撑。

加强基层组织建设，夯实加快发展的基层基础。党的基层组织是党的全部工作和战斗力的基础。推进基层党建统筹发展，大力推进产业党建、劳务党建、惠民党建、移民党建和服务党建，进一步夯实基层基础。适应经济结构、产业布局、组织形式、行业分工、党员流向的发展变化，积极创新党组织设置方式，着力扩大党组织覆盖面。加强镇村干部队伍建设，注重从优秀大学生村官、选调生、致富带头人、经济合作组织负责人中选拔担任村党支部书记，选好配强机关、社区、新经济组织和新社会组织负责人。健全完善“四化一满意”服务机制，深入开展星级基层服务型党组织创建，从严整顿软弱涣散基层党组织。以明确责任、考核监督、保障服务为重点，逐步提高农村基层组织工作经费保障和村干部待遇。健全党员教育、激励、管理、关怀、帮扶长效机制，激发党员增强荣誉感和责任感、保持先进性和纯洁性的内在动力。注重质量、优化结构，改进发展党员工作，稳妥规范地处置不合格党员，增强党员队伍生机活力。

加强党风廉政建设，营造风清气正的发展环境。从严落实“两个责任”。严格落实党委主体责任和纪委监督责任，构建“不能腐”的防范机制、“不敢腐”的惩治机制和“不想腐”的自律机制，扎紧制度的笼子，让自觉抵制腐败成为常态。始终坚持把纪律和规矩挺在前面，用好“四种形态”，切实抓好《中国共产党廉洁自律准则》《中国共产党纪律处分条例》的学习贯彻，不断增强党员干部遵规守纪的思想自觉和行动自觉。坚定不移惩治腐败。加强区、镇两级纪检干部队伍建设，加大对区委重大决策部署落实的监督检查力度，防止出现决策“中梗阻”和落实“打折扣”现象，以铁的纪律保执行、保发展。加强权力运行监督，严格落实一把手“五个不直接分管”制度，整合党内监督、司法监督、人大法律监督、政协民主监督及社会舆论监督等力量，让公共权力在阳光下运行，防止党员领导干部权力失控、行为失范。坚决纠正和查处损害群众利益的不正之风和腐败问题，让人民群众真正感受到党风廉政建设和反腐败斗争取得的实际成效。按照“四个一”品牌创建标准，深入推进“清廉沙坡头区”建设，营造良好政治生态环境。加强干部作风建设。不断巩固党的群众路线教育实践活动和“三严三实”专题教育成果，持续深入推进“两学一做”学习教育，促进作风建设常态化、长效化。把执行力作为检验干部能力素质和选拔使用的主要依据，积极推行“五个一线”工作法，大力发扬“马上就办”的作风和“钉钉子”精神，健全完善服务承诺制、限时办结制、责任追究制等抓落实机制，对不作为、慢作为、乱作为的干部，不仅要“打板子”，还要“加鞭子”“换位子”，全面提升执行力，把广大党员干部的心思和精力集中到脚踏实地抓落实上，确保认准的事、定下来的事、向老百姓承诺的事，一件一件落到实处，形成说实话、办实事、求实效的务实之风，努力营造干部清正、政府清廉、政治清明、风清气正的发展环境。

各位代表、同志们，百舸争流，破浪者领航；千帆竞发，奋勇者当先。成后来居上之事，须有非同寻常之举。辉煌成就鼓舞人心，美好蓝图催人奋进，发展重任砥砺前行。面对新形势、新任务赋予我们的历史使命，面对广大人民群众寄予我们的殷切期望，我们必须以更加开阔的眼界、更加非凡的气魄、更加昂扬的斗志、更加扎实的工作，同心同德谋发展，携手共进铸伟业，为建设开放富裕和谐美丽的沙坡头区而努力奋斗！

【名词解释】

1.“三去、一降、一补”：去产能、去库存、去杠杆，降成本，补短板。

2.“一核、两区、三带、多节点”：围绕培育沙坡头旅游经济开发试验区这个核心，构建开发试验区公共服务区、沙坡头产城旅游融合区2个旅游发展片区，建设黄河旅游休闲发展带、文化旅游休闲发展带和沙漠湿地生态旅游带3条全域旅游发展带。多节点即：以沙坡头、腾格里湖为核心，打造沙漠旅游探险区；以沙坡头旅游新镇为核心，打造小镇风情旅游区；以寺口子、香山为核心，打造自然生态休闲旅游区；以永康苹果采摘体验区、香山硒砂瓜基地等为核心，打造现代农业休闲旅游区；以中卫能源化工基地、宁夏中关村科技产业园及西部云基地等为核心，打造工业旅游和工业遗产旅游区；以腾格里湖、南北长滩和闫迎公路为核心，打造自驾车旅游区；以高墩湖养老养生产业园、桂王花园等为核心，打造休闲养生旅游区；以中卫市“五馆一中心”、黄河素质训练园、沙坡头素质拓展训练营、新能源体验馆、治沙博物馆、莫家楼旅游观光风情园等为核心，打造研学旅游区等。

3.“51015”商业生活服务圈：实现居民5分钟可达便利店和各类服务网点，步行10分钟可达超市和餐饮店，驱车15分钟可达购物中心，满足居民“一站式消费”需求。

4.“六个一批”：发展特色产业脱贫一批、劳务输出脱贫一批、发展教育脱贫一批、生态补偿脱贫一批、易地搬迁安置脱贫一批、社会保障兜底一批。

5.“六个精准”：即扶贫对象精准、项目安排精准、资金使用精准、措施到户精准、因村派人精准、脱贫成效精准。

6.“两不愁、三保障”：不愁吃、不愁穿，义务教育有保障、医疗有保障、住房有保障。

7.社会矛盾纠纷“大调解”工作机制：镇、单位、村、组“四级联调”，人民调解、行政调解、司法调解“三调联动”。

8.农村“5个3”保洁机制：地表垃圾百米不超过3处，停留时间不超过30分钟，路面尘土每平方米不超过30克，每天3清扫、3保洁。

9.“一控两减三基本”：“一控”指控制农业用水总量和农业水环境污染，大力发展节水农业；“两减”指化肥、农药减量使用；“三基本”指畜禽粪污、农膜、农作物秸秆基本得到资源化、综合循环再利用和无害化处理。

10.“三重一大事项”：重大问题决策事项、重要干部任免事项、重大项目安排事项、大额资金使用事项。

11.“四化一满意”：建立以信息化服务平台为基础，全域化服务体系为支撑，网格化服务管理为手段，常态化服务机制为保障，群众满意为目标的工作新机制，着力提升各级党组织服务改革发展、服务党员群众的能力和水平。

12.“四个一”品牌：是指“一县（区）一示范、一乡镇一品牌、一村（社区）一特色、一室一亮点”，即：每个县（区）创建一批党风廉政建设的工作示范点，每个乡镇创建一项党风廉政建设品牌工作，每个村创建一项党风廉政建设特色工作，市、县（区）纪（工）委机关室创建一项党风廉政建设亮点工作。

13.一把手“五个不直接分管”制度：即不直接分管财务工作、不直接分管组织人事工作、不直接分管单位建设工程招投标工作、不直接分管行政审批工作、不直接分管物资采购工作。

14.“五个一线”工作法：领导在一线指挥、作风在一线转变、问题在一线解决、能力在一线提升、工作在一线推进。

抢抓机遇谋发展　奋力拼搏求跨越
努力开创沙坡头区经济社会发展新局面

——在中共中卫市沙坡头区委一届二次全体会议上

（2016 年 11 月 15 日）

中共中卫市沙坡头区委书记　王学军

各位委员、同志们：

这次会议的主要任务是：深入学习领会中共十八届六中全会精神，认真贯彻落实自治区党委十一届八次全会和市委三届七次全会部署，回顾总结 2016 年工作，谋划安排 2017 年工作，全面落实从严治党要求，组织动员全区各级党组织和广大党员干部，大力弘扬“不到长城非好汉”的宁夏精神，用新思维审视新形势，用新理念适应新常态，用新作为推动新发展，为建设开放富裕和谐美丽沙坡头区而不懈努力。

现在，我代表区委常委会向大会作报告，请予审议。

一、认真回顾 2016 年工作，进一步增强加快发展的信心

2016 年是“十三五”起步开局之年，也是沙坡头区组建成立之年。面对经济下行和改革发展双重压力，在区、市党委、政府的坚强领导下，区委坚持一手抓筹建，一手抓发展，突出项目带动、产业拉动、创新驱动，经济社会呈现持续健康发展的良好态势。预计地区生产总值增长 7%，全社会固定资产投资增长 12%；社会消费品零售总额增长 8%；城镇和农村常住居民人均可支配收入分别增长 8%和 9%，较好地完成年初确定的各项目标任务。

筹备组建顺利完成。根据自治区党委关于沙坡头区机构设置的批复，在市委、政府的坚强领导下，党工委统揽全局抓筹建，人大、政府、政协筹备组密切配合，相互衔接，有序推进筹备组建工作，实现了从筹备组建到正式成立的平稳过渡。按照“精简、统一、高效”原则，实行大部制组织结构，创新整合 29 个职能部门，配齐了牵头负责人，确保各部门有序运转。严格执行换届纪律要求，成功召开了沙坡头区第一次党代会和一届一次人大、政协会议，依法选举产生了首届区委、人大、政府、政协领导班子和纪委班子，在全区率先完成了县乡换届工作。沙坡头区以市辖区模式独立运转。“四套班子”及各部门主动承接市上下转的职能职责，有效释放了行政管理活力，提升了行政管理效能，促进了经济社会持续健康发展。

项目建设取得实效。抢抓中央、区、市政策机遇，集中实施了一批大项目、好项目，主动做好黄河标准化堤防、吴忠至中卫城际铁路、高庙历史文化街区及城市棚户区改造等重大项目征地拆迁和协调服务工作，累计征地 3276 亩，征收房屋 3650 户，确保了重大项目顺利实施。集中开展项目开工大会战，建立处级领导包抓机制，狠抓月度投资进度，先后实施了万亩永久性蔬菜基地、高效节水灌溉、兴拓农资物流配送中心等 89 个项目，完成投资 39 亿元。通过“走出去”和“请进来”的办法，先后引进项目 16 个，到位资金 4.5 亿元。围绕旅游开发、大数据信息、交通物流、农业产业化、工业转型、城市建设等重点领域，梳理谋划了 2017 年实施的 110 个项目，为加快发展奠定了坚实基础。

现代农业优势凸现。坚持“一特三高”发展方向，着力转方式、调结构、树品牌，“四带一区”产业格局初步形成，特色农业优势显现。建成硒砂瓜品质品牌保护区 30 万亩，建立质量追溯和责任追究制，不断加大品牌推介和维权打假力度，“香山硒砂瓜”荣获全国“一村一品”十大知名品牌。新增永久性蔬菜基地 1.05 万亩，累计达 2.6 万亩，通过企业化管理、规模化经营、标准化生产、一体化销售，有力推动了设施蔬菜产业持续发展。依托弘兴达、万齐集团、乌玛枸杞等龙头企业带动，新建矮化密植苹果科技示范园 2000 亩、精品苹果展示基地 3000 亩、枸杞统防统治示范园 5000 亩，重点推广精品示范技术和有机病虫害防控技术，完成经果林低产园树体改造 1.5 万亩，新植枸杞 2.9 万亩，经果林总面积达 41.8 万亩。实施了海弘 10 万头生猪育肥、仔猪保育和沐沙三期万头奶牛规模化养殖场等项目，通过示范引领，养殖业规模效益不断提升。新增高效节水农业 3.3 万亩，总面积达 16 万亩，大力推广平衡施肥、水肥一体化等技术，亩均节水 50%以上，实现了节本增收。

城乡面貌明显改善。统筹城乡一体化发展，先后实施了新墩、西关等 10 个棚户区改造项目，新建安置房 1.1 万套 105 万平方米，完成时代佳苑、金河三期 B 区、应理新社区等 16 个棚户区房屋安置，积极稳妥地回迁安置群众 2161 户，因拆迁安置导致的群体性信访矛盾正逐步消解。精心打造美丽乡村，完成常乐、永康、宣和 3 个小城镇和姚滩、沈桥等 7 个“美丽村庄”建设项目，改造农村危房 450 户，配套完善了道路、供排水、文化广场、太阳能路灯等基础设施。将城市“以克论净”环卫保洁模式向农村和社区延伸，按照“12625”的思路打造农村环境卫生综合整治示范区，将环境卫生整治经费列入财政预算，每年投入 1000 万元，集中开展违章建筑拆除、乱堆乱放清理、沟渠垃圾清理、乡村绿化提升“四大专项行动”，严格落实“9 个无”和“5 个 3”环卫保洁标准，建立健全了“三检三考”和“181”严管重罚长效机制，城乡环境面貌和农村人居环境发生明显变化。

脱贫攻坚扎实推进。把脱贫攻坚作为“一号工程”，通过召开动员誓师大会，签订“目标责任状”，制订了脱贫攻坚行动计划和实施方案，逐级压实责任。以生态移民区 11 个重点贫困村为主战场，精准识别建档立卡户 3954 户 15001 人，围绕做好“有土”和“离土”两篇文章，全力实施“七大精准扶贫工程”。因地制宜扶植培育了米粮川硒砂瓜、兴仁移民区牛羊养殖、敬农移民区经果林、鸣沙村特色旅游等产业，依托劳务转移、金融信贷、教育阻断、社会兜底等一系列脱贫攻坚政策支撑，有效增加了贫困群众收入，1408 户 5185 人建档立卡户和团结、泰和两个重点贫困村将率先脱贫销号。

民生保障水平提升。实施了兴仁、香山农村抗旱应急水源保障工程，4 万余群众喝上了安全优质放心水。不断扩大城乡居民养老、医疗保险覆盖面，启动实施了 2.2 万失地农民参加养老保险工作，为 10475 名困难老人免费办理意外伤害险。发挥城乡低保、高龄津贴等政策兜底作用，农村居民最低生活保障标准与困难群众脱贫标准实现“两线合一”。健全完善农村幸福院、老年饭桌等老年服务阵地，大力实施居家养老视频通话等一批养老服务项目，初步建成了功能完善、规模适度、覆盖城乡的多层次养老服务体系。全面落实社区减负增效工作，推行网格化管理，社区服务能力不断提升。深入推进“三下乡”、农村文化书屋等文化惠民工程，基层文化呈现新气象。稳步落实计生惠民政策，计生工作指标实现“三升一降”。

社会大局和谐稳定。充分发挥区委核心领导作用，积极支持人大、政协依法依章履行职能，大力营造民主团结、生动活泼的政治局面。切实加强工会、共青团、妇联工作，服务发展合力进一步增强。稳步推进司法体制改革，支持法检两院依法行使审判权和检察权，营造公平正义的法制环境。扎实推进信访规范化年建设活动，健全社会矛盾纠纷“大调解”机制，采取处级领导包保责任制，成功化解 27 件历年信访积案，进京非访批次和人次大幅下降，“大调解”经验在全市推广。依法加强宗教事务管理，不断创新社会治理，持续加强平安创建工作，依法严厉打击邪教、传销等违法犯罪活动，强化社会稳定风险评估，群众安全感不断增强。重拳治理安全隐患和环保突出问题，安全生产和环保形势总体平稳。

党的建设全面加强。扎实开展“两学一做”学习教育，围绕“五查五树”专题深入研讨学习，广大党员党性修养进一步增强。大力推行“党建 +X”发展模式，培树凯歌、黄湾村等 10 个“产业党建”示范点。创新推行“四化一满意”服务群众工作机制，变“群众跑腿”为“数据跑路”，基层党组织的服务意识和办事能力明显提升。坚持从严选好干部、从严管理干部，着力构建高素质干部队伍，各级领导班子的整体功能和工作合力明显增强。加强党管武装、国防动员工作，推动军民融合发展。全面落实党风廉政建设党委主体责任和纪委监督责任，扎实开展贯彻落实中央八项规定“回头看”和涉农领域专项排查行动，收缴违纪资金 39.2 万元，切实整治和查处了侵害群众利益的腐败问题和不正之风。

这些成绩的取得，是区、市党委、政府坚强领导的结果，是全区各级党组织和广大干部群众共同奋斗的结果，也是社会各界人士鼎力支持的结果。在此，我代表区委常委会，向各位委员及在座的同志们，并通过你们向沙坡头区广大干部群众表示衷心的感谢！

在肯定成绩的同时，常委会清醒地认识到当前沙坡头区经济社会发展还存在许多不足和问题：体制机制还不够顺畅，职能转变和机构改革还有待进一步加强；经济总量小，工业基础弱，产业转型升级任务重；农业现代化程度较低，农产品附加值不高，农民持续增收难；社会治理、脱贫攻坚、改善民生任务依然很艰巨；个别干部不作为、慢作为，损害群众利益现象时有发生等，务必引起我们高度重视，采取强有力措施，切实加以解决。

二、统筹谋划 2017 年工作，进一步提升科学发展水平

2017 年是沙坡头区实现追赶跨越的关键之年，全区上下必须围绕沙坡头区第一次党代会提出的奋斗目标，紧扣“十三五”发展的目标定位和战略任务，奋力追赶，大干快上，加快推进经济社会持续健康发展。总体工作要求是：高举中国特色社会主义伟大旗帜，以邓小平理论、“三个代表”重要思想和科学发展观为指导，认真贯彻中共十八大和十八届三中、四中、五中、六中全会、自治区第十二次党代会、中卫市第四次党代会精神，深入学习习近平总书记系列重要讲话和来宁视察重要讲话精神，坚持稳中求进、加快发展的总基调，主动适应经济发展新常态，坚定不移实施“创新驱动、产业带动、富民共享、生态优先”四大战略，以提高经济发展质量和效益为中心，以结构调整为主线，以深化改革为动力，以项目建设为载体，以改善民生为目的，大力弘扬“不到长城非好汉”的宁夏精神，加快建设开放富裕和谐美丽沙坡头区。主要预期目标是：地区生产总值增长 8%，地方公共财政预算收入增长 8%，固定资产投资额增长 12%，社会消费品零售总额增长 8%，城镇和农村常住居民人均可支配收入分别增长 9%和 10%以上。

实现上述目标，重点要抓好以下四个方面的工作：

（一）坚定不移实施创新驱动战略，加快推进开放沙坡头区建设

突出改革创新，释放发展活力。扎实推进重点领域改革。切实抓好农村综合改革示范试点工作，吃透中央土地“三权分置”改革政策，通过农村土地承包和流转经营权抵押贷款、优势特色产业担保贷款、城乡建设用地增减挂钩等有效途径，盘活农村各类资源要素，激发农村发展活力。深入推进农村集体经济组织产权制度改革，完成西关和雍楼等10个村集体经济组织产权股份制改革。深化行政体制改革，调整乡镇内设机构，组建沙坡头区国土分局，进一步理顺市、区部门设置和职能职责。加快投融资制度改革，建立政府融资平台，组建沙坡头区国有资本运营公司，盘活存量资产，促进投融资由政府举债向资本运作转变，着力破解融资难题。

突出项目拉动，激发发展动力。紧盯国家政策投资动向，加大项目资金争取力度，积极加强与国家部委和自治区厅局对接衔接，充分利用各项优惠政策，精心谋划筛选项目，全力争取各类项目资金。健全处级领导包抓重点项目责任制和项目现场评促推进机制，着力破解征地拆迁、项目融资等瓶颈难题。靠实项目投资主体、资金来源、实施地段，明确项目牵头领导、责任单位、责任人、完成时限，开工建设农产品加工园区、鸣沙古镇、五里棚户区改造、工业园区基础设施、科豪陶瓷600万平方米高档地砖等110个项目，努力培育新的经济增长点。

突出招商引资，增强发展后劲。2017年是全市项目建设年和招商引资年，紧盯全国工商联十一届十次常委会在宁夏召开的重要机遇，围绕全域旅游、云计算、交通物流、现代农业、新材料、新能源等重点领域，开展全员招商，将300亿元招商引资签约任务分解到部门和乡镇，落实到人头。成立由处级领导牵头的现代农业、新型工业、全域旅游、城乡建设、信息及扶贫等5个产业专题招商小组，积极主动“走出去”招商，采取以商招商、节会招商、网络招商、产业链招商等多种模式，争取引进一批建设规模大、投资强度高、产业带动强、科技含量高、环境污染小的好项目，确保正源绿色大数据中心产业园、宁夏西域金枸公司万亩黑枸杞育苗及种植、万达广场商贸综合体、新能源汽车充电桩等4个市上下达的重点招商引资项目落地，争取完成300亿元的招商引资签约任务。

（二）坚定不移实施产业带动战略，加快推进富裕沙坡头区建设

融入全域旅游，提升现代服务业水平。围绕全域旅游、交通物流和商贸服务，着力打造具有区域特色和比较优势的现代服务业体系。大力发展乡村旅游。按照“一核、两区、三带、多节点”的全域旅游空间布局，加强顶层设计，编制《沙坡头区乡村旅游资源开发利用规划》。规划建设鸣沙古镇（迎水桥特色旅游小镇），实施沙坡头南岸旅游开发项目、南长滩古村落保护扩容工程，在规范童家园子、南北长滩等乡村旅游和农家乐的同时，充分利用城市闲置房屋，在文昌、滨河加快发展家庭旅馆，进一步丰富旅游业态，拉长产业链条。依托辖区特色农业优势，加快发展田园采摘、农家乐体验等休闲农业和观光旅游，重点实施黄河人家农家乐、长丰家庭农场生态观光、阳光怡然都市休闲观光、永康千亩苹果采摘体验园等乡村旅游项目建设，将全域旅游向乡村拓展，努力推进旅游进入全域、全民时代。大力发展电子商务。规划建设沙坡头电子商务进农村孵化园，开工建设农特产品电子商务O2O体验中心，建成1个区级电商公共运营中心，做实做强大麦地农村电商B2B交易平台，基本构建“一网多用、城乡联动、双向流通、一店多能、城乡一体”的农村现代流通体系。加快发展现代物流业。全力协调、加快推进中国物流中卫物流园、镇罗公铁物流园等园区建设，充分发挥城际高铁的流通、集聚和辐射功能，以高铁站为核心，打造常乐高铁商贸服务圈。逐步构建以装备制造、新材料和能源化工等产业为重点服务对象的产业物流服务体系。

依托“四带一区”，提升现代农业效益。坚持走“一特三高”发展路子，转方式，调结构，深入推进国家级现代农业示范区建设，加快实施国家级农村一二三产业融合发展试点示范县项目，促进农业提质增效和农民持续增收。提升特色农业效益。

建设 30 万亩硒砂瓜品质品牌保护区，建立“香山硒砂瓜”原产地地理标示和农产品质量安全追溯体系，向品质品牌要效益。以“引技术、扩规模、提质量、增效益”为目标，加大土地集中流转力度，引进现代农业龙头企业适度规模经营，建成 2 万亩蔬菜种子生产基地，新增永久性蔬菜基地 3000 亩，推动设施蔬菜产业扩规增效。加快实施经果林扩规提质工程，新建枸杞基地 1 万亩、苹果基地 5000 亩，完成低产园树体改造 1.5 万亩，加大新品种引进和新技术推广应用，不断提升经济效益。以标准化规模养殖场建设为龙头，大力发展奶牛、肉牛、肉羊、生猪等产业，实施香岩集团万头肉牛和阜民丰万头奶牛养殖项目，扩大养殖业规模，促进养殖企业、合作社向标准化、规模化方向发展。培育优势特色农业品牌。实施品牌带动战略，强化科技支撑，加大无公害、绿色、有机农产品生产和认证，切实增强农产品质量和品牌意识。借助“香山硒砂瓜”“宁夏红”枸杞果酒全国知名品牌的带动效应，组织企业组团营销和包装推介，努力把“沙坡头”蔬菜、“南山阳光”苹果、乌玛枸杞等特色农产品打造成全国知名品牌。壮大新型农业经营主体。充分发挥财政支农资金杠杆作用，落实担保贷款、贴息贷款、风险补偿等各项政策，搭建现代农业发展融资平台，大力培育和发展 40 家以上家庭农场、专业大户、农民合作社、农业产业化龙头企业等新型农业经营主体，提高农民组织化程度，形成创业带就业、就业带家业、家业带产业的增收格局。

挖掘园区资源，提升新型工业水平。加快完善基础设施。加快推进镇罗工业基地与中宁工业园区相向一体化发展，打通 8 公里连接线。新建、改扩建 4 个工业产业基地道路 7 条 22 公里，开工建设镇罗工业基地污水厂，实施宣和工业基地排水工程，全面改造提升工业产业基地绿化、亮化，配套完善环保设施和安全生产设施，提升工业基地承载能力，为工业和招商项目落地搭建平台。不断提升服务水平。设立沙坡头区工业和信息化服务中心，制定出台可操作性强的产业基地管理办法，以管理促服务，着力加强工业运行分析，监测企业运行状况，研判经济发展态势，精准梳理相关产业扶持政策，帮助企业解难题、降成本、去库存、增效益。大力培育产业集群。着眼于“三去、一降、一补”供给侧结构性改革，调整工业内部结构，加快推进铁合金、电石、陶瓷等高耗能企业进行技术改造与战略转型，推广余热余气利用，促进生产、流通、消费过程减量化、资源化、再利用，支持企业走节能循环之路，着力培育冶金、新能源、新型建材 3 个产业集群，培育工业经济新的增长极。

（三）坚定不移实施富民共享战略，加快推进和谐沙坡头区建设

扎实推进脱贫攻坚。按照“精准扶贫、精准脱贫”基本方略，深入实施脱贫攻坚集中推进行动，确保 1500 户 5185 人和高庄、王团等 10 个重点贫困村如期脱贫销号。紧盯生态移民区主战场，扎实做好“有土”和“离土”两篇文章，因地制宜培育发展优势主导产业，大力开展实用技术培训和劳务输出，多渠道促进建档立卡贫困户增收。全力实施“七大精准脱贫工程”，推动“输血式”向“造血式”转变。加快易地搬迁安置房建设进度，完成 1432 人房屋安置和土地分配任务，确保搬得来、稳得住、逐步能致富。积极落实自治区党委、政府《关于解决自主迁徙居民有关问题的指导意见》，有效解决辖区自发移民户籍、土地、宅基地、农业补贴、社会保障等问题，将自发移民纳入建档立卡范围，确保与其他群众享受同等待遇，努力做到不让一个贫困户掉队。

切实保障和改善民生。严格落实社会保险衔接转续政策，进一步扩大社会保障覆盖面。加快推广应用“民政云”，提升社会救助管理系统应用水平。不断完善养老服务体系，规划建设柔远镇靖互助养老院、文昌五里日间照料中心等一批养老服务机构，加大对已投入运营的农村老饭桌、社区日间照料中心等老年服务阵地的补助力度。实施城乡供水一体化工程，提高 27 万人口的供水保障能

力。开工建设沙坡头区全民健身中心，新建柔远、兴仁、香山3个乡镇文化中心，推行乡镇文化站公建民营公助管理运行模式，完善全民健身和公共文化服务体系。努力办好人民满意的教育，加快发展学前教育，推进职业教育，全面提升教育教学质量。加强农村医疗卫生事业发展，推进标准化卫生室建设，提高农村和社区医疗卫生队伍服务能力，构建覆盖城乡的基本医疗卫生服务体系。

全面推进社会治理。进一步健全完善党委领导、政府负责、社会协同、公众参与的社会治理格局，不断创新社会治理方式，深入推进平安沙坡头区建设，健全完善城乡立体化社会治安防控体系，强化社会稳定风险评估，依法严密防范和惩治各类违法犯罪活动。全面推广柔远“大调解”模式，建立“互联网＋多元矛盾化解”工作机制，构建矛盾纠纷排查调处工作新模式。深入贯彻中办、国办《信访工作责任制实施办法》，坚持用法治思维和法治方式解决信访难题，推动信访工作走上法治化轨道，促进社会和谐稳定。高度重视安全生产和环保整治，坚决防范和遏制重特大安全事故发生。完善基层社会治理机制，做实村民代表会议制度，持续深化城乡社区治理工作；发挥村务监督委员会作用，深化“四议两公开”，加强村级民主建设。创新法治宣传教育工作，扎实推进“七五”普法，为经济社会发展营造良好的法治环境。

（四）坚定不移实施生态优先战略，加快推进美丽沙坡头区建设

不断改善人居环境。按照“城市郊区村落向市区集中”的思路，加大城中村及老旧住宅小区综合改造力度，完成老城区祥瑞二期、工商局家属楼等最后一批城中村改造项目，改造大河机床厂家属楼等23个老旧小区18万平方米，实施新墩西区、双桥三期、郭营、刘台等6个棚户区7726户改造项目，完成双桥一期、新墩东区、金河三期B区等4个续建工程和群众回迁安置。不断加强和完善城市核心区公共服务设施和基础设施建设，努力解决群众关心的“路、水、电”等热点问题，助推城市产业功能、服务功能、居住功能升级，大力提升城区品质品位，全面推进城区现代化进程，努力打造生态宜居城市核心区。

加快美丽乡村建设。坚持以产强镇、以镇兴产，规划实施迎水桥旅游特色小城镇、宣和民族特色小镇和中卫至兰州客专常乐棚户区改造项目，探索“小城镇＋”融合发展模式。按照以点带面、扩面连线的工作思路，争取实施观音、关庄、冯桥等8个“美丽村庄”。扩大“以克论净”深度保洁模式延伸覆盖范围，将农村环境卫生综合整治示范区向东、西扩展，对新纳入的环境综合整治示范村集中开展“五大专项行动”，开展铁路沿线及高速公路两侧环境卫生专项整治，打好农村环境综合整治攻坚战、持久战，努力建设宜居宜业宜游的美丽沙坡头区。

加强生态文明建设。稳步推进黄河中卫城市过境段水生态治理与保护工程，全力配合实施黄河沿岸生态景观绿化工程，打造优美的城市景观带。启动实施典型流域农业面源污染综合治理试点项目，加大秸秆焚烧环境监管，加强农用残膜等“白色污染”整治力度，重拳整治环保突出问题。加大封山禁牧力度，巩固禁牧封育、退耕还林还草成果。持续推进主干道路整治和乡村绿化、农田林网等工程，努力打造一幅城镇园林化、道路林荫化、水系林网化、乡村林果化的生态美景。

三、深入贯彻落实中共十八届六中全会精神，全面从严加强党的建设

中共十八届六中全会专题聚焦全面从严治党，表明了党中央坚定不移推进全面从严治党的政治决心。站在新的历史起点上，推动沙坡头区追赶跨越发展，必须坚持全面从严治党不动摇，常抓不懈、久久为功。

深入学习贯彻落实中共十八届六中全会精神。中共十八届六中全会是我国进入全面建成小康社会决胜阶段召开的一次十分重要的会议。各级党组织要把学习贯彻全会精神作为当前和今后一个

时期的重要政治任务，切实把思想和行动统一到全会精神上来，以全面从严治党的新要求、新成绩、新气象，为建设“四个沙坡头区”提供有力保障。要精心组织，周密部署，全方位、多角度、深层次学习宣传贯彻好全会精神，准确把握全会确定的“以习近平同志为核心的党中央”这一重大决定的历史意义，准确把握全面从严治党这一鲜明主题，准确把握严肃党内政治生活的精神实质，准确把握党内监督的必要性和紧迫性，确保六中全会精神覆盖各级党组织和全体党员，做到家喻户晓、深入人心。各级领导干部要学在前、用在前，带头学习贯彻《中国共产党廉洁自律准则》和《中国共产党纪律处分条例》，带着问题学，结合实际学，创新方法学，力求学深学透、融会贯通。要根据六中全会的最新要求，着力突出全面从严，制订符合沙坡头区实际的贯彻执行意见，进一步完善思路、提高标准，为各级党组织严肃党内政治生活、加强党内监督提供重要遵循，不断推进全面从严治党要求落到实处。

切实加强常委会自身建设。要更加注重制度建设，进一步完善常委会议事规则，严格执行“三重一大”事项集体决策等制度规定，保证常委会规范运行。更加注重理论武装，增强学习内容的针对性、系统性，切实提高运用最新理论成果指导实践的能力。更加重视决策科学化、民主化、规范化，进一步完善决策机制，提高科学决策能力水平。更加注重运用法治思维和法治方式来深化改革、推动发展、化解矛盾、维护稳定，创新群众工作机制和方式方法，最大限度调动一切积极因素，凝聚改革发展的强大合力。更加注重创新领导经济社会发展机制，定期研究经济社会发展战略、分析经济形势、研究重大方针政策，推动党领导经济社会发展制度化、规范化。

切实加强领导班子和干部队伍建设。扎实开展“领导干部素质提升年”活动，把坚定理想信念作为开展党内政治生活的首要任务，加强党员干部理想信念教育、宗旨意识教育、纪律作风教育、优良传统教育，切实提高各级领导班子和领导干部的整体素质。强化党内监督，坚持民主集中制，加强对领导干部特别是“一把手”的监督，使领导干部置身于党组织、党员、群众的监督之中。进一步深化干部人事制度改革，完善政绩考核评价体系和奖惩机制，认真执行干部能上能下制度，大力整治为官不正、为官不为、为官乱为等问题，形成能者上、庸者让、劣者下的用人导向和从政环境。落实党员干部改革创新容错纠错机制，为敢于担当的干部担当，为敢于负责的干部负责，努力创造敢于担当、积极干事的宽松环境。坚持党管人才原则，健全完善人才引进、培育、选拔、流动、激励机制，为建设“四个沙坡头区”提供人才保障。

切实加强基层党组织建设。牢固树立狠抓基层党组织建设的鲜明导向，把全面从严管党治党的要求和责任贯穿到基层、落实到支部，推动基层党建工作全面进步、全面过硬。深入推行“联建互助、三培三带”党建模式，加大非公企业和社会组织党组织建设力度。结合村“两委”换届工作，选优配强基层党组织书记，持续整顿软弱涣散基层党组织。全面推行基层党建工作项目化管理模式，实行党建品牌培育工程，拉开6条党建示范带创建框架，按照“三星五有”的标准，打造30个有特色、能推广的党建示范点，辐射带动基层党建工作整体水平。深入推进“四化一满意”服务群众工作机制，努力把基层党组织建设成为推动发展、服务群众、促进和谐的坚强战斗堡垒。创新党员教育管理服务机制，扎实开展“三建四关心”“五必访”等服务党员工作。加强城乡基层党建资源整合，构建以城带乡、城乡互促、资源共享、功能互补、共同提高的基层党建工作新格局。

切实加强民主政治建设。充分发挥党委领导核心作用，协调好各方关系，调动一切积极因素推动沙坡头区科学发展。支持人大及其常委会依法履行职能，加大对“一府两院”监督。支持人民政协履行政治协商、民主监督、参政议政职能。巩固和扩大最广泛的爱国统一战线，加强与民主党派、无党派人士团结合作。依法加强宗教事务管理，促进宗教领域和谐稳定。进一步提高党管武装工作水平，加快推进军民融合深度发展。积极扩大基层民主，保障公民依法行使民主权利。支持工会、共青团、妇联等人民团体依照法律和各自章程开展工作，逐步形成推动发展的强大合力。

切实加强党风廉政建设。各级党组织要把遵守党的政治纪律和政治规矩放在首位，认真贯彻执行《廉洁自律准则》《纪律处分条例》《问责条例》《党内监督条例》和《党内政治生活若干准则》，切实增强“四个意识”，做到“四个看齐”，力促党员干部知纪、畏纪、守纪。要切实担负起从严治党政治责任和党风廉政建设主体责任，加强对党员干部的教育管理和监督，以问责倒逼责任落实，推动从严治党从宽松软向严紧硬转变。要深入巩固党的群众路线教育实践活动、“三严三实”专题教育和“两学一做”学习教育成果，持之以恒纠“四风”，狠抓中央八项规定落地生根，促进作风建设常态化、长效化。继续保持正风肃纪的高压态势，坚决整治和查处损害群众利益的不正之风和腐败问题，坚持有案必查、有贪必肃，以党风廉政建设的实际成效取信于民。

同志们，新体制催生新动力，新常态呼唤新作为。沙坡头区新一轮发展的历史机遇已经到来，我们的责任更加重大，使命更加光荣。让我们紧密团结在以习近平同志为核心的党中央周围，在区、市党委、政府的坚强领导下，围绕沙坡头区第一次党代会绘就的宏伟蓝图，大力弘扬“不到长城非好汉”的宁夏精神，以更加高昂的斗志，更加饱满的热情，更加务实的作风，团结一致，万众一心，为加快建成开放富裕和谐美丽沙坡头区而努力奋斗！

【名词解释】

1.“四带一区”：环香山地区硒砂瓜产业带、引黄灌区设施蔬菜产业带、南山台扬黄灌区经果林产业带、南北部养殖业产业带以及高效节水现代农业示范区。

2.“9个无”：无建筑垃圾、无私搭乱建、无乱堆乱放、无瓜果皮壳、无白色污染、无树挂、无污泥积水、无人畜粪便、无拴养牲畜。

3.“5个3”：地表垃圾百米不超过3处，停留时间不超过30分钟，路面尘土每平方米不超过30克，每天清扫3次、保洁3次。

4.“三检三考”：区上一月一检查，一季度一考核；乡镇一周一检查，一月一考核；村（社区）一天一检查，一周一考核。

5.“181”奖罚机制：奖励10%的优秀，激励80%的多数，淘汰10%的落后的农村环境卫生保洁员和环境监督管理员队伍机制。

6. 计生工作指标“三升一降：与去年同期相比，出生人口政策符合率、群众对计划生育新政策的知晓率、综合避孕节育措施落实率上升，出生人口缺陷发生率下降。

7. 社会矛盾纠纷“大调解”机制：镇、单位、村、组“四级联调”，人民调解、行政调解、司法调解“三调联动”。

8.“四化一满意”服务群众工作机制：建立以信息化服务平台为基础，全域化服务体系为支撑，网格化服务管理为手段，常态化服务机制为保障，群众满意为目标的工作新机制，着力提升各级党组织服务改革发展、服务党员群众的能力和水平。

9.“七大精准脱贫工程”：特色种植工程、养殖示范工程、劳务转移工程、政策扶持工程、金融信贷工程、光伏扶贫工程、易地搬迁工程。

10.五大专项行动：开展乱堆乱放清理、沟渠垃圾清理、乡村绿化提升、违法违章建筑拆迁、废旧物资收购站整治。

11.“联建互助、三培三带”：产业发展和基层党建“联建互助”；培养党组织带头人、带强支部班子；培养优秀党员、带活党员队伍；培养致富能人，带富全村百姓。

12.“三星五有”：党建示范点必须达到三星及以上标准；有坚强有力的红色队伍，有健全完善的红色制度，有务实管用的红色载体，有功能齐全的红色阵地，有生动活泼的红色文化。

13.“三建四关心”：建立党员个人档案、党内关怀制度、党内关爱资金，关心党员思想进步、身心健康、家庭幸福、形象树立。

14.“五必访”：党员生病住院、生活遇到特殊困难、家庭受灾或发生意外、流动党员外出返乡、老党员每逢重大节日“五必访”。

15.“四个看齐”：在立场态度上向中央看齐，在责任担当上向中央看齐，在方法措施上向中央看齐，在示范带动上向中央看齐。

围绕中心 依法履职
奋力推进开放富裕和谐美丽沙坡头区建设

——在中卫市沙坡头区第一届人民代表大会第一次会议上

（2016 年 7 月 14 日）

中卫市沙坡头区人大常委会筹备领导小组组长 焦清春

各位代表：

我受沙坡头区人大常委会筹备领导小组的委托，向大会提出本届人大常委会工作建议，请予审议。

筹备工作情况

各位代表，设立中卫市沙坡头区，体现了自治区党委、政府和中卫市委、政府对沙坡头区 40.6 万回汉人民的关怀与厚爱。区人大常委会筹备领导小组成立 3 个月来，认真落实区、市党委关于筹建沙坡头区人大常委会的要求，依照地方组织法、选举法、代表法等有关法律法规的规定，依法有序开展了筹建工作。

一、依法选举沙坡头区人大代表

筹备领导小组及时提请市人大常委会设立了沙坡头区选举委员会和各乡镇选举委员会，提请区党工委审定印发了《沙坡头区第一届人民代表大会选举工作实施方案》，明确了代表选举的指导思想、主要任务、基本要求、方法步骤等。按照选举法规定，合理划分选区、分配代表名额。对各乡镇人大主席、人大专干进行了代表选举业务培训，指导各乡镇深入调研、仔细复核，依法进行选民登记；严格按照相关规定，认真组织提名推荐、酝酿讨论、依法审查，严把代表政治关、素质关、结构关，提名推荐区人大代表正式候选人 342 名，并采取适当形式对候选人情况进行了介绍。期间，筹备领导小组成员多次深入各乡镇调研督导，及时掌握人大代表选举工作进展情况，协调解决选举工作中出现的问题；先后 2 次召开人大代表选举工作推进会，指导各乡镇严格法定程序、注重工作细节，扎实做好各个环节的工作，确保选举工作顺利推进。经过筹备领导小组和广大干部群众的不懈努力，沙坡头区 143 个选区依法选举产生了 199 名沙坡头区第一届人民代表大会代表。经大会代表资格审查委员会依法审查，当选的人大代表结构合理、素质较高，充分体现了广泛性、代表性和先进性，为代表沙坡头区人民行使管理地方国家事务的权力奠定了良好基础。

二、积极参与区委中心工作

筹备领导小组成员严格落实领导干部包抓重点项目责任，主动深入各乡镇开展调研，了解熟悉沙坡头区重点项目、重点工作情况，协调解决项目推进中遇到的困难和问题，有效推进了重点工作的落实。同时，按照扶贫攻坚的总体要求，筹备领导小组成员深入联系帮扶贫困村开展调研，面对面听取基层干部和困难群众心声，准确掌握贫困村实际情况，引导贫困群众增强脱贫信心和决心，帮助贫困村制订产业发展计划，多方协调帮助贫困村解决村级活动场所维修、农业产业技术改造、交通水利设施建设等实际困难。指导各乡镇圆满完成了人大、政府换届选举工作。

三、精心筹备一届一次人代会

在市人大常委会的精心指导和沙坡头区委的坚强领导下，筹备领导小组根据设立沙坡头区的新特点、新情况，制定了沙坡头区第一届人民代表大会第一次会议筹备方案，提请区委研究，确定了会议召开的时间地点、会议议程、日程安排及各项建议名单等，确保会议筹备工作紧张有序进行。认真组织起草人大常委会筹备领导小组工作报告，广泛征求意见，反复讨论修改，形成了内容具体、符合区情的工作报告。组织对沙坡头区“十三五”规划纲要草案、2016年国民经济和社会发展计划草案、财政预算草案报告和法、检“两院”工作报告进行初审，提出了修改意见。同时，采取多种形式，广泛深入地宣传人民代表大会制度，营造主题突出、团结鼓劲、奋发向上的舆论氛围。

各位代表，经过筹备领导小组和沙坡头区广大干部群众的共同努力和社会各界的大力支持，沙坡头区第一届人民代表大会第一次会议筹备工作圆满完成并于今天正式开幕。在此，我代表区人大常委会筹备领导小组向所有关心支持沙坡头区人大工作的各位代表、社会各界致以衷心的感谢和崇高的敬意！

今后五年的工作

各位代表，围绕沙坡头区第一次党代会提出的奋斗目标，今后五年，沙坡头区人大常委会工作的指导思想是：高举中国特色社会主义伟大旗帜，全面贯彻落实中共十八大和十八届三中、四中、五中全会精神，以马克思列宁主义、毛泽东思想、邓小平理论、“三个代表”重要思想和科学发展观为指导，深入贯彻习近平总书记系列重要讲话精神，按照“五位一体”总体布局和“四个全面”战略布局，坚持创新、协调、绿色、开放、共享发展理念，坚持党的领导、人民当家作主、依法治国有机统一，在区委的坚强领导下，围绕中心，服务大局，认真行使宪法和法律赋予的职权，着力推动经济发展，着力保障改善民生，着力维护社会稳定，为加快建设开放富裕和谐美丽沙坡头区，全面建成小康社会而努力奋斗。

做好今后五年的工作必须坚持以下原则：

第一，必须把坚持区委的领导作为人大工作的根本保证。坚持人大工作的正确政治方向，必须把党的领导贯穿于依法履职全过程，坚决维护党的领导核心地位，做到思想同心、目标同向、工作同力。必须自觉将人大工作置于区委的领导之下，找准服务中心工作的路径和抓手，围绕区委的中心工作履职尽责，为沙坡头区经济社会科学发展提供强有力的支撑和保障。

第二，必须把坚持服务发展作为人大工作的第一要务。区党代会明确了沙坡头区今后一个时期的发展思路、发展方向、发展目标。常委会必须围绕区党代会和本次人代会提出的奋斗目标，始终坚持服从和服务于改革发展稳定大局，在围绕打造生态宜居城市核心区、全域旅游城市先行区、交通物流城市枢纽区、特色产业城市示范区、国际云端城市云产业集聚区的发展理念中积极作为，在落实创新驱动、产业带动、富民共享、生态优先“四大战略”中依法履职，为沙坡头区经济社会创新发展保驾护航。

第三，必须把坚持人民主体地位作为人大工作的本质要求。人民是人大之源，是人大之基。人大及其常委会要不负人民重托，对人民负责，为人民掌握和行使好国家权力。要毫不动摇地坚持人民代表大会制度，依法实行民主选举、民主决策、民主管理、民主监督。要通过人大工作让民意得到更加通畅地表达，更加充分地反映。要及时了解群众所思、所盼、所忧、所急，通过各项职权的行使，督促解决人民群众反映强烈的热点、难点问题，实现好、维护好、发展好最广大人民群众的根本利益。

第四，必须把坚持依法治区作为人大工作的重要使命。人民代表大会制度是贯彻依法治国基本方略的制度依托。常委会必须自觉遵守宪法和法律，严格依法决策、依法监督、依法办事，保证人大各项工作忠实于法律。要理顺监督机制、创新监督方式、突出监督重点，通过对法律实施情况和“一府两院”工作的有效监督，推进依法行政、公正司法。

第五，必须把坚持民主集中制作为人大工作的基本准则。常委会必须严守政治纪律和政治规矩，牢固树立政治观念、大局观念、群众观念和法治观念，按照民主集中制原则，依照法定程序，集体行使职权，集体决定问题，努力提高为人民执好政、掌好权的本领。要不断提升组成人员履职能力，完善工作制度，改进工作作风，为坚持民主集中制提供组织保障、制度保障、作风保障。

今后五年必须做好以下主要工作：

一、围绕中心，服务大局，在推动科学发展上有新作为

发展是党执政兴国的第一要务，推动发展是人大依法履职的根本目的。常委会要切实增强政治意识、大局意识，在沙坡头区发展大局中找准位置，向中心聚焦、为发展聚力，抓住事关沙坡头区改革发展稳定中具有全局性、根本性、长远性的重大问题，以对党对人民高度负责的精神，主动适应经济发展新常态，牢牢把握沙坡头区跨越发展、转型追赶主题，着眼于推动经济社会发展，改善民生福祉，促进社会和谐，议大事、谋大事、促大事，把推动改革、促进发展贯彻落实到人大各项工作中。要围绕区委的重大决策部署，依法行使重大事项决定权，综合运用提请审议、科学论证、民主决策等程序，依法把决定权用好。要不断完善制度机制，努力实现讨论决定重大事项的科学化、民主化、法制化。要坚持党管干部与人大依法任免的有机统一，充分发扬民主，依法行使好任免权。要把党内工作程序与人大工作程序有机结合，保证区委推荐的人选通过法定程序成为国家机关的工作人员。要不断规范人事任免程序和形式，加强干部任前、任中、任后监督，强化被任命人员的法治意识、公仆意识和自觉接受人大监督的意识，促其更好地为人民服务。要主动融入全区发展大局，坚持问题导向，深入基层一线，加强调查研究，总结经验，提出建议，为区委提供决策依据。

二、以人为本，关注民生，在促进社会和谐上有新成效

民生连着民心，民心凝聚民力，维护和实现人民群众的根本利益，是人大工作的出发点和落脚点。常委会要牢固树立全心全意为人民服务的思想，充分发挥密切联系群众的优势，始终坚持问政于民、问需于民、问计于民，保护和调动广大人民群众的积极性。要永远保持为民履职、执政为民的情怀，力戒形式主义，不做表面文章，围绕提升人民群众的获得感和幸福感，坚持把维护群众的利益作为第一目标，把满足群众的需求作为第一重点，把关心群众的疾苦作为第一责任，对沙坡头区产业发展、民生改善、脱贫攻坚、环境保护、创业就业、社会稳定等群众普遍关心关注的热点问题，有倾听、有回应，多做致民富、增民利、纾民忧、解民困的好事实事，努力让人民群众更多地分享改革发展成果，努力为人民群众创造学有所教、劳有所得、病有所医、老有所养、住有所居、安全和谐的生活环境。

三、创新形式，依法履职，在增强监督实效上有新突破

开展监督工作是宪法和法律赋予地方人大及其常委会的一项重要职权。常委会要大力弘扬敢于担当的精神，围绕“十三五”发展大局，紧扣区委决策部署，进一步增强依法履职的责任感和使命感，把监督机关的优势发挥出来。要以增强监督实效为核心，充分运用法律赋予的监督形式，突出重点,力求精准,重点围绕法律法规实施、国民经济发展、产业结构调整、重点项目建设、脱贫攻坚任务、民生保障改善等,有针对性地开展检查、视察和调研活动。切实发挥人大常委会的职能作用,按照推进深化改革,促进创新发展的要求,对经济社会发展中的重大问题,依法治区战略中存在的突出问题,人民群众普遍关注关切的热点问题,开展法律监督和工作监督,促进"一府两院"依法行政、公正司法,创造性地开展工作。要在区委的领导下,坚持监督与支持并重,服务与发展结合,掌握好监督"尺度",把握好监督"力度",敢于监督、善于监督,不越权、不失职,既要对存在的问题、需要改进的事项,监督到位,整改到位;又要和"一府两院"互相信任、互通信息、同心协力,努力形成相互支持、推进工作的强大合力。

四、加强联系,强化服务,在发挥代表作用上有新举措

人大的主体是代表,人大的权力在代表。常委会要突出人大代表的主体作用,通过学习培训带动、代表活动推动、优质服务促动、健全机制驱动,激发代表自觉履职的积极性。要深入推进人大代表主题实践活动,加强上下联动、统筹融合,综合运用专题调研、代表视察、执法检查、评议询问、接待走访选民等多种方式,不断丰富活动的内涵和形式,引导代表发挥身处一线、带动群众能力强的优势,争当干事创业、为民服务、依法履职的表率。要健全代表履职保障机制,建立代表履职信息服务平台,加强代表活动与常委会工作有序对接,邀请代表列席常委会会议、参加执法检查等活动,扩大代表参与度,进一步密切常委会与代表、代表与人民群众之间的联系。要健全代表履职监督机制,通过推进代表向选民报告履职情况、代表履职记录等,督促代表牢记使命、履职尽责,自觉接受群众监督。要认真做好代表议案、建议的督办工作,加大督办力度,着力提高代表议案、建议的办理质量,解决好代表关心关注的问题,维护好人民群众的合法权益。

五、健全制度,规范管理,在促进自身建设上有新提升

加强机关自身建设是做好人大常委会工作的前提和基础。常委会要按照"政治坚定、业务精通、务实高效、作风过硬、团结协作、勤政廉洁"的要求,全面加强思想、作风、制度建设,使常委会各项工作起好步、开好局。要按照人大工作的要求,通过集中学习、业务培训、专题调研等方式,提高机关工作人员的整体素质,为人大常委会和代表履职提供良好服务。要加强机关作风建设和组织建设,扎实组织开展"两学一做"学习教育,努力建设一支政治强、业务精、纪律严、作风正的高素质干部队伍,保证常委会工作顺利开展。要建立和完善各项制度,用制度管人,按制度办事,提高工作的制度化、规范化水平。要紧扣履职重点、民生热点、基层亮点,充分发挥各类宣传媒体作用,不断拓展人大宣传的广度和深度。要加强对乡镇人大工作的指导,抓好乡镇人大主席、人大专干的学习培训,建立常委会领导和机关委室联系乡镇人大制度,不断提高乡镇人大主席团工作水平。要积极做好新形势下的人大信访工作,维护人民群众的合法权益,促进社会和谐稳定。

下半年的主要工作

2016 年,是"十三五"规划的开局之年,是打赢脱贫攻坚战、全面建成小康社会决胜阶段的关键一年。区人大常委会将认真贯彻落实沙坡头区第一次党代会和本次大会确定的目标任务,在区委的坚强领导下,奋发有为,扎实工作,认真行使宪法和法律赋予的职权,努力做好下半年的工作。

一、突出发展大局,积极参与中心工作

始终坚持把推进区委中心工作和重点任务作为检验自身工作的试金石,主动融入全区发展大局,对事关经济社会发展全局的工作开展调查研究,为区委科学决策提出合理化建议。

进一步落实领导干部包抓重点项目、重点工作责任，主动深入项目建设现场进行调研，协调解决项目推进中遇到的困难和问题，力争项目早建成、早投产。倾力落实领导干部联系贫困村脱贫攻坚任务，组织常委会组成人员及机关干部深入联系贫困村，通过召开座谈会、走访贫困群众等方式，听取群众意愿和诉求，准确掌握贫困村实际情况，多方协调帮助贫困村解决实际困难，确保贫困村群众在规定时间节点脱贫。

二、突出执政为民，依法决定重大事项

坚持把贯彻区委决策和回应社会关切有机结合，把事关全区经济社会发展和人民群众切身利益的重大问题作为监督重点，积极探索法制化工作机制。对常委会做出的决定决议，跟踪监督，及时发现问题、解决问题，确保贯彻落实。

坚持党管干部和人大依法任免干部的有机结合，逐步规范人事任免工作程序，建立对拟任干部的法律知识考试、供职报告等制度。切实加强对任命人员履职情况的监督，增强任命人员的责任感、使命感，确保权力正确使用。

三、突出工作重点，切实增强监督实效

加大对计划、预算执行情况的监督力度，适时听取和审议专项工作报告，有针对性地提出审议意见。加强对专项资金、重大项目资金的审查监督，使财政资金管理更加科学规范，切实提高财政资金的使用效益。

加大农业产业发展、农村环境综合整治、被征地农民养老保险征缴等事关群众切身利益问题的监督，推动政府及有关部门强化措施，落实责任，解决实际问题，保证广大人民群众得到经济社会发展带来的更多红利。

适时对脱贫攻坚工作进行调研和督查，督促政府及有关部门按照精准扶贫的要求，抓好扶贫项目实施，落实项目资金和技术，排查化解社会矛盾，切实解决工作中出现的新情况、新问题，确保脱贫攻坚工作健康有序、扎实有效开展。

适时开展执法检查，保证宪法、法律、行政法规在沙坡头区的贯彻实施。切实加强对行政机关和司法机关的监督，促进权力在阳光下运行。适时听取政府依法行政报告，审议法检“两院”相关工作，促进政府进一步转变职能、依法行政，促进法检“两院”公正司法、严格执法，维护社会公平正义。

四、突出作用发挥，着力加强代表工作

针对新形势、新要求，通过举办培训班、组织外出观摩等形式，加强代表培训教育，努力提升代表的整体素质和履职能力。

按照“七有”标准，加强“人大代表之家”和“人大代表活动室”规范化建设，积极组织开展人大常委会组成人员联系基层代表、人大代表联系选民的“双联”活动，组织引导广大代表深入基层接地气，走访群众办实事，传递社会正能量，让代表真正成为民情民意的代言人、民生民利的维护人。

建立和完善代表议案、建议、意见办理工作规程，严格时限，明确责任，加大力度，提高代表议案、建议和意见的办理质量和效率，努力把人民群众的意见和要求落到实处。

举办专题培训班，有效提升乡镇人大主席、人大专干能力素质；邀请乡镇人大主席参加常委会开展的视察、检查、调查等活动，加强对乡镇人大工作的指导，不断提高乡镇人大主席团工作水平。

五、突出自身建设，努力提高履职水平

面对新形势、新任务和新班子，始终坚持以“严”的标准和“实”的要求，树立“练内功强素质、沉身子接地气、转作风求实效”的工作理念，不断加强自身建设。

加强思想建设。按照“学习型机关”创建要求，采取多种形式，加强机关干部政治理论、法律法规、人大业务知识学习，不断提高把握形势、分析问题、建言献策的能力。扎实开展“两学一做”学习教育，把学习教育同人大常委会工作实际结合起来，努力将学习教育成果转化为干部作风加快转变、依法履职水平不断提高的实际成效。

加强制度建设。制定常委会议事规则、组成人员守则、人事任免办法、工作评议办法、代表议案建议意见办理办法等相关制度，以完善的制度规范履职行为，努力推进人大常委会运行管理的科学化。同时，狠抓机关规范运行，建立完善机关各项工作制度，使机关各项工作有章可循、有序推进。

加强作风建设。营造团结、民主、和谐、融洽的环境和气氛，着力培养和锤炼机关干部爱岗敬业、谦虚谨慎、严谨细致、求真务实的作风，不断提高机关服务水平。认真执行廉洁从政的各项规定，树立人大机关廉政清明、公道正派的良好形象，自觉接受社会各界和人民群众的监督。

各位代表，新常态提出新要求、新起点激发新动力，代表的使命光荣神圣，人民的期望殷切厚重。让我们以时不我待的责任意识、勇于担当的为民情怀、奋发有为的工作激情，更加紧密地团结在以习近平同志为总书记的党中央周围，在区委的坚强领导下，坚定信心，开拓进取，求真务实，主动作为，为建设开放富裕和谐美丽沙坡头区而努力奋斗！

中卫市沙坡头区人大常委会工作报告

——在中卫市沙坡头区第一届人民代表大会第二次会议上

（2016 年 12 月 8 日）

中卫市沙坡头区人大常委会主任　焦清春

各位代表：

我受区人大常委会委托，向大会报告工作，请予审议。

2016 年工作回顾

2016 年，在区委的正确领导下，区人大常委会全面贯彻落实中共十八大和十八届三中、四中、五中、六中全会精神，以邓小平理论、"三个代表"重要思想、科学发展观为指导，深入贯彻习近平总书记系列重要讲话精神，主动适应新形势新任务，紧紧围绕全区经济社会发展大局，依法履行宪法和法律赋予的职权，为促进沙坡头区经济社会发展和民主法治建设做出了积极贡献。

一、围绕中心，主动作为，不断提高人大履职实效

常委会坚持把推动区委重大决策实施和重点工作落实作为着力点，依法履职、主动作为，始终与全区发展大局思想同心、目标同向、工作同力。

依法选举沙坡头区人大代表。按照选举法规定，指导各乡镇合理划分选区、认真复核登记选民；严把政治关、素质关、结构关，依法组织人大代表候选人提名推荐、酝酿讨论、考察审查等程序，确定区人大代表正式候选人 342 名。班子成员多次深入所联系乡镇调研督导，先后 2 次召开人大代表选举工作推进会，指导各乡镇严格法定程序、注重工作细节，扎实做好各个环节工作，依法选举产生了 199 名区人大代表。当选的区人大代表结构合理、素质较高，充分体现了广泛性、代表性和先进性，为代表沙坡头区人民行使管理地方国家事务的权力奠定了良好基础。指导乡镇人大主席团规范程序、注重细节，圆满完成了乡镇人大、政府换届任务。

胜利召开区一届人大一次会议。在市人大常委会的精心指导和区委的坚强领导下，克服时间紧、任务重、人员少等困难，带领班子成员及机关干部根据设立沙坡头区的新特点、新情况，认真组织起草工作报告、协商提出各项建议名单、逐项落实会务任务、及时沟通解决问题，成功组织召开了中卫市沙坡头区第一届人民代表大会第一次会议，听取和审议了政府、人大、法检"两院"工作报告，审议通过了"十三五"规划及 2016 年国民经济和社会发展计划、财政预算报告，选举产生了沙坡头区人大、政府领导班子和法检"两长"，圆满完成了会议的各项任务。

依法行使任免权。坚持党管干部与人大依法任免相统一的原则，制定了《中卫市沙坡头区人大常委会人事任免办法》，规范和完善了人事任命程序，常委会严格任前法律知识考试、供职发言、投票表决、颁发任命书、宪法宣誓等程序，依法开展人事任免，切实增强了任命人员的政治意识、宪法意识、责任意识。常委会成立以来，决定任命副区长2名、政府组成部门局长（主任）12名，任命区人大常委会委室主任2名，任免区人民法院人民陪审员3名。

积极参与区委中心工作。按照脱贫攻坚总体要求，组织班子成员、机关干部主动深入所联系的贫困村走访调研，准确掌握贫困村实际情况，帮助贫困村完善产业发展规划，协调解决问题。协调统战、财政等部门争取少数民族发展项目资金110余万元，硬化宣和镇华和村村庄巷道1.6万平方米；协调农科委通过"阳光沐浴"工程为贫困村314户群众安装了太阳能热水器，并对贫困村经果林进行了技术改造，助推贫困村早日脱贫。严格落实领导干部包抓重点项目责任，主动深入农副产品深加工园区，督促企业加快项目建设进度，协调解决企业项目推进中的困难和问题。已入园的虹桥、兴拓、中杰三家企业项目建设任务基本完成，有效推进了重点工作落实。

二、服务大局，依法监督，强力推动经济社会发展

常委会紧紧围绕促进农业特色产业发展、推进脱贫攻坚、维护司法公正等主题，依法行使监督职权。

助推农业特色产业发展。紧紧围绕区委确定的"产业带动"战略，组成视察组，深入永康、镇罗等8个乡镇，对枸杞、硒砂瓜、苹果、外销蔬菜及畜牧产业、农产品深加工等农业特色产业项目建设情况进行了视察，听取了政府及相关部门的汇报。针对农业特色产业发展及项目建设存在的企业带动能力较弱、品牌培育效果不够明显、市场流通体系不够健全、农业服务能力有待提高等问题，有针对性地提出了意见建议，督促政府及相关部门改进工作，有效推动了农业特色产业健康发展，增强了农业农村发展活力。

助推打赢脱贫攻坚战役。认真贯彻中共中央总书记习近平来宁视察和自治区党委书记李建华调研海原县脱贫攻坚工作重要讲话精神，围绕打赢脱贫攻坚战目标，组成调研组，深入兴仁、香山等6个乡镇，对脱贫攻坚工作进行了调研。针对存在的产业扶贫基础比较薄弱、脱贫规划操作性不强、帮扶单位干部不够尽责、群众观念有待转变等问题，提出了明确任务压实责任，精准谋划主导产业，科学制订脱贫规划，加大政策扶持力度，探索借鉴成功经验，健全完善体制机制等意见建议，并形成审议意见交由区人民政府办理。

助推司法公正依法行政。公正司法是维护社会公平正义的最后一道防线。常委会把司法公正作为监督重点，听取和审议了区人民法院《民商事审判工作情况报告》和区人民检察院《司法规范化建设工作报告》，针对存在的问题，对法检"两院"提出了要加强学习培训，提升司法能力；更新执法理念，规范办案程序；提高办案质量，保障当事人权利；加强协作配合，促进"执行难"问题有效解决；树立司法为民意识，全力维护司法公正等意见，并持续监督法检"两院"认真行使审判权和检察权。积极配合区、市人大常委会开展立法调研、执法检查活动，促进法律法规在沙坡头区的有效实施。

三、搭建平台，优化服务，充分发挥代表主体作用

常委会尊重代表主体地位，积极搭建代表活动平台，强化代表履职保障，认真督办代表建议，努力推动代表工作与时俱进。

强化支持保障，增强代表履职动力。研究制定了《关于加强乡镇人大代表工作室建设的指导意见》，指导乡镇按照"六有"标准，完善了乡镇及部分村（社区）代表之家建设，组织代表认真开展代表小组活动和联系接待选民等活动，有效推动了闭会期间代表活动常态化、制度化。通过集中培训、以会代训等形式，加强宪法、代表法、监督法的培训，共培训代表230多人次，增强了代表的履职能力。积极争取资金为各乡镇人大主席团划拨代表活动经费，为代表履职提供了必要的经费保障。

搭建活动平台，增强代表履职能力。建立代表参与机制，拓宽代表知情知政渠道，邀请人大代表参加执法检查、专项调研、视察等活动38人次，提出意见建议22条；邀请代表列席常委会会议9人次，推荐代表参加征求意见会、行风测评会、民主评议机关等活动120多人次，有效扩大了代表对人大工作的参与度。制定了《中卫市沙坡头区人大代表联系基层群众制度》，要求代表与选举单位群众保持密切联系，每年联系3—5名选民，了解群众生产生活的实际困难，听取和反映群众诉求，帮助群众依法解决问题。按照市人大常委会要求，组织开展了人大代表“四带头，五个一”创先争优活动，鼓励代表切实发挥“访民意、汇民智、解民忧、惠民生”的重要作用。

强化建议办理，增强代表履职活力。常委会把加强代表议案建议督办作为激发代表履职热情、推进民主政治建设的重要抓手，以提高代表建议办理质量为重点，将一届人大一次会议期间确定的18件事关民生、涉及面广的建议及时交由政府办理，通过常委会领导牵头督办、委室归口督办，政府领导牵头领办、部门具体承办等形式，加大办理、督办力度，18件建议全面顺利办复，一批代表和群众关心关注的问题得到了有效解决。有关办理工作的详细情况，已专门印发各位代表，请一并审议。

四、健全机制，强化管理，切实加强人大自身建设

面对新形势、新任务和新班子，常委会坚持把握正确政治方向，努力打造为民务实、主动作为的国家权力机关。

加强思想建设，坚定政治方向。常委会坚持把深化学习和思想武装放在首位，进一步加强政治理论、人大业务和法律法规的学习，不断提高机关干部把握形势、分析问题、建言献策的能力。选派机关干部及人大代表参加区、市人大常委会组织的换届选举、农业农村工作、财政经济监督等培训班，开阔了视野，增长了见识。扎实组织开展“两学一做”学习教育，把学习教育同人大常委会工作实际结合起来，认真查找问题，切实加以整改，努力将学习教育成果转化为干部理想信念更加坚定、工作作风加快转变、能力素质不断提高的实际成效。

加强制度建设，规范履职行为。常委会成立以来，研究制定了常委会议事规则、组成人员守则、代表议案建议批评和意见办理办法、党组会议制度、主任会议制度、三查（察）制度等相关制度，以制度规范履职行为，努力推进区人大常委会运行管理的制度化、规范化。狠抓机关规范运行，建立健全了干部理论学习、考勤、办文办会、财务管理等机关工作制度，坚持用制度管人管事，确保了机关各项工作有章可循、有序推进。

加强作风建设，树立机关形象。坚持把纪律和规矩挺在前面，认真履行党风廉政建设责任，加强廉洁自律准则、纪律处分条例、问责条例的学习教育，班子成员和机关干部守纪律、讲规矩的意识进一步增强。扎实组织开展贯彻落实中央八项规定精神“回头看”和“廉洁自律廉洁从政”自查自纠活动，紧盯干部管理、公车管理、办文办会、联系群众等重点部位和重点环节，对查找出的问题逐一制定整改措施，认真加以整改，巩固了作风建设成效，培养锤炼了机关干部爱岗敬业、严谨细致、求真务实的工作作风，树立了人大机关的良好形象。

各位代表，2016年是“十三五”顺利开局，沙坡头区经济社会事业取得重大进展的一年，也是区人大常委会依法履职，各项工作取得良好开局的一年。这些成绩的取得，是区委正确领导的结果，是“一府两院”及有关部门大力支持的结果。在此，我代表区人大常委会，向所有关心、支持人大工作的各位领导、各位代表、社会各界人士表示衷心的感谢和崇高的敬意！

在看到成绩的同时，我们也清醒地认识到，常委会的工作与宪法和法律的规定，与代表和群众的期望，与新形势新任务的要求，还有一定差距。主要表现在监督工作的广度、深度不够，效果不够明显；联系代表、服务代表，发挥代表作用还需进一步加强；常委会和乡镇人大主席团履职能力和服务水平有待进一步提高。对此，在今后的工作中，常委会将采取切实措施，认真加以改进。

2017 年的主要任务

各位代表，2017 年是沙坡头区全面深化改革，实现追赶跨越的攻坚之年。区人大常委会工作的总体要求是：高举中国特色社会主义伟大旗帜，以邓小平理论、“三个代表”重要思想、科学发展观为指导，全面贯彻中共十八大和十八届三中、四中、五中、六中全会精神及区委一届二次全会精神，深入贯彻习近平总书记系列重要讲话精神，按照“五位一体”总体布局和“四个全面”战略布局要求，大力弘扬“不到长城非好汉”的宁夏精神，坚定不移实施“创新驱动、产业带动、富民共享、生态优先”四大战略，坚持党的领导、人民当家作主、依法治国有机统一，切实履行宪法和法律赋予的职责，以更高的标准、更严的要求、更大的作为，为建设开放富裕和谐美丽沙坡头区作出新贡献。

一、坚持围绕中心，在落实重大决策部署上有更大力度

常委会将把区委重要决策、区政府着力推进、全区人民普遍关注的重大事项作为人大工作的重点，更加有力地推动重点工作贯彻落实。

强化政治意识，确保人大工作的正确方向。坚持在思想上、政治上、行动上始终与区委保持高度一致，自觉把人大工作放在区委的中心工作大局中去谋划、部署和推进，确保人大工作始终坚持正确的政治方向。紧紧围绕中心，主动参与区委重大项目建设、农业特色产业发展、招商引资、脱贫攻坚等中心工作，强化措施，狠抓落实，努力做推动经济跨越发展的积极参与者和有力推动者。

强化民生意识，确保人大工作的准确定位。坚持把群众的呼声和意愿作为指导工作的第一信号，把关心和服务群众作为第一追求，把群众的监督和评价作为衡量履职成效的第一标准，主动深入基层、走近百姓，倾听民声、反映民意，为解决群众生产生活和发展问题献良策、建真言、尽全力。督促政府办好为民承诺的民生实事，实现好、维护好、发展好最广大人民的根本利益。

强化责任意识，确保人大工作的监督实效。坚持从实际出发，将经济社会运行、深化农村改革、重大项目建设、农业特色产业发展、农村环境综合治理、脱贫攻坚、司法公正、社会治理和人民群众反映强烈的问题列入常委会审议、监督重点，按照尽职不越位、监督不包揽、切实不表面的原则，进一步健全监督机制，完善监督程序，增强监督的广度和深度，促进“一府两院”出实招、办实事、求实效，不断提高监督工作的针对性和实效性。

强化党管意识，确保任免权力的正确履行。坚持党管干部的原则，以对党、对人民、对干部高度负责的态度，严格执行任免程序，依法行使任免权。进一步健全完善适合人大机关特点、严肃规范的人事任免工作运行机制，加强干部任后监督，使人事任免工作逐步走上规范化、制度化轨道。

二、坚持依法履职，在推动经济社会发展上有更大作为

常委会将坚持服务科学发展与依法履职有机结合，综合运用各种监督形式，加强对“一府两院”工作的监督，助推经济转型追赶、弯道超车。

加强经济社会运行监督。密切关注全区经济运行情况，适时听取和审议 2017 年国民经济和社会发展计划执行情况的报告，促进本次人代会确定的目标任务顺利实现。听取和审议 2017 年财政预算执行情况和 2016 年财政决算草案的报告，审查批准 2016 年财政决算。根据加强政府全口径预算决算的审查和监督要求，把对预算编制、调整、执行的监督与预算资金使用绩效监督结合起来，不断提升预决算的科学化、精细化水平。

加强农村环境综合整治监督。围绕美丽村庄建设、农村环境卫生综合整治、棚户区改造及回迁安置等，组织代表深入了解农村环境综合整治及旧城改造成效，及时发现问题，提出意见建议，督促区人民政府着力打造农村环境卫生综合整治示范区。

加强民生保障监督。围绕民生民意，加强被征地农民参加养老保险工作的检查，确保政策的贯彻落实，切实解决被征地农民的后顾之忧；督促政府进一步健全社会保障体系，提高社会保障能力，让群众共享发展成果。对农村土地所有权承包权经营权分置、农村集体经济组织产权制度改革试点工作进行调研，不断深化农村改革。继续加强对脱贫攻坚工作的监督，督促区人民政府落实各项工作措施，促进脱贫攻坚扎实推进。

加强环境保护监督。根据《中华人民共和国环境保护法》规定，适时听取区人民政府环境保护专项工作汇报，推进沙坡头区生态文明建设，保障公众健康，促进美丽沙坡头区建设。

三、坚持依法治区，在加强民主法制建设上有更实举措

常委会将把促进依法行政、司法公正、社会稳定作为监督重点，更加有力地推进宪法和法律在沙坡头区的正确施行。

深入推进依法行政。充分发挥常委会在依法治区中的引领规范作用，维护宪法和法律权威，监督、支持和推动“一府两院”真正用法治思维规范权力运行、用法治手段解决社会矛盾、用法治方法保障民生需求。坚持把执法检查作为促进依法行政的重要途径和方式，组织对相关法律实施情况开展执法检查，监督执法部门依法行政，确保法律法规的正确有效实施。

着力维护司法公正。支持司法体制改革，强化司法监督，维护法院、检察院独立行使审判权、检察权。适时对法检“两院”专项工作进行检查，听取和审议法检“两院”上半年工作汇报，促进司法公正，维护公平正义。探索建立人大代表联系法官、检察官制度，促使代表进一步了解司法工作，强化法制监督。

认真做好信访工作。进一步加强和改进人大机关信访工作，对群众的信访诉求，始终坚持以人为本，将社会广泛关注的焦点问题、群众反映强烈的热点问题、事实清楚久拖不决的难点问题，作为重点信访案件进行督办，确保社会稳定。

四、坚持主体地位，在提升代表履职水平上有更强保障

常委会将始终把发挥代表作用摆在突出位置，尊重代表主体地位，强化服务保障，充分发挥代表的桥梁纽带和模范带头作用。

进一步做好代表联系服务工作。认真落实常委会组成人员联系人大代表、人大代表联系人民群众制度，丰富代表小组活动，畅通代表意见建议表达渠道，促进代表知情知政，使代表真正成为民情民意的代言人、民生民利的维护者。

进一步健全代表履职保障机制。完善代表培训制度，切实加强代表的学习和培训，提高代表依法履职能力。继续邀请代表列席常委会会议、参加视察、专题调研和执法检查等活动，进一步密切常委会与代表、代表与人民群众之间的联系。建立代表履职监督机制，通过推进代表向选民报告履职情况、代表履职记录等，督促代表牢记使命、履职尽责，自觉接受群众监督。

进一步提高代表建议办理实效。加大议案建议督办力度，实施跟踪督办，完善工作措施，提高办理质量和效率。本次会议期间代表提交的建议意见，常委会将按规定及时交由区人民政府研究办理，并专题听取区人民政府关于代表建议办理情况的报告。

进一步增强乡镇人大工作活力。加强对乡镇人大工作的联系和指导，组织乡镇人大干部进行业务知识培训，提高业务素质和工作能力。适时对乡镇人大代表工作室建设及组织代表开展活动情况进行检查，督促乡镇人大主席团更好地履行职责。

五、坚持务实高效，在加强人大自身建设上有更高标准

面对新形势、新任务，常委会将以提升履职水平、服务能力和机关效能为突破，打造一支能力过硬、素质过硬、作风过硬的人大工作队伍。

加强学习，不断提高整体素质。牢固树立终身学习的理念，深化“两学一做”学习教育，认真学习贯彻十八届六中全会精神，引导机关干部自觉求知于书本、求知于实践、求知于群众，坚持理论与专业两手齐学，学习与运用两手齐抓，不断提高机关干部及人大常委会组成人员政治素质、法律素养和履职水平。紧扣工作重点，立足区域实际，加强调查研究，为区委、政府提供含金量高、操作性强的决策参考。

优化机制，不断规范履职行为。严格贯彻执行民主集中制，依照法定程序，充分发扬民主，坚持集体决定问题，集体行使职权。进一步完善代表活动制度、常委会工作流程、机关绩效考核制度等，使人大常委会的履职行为和人大机关的工作更加规范。

改进作风，不断增强工作实效。严守政治纪律和政治规矩，认真履行党风廉政建设主体责任和“一岗双责”，加强若干准则、监督条例的学习，时刻牢记法律红线、纪律底线和政策高压线，严格遵守各项规定，进一步改进工作作风，更加自觉地维护大局、服从大局、服务大局，努力增强人大常委会履职实效。

各位代表，形势催人奋进，任务光荣艰巨。让我们紧密团结在以习近平同志为核心的党中央周围，高举中国特色社会主义伟大旗帜，在区委的坚强领导下，以更加强烈的责任意识、更加炽热的为民情怀、更加昂扬的工作激情，求真务实，开拓进取，奋力拼搏，为建设开放富裕和谐美丽沙坡头区做出更大贡献！

立足新起点　开启新征程
为建设开放富裕和谐美丽沙坡头区而努力奋斗

——在中卫市沙坡头区第一届人民代表大会第一次会议上

（2016 年 7 月 14 日）

中卫市沙坡头区人民政府筹备领导小组组长　童　刚

各位代表：

现在，我代表沙坡头区人民政府筹备领导小组，向大会作工作报告，请各位代表连同《中卫市沙坡头区国民经济和社会发展第十三个五年规划纲要（草案）》一并审议，并请各位政协委员和其他列席人员提出意见。

沙坡头区这片热土历史悠久、文化厚重，自古就是“丝绸之路”的重要驿站。2004 年以来，历经设立中卫市、组建管委会、成立区政府三个重要机遇期。回顾过去，我们心潮澎湃、感慨万千；展望未来，我们豪情满怀、信心百倍。今天，我们站在新的历史起点上，承载着全区 40.6 万各族人民群众的共同夙愿，朝着全面建成小康社会的奋斗目标阔步前进。

2012 年以来工作回顾

沙坡头区管委会组建以来，在市委、政府和区党工委的坚强领导下，紧密团结和带领全区各族人民，着眼经济社会发展大局，凝心聚力谋发展，全力以赴惠民生，经济社会呈现出持续健康发展的良好势头。

——过去的四年，是我们坚持科学发展、经济实力明显提升的四年。

经济总量逐年攀升。地区生产总值、规模以上工业增加值、全社会固定资产投资、社会消费品零售总额等主要经济指标总量大幅增长，2015 年分别达 146 亿元、39.5 亿元、149.6 亿元、33.4 亿元，分别是 2011 年的 1.4 倍、1.5 倍、1.9 倍、1.6 倍；一产增加值位列全区 22 个县区第一，三产增加值位列川区八县第一；地区生产总值、全社会固定资产投资、社会消费品零售总额、城乡常住居民人均可支配收入位列全市首位。

产业结构日趋优化。三次产业结构比调整优化为 15.7 ∶ 38.4 ∶ 45.9，以旅游为龙头的服务业蓬勃发展，实现三产增加值 67 亿元。“四带一区”特色农业发展格局初步形成，实现一产增加值 23 亿元。“一区四园”工业基地承载聚集功能不断增强，形成了以冶金、新材料、能源化工、酿酒为主的产业集群，实现二产增加值 56 亿元。一、二、三产业呈现出齐头并进的良好发展势头。

发展后劲不断增强。现代农业高效发展，供港蔬菜、硒砂瓜进驻沃尔玛、家乐福等大型超市，2013 年荣获全国农牧渔业丰收奖一等奖；工业经济平稳发展，光伏风力发电等新能源产业快速推进，“宁夏红”引领健康生活新理念；文化旅游深度融合，沙坡头景区享誉全国；以云计算为主的信息产业正在兴起,美国亚马逊 AWS、云创公司等 2 个新一代超大型数据中心即将投运，成为经济增长的新引擎。

——过去的四年,是我们坚持品牌带动、特色农业量效齐增的四年。

区域布局更加合理。紧紧围绕“一特三高”农业总体规划,农作物播种面积稳定在百万亩,总产量超百万吨，粮食产量再创新高。形成环香山 45 万亩硒砂瓜产业带、引黄灌区 14 万亩设施蔬菜产业带、南山台扬黄灌区 40 万亩经果林产业带、南北部养殖业产业带以及 14 万亩高效节水现代农业示范区。2015 年被国家农业部命名为第三批现代农业综合示范区。

品牌效应更加彰显。建成硒砂瓜品质品牌保护区 30 万亩，“香山硒砂瓜”跻身宁夏首批新丝路创新品牌行列。经果林树体改造、矮化密植等新技术全面推广,“南山阳光”“万齐” 等品牌苹果远销国内大中城市。建成千头以上标准化养殖场 104 个,海弘、沐沙等一批龙头企业发展壮大。培育市级以上农业龙头企业 42 家，农民专业合作社 584 个,家庭农场 201 家。实施“互联网 +”行动计划,建设万齐米业农副产品电商平台。

基础设施更加完善。大力开展农田水利基本建设大会战,累计砌护改造渠道 4350 公里,砌护率达 86.7%,配套建筑物 13.4 万座,改造中低产田 14.2 万亩,2015 年荣获全区“黄河杯”特等奖,“清工筹劳”经验在全国推广。实施农村饮水安全工程,解决了 5.7 万人的饮水安全问题。发放农机购置补贴 4975.4 万元，主要粮食作物机械化水平达 84.1%,农业生产效率全面提高。投资 2.4 亿元,建成各级农村公路 199.6 公里。投资 1.1 亿元,完成农村电网线路改造 1050 公里。

——过去的四年,是我们坚持统筹协调、城乡面貌显著变化的四年。

城市化进程加快推进。深入实施城市建设“五大战役”,常住人口城镇化率达 54%,城市聚集功能明显增强。积极做好吴忠至中卫城际铁路、西部云基地数据中心、中卫物流园等 58 个重大项目协调服务工作,确保了市重点工程顺利推进。先后完成了众一·山水城、正丰·香格里等房地产开发项目 73 个,房屋竣工面积 345.2 万平方米。实施宜居家园、福润苑等棚户区改造项目 42 个，惠及群众 7500 余户。建成保障性住宅小区 6 个、房屋 1.8 万套,面积 110.3 万平方米。

美丽乡村更加宜居。实施美丽乡村“八大工程”,投资 26.7 亿元,建成特色小城镇 4 个、农贸市场 9 个、美丽村庄 22 个、文化广场 42 个,改造农村危房 1.4 万户,农村砖房率达 92%,道路、供排水、路灯、绿化等基础设施不断完善。实施农村阳光沐浴工程,惠及群众 18027 户。2015 年荣获全区美丽乡村建设一等奖。

环境整治成效显著。投资 2.2 亿元,集中开展主干道路“大整治大绿化”和农村环境卫生综合整治,配备环卫工人 558 名、保洁车 821 辆、垃圾箱(桶)16320 个,“户分类、村收集、镇转运、市处理”的垃圾清运处理机制高效运转。城市“以克论净”深度保洁模式向农村延伸,“三检三考”“181”严管重罚机制逐步完善,“四大重点区域” 整治成效显著,农村环境卫生综合整治示范区建设全面启动,农村环境面貌持续改善。

——过去的四年,是我们坚持民生为要、人民群众共享成果的四年。

人民生活不断改善。在全区率先建立大病医疗救助、重度残疾人生活保障制度,发放基本生活保障金、医疗救助金、救灾救助资金、临时救助资金 3.04 亿元。培养小老板 1687 人,创造新岗位 7289 个,转移就业 17.7 万人次,城镇登记失业率控制在 3.84%以内。城镇、农村常住居民人均可支配收入达 22703 元和 9669 元，分别是 2011 年的 1.46 倍和 1.49 倍。2015 年全区金融机构住户存款余额为 2011 年的 1.87 倍。

社会事业长足发展。大力培育和践行社会主义核心价值观，创建市级以上文明村 40 个。配套安装健身路径 76 套，文化惠民演出 1440 场次，数字电影播放 6834 场次，培育壮大民间文艺团队 52 个。农家书屋、户户通实现全覆盖。义务教育均衡发展，通过国家评估验收，学前教育实现全覆盖。落实人口和计划生育基本国策，人口出生率和自然增长率分别控制在 9.91‰、5.99‰以内。民族宗教、科学技术、医疗卫生、群众团体、双拥共建、人民武装等各项事业迈上新台阶。

扶贫攻坚精准发力。建成敬农、康乐、龙湖 3 个生态移民区，搬迁安置移民 3514 户 15806 人。扶持发展苹果、枸杞、硒砂瓜等特色产业 18402 亩，牛、羊存栏分别达 3500 头、4.5 万只，劳务输出 1.1 万人次。米粮川、兴盛、川裕村 567 户 2627 名群众实现脱贫销号。2014 年、2015 年分别荣获全区扶贫开发工作三等奖、二等奖。

——过去的四年，是我们坚持改革创新、全面加强社会治理的四年。

农村改革稳步推进。滨河镇南关村集体经济组织产权制度改革试点全面完成，股份经济合作社成立运营。文昌镇黄湾村、滨河镇官桥村集体经济组织产权制度改革和镇罗镇凯歌村农村土地股份合作社改革试点全面启动。农村集体土地承包经营权确权登记颁证工作即将结束。水权制度改革完成了初始水权分配。各项涉农改革为农村经济发展注入了新活力。

社会大局和谐稳定。创新社会治理方式，依法打击各类违法犯罪活动，建立戒毒康复中心 10 个、社区戒毒康复站 42 个，人民群众对社会治安的满意度逐年提高。扎实开展信访维稳工作，乡镇、部门信访专网实现全网通，排查化解矛盾纠纷 2697 件、信访积案 74 件，全市改革和加强综治“大调解”工作现场会在柔远镇召开。严格落实“党政同责，一岗双责”安全生产责任制，安全生产形势持续向好。实施民风建设“五大工程”，推进社区职能转变和减负增效，做实村民代表会议制度，基层民主建设不断加强。“六五”普法通过区、市验收，2013 年被评为全国法治县创建先进单位。

体制机制不断理顺。政府筹备领导小组坚持承上启下，严格落实“三定”方案，统筹政府机构职能设定和人员配置，组建政府部门（单位）13 个，全面理清了部门工作职责。加强筹备组自身建设，制定了《中卫市沙坡头区人民政府筹备领导小组工作规则（暂行）》，从民主决策、依法行政、督查考核等方面作出了全面规定，严格执行“三重一大”决策制度，依法决策、民主决策、科学决策的水平不断提高。党的群众路线教育实践活动、“三严三实”专题教育、“两学一做”学习教育扎实开展，干部作风明显好转。严格执行中央“八项规定”精神，“清廉沙坡头区”建设深入推进，营造了风清气正的发展环境。

各位代表，成绩令人振奋，经验弥足珍贵。工作中我们深深体会到，要实现经济社会持续健康发展：必须始终坚持党的领导不动摇。四年来，我们始终坚持党工委的领导，紧紧围绕党工委制定的各项目标任务，一张蓝图绘到底，一以贯之抓落实，共同书写了经济社会发展的壮丽篇章。必须始终坚持加快发展不动摇。四年来，我们牢固树立发展是解决一切问题关键的理念，以大局为重，以事业为重，以 40.6 万群众的共同利益为重，抓铁有痕，踏石留印，推动了全区经济社会持续健康发展。必须始终坚持狠抓项目不动摇。四年来，我们坚持以招商引资为引领，以项目建设为支撑，先后引进、实施了一大批市场前景好、产业带动力强、事关经济社会发展全局的大项目、好项目，成为推动经济社会发展的强大动力。必须始终坚持民生为要不动摇。四年来，我们坚持从广大群众最关心、最直接、最迫切的实际问题入手，解决了道路、住房、饮水、医疗救助等一系列与群众生产生活息息相关的现实问题，实现了发展为了人民、发展依靠人民、发展成果由人民共享。必须始终坚持维护社会和谐稳定不动摇。四年来,我们深深体会到和谐稳定是一切发展的重要前提,没有和谐稳定的社会局面,经济社会发展就无从谈起,化解社会矛盾、推进平安建设、维护社会和谐稳定,仍是我们当前及今后一个时期的重要工作。

各位代表,回顾过去的工作,我们在科学发展中迈进的每一步,都汇集着全区各族人民群众的艰辛和努力;在事业中取得的每一点成绩,都闪耀着广大党员干部的智慧和力量;在工作中赢得的每一次肯定,都饱含着各民主党派、人民团体、各界人士的信任和支持。在此,我代表区人民政府筹备领导小组,向所有关心、支持、参与沙坡头区改革发展稳定的同志们、朋友们和各界人士,表示衷心的感谢和崇高的敬意!

在肯定成绩的同时,我们也清醒地看到发展中还存在一些不足和问题。主要表现在:经济总量小,产业层次低,经济下行压力大,稳增长面临严峻考验;重大项目储备不足,新的增长点不多,保持投资持续快速增长的压力大;农业现代化程度低,产业链条短,农产品附加值不高,龙头企业示范带动能力不强,农民持续增收困难;传统工业转型升级难度大,现代服务业体系还不完善;基础设施依然薄弱,社会治理、脱贫攻坚、改善民生任务还很艰巨,等等,需要我们采取更加有力的措施,切实加以解决。

“十三五”时期发展蓝图

“十三五”时期,是沙坡头区全面建成小康社会的决胜期,也是深化改革、加快发展的攻坚期,更是锐意进取、转型跨越的机遇期。政府工作的总体要求是:高举中国特色社会主义伟大旗帜,全面贯彻落实中共十八大和十八届三中、四中、五中全会精神,以马克思列宁主义、毛泽东思想、邓小平理论、“三个代表”重要思想和科学发展观为指导,深入贯彻习近平总书记系列重要讲话精神,按照“五位一体”总体布局和“四个全面”战略布局,坚持“创新、协调、绿色、开放、共享”五大发展理念,以沙坡头区第一次党代会精神为统领,以全面建成小康社会为目标,围绕打造生态宜居城市核心区、全域旅游城市先行区、交通物流城市枢纽区、特色产业城市示范区、国际云端城市云产业集聚区,着力实施“创新驱动、产业带动、富民共享、生态优先”四大战略,努力建设开放、富裕、和谐、美丽沙坡头区。

主要预期目标是:经济保持中高速增长,地区生产总值年均增长8%左右,全社会固定资产投资年均增长12%左右,地方公共财政预算收入年均增长8%左右,社会消费品零售总额年均增长8%左右,城镇、农村常住居民人均可支配收入年均分别增长9%、10%左右,坚决打赢脱贫攻坚战,与全国全区全市同步全面建成小康社会。

各位代表,确定这样一个目标,既是全面建成小康社会的现实需要,也是全区各族人民的美好愿景,更是各级干部义不容辞的庄严使命。综观当前发展形势,机遇与挑战并存,但总体上机遇大于挑战,“十三五”时期沙坡头区经济社会发展仍处于大有作为的战略机遇期。从国家层面看,经济长期向好的基本面没有改变,“一带一路”“中国制造2025”“大众创业、万众创新”等发展战略全面实施,国家改革红利将逐步释放,为我们发展带来了重大机遇。从区市层面看,宁夏实施内陆型经济开放试验区、丝绸之路经济带支点、宁夏副中心城市等战略,中卫市实施“三个走在前”和打造“五个城市”的战略构想,为我们理清了发展思路,指明了发展方向。从我区层面看,随着体制机制逐步理顺,对我区经济、社会、民生等各项工作提出了更高要求,上级在政策倾斜、项目配套、资金支持上必将进一步加大,副中心城市的聚集、辐射效应将不断增强,对外吸引力、影响力、带动力将持续扩大,必将为我们创造更多更大的发展机遇。今后五年,我们将重点做好四个方面工作。

一、大力实施创新驱动战略，奋力建设开放沙坡头区

加快建设开放通道。积极主动做好中卫至武威客运专线、中卫至兰州客运专线、吴忠至中卫城际铁路、甘武铁路增建二线、宝中铁路中卫至平凉段改造扩能、乌玛高速中卫段、中卫至海原高速公路等国家和自治区重大项目协调服务工作，打通中卫与毗邻地区快速通道。新建中卫高铁站跨黄河大桥、常乐黄河大桥、镇罗黄河大桥，形成连接黄河南北岸的快速通道。协调完善沙坡头机场基础设施建设，扩展航线范围，开通加密中卫至成都、广州等国内大中城市的航线，建立便捷的空中通道。大力发展旅游包机、航空货运，打通网上开放通道，积极推进中阿"网上丝绸之路"数据中心和中国电信光纤网络升级工程，加快发展对外电子商务、金融、物流等产业，构建信息流、物流、资金流有效互通的对外开放格局。

加快构筑开放平台。依托宁夏中关村科技产业园，积极承接中关村科技、人才、资金及中阿技术交流平台。推进陆路口岸保税点建设，建成迎水桥铁路编组站海关监管场所。争取设立镇罗公铁物流中心保税仓库。深化文化和旅游交流合作，加强与客源地城市的旅游合作，推进与其他省区文化旅游景点互补捆绑式发展，实现旅游业向深度广度空间拓展。

加快打造开放环境。围绕现有农业、信息、旅游等特色优势产业和国家产业梯次转移，立足产业转型升级，瞄准国内外500强，有针对性地开展对外合作和区域性点对点推介等招商活动，着力引进一批大企业、大集团到我区发展。加强与阿盟、白银等周边城市的深度合作，提升宁蒙陕甘毗邻地区互利合作发展水平。创新招商引资方式，实施建链、补链、延链、强链集群式招商。鼓励企业引进上下游产品关联企业共同发展，切实提升招商引资规模和质量。力争引进投资百亿元企业2家、50亿元企业4家、10亿元企业8家、亿元以上企业20家，招商引资到位资金突破500亿元。

加快重点领域改革。深化农村土地产权制度改革，建成农村产权交易中心，完善农村土地经营权流转信息化管理服务平台，推进农村集体土地承包经营权、农村宅基地和集体建设用地使用权确权登记颁证工作。开展土地股份合作制、农民自愿退出宅基地使用权和房屋所有权补偿试点，实现农村产权流转交易规范化运行。推广滨河镇南关村集体经济组织产权制度改革成功经验，推进扶持壮大村集体经济试点和"村改居"试点工作。深化农村金融改革，探索林权、宅基地使用权等不动产抵押贷款模式，稳妥推进农民住房财产权抵押、担保。建立现代农业担保基金，拓宽金融支农贷款渠道。制订部门"三定"方案，调整乡镇内设机构，理顺管理服务体制。协调组建沙坡头区国土资源分局，全面加强土地执法管理，努力提升综合执法水平。

加快提升自主创新能力。建立以企业为主体、市场为导向、产学研创相结合的技术创新体系，进一步深化科技体制改革，充分激发科技人才活力，加快形成"大众创业、万众创新"的社会化服务体系。加大科技投入，结合现代农业、新型工业、旅游等主导产业，实施一批重大科技项目，培育一批专精尖科技人才和科技型中小企业。

二、大力实施产业带动战略，奋力建设富裕沙坡头区

做精做优特色农业。以建设现代农业示范区、特色产业城市示范区为目标，着力打造全国无公害设施蔬菜基地和全区农副产品种植加工基地，不断壮大特色产业规模，到2020年，农业增加值达到30亿元。实施硒砂瓜品质品牌保护工程，控制种植面积，引导轮作倒茬，探索枸杞等压砂地接续产业；实施设施蔬菜改造提升工程，打造5万亩永久性蔬菜基地；实施经果林提质增效工程，发展特色优势经果林45万亩；实施畜牧养殖示范带动工程，建设标准化奶牛、肉牛养殖场40个，打造南北部养殖产业带；实施高效节水灌溉工程，发展高效节水农业20万亩。建成中卫农副产品加工产业园，扶持香岩、天瑞、夏华、万齐、宁夏天士利等一批龙头加工企业，力争创建国家级农业产业龙头企业5家，自治区级农业产业龙头企业20家。推进无公害、绿色、有机食品、地理标志农产品品牌认证，提高“宁夏红”枸杞果酒、“香山硒砂瓜”“沙坡头”蔬菜、“南山阳光”“万齐”苹果等品牌的知名度。发展“订单”农业，打造“互联网+农业”平台，实现特色农产品产销对称，提高农产品的附加值。大力发展农村电子商务，形成线上线下多种交易模式。

做大做强新型工业。实施工业强基工程，依托“一区四园”工业发展平台，进一步优化投资环境，提升产业集聚能力，把园区打造为“宜业、宜商”的产业园区。推进传统产业改造提升、资源综合利用、节能降耗等项目实施，提升产业整体水平和市场竞争力。依托中电投、协鑫、青岛昌盛等企业，培育发展光伏材料、电池组件、风机组装等新能源产业链，培育工业经济新的增长极。依托现有化工产业，鼓励发展产业耦合、上下游配套的中高端化工项目，推进企业用水、用电、用能梯级利用和废弃物再利用，加快淘汰落后产能和化解过剩产能。依托中卫农副产品加工产业园，大力发展粮油、果蔬等特色农产品加工业，完善产业扶持政策，培育经济效益明显、上下游产业联动、产销一体化的农副产品加工产业聚集区。到2020年，工业增加值达到80亿元。

做深做活现代服务业。以建设全域旅游城市核心区为目标，统筹打造沙漠探险游、黄河漂流游、乡村体验游、农业观光游等品牌，形成以滨河大道、黄河两岸为主的乡村旅游环线和聚集区观光带，推动沙坡头区进入“全域时代”。依托高庙历史文化街区，打造地方特色小吃一条街、旅游购物步行一条街、奇石古玩鉴赏一条街和10个乡村旅游示范点。完善城乡社区商业网点规划，优化网点布局，建成“51015”商业生活服务圈。鼓励社区服务业向中心镇和中心村（农村社区）建网布点，加快推进社区养老、治安、医疗等社会化管理体系建设。以建设交通物流城市枢纽区为目标，推动中国物流中卫物流园、镇罗公铁物流园等物流园区建设，构筑以新能源、新材料等产业为载体的流通加工、中转分拨、集成配送等服务功能体系。以建设国际云端城市云产业集聚区为目标，推动云计算、物联网、大数据等新技术的普及应用，实现产业与信息化有效融合，建成国家战略数据安全储备基地。推进千村电商工程建设，建成区级电子商务服务中心和村级电子商务服务站，推进“互联网+快递”，引导快递企业与电商深度合作。创新发展现代金融服务业，鼓励民营企业发起设立民营银行，支持设立金融租赁公司和担保公司，破解融资难题。

三、大力实施富民共享战略，奋力建设和谐沙坡头区

坚决打赢脱贫攻坚战。按照“精准扶贫、精准脱贫”基本方略，做好“守土”和“离土”两篇文章，全面实施“七大工程”，坚决打赢脱贫攻坚战。实施特色种植工程，通过土地流转、入股合作等形式，因地制宜培育发展枸杞、苹果、硒砂瓜等特色种植业，力促移民区2.8万亩土地全部种植利用，提高土地利用率和产出率。实施养殖示范工程，立足山区移民群众养殖业优势，通过“企业+农户”托管代养、“合作社+农户”引领示范、“大户+散户”互帮互助等经营模式，加强棚圈、青储氨化池等设施配套，扶持发展畜牧产业。实施劳务转移工程，落实贫困户创业就业扶持政策，鼓励贫困户就近打工、外出创业，切实增强自我发展能力。以瓦工、电焊、修理、驾驶为重点，加强实用技术培训，拓宽群众就业渠道。加大劳务经纪人培育力度，提高农民外出务工组织化程度。实施政策扶持工程，积极探索将群众基础好、威信高的年长群众，聘请为惠民政策宣传员、生态建设护林员、环境卫生保洁员、社会治理安全员、矛盾纠纷调解员，解决生活困难。将孤寡病残等弱势群体纳入各类社会保障范围，实现低保标准和扶贫标准“两线合一”，做到应保尽保、政策兜底。实施教育扶贫工程，坚持扶贫先“扶智”，利用“雨露计划”、生源地贷款等扶持政策，鼓励资助贫困学生考入大中专院校深造学习，学到一技之长，实现稳定就业，带动家庭脱贫。实施金融信贷工程，采取政府补一些、企业投一些、社会帮一些、银行贷一些、个人拿一些的办法，整合“双到”资金、整村推进等各类项目资金，通过互助资金担保贷款、联户保贷等方法，撬动金融机构资金支持，为脱贫攻坚提供资金保障。实施易地搬迁工程，选择地力条件好、就业转移近、基础配套好的安置点，采取大分散、小集中的方式，全面完成415户1432人易地搬迁安置任务，确保易地搬迁群众脱贫销号。到2020年，28个重点贫困村如期销号，建档立卡户3954户15001人脱贫，贫困人口发生率控制在3%以内。

切实提升民生保障水平。实施全民参保登记计划，完善全民社保体系。健全机关事业单位养老保险、职业年金制度。积极稳妥实施被征地农民参加养老保险政策。建立健全商业保险与医疗保险、医疗救助等有机结合的医疗保障体系，提高城乡居民医疗保险和大病保险待遇。完善城乡居民最低生活保障金、高龄津贴、残疾人补贴等各类资金通过社会保障卡发放机制，建立健全居家养老、社区照料、机构养老服务网络，力争每千名老人拥有机构养老床位数达35张以上。积极落实就业援助、援企稳岗、农民工返乡创业等政策，大力发展以“互联网+”、贸易服务、家庭服务业等为重点的新兴服务业和劳动密集型产业，创造更多就业机会。每年承诺为群众办理十件以上打基础、利长远、惠民生、促发展的民生实事。

统筹发展社会各项事业。推进基本公共服务均等化，形成覆盖城乡、设施完善、适应经济社会发展的公共服务体系。推进义务教育均衡发展，学前三年毛入学率达到92%以上。发展科技事业，增强科技对经济增长的支撑作用。加快发展卫生事业，完善覆盖城乡居民的基本医疗卫生制度，常住人口医疗卫生床位数达到每千人4.7张。不断繁荣文化体育事业，推进公共文化体育场所免费开放，推动全民健身公共服务向农村延伸，构建布局合理、功能完善、覆盖全社会的公共文化服务体系。坚持人口和计划生育基本国策，全面实施“两孩”政策，人口出生率控制在12.8‰以内。加强防灾减灾体系建设，提高自然灾害的预测和防控能力。

不断强化社会综合治理。扎实开展“七五”普法，充分调动人民群众参与依法治理积极性，在社会形成尊法学法守法用法的法治氛围。以巩固建设“平安沙坡头区”为目标，完善区、镇(乡)、村(社区)、组四级防控体系，建立“互联网＋民生服务”综合信息平台，依法打击各类违法犯罪行为，不断提高公众安全感和满意度。推进信访工作规范化建设，落实重大决策社会稳定风险评估制度，完善镇(乡)、单位、村(社区)、组“四级联调”，人民调解、行政调解、司法调解“三调联动”的社会矛盾纠纷“大调解”机制，整合乡镇综治维稳中心、司法所、派出所、法庭等各单位力量，加强信访源头治理，发挥村(社区)和社会调解作用，切实解决群众反映强烈的突出问题，努力将矛盾纠纷消灭在萌芽状态，确保小事不出村，大事不出镇。坚持安全生产“党政同责、一岗双责”和“五个全覆盖”，加强重点领域安全隐患排查整改，推行第三方监管机制，坚决遏制重特大事故发生，为经济社会发展保驾护航。深入开展民族团结进步、“和谐寺观教堂”创建活动，实施“一争三创五推进”行动计划，依法管理宗教事务，巩固民族和睦、宗教和顺、社会和谐的良好局面。

四、大力实施生态优先战略，奋力建设美丽沙坡头区

加快推进城市化。以扩容提质、产城融合为方向，努力创建全国文明城市、国家卫生城市，建设生态宜居城市核心区，通过“产业连城、生态连城、水系连城、交通连城”，推进沙坡头区、中宁县相向发展，常住人口城镇化率达到62%。按照“一主三副”的发展思路和“四区四轴”城镇框架，配套餐饮、社交、医疗、物联网等服务设施，逐步形成现代化生活空间。在文昌、滨河片区发展行政办公、文化娱乐、商业金融，在迎水桥片区发展黄河旅游、沙漠湿地生态旅游，在柔远片区建设物流中转站和农副产品加工产业园，在常乐片区打造集现代服务、养老养生、休闲农业于一体的城市扩展区。主动承接棚户区改造任务，充分尊重群众意愿，完善棚户区拆迁改造程序和政策，实现征收、建设、安置一体化，基本完成现有城市棚户区、城中村改造。规划建设汽配汽修、废旧物资市场和食品加工园区，解决被征收经营户、影响市容市貌沿街商户经营就业问题和群众食品安全问题。注重文化与城市建设的深度融合，重点做好北到长城路、南至沙坡头大道、东到文昌街、西至应理街范围内主要建筑改造提升，展现中卫古城历史文化街区风貌，加快推进城市景区化、城旅一体化步伐。

加快建设美丽乡村。以实施“六化”为抓手，精心打造田园美、村庄美、生活美、风尚美的“四美”乡村。依托设施蔬菜、畜禽养殖、商贸物流、工业园区发展，推进镇罗、宣和等特色小城镇建设，打造产业化、集约化、规模化的科技示范片区；依托经果林、硒砂瓜、休闲观光农业发展，推进永康、兴仁特色城镇建设，打造节水、绿色、环保生态示范片区。按照“城市郊区村落向市区集中、城镇周边村落向集镇集中、分散村落向中心村集中”的思路，着力实施“八大工程”，高标准打造美丽村庄40个。编制包括基础设施、产业发展、公共服务、危房改造等内容的美丽村庄规划，切实抓好改路、改水、改厕、污水处理等项目建设，引导幼儿园、卫生室、文化站、健身路径等公共服务设施向中心村布点建设。深入实施农村环境卫生深度保洁，推行农村“5个3”环卫保洁机制，严厉打击私搭乱建、违规用地等违法行为，让“美丽乡村”成为沙坡头区的靓丽名片。

加强生态文明建设。深入推进国家环保模范城市创建，划定生态空间保护红线，加大封山禁牧力度，巩固退耕还林还草成果，实施沙漠边缘工业迁出区和生态移民迁出区生态修复工程，持续推进“三北”防护林建设北扩东延，筑牢腾格里沙漠边缘防沙治沙生态长廊，森林覆盖率达到16.6%以上，城市人均绿地面积达到26平方米以上。积极推进循环用水和重复用水网络系统改造，提高企业水循环利用水平。推进节能减排技术改造，推广电机系统节能、余热余压再利用等技术。加快发展风能、太阳能、生物质能等清洁能源。强化农业污染防治，畜禽粪污、农膜、农作物秸秆基本得到资源化再利用。强化耕地保护，严格控制限制性产业供地。推广建设节能、节水、节材、环保绿色建筑，倡导绿色出行生活方式，着力打造天蓝、地绿、水清、气爽的生态环境。

2016年下半年主要工作

2016年，我们将认真贯彻落实中央和区、市各项方针政策，坚持稳中求进工作总基调，按照“24673”的工作思路，开拓创新，负重拼搏，努力完成既定的各项目标任务。力争实现地区生产总值增长8%，全社会固定资产投资增长12%，城乡常住居民人均可支配收入分别增长9%和10%。

一、突出项目带动，切实增强经济发展后劲

谋划好重大项目。准确把握国家和自治区投资重点，积极与上级有关部门协调对接，争取国家和自治区各项投资支持。结合“十三五”经济社会发展规划，围绕产业发展、城乡建设、环境整治、脱贫攻坚、全域旅游等重点领域，积极编制、上报、储备一批打基础、利长远的重大项目，为全区经济社会发展蓄势助力。

实施好重点项目。紧盯年初确定的103个建设项目，严格落实项目建设责任制，确保项目高效推进。对已开工的86个项目，紧盯时间节点，倒排工

期任务，争取及早发挥效益；对即将开工的 10 个项目，加快完善立项、规划选址等手续，确保项目如期开工；对未能按期开工的 7 个项目，积极协调解决土地、资金等问题，争取项目早日开工。年内完成固定资产投资 168 亿元。

落实好招商项目。建立健全处级领导分块包抓、主管部门牵头负责、乡镇、单位协同推进的招商引资新机制。深挖区位优势、产业优势、资源优势和政策优势，梳理招商线索，瞄准主攻方向，采取以商招商、节会招商、小分队招商等多种模式，赴重庆、江苏、浙江、北京、山东等地，实行“一对一”“点对点”招商，努力引进青岛昌盛 150 兆瓦光伏扶贫、江苏绿港现代农业、温州合成革等一批大项目、好项目，力争完成招商引资任务 30 亿元。

二、注重示范引领，加快推进农业转型升级

促进农业提质增效。继续抓好 3 个粮食高产万亩示范片、1 万亩永久性蔬菜基地建设等工作。加强经果林管护、技术服务，全面提高林果生产效益。协调推进阜民丰牧业公司、海弘 10 万头生猪育肥、仔猪保育和沐沙三期规模化养殖场建设。高标准开展农田水利基本建设，改造中低产田，修建一批农田水利基础设施，夯实农业发展基础。

推动农民持续增收。加快农村电商平台建设，提高农产品附加值。加强农技服务体系和流通体系建设，积极开拓农产品市场。鼓励引导农户采取出租、入股、转让等方式流转土地，探索土地股份合作、土地托管等方式，扩大经营规模，增加资产性收益。壮大农民经纪人队伍，提高农民务工组织化程度，完成农民实用技术培训 5 万人次，不断拓宽农民就业增收渠道。

激发农村发展活力。稳步推进文昌镇黄湾村、滨河镇官桥村集体经济组织产权制度改革和镇罗镇凯歌村农村土地股份合作社改革试点工作。全面完成农村集体土地承包经营权确权登记颁证工作。加快建立沙坡头区农村产权交易服务中心，开展农村土地承包经营权抵押贷款试点工作。推进水权确权工作，抓好农村小型水利工程管理体制改革。开展第三次全国农业普查工作。

三、立足生态宜居，全力推动城乡统筹发展

加快推进城市建设。积极配合做好吴忠至中卫城际铁路、乌玛高速等项目协调服务工作，确保市重大项目顺利推进。开工建设文昌镇双桥村棚户区改造项目一期工程，加快宣和村、史湖村、新墩村等棚户区改造工程建设，确保应理新社区（东片）、文博苑、宣和村、史湖村等棚户区改造项目 1875 户征收群众如期回迁安置。实施双桥二期、砖塔村、倪滩村等棚户区改造项目，顺利完成剩余 1054 户房屋征收任务。

精心打造美丽乡村。建成迎水桥、宣和、永康、常乐 4 个特色小城镇，打造沈桥村、马滩村等 7 个美丽村庄，建设文化广场 5 个，硬化巷道 12.3 公里，铺设排水管道 18 公里。新建农村公路 13 条 77.4 公里。加快实施姚滩、沙渠农村生活污水治理试点示范项目，卫生改厕 310 户，为群众提供更加宜居的生活环境。

深入实施环境整治。对城市 22 条背街小巷、31 个老旧小区进行重点整治，加快推进“美丽城市”建设。集中开展违章建筑拆除、乱堆乱放清理、沟渠垃圾清理、乡村绿化提升四大专项行动，对美丽村庄接壤区域实施连片整治，对生态移民村环境卫生集中整治，对中央大道、宁钢大道等 6 条主干道路进行回头整治，对冯庄—范庙—雍湖、何滩—姚滩等 2 个环境卫生整治示范区实行网格化管理，力争建成全区农村环境卫生综合整治示范区。

四、聚焦民生改善，全面提高群众生活水平

坚决完成脱贫攻坚任务。实施整村推进项目，力争泰和、团结等 13 个贫困村脱贫销号，建档立卡户 2230 户 7728 人如期脱贫。在海和、永乐等 7 个贫困村，实施养殖园区改造、村庄环境卫生整治等项目工程，建立村级电商服务站 5 个。实施劳务扶贫，转移劳动力 2660 人，培训汽车驾驶员 75 名。推进光伏扶贫，争取康乐移民区光伏发电项目早日开工建设。设立扶贫担保基金,撬动金融机构发放扶贫贷款1.2亿元。建设移民安置房415套,争取搬迁安置海原县移民315户1032人。坚持一村一策,精心打造特色脱贫示范点。引进夏华、沐沙等龙头企业,建立"龙头企业+农户"等合作模式,在海和、泰和等移民村扶持发展养牛3000头、养羊5000只,打造"托管养殖"示范点;在鸣沙村发展特色农家乐、旅游小商品市场,培训移民群众在旅游景区就业,打造旅游脱贫示范点;在永乐、汪园等村扶持发展经果林3000亩,米粮川村发展压砂瓜2000亩、枸杞1000亩,打造特色种植示范点。

全面落实惠民利民政策。严把审核关口,年底前全面完成被征地农民参加养老保险工作。严格落实各类社会保障、社会福利、社会救助政策,建立农村低保线和扶贫线"两线合一"机制。搭建跨部门社会救助家庭经济状况核查平台,推进"阳光"救助。实施农村阳光沐浴工程,安装太阳能热水器1.2万台。加大就业创业扶持力度,确保城镇登记失业率控制在4%以内。

促进社会事业全面发展。开展文化惠民下基层演出380场次,播放农村数字电影2000余场。全面实施"两孩"政策,加强流动人口服务管理,提高全员人口信息化管理水平。推进养老服务体系建设,年内建成互助养老院2个、社区日间照料中心2个。加强基层阵地、智慧社区和"四化一满意"平台建设,新建农村标准化社区3个,创建三星级以上社区5个。

五、着眼长远发展,努力加强社会综合治理

依法加强社会治理。深入开展"七五"普法,全面推进依法治区进程。建成群众来信来访接待大厅,完善网上信访受理平台。全面推广柔远矛盾纠纷"大调解"工作机制,变"群众上访"为"干部下访",主动介入矛盾纠纷调处,使大事化小、小事化了。落实领导包保信访积案化解责任,信访积案、初信初访化解率分别达80%、100%,进京赴银非访、群访不超标,确保摘掉信访工作重点管理地区的帽子。

扎实开展平安建设。完善社会治安防控体系,依法严厉打击"两抢一盗"等各种违法犯罪活动,不断提升群众安全感和满意度。加强禁毒工作,社区戒毒康复执行率达到80%以上。扩大村组、社区网格化管理覆盖范围,抓好特殊人群管控工作。加强突发事件应急管理体系建设,提高自然灾害、突发事件的预防处置能力,保障人民生命财产安全。

全面加强综合执法。推进安全生产责任体系、企业安全风险防控体系、事故应急救援体系建设,建立健全"三级五覆盖"监管体制,严格安全监管执法,深化隐患排查治理,扎实开展煤矿、非煤矿山等重点领域的专项整治,强化安全宣传教育,确保全年不发生重特大安全事故。依法打击私搭乱建行为,清理整治违法违规用地。

全面加强政府自身建设

各位代表,今天,我们站在新起点,面临新形势,肩负新使命,加强政府自身建设,是做好各项工作的重要保障。"十三五"时期,我们要以基本建成"职能科学、权责法定、公开公正、廉洁高效、守法诚信"政府为目标,做好政府权力的"减法"、责任的"加法"、服务的"乘法",以全新理念和强力措施,努力建设人民满意政府。

一是坚持依法行政,建设法治政府。牢记法定职责必须为、法无授权不可为,在约束下工作、在监督下做事,不触碰政策红线、不逾越法律底线,努力形成办事依法、遇事找法、解决问题用法、化解矛盾靠法的法治环境。推行行政权力清单、部门责任清单、企业负面清单和政务服务网的"三个清单一张网"制度,做到机构、职能、权限、程序、责任法定化。依法向区人大及其常委会报告工作,并严格执行各项决议、决定,认真办理人大代表议案、建议和政协委员提案,虚心听取和采纳民主党派、工商联、无党派人士的意见建议。加强协商民主建设,健全重大事项风险评估、公示听证、合法性审查和集体决策机制，完善政府法律顾问制度，提升科学、民主、依法决策水平。

二是坚持奖惩严明，建设效能政府。完善各项指标体系和政府绩效考核办法，促进考核考评科学化。对政府重点工作，量化为指标，落实到乡镇、部门，建立区级领导包抓责任制，深入推行一线工作法，实行全过程督促检查，确保工作推进有力度，落实有效果。加强政府系统效能建设，大力整治不作为、慢作为、乱作为行为，坚持“深、实、细、严”的工作作风，对政府承诺的事情严格兑现，努力提升政府公信力。

三是坚持转变职能，建设服务政府。坚持群众路线，牢固树立“以人为本、执政为民”理念，深入基层、深入群众、深入实际，问政于民、问需于民、问计于民，对重大民生事项实行承诺制，努力使政府服务更加符合群众意愿，精准对接群众需求。改进政府服务模式，扩大政府向社会购买公共服务范围，制订政府购买公共服务指导目录，凡属事务管理性服务，原则上都要引入竞争机制，向社会公开购买，大幅提升政务服务的标准化水平。不断加强和创新社会管理，切实办好惠民利民实事，不断增强群众的获得感和幸福感。

四是坚持勤政为民，建设廉洁政府。坚持把纪律和规矩挺在前面，认真贯彻落实《中国共产党廉洁自律准则》《中国共产党纪律处分条例》和中央“八项规定”，严格执行“一岗双责”，巩固“三严三实”专题教育成果，扎实开展“两学一做”学习教育，强化制度建设，进一步增强制度的约束力和执行力。注重开源节流、勤俭办事，树立过“紧日子”的意识，严控“三公”经费，进一步降低行政成本。加强审计监督和行政监察，加大对工程招投标、政府采购、国有资产管理和资金使用等重点领域和关键环节的监管，严肃查处各类违法违纪案件，以依法行政、务实担当、干净干事的良好形象，推动各项事业蓬勃发展。

各位代表，新起点孕育新希望，新征程绘就新蓝图。让我们在市委、政府和区委的坚强领导下，紧密团结和带领全区各族人民，提振精气神，汇聚正能量，为建设开放富裕和谐美丽沙坡头区、全面建成小康社会而不懈奋斗！

【名词解释】

1.“四带一区”：环香山地区硒砂瓜产业带、引黄灌区设施蔬菜产业带、南山台扬黄灌区经果林产业带、南北部养殖业产业带以及高效节水现代农业示范区。

2.“一区四园”：中卫工业园区、宁夏红科技园、镇罗金鑫园、宣和冶金园、常乐陶瓷园。

3.“一特三高”：特色产业、高品质、高端市场、高效益。

4.“互联网＋”：互联网＋各个传统行业。

5.城市建设“五大战役”：街巷改造、深度保洁、绿化亮化、秩序建设、精品开发。

6.美丽乡村“八大工程”：规划引领、农房改造、收入倍增、基础配套、环境整治、生态建设、服务提升、文明创建。

7.“三检三考”：沙坡头区月检季考核、乡镇周检月考核、村日检周考核。

8.“181”：建设“10%的人优秀，80%的人努力，10%的人淘汰”的农村环境卫生保洁员和环境监督管理员队伍机制。

9.“四大重点区域”：城乡结合部24个区域、主干道路两侧103个庄点、67个示范村及7个集镇市场。

10.“三重一大”：重大问题决策、重要干部任免、重大项目投资决策、大额资金使用。

11.“一带一路”：“丝绸之路经济带”和“21世纪海上丝绸之路”的简称。

12.“中国制造2025”：中国实施制造强国战略第一个十年行动纲领。

13.“大众创业，万众创新”：2016年两会上，李克强总理在政府工作报告中指出要把“大众创业，万众创新”打造成推动中国经济继续前行的“双引擎”之一。

14.“51015”商业生活服务圈：5分钟可达便利店和各类服务网点，步行10分钟可达超市和餐饮店，驱车15分钟可达购物中心，满足居民“一站式消费”需求。

15.“一主三副”：“一主”即文昌镇、滨河镇为主城区；“三副”即迎水桥镇、柔远镇、常乐镇为城市扩展区。

16.“四区四轴”：“四区”即文昌、滨河片区，迎水桥片区，柔远片区，常乐片区；“四轴”即鼓楼南北街，沙坡头大道，滨河南北路，机场大道。

17.美丽乡村“六化”：房屋砖化、道路硬化、巷道亮化、村庄绿化、环境净化、村容美化。

18.农村“5个3”环卫保洁机制：农村卫生实行每天清扫3次、保洁3次，地表垃圾不超过3处/百米，停留时间不超过30分钟，路面尘土不超过30克/米^2。

19.“24673”工作思路：推进20个重点项目，化解40件信访积案，抓好6项重点工作，打造7个示范亮点，创新3项工作机制。

20.“四化一满意”：信息化服务平台为基础、全域化服务体系为支撑、网格化服务管理为手段、常态化服务机制为保障、群众满意为目标。

21.“三公”经费：政府部门人员因公出国（境）、公务车购置及运行、公务接待产生的费用。

22.“三级五覆盖”：“三级”即县（区）、镇（乡）、村；“五覆盖”即“党政同责”全覆盖，“一岗双责”全覆盖，“三个必须”(管行业必须管安全、管业务必须管安全、管生产经营必须管安全)全覆盖，政府主要负责人担任安委会主任全覆盖，各级安监部门向同级组织部门通报安全生产情况全覆盖。

政府工作报告

——在中卫市沙坡头区第一届人民代表大会第二次会议上

（2016 年 12 月 8 日）

中卫市沙坡头区区长　童　刚

各位代表：

现在，我代表区人民政府，向大会作工作报告，请予审议，并请区政协委员和其他列席人员提出意见。

2016 年工作回顾

2016 年，是沙坡头区政府组建成立、履职运转的第一年。在市委、政府和区委的坚强领导下，在区人大、政协的监督支持下，我们主动适应新体制，把握新常态，积极应对经济下行和改革发展双重压力，迎难而上，负重拼搏，实现了经济社会持续健康发展。预计实现地区生产总值 158 亿元，增长 7%；全社会固定资产投资达 164 亿元，增长 10%；社会消费品零售总额达 36 亿元，增长 8%；城镇、农村常住居民人均可支配收入达 24519 元和 10539 元，分别增长 8%和 9%，较好地完成了年初确定的各项目标任务。

——强化投资拉动，项目建设呈现新势头。始终牢牢牵住项目建设这个发展的“牛鼻子”，凝聚各方力量千方百计抓项目，为经济社会发展提供了有力支撑。重大工程服务到位。积极做好西气东输三线、吴忠至中卫城际铁路等工程的土地房屋征收工作，配合实施了中国物流中卫物流园、高庙历史文化街区改造等全市重要项目，累计征地 3276 亩，确保了重大工程顺利实施。重点项目全面完成。紧紧围绕特色农业、城乡建设、扶贫开发等重点领域，建立处级领导包抓机制，实施镇罗永久性蔬菜基地、双桥棚户区改造、香山峡门水库等项目 89 个，完成投资 39 亿元，建成了一批打基础、利长远、惠民生的大项目、好项目。招商引资取得实效。依托“民营企业中卫行”活动，先后引进宁夏西域金枸万亩黑枸杞、阜民丰万头奶牛养殖、都阳新能源单晶硅等 31 个项目，到位资金 17.5 亿元。

——突出特色引领，农业发展步入新阶段。坚持科技创新，在农业科技化、产业化、市场化、信息化上狠下功夫。特色农业扩规提质。建设硒砂瓜品质品牌保护区 30 万亩，产量达 59.8 万吨，实现产值 7.9 亿元。建立质量追溯和责任追究体系，先后赴珠三角等地区，开展市场推介、维权 8 次。推广秸秆生物反应堆、水肥一体化、病虫害绿色防控新技术，新增永久性蔬菜基地 1.1 万亩，设施蔬菜面积达 12.3 万亩。新建有机枸杞、精品苹果展示、苹果矮化密植三个科技示范基地 0.7 万亩，新植枸杞 1.8 万亩；完成苹果低产园树体改造 1 万亩，经果林总面积达 41.8 万亩。大力推动规模化养殖，重点实施海弘 10 万头生猪育肥、仔猪保育和沐沙三期规模化养殖场等项目，奶牛存栏和肉牛、肉羊、生猪饲养量分别达3.1万头和5.1万头、70.1万只、34.2万头。市场培育步伐加快。坚持以工业化理念发展现代农业，大力引进、培育新型农业经营主体，推广“公司+基地+农户”“村委会+合作社+农户”、产业互助风险共担联盟等多种经营模式，加快农业产业化发展步伐。引进培育韭康等专业合作社652个，扶持壮大乌玛枸杞等农产品加工企业61家，培树专业种养大户3344户，万齐集团、荣盛商业连锁公司新三板挂牌上市，“香山硒砂瓜”被农业部评为全国“一村一品”十大知名品牌。实施“互联网+农业”行动计划，建成万齐、大麦地农村电商B2B农产品电商平台，建立村淘服务站173个。农业基础不断夯实。实施兴仁、香山应急抗旱水源工程，解决了4.6万群众的饮水安全问题。新增高效节水农业3.3万亩，总面积达16万亩。扎实开展农田水利基本建设，投资4.1亿元，实施盐碱地改良、高效节水灌溉等重点工程27项，巩固改造农田8.1万亩，沟、渠、田、林、路实现综合治理。

——积极主动承接，工业服务水平有了新提高。设立工业和信息化服务中心，做好宁夏红科技园、镇罗金鑫园、宣和冶金园和常乐陶瓷园服务管理工作。准确把握国家宏观调控和产业政策，帮助企业把脉会诊，协调落实企业差别电价、营改增、电力直接交易、电价补贴等优惠政策，为12家企业完成电力直接交易电量23亿千瓦时，节约了电力成本，兑现了铁合金、电石等企业电价补贴。落实企业结构性减税政策，发放交通运输费减征凭单4万张，节约了企业运输成本。预计全年实现规上工业增加值43亿元。

——坚持建管并重，城乡面貌发生新变化。统筹推进新型城镇化建设，城乡承载服务功能不断增强。城市建设稳步推进。实施了江元隆府、兴南财富广场等房地产开发项目14个80.7万平方米。新建新墩东区、双桥一二期、史湖等棚户区改造安置房1.1万套105万平方米，安置应理新社区、文博苑、宣和等棚户区改造项目被征收群众2161户，征收新墩、大板一期等14个棚户区改造项目2787户房屋。美丽乡村更加宜居。高标准建成常乐、永康等4个美丽小城镇和沈桥、沙渠等7个美丽村庄，改造农村危房725户，卫生改厕310户，安装太阳能热水器1.27万台，新修农村公路107公里，硬化巷道52公里，铺设排水管网34公里，新植树木3.72万株，群众生活条件不断改善。环境整治成效明显。按照“12625”工作思路，推进农村环境卫生综合整治示范区建设和包兰铁路沿线环境整治，配备环卫车153辆、垃圾箱(桶)3045个。严格执行“5个3”“9个无”环卫保洁新标准，落实“三检三考”“181”严管重罚机制，清运“三堆”6.7万立方米，扎实开展国土专项整治行动，切实改善了农村生活环境。年内共接待区内外学习考察团22批次。

——注重多措并举，脱贫攻坚取得新进展。围绕做好“有土”“离土”两篇文章，启动实施“七大脱贫工程”，近三年脱贫成效顺利通过第三方评估验收，1546户5660人率先脱贫销号，团结、泰和两个重点贫困村脱贫摘帽。整合各类政府项目资金4000余万元，改善贫困村农业生产条件和基础设施，建立发展担保基金1200万元，撬动金融机构放贷7437万元，逐步培育形成硒砂瓜、枸杞、牛羊养殖等主导产业，变“输血式”扶贫为“造血式”脱贫。通过整理土地、流转经营、企业运作等形式，在兴海、米粮川等村发展经果林9000亩、硒砂瓜5000亩。引进夏华集团、和旺公司，通过“企业+农户”托管代养、建立产业互助联盟、“企业供犊、农户育肥、一体销售”等模式，在海和、泰和等移民村新补栏肉牛800头、肉羊3000只。加大劳务培训和转移就业力度，完成各类技能培训4500余人次，依托工业园区和硒砂瓜、供港蔬菜、枸杞产业基地，就地转移劳力1.5万余人次，移民人均增收3100元。落实退耕还林、草原生态奖补资金4723万元。财政投资200万元，为5160户贫困户购买“脱贫保”，增强了贫困户抵御因大病致贫、意外致贫的抗风险能力。建档立卡户新纳入低保 967 人，实现了低保标准、扶贫标准“两线合一”。完成 337 套移民安置房建设的选址和前期报批手续。

——聚焦民生改善，社会治理取得新进步。始终把改善民生作为一切工作的出发点和落脚点，人民群众的幸福感和获得感持续提升。社会事业协调发展。完善民生保障和社会救助体系，发放城乡低保、医疗救助等资金 1.3 亿元，2.52 万被征地农民全部纳入养老保险，宁夏民政云社会救助系统现场会在我区召开。为 1.05 万名老年人办理意外伤害险，建成沙坡头区第三敬老院、日间照料中心、农村老饭桌等一批养老服务机构，养老服务体系逐步完善。建成“智慧社区”试点 2 个、社区服务站 3 个。开展文化惠民演出 460 场次，标准化乡镇综合文化站、村文化站、数字农家书屋达到 328 个，荣获自治区“迎新春全民健身季”活动二等奖。加强人口和计生服务工作，人口素质不断提高。新增城镇就业岗位 1241 个，转移农村劳动力 16.9 万人，城镇登记失业率控制在 3.9%以内。第三次全国农业普查工作全面启动，全国第二次地名普查工作扎实推进。全面落实民族宗教政策，巩固了民族和睦、宗教和顺、社会和谐的良好局面。平安建设全面深化。完善区、镇、村、组四级治安防控体系，社区戒毒（康复）执行率达 96%，命案、刑事案件、八类案件全面下降，人民群众的安全感不断提升。建成群众来信来访接待大厅，排查化解矛盾纠纷 1980 件、重点信访积案 29 件，矛盾纠纷调处率达 98%以上，全市改革和加强综治“大调解”现场会在柔远镇召开。推进安全生产责任、风险防控、应急救援三大体系建设，安全生产指标控制在自治区下达范围以内。加强环境保护，中央第八环保督察组 20 件督察转办件全部办结。重点改革有序推进。完成行政单位公务用车管理制度改革，有效节约了行政成本。全面完成南关村集体经济组织产权制度改革，实现了“资产变股权、村民变股民”的历史性变革，成为全市“股改第一村”。总结经验，扎实推进黄湾、官桥村集体经济组织产权制度改革。农村产权流转服务中心投入运营，完成 6.8 万户农村土地确权登记颁证工作，发放农村“两权”抵押贷款 1500 万元、特色优势产业担保贷款 1.64 亿元。凯歌村农村土地股份合作社改革试点全面完成，为村民增加股权收益创造了有利条件。水权确权登记完成了以乡镇、机关单位、个体用水户为主体的初始水权分配。农村小型水利工程管理体制改革管护主体和责任得到落实。

一年来，我们按照区委整体安排部署，组建政府职能部门、直属事业单位 13 个，设置政务服务窗口 6 个；坚持依法行政，公布政府权力清单 834 项、责任清单 834 项；健全完善重大事项决策机制，自觉接受人大依法监督和政协民主监督，办理人大代表建议 18 件、政协提案 29 件。一年来，我们加强政府自身建设，扎实开展“两学一做”学习教育，建立完善纠治“四风”长效机制，政风行风建设不断加强，政府各项工作有序运转。一年来，我们统筹推进经济建设和社会事业协调发展，国防动员、双拥共建、食品安全、妇女儿童、防震减灾、消防、气象、通信、金融、保险等各项事业取得新成绩。

各位代表，过去一年，我们取得一些成绩，这是市委、市政府和区委正确领导，全区人民团结拼搏、共同努力的结果；是区人大、政协监督支持，各民主党派、工商联和驻地部队、垂管单位大力帮助的结果。在此，我代表区人民政府，向全区广大干部群众，向所有关心和支持我区经济社会发展的各界朋友，向在沙坡头区投资的创业者和建设者表示衷心的感谢！

在肯定成绩的同时，我们也清醒地认识到，我区经济社会发展中还存在一些问题和不足：一是谋事眼界不宽，创新精神欠佳，体制机制还不完善；二是重大项目储备不足，招商引资力度不大，新的增长点不多，可持续发展动力不强；三是农业现代化程度较低，农业经营活力不强，农民持续增收渠道不宽；四是传统工业转型升级难度大，现代服务业体系还不完善；五是基础设施依然薄弱，社会治理、脱贫攻坚、改善民生任务还很艰巨，等等。对于这些问题，我们将以更加主动的姿态，更加积极的作为，采取有力措施切实加以解决。

2017年主要工作

2017年是沙坡头区实现转型追赶的关键之年，全区上下一定要把握新常态、抢抓新机遇、寻找新动能，稳中求进，好中求快，推动经济社会平稳较快发展。政府工作的总体要求是：高举中国特色社会主义伟大旗帜，以邓小平理论、“三个代表”重要思想、科学发展观为指导，全面贯彻中共十八大和十八届三中、四中、五中、六中全会及自治区第十二次党代会、中卫市第四次党代会、沙坡头区委一届二次全会精神，深入学习贯彻习近平总书记系列重要讲话，特别是来宁视察重要讲话精神，牢牢把握“转型追赶、弯道超车”这条主线，牢固树立“川区争上游、山区争先进”的“双争”意识，坚定不移实施“创新驱动、产业带动、富民共享、生态优先”四大战略，坚决打赢脱贫攻坚战，努力实现经济繁荣、民族团结、环境优美、人民富裕。

主要预期目标是：地区生产总值增长8%，全社会固定资产投资增长12%，社会消费品零售总额增长8%，地方公共财政预算收入增长8%，城镇、农村常住居民人均可支配收入分别增长9%和10%以上。

一、坚持项目带动，着力增强经济发展后劲

狠抓项目建设。把项目建设作为加快发展的新引擎，谋划实施项目107个，完成投资106亿元。加强协调服务，积极做好土地房屋征收、回迁安置等工作，确保乌玛高速中卫段、吴忠至中卫城际铁路、中卫至兰州客运专线、西气东输三线等25个区、市重大项目顺利实施。全力做好农副产品加工园区、绿港现代农业、鸣沙古镇、五里棚户区改造、河南农村供水一体化工程等86个新建项目前期工作，确保项目早落地、早开工、早建成。加强续建项目跟踪服务，理清项目建设中存在的突出问题和薄弱环节，通过召开银企座谈会、协调金融机构加大放贷等形式，对症下药，精准施策，帮助企业解决融资、技改、土地等发展难题，力促科豪陶瓷高档金刚釉抛光地砖、香山峡门水库二期、双桥棚户区改造、银河冶炼25MW低温余热发电等21个续建项目早日竣工投产达效。

抢抓资金争取。认真研究国家宏观调控政策和产业投资导向，超前谋划、开发和储备一批重大项目，力争更多项目挤入中央、自治区项目“总盘子”。围绕全域旅游，争取鸣沙古镇、休闲农业示范园等一批旅游开发项目；围绕特色农业，争取奶牛养殖大县、香岩集团高档肉牛养殖等一批农业产业化项目；围绕产业园区，争取污水处理、园区道路等一批功能配套项目；围绕城乡建设，争取美丽村庄、宣和小城镇等一批基础设施项目；围绕民生保障，争取全民健身中心、养老体系建设等一批社会事业项目。政府班子成员及各乡镇、部门主要负责人要树立抢先机、跑项目、争资金的意识，坚持每周到对口厅局汇报对接工作一次，主动捕捉信息，确保上级项目资金争取增长10%以上。

齐抓招商引资。借势全国工商联常委会暨民营企业助推宁夏发展大会，开展“招商引资年”和“项目建设年”活动。着眼城市定位开展产业招商。充分发挥区位优势、资源优势、交通优势、产业优势，成立5个产业专题招商组，在推动全域旅游发展、农业精品展示、物流中转配送、数据存储应用、产业集群壮大上实现新突破。依托特色产业开展节会招商。围绕农业特色产业，广泛参加商洽会、推介会、营销会、展示会，开阔农业发展视野，提高农产品知名度，引进农业新理念、新技术、新品种、新项目。立足园区定位开展精准招商。依托四个工业园区现有产业、发展定位，在电石化工、特色冶金、陶瓷和新型建材等产业上建链补链延链，实现集群循环式发展。借助人力资源开展以情招商。诚邀中卫籍在外领导干部、知名企业家和本地企业家，为我区招商引资出谋划策、宣传推介，积极牵线搭桥，协助我们依托行业年会、联谊会等搭建展示平台，联系更多的商会、协会、企业来我区投资置业。实施政策引导开展全民招商。设立招商引资专项奖励资金，根据到位资金，按照1%至4%比例，重奖招商引资贡献者，鼓励全社会大招商、招大商，引进一批科技含量较高、产业链长、辐射带动力强的重大项目，力争完成签约任务300亿元。

二、着眼三产融合，强力推动经济转型升级

发挥区位优势，在旅游和现代服务业上做文章。重点扶持以全域旅游、电子商务、商贸物流为主的现代服务业，推动第三产业快速发展。发展全域旅游。以打造“滨河沙坡头”为目标，做好黄河中卫城市段8公里旅游配套、金沙岛提质扩容、旅游新镇游客分流中心、沙坡头南岸半岛等重点项目协调服务。探索推进“乡村旅游+”模式，编制《乡村旅游资源开发利用规划》，加快大漠旅游、黄河旅游、观光农业、乡村旅游融合发展。建设迎水桥全域旅游示范镇，重点打造鸣沙古镇、拓跋寨、长流水古丝路遗迹、童家园子等旅游景点，构建点面成片、串点成线的旅游新格局。精心打造“一廊一带”，规划沙坡头至旅游新镇葡萄采摘观光长廊，开发葡萄采摘、薰衣草观赏、枸杞观光旅游项目；规划338国道万亩苹果花卉旅游观光带，开发苹果采摘、花卉观赏旅游项目。规范整治乡村旅游景点，提高旅游交通、餐饮住宿、卫生环境管理水平，树立乡村旅游新形象。开发旅游文化产品，引导企业和个人研发、生产奇石古玩、剪纸刺绣、沙塑沙雕沙画、仿古地毯等旅游文化产品，丰富和繁荣旅游文化市场。发展商贸物流业。做好中国物流中卫物流园、镇罗公铁物流中心征地拆迁协调服务工作，确保项目顺利实施。扶持荣盛、中杰、兴拓公司发展生产生活资料等专业物流配送，积极发展电商物流，推进冷链物流。加强零售消费市场流通，促进开盛购物、新华百货等重点商贸企业加快发展，打造鼓楼现代服务业商圈。加快培育沙坡头水镇、土特产购物街，促进兴南财富广场、紫云新都广场等商业开发项目投入运营，加快兴南大酒店等项目建设，推进商贸业多样化发展。规范乡镇各类批发市场和集市贸易，积极扶持和旺畜牧有限公司建设兴仁活畜交易市场。规划建设废旧物资交易市场，规范废旧物资交易管理。发展新兴服务业。依托宁夏中关村科技产业园，实施“互联网+”行动计划，引进中国网库搭建特色农业单品交易平台，建设宁夏农特产品电商O2O体验中心暨沙坡头电商孵化园，做强万齐、大麦地农村电商交易平台，推进电子商务快速发展，打通“农产品进城、工业品下乡”双向配送渠道。加快电信、广电等信息基础设施建设，整合农业信息服务、电子政务、交通监管、环保监测等系统，建设“智慧沙坡头区”。

完善园区功能，在发展工业经济上下功夫。树立“工业强区”理念，按照“产业集聚、土地集约、环境改善”的目标要求，打造资源深度利用、产品中高端延伸、产业相互融合的特色产业园区。明确园区产业定位。按照“一区一品、一园一特色”的理念，科学确定常乐、宣和、镇罗、宁夏红产业园区定位。依托科豪陶瓷、美康陶瓷等企业，引导新型墙体材料、高端瓷质砖等生产企业入驻园区，打造常乐新型建材陶瓷产业园。依托明巨、华伟等企业，引进PVC、PVA等下游企业，延伸产业链条，打造宣和电石化工循环产业园。依托银河冶炼、三元中泰等企业，引进一批特种合金等上下游企业，打造镇罗特色冶金产业园。依托江南好、宁夏红等企业，加大农副产品加工研发力度，支持农副产品加工企业转型发展，打造宁夏红健康养生产业园。依托天瑞集团、兴拓农资等企业，加大红枣、枸杞、苹果、设施蔬菜等农产品加工转化力度，提高农产品附加值，打造农副产品加工产业园。强化园区服务功能。聘请专业团队，根据产业园区定位，对工业体系、产业链条、空间布局进行规划，力促园区快速发展。整合各类资金，实施园区道路、供排水、供电、绿化、亮化等基础设施改造，不断改善园区生产条件。协调做好镇罗工业园接中宁工业园区8.2公里道路建设，依托铁合金、电解铝、金属锰等产业，找准产业发展契合点，推动沙坡头区与中宁工业园区相向发展。落实差别电价、电力直接交易、电价补贴、低成本园区改造等政策，降低企业生产成本。建立政府、银行、企业三方联席会议制度，及时解决企业生产经营难题。

突出特色优势，在发展现代农业上求突破。坚持“一特三高”发展方向，依托“四带一区”产业格局，加快构建现代农业发展体系。以培育产业体系拉动土地经营规模化。加大对专业大户、家庭农场、专业合作社、农业产业化龙头企业等新型经营主体的培育力度，培育新型经营主体40家以上，扶持两家龙头企业挂牌上市。加强政府投资扶持导向，引导农民依法通过转包、托管、入股等多种土地流转形式，不断增加土地适度规模经营，新增土地流转面积1万亩以上，让更多农村富余劳动力从有限的土地束缚中解放出来，有序向二三产业流动就业，挖掘农民增收潜力。以培育生产体系带动农业集约化。实施国家级农村一二三产业融合发展试点示范县项目，强化科技支撑力度，集成配套良种良法、现代机械装备和新技术示范应用，推动农业智能化、信息化、网络化。积极探索压砂地枸杞等接续产业，制订标准化生产规程，积极推广控水控肥等技术，引导农户合理轮茬倒茬歇茬，确保硒砂瓜生态绿色品质。引进江苏绿港等国家级龙头企业，建设椰康无土栽培蔬菜基地1500亩、永久性蔬菜基地3000亩。实施经果林扩规增效工程，建设水肥一体化枸杞基地1万亩、矮化密植优新苹果基地5000亩、苹果交替控灌示范区2万亩，完成苹果低产园树体改造1.5万亩。重点实施香岩集团万头肉牛、中地和阜民丰万头奶牛、永康万头生猪育肥等项目，年内奶牛存栏和肉牛、肉羊、生猪饲养量分别达3.5万头和5.5万头、70万只、35万头。改造维修生产道路12条52公里，新增高效节水农业示范区1万亩，实施宣和地区盐碱地改良、农田水利设施维修养护、二三排水沟整治等项目，不断强化农业农村基础。以培育经营体系推动农业品牌化。搭建现代化农业发展融资平台，落实担保贷款、贴息贷款、风险补偿等各项政策，鼓励引导龙头企业和规模种养户，不断增强农产品质量和品牌意识，加大对无公害、绿色、有机农产品生产和认证力度。借助“香山硒砂瓜”“宁夏红”枸杞果酒等全国知名品牌的带动效应，组织企业组团外出营销和包装推介，努力把“沙坡头”蔬菜、“万齐”大米、“南山阳光”苹果、乌玛枸杞等特色农产品打造成全国知名品牌。

三、立足生态优先，统筹推进城乡一体化发展

加快城乡建设步伐。立足打造生态宜居城市核心区，有序推进“多规合一”。按照“先建后拆、边拆边建”的思路，推进货币化安置，实施双桥三期、郭营等6个棚户区2400户改造项目，完成福兴苑、双桥一二期等棚户区改造项目1100余户群众回迁安置。开发建设官桥幸福家园、金沙国际等商业项目100万平方米，配合建设市民休闲森林公园，提升城市品位。按照“城市郊区村落向市区集中、城镇周边村落向集镇集中、分散村落向中心村集中”的思路，实施迎水桥新型城镇化特色镇项目和宣和少数民族特色镇项目。整合项目资金，建设观音、镇靖等8个美丽村庄、6个文化广场，改造农村危房500户，完善路网、管网、电网等基础设施，逐步形成布局合理、特色鲜明、风格迥异的美丽乡村。

深入开展环境整治。严格落实“以克论净”保洁模式，抓好卫生城市建设，加大城市社区及背街小巷环境卫生整治，消除城市卫生死角。深入实施农村环境卫生整治，配齐环卫设施，全面推行网格化、精细化管理，加强保洁队伍日常监管和培训考核，确保“户分类、村收集、镇转运、市处理”垃圾清运处理机制高效运转。以扩面提质为目标，严格执行“5个3”“9个无”保洁标准，集中开展乱堆乱放清理、违法违章建筑拆除等五大专项行动，将农村环境卫生综合整治示范区向东西延伸至 6 镇 36 村。成立国土资源分局,重点整治私搭乱建、未批先建等违法违规用地行为,实现土地规范化管理。

加强生态文明建设。牢固树立尊重自然、顺应自然、保护自然的生态文明理念,加大禁牧封育、退耕还林还草力度,实施生态移民迁出区生态修复项目,绿化造林 2.65 万亩。开展绿色村庄创建,改善农村人居环境。推进黄河中卫城市过境段水生态治理与保护工程,实施城市集中饮用水源地保护项目,配套完善水源应急监测设备。建设生活污水收集管网、污水一体化工程,完成农村卫生改厕 1000 户。打造东园、柔远等镇农业面源污染综合治理示范区,化肥、农药减量 20%以上,畜禽粪污、生活污水处理利用率进一步提高。推进大气污染综合防治,整治非煤矿山扬尘污染,加强秸秆禁烧监管,营造天蓝地绿水净的生态环境。

四、突出精准施策,实现脱贫攻坚目标

培育产业加快脱贫。实施特色种植、示范养殖等"七大脱贫工程",坚决打赢脱贫攻坚战,确保 1500 户 5185 人、10 个重点贫困村脱贫销号。实施"一二三产 + 脱贫"模式,推动贫困群众多渠道、多形式增收。加快农村土地流转,充分发挥产业拉动、能人带动、政策推动作用,鼓励发展"公司(协会)+ 基地 + 贫困户"经营模式,在高庄、王团等贫困村新增硒砂瓜 3000 亩、枸杞 4000 亩,养殖肉牛 1500 头、羊 1.5 万只,力争每个贫困村发展 1 至 2 个特色优势产业。在南长滩、鸣沙等村探索"旅游 +"扶贫模式,结合独具特色的党项文化、花儿文化,发展民俗、赏花、采摘为一体的乡村旅游业。借助电商服务平台和村淘服务站点,联合合作社、流通大户实行订单生产,促进瓜果和牛羊肉等农产品外销。总结推广"托管代养""分贷统还"模式,在康乐、敬农等移民区发展规模化养殖,打造养殖脱贫示范点。依托工业园区和特色农业生产基地就业平台,完成职业技能培训 4800 余人次,转移劳动力 3.7 万人,使劳务产业真正成为移民增收致富的"铁杆庄稼"。

加大投入保障脱贫。整合各类项目资金向重点贫困村倾斜。设立产业培育专项基金 3000 万元,全方位助力脱贫攻坚。建立扶贫担保基金 2900 万元,撬动银行发放扶贫贷款 2 亿元。将 3392 万元"互助资金"通过银行放贷,解决"互助资金"借款额度小、扶持效益不高等问题。整合"双到"资金 450 万元,为建档立卡户购买四种"脱贫保"、提供贷款贴息。推进光伏扶贫,争取实施国家能源局第二批光伏扶贫项目,通过资产收益性分配增加贫困户收入。全面实施 337 户 1432 人易地搬迁安置任务。推进"健康"扶贫工程,提高贫困人口医疗救助和报销比例,将贫困人口全部纳入社会保障范围,做到应保尽保、政策兜底。全面落实中卫市"离土脱贫"23 项优惠政策,对建档立卡贫困户大学生、研究生每学年资助 5000 元,对取得驾驶员 C 照的每人补助 1500 元,切实解决贫困群众实际困难。

创新机制推进脱贫。完善专项、行业、社会"三位一体"帮扶机制,鼓励引导企业、组织和个人以各种形式参与扶贫,实现扶贫资金多元化、扶贫方式多样化、扶贫途径合理化。加强脱贫精细化管理,组织动员包保干部开展"三帮两扶一监督"集中行动,确保扶贫工作稳步推进。全面落实扶贫公益事业税收、贫困地区投资兴业等优惠政策,对积极参与扶贫开发的企业给予信贷支持。探索建立扶贫贷款发放回收机制和提前脱贫激励机制,引导鼓励贫困群众树立"扶贫先扶智、脱贫先立志"的思想,发扬自力更生、艰苦创业的优良传统,依靠辛勤劳动,早日脱贫致富。

五、注重富民共享,提升群众幸福指数

协调发展社会事业。认真办好 8 件民生实事,让人民群众在共建共享发展中有更多获得感。全面落实城乡居民基本养老、医疗、大病保险、被征地农民养老保险政策,加大社会救助力度,推进社会保障提标扩面。加快发展养老事业,将养老服务设施建设纳入城市建设规划,建立养老服务机构运营政府补助机制。做实村民代表会议制度，完成村委会换届选举，提高基层组织服务能力。探索建立政府购买社会服务清单，引导鼓励社会组织参与社会治理和公共服务。创建四星级以上和谐社区9个，建成社区服务站5个。新建社区运动场、村级体育广场9个，建设全民健身中心，争创自治区基本公共体育服务示范区。完善政府购买公共服务机制，推广乡镇文化站"公建民营公助"模式，新建兴仁镇标准化文化服务中心、村级综合文化服务中心2个、综合性农民文化大院2个，广泛开展文化下乡、广场文艺等系列活动，不断丰富群众文化生活。坚持计划生育基本国策，促进人口素质提高和长期均衡发展。推进社会信用体系建设。依法加强宗教事务管理，维护宗教领域和谐稳定，争创自治区民族团结示范区。

探索推进重点领域改革。深化行政审批制度改革，进一步转变政府职能，简政放权，从减少审批向放权、监督、服务并重转变；按照中央关于加强乡镇建设的要求，优化乡镇机构岗位设置，建立干部职责清单，完善管理机制，推进乡镇责权统一，提高乡镇整体工作效能。加快农村产权制度改革，完善农村产权流转服务中心功能，深入贯彻"三权分置"土地政策，推动农业适度规模经营。开展农民自愿退出宅基地使用权和房屋所有权补偿试点，探索建立完善退出补偿机制，盘活土地存量；在西关、雍楼等村开展农村集体经济组织产权制度改革，在镇北等村开展农村土地股份合作社改革。全面完成水权确权和小型水利工程管理体制改革，促进水资源高效利用和水利设施有效管护。深化投融资体制改革，组建沙坡头区国有资本运营有限公司，形成多元化投融资机制，发挥产业基金引导作用和融资担保作用，提升投资质量和效益。鼓励政府和社会资本合作，推行PPP模式，加大城乡基础设施建设、社会民生事业等重点领域的资金投入力度。加快基层农技服务改革，探索建立专家组、指导员、示范户、种养户协调联动机制，为农业种植、畜禽养殖提供全方位、一体化的跟踪服务，推动农业科技成果转化及应用示范。

不断创新社会治理。深化平安建设，完善立体化社会治安防控体系，防范和打击各类违法犯罪活动，加强吸毒人员社区戒毒(康复)治疗，促进社会和谐稳定。推进"七五"普法，引导全社会做学法遵法守法用法的模范。深入开展矛盾纠纷排查化解，健全群众来信来访、领导干部接访、律师咨询、乡镇部门调解等机制，初信初访化解率达到95%以上，重点信访积案化解率达到80%，确保进京非访、赴银集体访指标不突破。完善突发公共事件应急管理体系，提高防范突发事件能力。建立健全安全生产"三级五覆盖"监管体系，深入开展建筑施工、工矿商贸、非煤矿山等重点领域安全生产专项整治，确保不发生重特大安全生产事故，切实保障人民群众生命财产安全。

努力建设人民满意政府

各位代表，本届政府是沙坡头区历史上首届政府，上级组织寄予厚望，区市领导倍加关注，人民群众满怀期待。加强政府自身建设，是做好各项工作的重要保障，我们将进一步加强政府自身建设，从严从实，转变作风，强化执行，努力提高适应和引领新常态的能力和水平。

建设责任政府。进一步理顺行政体制，加快角色职能转变，围绕"三定"方案，厘清市、区事权、人权、财权，强化责任担当意识，切实解决职能交叉、权责分离、运作不畅、管理真空等问题。强化领导干部包抓责任制落实，加强对重点项目、重点工作的跟踪督查。转变思维方式、工作方法，明确责任分工，规范工作流程，强化服务功能，推动经济社会各项事业全面发展。

建设法治政府。牢记法定职责必须为、法无授权不可为，在约束下工作、在监督下做事，不触碰政策红线、不逾越法律底线，努力形成办事依法、遇事找法、解决问题用法、化解矛盾靠法的法治环境。依法向区人大及其常委会报告工作，并严格执行各项决议、决定，认真办理人大代表议案、建议和政协委员提案，虚心听取和采纳民主党派、工商联、无党派人士的意见建议。加强民主协商建设，健全重大事项风险评估、公示听证、合法性审查和集体决策机制，组建政府法律顾问团，提升科学、民主、依法决策水平。

建设效能政府。完善各项指标体系和政府绩效考核办法，促进考核考评科学化。对政府重点工作，量化为指标，落实到乡镇、部门，建立区领导包抓责任制，深入推行一线工作法，实行全过程督促检查，确保工作推进有力度、落实有效果。加强政府系统效能建设，大力整治不作为、慢作为、乱作为行为，始终做到久久为功、善作善成，努力提升政府公信力。

建设廉洁政府。坚持把纪律和规矩挺在前面，认真贯彻落实《中国共产党廉洁自律准则》《中国共产党纪律处分条例》和中央"八项规定"，全面从严落实政府党组主体责任，严格执行"一岗双责"，强化制度建设，进一步增强制度的约束力和执行力。注重开源节流、勤俭办事，树立过"紧日子"的意识，严控"三公"经费，进一步降低行政成本。加强审计监督和行政监察，加强对工程招投标、政府采购、国有资产管理和资金使用等重点领域和关键环节的监管，严肃查处各类违法违纪案件，以依法行政、务实担当、干净干事的良好形象，推动各项事业蓬勃发展。

各位代表，功崇惟志，业广惟勤。承载着全区40.6万人民群众的共同夙愿，让我们在区委的坚强领导下，大力弘扬"不到长城非好汉"的宁夏精神，提振精气神，汇聚正能量，紧密团结和带领全区各族人民，以更加昂扬的斗志、更加有效的举措、更加务实的作风，为建设开放富裕和谐美丽沙坡头区而努力奋斗！

肩负新使命　谋求新发展
努力开创沙坡头区政协工作新局面

——在政协中卫市沙坡头区第一届委员会第一次全体会议上

（2016 年 7 月 13 日）

中卫市沙坡头区政协筹备领导小组组长　刘希宁

各位委员：

我代表政协中卫市沙坡头区筹备领导小组，向大会报告工作，请予审议，并请列席人员提出意见。

一、筹备期间主要工作情况

设立中卫市沙坡头区是自治区党委、政府和市委、政府的重大战略部署。政协中卫市沙坡头区筹备领导小组成立以来，认真落实自治区党委、中卫市委关于筹建政协中卫市沙坡头区委员会的要求，依照政协《章程》等有关规定，紧紧围绕政治协商、民主监督、参政议政三大职能，坚持团结和民主两大主题，广泛团结各民主党派、无党派人士、人民团体和各族各界人士，高举爱国主义、社会主义旗帜，坚持正确政治方向，服务发展大局，严格执行政策，认真履行职责，确保沙坡头区政协筹备工作顺利推进和政协中卫市沙坡头区第一届委员会第一次会议如期召开。

（一）严格执行政策，有序推进筹备工作

2016 年 3 月，市委批复成立了政协中卫市沙坡头区筹备领导小组。政协筹备领导小组严格落实筹备方案，依据机构编制，组建了一室两委，调配工作人员，全面理顺体制机制。认真贯彻落实《政协中卫市沙坡头区第一届委员会选举工作实施方案》，坚持“党管干部、党管人才，统筹兼顾、共同协商，严格标准、确保质量”的原则，严格“酝酿准备、制订方案、提名推荐、民主协商、审议决定”的程序，政协中卫市沙坡头区第一届委员会设置界别 23 个，拟提名推荐政协委员 125 名。为保证推荐委员人选符合政治素质、道德品质、遵纪守法等条件和要求，政协筹备领导小组会同区委组织部、统战部反复酝酿、严格甄选、慎重考察，报沙坡头区党委审定，确定政协委员 115 名。其中，中共党员委员 46 名，非中共委员 69 名，妇女委员 29 名，少数民族委员 10 名，分别占委员总数的 40%、60%、25%、9%。

（二）服从服务大局，着力推进脱贫攻坚

为了全面掌握沙坡头区经济社会发展的基本情况、基本底数、基本政策，政协筹备领导小组从抓调查研究入手，在深入乡镇、村、农户，全面系统掌握第一手资料的基础上，尽快进入工作角色，适应工作节奏，全力推动工作落实。

按照沙坡头区党委确定的牵头任务，把精准扶贫作为工作的重中之重来抓。集中精力搞调研。按照“精准扶贫、精准脱贫”基本方略，筹备领导小组会同相关部门对 25 个贫困村调查摸底，重点对兴仁、香山、常乐、宣和等乡镇 11 个生态移民村及宣和汪园村、香山黄泉村、迎水桥南长滩村等帮扶村进行实地调研。通过走访基层干部群众、召开座谈会，及时掌握了精准扶贫村的基本情况，摸清了贫困底数，找准了致贫问题。分析研判提建议。认真分析研判沙坡头区精准扶贫现状和存在问题。针对生态移民区支柱产业支撑作用不明显、缺乏龙头企业带动、群众等靠要思想严重、搬迁遗留问题较多、干部畏难情绪较大、齐抓共管合力尚未形成的实际情况，进一步厘清发展思路，有针对性地提出了下步工作的意见建议：一要突出工作重点，“有土”“离土”结合，坚定不移培育产业；二要实施龙头带动，坚定不移培育大户、引进企业；三要实施项目推动，坚定不移跑项目、抓项目、干项目；四要完善基础设施，坚定不移创优发展环境；五要吸纳成功经验，坚定不移实施“十三五”移民搬迁；六要扶智扶志结合，坚定不移转变等靠要思想；七要合力攻坚克难，坚定不移转变干部工作作风。定期监督抓落实。精准扶贫关键在落实。政协筹备领导小组多次组成监督检查组，定期不定期对产业培育、帮扶干部到位、帮扶政策落实、帮扶资金投入、帮扶项目启动实施等情况进行监督检查，确保脱贫攻坚工作环环相扣，有序推进。

（三）加强自身建设，切实提高履职能力

政协工作如何起好步、开好局，怎样带出“信念坚定、为民服务、勤奋务实、敢于担当、清正廉洁”的干部队伍，是我们必须肩负的政治责任，是事关打基础、利长远的基础性工作。根据政协工作的新形势、新目标、新任务、新要求，突出“四个着力”，提升履职能力。着力提升干部政治素养。以“两学一做”学习教育为契机，把党章党规和习近平总书记系列讲话精神学习与政协理论知识学习相结合，组织干部谈体会、谈认识，互交流、互促进，切实提高政治理论水平。着力提升干部业务能力。政协机关工作人员来自各行各业、各条战线，都是“新兵”，为了尽快适应新岗位，进入新角色，成为行家里手，我们采取集中学习与个人自学相结合的办法，在全面系统学习政协理论、政策、方法的基础上，组织全体干部参加了自治区政协专题培训学习，主动到市政协请教学习业务知识，边学边干、边干边学，把学习融入政协机关日常工作，切实提升干部业务能力。着力提升委员履职能力。政协工作具有很强的政治性、社会性、政策性、群众性，必须提高委员履职能力。沙坡头区政协筹备领导小组举办了政协委员业务知识培训班，通过培训政协理论、提案征集、反映社情民意、搞好调查研究等知识，使委员尽快熟悉业务规则，掌握工作技巧，提高履职尽责能力。着力提升委员参政能力。建言献策是政协委员重要职责。为保证本次会议开出成效，要求委员认真学习沙坡头区第一次党代会精神，准确把握沙坡头区第一次党代会工作报告和“十三五”规划建议的精神实质和工作部署，全面系统掌握新形势下沙坡头区区情，认真做好大会发言、提案征集和调研课题的确定工作，为高质量开好本次会议奠定基础。

各位委员，沙坡头区政协工作刚刚开局，各项工作的开展离不开市委、政府和沙坡头区党委的坚强领导，离不开市政协的关心指导，离不开沙坡头区人大、政府的大力支持，离不开沙坡头区各部门、各单位的全力配合，也离不开社会各界的鼎力相助和各位委员的共同努力。在此，我代表政协筹备领导小组向各级组织、各位领导、同志们和各界别的朋友们表示衷心的感谢！

二、“十三五”时期主要工作

“十三五”期间，沙坡头区政协工作的指导思想是：高举中国特色社会主义伟大旗帜，全面深入贯彻落实中共十八大、十八届三中、四中、五中全会精神和习近平总书记系列讲话精神、市委三届五次和沙坡头区第一次党代会精神，按照“五位一体”总体布局、“四个全面”战略布局，坚持“五大发展”理念，在区委的坚强领导下，按照“站在新起点，坚持新标准，肩负新使命，谋求新发展”的总要求，以全面建成小康社会为目标，紧紧围绕“五区”发展定位，主动适应经济发展新常态，服从服务全区中心工作，牢牢把握主题，认真履行职能，把服务科学发展作为第一要务，把促进民生改善作为履职之本，把维护社会和谐稳定作为重要责任，为推动开放、富裕、和谐、美丽沙坡头区建设而努力奋斗。

今后五年工作原则：

（一）坚持党的领导

坚持正确政治方向，坚决维护党的领导核心地位。围绕沙坡头区党代会确定的发展目标，团结政协委员和社会各界人士，把思想统一到区委决策部署上来，做到思想上同心、目标上同向、行动上同步，齐心协力开创沙坡头区美好未来。

（二）坚持服从服务大局

紧紧围绕“五区”发展定位和“创新驱动、产业带动、富民共享、生态优先”四大战略，顺势而为，履职尽责，为沙坡头区经济社会发展献智出力。

（三）坚持依章履职

依照政协《章程》，通过政治协商方式积极参与沙坡头区党委、政府重大决策，通过民主监督方式推动工作落实，通过参政议政方式积极建言献策。

（四）坚持团结民主主题

团结汇聚力量，民主促进和谐。紧密团结各党派团体、无党派人士和社会各阶层，充分尊重各方主体地位，集众之识、聚众之智、举众之力，推动沙坡头区经济社会科学发展、创新发展、跨越发展。

（五）坚持围绕中心工作建言献策

围绕沙坡头区产业发展、民生改善、扶贫攻坚、创业就业、平安创建、新农村建设等群众普遍关心关注的热点难点问题，以促进经济社会发展为己任，建诤言，献良策。

今后五年主要工作：

（一）紧扣第一要务，开展民主协商

发展是党执政兴国的第一要务，推动发展是政协依章履职的根本目的，政协委员要切实增强政治意识、大局意识，在沙坡头区发展大局中找准定位，抓住事关沙坡头区改革发展稳定中具有战略性、全局性、根本性的重大问题，着眼经济发展、民生改善、社会和谐，议大事、谋大事。积极探索基层协商。建立政协委员基层联系点，组织委员零距离接触群众，通过恳谈协商在群众和党委、政府之间架起连心桥。认真开展集体协商。创建委员发言协商平台，引导政协委员积极建言献策，广泛征集意见建议、提出高质量提案，增强集体协商效果。扎实开展专题协商。发挥专委会基础性作用，以专题协商为平台、调研视察为载体、界别活动为纽带，精心选择专题协商议题，拓宽协商议政领域，发挥专题协商作用。切实开展对口协商。针对社会关注度高，群众意见集中、反响较大的问题，广泛听取政协委员的意见，提出对策予以协商落实，形成对口协商格局。

（二）聚焦战略定位，强化监督职能

人民政协民主监督是社会主义协商民主建设的重要内容，是协助党委、政府改进工作的重要方式。政协委员会要围绕沙坡头区“十三五”发展大局，紧扣区党委、政府决策部署，切实增强履行职责的责任感和使命感，认真履行监督职能，充分发挥对“四个沙坡头区”建设监督作用。聚焦开放沙坡头区建设，围绕创新驱动战略，对沙坡头区开放通道建设、开放平台构筑、开放发展环境、推进重点领域改革的目标落实情况进行视察监督。聚焦富裕沙坡头区建设，围绕产业带动战略，对农业产业化、新型工业化、城乡一体化、做强全域旅游业、做活商业服务业开展专项调研。聚焦和谐沙坡头区建设，围绕富民共享战略，对城乡社区治理、打赢脱贫攻坚战役、提升民生保障水平、统筹社会事业发展的成效进行民主监督。聚焦美丽沙坡头区建设，围绕生态优先战略，结合市辖区的特点，对提升城市建管水平、加快美丽乡村建设、加强生态环境保护，以意见、建议、提案方式主动监督。

（三）发挥自身优势，主动参政议政

充分发挥政协包容各界、联系广泛的优势。积极探索新形势下团结联谊工作的新方法、新渠道，始终遵循民主协商原则，始终坚持精诚团结服务，始终树立良好作风形象，努力做到发扬民主、肝胆相照，加强团结、增进共识，让各界人士更多地认识政协工作、理解政协工作、支持政协工作。让政协委员更好地知情问政、履职尽责。充分发挥政协人才荟萃、智力密集的优势。政协委员来自沙坡头区各行各业，社会接触面广，在履职过程中，要有敢说真话的勇气，做群众利益的维护者，要让更多群众感受到政协的关怀和温暖，不断扩大和提升政协的社会凝聚力、影响力。充分发挥政协位置超脱、善于谏言的优势。习近平总书记强调，政协委员要懂政协、会协商、善议政，就是要我们明白政协工作的性质和定位，要围绕沙坡头区的中心工作，讲好政协话、干好政协活、履好协商职、尽好委员责，把政协优势转化为参政议政成果。

（四）紧扣两大主题，巩固统一战线

团结和民主是政协委员共同思想政治基础，要严格遵循章程，认真履行职责，创新开展工作。着力创新团结载体。积极建立新兴媒体平台，把各族群众、各民主党派、各界人士的呼声汇聚起来，整理提炼，达成共识；适时召开联谊会、座谈会，把人民群众新企盼、新愿景、新要求，进行梳理归类，形成提案；定期走访、谈心问政、电话沟通，把基层工作中存在的问题归纳总结，建言献策。充分拓宽民主渠道。按照“发扬民主，上通下达，左右协调”的要求，围绕经济社会发展，推进深化改革，把产业结构调整、重点项目建设、打赢脱贫攻坚、民生保障改善以及经济社会发展中的重大问题、人民群众普遍关心关注的热点难点问题，作为社情民意收集整理，及时进行反馈，拓宽民主渠道，全力推动沙坡头区党委、政府确定目标任务的落实。切实巩固统一战线。处理好政党关系、民族关系、宗教关系、新阶层关系，做好新形势下统战工作，最大限度凝聚人心、汇聚力量，把统一战线这个法宝用足用好。切实巩固共同思想政治基础，完善多党合作制度，凝聚统一战线共识，拓展统战工作领域，推进统战工作机制创新，提升统战工作水平，开创政治协商良好局面。

（五）坚持与时俱进，完善制度体系

要把创新、协调、绿色、开放、共享五大发展理念融入政协工作之中。按照政协《章程》和议事规则，找准履行职能的结合点，把握服务大局的着力点，抓住贯彻落实的切入点，树立新理念、谋划新思路、推动新发展。围绕为什么协商、协商什么、怎么协商，建立完善政治协商制度体系；围绕调研、视察、检查，建立完善民主监督制度体系；围绕政协工作如何体现自身价值，参政议政成果如何转化为党委、政府决策，建立完善参政议政制度体系；围绕加强政协机关作风建设，建成一支勤政、为民、务实、担当、干净的干部队伍，建立完善政协机关工作制度体系。通过建立完善制度体系，保证政协委员话语权更加得到尊重，政治协商氛围更加民主，参政议政环境更加宽松，民主监督机制更加优化，为政协委员更好履行职能、发挥作用创造条件，开创协商有方、监督有效、议政有为的良好局面。

沙坡头区“十三五”发展蓝图已经绘就，新的征程已经开启，更加需要政协发挥独特优势，广泛凝心聚力。放眼未来，沙坡头区改革发展任务艰巨而繁重。做好政协工作，使命光荣、责任重大、时不我待。功崇惟志、业广惟勤。作为沙坡头区第一届政协委员会，肩负着起好步、开好局的重要使命。我们要紧密团结和依靠各界委员，以高度的政治责任感和历史担当精神，不辱使命、不负众望。严格按照政协《章程》，及时召开政协全体会议、政协常委会、政协主席会议、工作研讨会、委员座谈会，进一步统一思想认识，努力营造共同协商环境，把坚持党的领导、坚持政协性质定位、坚持大团结大联合、坚持发扬社会主义民主重要原则贯彻落实到政协工作各方面。以夕惕若厉、脚踏实地的工作态度，奋力谱写沙坡头区政协事业新篇章。

三、下半年主要工作

2016年，是“十三五”规划的开局之年，是打赢脱贫攻坚战役和全面建成小康社会决胜阶段的关键一年，也是沙坡头区政协的起始之年，政协委员会将认真贯彻落实沙坡头区第一次党代会和本次人代会确定的目标任务，在沙坡头区党委坚强领导下，奋发有为，扎实工作，努力做好下半年工作。

（一）以服从服务发展大局为重点，创建政治协商新格局

围绕沙坡头区2016年工作目标，提出协商计划。关注实施项目带动。围绕重大项目建设、重点项目实施、招商项目引进确定协商计划。关注农业转型升级。围绕国家现代农业示范区建设、特色产业发展、农业提质增效、农民持续增收、农村股权及土地产权改革、农业科技成果转化等方面提出协商意见。关注城乡统筹发展。围绕加快推进中卫至兰州客运专线中卫南站建设、高铁车站跨黄河大桥、乌玛高速建设、美丽乡村建设、农村环境深度保洁等方面广泛协商。关注民生保障。围绕精准扶贫、社会保障、惠民工程、文化体育事业进行共同协商，提升协商效果。关注社会治理。围绕推进沙坡头区社会治理体系建设、法治政府建设、机关效能建设、廉政建设，充分发挥政协委员社会影响力较大、话语权明显、对界别行业情况熟悉的优势，推进民主协商。

（二）以追踪调查问题为抓手，形成民主监督新机制

以发展为导向，主动监督。紧紧围绕沙坡头区2016年重点工作，主动深入一线，沉到基层，选好样本“解剖麻雀”，抓住关键环节，深度调研、掌握实情、集中攻关。邀请政协委员及社会相关人士座谈讨论，认真分析和研究，真正把问题找准、原因理清、建议提实。

以实事为依据，坦诚监督。针对沙坡头区在推进城乡一体化建设过程中，事关人民群众切身利益的征地补偿、拆迁安置、养老社保等问题，察实情、讲实话、谋实策、出实招。实事求是，如实反映情况，坦诚监督。

以调查研究为重点，用心监督。对沙坡头区经济社会发展的重大举措和群众生产生活息息相关的重大问题，选准监督角度，用心观察、细心调研、真心协商，深入一线摸准情况，开展重点追踪监督，认真负责地提出批评性、建设性意见建议，推动工作改进落实。

（三）以推进重点工作为目标，增强参政议政新实效

围绕沙坡头区“十三五”规划和沙坡头区党委、政府工作部署积极参政议政，发挥协商平台作用，广纳社情民意，集聚委员智慧，在推进精准扶贫、精准脱贫上提出更多更好的意见建议，助力党委、政府攻坚克难，实现目标。围绕产业转型升级、国家现代农业示范区建设等重大工程参政议政，通过调查研究，拿出有指导性、可操作性的工作运用成果，通过委员认真思考，提出建设性的意见建议，增强参政议政实效。

（四）以“两学一做”学习教育为契机，提升作风建设新水平

坚持把加强作风建设作为一项重要工作来抓，主动适应新常态下政协工作的新要求，不断提升政协工作科学化水平。

加强思想建设。加强机关干部政治理论、法律法规、政协业务知识学习，不断提高把握形势、分析问题、建言献策的能力。扎实开展“两学一做”学习教育，把学习教育同政协工作实际结合起来，把学习教育成果转化为推动工作的实际效果。认真学习领会沙坡头区第一次党代会精神，进一步增强政治意识、大局意识、核心意识、看齐意识，贯彻好、推动好目标任务的落实。

加强制度建设。制定常委会议事规则、主席会议议事规则、专委会工作规则、协商民主实施办法、调研视察制度、提案办理实施办法和委员培训管理制度等规章制度，不断增强干部制度执行力、

决策贯彻力、干事战斗力和团结凝聚力，努力形成政协机关"一盘棋"、上下"一条心"的工作局面。

加强作风建设。按照"信念坚定、为民服务、勤政务实、敢于担当、清正廉洁"好干部标准，培养锻炼干部，营造学习、团结、民主、担当、和谐的环境和氛围，树立爱岗敬业、求真务实，严谨细致、公道正派，纪律严明、清正廉洁的干部形象。自觉做党的政策宣传者、群众利益维护者、社会和谐促进者，多做雪中送炭、扶贫济困工作，多做春风化雨解疑释惑工作，努力提升履职能力，树立良好工作作风，把政协机关建设成依章办事、高效廉洁的服务型机关。

各位委员，新常态呼唤责任与担当，新作为彰显智慧与力量。站在新起点，肩负新使命，踏上新征程，人民政协任重道远、大有可为。让我们更加紧密地团结在以习近平为总书记的中共中央周围，在市政协的关心支持下，在沙坡头区党委的坚强领导下，进一步增强做好政协工作的责任感、使命感，同心同德、群策群力，为建设开放、富裕、和谐、美丽沙坡头区，与全国全区同步建成小康社会而努力奋斗！

【名词解释】

1."有土""离土"："有土"即已分配种植土地；"离土"即土地已流转，外出打工创业。

2."五位一体"：即经济建设、政治建设、文化建设、社会建设、生态文明建设统筹兼顾。

3."四个全面"：全面建设小康社会、全面深化改革、全面依法治国、全面从严治党。

4."五大发展理念"：创新、协调、绿色、开放、共享的发展理念。

5."五区"发展定位：《沙坡头区"十三五"规划》将沙坡头区"十三五"期间定位为生态宜居城市核心区、全域旅游城市先行区、交通物流城市枢纽区、特色产业城市示范区、国际云端城市云产业集聚区。

6."四个沙坡头区"：开放、富裕、和谐、美丽沙坡头区。

7."一室两委"：政协办公室、社会与法制委员会、提案与经济委员会。

政协中卫市沙坡头区第一届委员会常务委员会工作报告

——在政协中卫市沙坡头区第一届委员会第二次会议上

（2016 年 12 月 7 日）

中卫市沙坡头区政协主席　刘希宁

各位委员：

我代表政协中卫市沙坡头区第一届委员会常务委员会，向大会作工作报告，请予审议，并请列席会议的同志提出意见。

一届一次会议以来工作回顾

政协常委会在区委坚强领导下，高举中国特色社会主义伟大旗帜，依照政协《章程》，坚持团结和民主两大主题，紧紧围绕区第一次党代会确定的奋斗目标，着力履行政治协商、民主监督、参政议政职能，聚焦改革发展，服务中心大局，扎实推进履职能力建设，各项工作取得新进展。

一、围绕中心，服务大局，紧扣改革发展献计出力

区政协常委会紧紧围绕全面建成小康社会大局，牢固树立“常谋发展之计，多献务实之策”的履职理念，紧盯发展第一要务，培育中小企业内生动力，发挥政协优势招商引资，助推特色产业提质增效。

培育中小企业内生动力。把“培育产业发展动能、释放企业内生动力”作为政协一项工作重点，开展观摩交流、调查研究。根据企业界委员从业情况，组织 40 名企业界政协委员开展观摩学习活动，促进企业从加强内部管理、标准化生产、产业链延伸、产品品质提升、企业文化建设等方面做大做强、做优做活。组织委员考察闽宁镇光伏产业扶贫、贺兰县电商创业园、物流园、农村淘宝等新型商业营销模式，为我区中小企业抢抓电商发展机遇，应用“互联网 +”思维发展产业启迪了思路。

发挥政协优势招商引资。牢固树立“抓项目就是抓投资、抓招商就是抓发展”的理念，注重以情招商、以商招商。充分发挥企业界政协委员的资源优势，搭建交流合作平台，为不同企业、不同行业、不同领域政协委员寻找合作商机。根据委员与外地企业联系紧密的实际，调动好、发挥好委员以商招商的作用。政协干部多次赴外地开展招商引资，引进外商投资开发建设腾格里金沙海旅游景区，会同部分委员联系洽谈引入企业，促进招商引资工作。

助推特色产业提质增效。根据我区特色产业区域分布实际，组织政协委员深入扬黄灌区经果林基地及柔远、镇罗永久性蔬菜基地进行专题调研。针对两大产业品牌知名度不高、市场竞争力不强、技术服务相对滞后等问题，提出“政府购买先进技术服务，做优做强苹果品牌”“按照健康、绿色、环保标准，推广新品种、新技术，建设适应市场需求变化的永久性蔬菜基地”等建议，为促进产业健康发展汇聚了智慧。

二、牢记使命，认真履职，围绕民生改善开展协商

区政协常委会牢记履职为民的责任使命，把民生改善作为政协工作的出发点和落脚点，关注百姓生活，真心为民建言，推动改革发展成果更多更公平惠及全区人民。

围绕脱贫攻坚献智出力。坚持把全区脱贫攻坚工作作为补齐全面建成小康社会短板的重要突破口。组织委员深入重点区域、重点镇（乡）、重点村调研协商。围绕“有土”和“离土”两篇文章，聚焦“七大脱贫工程”落实情况，采取走访贫困户、召开座谈会等形式，进行反复讨论和广泛协商。提出“产业带动、项目拉动、资金扶持、示范引领、政策跟进、整体推动”的建议。组织开展了“服务中心聚焦民生，政协委员在行动”活动，“脱贫攻坚”产业培育帮扶小组和“城乡社区大讲堂”宣讲小组，着力从产业发展带动和思想观念转变两个方面助力沙坡头区脱贫攻坚。南山阳光组织果农进行技术培训，促进果品品质提升。万齐集团、荣盛商业连锁主动招聘建档立卡贫困户劳动力进入企业务工，增加贫困群众收入。

围绕美丽乡村建设建言献策。为切实改善农村居住环境，助推城乡协同发展，我们把美丽乡村建设作为改善民生的一件实事、好事开展专题协商。针对性地提出了“融入全域旅游，发展观光农业”“融入中卫文化元素，规划建设美丽乡村”“加大基础设施建设力度，增强中心集镇承载功能”“美丽乡村建设规划要注重功能的前瞻性，避免资金浪费”等建议，为城乡协同发展建诤言、献良策。

围绕社会矛盾化解出谋划策。把“维护社会稳定、人民安居乐业”作为民生改善的重点之一。围绕社会治理体系建设对口协商。针对维稳工作中存在“矛盾纠纷排查化解不及时、不主动”的现象，提出“变上访为下访，及时引导群众依法理性诉求”“引进专业社区管理人才，帮助解决合理诉求”“法律援助主动介入化解”等建议。针对个别上访群众存在“缠访、闹访、越级非访”的情况，提出“从体制机制入手，依法打击缠访、闹访非法行为”“抓基层、打基础，大力培育社区社会组织，培树优良民风”等建议，促进了我区和谐稳定。

三、凝聚智慧，主动作为，聚焦重点工作实施监督

坚持把民主监督贯穿于政协履行职能全过程。把社会关注度较高的一些热点问题作为重点，开展民主监督。

聚焦社会热点开展专项监督。针对脱贫攻坚工作中存在区、镇（乡）、村合力不强，有“上热中温下凉”现象，涉农资金监管措施还不到位，美丽乡村建设中建新不拆旧等问题，以提案方式监督办理。在办理过程中，扶贫办主动上门走访委员，面对面征求委员的意见，邀请委员积极参与监督。农科委等部门主动邀请委员视察，共商解决问题的办法。区政协提案委会同区委督查室、政府督查室及时跟踪督办。以座谈、研讨、建议方式，对提案办理情况进行监督，及时发现问题，及时协商解决，确保“事事有回音、件件有着落”。

聚焦政风行风开展民主评议。民主评议政风行风是人民政协强化民主监督的有力抓手。鼓励、支持政协委员积极参与政风行风评议工作，围绕群众反映的不担当、慢作为等现象，扎实开展民主监督。一届一次会议以来，政协委员共参与民主评议政风行风座谈会7场次，填写《民主测评表》28份，填写调查问卷109份，提出意见建议36条。对群众反映强烈的焦点问题提出整改建议，有效发挥了政协委员民主监督作用。

四、搭建平台，广泛交流，凸显团结民主两大主题

充分发挥政协桥梁纽带作用，搭建好委员联系基层、相互交流、协调关系平台，使各党派、各界别、各民族相融相通，相互团结，为建设和谐沙坡头区凝心聚力。

创建委员基层联系点。根据自治区政协《关于建立政协委员联系群众、基层单位的通知》精神，按“十个一”阵地建设标准，筹措工作经费6.3万元，在全区建立政协委员联系点13个。以基层联系点为平台，加强与基层干部、群众的联系，为广泛倾听群众呼声、收集群众意见、开展联系活动、组织调研视察、反映社情民意创造了条件。

搭建委员信息交流平台。充分发挥新媒体便捷、快速、高效的传播作用，积极建立3个信息平台，及时发布政协工作动态、工作重点，及时吸纳委员的好想法、好建议，及时发送各类会议通知，很好地发挥了统一思想、凝聚共识的作用。一届一次会议以来，共收集委员反映的社情民意7件。充分利用传统媒体开展宣传工作，在《华兴时报》《中卫日报》发表理论文章及新闻宣传稿件14篇。

把握团结民主两大主题。把发扬民主、增进团结、协调关系、化解矛盾作为政协履行职能的着力点，为促进政党关系、民族宗教关系、阶层关系的和谐发挥积极作用。通过定期走访、谈心问政、相互沟通，夯实共同思想政治基础。按照“发扬民主，上通下达，左右协调”的要求，围绕沙坡头区经济社会发展现状展开研讨，为确立2017年协商议题奠定了基础。

五、建章立制，规范程序，切实提升委员履职能力

区政协常委会把制度建设作为履行职能的重要任务，及时研究制定相关规则和制度，规范履职行为，提升履职能力，增强履职效果。

规范政协履职程序。区政协常委会坚持把制度建设作为依章履职的关键。研究制定了《主席会议工作规则》《常委会议工作规则》《提案办理考核办法》《专委会工作规则》《委员履职考核办法》等规章制度，逐步形成按制度议事、靠制度管理、依制度履职的工作氛围。

提升委员履职能力。始终把委员履职能力的提升放在突出位置。注重理论武装、注重能力素质提升、注重民本情怀培育、注重教方法、压担子，合力塑造委员履职尽责的良好形象。先后选调8名委员参加了全国地方政协委员培训，举办全区政协委员业务培训班2期。

加强机关自身建设。认真落实党建、党风廉政建设责任制，扎实开展“两学一做”学习教育。召开党组班子民主生活会，及时查摆整改班子问题，增强班子的工作合力。坚决贯彻执行中央八项规定，严格落实领导干部报告个人有关事项制度。着力加强“四型”机关建设，坚持好干部标准，不断改进机关干部作风，切实增强“政治意识、大局意识、核心意识、看齐意识”。

各位委员，即将过去的2016年是我们开创沙坡头区政协事业的起步之年。政协工作成绩的取得离不开区委的坚强领导，离不开区人大、政府的大力支持，离不开各部门、各乡镇的通力配合和政协各参加单位、各党派团体、全体委员和政协机关团结协作、共同奋斗。在这里，我代表沙坡头区政协常委会向支持政协工作的各级领导、各民主党派、社会各界人士和全体政协委员表示衷心的感谢和诚挚的敬意！

在工作实践中，我们也清醒地认识到，政协工作还存在一些薄弱环节，主要是：政协理论学习运用还不深入，用新理念指导实际工作还需要加强；政协工作经验不足，整体工作尚处于起步阶段；委员队伍建设和机关干部队伍建设有待进一步加强。这些问题的存在，我们必须高度重视，在今后的工作中要切实加强。同时，真诚欢迎各位委员提出批评和建议，帮助我们改进工作。

2017年主要工作

2017年政协工作的总体要求是：高举中国特色社会主义伟大旗帜，以邓小平理论、“三个代表”重要思想和科学发展观为指导，认真贯彻中共十八大和十八届三中、四中、五中、六中全会精神，深入学习贯彻习近平总书记系列重要讲话精神及自治区第十二次党代会和中卫市第四次党代会精神，准确把握“转型追赶、弯道超车”这条主线，紧紧围绕区委决策部署，适应经济发展新常态，瞄准发展新路径，顺应群众新期待，探索协商新机制，集中精力调研，聚焦难点建言，找准支点协商，紧扣重点议政，创新方式监督，汇聚合力助推，履行好政协《章程》赋予的职责，为推动开放富裕和谐美丽沙坡头区建设献智出力。

一、把握经济新常态，广泛协商助推转型追赶

探索研究“转型追赶、弯道超车”新路径，紧扣脱贫攻坚主导产业培育、加大招商引资力度推进产业转型、发展全域旅游进行调研协商，引导政协委员顺势而为、顺时而谋，以创新的理念、开放的视野，为发展开放型经济贡献力量。

围绕解放思想献智。坚持把创新作为“转型追赶、弯道超车”的第一动力。我们必须立足沙坡头区区情，坚持创新发展理念，找准创新不足短板，紧紧契合市辖区行政管理体制特点，主动探求脱贫主导产业培育新路径，以思想的大解放，努力在服务经济社会发展中出力流汗。

围绕转型追赶协商。深入调研、集思广益，积极开展激发农村发展活力、深化行政体制改革、工业经济转型升级、三大产业融合发展等课题研究，为盘活各类资源要素、促进产业转型升级建睿智之言。

围绕项目带动出力。认真研究国家宏观调控和产业投资导向，围绕全域旅游、特色农业、产业园区配套建设、城乡协同发展、基础设施建设、民生服务等方面，引导政协委员从大处着眼、从细处参谋，紧抓“项目带动”这个牛鼻子，不断夯实发展基础。

围绕招商引资谋划。立足“五区”发展定位，为全域旅游发展、农产品深加工、物流中转配送、数据存储应用、产业集群发展搭建平台，充分发挥委员联系广泛的优势，主动作为，以情招商，以商招商，切实增强经济发展新动能。

二、瞄准发展新路径，议政建言助推弯道超车

引导委员围绕现代农业发展、工业园区发展、提升壮大服务业、推动产城融合发展等调查研究，找出适合沙坡头区经济发展的新路子，助推弯道超车。

紧扣现代农业提质增效建言。认真学习领会习近平总书记来宁视察重要讲话精神，引领全体政协委员积极学习、借鉴、探索国家级现代农业示范区的好路径、好经验。持续关注贫困村支柱产业培育、永久性蔬菜基地建设、林果产业提质增效、特色农产品品质品牌保护。

紧扣提升企业科技创新调研。组织委员和专家学者围绕四个园区转型发展调研，召开“提升企业科技创新能力”专题议政会，努力用参政议政的新成果，助推企业降成本、补短板，找出弯道超车的新路径，培育工业经济新的增长极。

紧扣第三产业协同发展献策。以城际铁路中卫南站建设、市区跨河大桥建设、中卫至兰州客运专线建设、乌玛高速及 338 国道等重点项目建设为契机，对沙坡头区第三产业发展进行调研，拿出适合沙坡头区发展实际的调研报告，促进旅游业、商贸服务业、物流业协同发展。

紧扣生态优先发展战略议政。按照生态优先发展战略，树立绿色发展理念，助推产业发展生态化、生态建设产业化，促进资源节约和环境友好，为打造天蓝、水清、地绿、气净的美丽沙坡头区当好参谋助手。

三、顺应群众新期待，民主监督助推民生改善

中共十八届六中全会审议通过新修订的《中国共产党党内监督条例》明确规定，各级党委应当支持和保证“人民政协依章程进行民主监督”。这是中国共产党历史上首次把人民政协民主监督写进党内法规，成为党外监督的一种制度安排，充分体现了以习近平同志为核心的中共中央在新形势下自觉接受人民监督的宽广胸怀，也赋予人民政协新的重要使命。

聚焦重点工作开展监督。持续对民生保障、农村改革、城乡协同发展等开展监督，摸实情、建诤言、出实招，如实反映情况，坦率提出意见，促进重点工作有序推进，提高民主监督实效。

聚焦脱贫攻坚开展监督。按照“精准脱贫、精准扶贫”基本方略，紧盯重点村、脱贫销号村产业培育、建档立卡户增加收入、扶贫政策落实、干部包保到位等重点开展监督，助推脱贫攻坚任务如期完成。

聚焦民生事业开展监督。有计划、有步骤地组织政协委员，对政府相关部门落实民生政策进行监督。特别对农村低保、特困救助、帮扶政策落实、惠农政策执行等方面进行定向监督，促进各项工作规范有序推进。

四、探索协商新机制，团结民主助推和谐稳定

以大团结大联合作为政协服务发展的切入点，努力为协商民主化寻求最大公约数、增进最大共识度、汇聚社会和谐正能量。

准确把握性质定位。人民政协具有话语权和影响力。坚持平等探讨问题、坦率提出意见、沟通化解分歧，充分发挥协商民主形式多样、智力密集的优势，探索双月协商机制，把协商成果及时转化为促进发展的风向标。

突出团结民主主题。始终把团结和民主作为政协工作的主题。把各党派、各界别对沙坡头区经济社会发展的不同看法、不同认识汇聚起来，保持从善如流的坦荡胸怀，做到平等协商、真诚协商、民主协商、务实协商，实现在民主的基础上协商，在协商的基础上团结。把各党派、各民族、各阶层的思想共识凝聚起来，增进了解，加深理解，消除误解，取得谅解，做好联谊工作。

助推社会和谐稳定。社会治理是重大的民生工程。按照市第四次党代会提出“社会治理能力全面提升”的目标要求，政协要充分发挥自身优势，主动参政议政，促进社会和谐共享，助推全区社会稳定发展。

五、深入贯彻中共十八届六中全会精神，切实加强履职能力建设

深入贯彻落实习近平总书记关于“懂政协、会协商、善议政”的总要求，将中共十八届六中全会精神贯穿于政协工作全过程。进一步认清形势、肩负使命、把握定位、增强自觉，努力开创政协工作新局面。

强化党组对政协工作的领导。充分发挥好党组织把方向、管大局、保落实的重要作用。深刻领会中共十八届六中全会精神实质，用党的最新理论成果指导政协工作，拓宽履行政治协商、民主监督、参政议政职能的思路和视野，提升政协服务大局、服务发展、服务群众的能力和水平。

充分发挥政协委员主体作用。加强委员履职能力建设，提升委员政治把握能力、联系群众能力、调查研究能力和合作共事能力，全面建立委员履职考核、激励和约束机制，有计划开展集中培训，努力让每位委员在政协干事有舞台、建言有渠道。认真抓好政治理论和形势任务学习，组织委员全面准确把握中央关于党内监督、民主监督的新部署、新要求，掌握政策、把握形势、了解情况。

加强政协机关干部队伍建设。坚持好干部标准，注重在工作实践中培养锻炼干部，营造团结、民主、担当、和谐工作环境，树立爱岗敬业、求真务实、严谨细致、公道正派、纪律严明、清正廉洁的干部形象。政协机关要切实强化服务意识，在创新服务机制、拓展服务方式、优化服务作风、提升服务水平上下功夫，努力形成团结民主、务实担当、创新和谐的服务机关，推动区政协不断开创工作新局面。

各位委员，展望未来，我们信心满怀。让我们高举中国特色社会主义伟大旗帜，深入贯彻中共十八大和十八届历次会议精神，认真学习贯彻习近平总书记系列重要讲话精神，在区委坚强领导下，在区人大、政府大力支持及各民主党派和社会各界通力合作下，全体政协委员同心同德，群策群力，共商发展之策，共谋发展之计，凝聚起转型追赶、弯道超车的强大力量，共同谱写人民政协事业发展新篇章！

中卫市沙坡头区 2015 年
国民经济和社会发展统计公报

（2016 年 5 月 27 日）

中卫市沙坡头区发展和改革局

2015 年，在经济下行压力持续加大的大背景下，沙坡头区党工委、管委会牢牢把握稳中求进工作总基调，精准施策、主动作为，全力以赴抓发展、促转型、保民生、稳增长，积极面对经济下行压力，经济保持了总体平稳、稳中有进、稳中向好的发展态势。

一、综合

年末，沙坡头区总户数 14.8 万户，总人口 40.5 万人，比上年末减少 0.1 万人。年末常住人口为 40.3 万人。其中，城镇人口 21.9 万人，常住人口城镇化率为 54.4%。回族人口 2.7 万人，占常住人口比重为 6.7%。人口出生率为 11.55‰；死亡率为 5.42‰；人口自然增长率为 6.13‰。

表 1　2015 年末沙坡头区人口数及其构成

指标	年末数(万人)	比重(%)
年末总人口	40.5	100.0
其中：城镇人口	17.8	44.0
其中：男性	20.7	51.1
女性	19.8	48.9
其中：18 岁以下	8.7	21.5
18—35 岁	11.4	28.1
35—60 岁	15.2	37.5
60 岁以上	5.2	12.8

据统计，沙坡头区全年实现地区生产总值 146.0 亿元，同比增长 5.6%。分产业看，第一产业实现增加值 23.0 亿元，同比增长 4.8%，；第二产业实现增加值 56.0 亿元，同比增长 5.2%；第三产业实现增加值 67.0 亿元，同比增长 6.3%。

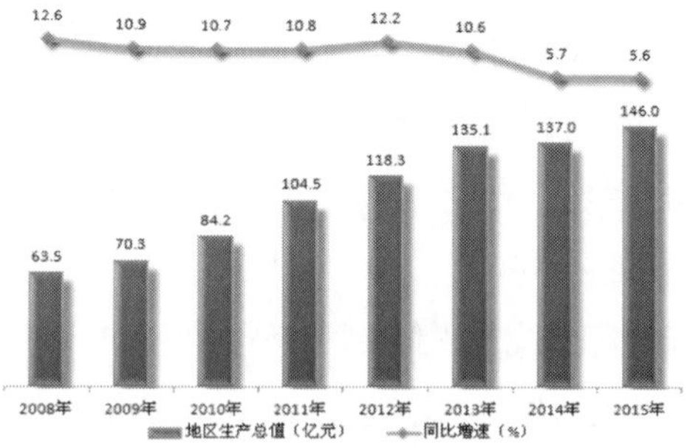

图 1　2008—2015 年沙坡头区生产总值及增长速度

三次产业增加值构成由 2014 年的 14.5 : 41.2 : 44.3 调整为 2015 年的 15.7 : 38.4 : 45.9。

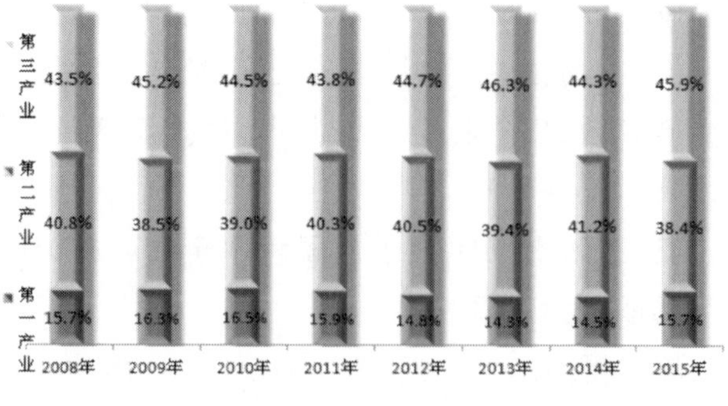

图 2　2008—2015 年沙坡头区三次产业增加值构成

表 2　2015 年沙坡头区生产总值及增长速度

指　标	绝对值(亿元)	同比增长(%)
地区生产总值	146.0	5.6
第一产业增加值	23.0	4.8
第二产业增加值	56.0	5.2
工业	45.3	5.3
建筑业	10.8	4.7
第三产业增加值	67.0	6.3
交通运输、仓储和邮政业	13.8	-3.8
批发和零售业	7.4	-0.3
住宿和餐饮业	3.0	10.8
房地产业	5.6	-1.1

沙坡头区居民消费价格总水平比上年上涨 1.8%，农业生产资料价格下降 3.2%。

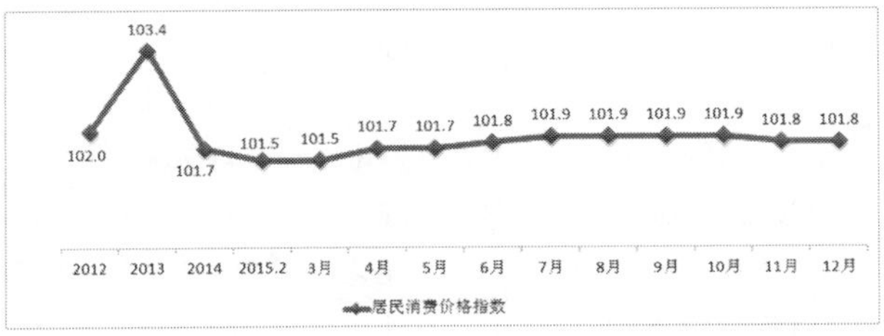

图 3　2015 年沙坡头区居民消费价格月度涨跌幅度

表 3　2015 年沙坡头区居民消费价格指数

（上年 =100）

指　标	同比增长
居民消费价格总指数	101.8
食品	100.6
烟酒	102.6
衣着	103.9
家庭设备用品及服务	100.0
医疗保健及个人用品	103.1
交通和通信	99.5
娱乐教育文化用品及服务	103.5
居住	102.7

沙坡头区全年完成地方财政收入 15.4 亿元，比上年增长 10.5%，完成地方公共财政预算收入 10.1 亿元，增长 9.4%。其中，增值税 0.8 亿元，营业税 4.3 亿元，企业所得税 0.6 亿元，个人所得税 0.1 亿元。

全年实现地方财政支出 52.5 亿元，同比增长 11.4%。实现公共财政预算支出 46.8 亿元，增长 16.6%。其中，教育支出 6.7 亿元；社会保障和就业支出 4.4 亿元；医疗卫生支出 3.8 亿元。

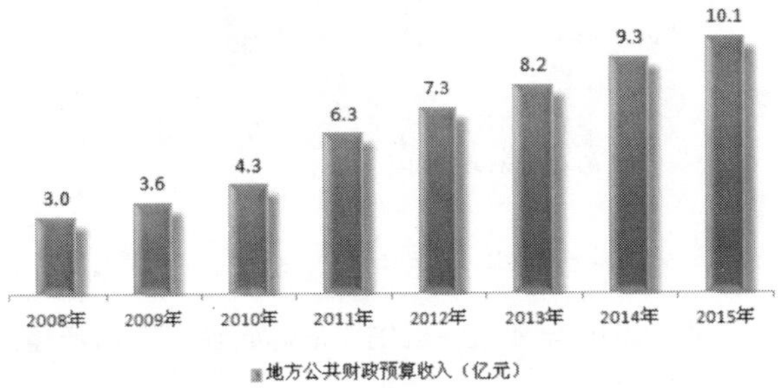

图 4　2008—2015 年沙坡头区地方公共财政预算收入

二、农业

沙坡头区完成农林牧渔业总产值 43.1 亿元，比上年增长 5.4%。其中，实现农业产值 32.2 亿元，林业产值 0.2 亿元，畜牧业产值 7.9 亿元，渔业产值 1.7 亿元，农林牧渔服务业产值 1.1 亿元。

全年沙坡头区农作物播种面积 110.2 万亩，比上年增长 2.5%。粮食作物播种面积 30.5 万亩，比上年增长 1.7%。油料播种面积 2.4 万亩，比上年下降 13.3%。蔬菜及食用菌播种面积 19.6 万亩，比上年增长 2.8%。粮食总产量 15.5 万吨，比上年增长 8.3%。其中，水稻产量 4.0 万吨，增长 11.5%；玉米产量 10.3 万吨，增长 7.2%；小麦产量 0.9 万吨，增长 3.9%。油料作物产量 0.4 万吨，下降 2.8%；蔬菜及食用菌产量 43.4 万吨，增长 1.3%；硒砂瓜产量 67.5 万吨，下降 0.8%；枸杞产量 0.9 万吨，增长 24.2%。

年末，沙坡头区猪、牛、羊、家禽存栏分别为 6.2 万头、3.2 万头、22.2 万只和 194.4 万只；全年猪、羊、牛分别出栏 9.5 万头、19.3 万只和 1.7 万头，分别比上年增长 15.5%、8.5%和 27.2%；家禽出栏 144.7 万只，下降 28.9%。

全年肉类总产量 1.6 万吨，增长 7.1%；禽蛋产量 2.7 万吨，增长 8.9%；奶类产量 6.6 万吨，增长 33.4%；水产品产量 1.4 万吨。

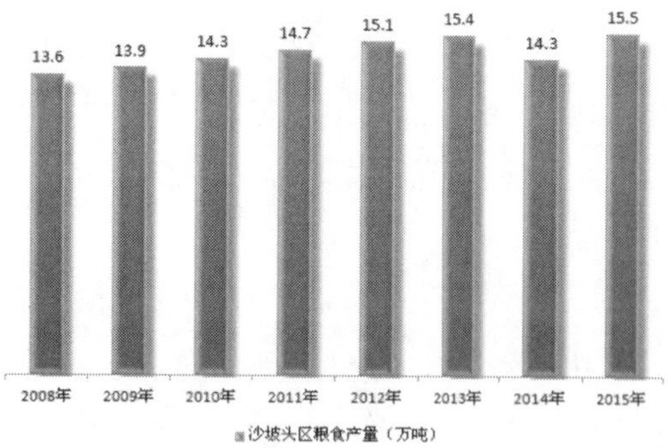

图 5　2008—2015 年沙坡头区粮食产量

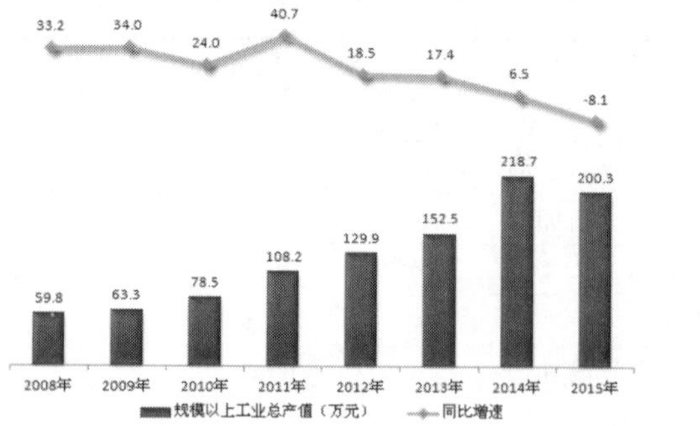

图 6　2008—2015 年沙坡头区规模以上工业企业总产值

表 4　2015 年沙坡头区主要农林牧渔业产品产量

指　标	单　位	产　量
粮食作物	万吨	15.5
油料作物	万吨	0.4
蔬菜	万吨	43.4
设施蔬菜	万吨	24.8
荒山荒(沙)地造林面积	万亩	11.2
猪牛羊禽肉总产量	万吨	1.6
奶产量	万吨	6.6
禽蛋产量	万吨	2.7
水产品产量	万吨	1.4

2015 年末，沙坡头区育苗面积 0.5 万亩，比上年下降 20.3%。其中，本年新育苗面积 0.2 万亩，同比增长 12.8%。年末实有封山(沙)育林面积 60.9 万亩，比上年增长 7.0%；完成人工造林面积 7.2 万亩，同比增长 61.2%。

三、工业和建筑业

沙坡头区年底共有规模以上企业 71 家，实现规上工业企业总产值 200.3 亿元，同比下降 8.1%；实现规上工业企业产值 39.5 亿元，同比增长 5.9%。按轻重工业分，轻工业完成产值 30.3 亿元，同比增长 114.9%，重工业完成产值 169.9 亿元，同比下降 16.6%。按经济类型分，国有控股企业完成产值 73.4 亿元，同比增长 9.7%；非公有工业完成产值 126.0 亿元，同比下降 15.5%；大中型企业完成产值 153.8 亿元，同比下降 9.9%。

表 5　2015 年沙坡头区主要工业产品产量及增长速度

指　标	单 位	产 量	同比增速(%)
饲料添加剂	万吨	3.9	–
化学药品原药	吨	651.0	–
钢结构	万吨	3.2	34.5
饮料酒	万升	744.6	10.8
商品混凝土	万立方米	41.2	10.3
硅酸盐水泥熟料	万吨	157.3	4.7
鲜、冷藏肉	万吨	0.2	3.3
机制纸及纸板	万吨	12.2	–2.4
水泥	万吨	153.4	–4.2
单晶硅	吨	64.2	–5.6
铁合金	万吨	66.2	–6.3
生铁	万吨	115.7	–8.8
铸钢件	万吨	3.1	–9.0
钢材	万吨	121.7	–11.3
粗钢	万吨	120.6	–11.5
瓷质砖	万平方米	1497.6	–15.5
多晶硅	吨	730.5	–20.5
饲料	万吨	1.9	–22.0
碳化钙	万吨	15.6	–22.3
浓硝酸	万吨	3.9	–24.8
软饮料	万吨	0.5	–27.9
大米	万吨	0.4	–39.2
金属切削机床	台	281.0	–50.6
合成氨	万吨	1.9	–70.6
烧碱	万吨	0.8	–77.5
化学农药原药	万吨	0.1	–78.6
兽用药品	吨	83.0	–81.1
纸浆	万吨	0.7	–83.6

按行业分，农副食品加工业实现产值 0.2 亿元，化学原料和化学制品制造业实现产值 32.1 亿元，电力、热力生产和供应业实现产值 58.7 亿元。

沙坡头区全年规模以上工业实现营业收入 168.2 亿元，其中实现主营业务收入 165.3 亿元。规上工业企业总资产贡献率为 2.7%，资产保值增值率为 126.0%，资产负债率 71.0%。流动资产周转率 1.3%，成本费用利润率 0.4%，工业产品销售率为 94.1%。

沙坡头区年底有本地建筑企业 26 家。全年完成建筑业总产值 19.4 亿元。建筑业企业房屋建筑施工面积 138.03 万平方米，比上年下降 19.1%；房屋竣工面积 17.42 万平方米。

四、固定资产投资

沙坡头区全年完成全社会固定资产投资 149.6 亿元，比上年增长 5.2%。其中，房地产开发投资 32.7 亿元，增长 17.9%。完成县属固定资产投资 135.0 亿元，增长 7.4%。

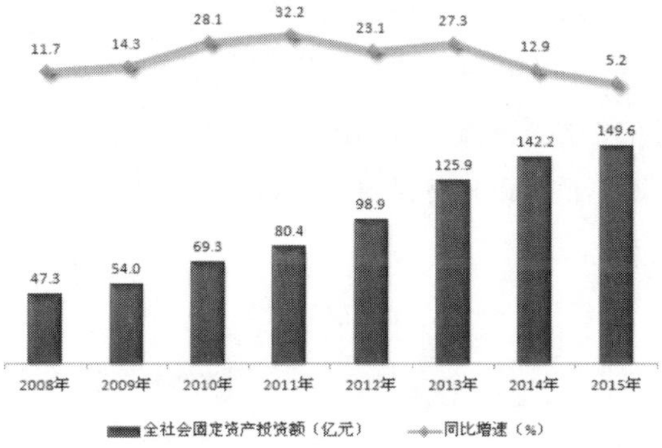

图 7 2008—2015 年沙坡头区全社会固定资产投资总额及增长速度

从投资结构看，第一产业投资 2.5 亿元，同比增长 28.0%；第二产业投资 73.4 亿元，同比下降 13.1%，其中工业投资 73.4 亿元，下降 12.9%；第三产业投资 59.1 亿元，同比增长 50.6%。

全年房地产开发投资 32.7 亿元，同比增长 17.9%。其中，住宅投资 26.7 亿元，增长 19.9%。房屋施工面积 437.2 万平方米，比上年增长 11.8%；商品房销售面积 40.8 万平方米，同比下降 22.0%。其中，住宅销售面积 35.0 万平方米，下降 21.0%。全年商品房销售额 16.4 亿元，下降 11.6%，其中住宅销售额 13.0 亿元，下降 5.8%。

表 6 2015 年沙坡头区分行业县属固定资产投资

指 标	绝对量(亿元)
县属固定资产投资	135.0
农林牧渔业	2.5
制造业	15.0
电力、热力燃气及水的生产供应业	58.4
交通运输、仓储和邮政业	1.7
住宿和餐饮业	2.3
信息传输、软件和信息技术服务业	5.4
科学研究和技术服务业	0.2
水利、环境和公共设施管理业	10.7
居民服务、修理和其他服务业	0.5
教 育	5.6

五、国内贸易

沙坡头区全年实现社会消费品零售总额 33.4 亿元，同比增长 7.7%。分城乡看，城镇消费品零售额 30.5 亿元，增长 7.7%；乡村消费品零售额 2.9 亿元，增长 7.9%。分行业看，批发零售业实现零售额 26.7 亿元，同比增长 7.4%；住宿餐饮业零售额 6.7 亿元，同比增长 9.0%。分经济类型看，国有经济零售额 0.2 亿元，下降 11.8%；集体经济零售额 0.7 亿元，下降 3.7%；私营经济零售额 10.9 亿元，增长 15.3%；个体经济零售额 13.3 亿元，增长 8.6%；股份制经济 7.7 亿元，下降 2.7%；其他各种经济 0.6 亿元，增长 45.2%。

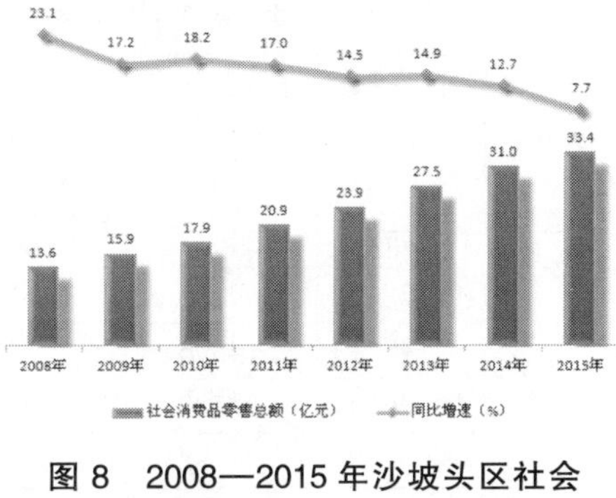

图 8 2008—2015 年沙坡头区社会消费品零售总额及增长速度

六、交通、邮电

年末，沙坡头区公路通车里程 2548.6 公里，同比增长 2.7%。按行政等级分，国道通车里程 153.6 公里，省道通车里程 255.9 公里，县道通车里程 106.8 公里。按技术等级分，高速公路通车 138.7 公里。

全年完成邮电业务总量 4.8 亿元，同比增长 20.1%。其中邮政业务总量 0.1 亿元，电信业务总量 4.7 亿元。年末固定电话用户有 63781 户，同比下降 3.8%；住宅电话用户有 44862 户，同比下降 1.2%；移动电话用户有 371764 户，同比下降 1.3%；因特网用户有 52658 户，同比增长 10.2%。

七、金融

年末，沙坡头区金融机构人民币存款余额为 204.3 亿元，同比增长 23.4%。其中，住户存款余额 108.9 亿元，增长 11.5%，占存款余额总额的 53.3%。金融机构人民币贷款余额为 178.0 亿元，同比增长 7.1%。其中，住户贷款余额为 77.2 亿元，占贷款余额总额的 43.4%；非金融企业及机关团体贷款中中长期贷款余额为 38.0 亿元，占贷款余额总额的 21.3%。

八、教育与科技

年末，沙坡头区各级各类学校 127 所、教职工 4612 人，普通中学在校学生数 2.5 万人，同比下降 3.8%，小学在校学生数 3.1 万人，同比下降 3.1%。其中，普通高中 2 所，普通初中 23 所，中等职业学校 1 所，普通小学 63 所，特殊学校 1 所。共有幼儿园 37 所，在园幼儿 10766 人。

表 7　2015 年各级教育招生、在校、毕业生人数

类　别	招生数（人）	在校学生数（人）	毕业学生数（人）
中等职业学校	1733	5082	1578
普通中学	7789	24633	8976
高中	2808	9737	3780
初中	4981	14896	5196
小学	4654	31120	5055
特殊教育	18	88	18

全年沙坡头区申请专利 145 个，申请职务发明 97 个，授权专利 73 个，授权职务发明 59 个。

九、文化、卫生

年末，沙坡头区有调频转播发射台 1 座，调频发射机 2 部，共有公共广播节目 2 套。广播综合覆盖率达 99.05%，农村广播综合覆盖率达 99.05%。

沙坡头区现有电视转播发射台 2 座，电视发射机 4 部，公共电视节目 1 套，实现电视综合覆盖率 99.50%，实现农村电视综合覆盖率 99.50%。

年末，沙坡头区拥有卫生机构 218 个，其中医院 9 家，基层医疗卫生机构 193 家，妇幼保健院、疾病预防控制中心、采供血机构和卫生监督所各 1 家。9 家医院中综合医院有 7 家，中医医院 1 家。医院床位数 1902 张，同比增长 10.1%。每千人口医院床位数 4.24 张。目前卫生机构人员数 2761 人，其中执业医师 636 人，注册护士 904 人。

2015 年末，沙坡头区共有村卫生室 141 个，职业医师 8 人，乡村医生和卫生员 246 人，诊疗 56.49 万人次。

十、人民生活和社会保障

全年城镇常住居民人均可支配收入 22702.7 元，同比增长 8.5%。城镇常住居民人均消费性支出 16834.9 元，同比增长 8.1%。城镇居民人均居住建筑面积 34.9 平方米。

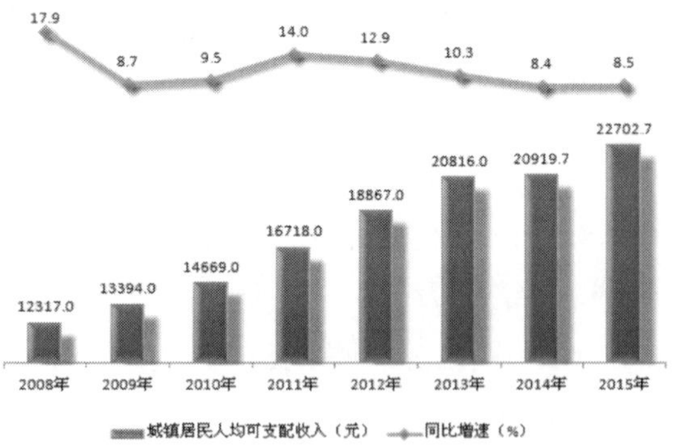

图 9　2008—2015 年沙坡头区城镇居民人均可支配及增长速度

全年农村常住居民人均可支配收入 9669.2 元，同比增长 7.8%。农村常住居民人均消费性支出 8996.6 元，同比增长 7.3%。农村居民人均居住面积

34.4 平方米。

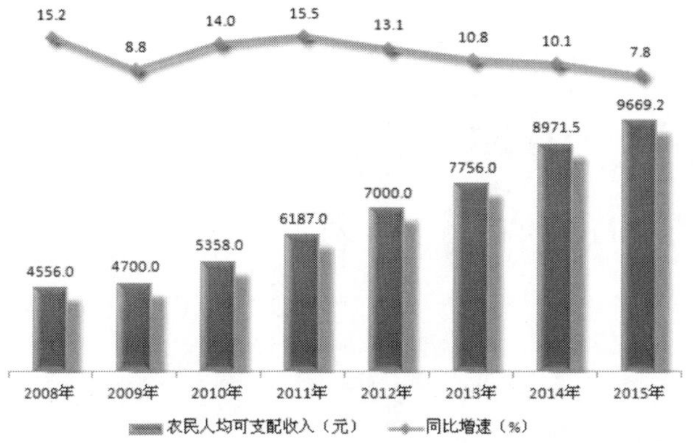

图 10 2008—2015 年沙坡头区农民人均可支配收入及增长速度

2015 年末，沙坡头区参加基本养老保险人数为 84995 人，比上年增长 7.7%，其中参保职工 54826 人，参保离退休人员 30169 人。年末沙坡头区参加城乡居民养老保险人数为 128997 人。其中，城镇居民 19467 人，农村居民 109530 人。参加失业保险人数 35105 人，增长 1.3%。参加基本医疗保险人数 367347 人，其中，参加城镇职工基本医疗保险 45552 人，参加城乡居民医疗保险 321795 人。年末沙坡头区养老保险、医疗保险和工伤保险 3 项保险基金收入 7.3 亿元，较上年末增 1.2 亿元，增长 9.7%。

十一、节能环保与安全生产

初步核算，沙坡头区全年规模以上工业企业综合能源消费量为 256.9 万吨标准煤，比上年下降 4.3%。产值单耗为 1.6 吨标准煤 / 万元，比上年下降 3.0%。工业企业消耗原煤 330.0 万吨，同比下降 7.9%；消耗电力 71.9 亿千瓦时，同比增长 7.5%。

2015 年末，沙坡头区园林绿地面积 1550.44 公顷，建成区 1124.47 公顷。公园个数 17 个，公园绿地面积 435.32 公顷，公园面积 587.68 公顷，人均公园绿地面积 21.25 平方米，建成区绿地率 35.14%，建成区绿化覆盖率 37.04%。生活垃圾清运量 13.20 万吨，生活垃圾处理量 12.67 万吨。

年内沙坡头区发生事故 268 起，死亡 21 人，受伤 113 人，损失 167.5 万元。其中道路交通事故 109 起，火灾事故 157 起，工矿商贸事故共 2 起，建筑施工事故 0 起，危险化学品事故 1 起。

中卫市沙坡头区 2016 年
国民经济和社会发展统计公报

（2017 年 6 月 6 日）

中卫市沙坡头区发展和改革局

2016 年是“十三五”的开局之年，也是沙坡头区以市辖区行政建制模式运行的第一年，今年以来，沙坡头区主动适应经济发展新常态，坚持稳中求进工作总基调，精准施策、主动作为，全力以赴抓发展、促转型、保民生、稳增长，经济保持总体平稳、稳中有进、稳中向好的发展态势。

一、综合

2016 年末，沙坡头区户籍总人口为 40.9 万人，比上年末增加 0.4 万人。年末常住人口为 40.6 万人，其中城镇人口 22.2 万人，常住人口城镇化率为 54.7%。回族人口 2.7 万人，占常住人口比重为 6.7%。人口出生率为 12.11‰；死亡率为 5.23‰；人口自然增长率为 6.89‰。

表 1　2016 年年末沙坡头区人口数及其构成

指　标	年末数(万人)	比重(%)
年末总人口	40.9	100.0
其中：男性	20.9	51.1
女性	20.0	48.9
其中：18 岁以下	8.6	21.0
18—35 岁	11.5	28.1
35—60 岁	15.3	37.4
60 岁以上	5.5	13.5

据统计，沙坡头区全年实现地区生产总值 155.6 亿元，同比增长 7.0%。分产业看，第一产业实现增加值 23.0 亿元，同比增长 5.0%；第二产业实现增加值 58.2 亿元，同比增长 5.0%；第三产业实现增加值 74.4 亿元，同比增长 9.3%。

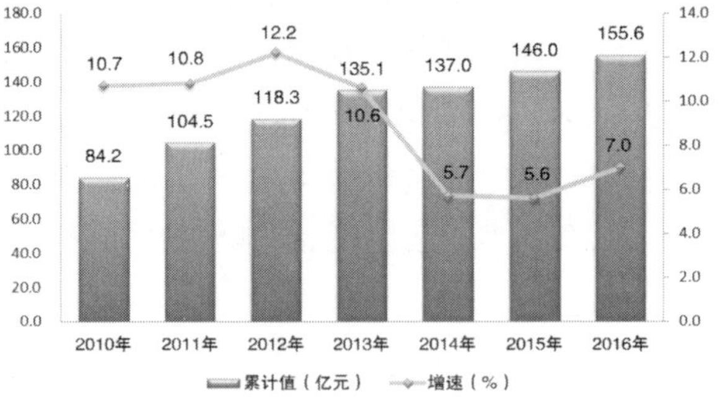

图 1　2010—2016 年沙坡头区生产总值及增长速度

三次产业增加值构成由 2015 年的 15.7∶38.4∶45.9 调整为 2016 年的 14.8∶37.4∶47.8。

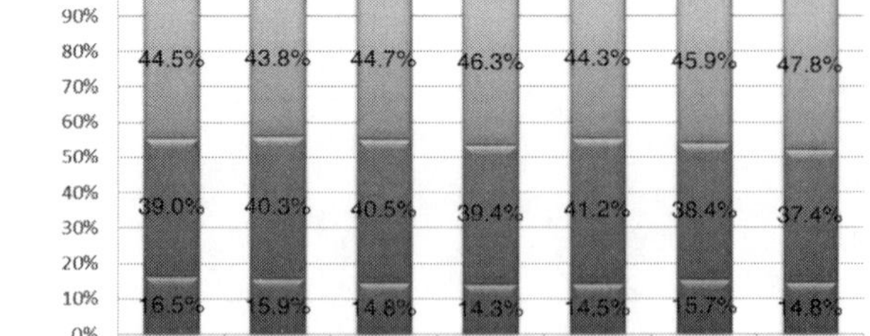

	2010年	2011年	2012年	2013年	2014年	2015年	2016年
第三产业	44.5%	43.8%	44.7%	46.3%	44.3%	45.9%	47.8%
第二产业	39.0%	40.3%	40.5%	39.4%	41.2%	38.4%	37.4%
第一产业	16.5%	15.9%	14.8%	14.3%	14.5%	15.7%	14.8%

图 2　2016 年沙坡头区三次产业增加值构成

表 2 2016 年沙坡头区生产总值及增长速度

指 标	绝对值(亿元)	同比增长(%)
地区生产总值	155.6	7.0
第一产业增加值	23.0	5.0
第二产业增加值	58.2	5.0
工业	41.9	4.2
建筑业	10.6	9.7
第三产业增加值	74.4	9.3
交通运输、仓储和邮政业	12.5	7.4
批发和零售业	8.6	4.1
住宿和餐饮业	3.2	4.9
房地产业	5.4	11.6

沙坡头区居民消费价格总水平比上年上涨 1.7%,商品零售价格上涨 0.7%。

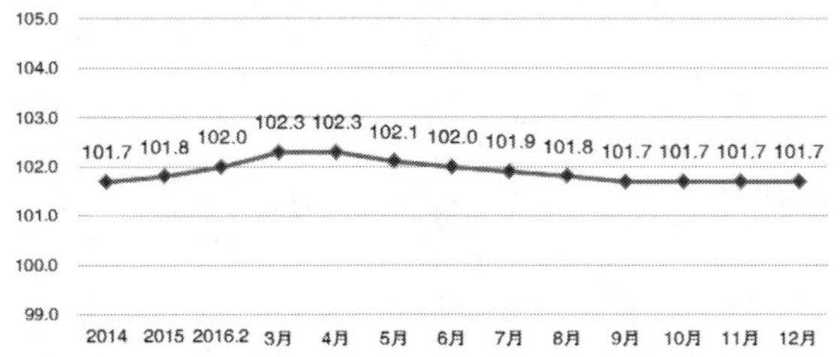

图 3 2016 年沙坡头区居民消费价格月度涨跌幅度

表 3 2016 年沙坡头区居民消费价格指数

(上年 =100)

指 标	同比增长
居民消费价格总指数	101.7
食品烟酒	102.4
衣着	101.7
居住	99.7
生活用品及服务	100.6
交通和通信	98.5
教育文化和娱乐	106.3
医疗保健	101.5
其他用品和服务	101.8

沙坡头区全年完成地方财政收入 14.4 亿元,比上年下降 6.4%, 完成地方公共财政预算收入 11.0 亿元,同比增长 8.2%。其中,增值税 1.8 亿元,营业税 2.2 亿元,企业所得税 0.6 亿元,个人所得税 0.2 亿元。

全年实现地方财政支出 63.2 亿元, 同比增长 20.5%。实现公共财政预算支出 59.5 亿元,同比增长 27.2%。其中,教育支出 7.2 亿元;社会保障和就业支出 4.7 亿元;医疗卫生支出 4.2 亿元。

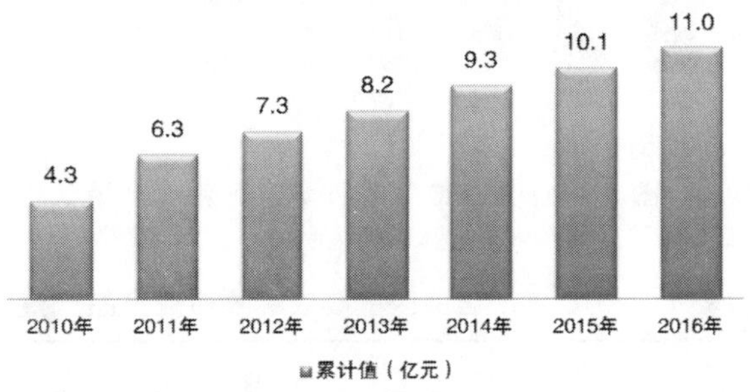

图 4 2010—2016 年沙坡头区地方公共财政预算收入

二、农业

沙坡头区完成农林牧渔业总产值 43.1 亿元,比上年增长 4.4%。其中,实现农业产值 32.2 亿元,林业产值 0.6 亿元,畜牧业产值 7.4 亿元,渔业产值 1.8 亿元,农林牧渔服务业产值 1.1 亿元。

全年沙坡头区农作物播种面积 116.1 万亩,比上年增长 5.3%。粮食作物播种面积 31.5 万亩,比上年增长 4.7%。油料播种面积 2.1 万亩,比上年下降 12.3%。蔬菜及食用菌播种面积 19.7 万亩,比上年增长 0.5%。粮食总产量 15.8 万吨,比上年增长 4.1%。其中,水稻产量 3.7 万吨,同比下降 6.9%;玉米产量 10.7 万吨, 同比增长 5.7%; 小麦产量 1.2 万吨,同比增长 33.6%。油料作物产量 0.3 万吨,同比下降 33.6%;蔬菜及食用菌产量 43.8 万吨,增长 0.7%;硒砂瓜产量 62.8 万吨,下降 1.1%;枸杞产量 1.7 万吨,增长 88.9%。

年末,沙坡头区猪、牛、羊、家禽存栏分别为 7.1 万头、3.3 万头、24.1 万只和 224.2 万只; 全年猪、羊、牛分别出栏 9.9 万头、21.5 万只和 1.7 万头,分别比上年增长 4.2%、11.3%和 3.6%;家禽出栏 158.1 万只,同比上涨 9.3%。

全年肉类总产量 1.7 万吨,增长 7.0%;禽蛋产量 2.7 万吨,增长 2.8%;奶类产量 7.3 万吨,增长 10.4%;水产品产量 1.6 万吨。

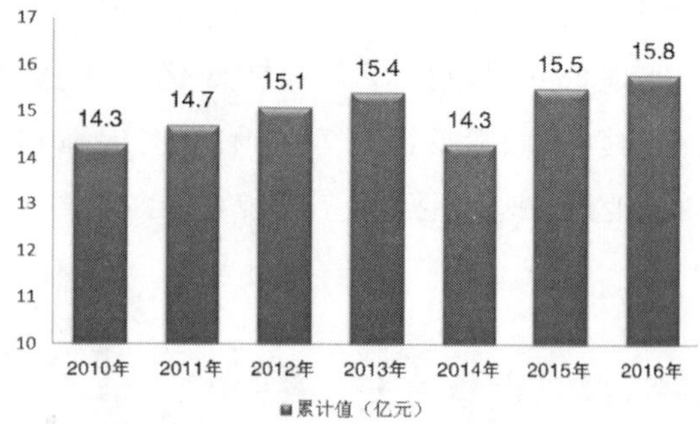

图 5　2010—2016 年沙坡头区粮食产量

表 4　2016 年沙坡头区主要农林牧渔业产品产量

指　标	单　位	产　量
粮食作物	万吨	15.8
油料作物	万吨	0.3
蔬菜	万吨	43.8
设施蔬菜	万吨	24.4
猪牛羊禽肉总产量	万吨	1.7
奶产量	万吨	7.3
禽蛋产量	万吨	2.7
水产品产量	万吨	1.6

2016 年年末，沙坡头区育苗面积 0.3 万亩，比上年下降 40%。其中，本年新育苗面积 0.27 万亩，同比增长 33.7%。完成人工造林面积 6.0 万亩，同比下降 16.5%。

三、工业和建筑业

沙坡头区 2016 年年底共有规模以上企业 70 家，实现规模以上工业企业增加值 41.9 亿元，同比增长 4.2%。按轻重工业分，轻工业完成产值 43.7 亿元，增长 45.2%，重工业完成产值 172.8 亿元，同比增长 1.3%。按经济类型分，国有控股企业完成产值 90.1 亿元，同比增长 17.5%；非公有工业完成产值 124.7 亿元，同比增长 1.3%；大中型企业完成产值 166.9 亿元，同比增长 8.4%。

沙坡头区全年规模以上工业实现营业收入 186.3 亿元，其中实现主营业务收入 183.1 亿元。规上工业企业总资产贡献率为 3.1%，资产保值增值率为 142.6%，资产负债率 65.4%。流动资产周转率 1.4%，成本费用利润率 2.9%，工业产品销售率为 96.0%。

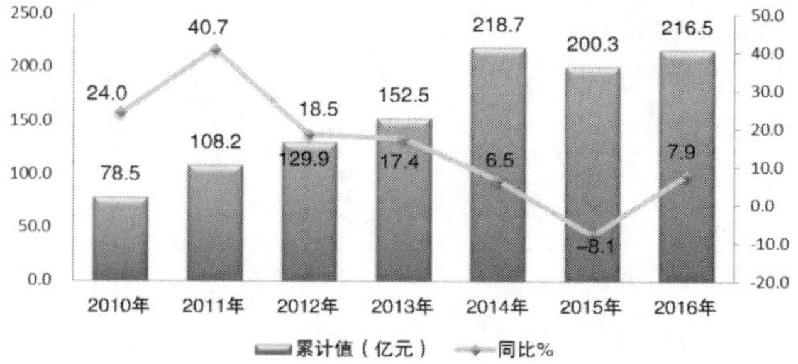

图 6　2010—2016 年沙坡头区规模以上工业企业总产值

表 5　2016 年沙坡头区主要工业产品产量及增长速度

指　标	单　位	产　量	同比增速(%)
合成氨	万吨	8.2	330.0
烧碱	万吨	3.2	309.6
单晶硅	万吨	234.0	264.2
饲料添加剂	万吨	7.8	98.8
化学农药原药	万吨	2.2	53.0
碳化钙	万吨	22.0	41.3
饲料	万吨	2.6	33.5
水泥	万吨	178.3	18.3
化学药品原药	万吨	0.8	16.7
饮料酒	千升	8097	8.7
浓硝酸	万吨	4.1	6.9
鲜、冷藏肉	吨	1767	5.5
机制纸及纸板	万吨	11.6	-4.8
多晶硅	万吨	680.9	-6.8
铸钢件	万吨	2.9	-8.8
瓷质砖	万平方米	1340.1	-10.5
铁合金	万吨	52.9	-20.1
粗钢	万吨	95.6	-20.8
商品混凝土	万立方米	32.4	-21.4
钢材	万吨	94.8	-21.4
生铁	万吨	90.8	-21.5
硅酸盐水泥熟料	万吨	119.1	-24.3
钢结构	万吨	1.8	-44.1
金属切割机床	台	6	-97.7

沙坡头区年底有本地建筑企业 32 家。全年完成建筑业总产值 21.82 亿元。建筑业企业房屋建筑施工面积 167.71 万平方米，比上年增长 21.5%；房屋竣工面积 47.16 万平方米。

四、固定资产投资

沙坡头区全年完成全社会固定资产投资156.7亿元，比上年增长4.8%。其中，房地产开发投资42.1亿元，同比增长28.7%。完成县属固定资产投资130.5亿元，同比下降3.4%。

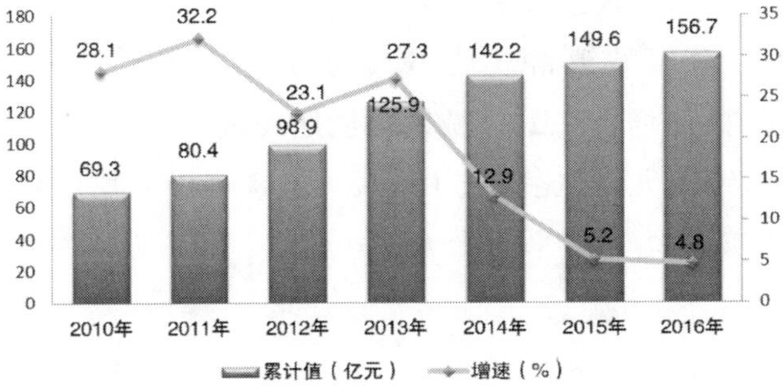

图7 2010—2016年沙坡头区全社会固定资产投资总额及增长速度

从投资结构看，第一产业投资10.9亿元，同比增长332.6%；第二产业投资39.8亿元，同比下降45.8%；第三产业投资106.0亿元，同比增长79.4%。

表6 2016年沙坡头区分行业县属固定资产投资

指　标	绝对量(亿元)
县属固定资产投资	130.5
农林牧渔业	10.9
制造业	32.9
电力、热力燃气及水的生产供应业	6.9
交通运输、仓储和邮政业	9.0
住宿和餐饮业	0.1
信息传输、软件和信息技术服务业	12.9
租赁和商务服务业	0.5
水利、环境和公共设施管理业	11.0
卫生和社会工作	0.4
教　育	2.7

全年房地产开发投资42.1亿元，同比增长28.7%。房屋施工面积474万平方米，比上年增长8.4%；商品房销售面积46.5万平方米，同比增长14.0%。其中，住宅销售面积41.4万平方米，同比增长18.3%。全年商品房销售额18.7亿元，同比增长14.0%，其中住宅销售额15.7亿元，同比增长20.4%。

五、国内贸易

沙坡头区全年实现社会消费品零售总额36.2亿元，同比增长8.6%。分城乡看，城镇消费品零售额33.2亿元，同比增长8.8%；乡村消费品零售额3.1亿元，同比增长6.1%。分行业看，批发零售业实现零售额30.0亿元，同比增长12.4%；住宿餐饮业零售额6.2亿元，同比下降6.5%。分经济类型看，国有经济零售额0.2亿元，同比增长11.0%；集体经济零售额0.7亿元，同比下降3.9%；私营经济零售额12.6亿元，同比增长11.3%；个体经济零售额14.0亿元，同比增长6.2%；股份制经济8.6亿元，同比增长10.0%；其他各种经济0.2亿元，同比增长6.3%。

图8 2010—2016年沙坡头区社会消费品零售总额及增长速度

六、交通、邮电

年末，沙坡头区公路通车里程2863.9公里，同比增长12.4%。按行政等级分，国道通车里程257.6公里，省道通车里程213.9公里，县道通车里程34.2公里。按技术等级分，高速公路通车126.9公里。

全年完成邮电业务总量4.5亿元，同比下降6.3%。其中邮政业务总量0.2亿元，电信业务总量4.3亿元。年末固定电话用户有59674户，同比下降6.4%；住宅电话用户有44167户，同比下降1.5%；移动电话用户有397490户，同比增长6.9%；因特网用户有59478户，同比增长13.0%。

七、金融

年末，沙坡头区金融机构人民币存款余额为

237.7 亿元，同比增长 16.4%。其中，住户存款余额 113.5 亿元，增长 4.2%，占存款余额总额的 47.7%。金融机构人民币贷款余额为 187.8 亿元，同比增长 5.5%。其中，住户贷款余额为 84.0 亿元，占贷款余额总额的 44.7%；非金融企业及机关团体贷款中中长期贷款余额为 39.2 亿元，占贷款余额总额的 3.1%。

八、教育与科技

年末，沙坡头区各级各类学校 130 所、教职工 4690 人，普通中学在校学生数 2.4 万人，同比下降 4.0%，小学在校学生数 3.0 万人，同比下降 3.2%。其中，普通高中 2 所，普通初中 23 所，中等职业学校 1 所，普通小学 62 所，特殊学校 1 所。共有幼儿园 41 所，在园幼儿 11063 人。

表 7　2016 年各级教育招生、在校、毕业生人数

类别	招生数(人)	在校学生数(人)	毕业学生数(人)
中等职业学校	1718	5073	1661
普通中学	8421	23898	8421
高中	2606	9145	3501
初中	4985	14753	4920
小学	4303	30177	5096
特殊教育	17	98	14

全年沙坡头区申请专利 493 个，申请职务发明 361 个，授权专利 146 个，授权职务发明 96 个。

九、文化、卫生

2016 年年末，沙坡头区有调频转播发射台 2 座，调频发射机 4 部，共有公共广播节目 1 套。广播综合覆盖率达 99.08%，农村广播综合覆盖率达 100.00%。

沙坡头区现有电视转播发射台 2 座，电视发射机 6 部，公共电视节目 1 套，实现电视综合覆盖率 99.70%，实现农村电视综合覆盖率 100.0%。

2016 年末，沙坡头区拥有卫生机构 208 个，其中医院 10 家，基层医疗卫生机构 193 家，妇幼保健院、疾病预防控制中心、采供血机构和卫生监督所各 1 家。综合医院 7 家，中医医院 1 家。医院床位数 2105 张，同比增长 10.7%。每千人口医院床位数 4.69 张。目前卫生机构人员数 3036 人，其中执业医师 692 人，注册护士 1081 人。

2016 年末，沙坡头区共有村卫生室 137 个，职业医师 12 人，乡村医生和卫生员 241 人，诊疗 57.62 万人次。

十、人民生活和社会保障

全年城镇常住居民人均可支配收入 24338.8 元，同比增长 7.2%。城镇常住居民人均消费性支出 18793.6 元，同比增长 11.6%。城镇居民人均居住建筑面积 35.5 平方米 / 人。

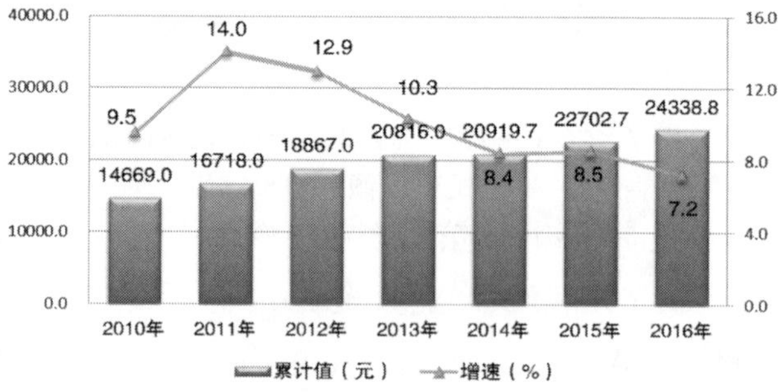

图 9　2010—2016 年沙坡头区城镇居民人均可支配及增长速度

全年农村常住居民人均可支配收入 10375.3 元，同比增长 7.3%。农村常住居民人均消费性支出 9920.5 元，同比增长 10.3%。农村居民人均居住面积 37.5 平方米 / 人。

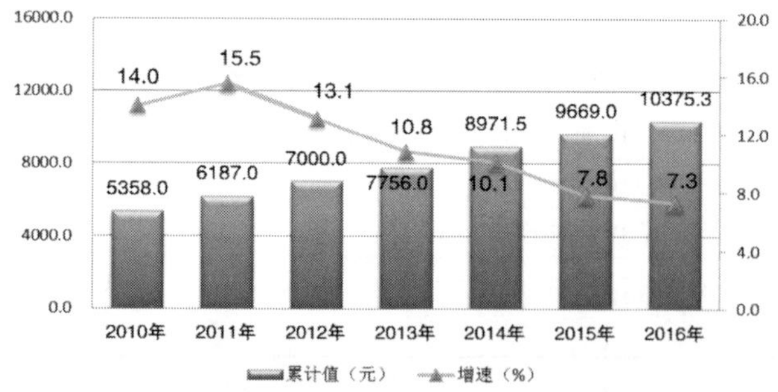

图 10　2010—2016 年沙坡头区农民人均可支配收入及增长速度

2016 年末，沙坡头区参加基本养老保险人数为 89438 人，比上年增长 5.2%，其中，参保职工 57124 人，参保离退休人员 32314 人。年末沙坡头区参加城乡居民养老保险人数为 129615 人。其中，城镇居民 12656 人，农村居民 116959 人。参加失业保险人数 35107 人。参加基本医疗保险人数 373556 人，其中，参加城镇职工基本医疗保险 45664 人，参加城乡居民医疗保险 327892 人。年末沙坡头区养老保险、医疗保险和工伤保险 3 项保险基金收入 9.9 亿元，较上年末增 2.3 亿元，增长 35.6%。

十一、节能环保与安全生产

初步核算，沙坡头区全年规模以上工业企业综合能源消费量为 351.3 万吨标准煤，比上年下降 8.5%。产值单耗为 1.6 吨标准煤 / 万元，与去年持平。

年末，沙坡头区园林绿地面积 1674.28 公顷，建成区 1135.4 公顷。公园个数 17 个，公园绿地面积 435.32 公顷，公园面积 587.68 公顷。

年内，沙坡头区发生事故 103 起，其中，死亡 27 人，受伤 93 人，损失 373.4 万元。按事故类型分，道路交通事故 98 起，火灾事故 0 起，铁路农业机械事故 0 起，工矿商贸事故 5 起。

中卫市沙坡头区“十三五”规划纲要

（2016—2020）

第一章　发展基础与发展目标

“十三五”（2016—2020）时期，是我国全面建成小康社会的决胜阶段，是协调推进“四个全面”建设的重要时期，也是沙坡头区理顺管理体制、实现追赶跨越的关键时期。立足“十二五”以来奠定的发展基础，结合沙坡头区实际，制定并实施《沙坡头区国民经济和社会发展第十三个五年规划》，对于抢抓机遇，应对挑战，站在新的历史起点，实现国民经济持续快速健康发展和社会全面进步，具有重大意义。

第一节　“十二五”经济社会发展成就

“十二五”时期，在区、市党委、政府的坚强领导下，沙坡头区紧紧围绕全市“四主一化”进程，不断创新体制机制，真抓实干，攻坚克难，全力以赴稳增长、调结构、抓改革、惠民生、促和谐，统筹推进经济建设、政治建设、文化建设、社会建设和生态文明建设，经济和社会各项事业持续健康发展。

一、科学应对宏观形势，经济保持较快增长

面对经济下行和环保整治双重压力，科学研判形势，加强统筹谋划，确保经济稳定运行在合理区间。立足区域实际，合理规划布局，形成多个具有集聚效应的产业园区，有效推进科技创新、产业创新、环境保护和民生改善。将政府投资与社会投资有机结合，积极引导社会资本投入基础设施建设、重点产业和社会事业发展等领域。在城镇化建设的助推下，商贸、物流、旅游等新兴产业迅速崛起，经济结构日趋优化，发展方式更加多元化。截至“十二五”末，沙坡头区地区生产总值达到146亿元，年均增长9%，是“十一五”末的1.73倍；全社会固定资产投资完成149.6亿元，年均增长19.7%，是“十一五”末的2.16倍；社会消费品零售总额达到33.4亿元，年均增长13.3%，是“十一五”末的1.86倍；地方财政收入达到10.1亿元，年均增长19.2%，是“十一五”末的2.48倍；金融机构人民币存、贷款余额分别达到204亿元、178亿元。

二、坚持转型升级导向，发展质量显著提升

坚持以科技创新引领产业转型，在结构调整优化中促进经济提质增效，三次产业结构由2010年的16.5：39：44.5调整为2015年的15.7：38.4：45.9。

特色农业量效齐增。立足区位优势，大力调整优化农业产业结构，培育发展优势特色农业，基本形成了环香山地区硒砂瓜产业带、引黄灌区设施蔬菜产业带、扬黄灌区经果林产业带、南北部养殖产业带和沿黄高效节水农业示范区的“四带一区”农业特色产业发展格局。截至2015年底，节水农业面积累计达到14万亩，土地集中流转经营率达到40%以上；共建成永久性蔬菜基地6个1.6万亩；硒砂瓜种植面积达45万亩；经果林种植面积达40万亩；发展标准化奶牛场、肉牛场和养猪场15个，奶牛存栏及肉牛、肉羊、生猪、鸡饲养量分别达到2.73万头、4.98万头、68.35万只、33.22万头、377.19万只。着力强化农业科技支撑，建成各类特色产业科技示范园区及示范点24个，积极推广新技术42项、推广新品种68个，良种覆盖率达到

94%以上。农林牧渔业增加值由2010年的13.9亿元增长为2015年的23.7亿元，年均增长4.8%。

工业转型升级步伐加快。在中卫工业园区的核心引领下，沙坡头区镇罗金鑫园、宣和冶金园、常乐陶瓷园、宁夏红科技园基础设施不断完善，逐步构建起“一区四园”的招商引资孵化基地，先后引进区内外招商引资项目300多个，基本形成了“三大”主导产业：以铁合金、铝合金为主的金属冶炼产业，以电石、水泥、瓷质砖等为主的无机非金属产业，以面粉、果汁、枸杞果醋等为主的食品加工产业。到2015年底，实现工业增加值45.3亿元，年均增长12.6%，规模以上工业企业达72家。随着云计算、现代物流、移动互联网等新兴产业相继落户中卫，沙坡头区逐步完善的工业体系已成为全市新兴产业发展的主阵地、经济转型升级的主战场。

现代服务业提质增效显著。旅游产业优先发展，带动第三产业蓬勃发展，2015年实现第三产业增加值67亿元。建设了沙坡头旅游新镇，建成了大河之舞休闲生态公园、沙坡头水镇等，积极打造全域旅游示范区；开通“沙坡头号”旅游专列，成功举办环青海湖国际公路自行车赛、大漠黄河旅游节等大型旅游节会赛事活动。信息产业跨越发展，西部云基地基础设施建设基本完成，三大运营商网络全部接入。交通物流快速发展，开工建设中卫物流园区。

三、优化区域空间布局，城市化水平不断提高

按照“南扩东移、依河发展”的城镇拓展方向，制定区域城市化规划，组织实施新区建设，先后完成了众一·山水城、正丰·香格里等73个房地产开发项目，房屋竣工面积345.2万平方米；突出城中村改造和城市基础设施建设两项重点，实施幸福立方、宜居家园等棚户区改造项目42个；以文昌、滨河城市开发建设为牵引，以镇罗、宣和、兴仁小城镇建设为载体，城镇化建设逐年升温，常住人口镇化率达到了54%。一批路网相继建成并投入使用，新墩路、南苑路等辐射道路全面贯通。深入开展主干道路“大整治大绿化”工程，积极推进城市基础设施向镇村延伸、城市公共服务向镇村覆盖、城市优质资源向镇村倾斜。打造雍湖、凯歌等美丽村庄22个，改造农村危房1.4万户，硬化村庄巷道180公里，铺设排水管道179公里、供水管道304公里，建设垃圾中转站12座，绿化植树25万株，安装巷道太阳能路灯5351盏，新建村级文化广场37个，农村砖房率达92%，自来水入户率达80%以上。

四、聚焦城乡环境整治，环境质量持续改善

提升环境承载能力，实施退耕还林（草）和禁牧封育工程，新增林地面积36.24万亩，森林覆盖率达15.9%，城区绿化覆盖率达37.04%。规划建设大河之舞文化主题森林公园、沙坡头国家级自然保护区、饮用水源地保护区、湖泊湿地保护区和基本农田保护区，区域环境承载力和环境质量显著提升。环境治理和节能减排力度加大。将市区“以克论净”深度保洁机制在农村全面延伸推广，有效建立农村垃圾清运系统，农村垃圾集中处理率达到98%以上。环境监管日趋完善，辖区企业全面实现达标排放。“十二五”期间，空气质量全线达标，循环经济加快发展，提前完成节能减排任务。

五、大力实施民生项目，群众满意度不断提升

立足实情，突出为群众谋福祉这一宗旨，切实解决人民群众最关心、最现实的问题，城乡居民总体收入水平和生活质量不断提高。城镇常住居民人均可支配收入达到22703元，年均增长10.7%；农村常住居民人均可支配收入达到9669元，年均增长11.7%，城乡收入比达到2.31∶1，比“十一五”末缩小0.42。

扶贫攻坚精准发力。始终把扶贫攻坚作为“三农”工作的重中之重，“十二五”期间，建成宣和敬农、常乐康乐等3个生态移民区，并在灌区8个乡镇实施了插花移民安置，共建成移民安置房3514套，开发整理土地15806亩，搬迁安置移民3514户15806人。借助互助资金、双到资金以及整村推进项目资金和金融贷款支持，通过主导产业培育、就业技能培训等立体化扶贫攻坚措施，移民安置区肉牛存栏达 3500 头，羊存栏 45000 只，移民群众“搬得出、稳得住、逐步能致富”目标基本实现。

人民生活不断改善。全面推行统筹城乡居民社会养老保险和医疗保险制度，在全区率先建立了大病医疗救助制度和重度残疾人生活保障制度。2015 年，沙坡头区统筹城乡居民养老保险参保人数达到了 32.2 万人，统筹城乡居民基本医疗保险人数达到了 12.9 万人，形成了以最低生活保障为基础，以医疗、教育、救灾救济等专项救助为辅助，其他社会慈善机构救助为补充的社会化救助体系，辖区住房、低保、高龄、五保、重残、孤儿等社会保障实现了应保尽保。

统筹推进社会事业。坚持以创业带动就业，积极开展多项职业技能培训活动，城镇登记失业率控制在 3.84%以内。实施了校舍安全、农村薄弱学校改造、学校标准化建设等项目工程，大力改善了中小学办学条件，缩小了城乡教育发展差距，顺利通过了国家义务教育均衡发展县（区）评估认定。切实加强民政公共服务项目建设，婚姻登记及收养登记、社会组织登记、计划生育、殡葬改革、老龄事业、慈善救助等各项社会事务稳中有进。群团组织、“双拥”工作、民族宗教、法治建设、气象服务、社会综治、安全生产等工作全面进步。

六、扎实推进改革开放，发展活力明显增强

推进行政管理体制改革，完善了政府决策科学化、民主化机制，开展了培育和践行社会主义核心价值观活动。深化民生保障体制改革，完善了城乡养老保险、新型农村社会养老保险等配套政策，实施了城镇企业职工基本养老保险关系转移接续制度。加快农村发展体制改革，开展美丽乡村建设工作，全面提升了农业现代化水平。深化土地管理制度改革，加快了农村土地流转速度。扎实推进基层医疗卫生体制改革，进一步改善了卫生服务设施，提高了基层医疗卫生机构工作效率。

专栏 1 “十二五”国民经济和社会发展情况表

类别	指标	2010 年	2015 年	年均增速
经济发展	地区生产总值（亿元）	84.2	146	9.0%
	三次产业结构	16.5 ：39 ：44.5	15.7 ：38.4 ：45.9	—
	农林牧渔业增加值（亿元）	13.9	23.7	4.8%
	全社会固定资产投资（亿元）	69.2	149.6	19.7%
	财政一般公共预算收入（亿元）	4.2	10.1	19.2%
	社会消费品零售总额（亿元）	17.9	33.4	13.3%
	常住人口城镇化率（%）	42.3	54	2.4
人民生活	城镇居民人均可支配收入（元）	14669	22703	10.8%
	农村居民人均可支配收入（元）	5358	9669	11.4%
	城镇登记失业率（%）	3.85	3.84	—
	城乡居民养老保险参保人数（万人）	12.23	12.89	—
	年末常住人口（万人）	39.59	40.5	□
	人口自然增长率（‰）	5.78	6.7	—
科技教育	小学适龄儿童入学率（%）	100	100	—
	高中阶段毛入学率（%）	90.5	95	—
	R&D 投入强度（%）	—	0.38	—
资源环境	单位生产总值能源消耗降低（%）	-5.2	完成自治区要求	—
	城市空气质量达标率（%）	86.9	73.4	—
	地表水达标率（%）	100	100	—
	森林覆盖率（%）	—	15.9	—
	城市建成区绿化覆盖率（%）	22.13	37.04	—
	农村自来水普及率（%）	59.31	95	—
	城乡生活垃圾无害化处理率（%）	89.6	100	—
	城市生活污水处理率（%）	90	91	—

第二节 “十三五”时期面临的形势

今后五年，是沙坡头区加快转变经济发展方式、全面推进二次创业新征程的攻坚阶段，是增强沙坡头区综合实力和可持续发展能力的关键阶段，是全力改善民生、促进社会建设的快速跃升阶段，也是实现与全国、全区同步建成全面小康社会的冲刺决胜阶段。综观当前发展形势，机遇与挑战并存，但总体上机遇大于挑战，“十三五”时期沙坡头区经济社会发展仍处于大有作为的重要战略机遇期。

一是国家深入实施“一带一路”“互联网+”“中国制造2025”“大众创业、万众创新”等战略和行动计划，自治区全面推进《关于融入“一带一路”加快开放宁夏建设的意见》，中卫市积极打造全域旅游示范区、西部云基地等，有利于我区扩大开放、找准新动力、加快培育新的经济增长点。二是国家继续加大对西部地区、贫困地区、民族地区发展的扶持力度，《宁夏空间发展战略规划》将中卫确定为三个副中心城市之一，我区地处宁夏沿黄经济区城市带和清水河城镇产业带的交汇处，有利于推进重大基础设施、民生工程和产业项目建设。三是“十二五”时期沙坡头区经济社会平稳较快发展积累了较为雄厚的物质基础，工业体系逐步完善，现代农业发展较快，随着沙坡头区行政体制的理顺以及交通、生态、水利、电力等一批重点项目的实施，我区的发展优势将更加明显。

专栏2　上位规划对接专论

1.国家层面。2015年3月28日，国家发展改革委、外交部、商务部联合发布了《推动共建丝绸之路经济带和21世纪海上丝绸之路的愿景与行动》，打造我国全方位对外开放的新格局，同时区域协同和产业转型升级将加快。2016年3月《中华人民共和国国民经济和社会发展第十三个五年规划纲要》正式发布，提出创新、协调、绿色、开放、共享的发展理念。此外，在当前全球经济深度调整和我国经济发展进入新常态的大背景下，国家密集出台了刺激经济发展的金融、财税、创新创业、中国制造2025、互联网+等宏观政策，政策面总体向好。

2.自治区层面。2012年9月10日，国务院批复《宁夏内陆开放型经济试验区规划》，标志着宁夏回族自治区成为我国内陆地区第一个对外开放试验区、全国首个以整省域为单位的试验区，其中宁夏沿黄经济区被列为开发开放核心区。2015年6月《宁夏空间发展战略规划》发布实施，对宁夏空间布局、产业发展、基础设施建设、生态环境保护等方面进行了战略部署，将中卫定位为三个副中心城市之一。2016年1月，宁夏“十三五”《规划纲要》获批，提出通过追赶转型实现经济社会各项事业换道超车，“实现经济繁荣、民族团结、环境优美、人民富裕，与全国同步建成小康社会。”此外，针对经济低迷，宁夏回族自治区也相继出台了多项政策，为全区产业转型升级提供政策支持和难得机遇。

3.中卫市层面。按照“近水亲河、生态扩城、道路连城”的发展思路，中卫修编了《中卫城市总体规划（2011-2030）》，把工业园区、沙漠生态屏障、旅游区等重要功能区域纳入了城市规划区。《中卫市国民经济和社会发展第十三个五年规划纲要》提出要大力实施“开放引领、创新驱动、富民共享、生态优先”战略，全力打造全域旅游城市、国际云端城市、特色产业城市、物流枢纽城市、生态宜居城市，城市发展站在战略新高点。

与此同时，也要增强忧患意识，集中精力解决好制约和影响持续健康发展的各类深层次矛盾。一是“新常态”下经济下行压力大。当前，世界经济复苏乏力，中国经济步入“新常态”，中高速增长与调整结构深度常态化。我区经济规模小，工业倚重倚能特征明显，产业附加值低、竞争力较弱，保持经济平稳较快发展的难度明显加大；二是创新转型发展面临新挑战。内需与外需、投资与消费结构不平衡，资本、科教、信息、人才及创意等要素缺乏，资源环境刚性约束趋紧，实施创新驱动、调整结构需要付出更大努力；三是全面建成小康社会任务艰巨。发展不足仍然是最大的区情，人均GDP、研究与试验发展经费支出占GDP比重、单位GDP能耗等指标远远低于国家平均水平，山川发展差距较大，移民群众生活水平不高，基本公共服务保障水平较低。

总之，“十三五”时期是沙坡头区经济社会发展非常重要的时期。必须始终强化科学发展、创新发展、可持续发展，下大力气破解发展过程中遇到的难题，以更加饱满的精神状态、更加扎实的工作作风，不断深化改革开放，全力推进现代化建设，努力开创沙坡头区经济社会发展新局面。

第三节　指导思想和基本原则

一、指导思想

高举中国特色社会主义伟大旗帜，全面贯彻落实中共十八大和十八届三中、四中、五中全会精神，以马克思列宁主义、毛泽东思想、邓小平理论、"三个代表"重要思想和科学发展观为指导，深入贯彻习近平新时代中国特色社会主义思想，按照"五位一体"总体布局和"四个全面"战略布局，坚持"创新、协调、绿色、开放、共享"五大发展理念，以沙坡头区第一次党代会精神为统领，以全面建成小康社会为目标，围绕打造生态宜居城市核心区、全域旅游城市先行区、交通物流城市枢纽区、特色产业城市示范区、国际云端城市云产业集聚区，着力实施"创新驱动、产业带动、富民共享、生态优先"四大战略，努力建设经济繁荣、民族团结、环境优美、人民富裕沙坡头区。

二、基本原则

如期实现全面建成小康社会奋斗目标，推动我区经济社会持续健康发展，需遵循以下原则：

一是必须坚持党的领导。认真贯彻落实全面从严治党新要求，加强各级领导班子和干部队伍建设，不断增强各级党组织的凝聚力、战斗力、创造力，为发展提供根本政治保证。

二是必须坚持以人为本。必须坚持以人民为中心的发展思想，把增进全区人民福祉、促进人的全面发展作为发展的出发点和落脚点，实现好、维护好、发展好最广大人民的根本利益，确保发展改革成果由全民共享。

三是必须坚持科学发展。必须坚持发展第一要务，主动适应经济发展新常态，加快产业转型升级，推动实现更高质量、更有效率、更加公平、更可持续的发展。

四是必须坚持深化改革。以经济体制改革为重点，深入推进各重点领域改革，坚决破除一切不利于科学发展的体制机制障碍，大力推进供给侧结构性改革，不断完善需求侧管理，充分发挥市场在资源配置中的决定性作用，更好地发挥政府的作用，为发展提供持续动力。

五是必须坚持依法治区。全面树立法治思维，推进科学立法、严格执法、公正司法、全民守法，加快建设法治经济、法治社会和法治政府，促进经济社会发展法治化进程。

六是必须坚持对外开放。更好地利用国际国内两个市场和两种资源，全方位融入国家"一带一路"开放战略大格局，以开放引领发展，促进经济转型升级。

第四节　战略定位、发展目标和发展理念

一、战略定位

——生态宜居城市核心区。全面提升城市品位，强化城市承载聚集功能，将沙坡头区打造成集政治、经济、文化于一体的生态宜居城市核心区。

——全域旅游城市先行区。深入实施旅游优先发展战略，依托独具特色的旅游资源，把沙坡头区建成国际知名的沙漠旅游和休闲度假城市。

——特色产业城市示范区。强力打造以硒砂瓜、设施蔬菜、经果林、养殖业、高效节水农业为主的"四带一区"农业产业发展格局，创新优化特色农业生产经营方式和科技支撑要素，持续提升农业发展内生动力，把沙坡头区建成国家级现代农业示范区和全国农村一二三产业融合发展试点示范县(区)。着力抓好"一区四园"基础设施配套建设，改造提升传统工业，培育发展新型工业。

——交通物流城市枢纽区。有效整合铁路、公路、航空等先进运输组织方式，显著提升交通运输能力，构建全面对外开放、区域互通的综合交通网络，实现物流园区与产业园区、实体经济耦合发展，打造丝绸之路向西开放的交通物流集散中心。

——国际云端城市云产业集聚区。以建设数据安全存储基地、云产业基地和移动互联网创新创业基地为核心，形成技术、产品和服务一体化发展的产业格局，主推高效能、高安全、低成本的云服务产品，打造具有前瞻性的战略新兴产业增长极。

二、发展目标

"十三五"时期，以全面建成小康社会为总体目标，力争在科技创新方面实现新突破，在特色产业

发展方面形成新优势，在转变经济发展方式方面取得新进展，全面打赢脱贫攻坚战，把沙坡头区打造成为创新驱动、绿色发展、开放包容、协调有序、共建共享的特色产业城市。

——经济保持中高速增长。主动适应经济发展新常态，到2018年地区生产总值比2010年翻一番。到2020年，力争地区生产总值年均增长8%左右，全社会固定资产投资年均增长12%左右，社会消费品零售总额年均增长8%左右，地方公共财政预算收入年均增长8%左右。

——产业转型升级取得明显成效。产业迈向中高端水平，农业现代化水平明显提高，高新技术产业比重大幅增加，旅游业和云计算信息产业快速发展，消费对经济的贡献率进一步提高，三次产业结构比调整为12：40：48。

——城乡建设步伐加快。沙坡头区与中宁县相向发展，城乡规划建设科学有序，城市基础设施承载能力和运行保障能力不断增强，人性化、精细化、智能化管理服务水平明显提高。城乡一体化发展进程加快，小城镇、美丽村庄建设成效显著，基本完成现有城镇棚户区、城中村和危房改造，常住人口城镇化率达到62%。

——人民生活质量不断提高。公共服务和城乡社会保障体系优质高效，医疗卫生和计生服务水平不断提高，文体教育事业加快发展，健康生活理念更加普及。城镇、农村常住居民人均可支配收入分别增长9%、10%左右。就业岗位持续增加，城镇登记失业率控制在4.5%以内。确保全区2020年实现现行标准下1.5万建档立卡贫困人口全部脱贫。

——生态环境持续改善。环境功能区划加快调整，产业布局更加合理。环境污染治理力度加大，能源资源开发利用效率大幅提高，能源和水资源消耗、建设用地、碳排放总量得到有效控制，单位地区生产总值能耗达到自治区下达指标要求。森林覆盖率达到16.6%以上，城市人均绿地面积达到26平方米以上，农村饮用水安全率达到国家标准。

——社会更加和谐有序。社会主义核心价值观深入人心，城乡居民思想道德素质、科学文化素质和健康文明素质全面提升。全社会法治意识、诚信意识不断增强。社会管理能力现代化水平不断提升，社会治安防控体系建设加快推进。较大、特大安全事故发生率得到有效控制，民族团结、宗教和顺的良好局面进一步巩固发展。

——重点改革深入推进。服务型政府建设加快，重点领域和关键环节改革取得明显突破，有利于科学发展的体制机制逐步完善。实现与周边区县对接合作，互动互补、开放包容的氛围更加浓厚。

专栏3　“十三五”经济社会发展目标情况表

类别	指　　标	2015年	2020年	年均增速	指标属性
经济发展	地区生产总值(亿元)	146	235	8%	预期性
	三次产业结构	15.7：38.4：45.9	12：40：48	—	导向性
	农林牧渔业增加值(亿元)	23.7	30	5%	预期性
	全社会固定资产投资(亿元)	149.6	264	12%	预期性
	地方财政公共预算收入(亿元)	10.1	15.3	8%	预期性
	社会消费品零售总额(亿元)	33.4	49	8%	预期性
	常住人口城镇化率(%)	54	62	1.6个百分点	导向性
人民生活	城镇居民人均可支配收入(元)	22703	34931	9%	预期性
	农村居民人均可支配收入(元)	9669	15572	10%	预期性
	城镇登记失业率(%)	3.84	4.5	—	约束性
	城乡居民养老保险参保人数(万)	12.9	13	—	约束性
人民生活	年末常住人口(万)	40.5	43.5	10‰	预期性
	人口自然增长率(‰)	6.7	8	—	约束性
	小学适龄儿童入学率(%)	100	100	—	预期性

续表

类别	指　　标	2015 年	2020 年	年均增速	指标属性
科技教育	高中阶段毛入学率(%)	95	97	—	预期性
	R&D 投入强度(%)	0.38	2	—	预期性
资源环境	单位生产总值能源消耗降低(%)	—	完成自治区要求	—	约束性
	空气优良天数(天)	268	295	—	约束性
	黄河中卫断面水质	Ⅲ类	Ⅲ类	—	约束性
	森林覆盖率(%)	15.9	16.6	0.14%	约束性
	城市人均绿地面积(平方米)	25	26	0.2%	约束性
	农村饮用水安全率(%)	—	100	—	约束性
	灌溉水利用系数	—	0.52	—	约束性
	城市生活污水处理率(%)	91	>95	—	约束性

三、发展理念

实现“十三五”时期目标，必须把五大发展理念贯穿于实现经济繁荣、民族团结、环境优美、人民富裕建设的全过程和各领域。

牢固树立创新发展理念，力促经济结构转型升级。把创新作为发展的第一动力，把产业转型升级作为突破口，创新发展路径和模式，推进供给侧结构性改革，坚定不移调结构、转方式、促升级，着力去产能、去库存、去杠杆、降成本、补短板，全面提升发展质量和效益。

牢固树立协调发展理念，推动经济社会均衡发展。把协调发展作为增加发展整体性的关键之举，正确处理发展中的矛盾和问题，促进城乡、山川、经济与社会、物质文明与精神文明协调发展。

牢固树立绿色发展理念，为可持续发展提供资源保障。牢固树立绿水青山就是金山银山的理念，把绿色发展作为推进现代化建设的重要引领。坚持可持续发展，划定生态红线，加强生态建设和环境保护，坚定走生产发展、生活富裕、生态良好的文明发展道路，加快建设资源节约型、环境友好型社会。

牢固树立开放发展理念，持续激发经济发展活力。把开放作为拓宽发展空间的必由之路，以新思路、新举措发展更高水平、更高层次的开放型经济，用高水平开放推动高质量发展。

牢固树立共享发展理念，不断增进人民群众福祉。把共享作为发展的目标准则，作出更有效的制度安排，使全区人民在共建共享发展中有更多获得感，增进人民福祉，推进扶贫脱贫，缩小收入差距，扩大中等收入群体，实现共同富裕目标。

第二章　坚持创新发展
推动产业转型升级

坚持创新驱动发展，不断创新发展理念、发展模式，把推动发展的动力转换到更多依靠科技进步、人力资本积累和管理创新上来。加强创新能力建设，提升自主创新水平，增强核心竞争力。推进供给侧结构性改革，持续推进产业优化升级，增强经济发展的协调性、稳定性和可持续性。

第一节　增强创新驱动能力

依靠科技进步和人才创新开辟新的发展空间，不断完善技术创新市场导向机制、多主体协同创新机制和人才引进培养使用机制，优化创新环境，充分激发经济社会发展转型的内在活力和强大动力。

一、激发企业创新活力

着力完善以企业为主体、市场为导向、政产学研用紧密结合的技术创新体系，激发企业创新活力。深入研究未来产业发展方向和市场需求潜力，鼓励企业开展研发活动，提高企业集聚科技资源的能力，使企业真正成为技术创新的需求主体、投入主体、知识产权保护主体和技术转移转化主体。

努力推进供给侧结构性改革，积极开展新技术和战略性技术研究，抢占产业发展制高点。紧跟市场需求，加强应用研究，大力开发市场需求量大、附加值高的新产品。积极推进科技成果转化，完善产学研合作的利益机制，鼓励建立产学研联盟，促进科技与金融紧密结合，试点投贷联动，鼓励技术要素以股权等形式参与分配，支持知识产权抵押融资等创新融资方式，加速科技成果向现实生产力转化。

二、搭建创新创业平台

围绕产业转型升级，强化科技创新服务体系和基地建设，以宁夏大学中卫校区为中心，引入外部高校、科研院所、企业技术中心，集成“高校＋企业＋政府”三方资源筹建中卫科技园，形成科研、人才、管理等战略资源聚集地。树立为企业成长搭桥铺路的理念，推动创业就业服务便利化，打造小微企业创业平台，不断降低企业创业门槛，扫除企业成长的制度障碍，形成培育壮大企业的体制机制，让更多的小微企业参与到经济转方式、调结构的大潮中来，真正形成大众创业、万众创新，千帆竞发、百舸争流的生动局面。

三、加强人才队伍建设

突出人才资源是第一资源的战略方针，以加强人才资源能力建设为重点，实施创新人才工程、职业技能素质提升工程、新农村建设人才保障工程、社会工作人才培训工程、非公有制经济组织和新社会组织人才提升工程等人才培养重点工程，推进企业经营管理人才职业化、市场化。培养一批农业职业经理人（合作社理事长、家庭农场主、农企经理）和适应农业经营主体要求的新型职业农民队伍，大幅提高农业科技推广应用水平。建立健全政府宏观管理、市场有效配置、单位自主用人、人才自主择业的体制机制，营造尊重人才的社会环境和公开平等、竞争择优的制度环境，不断提高发展性投入中用于人才资源开发的比例，建立健全以政府投入为导向，用人单位投入为主体，社会资助为补充的人才投入机制。

第二节　打造国家级现代农业示范区

以建设国家现代农业示范区为目标，以建设环香山地区硒砂瓜产业带、引黄灌区设施蔬菜产业带、扬黄灌区经果林产业带、南北部养殖产业带和沿黄高效节水农业示范区为主体，以发展“一特三高”现代农业为主攻方向，着力构建发展动力持久、产业布局合理、组织方式先进、资源利用高效、保障供给安全、综合效益显著的现代农业发展体系，切实提高我区农业质量效益和竞争力，促进农业农村经济良性有序发展。到2020年末，实现农林牧渔业增加值30亿元，年均增长5%，初步形成“农村美、农业强、农民富”的新气象。

一、提升优质特色农业发展水平

按照“科学规划、总体布局，重点示范、全面发展”的思路，高标准打造硒砂瓜、设施蔬菜、经果林、养殖业、高效节水农业的“四带一区”农业特色产业，着力打造宁夏重要的农副产品种植加工基地，全国无公害设施蔬菜生产基地。

打造环香山地区硒砂瓜产业带。以硒砂瓜品质品牌保护为核心，坚持推行绿色种植模式，探索建立有效的品质品牌保护机制，到2020年建成有机硒砂瓜基地20万亩。重点在香山、兴仁实施硒砂瓜“品质品牌保护工程”，实行严格的全域全程监管，建设30万亩品质品牌保护核心区，引导农户合理轮茬倒茬歇茬，确保硒砂瓜原生态绿色品质。积极推广嫁接新技术，发展枸杞种植等砂地接续替代产业，增强产业可持续发展能力。

打造灌区优质粮食和设施蔬菜产业带。以粮食高产创建为抓手，推进“粮—经—饲”三元高效种植、良种良法配套、农机农艺融合和物质技术装备广泛应用，促进粮食产业优化升级。到2020年，粮食播种面积稳定在30万亩。建设以小麦、玉米、水稻为主的粮食创高产科技示范基地和优质水稻生产基地，到2020年建成示范面积达到16万亩，灌区乡镇粮食高产创建实现全覆盖，良种覆盖率达到95%以上。以“改棚体、提质量、引技术、扩品种、增效益”为目标，实施设施蔬菜基地改造提升工程，在镇罗、柔远、东园等镇实施温室高标准建设和改造项目，实现设施蔬菜的提质增效。在东园、迎水桥、柔远、镇罗等镇推广拱棚韭菜、拱棚西瓜种植，到2020年发展拱棚瓜菜基地2.1万亩。以越夏番茄为主，韭葱、萝卜、白菜、甘蓝、菠菜等露地蔬菜生产为辅，稳步增加地膜西瓜间复套种蔬菜和麦后复种蔬菜面积。积极引导百利、泰金等种苗公司推进蔬菜种子繁育一体化建设，形成统一品种、统一育苗、统一种植、统一管理的标准化生产模式。到2020年，蔬菜种植面积稳定在10万亩。

打造扬黄灌区经果林产业带。以南山台为核心区，辐射迎水桥、常乐、香山、兴仁等乡镇，稳步实施经果林扩规增效工程，新植经济林8万亩，其中在南山台新发展苹果基地2万亩，在兴仁、香山新栽植枸杞5万亩，在其他区域种植杂果1万亩。实施经果林改造工程，引进新品种，加快老化树体更新改造，在宣和、永康、香山完成枣树和苹果改良10万亩，经果林基地规模达到45.5万亩。

打造南北部养殖业产业带。提高奶牛产业科技含量，重点发展北部腾格里沙漠南缘和香山北麓两个养殖产业带，推广新品种、标准化养殖技术，抓好宁夏阜民丰、沐沙奶牛场改扩建项目，着力打造集疫病防控、饲草储备、无菌化生产、粪污综合处理于一体的优质奶源地，在东园、镇罗等镇建成标准化奶牛规模养殖场40个。扩大肉牛产业规模，重点发展以沿香山北麓和生态移民安置区为主的肉牛产业带，抓好宁夏香岩集团万头标准化肉牛养殖场项目建设，以科技示范场和良种肉牛繁育场带动养殖场户扩大饲养规模，实现新品种改良，扩大高档肉牛养殖规模。夯实生猪产业基础，沿引黄灌区，重点发展以生猪养殖为主的特色优势畜牧产业带，抓好标准化规模养殖场建设，以中卫海弘养殖有限公司5万头生猪标准化养殖项目建设为牵引，在宣和、东园等镇着力发展生猪养殖产业。到2020年，实现奶牛存栏4.5万头，肉牛、生猪、肉羊饲养量分别达到6万头、35万头、45万只。

打造沿黄高效节水农业示范区。积极引进推广先进节水灌溉技术，采取农业集约化生产经营方式，以环香山地区、南山台、北部沙漠日光温室、引黄灌区为重点，调整种植结构，引导农户种植特色经济作物，压减传统农作物种植面积，减少农业用水消耗；在南山台、香山地区全面推广应用喷滴灌、控灌、管灌等技术，缓解农业用水压力。加快推进产权制度改革和水权交易市场建设，以“企业＋农户＋基地”的高效节水农业发展模式，释放高效节水农业经济效益和社会效益。

二、增强现代农业发展动力

创新农业经营体制机制，加快农业产业化经营机制和农民专业合作机制的集成创新，形成集约化的家庭生产经营与产业化的合作服务经营相结合的新型农业双层经营体制，构建集约化、专业化、组织化、社会化相结合的新型农业经营体系。大力实施品牌带动战略，把“宁夏红”枸杞果酒、“沙坡头”蔬菜、“南山阳光”苹果、“香山硒砂瓜”等打造成全国知名品牌。力争到2020年，沙坡头区国家级龙头企业达到5家、自治区级龙头企业达到20家，市级龙头企业达到50家。着力推进一二三产业融合发展，建成农产品加工园区，引进和培育起点高、技术硬、带动能力强的宁夏红、天瑞、万齐、南山阳光等龙头企业，形成完整的农产品精深加工链条，构建现代农业产业体系，不断适应市场需要。

创新农业科技支撑要素，加强优势特色产业关键技术的创新与集成，提高现代农业高水平发展。搭建农业技术创新应用平台，围绕硒砂瓜、优质粮食、设施蔬菜、苹果等主导产业，建立高效节水、水稻精量穴播、苹果矮化密植、光伏养殖、生物环保养殖等试验示范基地。围绕农艺农机融合、物联网技术普及、新品种研发等，建设设施瓜果蔬菜新模式示范园区10个。加快农业科技的普及应用，注重农业优良品种和先进高产实用技术的引进、示范和推广，强化名、优、特、新品种的应用，加强农产品冷藏窖（库）建设力度，完善果品冷链物流体系，广泛推广测土配方施肥、沼渣、沼液及防虫网、诱杀虫板、苹果防雹适用技术，到2020年，新品种、新技术应用覆盖率达到95%以上。提高机械化水平和信息化率，加快推进农业机械设备使用率，发展农业社会化服务，加强农机化基础设施建设，支持农业机械化新技术、新机具、新设施的推广应用，促进粮食产业带的示范区率先实现小麦、水稻、玉米等主要作物生产全程机械化。大力推进农村电子商务，努力打造“互联网+”平台，着力实现农产品电商销售、网络服务一体化发展，到2020年，确保农村电商服务全覆盖。培养和打造农业职业化队伍，建立农业职业化队伍教育培训体系，实行证书等级评定制度；建立面向职业农民的农业科技与经营管理“双培训”制度，形成“职业经理人+职业农民”的现代农业生产经营管理专业化队伍，推动农业科技创新和推广应用，促进农业发展方式转变。“十三五”期间，计划建立田间培训学校5处，推广新技术150项，示范新品种200种。

三、全力推进现代农业可持续发展

实施高标准农田水利基本建设工程。整合小农水、农业综合开发和国土整治项目资金，实施灌区节水改造、低洼盐碱地改良、高标准农田建设、旱作区节水补灌等工程，夯实农业生产基础。在引黄自流灌区，优化灌排布局，实施沙坡头灌区节水改造工程，重点解决骨干工程老化失修、渠系不配套、渗漏损失严重等问题。全面加快标准化黄河堤防工程建设和黄河险工段治理步伐，对山洪沟进行综合整治，确保城乡人民生命财产和公共设施安全。

实施农业面源污染防治工程。强化耕地质量保护，突出抓好产地环境检测、投入品质量监管和生产技术规范，加大农业环境污染防治力度，农业用水总量和农业水环境污染得到有效控制，化肥、农药使用量逐步下降，基本实现畜禽粪污、农膜、农作物秸秆资源化、综合循环再利用和无害化处理的“一控两减三基本”目标。到2020年，残膜回收利用率达到95%以上，秸秆综合利用率提高到85%左右，农田灌溉用水水质全面达标。

实施农产品质量安全保障工程。建立健全区、乡镇两级农产品质量安全网格化监管体系，集中创建一批蔬菜标准园、畜禽养殖标准化示范场和水产健康养殖示范场，全面推行农业标准化和农产品安全生产，稳步推进无公害、绿色食品、有机食品、地理标志农产品认证，形成农产品质量可溯源体系，逐步实现农产品从农田到餐桌全过程的质量监控。

实施农业发展保障工程。坚守耕地红线，落实耕地保护和轮作休耕制度，加强耕地质量建设和土地整治，不断提高粮食产能。坚持草原保护制度，积极推行禁牧封育，保护草原植被。加大水生生物资源养护力度，扩大增殖放流规模，强化水生态修复。积极发展政策性农业保险，引导农民、农业企业自愿参保。争取建设沙坡头区气象灾害监测预警服务中心，完善气象为农服务监测站网、农业气象灾害防御和服务体系建设，实现气象环境动态监测和预报预警，稳定农业生产。

四、稳步增加农民收入

加快农业结构调整。以保障粮食安全为前提，重点发展硒砂瓜、设施蔬菜、优质苹果、肉牛羊养殖等优势特色产业，加快发展葡萄种植产业，着重培育园艺、适水产业及粮食制种等新型产业，引导农民种植适应市场需要、附加值高的农作物，促进农民增收。

引导农民参与市场竞争。努力搭建农产品交易平台，进一步加强农产品市场建设，推进兴仁商贸综合体等农产品批发市场的建设和升级改造。培育壮大农民专业合作社，努力提高农民组织化程度，扶持大型鲜活农产品专业合作社发展，使农户充分参与到农产品生产、加工、销售中，分享农产品附加利润。

增加农民财产性收入。在坚持土地公有制及集体产权性质不变的基础上积极引导农民以转包、出租、转让、股份合作等形式将土地经营权流转到种植大户、新型经营主体手中。完善和规范土地产权和农村宅基地交易流转监管制度，发挥土地和房屋的增值保值作用。

专栏 4　农业重点项目

1.粮食项目。建设粮食创高产科技示范基地 3 万亩，实施卫宁灌区优质水稻生产项目。

2.枸杞项目。建设 5 万亩枸杞基地，实施乌玛天启枸杞生产建设项目、乌玛天启中药饮片建设项目。新建沙坡头区 5000 吨枸杞苹果保健饮料加工项目。

3.瓜菜项目。实施宁夏汇霖农业中卫香山硒砂瓜产业融合发展项目，打造 40 万亩优质硒砂瓜示范基地。实施硒砂瓜后续产业建设项目。实施宁夏泰金种业蔬菜种子育繁推一体化建设项目、农产品现代冷链物流项目。

4.草畜水产项目。新建万头标准化奶牛养殖场 2 个、宁夏香岩集团万头标准化肉牛养殖场 1 个、千只优质滩羊养殖场 10 个。实施中卫海弘养殖有限公司 5 万头生猪标准化养殖项目。建设优质牧草基地、香山大型生态养殖场，实施年产 10 万吨畜禽配合饲料项目和畜禽粪便资源化利用项目。实施观光休闲渔业项目。

5.林果项目。实施宣和、永康、常乐苹果基地项目及 500 亩优质 SOD 苹果提质增效基地建设项目。实施优质葡萄种植基地项目。实施经济林提质增效改造及苹果基地观光采摘示范园建设项目。

6. 农业水利项目。实施宁夏中部干旱带西线供水工程、沙坡头区 20 万亩高效节水灌溉项目、灌区节水改造工程项目。加快推进黄河以南宣和、永康、兴仁郝集西里、迎水桥孟家湾、香山抗旱应急水源工程项目。实施南山台第二泵站输水工程建设项目。

7.农业科技体系建设项目。推进农业机械化、信息化建设，建设农村实用人才队伍、农产品质量安全体系。

8.农产品流通加工项目。实施优势特色农副产品电子商务建设项目，建设江南好电子商务交易创业孵化园、中卫市兴拓农资物流配送中心、荣盛超市现代化物流配送中心、中卫国家粮食储备库仓储设施。实施宁夏香岩集团乳品加工项目、宁夏三鑫源粮油贸易有限公司 1 万吨粮食储存及烘干项目、养生蒿子粉项目。建设宁夏泰金种业 5 万吨农产品深加工项目三期工程。开发夏华畜牧产业特色旅游体验广场。建成中卫农产品加工园区。

9.农村一二三产业融合发展项目。因地制宜分产业加快推进一二三产业深度融合发展，配套发展休闲农业旅游观光项目，实施“万齐”“沐沙”“宁夏红”“夏华”等农业集团公司产加销一体化项目，推进一二三产业融合发展。

第三节　加快推进工业转型升级

以加快调整结构为主线，努力实现沙坡头区工业从扩规增速向提质增效转变，以企业技术创新为支撑，从要素驱动转向创新驱动，改造煤炭、精细化工等传统产业，提升农产品加工等特色产业，大力发展新能源、云计算等新兴产业，培育新的工业经济增长极，构建“产业聚集、多极发展”的新格局。到 2020 年，实现工业增加值 80 亿元以上。

一、改造提升传统产业

实施供给侧结构性改革。把握住中央经济工作会议“三去、一降、一补”总体思路，“十三五”时期利用好减排倒逼机制，促进产业优化升级。积极主动调整工业内部结构，提高高新技术产业、战略性新兴产业比重。严控传统工业企业增量，严格项目节能评估审查关口，严控高耗能和产能过剩行业新上项目。加快淘汰落后产能和化解过剩产能，建立项目退出机制，开展产能置换、升级改造工程。重点通过落实自治区、中卫市鼓励中小微企业发展的产业政策，引进高新技术推进高耗能企业进行技术改造，鼓励园区中的大型企业发展低温余热发电等绿色环保项目，实施工业锅炉（窑炉）改造、电机系统节能、能量系统优化、余热余压再利用等技术改造项目。

推动工业企业循环改造。着力推动冶金、化工、发电、建材等传统产业向循环经济生产模式转变，坚持企业入园、产业成链的原则，建设产业链高度有机耦合的产业园，实现废弃物资源化目标，推进园区水、能源等梯级利用和废弃物再利用。

强化园区建设。按照“优化布局、统筹发展”的要求，重点抓好中卫工业园区、镇罗金鑫工业园、宣和冶金工业园、常乐陶瓷园、宁夏红科技园等园区建设发展，促进土地等资源的科学规划和合理利用，逐步构建集聚度较高、辐射联动作用较强的产业空间布局和特色功能区块，促进区域经济协调发展。加快园区基础设施建设，提高园区配套水平，建设“宜业”“宜居”“宜商”的和谐园区，提高环境吸引力。

二、提升农产品加工产业

坚持富裕农民、环境友好、市场导向、质量安全的发展原则，依托硒砂瓜、设施蔬菜、有机苹果、枸杞、肉牛肉羊、粳稻、玉米、小麦、乳制品等优势特色产品，培育粮油产品、畜产品、鲜乳产品、果汁饮料等特色农产品加工业，争取引进净菜配送、中央厨房、农产品精深加工等项目，重点扶持产业特色明显、市场竞争力强、研发能力突出、技术含量高的龙头企业，实现农产品产加销一体化，做强农产品加工企业品牌，做大农产品加工业规模。到2020年基本建成产业集聚、带动有力、效益突出、具有一定影响力的农副产品加工集聚区。

完善园区基础设施。加快中卫农副产品加工园区基础设施项目建设，实施园区道路、供排水、供电、供暖、通讯、网络“七通一平”建设。优化发展环境。不断完善农产品加工基地扶持政策，持续优化投资环境，严格入园管理制度和规范服务，吸引农产品加工企业集聚。培育产业集群。引导落户企业准确定位，突出特色和优势，培育经济效益明显、上下游产业联动、产加销一体化的农副产品加工产业聚集区。

三、培育壮大新型工业

大力发展新能源产业。利用荒山、荒漠等自然资源，加快培育发展光伏材料、电池组件、风机组装等新能源产业，形成硅材料－电池板－光伏电站—零部件配套—风机制造—风力发电—能源管理等新能源产业链条，规划建设国家新能源发电基地。积极发展风光互补技术，推进太阳能和风能混合发电系统的开发及应用。实施青岛昌盛光伏发电项目。鼓励推进分布式发电、生物质发电项目的示范应用。

持续推进西部云基地建设。着力推进中关村科技产业园西部云基地建设。按照“科学规划、集聚发展、园区管理”的发展理念，依托北京中关村技术优势，通过“前店后厂”的模式，重点实施宁夏中关村科技产业园西部云基地项目，到2020年，西部云基地达到100万台服务器规模，成为国内新一代云计算产业基地。发展云制造业。通过引进美国ZT服务器组装生产、易慧工程公司钢构机架生产等项目，积极发展云计算配套信息设备制造、机架生产、服务器制造等产业。建立区域性云计算设备制造基地，引进和培育施耐德、艾默生等大型信息产品制造企业，形成云计算产业链所需的先进装备制造业。围绕云计算中心建设项目，发展服务器、模块化数据中心设备、网络设备、存储设备、机电一体化设备的制造业。

专栏5　重大工业项目

1.农副产品加工项目。实施农产品加工基地基础设施建设项目。推进虹桥公司万吨速冻蔬菜生产线扩建以及5万吨农产品深加工二、三期建设。实施宁夏乌玛农林公司万亩有机枸杞种植、研发、深加工及销售项目，建成宁夏红宝农牧公司红枣深加工项目，实施宁夏香岩集团乳品加工项目、宁夏南山阳光有限公司年产1000吨果蔬脆片加工项目。推进苹果脆果远红外变温压差干燥技术建设项目。实施漠贝酒庄300吨优质葡萄深加工项目、益生菌发酵胡萝卜汁饮料建设项目、欧李浊汁饮料的开发与生产项目。

2.新能源项目。实施风光电互补开发建设项目、光伏发电项目(其中风力发电650MW，光伏发电100MW)、保利协鑫集团光伏发电项目。推进宁夏保利协鑫年产3850吨单晶方棒项目。

3.节能环保项目。实施三元中泰2×25500KVA硅铁矿热炉项目、银河冶炼2×11MW矿热炉烟气余热发电项目、大有合发1×20MW烟气余热发电项目。

4.工业园区污水处理项目。建设镇罗工业园区2000立方米/天的污水处理厂、宣和工业园区1000立方米/天的污水处理厂，提升改造4万立方米/天第一污水处理厂、3万立方米/天第二污水处理厂。实施中水回用建设项目。

5.云计算产业项目。实施数据中心机房及配套基础设施建设项目，建设12800平方米双创主楼、10000平方米国际交流培训中心、100000平方米孵化转移产业园。建设西部云公司数据中心、云创公司数据中心、移动公司数据中心、联通公司数据中心、易慧科技数据中心。实施美国ZT服务器组装项目(年产5万台服务器)、易慧工程公司钢铁机架生产项目。

第四节 加快发展现代服务业

以旅游业为核心，提升旅游业相关配套服务业，创新驱动现代服务业产业结构升级，重点发展休闲旅游、交通物流、商贸服务等现代服务业，推动生活性服务业向精细和高品质转变、生产性服务业向专业化和价值链高端延伸，实现现代服务业发展提速、比重提高、水平提升、产业集聚，打造具有地方特色、比较优势的现代服务业体系，引领沙坡头区成为自治区现代服务业的副中心。

一、提升发展生活性服务业层次和水平

打造全域旅游先行区。紧紧围绕建设宁夏文化旅游产业示范区的目标，打造中国西部独具特色的休闲旅游度假城市和国际化沙漠旅游目的地，着力推进旅游资源多样化、旅游产品特色化、旅游管理精细化、旅游服务便利化、旅游市场国际化、旅游景区全域化“六化”建设。构建“一核、三带、两区、多节点”的旅游空间布局。围绕培育沙坡头旅游经济开发试验区这个核心，建设黄河旅游休闲发展带、文化旅游休闲发展带和沙漠湿地生态旅游带三条全域旅游发展带，构建开发试验区公共服务区、沙坡头产城旅游融合区两个旅游发展片区。多节点即：以沙坡头为核心，打造沙漠旅游探险区；以沙坡头旅游新镇为核心，打造小镇风情旅游区；以寺口子、香山为核心，打造自然生态休闲旅游区；以永康苹果采摘体验区、香山硒砂瓜基地等为核心，打造现代农业休闲旅游区；以中卫能源化工基地、宁夏中关村科技产业园及西部云基地等为核心，打造工业旅游和工业遗产旅游区；以南北长滩和迎闫公路为核心，打造自驾车旅游区；以高墩湖养老养生产业园、桂王花园等为核心，打造休闲养生旅游区；以中卫市“五馆一中心”、黄河素质训练园、沙坡头素质拓展训练营、新能源体验馆、治沙博物馆、莫家楼旅游观光风情园等为核心，打造研学旅游区等。推动文化事业、农业和旅游产业融合发展。努力推动旅游由随意开发向规划引导转变、资源战略向品牌战略转变、景区时代向目的地城市转变、特色产业向支柱产业转变，发挥特色资源的旅游功能，丰富旅游的文化内涵，提升旅游区核心竞争力。大力推进引擎性旅游项目建设。着力打造沙坡头景区项目群、沙漠旅游项目群、自然生态旅游项目群、黄河旅游项目群、工业旅游项目群等 8 个项目集群，实施沿黄河生态改造项目、沙坡头旅游新镇停车场二期建设、沙坡头景区和寺口子旅游区提质扩容项目、大河之舞·黄河宫等 27 个重点工程。加强基础设施配套。新建北长滩至南长滩公路等 5 个配套工程。统筹旅游产业与旅游事业协调发展，加快旅游经济开发试验区和旅游新镇核心区建设，推进沙漠博物馆、高墩湖养老养生产业园等旅游开发项目，打造枸杞生态养生、黄河漂流、沙漠探险、湿地休闲等差异

专栏 6 旅游项目

1.沙坡头旅游新镇建设项目。完成沙坡头旅游新镇一期、二期项目。

2.沙坡头旅游景区基础设施提升改造项目。主要建设 201 省道地下人行通道、垃圾中转站、生活用水蓄水池、游客救助中心、厕所及停车场，改造景区游步路木栈道，配套绿化、供水、排污管网等。改造高庙历史文化街区，改造提升高庙周边街道两侧以及高庙、红太阳广场周边建筑外立面等。

3.南北长滩改造提升项目。将南长滩村打造成户户可接待游客的拓跋氏风格村落，成立南北长滩景区公司，组建南北长滩水上运营公司，打通水上通道。

4.银阳光伏科技园建设项目。主要建设观光塔、景观大道，东域温泉度假旅游区，包括度假酒店、休闲度假养生中心、自驾车越野营地葡萄庄园、湖滨旅游区配套散落建筑。

5.提升沙坡头水镇项目。建设展厅面积 1600 平方米中国大麦地岩画博物馆、展厅面积 800 平方米宁夏非物质文化遗产博物馆，开发大型 4D 旅游演出《宁夏千古情》，建设沙坡头水镇腾格里剧院、宁夏非物质文化遗产美食特色街区、水域欢乐水世界。

6.夏华畜牧产业特色旅游体验广场开发项目。新建旅游接待中心，建筑面积 2600 平方米；特色旅游餐饮中心，建筑面积 2100 平方米；宁夏特色精品购物广场、建筑面积 2029 平方米；中央厨房菜品研发配送中心，建筑面积 3800 平方米；夏华生态酒店建筑面积 5200 平方米；实施厂区道路硬化、园林式景观等基础设施建设等。

化旅游产品。发展智慧旅游。以实现“城旅一体化、城市景区化”为目标，形成旅游科技创新体系。将高科技手段运用于景区建设，改革旅游产品的表现形式，提升景区景点旅游价值，开发高科技主题公园和情景模拟体验项目。促进全景化体验、全时化消费、全业化融合、全民化共享的“四全”发展模式。

构建多元化、多层次、特色化的现代商贸流通体系。实施“核心带动”，建设一批商贸流通中心。构筑以鼓楼南北街为主，鼓楼东西街为辅的现代商贸流通集聚区，规划范围东起蔡桥路，西至应理街，北到火车站，南至中央大道的商贸核心区，充分发挥商圈在中卫市及周边地区的集聚效应和辐射功能，带动沙坡头大道以南城市新区商圈的发展；重点打造一批规模效应明显、文化底蕴深厚、建筑风格统一、街区管理规范的商业示范街，努力提升商业街的承载功能；培育和建设集聚优势显著、基础设施完备、拉动消费作用明显的乡镇商贸中心，基本形成全覆盖、多层次、多功能的城乡商品消费与流通网络。实现商贸流通业“四化”发展。以构建城乡商贸流通一体化为基础，完善城乡商贸服务基础设施和服务网络，畅通农产品进城和工业品下乡的双向流通渠道；加快促进市场运行规范化，充分发挥法律法规的规范作用，加快行业诚信体系建设；建立“来源可追、去向可查、数量可计、质量可控”的农产品质量追溯体系；推动信息技术集成共享，创新利用大数据服务商贸发展，鼓励中小商贸流通企业建立服务平台。

推进广覆盖、多层次、低成本、高效率的社区服务体系建设。积极发展居民服务业，完善城乡社区商业网点规划，优化网点布局，建成功能完善、结构合理、区域特色明显，具有较强市场竞争能力和辐射带动作用的“51015”商业生活服务圈（5 分钟可达便利店和各类服务网点，步行 10 分钟可达超市和餐饮店，驱车 15 分钟可达购物中心），满足居民“一站式消费”需求；大力发展社区公益性服务，进一步加强社区养老、就业服务、治安、医疗、志愿服务，构建组织健全、设施完善、程序规范、服务到位的社会化管理体系；完善农村社区服务体系建设，采取税收减免、财政补贴、降低门槛等措施，着力提高农村社区服务标准，鼓励社区服务业向中心镇和中心村（农村社区）布局或建网布点，建设以老年人、农村留守儿童、残障人士等群体为对象的农村社区服务业，实现农村地区便利店覆盖95%以上的行政村，促进农村服务业快速发展。

促进房地产业健康发展。坚持以市场为主，满足多层次住房需求，提供多样化住房供应。落实宏观调控政策，有序释放住房用地供应，合理确定商品房开发总量和年度开发规模。通过棚改货币安置，公积金支持住房消费，鼓励二手房租售，支持房地产企业和商业用房进入租赁市场等，加大商品房去库存力度。发展旅游、养老、教育等地产。搭建沙坡头区房地产管理信息平台，加强房地产市场风险防控，促进房地产业健康发展。

二、加快发展生产性服务业

推动现代物流业健康快速发展。加快物流园区建设，编制完善物流园区产业发展规划和控制性详细规划，着力推动中国物流中卫物流园、镇罗公铁物流园等物流园区建设，加大园区现代化仓储设施、多式联运设施和信息服务平台建设力度，逐步完善园区基础设施和生活配套设施，实现物流园区规模化、专业化发展。充分发挥物流园区的集聚效应和资源要素优势，推动物流企业和金融保险、信息服务等配套企业入驻园区发展，加强园区管理和服务创新，促进入驻企业业务互补和资源共享，提高物流组织效率，培育壮大一批引领行业发展的骨干物流企业。激活物流企业内生动力，支持企业创新业务流程和商业模式，加强企业物流资源和业务整合力度，鼓励对物流关键技术和设备的开发研制。促进中小型物流服务商并购重组，促进物流业规模化发展，降低运营成本，推动传统物流服务向一体化全程增值服务转变，稳步推进物流技术标准化作业。加快构建产业物流服务体系，依托四季鲜等农产品交易市场配套项目，加大农产品配套物流设施建设力度。逐步构建以装备制造、新材料和能源化工等产业为重点服务对象的产业物流。积极推动汽车、家电等行业物流发展，形成与主业相配套的物流服务体系。加快构建农村综合物流体系，推进千村电商工程建设，在农村人口集聚的交通便捷等地段，建成区级电子商务服务中心以及村级电子商务服务站，打通“农产品进城、工业品下乡”的城乡双向寄递配送渠道；促进“互联网＋快递”“电商＋快递”的协同发展，重点抓好“快递下乡”工程、“村邮站”工程、快递企业标准化建设和智能快件箱工程建设。

专栏7　物流项目

1. 镇罗铁路物流中心。加快推进镇罗公铁物流园建设，新建镇罗至工业园区铁路专用线22公里。

2.中国物流中卫物流园。开工建设占地3000亩，建筑面积26万平方米的中卫物流园项目，建设中国物流联网创意中心、农贸市场、民族商贸城、农副产品综合批发市场四个区域。

3.“快递下乡”工程。借助固定网点、流动服务、快递加盟代理等模式，为农产品进城和工商业品下乡建设双向流通渠道。

4.“村邮站”工程。依托自治区“千村电商”项目，加快推进全区范围内村邮站建设。

5.智能快件箱建设。利用多种形式鼓励、吸引快递企业或者第三方投资建设智能快递箱。

6.宣和集镇商贸综合开发建设项目。开发新建商住小区2个，建筑面积18.75万平方米，配套商贸物流等服务项目。

7.兴仁镇商贸综合体建设项目。新建农贸市场信息中心、农产品交易中心、市场公寓酒店及配套商业用房。

8.宁夏农产品电子商务物流园。启动规划占地总面积9万平方米，建筑面积5到6万平方米的电子商务区项目。

9.江南好电子商务交易创业孵化园。建设电子商务交易服务中心、B2B网络平台以及高端智能化仓储物流、全套电商交易服务体系。

加快培育科技信息服务业。以宁夏中关村科技产业园中卫西部云基地为依托，推动云计算、物联网、移动互联网、大数据、智慧城市等新技术应用，加快软件和信息技术服务业发展，壮大产业规模，提升产业竞争力，推动我区软件和信息技术服务业实现跨越发展。力争到2020年，将软件和信息技术服务业打造成我区重要的战略性新兴产业。实施云应用示范工程。以实施宁夏中关村科技产业园西部云基地项目为抓手，引进亚马逊、赛伯乐、奇虎360、中云科技等云应用、云服务企业，在电子政务、重点行业应用、互联网服务、电子商务等主要应用方向上实施一批不同层次和功能的云应用示范工程。推动电子政务向云时代转型，统一规划和抓紧建设“政务云”，带动全区云应用市场化的发展。打造国家战略数据安全储备基地。建设国家基础数据备份中心、容灾备份中心和企业数据灾备中心；积极参与国家公安、社保等部门的地方数据中心和数据灾备中心建设，争取国家级数据资源库入驻；积极发展数据存储管理服务，以服务宁夏“八朵云”为方向，全面建设云端中卫；着力建成西部地区乃至全国具有影响力的集创新、孵化、服务和高端制造于一体的云计算、大数据“群落”。推动产业与信息化融合发展，以西部云基地、云计算数据中心建设为牵引，建立“云计算支撑服务企业、企业融入云产业发展”的互联互融体系。健全现代农业信息化体系，逐步完善涉农数据管理网络平台和农业产业信息服务应用体系。大力推进工业化与信息化融合发展，提升新能源、冶金、化工、建材、农副产品深加工等产业领域的信息化水平。建设智慧“旅游云”平台，打造智慧景区、智慧旅行社、智慧旅游酒店、智慧旅游乡村相结合的智慧旅游体系。

专栏8　产业信息化融合项目

1. 农业信息化项目。实施25万亩智能化控制高效节水灌溉硒砂瓜种植基地建设项目，建设硒砂瓜产业信息平台，借助“互联网＋”建设硒砂瓜及相关农产品网上销售中心，建设农产品质量安全监测体系，实施以农业生产和农产品质量安全在线监管、农机安全监理信息服务、展示中心与办公应用及物联网智能农业应用系统（示范点）四大系统为主的农业生产及农产品质量安全在线监管云平台建设项目。

2.工业信息化项目。搭载企业服务、信息平台、云服务展示及卫生、金融等服务网点，并为环保和安全生产监测监管、党建搭建依托平台。

3.政务云软件平台研发及应用项目。自主研发具备弹性计算、弹性存储、服务计量等功能的云计算平台软件，突破在专有云计算平台建设过程中所面临的异构虚拟化、海量分布式存储、大规模资源管理与调度、应用开发部署等关键技术，形成完整的专有云计算平台软件建设和应用示范推广方案。

4.旅游信息化项目。实施云应用智慧旅游建设项目，开发景区数字网络视频监控、自助导游、电子票务、会员中心、大数据分析和挖掘等系统。

第三章　坚持协调发展
加快城乡一体化进程

以人的城镇化为核心，着力提高城镇人口素质和居民生活质量，合理引导人口流动，有序推进农业转移人口市民化，把创造公平机会、增进人民福祉作为加快新型城镇化发展的出发点和落脚点，努力缩小城乡发展差距，推进基本公共服务均等

第一节　优化城乡空间布局

根据《宁夏空间发展战略规划》和《中卫市城市总体规划纲要（2009—2025）》，合理规划空间布局，准确定位城市、乡镇、村庄发展目标，加快城市发展要素流通，以城区的空间扩展和镇村的基础设施建设带动城乡协调发展。

一、空间发展目标

——抢抓“一带一路”发展机遇。依托沙坡头区独特地理位置和交通优势，主动融入“一带一路”发展战略，着力打造宜居宜业、产城融合、开放包容的沙漠水城。

——对接宁夏空间发展战略。按照宁夏空间发展战略规划部署，重点发展沿黄城市带、旅游城镇、物流集散中心，全面融入中卫市空间发展战略，加快与中宁相向发展步伐。

——科学构建城乡一体化发展格局。根据中卫市主体功能区划分和沙坡头区资源环境承载能力，依托优良的城市交通网络和信息网络，构建科学合理的城乡布局，推进城区、农业示范区、工业园区一体化发展。

——打造特色小城镇。以特色产业发展带动城镇化建设，着力塑造与产业发展相适应的城镇形态，稳步构建产城融合的特色小城镇体系。

——彰显绿色、智慧、人文城市内涵。着力建设集绿色能源、绿色交通、绿色建筑和绿色企业于一体的绿色城市。发展智慧经济，构建智能化的城市基础与服务设施体系，逐步形成互联网、物联网和云计算有机结合的智慧化城市。注重挖掘城市文化资源，强化文化传承创新，着力打造时代特色鲜明的人文魅力城市。

二、空间发展导向和管制

发展导向：推动人口向沙坡头区城区、重点镇聚集，支持沙坡头区南部地区人口迁移，建设南部生态功能区。

发展管制：在基本农田保护区内、地表水饮用水源一级保护区内、地下水重点渗漏区内、自然保护区核心区内禁止建设；生态重点保护地区和生态、安全、资源环境等控制区内限制建设；在已划定的建设用地范围内适度建设。

三、空间发展布局

“十三五”时期，重点打造“1 个城市中心组团 +3 个特色城镇集群 +40 个美丽村庄”的空间布局，同时利用便利的水陆交通资源，实现沙坡头区、中宁县相向发展。

1 个城市中心组团：按照“一主三副”的城区发展思路，文昌、滨河镇为主城区，迎水桥、柔远、常乐镇为城市扩展区，构建强大的城市中心组团，增强辐射带动能力，提升沙坡头区的区域功能。

3 个特色城镇集群：围绕宣和、镇罗、兴仁 3 镇重点建设人口集聚效应和产业规模效益的特色小城镇。

40 个美丽村庄：到 2020 年，在辖区各乡镇打造 40 个高标准美丽村庄。

第二节　打造宜居宜业宜游内涵城市

按照建设生态宜居城市要求，加强城市基础设施建设，完善城市服务功能，大力改善城市品质面貌，全面推进城市现代化进程。

一、优化中心城区结构功能

按照城市总体规划要求，在“一主三副”范围内着重实现城市功能服务升级，全面构建“四区四轴”的城市框架。

四区：

文昌、滨河片区：依托城市核心区位优势，发展行政办公、文化娱乐、商业金融。

迎水桥片区：依托沙坡头旅游开发试验区，围绕旅游产业发展旅游经济。

柔远片区：重点发展商业、商务、信息工程等科技产业，形成物流中转站和农副产品加工产业园。

常乐片区：围绕交通运输、商业旅游、便民居住、养生养老等功能，建成城市南扩的拓展区域。

四轴：

鼓楼南北街：将城市商业中心与城市行政中心相连接，形成城市南北向综合发展轴。

沙坡头大道：自西至东贯穿整个城镇群，串联迎水桥片区、文昌、滨河片区、柔远片区，形成城市东西向综合发展轴。

滨河南北路：着力打造自然与人文交汇的黄河景观带，形成城市滨河生态景观轴。

机场大道：打通高铁中卫南站和沙坡头机场交通枢纽的连接轴。

二、提升核心城区服务功能

完善中心城区功能组合，逐步推行就业容量大的社区服务业发展模式，强化中心城区高端服务、现代商贸、信息中介、创意创新等功能，在一公里左右服务半径内配备集购物、餐饮、休闲、社交、金融、邮政、医疗、民政、生活服务和文化娱乐等功能于一体的商业和生活服务设施，形成具有一定规模的现代生活消费空间。统筹规划地上地下空间开发，推动商业、办公、居住、生态空间与交通站点的合理布局，推动形成绿色低碳的城市建设运营模式。稳步推进棚户区改造，加快城区老工业企业搬迁。有序开展城中村、规划区内周边村及重点城镇老旧住宅小区综合整治和危旧住房、非成套住房改造工作，重点实施文昌、滨河、宣和等镇棚户区改造项目。

专栏 9　棚户区改造项目

1.2016 年棚户区改造项目。实施新墩村、大板村、涝池村、牛滩村、五里村、砖塔村、倪滩村、旅游新镇共 8 个棚户区改造项目，改造户数 3408 户，建设安置住房 10510 套 103.5 万平方米。

2.东园镇史湖村棚户区改造项目。建筑面积 65192 平方米，建设棚户区改造住房 588 套。

3.宣和棚户区改造项目。建筑面积 18.75 万平方米，配套建设供排水、供电、供暖、道路硬化、亮化、绿化等基础设施。

三、提高城镇综合承载能力

构筑城乡联通的交通网络体系。加大香山、宣和、迎水桥、永康等乡镇的公路改造力度，形成通畅的镇村道路体系。促进乡镇道路连入城市主要交通干道，连通中卫火车站、高铁中卫南站、沙坡头机场等交通枢纽，联结农贸市场、建材市场、商场等专业市场，建立快速高效、服务优良、运行安全的客货运输体系，促进产品流通、人口流动，推动城乡交流融合。

改善城乡公共基础设施条件。坚持产业支撑、设施配套、项目整合，建设布局合理、资源共享、各具特色的城乡体系。加大城镇道路、广场、景观、街道门面等市容、市貌的综合整治工作。逐步完善生活污水收集管网铺设，注重农村垃圾集中处理设施建设，进一步改善农村生活垃圾、生活污水处理等基础设施，强化源头治理，有效消除生活垃圾随意倾倒、生活污水任意排放等现象。

加强电力与信息基础设施建设。加大城镇、农村电网改造力度，加强 750 千伏、330 千伏、110 千伏、10 千伏及以下电网建设，提高电力供应能力和电力智能应用水平。加快乡村宽带网络基础设施建设，支持各运营商扩展宽带覆盖范围，提高行政村宽带覆盖率，推进乡村宽带覆盖多渠道化，争取2020年实现沙坡头区行政村宽带全覆盖，农村宽带入户率达到50%。

四、改善城乡环境面貌

持续深入实施农村环境卫生深度保洁机制，完善农村环卫基础设施配套，提升城乡生活垃圾收集转运能力和运行效率，强化环卫管理考核和群众环保意识，加强城镇市容市貌管理，健全完善环境卫生管理长效机制，加快将“以克论净”城市环境卫生保洁模式向农村延伸。

五、打造内涵型城市

加快生态样板城市建设。将生态文明理念全面融入城市发展，构建绿色生产、生活方式和消费模式。节约集约利用水、土地等资源，控制总量，提高利用效率。加快新能源推广应用，改善步行、自行车出行条件，倡导绿色出行。完善废旧商品回收体系和垃圾分类处理系统，提高城市固体废弃物循环利用率和无害化处理率。合理划定生态保护红线，扩大城市生态空间，增加森林、湖泊、湿地面积，将农村废弃地、工矿用地等转化为生态用地，合理建设绿色生态廊道。

推进智慧城市建设。以中卫市入选2015年度“宽带中国”示范城市为契机，加大与市上对接力度，强化信息资源社会化开发利用，推进信息基础设施建设，推广智慧化信息应用和新型信息服务，面向传统产业、居民衣食住行、政府城市管理推进“互联网+”创新应用，促进城市规划管理信息化、基础设施智能化、公共服务便捷化、产业发展现代化、社会治理精细化，增强城市要害信息系统和关键信息资源的安全保障能力。“十三五”期间，着力开发城市“一卡通”服务，开发完成旅游信息资讯平台、交通信息咨询平台，城市预警系统服务平台。进一步完善“智能交通系统”。

着力构建人文城市。鼓励城市文化多样化发展，注重在城市改造中保护历史文化遗产、民族文化风格和传统风貌，重点做好北到长城路、南至沙坡头大道，东到文昌街、西至应理街范围内主要建筑改造提升，再现中卫古城历史文化街区风貌，促进传统文化与现代文化融合，加快实现城市景区化发展。

六、推进户籍制度改革

健全农业转移人口落户制度，制定具体的农业转移人口落户标准，实施差别化落户政策，吸引大中专院校毕业生、专业技术人才和在沙坡头区拥有合法房产的本地农民直接落户，支持城市外来人口以及在市内有稳定工作且缴纳养老保险两年以上的外来务工者快速落户。稳步建立成本分担机制和农业转移人口社会参与机制，为人口转移提供完备的保障，不断加快农业转移人口市民化步伐。到2020年，沙坡头区城镇人口达到22万左右。

第三节 推动产城融合发展

坚持“四个一体”，即城乡一体、城旅一体、产城一体、生态一体的思路，依托乡镇功能定位，着力发展特色产业、商贸、娱乐服务业，实现居住、服务、产业、生态的有机结合，努力打造现代特色小城镇，实现产城融合发展。

一、推进城乡一体化发展

围绕工业反哺农业、城市支持农村和多予少取放活的方针，加快高等级路网、电网、管网等基础设施向农村延伸，促进教育、社保、医疗、文体等公共资源均衡配置，推进人力资源市场、土地市场、农村金融组织等城乡统一要素市场建设，着力夯实农业农村发展基础，进一步完善统筹城乡发展体制机制，促进城乡一体化发展。

二、以产业经济带动城镇化发展

依托现代服务和交通物流业，加快推进文昌、滨河、柔远、迎水桥、常乐镇经济发展，着力实现产业升级、文化繁荣，努力建设设施齐全、环境宜人的城市核心区。依托设施蔬菜、特色养殖和工业园区发展，协调推进镇罗、宣和城镇建设，构筑产业化、集约化、规模化的科技示范片区。依托经果林、硒砂瓜、休闲观光业发展，统筹推进永康镇、兴仁镇城镇建设，共同构建节水、绿色、环保的特色生态示范片区。

三、构建产城融合特色小城镇

深入落实乡镇功能定位，扎实推进宣和、镇罗、兴仁等重点城镇建设，着力增强经济实力和服务功能，充分调动农民参与城镇化建设的积极性。

专栏 10 “十三五”时期沙坡头区城镇发展定位

功能布局	乡　镇	定　位	发展方向
一主（城市核心区）	滨河镇	城市核心区商贸服务中心	重点发展现代服务业，与迎水桥镇相向发展
	文昌镇	城市核心区商贸服务中心	重点发展现代服务业，与柔远镇相向发展
三副（城市扩展区）	迎水桥镇	综合旅游服务中心	重点发展旅游度假、商贸服务、娱乐休闲产业
	柔远镇	综合型城镇服务中心	重点发展仓储物流、农产品加工，特色种植产业
	常乐镇	城市扩展区	服务城市南扩，重点发展现代商贸服务、养老养生、休闲农业
3个城镇集群	镇罗镇	工业商贸中心	与中宁相向发展，依托镇罗金鑫园发展高载能循环经济，稳健发展特色种养业
	宣和镇	工农业商贸中心	依托宣和冶金园发展高载能循环经济，重点发展商贸、经果林等特色产业
	兴仁镇	特色产业商贸中心	发挥小城镇集聚效应，重点发展商贸物流产业、培育硒砂瓜后续产业
3个特色产业发展区	东园镇	特色产业中心	服务城市向北拓展，重点发展特色养殖、休闲农业
	永康镇	特色产业中心	重点发展粮食、经果林、休闲农业等特色产业
	香山乡	特色产业中心	重点发展特色休闲旅游、硒砂瓜种植和流通产业，培育硒砂瓜后续产业

第四节　建设和谐美丽村庄

围绕改善农民生产生活条件、公共基础设施均等化、培育民风、增强幸福感的建设目标，以“幸福宜居”“生态环保”“文明和谐”三大工程为载体和抓手，突出基础设施建设、农村环境综合治理和文化惠民等重点内容，探索美丽村庄建设新模式，力争“十三五”期末建成40个美丽村庄。

一、实施“幸福宜居”工程

合理规划。按照“城市郊区村落向市区集中、城镇周边村落向集镇集中、分散村落向中心村集中”的思路，积极开展村庄合并、整村迁移、村庄新建和村改居，建成布局合理、设施配套、环境优美、生态良好的新农村。

改造危旧房。加强农户建房规划引导，提高农户建房的标准，做到安全、实用、美观，推进农村危旧房改造和墙体外立面改造，改善视觉效果。

改造林网。根据各村特色，采取新造、补植、封育等措施，优化美化森林景观，精心打造公路沿线、黄河两岸的绿化景观带，提高生态效益和景观效果。

改善设施。完善乡村道路、供水、排水、供电、通信、网络等基础设施，确保给排水系统完善。村庄主干道和公共场所路灯安装率达到95%以上。

二、实施“生态环保”工程

治理乡村生活垃圾。进一步完善“户分类，村收集，镇转运，市处理”的垃圾集中处理的模式，合理设置垃圾中转站、收集点，做到户有垃圾桶、自然村有垃圾收集池、行政村负责垃圾收集，镇负责垃圾转运，确保乡村清洁。

治理乡村生活污水。清除农村露天粪坑、简易茅厕、废杂间，整治和规范生活污水排放，开展农村生活污水整治示范工程，按需建设卫生公厕，利用沼气池、生物氧化池，提高农村污水处理能力。

治理农村畜禽污染。根据村庄特点，合理规划，拆除污染猪舍、牛栏等，村庄内畜禽养殖户实行人居与畜禽饲养分开、生产区与生活区分离，畜禽养殖场全面配套建立沼气工程，达到畜禽粪便无害化处理。

整治广告、路牌。按照“规范、安全、美观”的要求，对公路、沟渠及村庄公共视野范围内的广告牌、路牌进行清理，坚决拆除未经审批的广告牌。制定广告布点控制性规划，规范各种交通警示标志、旅游标识标志、宣传牌等。

整治违章建筑。加大土地管理执法力度，依法拆除违章、乱搭乱建的建筑物，有效整治农村供电、网络、电视电话线路乱拉乱接问题，规范网络、线路的布局，促进村庄规范、整洁、美观。

三、推进"文明和谐"工程

培植特色文化村。在充分发掘和保护古村落、古民居、古建筑、古树名木和民俗文化等历史文化遗迹的基础上，优化美化村庄人居环境，把历史文化底蕴深厚的传统村落培育成传统文明和现代文明有机结合的特色文化村。着重挖掘传统农耕文化、山水文化、人居文化中丰富的民族思想，把乡土文化村打造成为弘扬农村民族文化的重要基地。

搭建便民共享平台。按照党员、群众的生活、休闲、娱乐需要，在各村全面建立党员活动室、文化活动室、农家书屋、便民超市、卫生室等功能场所。

加强宣传教育。加强社会主义核心价值体系建设，以文明乡镇、文明村、文明单位、文明家庭创建活动为抓手，深入开展社会公德、职业道德、家庭美德、个人品德和诚信教育，大力培树和表彰各领域道德模范，着力培育优良纯朴民风。

提高村民自治能力。把广大农民群众是否满意作为美丽乡村建设工作的出发点和落脚点，尊重农民意愿，坚持民主议事，让广大农民群众积极参与决策，建设、监督和管理，鼓励群众筹资酬劳建设美好家园。

转变生活方式。结合文明乡风评议，开展群众性文明创建活动，引导农民追求科学、健康、低碳的生产生活和行为方式。

专栏 11 城乡一体化建设项目

1.常乐镇项目。制定镇总体规划，建设小城镇基础设施、陶瓷园区南北路。实施镇政府至康乐移民点道路硬化项目、常乐广场亮化改造工程项目，建设老君台文化旅游区。

2.香山乡项目。建设环万亩硒砂瓜东西跨村柏油路，铺设 20 万亩硒砂瓜基地管网，实施山洪沟治理项目、老砂地后续产业发展项目等。

3.镇罗镇项目。维修改造镇罗粮库，建设产业基地污水处理厂、工业园区道路、产业基地固废填埋场园区防洪体系、铁路专用线及物流园。建设镇罗产业基地至卫青公路连接线道路、镇罗公铁物流中心保税仓库。

4.东园镇项目。实施 5 万吨粮食仓储项目，建设金沙标准化奶牛养殖场，推进北山防洪干沟综合治理工程建设等。

5.兴仁镇项目。实施道路工程新改建项目及路灯安装附属工程项目、污水处理及环卫项目，建设商贸综合体建设项目等。

6.宣和镇项目。实施小城镇污水处理项目，建设产业基地固废填埋场。实施集镇商贸综合开发建设项目、风光电互补项目，建设宣和中心卫生院门诊楼。开发新建商住小区 2 个。

7.迎水桥小城镇续建项目。完善基础设施建设，增强镇区服务功能。

8. 永康镇项目。实施永康镇小城镇建设项目，完善集镇基础设施。

9. 美丽村庄项目。重点实施姚滩、杨渠、谢滩、八字渠、沙渠、施庙、沈桥、观音、马滩、羚羊、刘营、常乐、杨滩、高庄、王团、新水、三眼井等村的"美丽村庄"建设项目，集中连片改造 D 级危房，配套建设道路、电力、绿化、文化娱乐等公共基础设施。

第四章 坚持绿色发展
加强生态建设和环境保护

树立绿色低碳发展理念，坚持把生态文明建设融入经济社会发展全过程，以节能减排为重点，健全激励和约束机制，加强生态建设，增强可持续发展能力，建设资源节约型、环境友好型社会，打造天蓝地绿水清气爽的美丽沙坡头区。

第一节 推进资源节约高效利用

一、构建水资源高效利用体系

优化水资源配置，建立健全严格高效的水资源管理体制，基本形成全域统筹、城乡兼顾的水资源调配体系，全面保障"十三五"时期沙坡头区经济社会发展用水安全。

加强饮用水源地保护。按照《中卫市沙坡头区集中饮用水源保护区划分方案》，在南临黄河、西临迎水桥镇牛滩村牛滩路、北临包兰铁路、东至滨河镇应理路范围内设立沙坡头区一级水源地保护区，并在各乡镇划定集中饮用水源地保护区。提升饮用水源地监测能力，建设水源地保护区标志，坚决取缔水源保护区内违法建设项目，加强保护区内农业面源污染防治，健全饮用水水源预警应急机制，确保饮用水源地安全。

强化水资源管理。严格坚守取水总量、用水效率、水功能区限制纳污“三条红线”，推进水权制度改革，建立健全区、镇、村三级水权配置体系和用水定额管理制度，落实生活、生产、生态用水定额制度。开展水资源使用确权登记。统筹工业用水、生态补水，落实最严格水资源管理制度，实行总量控制，逐级分配、定额管理，利用 3 年时间，初步建立归属清晰、权责明确、监管有效、流转顺畅的水权水市场制度体系。探索开展水权交易。在确权登记基础上，健全水资源有偿使用制度，建立不同来源、不同用途、不同地域的水价核算体系，进一步完善节水型水价机制，实行阶梯式水价制度。逐步探索水资源交易机制，规范水权转换办法。开展灌区内农户间、农民用水协会间、农业与工业间等不同形式的水权交易，确保水权交易有序规范运行。

加快节水型社会建设。农业节水方面，积极推广设施农业和优势特色产业，减少亩均耗水量，提高单方水的产出效益，推广喷灌、控制灌溉、小畦灌、点灌、注水灌等节水实用技术，到 2020 年，农业灌溉用水有效利用系数达到 0.55。工业节水方面，积极推进循环用水、串联用水和重复用水网络系统改造与建设，不断提高企业水循环利用水平。到 2020 年，工业用水重复利用率达到 75%，万元工业增加值用水量比 2015 年下降 25%。城乡生活节水方面，加快供水管网系统改造，增加城市中水管网建设，推进城市生产—生活—生态水资源循环利用，加大节水宣传力度，增强全社会节水意识。

推进重大水利工程建设。因地制宜，综合配套，加快实施灌区续节水改造工程、南山台扬水灌区节水农业示范工程、中部干旱带高效节水补灌工程、沙漠生态农业水利配套工程、中低产田改造工程，加大渠道防渗砌护力度。

专栏 12　重大水利项目

1.沙坡头区高效节水灌溉项目。发展高效节水灌溉面积 20 万亩，涉及沙坡头区香山乡、永康镇、宣和镇、镇罗镇、柔远镇、东园镇 6 个乡镇。

2. 宁夏沙坡头水利枢纽南北干渠及灌区农业节水改造工程。砌护改造南干渠 8.8 公里，建筑物 27 座；建设美一支渠 20 公里、美二支渠 20 公里、美中段 10 公里、美三支渠 4 公里。

3.黄河二期防洪治理工程。加快完成黄河二期堤防工程，对黄河中卫市区段进行高标准综合治理；实施山洪灾害治理和坝区库除险加固工程。

4.宣和、永康、兴仁、迎水桥、香山应急水源工程。建设调蓄水库应急水源设施，铺设供水管网及配套农业补灌设施。

二、构建清洁高效的能源利用体系

落实重点用能效能提升行动计划、“新城镇、新能源、新生活”行动计划和绿色建筑行动方案。

利用好减排倒逼机制，促进传统产业优化升级。严把项目节能评估审查关，严控高耗能和产能过剩行业新上项目。加快淘汰和化解落后过剩产能。淘汰环保、能耗不达标的落后产能，建立项目退出机制，开展产能置换、升级改造工程。加快推进节能减排技术改造。实施电机系统节能、能量系统优化、余热余压再利用等技术改造项目。

积极实施新能源项目。降低传统石化能源使用比例，提升天然气使用比重，实施川区城市燃煤供热锅炉替代工程、山区城镇天然气联通工程，实施宁夏深中天然气气化工程。加快发展风电、太阳能发电、生物质能发电。

专栏 13　新能源项目

1.宁夏深中天然气气化工程。建设中宁石空至中卫市区 DN400mm 管线 35 千米，DN500mm 管线 38 千米，设计压力 6.3MPa，高压首末站 2 座，高压阀室 2 座，信息系统 5 套，中间联络站 1 座，建设城镇中压外环网中压 DN200mm 管线 68 千米及 SCADA+GIS 系统二期扩容等。

2. 东宁沃华生物天然气项目。建设厌氧反应器基础

2309 立方米，青贮池 5 座；新建泵池 40 立方米，铺设道路 1352 平方米，改造供气管道 7 千米；新建厌氧反应器 6 座、贮气柜 4000 立方米，配套消防安全设施、沼肥利用设施及智能化监控系统，购置仪器仪表等设备 147 台(套)。

三、节约集约利用土地资源

按照管住总量、严控增量和盘活存量的原则，走出一条集约、高效、统筹发展的新路子，有效缓解建设用地供需矛盾，为经济社会更好更快发展提供有力保障。

从源头上把控节约集约用地关。严把建设项目用地“入口”关，严格进行土地预审，严格控制限制性产业项目供地，从严控制划拨供地范围。积极盘活存量建设用地，着力做好“三闲”(闲置厂房、土地、项目)再开发工作，加大宅基地的复垦工作力度，加强对老河道、高岗低洼土地的复垦整理步伐，加强对违法用地行为的打击力度。提升建设用地资源配置效率，逐步形成用地者主动节约集约利用土地的外部约束机制，严格控制无偿使用土地的范围，缩减划拨用地的项目类型，深入推进土地有偿使用制度改革。

第二节 推动低碳循环发展

推进企业清洁生产。建立投资项目能耗准入制度，逐步淘汰资源利用效率低下的低端产业及产业环节，促进产业高端化、轻型化、绿色化发展。促进企业清洁化生产和服务，建立健全企业生产及服务的绿色管理体系。加强节能减排技术改造和节能减排产品研发推广，降低单位产值能耗、水耗。引导鼓励产业集群式发展，推动上下游产业间的资源、能源、物料共享和再生循环利用。积极鼓励和支持建设生态工业园区，构建循环型工业链网体系。

以工程改造促进节能减排。推进建筑节能，倡导发展节能、节地、节水、节材、环保的绿色建筑，新建建筑严格执行节能设计标准，加快老旧城市社区的节能改造。推广供暖、空调、燃气锅炉等供暖系统节能，推进集中供暖设施节能改造，提高城市集中供暖率。加快天然气管道覆盖乡镇进度，天然气管网覆盖地区不再新上燃煤设施。积极实施清洁能源替代工程，对工业企业和重点镇中心区现有燃煤锅炉实施清洁能源改造。“十三五”期末，建立起安全、清洁、高效、节能的供热体系。

建设废弃资源循环利用体系。鼓励工农业生产中的废料废物回收利用，鼓励工业企业间废物交换、循环、逐级利用，提高农村秸秆、禽畜粪便等综合利用率。完善工业固体废物交换利用体系，提高固体废物资源化综合利用水平，工业固体废物处置利用率保持在 100%。完善城乡资源回收体系，推进废品回收网点体系建设，对废旧物资进行分类回收、统一管理，建设废旧物资分拣中心，集中分拣利用再生资源，完善现有再生资源集散市场。

倡导绿色生活方式。打造政府绿色政务文化，全面实施绿色采购、电子政务、绿色办公。优先采购可再生、可循环利用、通过环境标志认证的节能环保产品和设备；推进政府电子化、无纸化办公，提倡使用再生纸，提高办公用品利用效率。加强环保宣传教育，推广生态化居住模式与绿色生活方式，积极宣传生态文明建设。倡导居民采取步行、自行车、公共交通等低能耗的绿色出行方式，引导居民自觉选用绿色食品、绿色家电、节水器具、低排放汽车等环保节能产品。

第三节 保障生态环境安全

一、加强主体功能区环境管理

结合《宁夏回族自治区主体功能区规划》《六盘山地区·清水河城镇产业带总体规划(2014—2030)》，落实《中卫市城市生态和环境保护规划》，依据《宁夏空间发展战略规划》，划定生态空间保护红线，将沙坡头国家级自然保护区核心区、缓冲区和城市饮用水源地一级保护区、二级保护区、备用水源地划定为生态红线区域，明确责任主体和监管机制。

二、加大治污减排力度

深入推进大气污染综合防治。加强工业企业大气污染综合治理，深化二氧化硫、氮氧化物污染治理，要求钢铁、石油、焦化行业企业全面配备空气净化设备。加快工业烟粉治理，全面实施电力、钢铁、水泥行业烟尘治理设施提标改造，全面实施燃煤工业锅炉、炉窑高效除尘改造。推进挥发性有机物污染治理，在重点行业全面开展挥发性有机污染调查与治理工作，综合整治石化、有机化工、表面涂装、包装印刷等重点行业的挥发性有机物。加大城市扬尘综合防控，强化施工扬尘监管力度，大力推进绿色施工，控制道路扬尘污染。推进餐饮业油烟污染治理，严格饮食服务经营场所的环保审批。推广使用管道煤气、天然气、电等清洁能源，加强秸秆焚烧环境监管，全面推广秸秆还田、秸秆制肥、秸秆饲料化、秸秆能源化利用等综合利用措施。

全面治理水环境污染。集中治理工业园区水污染，2017 年底前，工业园区全部建成污水集中处理设施。加大水源地水质监测力度，强化水质监测预警，对沙坡头国家级自然保护区，3 个城市集中式饮用水水源地和划定的农村集中饮用水水源保护区等生态敏感区域实行最严格的保护措施。加快城镇污水处理设施建设与改造，提升城镇生活污水处理水平。综合考虑水生态保护和水资源保护利用，加强湿地保护与恢复。推进水生态文明试点建设，严格地下水管理和保护，打造布局合理、生态良好、引排得当的水生态体系。

防控重大环境风险。制订有毒有害化学品和新化学物质等重点环境管理类危险化学品清单。严格实施重点环境管理类危险化学品使用、转移登记制度，加强对危险化学品存储、运输及销毁过程中的环境风险管理，特别是建立完善危险化学品沿黄河主流及其干支流倾泄处置预案，严防造成大面积水体污染

实施清洁土壤行动。加大对基本农田、主要农产品产地、粮食生产功能区、现代农业园区土壤环境保护力度，确保主要粮食产地和蔬菜基地的灌溉用水达标，加强农业生产资料使用环境管理。以工业园区和敏感区块土壤污染治理修复为重点，开展土壤污染治理与修复试点工作。

三、保护农村环境

提升农村环境质量。加快农业和农村污染治理，加快推进农村畜禽养殖场（区）污染防治，鼓励引导养殖专业户适度集约化经营。

推动农村绿化建设。加大封山禁牧实施力度，加强对禁牧“常态化”的督查、检查和巡查力度，严格落实自治区关于禁牧封育的奖补政策，巩固禁牧封育、退耕还林还草成果，逐步修复南部山区脆弱的生态环境。

四、加强生态保护和建设

加大生态环境治理力度。加快落实全国统一的企业投资项目负面清单，全面实行排污许可制度，认真履行环境监管职责，严把环评审批关，强化重点区域、重点行业的污染治理，对污染严重企业实施限期治理。

加强生态绿化建设。建设沿黄河生态绿化带，严格按照国家森林城市标准，深入推进国家环保模范城市创建活动，实施“清洁水源、清洁田园、清洁家园、清洁能源”工程。

推进生态环境复育。实施沙漠边缘工业迁出区生态恢复工程，通过麦草方格、治沙造林实现沙漠生态良好恢复，进一步加大湿地生态修复与保护力度，严禁随意挖河取沙，实施封滩育草、种植水生植物和灌木种植工程。

加大自然生态系统保护。继续建设湿地公园、香山公园，形成城市绿肺，在工业园区有针对性的营造不同类型的工业绿地，在工业园区与城市区域间设置防护绿地隔离带，减轻工业污染对城市的危害，重点建设沙坡头区西北方向沙漠边缘地带的防风固沙绿地。在北山沙漠区建立以沙生植物为主的灌草防护带，在沙坡头、大柳树水利枢纽库区的南北岸建立灌草防护带，推进“三北”防护

林建设持续北扩东延，延伸腾格里沙漠边缘的防沙治沙生态走廊。

第五章 坚持开放发展 提升外向型经济水平

主动融入“一带一路”倡议，打造宁夏内陆开放型经济试验区“桥头堡”，加快提升开放型经济产业支撑能力，加快提升基础设施互联互通能力，加快提升人文、经贸互融互动能力，努力营造开放包容、务实创新的区域发展环境，为建设生态宜居城市核心区、全域旅游城市先行区、特色产业城市示范区、交通物流城市枢纽区、国际云端城市云产业集聚区奠定坚实基础。

第一节 加快建设开放通道

着眼基础设施互联互通，加快建设对外开放通道，构建多个交通枢纽，畅通陆上、空中、网上丝绸之路，全面形成自由开放、区域互通的综合交通网络体系。

加快建设陆路开放通道。依托自治区向西开放四条通道和陆海联运三条通道，全力建设陆上开放通道，打造面向新亚欧大陆桥经济走廊和中国—中亚—西亚经济走廊的重要铁路物流枢纽，着力实施五条铁路、两条高速公路建设，形成“米”字形放射状铁路主干线。扩能改造太中银铁路定边至中卫复线，打通向东发展通道；扩能改造宝中铁路平凉至中卫复线，新建中卫经兴仁至海原公路，打通向南发展通道；建成中卫至兰州客运专线和乌玛高速中卫段，打通向西发展通道；建成中卫至乌力吉铁路，打通向北发展通道。加快建设中卫高铁站跨黄河大桥、常乐黄河大桥、镇罗黄河大桥，形成连接黄河南北岸的快速通道。

不断完善水上开放通道。疏浚黄河航道，将通航里程扩展到 186 公里，做到航标、码头、救援设施齐全，达到国家五级航道标准，满足 300 吨位船只通航条件，畅通中卫经中宁至青铜峡的水上旅游航线。

积极搭建空中开放通道。协调完善沙坡头机场基础设施建设，扩展航线范围，加强与西安、上海、杭州、南京等国内大中城市的合作。加强与飞行驾驶培训机构协作，加快发展通航产业和临空经济。拓展空中游览业务，使旅游和通航产业深度融合。发挥机场航空物流优势，促进鲜枸杞、苹果等优势农产品外销。

全力打通网上开放通道。以电子信息制造和云计算等信息产业升级为突破方向，积极推进丝绸之路沿线国家网上丝绸之路数据中心建设。以互联网为纽带，构建信息流、物流、资金流有效互通的对外开放格局，着力打造丝绸之路沿线国家互联网经济试验区。积极带动宁夏能源资源高附加值转化，加快发展对外电子商务、金融、物流等产业。

专栏 14 交通运输项目

1.公路项目。建设乌玛高速沙坡头区段、中卫至海原二级公路、省道 201 线改造工程、迎闫公路至广申大道、北长滩至南长滩公路。

2.铁路项目。推进中卫至乌力吉铁路、吴忠至中卫城际铁路、中卫至兰州客运专线、太中银铁路复线工程、宝中铁路复线工程、中卫高铁及跨河大桥工程建设。

3. 水运项目。实施黄河沙坡头区到青铜峡段航运工程、黄河沙坡头区到南长滩航运工程。

4.车站项目。建设旅游汽车站、港湾式公交站。

5.沙坡头机场提升项目。扩建跑道。新建排水沟、廊桥、停机库、滑行道、候机楼后勤保障及垃圾处理设施等。

第二节 加快构建开放平台

加快构建经济交流平台。依托自治区对外开放布局，充分发挥宁夏内陆开放型经济试验区的政策优势，以建设宁夏中关村科技产业园为契机，搭建承接中关村科技、人才、资金以及丝绸之路沿线国家技术交流的平台。用好用足中国—阿拉伯国家博览会，发挥沙坡头区云计算产业优势，争取将云计算产业发展作为中国—阿拉伯国家博览会论坛常设议题。推进陆路口岸保税点建设，创新通关模式，开通“中阿号”国际货运班列，建成迎水桥铁路编组站海关监管场所，与银川保税区联动，争取设立镇罗公铁物流中心保税仓库。

加快构建人文交流平台。深化科技和人才交流合作，依托宁大中卫校区，推进重点人才开发计划，大力培养一批符合产业发展需求的化工、金融、旅游专业人员。鼓励在外中卫籍人士回乡创业，提供回乡创业支持服务。建立企业经营管理、产业专业技术、公共管理人才评价体系，推进专业技术职称制度改革，健全职业资格制度和水平等级认证制度。深化文化和旅游交流合作，加强与客源地城市的旅游合作，推进与沿线国家和省区文化旅游景点互补捆绑式发展。深化与丝路沿线国家在广播、报纸杂志等领域的合作，积极开展旅游观光、治沙演示等活动，推动沙坡头区特色文化走向世界。

第三节 加快培育开放经济

深化对外经济领域合作。坚持市场导向和政府推动相结合，加大招商引资力度，创新招商引资方式，努力扩大利用内外资规模。围绕优势和特色产业，立足打造产业链、推动产业转型升级，瞄准国内外500强，着力引进一批大企业大集团来我区发展。突出重点区域和重点项目，吸引资金投向农业、农副产品加工、信息、旅游等产业。引导区域内有条件的企业“走出去”，推动符合国外需求的行业开拓国际市场，鼓励企业以总承包等方式承接境外工程。扩展与长三角、珠三角、环渤海经济圈等东部发达省市的合作，提升宁蒙陕甘毗邻地区共同发展水平。

加快外向型产业园区建设。推动产业园区转型升级，大力发展开放型经济，着力将园区打造成承接东部产业转移示范区。加强与区内外物流园区协作，打造信息共享、优势互补的协作平台。与义乌小商品城、临沂金兰物流园、兰州西部批发市场、西安中储公司签订战略合作协议。加强与策克、乌力吉等口岸的对接与交流，强化与海关监管部门的沟通，提升通关效率，提升产业园区外向型经济水平。

加大招商引资力度。立足区位优势、产业优势，创新招商引资方式，实施建链、补链、延链、强链集群式招商。鼓励企业引进上下游产品关联企业共同发展，切实提升招商引资规模和质量。“十三五”期间，力争引进投资百亿元企业2家，投资50亿元企业4家，投资10亿元企业8家，投资亿元以上企业20家。招商引资到位资金突破500亿元。

第四节 加快重点领域改革

紧紧围绕国家和自治区扩大开放的政策措施，把握规律，找准政策衔接口，进一步优化对外开放政策和体制机制，完善国际化、法治化、便利化投资环境。

深化行政管理体制改革。推进重点领域信息公开，加快建设政府部门权力清单、责任清单和政务服务网，有效落实全国统一的企业投资项目负面清单。优化并联审批流程，精简审批环节，压缩办理时限，提高审批效率。扩大项目储备范围，推行投资项目网上申报、储备、监管全程化服务。加快推进“政务云”项目建设，推动审批事项网上办理。

深化农村综合改革。推进农村集体土地承包经营权、农村宅基地和集体建设用地使用权确权登记颁证工作。开展土地股份合作制、农民自愿退出宅基地使用权和房屋所有权补偿试点，推动村集体经济股份制改革。创新农村社会化服务体系，建立区域性现代农业综合服务中心。加快推进水权制度改革，逐步探索水资源交易机制，激发农村活力，增加农民财产性收入。

深化金融改革。鼓励和支持发展壮大村集体经济。建立沙坡头区农村产权流转交易市场，逐步推行土地承包经营权质押贷款。完善金融服务体系，探索林权、宅基地使用权等不动产抵押贷款模式，稳妥推进农民住房财产权抵押、担保。建立现代农业担保基金，创新农村金融产品，拓宽金融支农贷款渠道。

第六章　坚持共享发展　不断改善民生福祉

实施富民共享战略，坚决打赢脱贫攻坚战。着力解决好人民群众关注的民生问题，坚持人人参与、人人尽力、人人享有，不断增强人民群众的获得感、安全感和幸福感。

第一节　坚决打赢脱贫攻坚战

全面贯彻“精细化管理、精准式扶贫”理念，以重点贫困村整体脱贫、贫困人口全面脱贫为目标，围绕发展特色优势产业、增加集体经济收入、提升生产生活水平、提高自我发展能力，通过“六个一批”的方式，确保到2020年，现行标准下25个重点贫困村、3954户15001名建档立卡贫困人口如期脱贫出列，贫困发生率控制在3%以内。

特色产业脱贫一批。紧紧围绕沙坡头区“四带一区”产业发展布局，依托项目、资金、技术等要素的集聚带动，大力推进产业扶贫，以优势主导产业发展带动贫困群众脱贫致富。突出“一乡一业、一村一品”，建立产业发展基金，加大金融扶贫力度，重点培育发展硒砂瓜、枸杞、经果林和养殖业等主导产业。探索发展休闲农业、林下经济、光伏农业、农村电商等新业态。通过妇女创业小额担保贷款、双到资金、移民产业扶持资金等项目，引导贫困村和贫困户发展特色林果、养殖产业，解决贫困人口就业问题，提高贫困户劳务收入。大力实施光伏扶贫，加大农业与光伏产业的结合力度，提高贫困地区农民收入。实施“百企千村万户”龙头企业带动扶贫工程，鼓励龙头企业在贫困区建立产业基地，依靠企业发展推进贫困村整村脱贫。在贫困村设立电商扶贫基地，采取“平台＋园区＋培训”等方式，整合贫困地区优势产品，对接市场，增强致富能力。到2020年，实现产业发展脱贫4479人。

劳务输出脱贫一批。坚持“就业优先”战略，以工业园区、城镇为依托，大力开展企业用工“订单式”“定向式”培训。加强汽车修理、工程车辆驾驶、建筑工等职业技能培训，扩大贫困人口接受职业教育和就业技能培训工作覆盖面，通过实用技术培训，以就业带动创业，引导和帮助更多贫困群众成为产业工人、经营业主、三产从业人员，促进贫困地区就业困难群体稳定就业、平等就业。到2020年，实现劳务输出脱贫3727人。

发展教育脱贫一批。加强贫困地区学校的基础设施、硬件设施等教学资源的配套，进一步改善办学条件。严格落实各项教育惠民政策，大力推进雨露计划职业教育扶贫助学，对贫困家庭在校大学生全面落实助学贷款政策，帮助其完成学业。到2020年，实现发展教育脱贫3894人。

生态补偿脱贫一批。将兴仁、香山部分区域25度以上坡耕地纳入退耕还林还草计划，使贫困人口在生态修复中增加现金收入或粮食补助。引导生态功能区农户积极发展合作组织，通过林地、农地产权有序流转，积极发展林场、农场、养殖场等，增强生态区自我发展能力。充分利用生态效益补偿资金和天然林管护专项资金，将有劳动能力的贫困人口就地转成生态保护人员从事公益服务，到2020年，实现生态补偿脱贫380人。

易地搬迁脱贫一批。选择地力条件好、就业转移近、基础配套好的安置点，采取“大分散，小集中”的方式，优化资源配置，精准实施项目。通过插花集中安置，劳务转移就业等有效措施，确保415户1432人易地搬迁及早脱贫，打造全区易地扶贫搬迁脱贫示范点。

社会保障兜底一批。完善农村最低生活保障制度，到2020年农村低保与扶贫标准“两线合一”，对无法依靠产业扶持和就业帮助脱贫的家庭实行政策性保障兜底。进一步加强农村低保申请家庭经济状况核查工作，将所有符合条件的贫困家庭纳入低保范围，做到动态监测、应保尽保。同时，抓紧建立农村低保、社会保障和扶贫开发的数据互通、资源共享信息平台，实现动态监测管理，工作机制有效衔接，到2020年实现政策性保障兜底脱贫2521人。

深化扶贫工作机制。建立精准扶贫工作机制，建立精准扶贫台账，实行有进有出的动态管理，确保贫困人口识别和退出准确率达到99%以上。坚持问题导向，根据致贫原因和脱贫需求，因村施策，因户施法，确保项目资金、帮扶力量和监测评估到户到人。创新扶贫项目资金管理机制，以重点扶贫项目为平台，充分发挥资金整合优势，捆绑集中使用专项扶贫资金、相关涉农资金和社会帮扶资金。完善扶贫开发"造血"机制，突出金融扶贫和技能培训"两大抓手"，增强贫困农户发展的内生动力。充分发挥党组织带头人和致富带头人作用，建立先富帮后富机制，确保致富一批，带动一批。积极探索资产收益扶贫，切实增加贫困户资产性收入。创新社会帮扶机制，深入推进各级事业单位定点帮扶工作，进一步扩大经贸、旅游、金融、科技、文化、教育等各个领域的务实合作，推动社会帮扶全覆盖，以全社会之力构建社会帮扶新格局。建立严格督查考核问责机制，充分发挥人大法律监督、政协民主监督和社会公众监督作用，建立年度扶贫开发工作逐级督查检查制度和第三方评估机制，确保政策落实和脱贫攻坚取得成效。

专栏15　脱贫攻坚项目

1.脱贫行动。完成脱贫攻坚任务，实现产业发展脱贫4479人，劳务输出脱贫3727人，教育脱贫3894人，生态补偿脱贫380人，易地搬迁安置415户1432人，社保兜底脱贫2521人。

2.产业扶贫。全面推进优势经果林、草畜、劳务输出等扶贫脱贫产业培育，完成25个重点贫困村3954户15001个贫困人口整体脱贫，推进互助资金项目及产业发展贷款贴息项目。

3.生态移民区基础设施建设。实施生态移民区基本农田建设工程，推进土地整理，加快土地改良，培肥地力，提高土地产出。实施生态移民区生产道路硬化项目，完善生态移民养殖园功能设施。实施鸣沙村农家乐旅游观光项目。

4.光伏扶贫。实施生态移民光伏产业扶贫项目，新建光伏60MW。

第二节　提高医疗卫生和计生服务水平

优化医疗卫生服务体系。完善公共卫生设施，合理定位与调整医疗机构服务区域及功能，形成较为完善的医疗服务体系。加强乡镇、社区医疗卫生队伍建设，完善医疗设施建设，促进公共卫生服务均等化发展。2020年，全区每千常住人口医疗卫生机构床位数达4.7张。

深化医药卫生体制改革。全面落实国家和自治区医药卫生体制改革方案，加强基层医疗机构服务能力建设，强化乡村医生等人才培养，整体提升基层医院医疗水平，实现看大病不出区、常见病不出镇的目标；强化突发公共卫生事件应急处置队伍和应急救治队伍建设，定期进行专业培训，全面提升处理突发公共卫生事件的应对能力；落实国家基本药物制度，基层医疗机构全部实行药品零差率销售。

加强公共卫生保障服务。积极开展健康教育进农村、进社区、进家庭、进学校活动，普及健康知识，增强群众卫生意识，努力提高百姓健康素质。实施农村饮水安全工程，加强群众生活安全用水管理，健全卫生安全管理制度，落实消毒措施，按时采集水样进行定期监测，及时公布监测结果，确保饮水安全。开展公共场所卫生监督工作，不定时抽查全区公共场所卫生情况，对有突出问题的场所下达卫生监督建议书。

提高人口服务能力。坚持计划生育基本国策，实施全面两孩政策，改革完善计划生育服务管理，完善生育登记服务制度。提倡优生优育，有效降低婴儿出生缺陷；针对计划生育家庭中失独、伤残和特殊困难人群，建立和完善相应的社会保障制度；改善计划生育服务条件，提高计划生育服务能力，形成具有信息共享、服务通导、质量保障的妇幼保健计划生育服务网络；加快推进计划生育行政执法责任制；加大流动人口生育政策和移民人口生育政策的贯彻落实，深入推进流动人口网格化管理。争取到2020年沙坡头区常住人口控制在43.5万人，出生率控制在12.8‰。出生人口性别比趋于正常，人口结构逐步优化。

积极推进体育事业发展。发展体育事业，推广全民健身，倡导健康生活方式，增强人民体质。健全体育设施建设，因地制宜建设全民健身场地设施，建设社区15分钟健身圈，实现全民健身站点全覆盖，实现国民体质监测站点市区全覆盖并逐步向乡镇延伸。积极推动全民健身公共服务项目向农村延伸，促进城乡文化体育公共服务均等化。推广全民健身，引导体育协会举办大众体育活动，广泛开展全民健身、体育竞赛、体育培训等服务；开展经常性体育健身活动，定期举办各类全民健身体育竞赛活动；创新健身活动形式，积极开展适合不同职业人群的健身活动。到“十三五”末，实现人均体育场地面积达到2平方米。

提升居民健康素质。加快推进人口健康信息化建设步伐，加大健康知识宣传力度，增强城乡居民的健康意识和自我保健能力。深化全民科学健康素质活动，促进科学健身。

第三节 提高民生保障水平

提升社会保障水平。深入实施全民参保登记计划，引导和鼓励符合条件的各类人群参加社会保险，完善全面参保体系。健全城乡居民基本养老保险制度，有序推进沙坡头区失地农民参加养老保险工作，拓宽城乡居民基本养老保险筹资渠道，鼓励村集体、各类社会公益组织等给予缴费资助，逐步提高基础养老金标准。全面实施机关事业单位养老保险制度改革，建立和落实职业年金。完善城乡居民医疗保险政策，在提高财政补助标准的基础上，适当提高居民个人缴费标准。逐步提高城乡居民大病保险报销比例，探索建立与商业保险机构“共保联办”新机制。全面推进城乡居民最低生活保障金、高龄津贴、孤儿津贴、医疗救助、草原生态、农房改造等各类惠民资金通过社会保障卡发放机制。

加快发展养老服务业。坚持“政策引导、社会参与、市场运作、老人受益”的原则，通过政策扶持，运用市场机制，鼓励社会资金以独资、合资、合作、联营、参股等方式兴办养老机构，满足多层系、多样化的健康养老服务需求。大力发展养老院、社区日间照料中心、老饭桌、农村幸福院等各类养老服务机构，建成功能完善、规模适度、覆盖城乡的多层次养老服务体系。推进政府购买社会养老服务和养老院公办民营、民办公助机制，使养老服务产品更加丰富，市场机制不断完善，养老服务业持续健康发展，不断满足老年人多样化、多层次生活需求，实现老有所养。到2020年，千名老人拥有床位数达到35张，建立健全健康养老、社区养老和家庭养老服务体系。

加强基层民政队伍能力建设。加大对乡镇救助工作指导力度，提高民政干部政策水平、学习能力、执行能力和协调能力，提升为民服务质量。积极协调银行、保险、证券等金融机构，完善家庭经济收入核对机制，严把社会救助审核关。有重点的培育孵化各类公益慈善、社区服务组织，开展助贫、助困、助学、助残等社会救助和福利服务活动，拓宽社会救助渠道，逐步建立起政府主导、社会力量参与的社会救助体系。

第四节 建立健全教育和就业创业体系

一、办好人民满意的教育

加快发展公办和普惠性幼儿园。每年建设1至2所公办或普惠性幼儿园，引导和支持民办幼儿园提供普惠性服务，让人民群众可以自由选择公办或民办幼儿园。将学前教育经费纳入政府财政性教育经费预算，财政性学前教育经费占同级财政性教育经费的比例不低于5%，确保公办幼儿园建设经费、公办教师工资和支持普惠性民办幼儿园发展经费全面落实。

促进义务教育优质均衡发展。合理调整学校布局，整合教育资源，实现师资、经费投入等教育资源均衡配置。建立和完善义务教育学校之间的协作机制，鼓励优质教育资源向农村延伸，推进城乡学校互助建设。加快城镇学校扩容改造，新建中卫十一小、中卫十二小、中卫七中等学校。建立健全政府主导、社会参与的农村留守儿童关爱服务体系，确保进城务工人员随迁子女平等接受义务教育。

提高普通高中办学水平。实施普通高中贫困家庭学生免费教育工程，不断扩大贫困生资助覆盖面。着力加强教育信息化建设，在校园积极推进“互联网＋”技术的普及应用，基本建成“人人皆学、处处能学、时时可学”的教育信息化体系。到2020年，高中阶段毛入学率达到97%以上。

促进职业教育健康发展。全面提升职业教育办学水平。落实好中等职业学校学生全免费教育工程，加大校企合作，提高集团办学水平。大力提升职业教育社会服务能力，加大社会劳动力技能培训力度。

完善特殊教育机制。发展残疾康复教育，资助家庭经济困难儿童、孤儿和残疾儿童接受普惠性学前教育。建立普惠和特惠政策相结合的资助体系，保证每一个残疾儿童不因贫困而失学。确保三类残疾儿童、少年入学率达到90%以上，肢残儿童100%入学。确保少数民族适龄儿童、少年入学率分别达到100%和99%以上。

专栏16　教育项目

1.体育运动场改造项目。2016年改造中卫二小、中卫四小、中卫五小、中卫十一小、曹山小学、常乐小学、丰台小学、郝家塘、黑林学校共10个体育运动场；2017年改造东月学校、观音学校、凯歌学校、中卫七小、中卫五中、草台小学、汪园小学、马滩小学、赵滩小学、冯庄小学共10个体育运动场；2018年改造中卫市第十二小学、张洪学校、王团小学共4个体育运动场。

2.义务教育薄弱学校（含教师周转房）改造项目。实施新建、改扩建中卫十一小、中卫五小、黑林学校、红圈子小学、兴仁中学图书馆等项目；新建、改扩建中卫七小、宣和小学、赵滩小学、汪园小学、康乐学校、永康中学校舍；新建、改扩建中卫市第十二小、宏爱小学校舍。

3.普通高中办学条件改善项目。新建中卫中学消防水池及消防管网等设施设备工程，中卫中学报告厅、餐厅及厕所。改造中卫中学、中卫一中运动场，购置图书105万元；改造附属设施，购置仪器设备；新建中卫市第七中学，规划占地70亩，总建筑面积10600平方米。新建职业技术学校实训车间及宿舍楼6765平方米。

4.信息化建设项目。配备沙坡头区学生用计算机470台，配备多媒体设备487台，依据信息化达标县要求，全面达标，并对网络环境进行升级改造，构建教育城域网。

二、实施就业创业行动计划

不断拓宽就业渠道。积极落实就业援助、援企稳岗、农民工返乡创业等政策，大力发展以“互联网＋”、贸易服务、家庭服务业等为重点的新兴服务业和劳动密集型产业，创造更多的就业机会。实施大学生就业促进计划和大学生创业引领计划，鼓励高校毕业生到基层、企业就业创业。妥善做好化解产能过剩和淘汰落后产能企业增加的下岗失业人员就业安置工作。健全面向“4050”人员、零就业家庭、复退军人、残疾人、刑释解教人员等就业困难群体的就业援助制度。实施农民工职业能力提升计划，切实做好生态移民脱贫攻坚、新生代农民工融入城市就业创业工作。

努力增强创业动力。按照“政府引导、市区联动、校企联合、市场运作”的方式，依托规划建设的宁夏中关村科技产业园·中卫云中心创智新区、沙坡头水镇、沙坡头旅游新镇、万齐现代农业核心示范区等功能区，实施积极的创业扶持政策，打造地方特色小吃一条街、旅游购物步行一条街、奇石古玩鉴赏一条街等一批创业载体。围绕实现创新与创业、线上与线下、孵化与投资相结合的目标，着力提高孵化基地等创业孵化支持机构的专业服务能力，着力推动创业就业服务便利化。

第五节　坚持精神文明与物质文明协调发展

构建现代文化产业体系。坚持把社会效益放在首位，努力实现社会效益和经济效益相统一，培育新型文化业态，扩大和引导文化消费，努力构建结构合理、富有创意、竞争力强的现代文化产业体系。加强和改进文化市场综合执法，深入开展“扫黄打非”，加强文化行业组织和中介机构建设，加大知识产权保护力度。创新文艺事业发展模式，推进以自媒体为主的新兴文化传播业发展。

推动基本公共文化服务标准化、均等化发展。继续完善基层公共文化设施。全面建设乡镇综合文化站和村（社区）综合服务中心，办好“道德大讲堂”，深入开展生态文明创建活动。大力推进公共文化数字化建设，扶持村（社区）文化活动中心、民间文艺团队、农民文化大院建设。广泛开展群众性文化活动。加强农家书屋的日常管理，深入开展“书香沙坡头”全民阅读活动，实施“文化惠民工程”，着力培育一批弘扬沙坡头区地域文化特色、群众喜闻乐见的文艺团队，筛选一批文艺精品节目进行交流巡演。挖掘民间文化资源，支持本土戏曲和民族文艺节目的发展，丰富城乡广大群众生活。提高文化开放水平。加强与其他省市县文化交流，做强沙坡头区“黄河古城”“大河之舞”“沙坡鸣钟”等文化品牌，加强文化产品交易平台和营销网络建设，开发既有沙坡头区风格又适销对路的文化产品，为文化产品走出去搭建平台。提高社会文明程度。倡导社会文明风尚，深入推进社会公德、职业道德、家庭美德和个人品德建设，不断拓展群众性精神文明创建活动。净化社会文化环境，保护青少年身心健康，传播扶危济困、惩恶扬善、助残向善的社会正能量。

第六节　提升社会治理能力

建设法治政府法治社会。健全依法决策机制，完善重大行政决策规则，严格履行公众参与、专家论证、风险评估、合法性审查、集体讨论决定程序。健全重大决策跟踪评议、舆论引导、终身责任追究及倒查机制。完善行政执法体制，积极探索跨部门综合执法，实行相对集中的行政处罚，建立执法全过程记录制度。推行行政执法网上运行，行政执法进网办理。强化行政权力制约监督，规范权力运行程序，强化对财政资金分配使用、国有资金资产监督、政府投资、政府采购、公共资源交易、公共工程建设等权力集中部门的内部流程监控。加强民主建设，健全农村、社区、企事业单位等基层自治组织的民主管理制度，深入推进村务、政务公开，保证人民群众依法行使合法权益。充分发挥工会、共青团、妇联等群团组织在社会治理中的作用。推进城乡社区协商，保障公民选举权、知情权、参与权和监督权。培育法治文化，深入开展“七五”普法，健全媒体公益普法制度，开展群众性法制文化活动，建设一批各具特色的法治文化阵地。深化司法体制改革，尊重司法规律，促进司法公正，完善对权利的司法保障、对权力的司法监督。完善公共法律服务体系，整合公共法制服务资源，建设覆盖城乡、惠及全民的公共法律服务体系。

加强和创新社会治理。统筹社会治理全局，坚持系统治理，依法治理，综合治理，源头治理，提升社会治理水平。改进社会治理方式。深入推进社会治安综合治理，加快平安沙坡头区建设。推进大数据应用，提高社会治理的精准性和有效性。促进政府监督和社会监督相结合，有效调动社会力量参与社会治理的积极性。积极运用网络媒体等新型方式，拓展群众利益诉求和协商渠道。推进源头治理，实施关口前移，加强社会稳定风险评估。激发社会组织活力。稳妥推进向社会组织转移部分行业管理和社会管理中的技术性、事务性、辅助性职能。建立以政府采购、定向委托等多元化方式向社会组织购买服务的新机制。健全矛盾纠纷预防化解机制。落实重大决策社会稳定风险评估制度。完善社会矛盾排查预警和调处化解综合机制，加强和改进信访和调解工作，有效预防和化解矛盾纠纷。完善仲裁制度、行政裁决制度、行政复议制度。建立畅通有序的诉求表达、矛盾调处、权益保障机制，使广大人民群众问题能反映、矛盾能化解、权益能保障。加强防灾减灾体系建设，提高地震、洪涝、干旱、大风沙尘和霜冻等自然灾害的预测和防治能力，充分发挥气象预报在经济建设和社会生活中的作用。

巩固民族团结大好局面。全面贯彻执行国家的民族政策和民族法律法规，坚持巩固和发展平等、团结、互助、和谐的社会主义民族关系，大力弘扬爱国主义精神，牢固树立汉族离不开少数民族、少数民族离不开汉族、各少数民族之间也互相离不开的思想观念，促进各民族互相尊重、互相学习、互相合作、互相帮助，始终同呼吸、共命运、心连心。充分发挥统战、民族宗教等组织的作用，继续以开展民族团结进步、"和谐寺观教堂" 创建为载体，不断提升和创新民族团结进步创建活动层次和水平。深入开展民族团结进步宣传教育工作，加快民族地区发展，繁荣发展少数民族文化事业。重视培养少数民族干部，发挥优秀少数民族干部在发展民族地区经济和处理民族关系等方面的重要作用。依法加强对宗教事务的管理，积极引导宗教与社会主义社会相适应。加强党对民族工作的领导，坚定不移地高举民族团结的旗帜，坚决反对民族分裂，维护祖国统一，巩固我区民族和睦、宗教和顺、社会和谐的大好局面。

第七章　切实保障规划实施

有效实施本规划是我区今后五年以科学发展观统领经济社会发展全局，推进跨越式发展的重要保证。必须发挥党的领导核心作用，把握好规划实施的重点和时序，建立完备的规划实施机制，从组织协调、机制创新等方面提供切实保障，确保各项重大任务顺利完成。

第一节　发挥党的领导核心作用

全面加强党的执政能力建设。坚持立党为公、执政为民，切实加强党的执政能力建设和先进性建设，推动党领导经济工作的观念、体制、方式方法与时俱进，推动各级领导干部履职尽责、开拓创新、敢于担当，扎扎实实做好经济社会发展工作。

加强各级领导班子建设。优化领导班子知识专业结构，不断提升领导班子驾驭全局、推动发展的能力。深化干部人事制度改革，完善政绩考核评价体系和奖惩机制，着力推进干部能上能下，有效调动各级干部工作积极性、主动性、创造性。优化基层党组织设置，提升党员干部服务经济社会发展的能力，强化基层党组织整体功能，发挥基层党组织战斗堡垒作用和党员先锋模范作用。

注重发挥工会、共青团、妇联等群团组织的作用，巩固和发展最广泛的爱国统一战线，全面落实党的知识分子、民族、宗教、侨务等政策，充分发挥民主党派、工商联和无党派人士作用，调动全社会力量共建美好家园。

第二节　完善规划实施机制

切实加强组织领导。本规划一经批准，将成为编制国民经济和社会发展年度计划及政府审批、核准各类投资项目的重要依据。区政府成立实施规划领导小组，协调解决规划实施中的重大问题。各乡镇、各部门根据规划纲要，负责专项规划和乡镇规划的组织实施，制定年度工作计划，分解目标任务，明确责任分工，抓好工作落实。

完善规划实施机制。坚持"依法实施"原则，严格按规划规定的进度组织实施。"十三五"实施过程中所需经费纳入部门预算，安排专项资金解决，保障各项规划任务落实。建立并完善规划纲要与三年建设行动规划、产业功能区规划、专项规划和镇域规划的衔接协调机制。依据"动态调整，滚动修正"原则，保持规划实施进度的连续性。

规划实施调整机制。本规划一经批准，由区人民政府组织实施。规划实施期间由于特殊原因确需调整时，按有关程序报批。

第三节　强化重大项目支撑

实施重大项目带动。围绕全面完成战略目标的核心工作，坚持集中力量分阶段解决一批重大问题的原则，完善重大项目带动机制，在经济结构调整、空间布局优化、承载能力提升、生态文明发展、和谐社会建设等方面组织实施好一批关系全局和长远发展的重大项目，实现“以规划确定项目，以项目落实规划”，让人民群众从发展中得到更多实惠。

强化要素资源保障。全面落实建设项目用地、用水、用电、用气、环境容量等各项前期条件，注重提高要素保障效率，提升要素利用效益。以创新和改革破解融资难题，拓宽投资渠道等。

提升项目管理水平。落实重点项目分级管理和目标责任制，加强项目动态管理。严格项目基本建设程序，规范招投标管理，强化安全质量管理，加强重大项目建设社会稳定风险防控。

第四节　健全监测考评体系

定期开展规划评估。完善规划评估体系和评估制度。在规划实施的中期和末期阶段，区政府对规划实施情况进行评估，形成评估报告，提出改进意见，及时向区人大报告，保证规划目标顺利实现。

强化实施监督检查。加强对规划实施情况的监督，制定考核方法，完善评价机制，健全重大事项报告制度，定期将规划实施进展情况向区人大报告，向区政协通报。各有关单位应加强对规划实施情况的监测，自觉接受区人大、区政协对规划执行情况的监督检查，保证规划严格有效实施。

不断扩大公众参与。政府有关部门要面向社会、面向公众，加强对规划的宣传工作，不断增强公众规划意识，提高维护和执行规划的自觉性。进一步完善公众参与、专家论证和政府决策相结合的决策机制。通过开展公众参与评估等工作，促进全社会共同推进规划实施。

大 事 记

2015 年

1 月

6 日　沙坡头区启动“十三五”规划编制工作。

8 日　沙坡头区滨河镇，柔远镇雍湖村、刘台村被评为自治区级生态乡镇和生态村。

9—18 日　沙坡头区举行新型农民培训班，邀请甘肃省平凉市静宁县有实践经验的果树专家为果农授课。来自沙坡头区永康镇、宣和镇的 310 名农民参加林果专业理论和实践操作培训。

11 日　自治区副主席屈冬玉到沙坡头区东园镇韩闸村小拱棚韭菜、柔远镇设施农业示范园区调研沙坡头区特色农业发展情况。

13 日　沙坡头区举办苹果、红枣优质高效栽培技术培训班，重点围绕苹果幼龄早果早丰栽培技术、苹果病虫害防治技术、红枣优质丰产技术、红枣品种改良等特色林果栽培管理技术进行培训指导。

△　中卫市委常委、宣传部部长陶雨芳一行到沙坡头区宣和镇汪园村，对贫困家庭情况实地调研，并走访慰问困难群众。

16 日　自治区副主席、中卫市委书记马廷礼调研并听取了沙坡头区党工委、管委会 2015 年各项工作的谋划安排。

23 日　中卫军分区参谋长邹军利组织召开沙坡头区民兵整组协调会，并组织沙坡头区民兵应急分队 30 人，完成火箭发射过境保障任务。

2 月

2 日　自治区党委常委、组织部部长傅兴国在中卫市委副书记、组织部部长、政法委书记张举的陪同下，深入沙坡头区文昌镇、东园镇、迎水桥镇慰问生活困难群众和困难老党员。

△　沙坡头区召开“四述三评”评议会议，沙坡头区党工委、管委会领导班子成员，各乡镇党委书记、镇长、纪委书记，各部门主要负责人等参加了会议。

4—15 日　自治区党委副秘书长、办公厅巡视员陈洪斌带队的禁毒工作中卫组一行对沙坡头区贯彻落实全区禁毒工作会议精神情况进行了督导检查，深入沙坡头区滨河镇社区戒毒康复中心、文昌镇华西社区戒毒(康复)工作站等地实地查看。

12 日　中卫市委常委、统战部部长、市政府党组副书记马世军深入沙坡头区看望慰问困难群众。

14 日　沙坡头区全面启动小微工业企业环境和安全隐患大排查工作。

19 日　沙坡头区各乡镇开展春节社火展演活动,数万名群众参与活动。

3 月

5 日　中卫市举行 2015 年春节大型社火表演,沙坡头区 9 个乡镇近 100 支表演队伍参加展演。

10 日　沙坡头区召开组织纪检暨“守纪律、讲规矩”主题教育活动动员会。

11 日　沙坡头区防治重大动物疫病指挥部办公室召开会议全面部署 2015 年春季动物防疫工作。

20 日　宁夏军区副司令员宋维广、副政委郝振耀到沙坡头区检查指导人民武装工作。

27 日　第四届宁夏公民道德论坛在中卫举行。自治区党委常委、宣传部部长蔡国英出席论坛并讲话,自治区副主席、中卫市委书记马廷礼致辞,中卫市委常委、宣传部部长陶雨芳作交流发言。论坛期间,与会代表分别到沙坡头区滨河镇中山社区、迎水桥镇夹道村等地观摩学习中卫市学雷锋活动及公民道德建设成功经验。

△　沙坡头区伊斯兰教界人士学习培训班在文昌镇二楼东会议室举办。中卫市民族宗教局局长马如虎、伊斯兰教协会副会长马学忠出席学习培训班,各乡镇分管民族宗教工作的领导、宗教干事,寺管会主任 100 余人参加培训。

4 月

1 日　沙坡头区农村饮水安全工程全面开工建设。

2 日　沙坡头区召开安全生产暨平安建设工作会议,总结了沙坡头区 2014 年安全生产、消防安全、平安建设工作,安排部署了 2015 年工作。

△　中卫市市长万新恒调研沙坡头区水源地保护工作整改情况,对排查出的问题及违法建设项目进行现场督办。

△　沙坡头区召开 2015 年农村环境卫生深度保洁暨村容村貌管理动员会,安排部署农村环境卫生深度保洁及村容村貌管理工作。

3 日　沙坡头区民政和社会保障局组织举办和谐社区及平安创建动员会,来自沙坡头区各乡镇、社区干部共计 100 余人参加。

9 日　宁夏大学党委书记齐岳、校长何建国带领宁夏大学及自治区外办调研组在中卫市委常委、副市长刘向兵,副市长刘学智陪同下,调研沙坡头区香山乡米粮川生态移民新村盐碱地治理工作。

10 日　沙坡头水利枢纽南北干渠及灌区节水改造工程(中卫片区)2015 年第一批工程全面开工建设。

16 日　自治区党委常委、统战部部长马廷礼到沙坡头区柔远镇冯庄永久性蔬菜基地等农业示范点调研。

21—22 日　自治区卫生计生委副主任田丰年、副巡视员曹文俊一行到沙坡头区调研基层卫生计生系统机构改革及基层基本医疗设施配备、公共卫生服务开展等情况。

22 日　沙坡头区党工委、管委会对沙坡头区 11 个乡镇环境卫生整治情况进行了督查通报。

△　中卫市政协主席罗成虎带领部分市政协委员到沙坡头区兴仁镇,就经济发展、群众生活存在的问题进行调研。

30 日　沙坡头区党工委、管委会组织沙坡头区各乡镇和相关部门对农村环境整治情况进行现场观摩。

5 月

5 日　世界银行检查与评估团一行深入沙坡

头区迎水桥镇，就宁夏黄河东岸防沙治沙项目建设情况进行考察。

6—7 日　自治区副主席屈冬玉带领自治区农牧厅、水利厅负责人深入沙坡头区柔远镇，就沙坡头区农业特色产业发展情况进行调研。

7 日　中卫市伊斯兰协会联合沙坡头区党群工作部举办 2015 年沙坡头区伊斯兰教界人士培训学习班。

8 日　沙坡头区宗教活动安全管理领导小组召开联席会议，领导小组成员单位相关负责人参会。

10—12 日　沙坡头区 5 名新任职武装部长参加宁夏军区集训，宣和镇武装部长刘彦录获得宁夏军区竞赛性考核第一名，东园镇武装部长宋学强被评为优秀学员。

11—12 日　沙坡头区党工委、管委会组织召开沙坡头区农村环境卫生整治第二次现场观摩评促会。

11—15 日　沙坡头区 120 余名群众接受市妇联、市职业技术学校联合举办的家政服务培训。

12 日　沙坡头区召开 2015 年平安建设工作推进会。

△　沙坡头区在文昌镇民族巷丽景园小区开展了社区地震应急示范演练活动。

13—14 日　中卫市政协副主席张武带领部分市政协委员到沙坡头区就民主党派建设情况进行调研。

26 日　自治区党委常委、副主席李锐深入沙坡头区“温馨一家”托养院，就沙坡头区社会保障及民政工作进行调研。

△　沙坡头区启动第九届社区“两委”换届选举工作。

是月　沙坡头区文昌镇孙玉英家庭被评为全国“最美家庭”。

6 月

2 日　沙坡头区农村环境综合整治领导小组及其成员单位对沙坡头区 11 个乡镇 22 个农村环境卫生整治点进行集中观摩评促。

△　中卫市政协主席罗成虎带领市水务局、市扶贫办相关负责人深入沙坡头区宣和镇敬农生态移民区兴海村进行调研。

△　自治区农牧厅厅长王文宇一行到沙坡头区常乐镇水车村就畜牧产业等工作进行调研。

2—3 日　“中华环保世纪行—宁夏中卫行动”集中检查活动在沙坡头区开展。

3 日　沙坡头区召开“三严三实”专题教育暨“二次创业”大讨论活动启动会，沙坡头区党工委书记王学军结合沙坡头区实际，重点围绕“三严三实”的思想内涵、工作践行和推进措施及中卫市委开展的中卫二次创业“大讨论”活动进行了专题教育党课讲座。沙坡头区党工委、管委会班子全体成员，各乡镇、各部门负责人及所有副科级以上领导干部参加。

4 日　沙坡头区成立安全生产事故灾难应急救援指挥部。

16 日　水利部部长陈雷在自治区主席刘慧，中卫市领导张柱、万新恒等陪同下，对沙坡头区迎水桥镇高效节水灌溉工程进行实地调研。

18 日　自治区政协副主席张乐琴带领区、市两级部分政协委员深入沙坡头区兴仁镇，就政协委员基层联系点工作和特色农业产业进行调研。

△　沙坡头区文明委、团委、妇联、工会联合举行“践行核心价值观，携手共筑中国梦”青年辩论大赛。

25 日　中卫市应理城乡市政产业(集团)有限公司、中卫市恒辰机械有限公司和银川夯实工程咨询有限公司联合开展捐资助学活动，共为镇罗镇沈桥小学捐款 18 万元。

26 日　沙坡头区召开 2015 年防汛抗旱工作会议。

△　中卫市政协主席罗成虎深入沙坡头区兴仁镇团结村看望慰问移民群众。

29 日　中卫市委书记、人大常委会主任张柱与市委常委、秘书长周明新看望慰问沙坡头区部分建国前入党老党员和困难老党员。

△　沙坡头区部分乡镇组织召开庆祝建党 94 周年暨“七一”表彰大会。

7 月

3—4 日　沙坡头区召开 2015 年产业发展和重点工作暨“二次创业”大讨论现场交流会。

3 日　中卫市委书记、人大常委会主任张柱调研沙坡头区敬农移民区土地综合整治工程情况、康乐移民区经果林发展情况和米粮川生态移民区。

5 日　应中华全国新闻工作者协会邀请，阿尔及利亚新闻代表团一行 11 人到中卫考察采访。代表团一行先后到沙坡头自然保护区、中国科学院沙坡头沙漠研究站、沙坡头区柔远镇冯庄现代农业示范园实地考察采访。

△　沙坡头区召开第二次安委会全体（扩大）会议。

△　中卫市政协副主席秦发成带领部分市政协委员深入沙坡头区迎水桥镇龙湖生态移民区、常乐镇康乐生态移民区、兴仁镇川裕村就生态移民后续产业发展情况进行调研。

10 日　沙坡头区圆满完成蒙宁线边界联检工作。

△　沙坡头区在旅游新镇施工现场举办彩钢板建筑消防现场观摩会。

14 日　中卫市人大常委会副主任潘景林、马桂岚在沙坡头区党工委、管委会相关领导陪同下深入沙坡头区永康镇、兴仁镇等地看望慰问穆斯林群众和宗教界人士。

16—17 日　沙坡头区党工委、管委会领导带队，组成 4 个慰问小组分别赴文昌镇、宣和镇、永康镇、柔远镇、滨河镇、常乐镇、香山乡、兴仁镇共 16 处宗教场所开展“开斋节”慰问活动，看望爱国宗教人士和穆斯林群众。

17 日　2015 第十四届“青海农信杯”环青海湖国际公路自行车赛（宁夏中卫）赛段比赛在沙坡头旅游景区开赛，来自世界五大洲 22 支代表队的选手展开激烈角逐。

24 日　自治区推进新型城镇化工作领导小组督查指导沙坡头区美丽乡村建设工作。

31 日　2015 第六届中国宁夏沙坡头大漠黄河国际旅游节万人腾格里湖湿地徒步行活动在腾格里沙漠湿地公园举行。

8 月

2 日　中卫市委书记张柱、市长万新恒、市政协主席罗成虎、市人大常委会副主任潘景林等四套班子领导带领各县（区）党政主要领导、市直各部门负责人深入沙坡头区，对沙坡头区重点产业发展和重点工作进行观摩。

5 日　沙坡头区召开“阳光沐浴”工程启动会。

△　自治区党委常委、政法委书记李文章在中卫市领导张柱、万新恒等陪同下到沙坡头区基层派出所、司法所实地调研政法工作。

△　沙坡头区第九届城镇社区居民委员会换届选举工作圆满完成。

△　中卫市政协副主席秦发成带领部分市政协委员及其相关部门负责人，通过入户走访、发放问卷调查、召开座谈会等形式，对沙坡头区保障性住房分配使用等情况进行视察。

17 日　沙坡头区组织对 2013—2015 年度主干道路大整治大绿化工作进行考核验收。

18 日　沙坡头区农牧科技局组织召开 2015 年度山洪灾害防治项目调查评价工作启动会。

9 月

6 日　宁夏 2015 年度寻找“最美家庭”活动结

果揭晓，沙坡头区滨河镇魏啸吟家庭、东园镇韩武珍家庭被评为“最美家庭”。

10 日　沙坡头区人武部在市文化广场召开 2015 年度新兵欢送大会，完成 137 名男兵、9 名女兵、2 名直招士官的征集任务。

16 日　中卫市人大常委会副主任刘锦平带领市安监局、住房和城乡建设局、交通运输局、公安局等部门对沙坡头区安全生产工作进行检查。

21 日　中卫市首家成立的预防农村职务犯罪工作站在沙坡头区文昌镇五里村正式挂牌成立。

△　全市 2015 年秋冬季农田水利基本建设暨农村环境大整治动员会召开，会议总结 2014 年农田水利基本建设工作，安排部署 2015 年秋冬季农田水利基本建设和农村环境大整治工作。

10 月

9 日　沙坡头区召开“从严从实抓落实 大干实干 100 天”动员大会，全面落实“三严三实”要求，转作风、稳增长、抓改革、促发展、惠民生，确保全面完成沙坡头区 2015 年各项目标任务。

11 日　世界银行舒义恩、理查德·欧文一行来中卫，深入沙坡头区迎水桥镇长流水宁夏黄河东岸防沙治沙项目区实地考察指导工作。

△　中卫市委书记、人大常委会主任张柱与市领导马世军、陈建华、黄河一行深入沙坡头区东园镇、镇罗镇检查农田水利基本建设和农村环境综合整治工作。

13 日　中卫市副市长刘学智带领扶贫办工作人员，调研督办了沙坡头区扶贫开发建档立卡“回头看”、插花移民搬迁安置、移民区工程实施和产业发展情况。

14 日　自治区副主席马力到沙坡头区滨河镇长安社区调研民族宗教工作。

△　中卫市领导张柱、万新恒、罗成虎、潘景林等与广大市直机关干部职工一起深入沙坡头区东园镇参加义务劳动。

15 日　中卫市委书记、人大常委会主任张柱与市领导马世军、陈加先一同调研沙坡头区棚户区改造及拆迁安置工作。

16 日　国家人力资源与社会保障部军官专业安置司司长张义全一行，在区、市及沙坡头区领导陪同下到柔远镇视察社保卡综合使用情况。

△　北京市司法局局长于泓源一行在自治区司法厅厅长李振国，中卫市委常委、政法委书记、公安局局长陈加先，副市长祝增坤陪同下，深入沙坡头区宣和镇司法所，实地考察基层司法所“星级达标”工作。

21 日　中卫市市长万新恒调研沙坡头区农田水利基本建设工作，沙坡头区党工委书记、管委会主任王学军陪同。

△　中卫市政协主席罗成虎带领部分市政协委员实地查看香山乡、常乐镇等地压砂地种植等情况。

23 日　沙坡头区举行全民健身舞大赛。

26—27 日　自治区水利厅厅长吴洪相带领相关专家，在中卫市副市长刘学智、祝增坤的陪同下，对沙坡头区秋季农田水利基本建设、黄河宁夏段二期防洪工程（中卫段）及沙坡头南北干渠及灌区节水改造工程进展情况进行视察。

11 月

5 日　在农业部公布的 2015 年国家第三批农产品地理标志登记保护产品信息中，中卫“南长滩大枣”和“南长滩软梨”被列入国家农产品地理标志登记保护之中。这是继“中宁枸杞”“香山硒砂瓜”之后，中卫特色农产品再次获得“国家地理标志保护”殊荣。

6 日　中卫市人大常委会副主任李铁路带领调研组到沙坡头区柔远镇、镇罗镇就计划生育惠民政策落实情况进行调研。

13 日　沙坡头区开展冬季安全生产大检查。

14 日　中卫市委书记、人大常委会主任张柱调研沙坡头区经济社会发展情况，听取沙坡头区“十三五”规划和 2016 年重点工作计划。

19 日　中卫市政协主席罗成虎带领沙坡头区党工委、市水务局、市国土资源局、市总工会等部门负责人，深入沙坡头区永康镇南滩村进行调研，协调解决该村道路、排水、沟道清淤等问题。

23 日　中卫市召开沙坡头区被征地农民参加养老保险工作动员会。本次被征地农民参保范围是 2012 年以来经依法批准，由市政府实施统一征地，具有沙坡头区常住户籍，被征地时享有第二轮农村集体土地承包权，被征地后完全失地人均耕地不足 0.5 亩，且没有参加企业职工基本养老保险的 16 周岁以上在册人口（不含在校学生）。

27 日　水利部农水司副司长倪文进一行，深入沙坡头区视察秋季农田水利基本建设完成情况。

18 日　中卫市政协主席罗成虎带领市民政局、市侨联负责人到沙坡头区河南敬老院慰问。

12 月

2 日　自治区党委副秘书长、办公厅巡视员陈洪斌带领检查考核组，在中卫市领导陈加先、蔡波、祝增坤、施润云的陪同下，到沙坡头区镇罗镇镇西警务室、文昌镇社区戒毒室等地，检查沙坡头区禁毒工作。

4 日　中卫市政协主席罗成虎、副主席田桦带领机关全体党员到沙坡头区河南敬老院、华西社区慰问孤寡老人。

5—6 日　沙坡头区 2015 年苹果提质增效技术培训班在宁夏万齐农业发展集团正式开班授课。

7 日　中国科学院公布 2015 年新增选的 61 名院士名单，北京大学物理学院教授俞大鹏当选中国科学院院士。俞大鹏祖籍宁夏中卫市沙坡头区镇罗镇镇北村，是首位当选中科院院士的宁夏籍学者。

△　自治区总工会副主席拓兆功带领考核组深入东园镇等乡镇，对沙坡头区 2015 年工会工作进行考核。

11 日　沙坡头区农牧科技局会同财政局和畜牧水产中心技术人员，对沙坡头区粮改饲试点县项目建设工程进行了检查验收和延伸绩效考核，所有粮改饲项目实施单位全部建设合格。

16 日　中卫市委宣传部组织“德耀中卫 道德模范在身边”巡讲团，深入沙坡头区开展巡讲活动。

25 日　沙坡头区科级干培训班在市委党校开班，各部门、各乡镇共计 170 余名科级干部参加培训。

（潘长涛）

2016年

1月

1日　全面两孩政策在沙坡头区启动实施。

7日　沙坡头区党工委书记王学军调研生态移民工作。

27日　自治区扶贫办副巡视员谈秋声到沙坡头区宣和镇兴海村督查调研脱贫攻坚工作。

29日　沙坡头区党工委副书记、政府筹备领导小组组长童刚出席沙坡头区人武部2016年度武装工作会议。

2月

1日　中卫市委副书记、副市长、统战部部长马世军和市政协副主席田桦，在沙坡头区党工委负责人的陪同下，前往沙坡头区香山乡米粮川村及常乐镇康乐村、思乐村看望慰问困难群众，送去新春祝福。

2日　沙坡头区"迎新春"全面健身季拉开序幕。

19日　沙坡头区召开党风廉政建设工作会议，传达学习中共中央总书记习近平在十八届中纪委六次全会上的重要讲话和自治区纪委十一届七次全体会议、市纪委三届六次全体会议精神，安排部署党风廉政建设和反腐败工作。

△　沙坡头区召开脱贫攻坚誓师大会，认真贯彻落实中央和区、市脱贫攻坚工作部署，安排部署沙坡头区脱贫攻坚工作。

23日　沙坡头区9个乡镇参加中卫市社火展演活动。

25日　中卫市委书记、人大常委会主任张柱和市长万新恒到沙坡头区调研城市建设重点项目及春耕备耕工作。

△　中共中卫市委员会印发《关于焦清春等同志职务任免的通知》（卫党干字〔2016〕22号），经市委研究决定，成立沙坡头区人大常委会筹备领导小组，并建议焦清春任沙坡头区人大常委会筹备领导小组组长，提名为沙坡头区第一届人民代表大会常务委员会主任候选人。中卫市沙坡头区人大常委会产生后，沙坡头区人大常委会筹备领导小组即终止工作，焦清春所任的沙坡头区人大常委会筹备领导小组组长职务自然免除，不另行文。沙坡头区人大常委会主任候选人按法律规定的程序办理，结果报市委。

27日　住房和城乡建设部村镇建设司司长张学勤一行到沙坡头区调研村镇建设工作。

是月　沙坡头区党工委召开会议，对全国"两会"期间的安全生产及信访维稳工作进行安排部署。

3月

10日　自治区公安厅调研组在党委书记、厅长许尔锋的带领下到沙坡头区公安分局东关警务室调研社区治理等工作。

11日　中共中卫市委办公室、市人民政府办公室《关于印发〈中卫市沙坡头区机构设置和人员编制方案〉的通知》（卫党办发〔2016〕19号）明确沙坡头区人大常委会机关机构设置为办公室、法制财经社会工作委员会、代表联络与选举工作委员会。人大各专门委员会依法设置。核定人大机关编制 14 名,其中行政编制 13 名、事业编制 1 名,3 个委室正科级领导职数各 1 名、副科级领导职数各 1 名。

21 日　中共中卫市委发文任命田仲锋、彭浩平、张永花、刘德祥为沙坡头区人大常委会筹备领导小组副组长，提名为沙坡头区第一届人大常委会副主任候选人。中卫市沙坡头区人大常委会产生后，沙坡头区人大常委会筹备领导小组即终止工作,田仲锋、彭浩平、张永花、刘德祥所任的沙坡头区人大常委会筹备领导小组副组长职务自然免除,不另行文。沙坡头区人大常委会副主任候选人按法律规定的程序办理,结果报市委。

△　沙坡头区党工委、管委会与市民族宗教局召开联席协调会议，对高庙保安寺和常乐镇老君台全真观即将召开大型传统庙会事宜进行安排部署,中卫市相关部门及沙坡头区的 12 个成员单位负责人参加会议。

26 日　中卫市禁毒办联合市爱心志愿者协会,在香山公园西门举行了以“珍爱生命、拒绝毒品”为主题的“健康骑行、远离毒品”公益骑行徒步宣传活动,200 余名骑行、徒步爱好者参加了活动。

29 日　沙坡头区召开 2016 年农村环境卫生综合整治现场会。

30 日　中卫市委书记、人大常委会主任张柱调研沙坡头区美丽村庄建设及农村环境卫生整治工作。

△ 中卫市政协主席罗成虎到沙坡头区宣和镇海河村调研移民村经济社会发展情况。

是月　沙坡头区召开农村土地承包经营权确权登记颁证工作推进会，对 2016 年农村土地承包经营权确权登记、颁证等工作进行了详细安排部署。

△　沙坡头区被征地农民参加养老保险工作领导小组成员单位对沙坡头区各乡镇被征地农民参加养老保险工作进展情况进行了督导调研。

△　中卫市委批复成立了政协中卫市沙坡头区委员会筹备领导小组。

4 月

5 日　中卫军分区司令员赵国武、政治部主任瞿宏俊、参谋长邹军利,沙坡头区党工委书记王学军在文化广场参加中卫市应急分队整组点验大会。

7 日　沙坡头区召开计划生育工作会议,总结了 2015 年计划生育工作,表彰奖励了先进集体、先进工作者和优秀独生子女家庭，安排部署了 2016 年计划生育工作。

12 日　中卫市委书记、人大常委会主任张柱调研沙坡头区滨河镇新墩村棚户区改造。

19 日　沙坡头区硒砂瓜农机农艺融合示范园区建设机械化种植现场观摩会在香山乡红圈村召开。

27 日　自治区扶贫办副巡视员谈秋声到宣和镇兴海村督查调研脱贫攻坚工作。

△　沙坡头区召开第二次全国地名普查工作动员会暨培训班，安排部署了第二次全国地名普查工作。

5 月

5 日　自治区政协副主席张乐琴带领部分自治区政协委员和机关干部,到沙坡头区宣和镇、永康镇、宁夏神聚农业科技开发有限公司、文昌镇，调研中央和自治区一号文件、脱贫攻坚等政策宣传、政策配套和具体落实情况等工作。

9—22 日　沙坡头区新任职武装部长参加宁夏军区集训，香山乡武装部长石泰露取得理论第一名,综合成绩第二名,年底被中央军委国防动员部表彰为“军事训练先进个人”,应急三连班长柳刚获得军区总分第一名。

12 日　沙坡头区地震应急示范演练在滨河镇南关新村小区举行。

13 日　首届“万步有约”职业人群健走激励大

奖赛沙坡头区赛区竞赛正式启动，市委常委、副市长袁诗鸣出席启动仪式。

17 日　自治区卫星数字农家书屋整改现场会在沙坡头区滨河镇官桥村召开。

18 日　中卫市委常委、政法委书记、市公安局局长陈加先，市人大常委会副主任蔡波及市综治办相关负责人到沙坡头区专题调研平安建设工作。

19 日　沙坡头区滨河镇南关村举行股份经济合作社揭牌仪式，自治区农牧厅副厅长马新民、副市长刘学智为合作社揭牌。

23 日　中卫市委书记、人大常委会主任张柱调研宣和镇敬农移民区产业发展情况。

24 日　自治区扶贫办副巡视员谈秋声调研沙坡头区生态移民村脱贫攻坚工作。

26 日　自治区住房和城乡建设厅厅长杨玉经一行，调研沙坡头区美丽乡村建设暨农村环境卫生综合整治工作。

29 日　中国国民党革命委员会沙坡头区第一次代表大会在中卫宾馆召开，会议听取和审议了民革沙坡头区第一次代表大会筹备工作报告，选举产生了民革沙坡头区第一届委员会委员。

是月　政协中卫市沙坡头区委员会筹备领导小组会同区委组织部、统战部按照程序确定政协中卫市沙坡头区第一届委员会，设置界别 23 个，拟提名推荐政协委员 125 名。

6 月

7 日　中卫市改革和加强综治“大调解”工作现场会在沙坡头区柔远镇召开。中卫市委常委、政法委书记、公安局局长陈加先，自治区司法厅副厅长鲍焕军，自治区司法厅基层处处长梅孝，市法检两院、市直各部门及两县两区政法主管领导、有关部门负责人参加了现场会。沙坡头区党工委书记王学军代表沙坡头区向大会致辞。

△　自治区党委统战部副部长魏莉率领第七调研检查组一行对沙坡头区长安社区进行了调研检查。听取了长安社区民族团结进步创建情况，详细察看了长安社区 “便民服务”、少数民族流动人口服务与管理等情况。

10—12 日　为期 3 天的中国共产党沙坡头区第一次代表大会胜利召开。大会审议通过沙坡头区党工委、纪工委工作报告、党费收缴使用管理情况报告和“十三五”规划建议，选举产生中共沙坡头区第一届委员会和中共沙坡头区纪律检查委员会。

12 日　自治区水务局相关领导、中卫军分区司令员赵国武，参加验收观摩沙坡头区人武部组织的抗洪救援分队水上救援科目演练。

18 日　沙坡头区区、乡镇两级人大代表选举产生。沙坡头区共选举产生乡镇人大代表 701 名，选举产生沙坡头区人大代表 199 名。

19 日　民进沙坡头区第一次代表大会在中卫宾馆闭幕，选举产生了民进沙坡头区第一届委员会委员。民进市委员会委员、沙坡头区会员代表，民族宁夏区委会、市委统战部、沙坡头区党工委、民进对口联系单位、会员所在单位领导参加会议。

21 日　自治区党委常委、宣传部部长，自治区政协副主席蔡国英调研沙坡头区公共文化服务体系建设工作。

24 日　沙坡头区委举办“党在我心中”庆祝建党 95 周年暨红军长征胜利 80 周年演讲比赛。

27 日　沙坡头区召开 2016 年信访维稳暨平安建设工作会议。会议通报沙坡头区 2015 年及 2016 年上半年信访维稳和平安建设工作，安排部署下半年信访维稳和平安建设工作。

△　沙坡头区召开庆祝中国共产党成立 95 周年大会，表彰一批先进基层党组织和优秀共产党员、优秀党务工作者。

△　自治区党委副书记崔波，自治区党委常委、统战部部长马廷礼，自治区党委常委、纪委书记徐传智，走访慰问沙坡头区部分老党员和生活

困难党员。

30 日　沙坡头区各乡镇、部门参加全市庆祝中国共产党成立 95 周年“万人红歌演唱”比赛。

是月　政协中卫市沙坡头区委员会筹备领导小组会同区委组织部、统战部经酝酿、甄选、考察，报沙坡头区委审定，确定政协委员 115 名，其中，中共党员 46 名，非中共党员 69 名，妇女委员 29 名，少数民族委员 10 名。

7 月

4 日　沙坡头区产业扶贫贷款集中发放仪式在兴仁镇团结村举行。

5 日　经沙坡头区委请示，中共中卫市委同意沙坡头区一届人大常委会设主任 1 名，副主任 4 名。主任候选人为焦清春，副主任候选人为田仲锋（回族）、彭浩平、张永花（女）、刘德祥。沙坡头区一届人大常委会主任候选人、副主任候选人按照有关法律规定，提交沙坡头区第一届人民代表大会第一次会议选举，选举结果报市委。

6 日　中卫市委书记、人大常委会主任张柱和市领导刘成孝、蔡波、付成林到沙坡头区永康镇、宣和镇、柔远镇看望慰问穆斯林群众及宗教界人士。

12—14 日　中国人民政治协商会议中卫市沙坡头区第一届委员会第一次全体会议召开，会议听取和审议了沙坡头区政协筹备领导小组工作报告；列席了中卫市沙坡头区第一届人民代表大会第一次会议，听取了沙坡头区人大筹备领导小组工作报告，听取并讨论了沙坡头区人民政府筹备领导小组工作报告、人民法院工作报告、人民检察院工作报告；选举产生了政协中卫市沙坡头区第一届委员会主席、副主席、常务委员；审议通过了沙坡头区政协筹备领导小组工作报告的决议、政协中卫市沙坡头区第一届委员会提案审查委员会关于提案审查情况的报告、政协中卫市沙坡头区第一届委员会第一次会议政治决议和沙坡头区政协 2016 年协商计划。

13—15 日　中卫市沙坡头区第一届人民代表大会第一次会议召开，会议听取和审查了区人民政府筹备领导小组组长童刚所作的政府工作报告；审查和批准了沙坡头区国民经济和社会发展第十三个五年规划纲要；审查和批准了沙坡头区 2016 年国民经济和社会发展计划草案的报告，批准了沙坡头区 2016 年国民经济和社会发展计划；审查和批准了沙坡头区 2016 年财政预算草案的报告、批准了沙坡头区 2016 年财政预算；听取和审查了区人大常委会筹备领导小组组长焦清春所作的区人大常委会筹备领导小组工作报告；听取和审查了沙坡头区人民法院工作报告、人民检察院工作报告；选举产生了沙坡头区人大常委会主任、副主任及委员，沙坡头区区长、副区长，沙坡头区人民法院院长、人民检察院检察长。

15 日　新当选的沙坡头区人大常委会主任、副主任、委员，沙坡头区区长、副区长，沙坡头区人民法院院长在中卫市红宝宾馆 7 楼多功能厅进行宪法宣誓。

18 日　福建省委常委、厦门市委书记王蒙徽带领考察组到沙坡头区兴仁镇硒砂瓜示范基地进行考察，中卫市委书记、人大常委会主任张柱、市长万新恒陪同考察。

20 日　中卫市委常委、纪委书记刘明生带领第二督察组对沙坡头区党风廉政建设暨“清廉中卫”建设情况进行督查。

22—23 日　“百名闽商宁夏行”考察团到沙坡头区乌玛农林科技有限公司枸杞基地等地考察。

29 日　沙坡头区“四套班子”、人武部及各乡镇党委书记、武装部长 125 人开展了八一军事日活动。

8 月

3 日　沙坡头区举行山洪灾害防御应急演练。

△　自治区农牧厅调研组一行对沙坡头区硒砂瓜生长环境、长势、销售等情况进行调研，中卫市副市长刘学智陪同调研。

5日　沙坡头区召开第一届人民代表大会常务委员会第一次会议，审议通过《中卫市沙坡头区人民代表大会常务委员会议事规则（试行）》《中卫市沙坡头区人民代表大会常务委员会人事任免办法（试行）》《中卫市沙坡头区人民代表大会常务委员会组成人员守则（试行）》《中卫市沙坡头区人民代表大会常务委员会代表议案、建议、批评和意见办理办法（试行）》，根据区人大常委会主任会议的提请，任命了区人大常委会办公室和法制财经社会工作委员会主任；根据区长童刚的提请，任命了副区长及政府组成部门负责人。

10日　沙坡头区副区长金芳主持召开龙宫庙大型宗教活动协调会议，市民族宗教局、市交通运输局、市城市管理局、市公安交通警察局、市市场监督管理局5个单位和沙坡头区公安、交通、安监、消防、计生等相关部门负责人参加会议。

12日　沙坡头区区长童刚调研吴忠至中卫城际铁路沙坡头区段建设项目。

△　沙坡头区举办朔方人文科学大讲堂暨沙坡头大讲堂。

18日　自治区党委常委、宣传部部长，自治区政协副主席蔡国英带领调研组一行到沙坡头区滨河镇长安社区调研精神文明建设，中卫市委常委、宣传部部长陶雨芳，副市长蔡菊，沙坡头区委书记王学军陪同调研。

19日　沙坡头区挂牌成立仪式在沙坡头区政府广场举行。中卫市领导张柱、万新恒、罗成虎、马世军等出席挂牌仪式并为沙坡头区委、人大、政府、政协、纪委揭牌，区委书记王学军致辞，区长童刚主持仪式。

△　全市产业发展和重点工作现场交流会沙坡头区汇报点评会召开。

25日　沙坡头区召开产业发展和重点工作现场观摩评促会。

31日—9月1日　区人大常委会组成视察组，深入兴仁镇、香山乡、宣和镇、永康镇、迎水桥镇、东园镇、柔远镇、镇罗镇，采取实地查看、听取汇报、座谈评议等方式，对沙坡头区2016年农业特色产业项目建设及运行情况进行视察。

9月

5日　中卫市副市长刘学智调研沙坡头区“十三五”易地扶贫搬迁安置工作。

5—6日　沙坡头区人大常委会组成调研组，深入宣和镇、兴仁镇、香山乡等重点贫困村，采取实地查看、听取汇报、座谈评议等方式，对沙坡头区2016年脱贫攻坚工作进展情况进行了调研。

8日　沙坡头区人武部组织召开沙坡头区2016年新兵欢送大会，共完成111名男兵、4名女兵的征集任务。

22日　自治区林业厅调研组调研沙坡头区枸杞产业发展情况，中卫市副市长刘学智陪同调研。

23日　中卫市人大常委会副主任刘锦平调研沙坡头区脱贫攻坚工作。

28日　沙坡头区“脱贫攻坚、同步小康”文艺巡演在市区文化广场启动。

28日　沙坡头区统战部（民族宗教局）和沙坡头区义工联合会筹集资金3万余元，购买了香油、大米、衣服，对6个乡镇117名因病因残致贫困难群众开展慰问。

29日　沙坡头区召开第一届人民代表大会常务委员会第二次会议，传达学习自治区十一届人大六次会议精神，听取和审议区人民政府关于沙坡头区2016年农业特色产业项目建设及运行情况报告、听取区人大常委会视察组关于沙坡头区2016年农业特色产业项目建设及运行情况的视察报告、听取和审议区人民政府关于脱贫攻坚工作进展情况的报告、听取区人大常委会调研组关于脱贫攻坚工作进展情况的调研报告，审议通过《关于对全区脱贫攻坚工作情况报告的审议意见》。

29—30 日，沙坡头区召开 2016 年农村财会及财政支农政策培训。

10 月

8 日　沙坡头区召开 2016 年水稻机械化穴直播技术推广暨深松整地现场会，自治区农牧厅和农机推广站的相关负责人及专家参加现场会。

△　沙坡头区召开第四季度脱贫攻坚工作推进会。

12 日　自治区水利厅副厅长郭浩到沙坡头区视察农建工作。

13 日　沙坡头区人大常委会组成检查组，深入区人民法院及宣和法庭、柔远法庭，对沙坡头区人民法院民商事审判工作进行检查。同日，对沙坡头区人民检察院司法规范化建设工作进展情况进行了检查。

21 日　沙坡头区组织各部门收看收听“纪念红军长征胜利 80 周年大会”实况直播。

28 日　沙坡头区法学会召开第一次会员代表大会，选举产生了沙坡头区法学会领导班子、常务理事和会长。

11 月

4 日　沙坡头区召开建档立卡动态调整信息采集录入工作培训会。

16 日　沙坡头区委书记王学军主持召开中共中卫市沙坡头区代表大会，选举产生沙坡头区出席中国共产党中卫市第四次代表大会代表。

12 月

1 日　中卫市委常委、副市长袁诗鸣带领检查组深入沙坡头区检查考核法治政府建设工作、市场监管、食品安全目标责任履行情况。

3 日　招商银行分行在兴仁镇举行“扶贫助学，情满川裕”爱心助学捐赠仪式。

5 日　沙坡头区召开第一届人民代表大会常务委员会第三次会议，听取和审议区人民政府关于沙坡头区一届人大一次会议代表建议办理情况的报告；听取和审议区人民法院关于民商事审判工作情况的报告，审议区人大常委会检查组关于沙坡头区人民法院关于民商事审判工作情况的检查报告；听取和审议区人民检察院关于司法规范化建设情况的报告，审议区人大常委会检查组关于区人民检察院关于司法规范化建设情况的检查报告；审议通过区人大常委会关于深入开展第七个五年法治宣传教育的决议；审议通过关于召开中卫市沙坡头区第一届人民代表大会第二次会议的决定；审议通过提请中卫市沙坡头区第一届人民代表大会第二次会议的各项建议；审议沙坡头区人大常委会工作报告。

6 日　自治区副主席马力一行对沙坡头区信访维稳、安全生产和招商引资工作进行调研。

6—8 日　中国人民政治协商会议中卫市沙坡头区第一届委员会第二次全体会议召开，会议听取和审议政协中卫市沙坡头区第一届委员会常务委员会工作报告、政协中卫市沙坡头区第一届委员会常务委员会提案工作报告；列席中卫市沙坡头区第一届人民代表大会第二次会议，听取沙坡头区人民政府工作报告、人大常委会工作报告、人民法院工作报告和人民检察院工作报告；审议通过沙坡头区政协 2017 年度协商计划、沙坡头区政协提案委员会关于一届二次会议提案审查情况的报告、政协中卫市沙坡头区第一届委员会第二次会议决议。

7—8 日　自治区党委统战部副部长魏莉带领自治区禁毒委考核组到沙坡头区考核禁毒工作。

7—9 日　中卫市沙坡头区第一届人民代表大

会第二次会议召开，会议听取和审查沙坡头区人民政府工作报告；审查和批准沙坡头区2016年国民经济和社会发展计划执行情况与2017年国民经济和社会发展计划草案的报告，批准沙坡头区2017年国民经济和社会发展计划；审查和批准沙坡头区2016年财政预算执行情况和2017年财政预算草案的报告,批准沙坡头区2017年财政预算；听取和审议沙坡头区人大常委会工作报告、人民法院工作报告、人民检察院工作报告。依法选举沙坡头区出席中卫市第四届人民代表大会代表97名。

13日　中卫市委常委、政法委书记、公安局局长陈加先，人大常委会副主任蔡波带领考核组对沙坡头区2016年度平安建设工作进行考核验收。

22日　中卫市委常委、统战部部长杨文生在沙坡头区政府六楼会议室，做了中共十八届六中全会和市第四次党代会精神专题宣讲。市、区两级统战系统人员200余人聆听宣讲。

23日　中卫市副市长刘学智带领市督查组深入沙坡头区宣和镇督导农业普查工作。

是月　沙坡头区区长童刚一行到山东淄博陶瓷协会招商引资。

（马智勇提供）

组织机构和领导成员

2015 年

中共中卫市沙坡头区工作委员会

党工委书记　　王学军
党工委副书记　景兆珍
党工委委员　　唐永铎
　　　　　　　杨立平（任至 2015 年 3 月）
　　　　　　　肖军军（2015 年 3 月任职）
党工委委员、纪工委书记、党群工作部部长
　　　　　　　王永录
党工委委员　　唐兴武
　　　　　　　邹建萍（女）
　　　　　　　张　鹏（2015 年 2 月任职）
　　　　　　　罗　磊（2015 年 2 月挂职）
　　　　　　　张　伟（2015 年 8 月挂职）
　　　　　　　邹　斌（2015 年 9 月挂职）

中卫市沙坡头区管理委员会

主　任　　　　王学军
副主任　　　　景兆珍
　　　　　　　唐兴武
　　　　　　　邹建萍（女）
　　　　　　　张　鹏（2015 年 2 月任职）
　　　　　　　罗　磊(2015 年 2 月挂职)
　　　　　　　张　伟(2015 年 8 月挂职)
　　　　　　　邹　斌(2015 年 9 月挂职)

中卫市沙坡头区法检两院

沙坡头区人民法院

院　长　　　　金　勇（回）
副院长　　　　罗满仓
　　　　　　　白　龙
　　　　　　　魏建平
纪检组长　　　姜守玉

沙坡头区人民检察院

党组书记、检察长
　　　　　　　强吉鸿（回）

党组成员、副检察长
李荣霞（女）
许　奎
党组成员、纪检组长
姬福祥
检察委员会专职委员
贺继宏
王加军
王自银
政工科（与纪检监察室合署办公）
科　长　　莫吉海
办公室
主　任　　王丽娟（女）
公诉科
科　长　　徐家全
侦查监督科
科　长　　王一宁
反贪污贿赂局
局　长　　陆　浩
反渎职侵权局
局　长　　马学勤
控告申诉检察科（挂举报中心牌子）
科　长　　孙艳芳（女）
民事行政检察科
科　长　　李玉英（女）
法警大队
队　长　　张生祥

沙坡头区工作部门

纪工委（监察审计局）
书　记　　王永录
副书记、监察审计局局长
张淑英（女，任至2015年3月）
王　琳（2015年3月任职）
监察审计局副局长
吴全旺
党工委管委会办公室
主　任　　潘玉顺
副主任　　张睿华（女）
王文忠（2015年3月挂职）
督查室
主　任　　潘玉顺
副主任　　赵红喜
党群工作部
部　长　　王永录
副部长　　张　越（女）
赵　峰（2015年11月任职）
张福平
孙尚辉（2015年3月挂职）
部务委员　　张　娟（女，2015年3月任职）
社会管理工作部
部　长　　马立生
信访督办局副局长
王有选
副部长　　李宝玉（任至2015年3月）
马海轮（2015年3月任职）
农牧科技局
局　长　　刘德祥
副局长　　王正山
李文成
刘全三
经济发展局
局　长　　黄占荣
副局长　　马晓宏
雍学茂
李金明
城乡建设和环境保护局
局　长　　俞正国（任至2015年3月）
胡文礼（2015年3月任职）
副局长　　白永生

李卫民

财政局

局　长　李金凯

副局长　秦　玲(女,2014年9月至2015年11月挂职,2015年12月任职)

民政和社会保障局

局　长　王　琳(任至2015年3月)

吴春玲(女,2015年3月任职)

副局长　黄生山

张志宽

文体卫生和计划生育局

局　长　鲁雅琴(女,任至2015年3月)

张淑英(女,2015年3月任职)

副局长　刘思菊(女)

沈自明

沙坡头区乡镇

文昌镇

党委书记、镇长

胡文礼(任至2015年3月)

张巨才(2015年3月任职)

人大主席　张永华

党委副书记　张永华

汪文奎

纪委书记　王学华

副镇长　杜新宏

潘秀芳(女)

冯伟明

王文忠

社区办主任　马立平

人武部部长　杜新宏

滨河镇

党委书记、镇长

田建文

人大主席　王福才

党委副书记　王福才

袁琦荣

纪委书记　万自强

副镇长　朱凤玲(女)

常国胜

张　云

人武部部长　张　云

迎水桥镇

党委书记　武建国

镇　长　武建国(任至2015年12月)

谭青海(2015年12月任职)

人大主席　梁玉川

党委副书记　谭青海(2015年12月任职)

梁玉川

张　宏

纪委书记　王天星

副镇长　韩淑华(女)

谭青海(2015年3月至2015年12月任职)

人武部部长　郑　斌

东园镇

党委书记、镇长

张巨才(任至2015年3月)

俞正国(2015年3月任职)

人大主席　李守华

党委副书记　李守华

常玉华

纪委书记　葛淑琴(女)

副镇长　史伟清

孙尚辉

张　雁

施文学

宋学强(任至2015年3月)

人武部部长　宋学强(2015年3月任职)

柔远镇

党委书记、镇长
　　张永生
人大主席　王文宁
党委副书记　王文宁
　　马海轮（任至 2015 年 3 月）
　　李宝玉（2015 年 3 月任职）
纪委书记　马春莲（女）
副镇长　孙健宾
　　李德祥
　　拓守辉
　　武　勇
人武部部长　孙健宾

镇罗镇

党委书记、镇长
　　丁志爱
人大主席　徐　立
党委副书记　徐　立
　　牛生全
纪委书记　张彩霞（女）
副镇长　赵浩海
　　徐吉平
　　景兆栋
　　于　宙（2015 年 3 月任职）
人武部部长　赵浩海

宣和镇

党委书记、镇长
　　孙占宏
人大主席　何建忠
党委副书记　何建忠
　　刘吉祥（2015 年 3 月任职）
纪委书记　王　彪（回）
副镇长　张艳玲（女）
　　孙建云
　　张建财
　　詹惠阔（2015 年 3 月任职）
人武部部长　孙建云（任至 2015 年 3 月）
　　刘彦录（回，2015 年 3 月任职）

永康镇

党委书记、镇长
　　韩进军
人大主席　吕生文
党委副书记　吕生文
　　吴俊山
纪委书记　高晓明
副镇长　张吉祥
　　卢　珊（女）
　　刘　洋（任至 2015 年 8 月）
　　罗永乐（2015 年 11 月任职）
人武部部长　王国斌

常乐镇

党委书记、镇长
　　徐　刚（回）
人大主席　李福华
党委副书记　李福华
　　李玉明
纪委书记　李自忠（2015 年 3 月任职）
副镇长　常广福
　　李　凡（女）
　　王宏涛
　　赵春凤（女）
人武部部长　李自忠（任至 2015 年 3 月）
　　李　波（回，2015 年 3 月任职）

香山乡

党委书记、乡长
　　孙家骥
人大主席　周　瑾
党委副书记　周　瑾
　　朱政祖
纪委书记　段立武
副乡长　黄振华

刘亚娟（女）
李新芳（任至 2015 年 3 月）
人武部部长　李新芳（2015 年 3 月任职）

兴仁镇

党委书记　黄兴明（任至 2015 年 10 月）
镇　长　黄兴明（任至 2015 年 3 月）
周重南（2015 年 3 月任职）
人大主席　韩　凯（任至 2015 年 3 月）
杜学明（2015 年 5 月任职）
党委副书记　杜学明（任至 2015 年 5 月）
周重南（2015 年 3 月任职）
柳　军（2015 年 5 月任职）
纪委书记　柳　军（任至 2015 年 5 月）
王　彪（回，2015 年 5 月任职）
副镇长　刘兴光
崔小风（女）
人武部部长　柳　军（任至 2015 年 3 月）
史　进（2015 年 3 月任职）

市直部门派驻机构

沙坡头区公安分局

局长（党委书记）
杨立平
政委（党委副书记）
于　涛
副局长（党委委员）
马天华
王建虎
赵紫峰
纪委书记（党委委员）
雍建军
党委委员　刘振海
康国鹏（回）

中央、自治区驻沙坡头区单位

沙坡头区国税局

党组书记、局长
蔡正勇（任至 2015 年 7 月）
裴发智（2015 年 8 月任职）
副局长　王中凌
陈少雄
任学东
刘长孝（任至 2015 年 9 月）
张绪东（2015 年 10 月任职）
纪检组长　利光明（任至 2015 年 9 月）
申学峰（2015 年 10 月任职）

沙坡头区气象局

局　长　冯培灵（主持工作）
副局长　王学兵（回）
樊　宽

沙坡头区人民武装部

部　长　唐加胜
政　委　唐永铎
副部长　许广河

沙坡头区消防大队

大队长　吴井林
教导员　高　刚

2016 年

中共中卫市沙坡头区工作委员会（1—6 月）

党工委书记　王学军（任至 2016 年 6 月）
党工委副书记　童　刚（2016 年 1 月至 2016 年 6 月任职）
杨　和（回，2016 年 2 月至 2016 年 6 月任职）
景兆珍（任至 2016 年 3 月）
党工委委员　唐永铎（任至 2016 年 6 月）
肖军军（任至 2016 年 6 月）
唐兴武（任至 2016 年 6 月）
王永录（任至 2016 年 3 月）
邹建萍（女，任至 2016 年 6 月）
张　鹏（任至 2016 年 2 月）
罗　磊（挂职至 2016 年 2 月）
张　伟（挂职至 2016 年 1 月）
邹　斌（挂职至 2016 年 6 月）
唐　亮（2016 年 1 月至 2016 年 6 月挂职）

中共中卫市沙坡头区委员会（6—12 月）

书　记　王学军（2016 年 6 月任职）
副书记　童　刚（2016 年 6 月任职）
杨　和（回，2016 年 6 月任职）
常　委　唐永铎（2016 年 6 月任职）
肖军军（2016 年 6 月任职）
唐兴武（2016 年 6 月任职）
邹建萍（女，2016 年 6 月任职）
邹　斌（2016 年 6 月至 2016 年 9 月挂职）
唐　亮（2016 年 6 月挂职）
张江涛（2016 年 6 月任职）
张志军（2016 年 6 月任职）
李伏荣（2016 年 6 月任职）
姜鹏飞（2016 年 6 月任职）

中卫市沙坡头区人大常委会筹备领导小组（2—7 月）

组　长　焦清春（2016 年 2 月任职）
副组长　田仲锋（回，2016 年 3 月任职）
彭浩平（2016 年 3 月任职）
张永花（2016 年 3 月任职）
刘德祥（2016 年 3 月任职）

中卫市沙坡头区人大常委会（7—12 月）

主　任　焦清春（2016 年 7 月任职）
副主任　田仲锋（回，2016 年 7 月任职）
彭浩平（2016 年 7 月任职）
张永花（2016 年 7 月任职）
刘德祥（2016 年 7 月任职）

人大办公室

主　任　张永华（2016 年 8 月任职）

法制财经社会工作委员会

主　任　梁玉川（2016 年 8 月任职）

中卫市沙坡头区政府筹备领导小组（1—7 月）

组　长　童　刚（2016 年 1 月任职）

副组长　　唐兴武（2016年2月任职）
　　　　　邹　斌（2016年2月挂职）
　　　　　唐　亮（2016年2月挂职）
　　　　　李伏荣（2016年3月任职）
　　　　　张振宇（2016年3月任职）
　　　　　金　芳（女，回，2016年3月任职）

中卫市沙坡头区人民政府（7—12月）

区　长　　童　刚（2016年7月任职）
副区长　　唐兴武（2016年7月任职）
　　　　　邹　斌（2016年8月至2016年9月挂职）
　　　　　唐　亮（2016年8月挂职）
　　　　　李伏荣（2016年7月任职）
　　　　　张振宇（2016年7月任职）
　　　　　金　芳（女，回，2016年7月任职）
　　　　　刘宏阳（2016年7月任职）

政协中卫市沙坡头区委员会筹备领导小组（2—7月）

组　长　　刘希宁（2016年2月任职）
副组长　　梁清江（2016年3月任职）
　　　　　江红霞（女，2016年4月任职）
　　　　　张巨才（2016年4月任职）

政协中卫市沙坡头区委员会（7—12月）

主　席　　刘希宁（2016年7月任职）
副主席　　梁清江（2016年7月任职）
　　　　　江红霞（女，2016年7月任职）
　　　　　张巨才（2016年7月任职）

政协办公室

主　任　　李福华（2016年8月任职）

提案和经济委员会

主　任　　刘剑宁（2016年8月任职）

中卫市沙坡头区法检两院

沙坡头区人民法院

院　长　　金　勇（回）
副院长　　罗满仓
　　　　　白　龙（任至2016年12月）
　　　　　魏建平
纪检组长　姜守玉（任至2016年12月）

沙坡头区人民检察院

检察长　　强吉鸿（回）
副检察长　李荣霞（女）
　　　　　许　奎
　　　　　贺继宏（回，2016年12月任职）
纪检组长　姬福祥（任至2016年12月）
　　　　　莫吉海（2016年12月任职）

沙坡头区工作部门（1—7月）

纪工委（监察审计局）

书　记　　王永录（任至2016年3月）
　　　　　张江涛（2016年3月任职）
副书记　　王　琳（任至2016年4月，2016年5月任职）
　　　　　杨麦生（2016年5月任职）
委　员　　吴全旺（2016年5月任职）
　　　　　张志宽（2016年5月任职）
　　　　　高晓明（2016年5月任职）
　　　　　刘建康（2016年5月任职）
监察审计局局长　王　琳（任至2016年4月）
副局长　　吴全旺（任至2016年4月）

党工委办公室

主　任　　潘玉顺(任至 2016 年 4 月)
副主任　　张睿华(女,任至 2016 年 8 月)
　　　　　王文忠(挂职至 2016 年 4 月)
　　　　　孙尚辉(2016 年 4 月任职)

督查室
主　任　　潘玉顺(任至 2016 年 4 月)
副主任　　赵红喜(任至 2016 年 4 月)

政府筹备领导小组办公室

副主任　　赵　峰(2016 年 4 月任职)
　　　　　赵红喜(2016 年 4 月任职)

党群工作部

部　长　　王永录(任至 2016 年 3 月)
副部长　　张　越(女,任至 2016 年 4 月)
　　　　　赵　峰(任至 2016 年 4 月)
　　　　　张福平(任至 2016 年 4 月)
　　　　　孙尚辉(2015 年 3 月至 2016 年 4 月挂职)

社会管理工作部

部　长　　马立生(任至 2016 年 4 月)
信访督办局副局长
　　　　　王有选(任至 2016 年 4 月)
副部长　　马海轮(任至 2016 年 4 月)

经济发展局

局　长　　黄占荣(任至 2016 年 4 月)
副局长　　马晓宏(任至 2016 年 4 月)
　　　　　雍学茂(任至 2016 年 4 月)
　　　　　李金明(任至 2016 年 4 月)

民政和社会保障局

局　长　　吴春玲(女,任至 2016 年 4 月)
副局长　　黄生山(任至 2016 年 4 月)
　　　　　张志宽(任至 2016 年 4 月)

农牧科技局

局　长　　刘德祥(任至 2016 年 4 月)
副局长　　王正山(任至 2016 年 4 月)
　　　　　李文成(任至 2016 年 4 月)
　　　　　刘全三(任至 2016 年 4 月)

城乡建设和环境保护局

局　长　　胡文礼(任至 2016 年 4 月)
副局长　　白永生(任至 2016 年 4 月)
　　　　　李卫民(任至 2016 年 4 月)

财政局

局　长　　李金凯(任至 2016 年 4 月)
副局长　　秦　玲(女,任至 2016 年 4 月)

文体卫生和计划生育局

局　长　　张淑英(女)
副局长　　刘思菊(女,任至 2016 年 4 月)
　　　　　沈自明(任至 2016 年 4 月)

沙坡头区委工作部门(6—12 月)

纪委(监察局)

书　记　　张江涛(2016 年 6 月任职)
副书记　　王　琳(2016 年 6 月任职)
　　　　　杨麦生(2016 年 6 月任职)
常　委　　吴全旺(2016 年 6 月任职)
　　　　　张志宽(2016 年 6 月任职)
　　　　　高晓明(2016 年 6 月任职)
　　　　　刘建康(2016 年 6 月任职)
监察局局长　王　琳(2016 年 8 月任职)
副局长　　吴全旺(2016 年 8 月任职)

区委办公室

主　任　　孙家骥(2016 年 8 月任职)
副主任　　张睿华(女,2016 年 8 月任职)
　　　　　孙尚辉(2016 年 8 月任职)

机要局
副局长　　张睿华(女,2016 年 8 月任职)

保密局
副局长　　孙尚辉(2016 年 8 月任职)

区委组织部

部　长　　张志军(2016 年 3 月任职)

副部长　　吴春玲(女,2016年8月任职)
　　　　　景兆栋(2016年8月任职)
部务委员　张　娟(女,任至2016年4月)
　　　　　郑晓丽(女,2016年11月任职)

区委宣传部

部　长　　邹建萍(女,2016年8月任职)
副部长　　王文宁(2016年8月任职)
副部长兼精神文明建设办副主任
　　　　　张　娟(女,2016年8月任职)

区委统战部

部　长　　姜鹏飞(2016年8月任职)
副部长　　罗华盛(回,2016年8月任职)

区委政法委

书　记　　肖军军(2016年8月任职)
副书记　　王有选(2016年8月任职)
　　　　　马海轮(2016年8月任职,兼综治办副主任)

沙坡头区政府工作部门及直属事业单位(8—12月)

政府办公室

主　任　　王福才(2016年8月任职)
副主任　　赵　峰(2016年8月任职)
　　　　　白　龙(2016年12月任职)
督查室副主任　赵　峰(2016年8月任职)
法制办副主任　白　龙(2016年12月任职)

发展和改革局

局　长　　孙占宏(2016年8月任职)
副局长　　马晓宏(2016年8月任职)
　　　　　张祥鹏(2016年8月挂职)

民族宗教局

局　长　　罗华盛(回,2016年8月任职)

司法局

局　长　　丁明忠(2016年8月任职)
副局长　　左荣幸(2016年8月任职)
　　　　　赵春凤(女,2016年8月任职)

社会保障局

局　长　　张　越(女,2016年8月任职)
副局长　　牛生全(2016年8月任职)
　　　　　刘思菊(女,2016年8月任职)

农业和科技委员会

主　任　　胡文礼(2016年8月任职)
副主任　　王正山(2016年8月任职)
　　　　　袁琦荣(2016年8月任职)
　　　　　刘全三(2016年8月任职)

审计局

局　长　　方振荣(2016年8月任职)
副局长　　姚国强(2016年12月任职)

建设交通局

局　长　　张永生(2016年8月任职)
副局长　　杜　明(2016年8月任职)
　　　　　白永生(2016年8月任职)
　　　　　李卫民(2016年8月任职)

财政局

局　长　　李金凯(2016年8月任职)
副局长　　秦　玲(女,2016年8月任职)
　　　　　赵爱东(2016年12月任职)

文化体育和计划生育局

局　长　　张淑英(女,2016年8月任职)
副局长　　葛淑琴(女,2016年8月任职)
　　　　　沈自明(2016年8月任职)

综合行政执法局

局　长　　吕生文(2016年8月任职)
副局长　　李金明(2016年8月任职)
　　　　　张　宏(2016年8月任职)

扶贫开发办公室

主　任　　王文忠(2016年8月任职)
副主任　　雍学茂(2016年8月任职)

机关事务局

局　长　　潘秀芳(女,2016年8月任职)

沙坡头区群众团体

群团工作委员会

主　任　　崔小凤(女,2016年8月任职)
副主任　　李　凡(女,2016年8月任职)
　　　　　王国斌(2016年11月任职)

沙坡头区乡镇

文昌镇

党委书记　　张巨才
镇　长　　张巨才(任至2016年4月)
　　　　　汪文奎(2016年6月任职)
人大主席　　张永华(任至2016年4月)
　　　　　马立平(2016年6月任职)
党委副书记　　张永华(任至2016年4月)
　　　　　汪文奎
　　　　　冯伟明(2016年4月任职)
纪委书记　　王学华(任至2016年4月)
　　　　　刘亚娟(女,2016年4月任职)
副镇长　　杜新宏
　　　　　潘秀芳(女,任至2016年4月)
　　　　　冯伟明(任至2016年4月)
　　　　　王文忠(任至2016年4月)
　　　　　林　玮(2016年6月任职)
　　　　　房英俊(2016年6月任职)
人武部部长　　杜新宏(任至2016年5月)
　　　　　刘文祥(2016年5月任职)
组织委员　　伏　刚(2016年11月任职)

滨河镇

党委书记　　田建文
镇　长　　田建文(任至2016年4月)
　　　　　姜广文(2016年6月任职)
人大主席　　王福才(任至2016年4月)
　　　　　刘月敏(女,2016年6月任职)
党委副书记　　王福才(任至2016年4月)
　　　　　袁琦荣(任至2016年4月)
　　　　　姜广文(2016年4月任职)
　　　　　孙健宾(2016年4月任职)
纪委书记　　万自强(任至2016年4月)
　　　　　常国胜(2016年4月任职)
副镇长　　朱凤玲(女,任至2016年4月)
　　　　　史伟清(2016年6月任职)
　　　　　张　云
　　　　　惠　悦(2016年6月任职)
人武部部长　　张　云(任至2016年5月)
　　　　　马千笑(2016年5月任职)
组织委员　　惠　悦(2016年11月任职)

迎水桥镇

党委书记　　武建国
镇　长　　谭青海(任至2016年12月)
人大主席　　梁玉川(任至2016年4月)
　　　　　李学亮(2016年6月任职)
党委副书记　　谭青海(任至2016年12月)
　　　　　梁玉川(任至2016年4月)
　　　　　张　宏(任至2016年4月)
　　　　　万自强(2016年4月任职)
纪委书记　　王天星
副镇长　　章万军(2016年6月任职)
　　　　　韩淑华(女)
　　　　　黄兴彦(2016年6月任职)
人武部部长　　郑　斌(任至2016年5月)
　　　　　张志斌(2016年5月任职)
组织委员　　王　森(女,2016年11月任职)

东园镇

党委书记　　俞正国
镇　长　　俞正国(任至2016年4月)
　　　　　詹惠阔(2016年4月至2016年12月任职)

人大主席　李守华（任至2016年4月）
常玉华（2016年6月任职）
党委副书记　李守华（任至2016年4月）
常玉华（任至2016年4月）
詹惠阔（2016年4月至2016年12月任职）
张　雁（2016年4月任职）
纪委书记　葛淑琴（女，任至2016年4月）
王学华（2016年4月任职）
副镇长　张　雁（任至2016年4月）
史伟清（任至2016年4月）
孙尚辉（任至2016年4月）
施文学
宋学强（2016年6月任职）
阿　莲（女，2016年6月任职）
人武部部长　宋学强（任至2016年5月）
张小龙（2016年5月任职）
组织委员　范红艳（女，2016年11月任职）

柔远镇

党委书记　张永生（任至2016年4月）
潘玉顺（2016年4月任职）
镇　长　张永生（任至2016年4月）
拓守辉（2016年6月任职）
人大主席　王文宁（任至2016年4月）
李宝玉（2016年6月任职）
党委副书记　王文宁（任至2016年4月）
李宝玉（任至2016年4月）
拓守辉（2016年4月任职）
张守戈（2016年4月任职）
纪委书记　马春莲（女，任至2016年4月）
朱凤玲（女，2016年4月任职）
副镇长　王雪杉（2016年6月任职）
孙健宾（任至2016年4月）
武　勇
刘柏冬（2016年6月任职）
人武部部长　朱　鹏（2016年5月任职）
组织委员　刘柏冬（2016年11月任职）

镇罗镇

党委书记　丁志爱（任至2016年4月）
刘德祥（2016年4月任职）
镇　长　丁志爱（任至2016年4月）
郭建华（满，2016年6月任职）
人大主席　徐　立
党委副书记　徐　立（任至2016年4月）
牛生全（任至2016年4月）
郭建华（2016年4月任职）
赵浩海（2016年4月任职）
纪委书记　张彩霞（女，任至2016年4月）
徐吉平（2016年4月任职）
副镇长　赵浩海（任至2016年4月）
徐吉平（任至2016年4月）
景兆栋（任至2016年4月）
于　宙（任至2016年3月）
黄振全（2016年6月任职）
孙建云（2016年6月任职）
王　静（女，2016年6月任职）
人武部部长　赵浩海（任至2016年5月）
孙守宏（2016年5月任职）

宣和镇

党委书记　孙占宏（任至2016年4月）
韩进军（2016年4月任职）
镇　长　孙占宏（任至2016年4月）
李玉明（2016年6月任职）
人大主席　何建忠（任至2016年4月）
刘吉祥（2016年6月任职）
党委副书记　何建忠（任至2016年4月）
李玉明（2016年4月任职）
刘吉祥（任至2016年4月）
杨志福（回，2016年4月任职）
纪委书记　王　彪（回，任至2016年4月）
张建财（2016年4月任职）
副镇长　张艳玲（女）

孙建云（任至 2016 年 4 月）
张建财（任至 2016 年 4 月）
詹惠阔（任至 2016 年 4 月）
邢志杰（2016 年 6 月任职）
刘文杰（2016 年 6 月任职）
人武部部长　刘彦录（回）
组织委员　吕明杰（2016 年 11 月任职）

永康镇

党委书记　韩进军（任至 2016 年 4 月）
马立生（2016 年 4 月任职）
镇　长　韩进军（任至 2016 年 4 月）
李守华（2016 年 6 月任职）
人大主席　吕生文（任至 2016 年 4 月）
訾跃平（2016 年 6 月任职）
党委副书记　李守华（2016 年 4 月任职）
吕生文（任至 2016 年 4 月）
吴俊山（任至 2016 年 4 月）
卢　珊（女，2016 年 4 月任职）
纪委书记　高晓明（任至 2016 年 4 月）
张吉祥（2016 年 4 月任职）
副镇长　张吉祥（任至 2016 年 4 月）
卢　珊（女，任至 2016 年 4 月）
罗永乐
王金萍（女，2016 年 6 月任职）
马彦荣（2016 年 6 月任职）
人武部部长　王国斌（任至 2016 年 5 月）
王生信（2016 年 5 月任职）

常乐镇

党委书记　徐　刚（回）
镇　长　徐　刚（回，任至 2016 年 4 月）
白春霞（女，2016 年 6 月任职）
人大主席　李福华（任至 2016 年 4 月）
周　瑾（2016 年 6 月任职）
党委副书记　李福华（任至 2016 年 4 月）
李玉明(任至 2016 年 4 月)
白春霞（女，2016 年 4 月任职）
李自忠（2016 年 4 月任职）
纪委书记　李自忠（任至 2016 年 4 月）
王宏涛（2016 年 4 月任职）
副镇长　常广福（任至 2016 年 4 月）
李　凡（女，任至 2016 年 4 月）
王宏涛（任至 2016 年 4 月）
赵春凤（女，任至 2016 年 4 月）
李德祥（2016 年 6 月任职）
李　波（回，2016 年 6 月任职）
马　丽（女，2016 年 6 月任职）
人武部部长　李　波（回，任至 2016 年 5 月）
刘兴成（2016 年 5 月任职）
组织委员　郝富春（2016 年 11 月任职）

香山乡

党委书记、乡长
孙家骥（任至 2016 年 4 月）
李文成（2016 年 6 月任职）
人大主席　周　瑾（任至 2016 年 4 月）
朱政祖（2016 年 4 月任职）
党委副书记　周　瑾（任至 2016 年 4 月）
朱政祖（任至 2016 年 4 月）
黄振华（2016 年 5 月任职）
纪委书记　段立武
副乡长　黄振华（任至 2016 年 4 月）
刘亚娟（女，任至 2016 年 4 月）
李新芳（2016 年 6 月任职）
陈国军（2016 年 6 月任职）
徐雅芬（女，2016 年 6 月任职）
人武部部长　李新芳（任至 2016 年 5 月）
石泰露（2016 年 5 月任职）
组织委员　魏　耀（2016 年 11 月任职）

兴仁镇

党委书记　周重南（2016 年 4 月任职）
镇　长　周重南（任至 2016 年 4 月）
何建忠（2016 年 6 月任职）
人大主席　杜学明

党委副书记　周重南（任至 2016 年 4 月）
杜学明（任至 2016 年 4 月）
何建忠（2016 年 4 月任职）
柳　军
纪委书记　王　彪（回）
副镇长　刘兴光（任至 2016 年 4 月）
崔小凤（任至 2016 年 4 月）
吴岳山（2016 年 6 月任职）
柳小平（2016 年 4 月任职）
刘　辉（2016 年 6 月任职）
人武部部长　史　进
组织委员　刘　辉（2016 年 11 月任职）

市直部门派驻机构

沙坡头区公安分局

党委书记、局长　肖军军
党委副书记、政委
于　涛
党委委员、副局长
马天华（任至 2016 年 1 月）
王建虎
赵紫峰
康国鹏（回，2016 年 2 月任职）
党委委员、纪委书记
雍建军（任至 2016 年 2 月）
刘振海（2016 年 2 月任职）
党委委员　刘振海（任至 2016 年 1 月）
康国鹏（回，任至 2016 年 1 月）

中央、自治区驻沙坡头区单位

沙坡头区国税局

局　长　裴发智
副局长　王中凌
陈少雄
任学东
张绪东
纪检组长　申学峰

沙坡头区气象局

党组书记、副局长
冯培灵
党组成员、副局长
蔡　敏（女，回，2016 年 1 月挂职）
党组成员　贾生玉

沙坡头区人民武装部

部　长　唐加胜
政　委　唐永铎

沙坡头区消防大队

大队长　吴井林
教导员　高　刚

工作机构职能

沙坡头区委工作部门

纪委(监察局)

【机构编制】 中共中卫市沙坡头区纪律检查委员会与中卫市沙坡头区监察局 (2016 年 8 月前为沙坡头区纪律检查工作委员会与监察审计局)合署办公,一套机构,两块牌子,内设办公室(宣教政研室)、党风政风监督室、案件监督管理室(信访室)、纪检监察室、案件审理室。共核定行政编制 13 名,后勤服务事业编制 1 名;核定科级领导职数 9 名(2 正 7 副),其中,副书记 1 名(正科级),副书记兼监察局局长 1 名(正科级),副局长 2 名(副科级),内设室主任 5 名(副科级,其中:办公室(宣教政研室)主任 1 名、党风政风监督室主任 1 名、案件监督管理室(信访室)主任 1 名、纪检监察室主任 1 名、案件审理室主任 1 名)。

【职能职责】 2016 年 8 月前,负责辖区党风廉政建设、行政监察、机关效能建设、纠风以及沙坡头区直属部门、乡镇资金使用情况的审计监督和单位负责人的经济审计等工作。2016 年 8 月后,负责沙坡头区党的纪律检查和政府行政监察工作;负责监督检查党的路线、方针、政策、决议的执行情况和沙坡头区各级党政群机关及其工作人员执行国家、自治区、中卫市及沙坡头区政策和法律、法规、规章、条例的情况;负责调查处理沙坡头区各级党组织和沙坡头区委管理的党员干部违反党的章程及其他党内法规的案件;负责调查处理沙坡头区党政群机关及其工作人员以及由政府任命的工作人员和按照公务员管理的其他人员违反国家政策、法律、法规以及违反政纪的行为,并作出处理或提出处理建议(对涉及选举产生的领导干部按法定程序办理);负责受理监察对象对不服政纪处分的申诉,受理个人或单位对监察对象违纪行为的检举、控告;负责制订区党风党纪教育规划,会同有关部门做好纪检监察宣传教育工作;负责拟定纪检监察工作相关政策的实施细则,协助沙坡头区委、政府制定有关党风廉政建设的规定;负责做好纪检监察干部管理、选备、教育培训工作;负责沙坡头区党员、干部廉洁自律工作;负责纠风工作和效能建设工作。

区委办公室

【机构编制】 中共中卫市沙坡头区委办公室,挂督查室、保密局、机要局牌子(2016 年 8 月前为沙坡头区党工委会办公室,挂督查室牌子)。共核定行政编制 18 名,后勤服务事业编制 2 名;核定科级领导职数 4 名(1 正 3 副),其中,主任 1 名(正科级),副主任兼督查室副主任1名(副科级),副主任兼保密局副局长1名(副科级),副主任兼机要局副局长1名(副科级)。

【职能职责】 负责组织以沙坡头区委、区委办公室名义上报、下达的各类文件的起草、审核工作和沙坡头区委领导的讲话、报告、文章的起草工作;负责收集、筛选、整理各类信息并及时向上级党委办公室报送,为上级党委和沙坡头区委提供及时、准确、全面的信息服务;负责对上级党委和沙坡头区委的重要决策及工作部署、沙坡头区委领导的重要批示、人大代表建议、政协委员提案和人民群众提出的批评建议等办理情况开展督促检查;负责沙坡头区党代会、全委会、常委会、书记办公会及工作会议和沙坡头区委领导召开的其他会议的筹备和会务组织工作;负责上级文电和下级向沙坡头区委呈送的请示、报告和外地重要函电的处理;负责做好文电的收发、保密、缮印、运转、立卷工作;负责沙坡头区党政机关与上级党委密码通信的管理和沙坡头区核心密码及普通密码的规划管理,负责机密、绝密件传递的管理工作;负责制订沙坡头区保密工作计划并组织实施,抓好保密法律法规的落实,加强保密工作的协调、指导、监督检查等工作;负责组织工作人员对沙坡头区经济、政治、科技、文化、党建等方面具有全局性、前瞻性、指导性的重大课题进行调查研究,及时提出意见和建议;负责上级党委和外地县市区党委领导来沙坡头区的接待安排,组织协调有关重要接待工作;负责沙坡头区委机关的后勤服务及公共设施的建设、管理和安全保卫工作;负责政策研究和档案管理工作;负责配合协调做好党史研究工作的延伸衔接工作,指导协调人民群众的来信来访工作;负责沙坡头区委和区委办公室印章、介绍信的管理使用以及基层党组(党委)印章的制发。

区委组织部

【机构编制】 中共中卫市沙坡头区委组织部(2016年8月前职能由沙坡头区党群工作部承担)核定行政编制11名,后勤服务事业编制1名;核定科级领导职数5名(1正4副),其中:部长1名(正科级),副部长兼机关工委书记1名(副科级),副部长兼非公有制经济组织党工委专职副书记1名(副科级),部务委员2名(副科级)。

【职能职责】 负责调查研究和指导沙坡头区党组织建设,探索各类非公有制经济组织和社会组织中党组织的建立和活动方式,协调、规划和指导沙坡头区党员教育管理工作和发展党员工作;负责指导和加强沙坡头区各级领导班子思想政治建设、作风建设,督促检查下级党组织认真贯彻执行民主集中制,坚持集体领导,开好民主生活会;负责制订加强沙坡头区各级领导班子建设、干部队伍建设的规划意见和实施办法,研究或参与制定组织、干部、人事工作的重要政策和制度,并抓好组织实施工作;负责提出沙坡头区直机关、各乡镇领导班子、领导干部调整、配备的意见和建议,做好沙坡头区直机关下属科级干部和各乡镇科级干部的考察任免工作以及区属有关部门班子成员任免的协管工作;负责做好少数民族干部、妇女干部、非中共党员干部和后备干部的培养选拔工作;负责干部监督、干部教育培训工作;负责研究制订人才队伍建设规划和相应措施,加强对沙坡头区人才工作的宏观指导和领导;负责沙坡头区干部统计和党员统计工作,管理干部档案和文书档案;负责沙坡头区干部的出国政审工作;负责沙坡头区行政机关公务员、参照公务员管理单位工作人员及事业单位工作人员的人事工资管理工作,做好事业单位工作人员招聘工作;负责机构编制实名制库更新、管理工作,配合协调做好编制管理工作的延伸衔接工作。

区委宣传部

【机构编制】 中共中卫市沙坡头区委宣传部(2016年8月前职能由沙坡头区党群工作部承担),挂沙坡头区精神文明建设指导委员会办公室牌子。共核定行政编制 6 名，后勤服务事业编制 1 名；核定科级领导职数 4 名（1 正 3 副），其中：部长 1 名（正科级），副部长 1 名（副科级），副部长兼精神文明建设指导委员会办公室副主任 1 名（副科级），国防教育办公室专职副主任 1 名（副科级）。

【职能职责】 负责指导、规划、安排沙坡头区理论研究、理论学习、理论宣传工作；负责组织沙坡头区党委中心组学习，组织编制社会科学规划及实施计划，指导沙坡头区讲师团的工作；负责沙坡头区舆论宣传和思想政治工作，配合沙坡头区委组织部做好党员教育工作，宣传优秀党组织和党员典型，会同有关部门研究和改进群众思想教育工作；负责制订新闻宣传文化系统干部的培训规划并组织实施；负责指导并组织沙坡头区对外宣传工作和对外文化交流工作，拟定并实施对外宣传的政策及总体规划；负责沙坡头区宣传思想文化战线重大问题、政策措施、制度建设方面的调研工作，指导沙坡头区各部门(单位)、各镇（乡）进一步加强和改进思想建设及日常思想政治工作；负责沙坡头区网络新闻宣传的管理和监控工作；负责规划、部署、检查和指导沙坡头区群众性精神文明建设工作，组织开展沙坡头区群众性的精神文明创建活动；负责做好精神文明建设工作的督促落实、交流推广，研究精神文明建设的新情况、新问题并提出意见和建议；负责组织、协调沙坡头区国防教育工作。

区委统战部（民族宗教局）

【机构编制】 沙坡头区委统一战线工作部与沙坡头区民族宗教局合署办公（2016 年 8 月前职能皆由沙坡头区党群工作部承担），一套机构，两块牌子。共核定行政编制 6 名，后勤服务事业编制 1 名；核定科级领导职数 3 名（1 正 2 副），其中：部长兼民族宗教局局长 1 名（正科级），副部长兼民族宗教局副局长 2 名（副科级）。

【职能职责】 负责调查研究统一战线理论、政策和法律法规，向党委全面反映统一战线情况，提出开展统一战线工作的意见和建议，检查沙坡头区统一战线政策和法律法规的执行情况，协调统一战线各方面关系；负责联系民主党派，牵头协调无党派人士工作，贯彻做好民主党派和无党派人士工作的方针政策，支持民主党派和无党派人士履行职责、发挥作用，支持、帮助民主党派和无党派人士加强自身建设；负责民族、宗教工作理论、方针、政策和法律法规的调查研究和宣传教育，牵头检查落实情况，做好重要工作的重大问题的处理；负责联系少数民族和宗教界代表人士，会同有关部门做好少数民族干部培养和举荐工作；负责非公有制经济人士情况调查研究和服务、引导、教育工作；负责开展港澳台海外统一战线工作，做好台胞、台属有关工作；负责党外代表人士在人大、政协安排的有关工作，做好党外代表人士和后备干部队伍建设工作，协助民主党派做好干部管理工作；负责做好有关统战团体管理工作，配合做好工商联工作的延伸衔接工作；负责联系少数民族干部，协助有关部门做好少数民族干部培养、教育和使用工作；负责组织开展民族、宗教工作干部的培训；负责对乡镇和有关部门民族宗教工作进行业务指导，会同有关部门管理、使用好少数民族专项资金，会同有关部门做好少数民族困难群众的扶贫工作；负责民族成分认定、民族食品监督管理、合法宗教活动审批审核、宗教活动服务管理、宗教活动场所登记年检、宗教场所安全隐患排查整治等工作；负责宗教教职人员的思想教育工作；负责做好民族宗教矛盾纠纷的排查调处工作，配合有关部门及时妥善处理有关民族宗教方面的突发事件；负责对涉及现行宗教政策、少数民族宗教信仰、禁忌、风俗习惯等问题的出版物和音像制品进行审核；负责政府宗教方面的规范性文件的清理工作和政务公开工作；负责开展统一战线、民族宗教的宣传工作。

区委政法委（综治办）

【机构编制】 沙坡头区委政法委员会与沙坡头区

社会管理综合治理委员会办公室（2016年8月前职能由沙坡头区社会管理工作部承担）合署办公。共核定行政编制6名，后勤服务事业编制1名；核定科级领导职数3名（1正2副），其中：书记1名（正科级），副书记兼社会管理综合治理委员会办公室副主任1名（副科级），副书记1名（副科级）。

【职能职责】 负责实施政治思想、方针、政策方面的领导和业务工作上的指导、督查与协调；负责按照沙坡头区委的要求，对一定时期内的政法、综治工作作出全局性的部署并及时督促贯彻落实；负责组织协调指导维护社会稳定工作；负责指导和协调政法各部门在依法相互制约的同时密切配合、督促、推动大要案的查处工作，研究、协调有争议的重大、疑难案件；负责检查政法部门执行法律法规和党的方针政策的情况，结合实际，研究制定严肃执法和落实党的方针政策的具体措施；负责组织、协调、指导沙坡头区社会管理综合治理与有关防范和处理邪教问题的工作，推动各项措施的落实；负责组织推动政法系统的调查研究工作，总结新经验，解决新问题，探索政法工作改革；负责研究指导加强政法队伍建设和领导班子建设工作，协助沙坡头区委及其组织部门考察、管理政法部门的领导干部；负责依法治区、平安沙坡头区建设工作；负责做好沙坡头区政法、综治工作的宣传和通讯报道工作。（王晴）

沙坡头区委及部门直属事业单位

廉政案件教育和信息管理中心

【机构编制】 沙坡头区廉政教育和案件信息管理中心为沙坡头区纪律检查委员会（监察局）所属副科级事业单位。共核定全额预算事业编制6名；核定主任1名（副科级）、副主任1名。

【职能职责】 负责组织协调沙坡头区党风廉政建设和反腐败宣传教育工作；负责组织协调沙坡头区廉洁文化建设及纪检监察电教化工作；负责组织协调党风廉政建设和反腐败网络舆情信息收集、研判和处置工作；负责指导沙坡头区纪检监察系统的宣传教育、廉洁文化建设和网络信息工作。

党政内网服务中心

【机构编制】 沙坡头区党政内网服务中心为沙坡头区委办公室所属副科级事业单位。共核定全额预算事业编制6名；核定主任1名（副科级）、副主任1名。

【职能职责】 负责党政内网平台建设和区委、政府及各部门之间政务内网的互联互通工作；负责区委、政府视频会议系统的管理和维护工作，为各级视频会议提供保障服务；负责沙坡头区各部门、乡镇公文安全传输系统的管理和维护工作。

党员宣传教育中心

【机构编制】 沙坡头区党员宣传教育中心为沙坡头区委组织部所属副科级事业单位。共核定全额预算事业编制6名；核定主任1名（副科级）、副主任1名。

【职能职责】 负责沙坡头区党员电化教育音像教材的拍摄、制作、刻录、播放、交流工作，建立电教片库，为基层党组织开展党员电化教育工作提供片源保证；负责做好沙坡头区电教工作信息的收集和反馈工作，指导沙坡头区党员电化教育工作，培训电教工作人员，切实抓好电教网络建设；负责办好“沙坡头区党建”网站，充分利用各种传媒，大力宣传沙坡头区基层党组织建设中涌现出的典型代表，积极推广好的经验和做法，为推动党建工作上台阶搭建平台；负责对沙坡头区内基层站点和电教片的播放收看情况及时进行检查、指导、督促。

人力资源服务中心

【机构编制】 沙坡头区人力资源服务中心为沙坡头区委组织部所属副科级事业单位。共核定全额预算事业编制6名；核定主任1名（副科级）、副主任1名。

【职能职责】 负责沙坡头区公务员、事业单位人员日常管理服务工作；负责人才引进、高层次专业人才、国家有突出贡献的中青年专家、享受政府特殊津贴人员的培养、选拔、管理服务工作；负责协调农村实用人才选拔服务工作；负责三支一扶、实习大学生、公益性岗位人员招募、管理和服务工作；负责沙坡头区机关事业单位财政统发工资的审核及编制工资统计年报工作。

网络安全与信息化办公室

【机构编制】 沙坡头区网络安全与信息化办公室为沙坡头区委宣传部所属副科级事业单位。共核定全额预算事业编制 6 名；核定主任 1 名（副科级）、副主任 1 名。

【职能职责】 负责沙坡头区委网络安全和信息化日常工作，与市网络安全与信息化办公室（市信息化建设办公室）对口联系，统筹协调涉及沙坡头区政治、经济、文化、社会等各领域网络安全和信息化方面的重大问题；负责研究制订沙坡头区网络安全和信息化发展规划、政策和相关制度，统筹推进网络安全和信息化建设工作；负责研究拟订沙坡头区网络安全和信息化建设重点工作、重大项目，统筹沙坡头区信息化建设资金安排和项目管理；负责沙坡头区各类网站、论坛、微博、微信、新闻客户端等互联网信息内容监督管理，协同有关部门查处违法违规网站和网络违法犯罪活动；负责网上舆论的引导和管控，承担网络舆情的监测、搜集、研判、引导、处置和信息报送工作。（王晴）

沙坡头区人大机关内设机构

人大办公室

【机构编制】中卫市沙坡头区人大机关办公室核定行政编制 9 名，后勤服务事业编制 1 名；核定科级领导职数 2 名（1 正 1 副），其中，主任 1 名（正科级），副主任 1 名（副科级）。

【职能职责】 承办人代会、常委会、党组会、主任会和其他会议的会务工作；起草、整理、印发常委会、党组及办公室文件、报告和材料；接待和处理人民群众来信来访；做好各类文件、函电、信件、期刊的签收、登记、传阅、催办和文档管理、保密工作；承办常委会、党组会、主任会议决定事项的实施和督促检查；配合各工作委员会承办常委会议决定调查、检查、视察工作；开展信息交流和宣传工作。做好机关行政事务管理，负责机关财产、经费的管理，负责机关人事、劳资、环卫、安全工作，负责对外联络、协调及接待工作。

法制财经社会工作委员会

【机构编制】中卫市沙坡头区人大法制财经社会工作委员会核定行政编制 2 名；核定科级领导职数 2 名（1 正 1 副），其中，主任 1 名（正科级），副主任 1 名（副科级）。

【职能职责】 根据授权对“一府两院”行政司法方面贯彻执行法律、法规和人大常委会决定、决议及审议意见的情况进行监督检查；对提请审议的报告、议案和发布的规范性文件进行初步审查；负责起草法制建设和司法监督工作的文件；负责司法方面调查、检查、视察和评议的具体工作；检查法制工作方面的议案、建议办理情况，受理人民群众来信和申诉案件，抓好转办督办工作；开展调查研究，为人大常委会加强对行政司法工作的监督提供决策依据。根据授权对区政府财政经济管理、农业和农村经济发展、农村公共基础设施、村镇规划建设、环境保护与整治、扶贫开发、民族宗教、民政和社会保障、科技、文化、体育、计划生育、安全生产等方面贯彻执行法律、法规和人大常委会决定、决议及审议建议的情况进行监督检查；对提请审议的报告、议案和发布的规范性文件进行初步审查；负责政府财政经济管理、农业和农村经济发展、农村公共基础设施、村镇规划建设、环境保护与整治、扶贫开发、民族宗教、民政和社会保障、科技、文化、体育、计划生育、安全生产等方面的调查、检查、视察和评议的具体工作，起草政府财政经济管理、农业和农村经济发展、农村公共基础设施、村镇规划建设、环境保护与整治、扶贫开发、民族宗教、民政和社会保障、科技、文化、体育、计划生育、安全生产等方面的工作文件；检查政府财政经济管理、农业和农村经济发展、农村公共基础设施、村镇规划建设、环境保护与整治、扶贫开发、民族宗教、民政和社会保障、科技、文化、体育、计划生育、安全生产方面的议案、建议、意见的办理和群众来信来访的转办督办工作；开展调查研究，了解掌握情况，为人大常委会加强对政府财政经济管理、农业和农村经济发展、农村公共基础设施、村镇规划建设、环境保护与整治、扶贫开发、民族宗教、民政和社会保障、科技、文化、体育、计划生育、安全生产等方面的监督提供决策依据。

代表联络与选举工作委员会

【机构编制】中卫市沙坡头区人大代表联络与选举工作委员会核定行政编制2名；核定科级领导职数2名(1正1副)，其中，主任1名(正科级)，副主任1名(副科级)。

【职能职责】 根据授权对选举、人事、代表工作方面贯彻执行法律、法规和人大常委会决定、决议及审议意见的情况进行监督检查；对提请审议的报告、议案和发布的规范性文件进行初步审查；办理人民代表大会、常委会选举、任免干部和代表资格审查的具体工作；承办市、区人大代表的选举、罢免、补选的具体工作；联系本级人大代表，组织和指导人大代表开展活动，联系在沙坡头区工作和居住的上级人大代表，协助安排其视察、调研和闭会期间的活动，收集整理人大代表议案、建议、意见，做好转办督办工作，处理本级人大代表的来信来访；负责人事、代表和选举方面的调查、检查、视察和评议的具体工作；起草人事、代表和选举工作文件；开展调查研究，了解掌握情况，为人大常委会提供决策依据。(王晴)

沙坡头区政府工作部门

政府办公室

【机构编制】 中卫市沙坡头区人民政府办公室，挂政府法制办、督查室、应急办牌子。共核定行政编制16名，后勤服务事业编制2名；核定科级领导职数5名(1正4副)，其中：主任1名(正科级)，副主任兼政府法制办公室副主任1名(副科级)，副主任兼督查室副主任1名(副科级)，副主任兼应急办副主任1名(副科级)，副主任1名(副科级)。

【职能职责】 负责督促检查沙坡头区政府决定事项及政府领导同志批办事项的贯彻落实情况，及时向政府领导同志报告；负责沙坡头区政府会议的准备工作，协助政府领导同志组织实施会议决定事项；负责政府领导同志重要活动的日程安排和服务协调；负责组织起草或审核以沙坡头区政府、政府办公室名义制发的各类文件、材料；负责审核各乡(镇)人民政府和各政府部门请示、报告事项，提出办理意见，报区政府领导审批；负责沙坡头区以及沙坡头区级以上人大代表议案、建议和政协委员提案的协调、办理、督查和信息反馈；负责沙坡头区政府重大视察、检查等活动的组织安排，做好上级领导来沙坡头区视察、检查、调研的接待工作；负责沙坡头区政府与中卫市有关部门、驻沙坡头区各单位和沙坡头区政府与沙坡头区委、人大、政协、武装部的联系事宜，协助政府领导处理需由沙坡头区政府直接处理的突发事件和重大事故，协调处理群众来信来访；负责沙坡头区经济社会发展中具有战略性、全局性以及重点、难点、热点问题的调查研究，并提出意见、建议；负责政务信息的收集、整理，反馈沙坡头区内外重要信息；负责推进、指导、协调、监督沙坡头区政府政务信息工作；负责做好上级政府、部门及各方面的来文来电的传递、办理、归档和保密工作；负责区政府系统办公自动化建设工作，指导沙坡头区政府系统公文处理工作，协助做好文书档案管理工作；负责政府法制工作，做好行政规范性文件的备案审查；负责办理由区政府复议的行政案件；负责办理沙坡头区范围内的外事侨务事务，做好归侨、侨眷的联系工作；负责应急值守、预案管理、信息汇总和综合协调工作，督促检查沙坡头区应急委员会成员单位应急组织机构、队伍建设和应急处置措施的落实，组织突发事件应急培训和演练，配合协调做好教育、涉及全局性事务等工作的延伸衔接工作。

发展和改革局

【机构编制】 中卫市沙坡头区发展和改革局，挂统计局牌子。共核定行政编制 8 名；核定科级领导职数 4 名(1 正 3 副)，其中，局长 1 名(正科级)，副局长 2 名(副科级)，经济动员办公室专职副主任 1 名(副科级)。

【职能职责】 负责拟订国民经济和社会发展规划及年度计划并组织实施，提出经济总量、结构调整等调控目标及可持续发展的政策措施，拟定沙坡头区固定资产投资规模、投资结构、资金平衡调控目标、政策及措施，拟订实施沙坡头区综合性经济体制改革方案等工作；负责指导和协调招标投标工作，受沙坡头区人民政府委托向沙坡头区人民代表大会常务委员会提交国民经济和社会发展计划的报告；负责向自治区、市申报项目、争取资金，支持地方经济协调发展工作，衔接、平衡各主要行业的行业规划；负责监督沙坡头区经济和社会发展长期规划及年度计划的实施，监督检查产业政策执行情况，落实淘汰落后生产工艺及过剩产能；负责对沙坡头区国民经济和社会发展态势进行监测预测预警、信息引导，提出政策建议、发布经济信息；负责编制地方债务计划，提出经济与社会协调发展、相互促进的政策措施，协调社会事业发展的重大问题，评估社会发展总体水平，研究提出促进就业、调整收入分配、完善社会保障与经济协调发展的政策措施；负责基础产业、基础设施和支柱产业项目前期准备工作及组织实施；负责各部门、事业单位、乡镇建设项目的申报、审批(权限范围内)、备案；负责相关项目建设的监督管理，协助市级统计部门做好人口、经济、农业等大型普查工作，承担沙坡头区乡镇统计工作的监督管理责任；负责组织实施农林牧副渔业、生态移民监测、区域社会经济基本情况等行业统计调查，协助市级统计部门实施投资、人口、劳动力等统计调查；负责国民经济、社会发展统计分析统计监督；负责编制宁夏红科技园、镇罗金鑫园、宣和高载能园和常乐陶瓷园 4 个乡镇产业基地经济社会中长期发展规划和年度计划，并组织实施；负责产业基地招商引资及进入基地项目建设立项、核准、备案、安评、环评、能评等方面协调和服务；负责产业基地招商宣传、服务和项目引进、洽谈、考察、评估、合同签订工作；负责产业基地内项目用地的规划布局、基础设施建设、公共设施和运营等服务管理工作；负责沙坡头区国民经济动员委员会的日常工作，配合协调做好工业和信息化、商务和经济技术合作和招商引资等工作的延伸衔接工作。

司法局

【机构编制】 中卫市沙坡头区司法局，挂信访督办局牌子。共核定司法政法专项编制 44 名(局机关 11 名、司法所 33 名)；核定科级领导职数 3 名(1 正 2 副)，其中，局长 1 名(正科级)，副局长 2 名(副科级)。

【职能职责】 负责拟订年度司法行政工作计划、法制宣传教育规划并组织实施；拟负责指导、监督、管理机关、乡镇、企事业单位及各行业法制依法治理工作；负责监督律师事务所和律师工作，协助上级部门调查处理律师违纪违法行为，监督管理辖区司法所建设、法律援助、人民调解、社区矫正工作；负责基层法律服务和刑满释放人员安置帮教工作，协助政法委抓好社会管理综合治理工作；负责司法行政队伍建设和思想政治工作，组织实施司法行政干部素质教育和人民调解员培训工作;负责处理人民群众的来信、来电,接待处理来访群众反映的问题,及时向沙坡头区委、政府报告群众来信、来电、来访中提出的重要建议和反映的重大问题,督办上级部门和沙坡头区领导批办的信访事项,督促检查领导同志有关批示的落实情况,向沙坡头区所辖镇(乡)和部门及企事业单位交办、转送有关信访事项,并跟踪督查信访事项的处理和落实情况,组织协调处理跨地区、跨部门的重要信访事项,处理群体上访及异常、突发信访事件,统一受理各类投诉;负责对信访事项三级终结工作,指导监督责任单位做好群众信访事项的复查、复核工作;负责沙坡头区信访干部培训工作;负责做好信访突出问题排查化解和信访维稳工作,协调处理疑难复杂信访突出问题,检查、指导、督促各部门、各乡镇的信访工作,并对信访处理情况进行督查督办,提出改进工作、完善政策、给予处分建议的意见;负责承担依法治区领导小组和信访维稳工作领导小组的日常工作。

社会保障局

【机构编制】 中卫市沙坡头区社会保障局共核定行政编制9名、聘用编制3名;核定科级领导职数4名(1正3副),其中:局长1名(正科级),副局长2名(副科级),社会组织工委专职副书记1名(副科级)。

【职能职责】 负责拟订沙坡头区民政和社会保障事业发展规划及年度计划并组织实施和监督检查,指导沙坡头区民政和社会保障事业改革和发展;负责《村民委员会组织法》和《居民委员会组织法》的贯彻落实,研究提出加强和改进基层政权及基层群众自治组织建设的意见建议,培训基层干部,指导村(居)民委员会的组织制度建设;负责沙坡头区村民委员会的设立、撤销、范围调整、更名工作;负责城乡社区建设过程中的监督、管理、协调、考核工作,指导社区服务工作,指导社区工作者队伍建设;负责沙坡头区双拥领导小组办公室日常工作,负责残疾军人、老复员军人、“三属”人员等各类优抚对象优待抚恤、医疗救助等政策落实;负责退役士兵接收、安置、就业、创业、培训等各项优惠政策落实;负责沙坡头区拥军优属、双拥共建、现役军人家属优待抚恤和烈士褒扬工作;负责无军籍退休退职职工的接收、管理和服务工作;负责各类优抚对象信息管理系统和烈士褒扬系统的维护和管理,组织拟订社会救助政策、规划,健全完善城乡社会救助体系;负责沙坡头区城乡居民最低生活保障、80岁以上生活困难老年人基本生活津贴、孤儿养育津贴、特困供养人员津贴等民政保障和救助政策;负责困难人员医疗救助、临时救助政策落实;负责沙坡头区社会救助家庭经济状况核对信息系统的建设和管理,健全社会救助家庭经济状况核对机制,落实社会救助家庭经济状况核对工作;负责沙坡头区婚姻登记管理、儿童收养工作,负责婚姻登记档案的立卷管理和移交工作;指导推进婚姻习俗改革,宣传婚姻法律法规,倡导科学婚检、文明婚俗,宣传贯彻执行殡葬管理政策和法律、法规,负责农村公墓和殡仪服务中心等殡葬服务单位的监督和管理;负责推进殡葬改革,落实殡葬救助政策,提高公墓安葬率,完成重点建设项目区的迁坟任务;负责落实社会组织管理的政策和规章,负责社会团体、民办非企业单位等社会组织培育、登记、年度检查和服务工作;负责提供地名信息,规范地名标志的设置和管理,收集整理地名资料,管理地名档案和地名信息系统,向社会提供地名服务;负责沙坡头区行政区划边界管理工作;负责研究提出沙坡头区社会福利和慈善事业发展规划并组织实施,落实残疾儿童等困难群体的各类关爱项目,做好农村“三留守”人员服务工作;负责指导沙坡头区救灾救助政策法规的贯彻落实,负责自然灾害救助应急体系建设,组织、协调救灾救助工作,负责组织核查并统一发布灾情,管理、分配救灾款物并监督使用,指导管理受灾群众临时性救助工作;负责指导和协调沙坡头区老龄组织工作,制订老年事业发展规划，健全沙坡头区养老服务体系，负责各类养老服务项目建设；负责拟定社会工作发展和志愿服务发展规划、制度、政策，推进社会工作人才队伍建设和志愿者队伍建设；负责配合做好辖区乡镇养老、失业、医疗、工伤、生育保险政策落实；负责辖区乡镇居民养老保险、医疗保险的征缴扩面工作。

农业和科技委员会

【机构编制】 中卫市沙坡头区农业和科技委员会共核定行政编制 11 名；核定科级领导职数 5 名（1 正 4 副），其中，主任 1 名（正科级），副主任 4 名（副科级）。

【职能职责】 负责拟订农林牧渔业和科技发展总体规划、专项规划和年度计划并组织实施；负责组织、监督沙坡头区植树造林、封山育林、全民义务植树等工作，组织实施天然林保护工程、国家公益林管护、防护林体系建设工程等国家生态建设重点工程，承担沙坡头区绿化委员会的日常工作；负责乡（镇）农、林、牧、水派出机构的建设和管理，组织实施林木良种的审定、检疫、检验，林木种苗、花卉生产和经济林产业新品种、新技术的引进、推广，森林病虫鼠害的监测、测报和林木产地检疫及病虫害防治指导服务工作；负责组织实施陆生野生动植物资源的保护和合理开发利用；负责森林资源调查和动态监测；负责审核森林采伐限额和木材生产计划并监督执行；负责林地和林权的管理；负责农、林、牧、水、渔项目的申报、实施和监督管理工作；负责农村土地承包经营管理、纠纷仲裁、土地流转等工作；负责监督农民减负政策落实、农村筹资酬劳标准执行和农村“三资”管理，指导农业社会化服务体系、农民专业合作社和家庭农场的建设与发展，参与农村经济体制改革；负责指导农作物的生产、农业产业结构调整工作，组织实施农业产业化经营，扶持农产品加工业及休闲农业发展，指导农产品生产基地建设、农业生产资料市场体系建设；负责农产品认证、农产品品牌的培育、保护和发展工作；负责农业行政执法及农作物种子(种苗)、农药、兽药、饲料、饲料添加剂、肥料等农业投入品的质量监督管理；负责农机购机补贴、农机新技术推广工作，协调指导农业机械化生产、农机社会化服务工作；负责重大动物疫病的预防、控制及扑灭工作；负责农作物重大病虫害预测预报及组织防治工作；负责组织实施动植物的防疫、检疫工作；负责动物卫生监督和草原执法工作；负责农业防灾减灾工作，组织实施农业紧急救灾和灾后生产恢复工作；负责农业信息体系建设，监测分析农业和农村经济运行，组织开展农业资源区划工作；负责耕地质量监测工作；负责生态农业、循环农业建设和农村可再生能源综合开发与利用工作；配合做好沙坡头区农业科技成果的转化、科技奖励、科技信息、科技宣传、科技保密等工作；负责农业科技项目和资金的申报、管理并组织实施；负责农业和科技专业技术培训、学术交流、科普工作；负责专业技术人员继续教育培训工作；负责各类水利项目工程建设与运行管理、农村水利社会化服务体系建设、农村水利工作监督管理、辖区农田水利基本建设、灌溉管理、农村安全饮水工程建设与运行管理等工作；负责防汛、防凌、抗旱工作。

审计局

【机构编制】 中卫市沙坡头区审计局共核定行政编制 10 名；核定科级领导职数 3 名（1 正 2 副），其中：局长 1 名（正科级），副局长 2 名（副科级）。

【职能职责】 负责拟订审计工作发展规划、专业领域审计工作规划、年度计划并组织实施；负责对区财政收支和审计监督范围内的财务收支的真实、合法和效益进行审计监督，并督促被审计单位整改；负责向区人民政府提交年度区本级财政预算执行和其他财政收支情况的审计结果报告，依法向社会公布审计结果；负责提出沙坡头区级预算执行和其他财政收支情况审计工作报告、审计发现问题的整改落实报告；负责审计沙坡头区本级预算执行情况和其他财政收支，乡（镇）人民政府、沙坡头区直各部门（单位）预算执行情况、决算和其他财政收支，部门所属事业单位的财务收支；负责审计政府投资和以政府投资为主的建设项目的预算执行情况和决算；负责审计沙坡头区属国有企业和国有资本占控股或主导地位的企业的资产、负债、损益；负责审计政府部门管理的和其他单位受沙坡头区人民政府及其部门委托管理的社会捐赠资金以及其他有关基金、资金的财务收支；负责审计上级审计机关授权和统一组织的事项；负责对沙坡头区管理的党政主要负责人、事业单位负责人和属于审计监督对象的其他单位主要负责人，依法实施经济责任审计；负责组织实施财政预算管理或国有资产管理使用等与国家财政收支有关的特定事项的专项审计调查；负责监督检查审计决定执行情况，督促纠正和处理审计发现的问题；负责依法办理被审计单位对审计决定提请行政复议、行政诉讼或沙坡头区人民政府裁决中的有关事项，指导、监督内部审计、社会审计工作。

建设交通局

【机构编制】 中卫市沙坡头区建设交通局，挂村镇规划办公室牌子。共核定行政编制 9 名；核定科级领导职数 4 名（1 正 3 副），其中，局长 1 名（正科级），副局长 3 名（副科级），其中 1 名兼任交通战备办公室副主任、1 名兼任人民防空办公室副主任。

【职能职责】 负责拟订建设和交通、农村道路、农民新居建设、旧村整治、危房改造的发展规划、年度计划并组织实施；负责所辖公路和交通设施的使用、养护、管理，指导乡村道路的保洁；负责组织开展镇（乡）规划和本行政区域内村庄规划编制工作；负责村镇规划建设管理工作；负责村镇建设项目、乡村道路建设项目的编制、申报、管理和实施工作；负责村镇建设新技术、新材料的推广应用；负责依法受理本行政区域内乡村建设规划许可申请，依据镇（乡）规划和村庄规划对申请进行初审；负责开展日常巡查，受理群众投诉举报，对规划实施情况进行监管，配合相关部门查处违法建设行为；负责组织开展农村环境卫生综合整治、沙坡头区农村和社区环卫垃圾收集、转运、处置体系建设及督查考核等工作；负责参与沙坡头区城乡环境卫生专业规划编制、城市环境相关工程设计会审和竣工验收工作；负责交通战备和人民防空工作，协调抢险救灾；配合市直相关部门做好辖区物业公司监管工作。

财政局

【机构编制】 中卫市沙坡头区财政局共核定行政编制 10 名；核定科级领导职数 3 名（1 正 2 副），其中，局长 1 名（正科级），副局长 2 名（副科级）。

【职能职责】 负责拟订财政发展规划和政策并组织实施；负责提出运用财税政策实施区域宏观调控和综合平衡社会财力的建议；负责编制年度预决算草案、财政收入计划并组织执行；负责组织拟订沙坡头区经费开支标准、定额，负责部门（单位）年度预决算工作；负责政府非税收入、政府性基金、财政票据管理工作；负责财政预算内行政机构、事业单位和社会团体的非贸易外汇和财政预算内的其他收支管理；负责办理和监督经济发展的财政支出以及国家、自治区、中卫市和沙坡头区投资项目的财政拨款；负责有关政策性补贴和专项资金财政管理工作；负责政府性债务风险管控、规模控制、预算管理、国库资金、政府采购、政府性债务监督管理等工作；负责组织实施行政事业单位的清产核资、产权界定、纠纷调处、产权转让和产权登记；负责国有资产的统计分析；负责机关事业单位国有资产的监督管理；负责监督政府总预算和会计制度执行，检查财政收支中的重大问题并提出加强财政管理的政策建议。

文化体育和计划生育局

【机构编制】 中卫市沙坡头区文化体育和计划生育局共核定行政编制 7 名；核定科级领导职数 3 名（1 正 2 副），其中，局长 1 名（正科级），副局长 2 名（副科级）。

【职能职责】 负责拟订文化、体育和计划生育发展规划、年度计划并组织实施，落实文化体育和计划生育目标管理责任制，统筹规划文化体育和计划生育服务资源配置，建设公共文化体育服务体系；负责指导沙坡头区农村文化、社区文化等社会文化事业的建设，组织沙坡头区群众性文化活动，协调管理基层电影放映工作；负责组织实施群众性体育活动和竞技性活动和农村（社区）文化体育建设项目，协助做好农村文化市场和乡村旅游业的监督管理；负责协调有关部门制订人口与计划生育方案，推动人口与计划生育工作的综合治理；负责编制人口中长期规划和年度计划，并对计划执行情况进行检查评估；负责做好计划生育统计和人口统计监测工作，开展计划生育政策法规、避孕节育、优生优育等婚育科学知识宣传；负责信息化建设工作，做好部门间信息共享；负责组织开展计划生育抽样调查和流动人口统计监测，开展流动人口管理服务工作；负责做好生育服务证管理和再生育审批、计划生育信访接待和处理等工作；负责组织实施孕前优生健康检查、少生快富、奖励扶助和特别扶助等民生计划；负责开展社会抚养费征收和管理，协同有关部门开展出生人口性别比治理；配合协调做好旅游经济、卫生、新闻出版、广电等工作的延伸衔接工作；负责指导计划生育协会工作。

综合行政执法局

【机构编制】 中卫市沙坡头区综合行政执法局共核定行政编制 10 名，后勤服务事业编制 1 名；核定科级领导职数 3 名（1 正 2 副），其中，局长 1 名（正科级），副局长 2 名（副科级）。

【职能职责】 负责组织起草沙坡头区实行综合行政执法领域相关方面的规范性文件，并具体实施；负责依据环境保护管理方面法律、法规、规章，集中行使关于社会生活噪声污染、建筑施工噪声污染、城市饮食服务行业违法排污、畜禽规模养殖污染、大气污染等环保领域违法行为的部分行政处罚权及相关行政监督检查、行政强制职权；负责依据安全生产管理方面的有关法律、法规、规章，集中行使沙坡头区安全生产领域行政执法工作；负责农村环境保护基础设施项目的编制、申报，并组织实施；负责协助上级部门处理沙坡头区重特大突发环境事件的应急预警和区域内污染防治工作；负责监督、检查宁夏红科技园、镇罗金鑫园、宣和高载能源和常乐陶瓷园四个乡镇产业基地企业安全生产、环境保护管理职责履行和各项安全、环保制度落实；配合协调做好国土资源管理工作的延伸衔接工作。（王晴）

沙坡头区政府及部门直属事业单位

扶贫开发办公室

【机构编制】 中卫市沙坡头区扶贫开发办公室为沙坡头区人民政府直属正科级事业单位。共核定全额预算事业编制 13 名；核定科级领导职数 3 名（1 正 2 副），其中，主任 1 名（正科级），副主任 2 名（副科级）。

【职能职责】 负责组织开展沙坡头区扶贫开发调查研究、统筹协调、检查指导工作，拟订沙坡头区扶贫开发中长期规划，提出沙坡头区扶贫开发工作目标、任务、政策和措施并组织实施；负责拟订各类扶贫资金与项目的分配方案；负责扶贫资金使用与项目的审批、监督管理、检查验收和绩效考核；负责辖区内扶贫开发工作，配合市扶贫办做好对口帮扶工作的统筹协调和联络服务，组织协调社会力量参与扶贫开发；负责帮扶联系、协调服务及交流与合作工作，配合市扶贫办联络协调市直机关、自治区在沙坡头区单位及驻扎部队定点帮扶工作；负责特殊困难地区的综合治理、整村推进、连片开发工作，不断创新政府向社会力量购买公共服务方式，提高基本公共服务均等化水平；负责统筹、协调信贷扶贫工作，组织开展贫困地区精准扶贫、产业化扶贫、科技扶贫和生态建设工作，配合社会保障部门组织实施贫困地区干部培训、农村劳动力转移培训工作，维护农村贫困地区、贫困群体的合法权益；负责组织开展扶贫开发的统计、动态分析、宣传教育和经验交流工作。

机关事务局

【机构编制】 中卫市沙坡头区机关事务局为沙坡头区人民政府直属正科级事业单位。共核定全额预算事业编制10名；核定科级领导职数3名（1正2副），其中：主任1名（正科级），副主任2名（副科级）。

【职能职责】 负责研究制定本级机关事务管理工作的具体政策和规章制度，并组织实施；负责研究制定后勤体制改革的政策和办法，推动机关后勤改革，协调解决机关后勤工作的有关共性问题，对机关后勤服务工作进行业务指导；负责沙坡头区级机关用房的使用、分配和综合管理；负责领导公寓等有关房产的产权、产籍和使用管理及修缮维护管理，制定并组织实施有关管理规章制度；负责机关办公场所及附属用房等建设的财政预算资金管理和基建工作；负责公务用车配备计划、更新等管理工作；负责沙坡头区公务用车和重要会议、重大活动的车辆调度和安排；负责政务接待及相关公务接待，拟订并组织实施政务接待的办法和制度，承担沙坡头区大型活动、重要会议接待服务工作，协同有关部门组织实施机关事业单位接待人员的培训；负责在机关办公场所内召开的各类会议的会务、后勤工作，参与大型重要会议和重大活动的有关保障工作；负责推进、指导、协调、监督沙坡头区公共机构节能工作；负责机关节能监督管理工作，对科技、文化、体育等系统内的公共机构节能工作的管理指导，会同有关部门开展公共机构节能宣传、教育和培训工作；负责机关办公场所的安全保卫、消防、绿化、物业管理等后勤保障工作；负责在沙坡头区委、人大、政府、政协等副县级以上异地交流的领导以及沙坡头区委、政府指定的其他领导的有关生活服务和管理。

政务服务中心

【机构编制】 中卫市沙坡头区政务服务中心为沙坡头区人民政府直属正科级事业单位。共核定全额预算事业编制10名；核定科级领导职数3名（1正2副），其中：主任1名（正科级），副主任2名（副科级）。

【职能职责】 负责组织各部门对行政许可审批事项实行集中受理和办理，组织协调入驻中心的各部门为投资者、企业、居民办事提供“一站式”“一条龙”服务，协调、沟通入驻中心的各部门之间的工作关系和业务衔接工作，协调处理中心在运行过程中出现的问题；负责制订中心的各项工作制度、行政审批事项的工作流程，监督并跟踪督办规章制度的执行情况；负责对各部门入驻人员的工作作风、工作效率和廉政建设情况进行监督检查，处理来信来访和投诉事项；负责对入驻部门的业务和人员的管理，做好窗口工作人员的考勤、考核工作；负责对行政审批服务工作中出现的新情况、新问题进行调查研究，及时向沙坡头区委、政府或有关部门提出解决问题的意见和建议；负责收集、整理各窗口的工作数据，做好汇总、统计及档案资料保管工作。

统计普查中心

【机构编制】 沙坡头区统计普查中心为沙坡头区发展和改革局所属副科级事业单位。共核定全额预算事业编制12名；核定主任1名（副科级）、副主任1名。

【职能职责】 负责协助市统计部门组织实施沙坡头区人口普查、农业普查、经济普查等重大国情国力调查；负责各种普查和专项统计调查的数据汇总，对各项指标数据进行审核评估，向上级机构报送普查数据；负责普查、专项调查资料的整理和开发，拟订普查公报、撰写研究报告、编纂印刷普查资料、进行课题研究和统计分析，为区委、区政府和有关部门提供咨询服务；负责指导基层进行各种普查和专项调查工作，并组织人员培训；负责社会消费品价格监测及居民生产生活用品市场价格的调研调控工作；负责研究解决普查专业技术方面的问题。

城乡居民最低生活保障中心

【机构编制】 沙坡头区城乡居民最低生活保障中心，挂沙坡头区社会救助家庭经济状况核对中心牌子，为沙坡头区社会保障局所属副科级事业单位。共核定全额预算事业编制9名;核定主任1名(副科级)、副主任1名。

【职能职责】 负责组织实施城乡低保、城乡医疗救助、特困供养等社会救助政策，指导和督促乡(镇)做好各项政策的贯彻落实工作;负责辖区内城乡低保、孤儿、高龄、特困供养、医疗救助、家庭经济状况核对等社会救助审核、审批及日常管理工作;负责指导、督促、检查、考核各乡(镇)开展城乡低保、城乡医疗救助等相关社会救助工作,受理乡镇关于城乡低保、医疗救助等社会救助工作申请上报材料,按规定的程序审核、审批、核发救助资金；负责沙坡头区居民家庭经济状况核对工作体系的建设和日常管理工作，依法对申请社会救助家庭的经济状况进行核对，开展信息交换和比对等工作。

殡葬管理所

【机构编制】 沙坡头区殡葬管理所为沙坡头区社会保障局所属不定级别事业单位。共核定全额预算事业编制6名;核定所长1名,副所长1名。

【职能职责】 负责辖区内宣传、贯彻和执行各类殡葬政策和法律、法规,制订本辖区殡葬改革和管理的具体规划和计划；负责推进辖区殡葬改革和教育工作,倡导并组织实施文明丧葬、生态安葬等移风易俗活动；负责辖区内建设项目坟墓迁移相关政策依据的审核、迁坟工作的指导、无主坟集中迁入区的协调和划定工作；负责沙坡头区殡葬行业有关调研活动。

社区服务中心

【机构编制】 沙坡头区社区服务中心为沙坡头区社会保障局所属不定级别事业单位。共核定全额预算事业编制6名;核定主任1名、副主任1名。

【职能职责】 负责培育发展社区社会组织；负责指导开展辖区内各类公益活动及志愿服务，开展社区便民利民、文化娱乐等服务;负责提供社区政务信息、便民服务信息等咨询服务;负责开展社区居民的自助互助服务。

农村合作经济经营管理站

【机构编制】 沙坡头区农村合作经济经营管理站为沙坡头区农业和科技委员会所属不定级别事业单位。共核定全额预算事业编制10名;核定不定级别领导职数2名(1正1副),其中,核定站长1名,副站长1名。

【职能职责】 负责稳定和完善以家庭承包经营为基础,统分结合的双层经营体制政策的组织实施;负责指导农村土地承包合同的签订，依法鉴证承包合同,检查承包合同的履行情况;负责建立农村土地承包合同档案，负责合同纠纷案件的调解与仲裁;负责扶持指导农民专业合作组织发展,建立健全注册登记、备案制度;负责农村“一事一议”筹资筹劳、农村集体资产的使用和集体经济组织财务活动的监督管理工作，指导村集体经济组织实行财务公开、民主管理;负责做好农民来信来访的接待,处理农村信访突出问题及群体性事件,积极配合有关部门查处涉及农村集体资产管理违法违纪行为;负责做好农村经济收益分配统计,实施统计信息电算化管理。

农业技术推广服务中心

【机构编制】 沙坡头区农业技术推广服务中心为沙坡头区农业和科技委员会所属副科级事业单位。共核定全额预算事业编制92名；核定主任1名(副科级)、副主任3名。

【职能职责】 负责制订沙坡头区农业技术推广服务工作的年度计划与长远规划,并组织实施;负责重大农业技术推广项目的组织、实施和农业新技术、农作物新品种的引进、试验、示范、推广工作;负责沙坡头区农作物重大病虫害的测报和植物检疫工作；负责沙坡头区土壤养分调查及耕地质量监测工作;负责沙坡头区农村能源项目的规划、申报、实施与管理;负责沙坡头区农业机械新产品、新机械、新技术的引进、示范和推广管理工作;负责沙坡头区农产品生产过程中的质量安全检验、检测和监测服务;负责指导乡镇农业服务业务工作和专业技术人员及农民的培训工作。

林业技术推广服务中心

【机构编制】 沙坡头区林业技术推广服务中心挂沙坡头区林木检疫站牌子,为沙坡头区农业和科技委员会所属副科级事业单位。共核定全额预算事业编制30名;核定主任兼站长1名(副科级)、副主任兼副站长2名。

【职能职责】 负责贯彻执行沙坡头区生态林业建设、优势果品产业建设规划、实施方案、作业设计,做好自查验收建档工作;负责沙坡头区生态公益林和经济产业新技术试验、示范、推广和技术培训、技术咨询服务、林业有害生物防治工作;负责协助做好沙坡头区林木种苗生产及种苗质量检验检测工作;负责沙坡头区退耕还林补植补造作业设计及指导服务工作,完成年度阶段性验收及粮款兑现工作;负责沙坡头区林果、花卉产业专业合作社及流通组织发展的协调、指导与服务工作,引导协会规范运转;负责做好辖区区域监测的主要林业有害生物测报网点的布设及测报方案确定,组织开展林业有害生物监测调查,及时发布林业有害生物发生危害预测预报信息,提出防治意见等工作;负责指导沙坡头区防治单位对发生的主要林业有害生物开展有效防治,对发生的突发性、暴发性以及危险性林业有害生物及时组织做好防控工作;负责沙坡头区陆生野生动物疫源疫病监测的工作,做好沙坡头区水域野生候鸟疫源疫病监测工作;负责做好林业有害生物所需药物、药械具的准备工作。

畜牧水产技术推广服务中心

【机构编制】 沙坡头区畜牧水产技术推广服务中心为沙坡头区农业和科技委员会所属不定级别事业单位。共核定全额预算事业编制23名;核定主任1名、副主任1名。

【职能职责】 负责执行畜牧水产技术推广发展规划,协助主管部门管理饲料及饲料添加剂生产、经营活动;负责制定无公害畜禽饲养管理技术规程(标准),推广畜禽科学饲养新技术;负责良种繁育体系建设和畜禽良种的引进、选育、更新、改良和推广工作;负责协助各乡镇落实畜牧业发展规划,畜牧业新品种、新技术的引进、推广,畜牧业生产经营信息的提供和养殖园区规划及技术指导服务工作;负责畜牧业科研攻关,组织技术力量解决畜牧业生产中的重大技术难题等工作;负责组织、协调、实施畜牧水产技术培训工作;负责制订和组织实施沙坡头区水域滩涂养殖使用、水产技术推广、水生动物防疫规划;负责沙坡头区水产新品种引进、新技术试验工作,组织实施水产技术推广、水产科技知识普及和技术培训工作;负责对沙坡头区渔业资源的增殖、保护和合理利用进行技术指导;负责沙坡头区的水生动物病害、疫情测报、预防、控制,对出入境的水生动物苗种及产品进行检疫;负责沙坡头区天然草地的培育、建设、利用和管护工作;负责沙坡头区草原禁牧封育的督查和防火工作。

动物疾病预防控制中心

【机构编制】 沙坡头区动物疾病预防控制中心挂沙坡头区动物卫生监督所牌子,为沙坡头区农业和科技委员会所属副科级事业单位。共核定全额预算事业编制52名;核定主任兼所长1名(副科级)、副主任兼副所长2名。

【职能职责】 负责沙坡头区动物疫病监测、预警、预报、流行病学调查和疫情报告工作;负责指导动物疫病、人畜共患病及动物产品食源性疾病的预防、控制和扑灭工作;负责沙坡头区动物及动物产品检疫,指导养殖主体、屠宰企业做好病死病害动物及动物产品无害化处理;负责指导乡村动物检疫申报点(村级防疫员室)的建设;负责镇(乡)畜牧兽医技术服务推广、动物疫病预防的技术指导、技术培训和科普宣传工作；负责沙坡头区动物防疫物资的调购、贮备、发放与管理，能繁母猪、奶牛等能繁母畜的保险工作。

水利技术服务中心

【机构编制】 沙坡头区水利技术服务中心为沙坡头区农业和科技委员会所属不定级别事业单位。共核定全额预算事业编制 22 名；核定主任 1 名、副主任 1 名。

【职能职责】 负责协助主管部门编制沙坡头区抗旱减灾中、长期规划、乡村用水计划及沙坡头区引黄灌区渠道维修工程计划的编制、下达；负责做好抗旱经费物资、资金的分配计划、管理使用及干旱灾害统计汇总上报工作，协调有关部门共同做好抗旱救灾工作；负责协助主管部门完成沙坡头区水利、防汛工程项目编制上报，项目可行性研究及设计申报工作；负责水利、防汛工程基本建设项目的开工申报工作；负责用水测量监测及沙坡头区水利工程的技术管理及水利工程建设技术服务、水利新技术推广、小型农田水利建设技术指导工作。

河北灌溉管理所

【机构编制】 沙坡头区河北灌溉管理所为沙坡头区农业和科技委员会所属不定级别事业单位。共核定自收自支事业编制 64 名；核定所长 1 名、副所长 3 名。

【职能职责】 负责协助主管部门制订和实施沙坡头区河北灌区水利管理工作的发展规划和年度计划；负责辖区内水事活动的检查，协调解决水事纠纷和矛盾；保护水资源、水域、水工程及水土生态环境和水文监测等有关设施的安全；负责辖区内水量调度、水权分配、用水管理、水费征收等灌溉管理工作，做好灌溉技术服务推广与业务培训等工作；负责对辖区内用水单位和个人的测水计量、计划用水、节约用水及水情遥测等管理工作；负责指导开展河北灌区农田水利工程设施的建设、维修、改造与管理工作，提供相关技术服务；负责辖区内支、斗渠的管护和监督，做好小型农水工程的立项、申报和实施工作，负责辖区内水利工程、泵站机电保障和灌排水运行安全，组织工程防汛抢险和隐患事故的调查处理；负责指导、协调相关水利群管组织的建立，推进农村水利产权制度改革。

河南灌溉管理所

【机构编制】 沙坡头区河南灌溉管理所为沙坡头区农业和科技委员会所属不定级别事业单位。共核定自收自支事业编制 25 名；核定所长 1 名、副所长 2 名。

【职能职责】 负责组织制订和实施沙坡头区河南灌区水利管理工作的发展规划和年度计划；负责辖区内水事活动的监督检查，协调解决水事纠纷和矛盾，保护水资源、水域、水工程及水土生态环境和水文监测等有关设施的安全；负责辖区内水量调度、水权分配、用水管理、水费征收等灌溉管理工作，做好灌溉技术服务推广与业务培训等工作；负责对辖区内用水单位和个人的测水计量、计划用水、节约用水及水情遥测等管理工作；负责指导开展河南灌区农田水利工程设施的建设、维修、改造与管理工作，提供相关技术服务；负责辖区内支、斗渠的管护和监督，做好小型农水工程的立项、申报和实施工作；负责辖区水利工程、泵站机电保障和灌排水运行安全，组织工程防汛抢险和隐患事故的调查处理；负责指导、协调辖区内相关水利群管组织的建立，推进农村水利产权制度改革。

北干渠灌溉管理所

【机构编制】 沙坡头区北干渠灌溉管理所为沙坡头区农业和科技委员会所属不定级别事业单位。共核定自收自支事业编制 23 名；核定所长 1 名、副所长 2 名。

【职能职责】 负责组织制订和实施沙坡头区水利管理工作的发展规划和年度计划；负责辖区内水事活动的监督检查，协调解决水事纠纷和矛盾，保护水资源、水域、水工程及水土生态环境和水文监测等有关设施的安全；负责辖区内水量调度、水权分配、用水管理、水费征收等灌溉管理工作，做好灌溉技术服务推广与业务培训等工作；负责对辖区内用水单位和个人的测水计量、计划用水、节约用水及水情遥测等管理工作；负责指导开展灌区农田水利工程设施的建设、维修、改造与管理工作，提供相关技术服务；负责辖区内支的管护和监督，做好小型农水工程的立项、申报和实施工作；负责辖区内水利工程、泵站机电保障和灌排水运行安全，组织工程防汛抢险和隐患事故的调查处理；负责指导、协调沙坡头区相关水利群管组织的建立，推进农村水利产权制度改革。

农村人畜饮水管理站

【机构编制】 沙坡头区农村人畜饮水管理站为沙坡头区农业和科技委员会所属不定级别事业单位。共核定自收自支事业编制4名；核定站长1名、副站长1名。

【职能职责】 负责协助有关部门编制沙坡头区农村自来水供水水源的开发利用规划，划定饮用水水源保护区，编制农村供水基础设施的发展规划；负责沙坡头区计划供水、节约用水管理工作，推广农村自来水供水先进技术，做好农村自来水供水设施的维修和应急抢险工作，指导供水工程改造和供水设施的安装，确保供水区内的用水安全；负责沙坡头区农村自来水供水设施的管理，做好农村自来水供水收费工作。

南山台电灌站

【机构编制】 沙坡头区南山台电灌站为沙坡头区农业和科技委员会所属副科级事业单位。共核定全额预算事业编制141名；核定站长1名（副科级）、副站长3名。

【职能职责】 负责拟定南山台扬灌区水利工作发展规划并组织实施；负责南山台扬水干渠水利管理，扬水灌区农田灌溉的供水工作；负责南山台电灌站所有机电设备维修、保养，并及时提出大修及更新改造方案；负责编制南山台扬水干渠灌溉供水分配方案，组织协调南山台扬灌区水量分配及水费征收工作，及时处理南山台扬灌区各类水事纠纷案件；负责沙坡头区南山台电灌站所属泵站、变电所机电设备安全运行和水利管理所渠道正常行水；负责沙坡头区南山台扬水干渠的维修，编制南山台电灌站大型机电设备维修及渠道更新的立项方案；负责保护南山台扬灌区水利工程和泵站机电设备及其他有关设施，维护正常的灌溉秩序。

村镇公用事业管理所

【机构编制】 沙坡头区村镇公用事业管理所为沙坡头区建设交通局所属副科级事业单位。共核定全额预算事业编制12名；核定所长1名（副科级）、副所长1名。

【职能职责】 负责协助主管部门开展镇（乡）规划和村镇规划编制工作及农村危房改造年度计划；负责沙坡头区美丽乡村建设项目、乡村道路建设项目的编制、申报、管理和实施工作；负责村镇建设新技术、新材料的推广应用；负责开展日常巡查，受理群众投诉举报，协助主管部门对规划实施情况进行监督，配合相关部门查处违法建设行为；负责组织开展农村环境卫生综合整治，建立长效机制，负责农村环境卫生深度保洁的督查、考核工作；负责沙坡头区农村生活垃圾、生活污水收处体系建设及农村卫生改厕工作。

国库集中支付中心

【机构编制】 沙坡头区国库集中支付中心为沙坡头区财政局所属副科级事业单位。共核定全额预算事业编制12名；核定主任1名（副科级）、副主任1名。

【职能职责】 负责建立沙坡头区国库单一账户体系，实施财政国库集中支付制度深化改革等工作；负责沙坡头区财政国库集中支付资金的审核、下达、支付，并对预算单位财政授权支付资金进行动态监控管理；负责城乡居民“一卡通”支付的各种补贴资金管理、发放和会计核算等职责任务；负责集中核算单位资金支付管理，并进行会计核算；负责沙坡头区行政事业单位工作人员工资统一发放和公务卡管理；负责与人民银行国库、代理银行、预算单位的信息链接、数据传递及对账工作，进行财政支付的信息记录与反馈；负责对预算单位资金支付情况进行监督检查。

文化体育服务中心

【机构编制】 沙坡头区文化体育服务中心为沙坡头区文化体育和计划生育局所属副科级事业单位。共核定全额预算事业编制9名；核定主任1名（副科级），副主任1名。

【职能职责】 负责辖区内镇、村文化活动室和社区文化中心建设的业务指导，充分发挥文化活动室、农家书屋、文化大院、体育健身工程等载体的惠民作用；负责沙坡头区文体宣传、文艺活动的组织实施工作，协调、指导乡镇开展丰富多彩、群众喜闻乐见的重大社会文体活动、基层群众性文体工作和公益性文体事业，大力传播科学文化体育知识，广泛吸引人民群众积极参与，切实抵制封建迷信、赌博等不良社会风气；负责沙坡头区社会体育活动的日常管理，指导乡镇组织开展全民健身活动、农民运动会、职工运动会以及其他公益性健身活动等工作；负责完善文化体育设施建设，加强沙坡头区、乡镇、村三级公共问题服务体系建设，强化对文化体育器材使用情况的监督管理；负责沙坡头区文体队伍建设和人才培养。

民兵武器装备库

【机构编制】 沙坡头区民兵武器装备库为沙坡头区人武部代管的不定级别事业单位。共核定全额预算事业编制6名；核定主任1名、副主任1名。

【职能职责】 负责民兵武器装备的安全管理工作；负责民兵武器装备库房安全设施设备的检查、使用、管理和库房周围环境的维护等工作；负责民兵武器装备技术和弹药实力统计工作，参与民兵武器装备仓库、军械修理业务建设和管理，民兵军械装备的转级、报废处理和废旧物资的回收利用，民兵弹药试验化验、试投试射、修理等工作；负责武器装备库警卫执勤、安全保密工作。（王晴）

沙坡头区政协机关内设机构

政协办公室

【机构编制】 中卫市沙坡头区政协机关办公室核定行政编制8名，后勤服务事业编制1名；核定科级领导职数2名（1正1副），其中，主任1名（正科级），副主任1名（副科级）。

【职能职责】 在常委会和主席会议领导下，负责政协机关的政务、事务和会务工作。负责为全委会议、常委会议和主席会议等做好基础服务工作；负责向主席、副主席和各专门委员会提供信息，发挥参谋助手作用；负责协调和保障各专门委员会的有关工作事宜；负责机关文秘、人事、财务管理、车辆调配管理、信访接待、后勤总务及离退休人员的联络服务工作；负责与市政协办公室、沙坡头区委办公室、人大办公室、政府办公室等有关部门、兄弟县（市、区）政协、各民主党派、工商联和各群众团体的联系与沟通；完成好领导交办的其他事宜。

社会和法制委员会

【机构编制】 中卫市沙坡头区人大社会和法制委员会核定行政编制2名；核定科级领导职数2名（1正1副），其中：主任1名（正科级），副主任1名（副科级）。

【职能职责】 在常委会和主席会议领导下，负责制订本委年度工作计划；积极宣传贯彻国家宪法和法律、法规，帮助委员和各界人士了解法制建设方面的情况；负责组织委员开展学习、培训工作，并负责做好文史资料工作；组织委员开展专题调研、视察、座谈讨论等活动，提出合理化意见、建议，促进沙坡头区民主法治建设；负责与市政协、兄弟县区政协、政协社会和法制委员会的业务联系与交流；加强与各委室协作，完成好领导交办的其他事宜。

提案和经济委员会

【机构编制】 中卫市沙坡头区提案和经济委员会核定行政编制2名；核定科级领导职数2名(1正1副)，其中，主任1名(正科级)，副主任1名(副科级)。

【职能职责】 在常委会和主席会议领导下，负责研究、制订提案工作方案和年度工作计划；定期向全委会议、常委会议、主席会议报告提案工作进展情况；负责组织委员学习、宣传和贯彻执行党的路线、方针、政策，帮助委员和各界人士了解经济建设的发展情况；负责提案的收集、整理、审查工作并提出处理意见；协助有关部门交办好提案，抓好提案的督办落实工作；负责组织委员就沙坡头区经济建设情况开展座谈讨论、专题调查、视察、考察等活动；负责承办好常委会安排的各项经济视察、调研活动；负责草拟有关提案工作的材料、意见、工作报告等；负责与市政协、兄弟县区政协、政协提案和经济委员会的业务联系与交流；加强与各委室协作，完成好领导交办的其他事宜。

（王晴）

沙坡头区法检两院

沙坡头区人民法院

【机构编制】 中卫市沙坡头区人民法院核定中央政法编制101名；核定领导职数6名，其中院长1名(副处级)，副院长2名(正科级)，纪检组长1名(正科级)，办公室主任1名(正科级)，执行庭庭长1名(正科级)。

【职能职责】 办公室协助院领导组织协调院务工作；协调本院各部门工作；办理院党组会、院务会、院长办公会等会议事务；起草综合性文件、报告；负责机关文秘、信息资料、档案保密、枪支管理和办公自动化管理工作；负责本院财务管理工作；负责本院印章管理及收发传达、督查工作；负责法院和审判法庭建设；监督诉讼费、执行费、罚没收入的收缴、使用、管理工作；负责本院行政后勤事务管理和服务工作。政工科负责全院干部队伍的思想政治、宣传教育工作，协助院党组管理干部队伍；抓好党建精神文明工作；负责全院干警的政治培训、业务培训、学历培训工作；负责本院人事干部管理以及法官等级、司法警察警衔评定、工资待遇、老干部管理等工作；负责全院司法改革工作。纪检监察室负责全院的党风廉政建设责任书的实施和反腐倡廉工作；负责全院干警的廉政教育；监督、检查全院干警执行国家法律、法规、政策及工作纪律的情况；受理对本院工作人员违法违纪行为检举、控告及审判、执行人员违法审判、执行的查处和责任追究工作。立案庭负责应由本院管辖(不包括基层法庭)民事、行政、刑事自诉、执行案件的立案登记工作；审查诉前财产保全、诉前证据保全，符合法定条件移送执行庭办理；审查督促程序和公示催告程序申请的案件，符合法定条件移送主管审判庭办理；协调人民法庭之间发生管辖权争议或者指定管辖，处理司法救助申请事宜；核算当事人应预交的案件受理费、执行费和其他诉讼费、审核当事人提出缓交、减交、免交诉讼费的请求，并进行登记报批；对当事人不服本院已经发生法律效力的刑事、民事、行政判决、裁定提出申诉或申请再审的案件，决定是否受理、是否决定再审或驳回申请；将事实清楚，案情简单，当事人无异议或异议不大且以货币或其他财产形式给付的小额诉讼案件，支付令案件，采用速裁方式审理；办理上级法院、人大常委会和本院院长交办案件的登记、移送、督办并回报办理结果，接待处理公民、法人和其他组织的来信来访，转办非诉来信来访；办理国家赔偿案件，司法确认案件；对法庭的立案工作进行业务指导。负责领导交办的其他工作。刑事审判庭负责审判刑事公诉案件、刑事自诉案件和“两县一区”未成年人刑事犯罪案件；办理罚金、没收财产的收缴工作。民事审判第一庭依法审理有关婚姻家庭、劳动争议、不当得利及其他合同类传统民事案件及房地产案件、不动产相邻关系案件、侵权案件等，审理涉及选民资格、宣告失踪、死亡等特别程序案件。民事审判第二庭依法审理涉及财产关系及知识产权案件；审理公司、法人、其他组织之间的合同纠纷和侵权纠纷，证券、期货、票据、破产等案件，审理有关著作权、商标权、技术合同、不正当竞争及科技成果等知识产权案件，审理环境污染、资源破坏等民事案件。行政审判庭依法审判行政案件；审查行政审判及非诉讼行政执行的立案；依法向上级法院提出国家赔偿意见；依法审判本院交办的其他审判事务。审判监督庭依法审判本院决定再审和上诉发回重审及上级法院指令再审案件；负责申诉案件的复查；对本院上诉改判案件的处理结果进行登记；负责全院办结案件的质量评查工作。执行庭负责在执行院一审生效法律文书及法律规定应由基层人民法院执行的其他生效法律文书；负责财产保全、先予执行；负责办理委托执行工作；对具体案件视案情采取强制措施；协助办理法庭执行工作；对申请执行的生效判决、裁定等法律文书实施监督，发现确有错误的，提出书面意见，报请院长审查处理。司法警察大队负责司法警察警务工作；警卫法庭；押解被告人或罪犯；配合审判庭和执行庭执行有关事项；维护审判和院机关秩序；办理本院交办的其他事项。宣和、柔远、迎水桥、兴仁 4 个法庭审理本辖区的普通民事案件；指导辖区内人民调解委员会的工作；在辖区内积极开展多元化纠纷化解工作；办理本院交办的其他事项。

沙坡头区人民检察院

【机构编制】 中卫市沙坡头区人民检察院核定政法专项编制 75 名，工勤编制 4 名。内设机构 11 个（含纪检监察室、举报中心）。核定政工科科长 1 名、纪检监察室主任 1 名、办公室主任 1 名、公诉科科长 1 名、侦查监督科科长 1 名、反贪污贿赂局局长 1 名、反渎职侵权局局长 1 名、控告申诉检察科科长 1 名、民事行政检察科科长 1 名、法警大队队长 1 名、举报中心主任 1 名、未成年人检察科科长 1 名。

【机构职能】 负责对沙坡头区辖区刑事犯罪案件犯罪嫌疑人的审查批捕、决定逮捕工作和立案监督、侦查活动监督工作；参与社会治安综合治理工作；负责对公安机关移送起诉、不起诉案件的审查起诉、不起诉工作；负责对公安机关的侦查活动和人民法院的审判活动是否合法实行法律监督；负责对沙坡头区人民法院确有错误的刑事判决、裁定依法提起抗诉；受理公民的报案、举报、控告申诉和接受犯罪嫌疑人的投案自首；受理刑事赔偿申请，承办应当由人民检察院办理的刑事赔偿案件；负责对沙坡头区人民法院民事审判活动及行政诉讼实行法律监督；受理民事行政案件当事人不服人民法院已经发生法律效力的裁定和判决，对确有错误的裁判，按照审判监督程序提请上级检察院抗诉；承办公益、国有等公有财产受损监督起诉，支持起诉工作；承办其他民事行政监督工作。负责中卫市未成年人侦查监督、审查起诉工作，负责对未成年人的法制教育工作。

（冯静茹　雍孳萌）

沙坡头区群众团体

群团工作委员会

【机构编制】 中卫市沙坡头区群团工作委员会核定全额预算事业编制 8 名；核定科级领导职数 4 名（1 正 3 副），其中，主任 1 名（正科级），副主任 3 名（副科级）。

【职能职责】 负责依照法律、法规和《中国工会章程》，组织和指导沙坡头区工会组织坚定不移地贯彻落实党的全心全意依靠工人阶级的根本方针，进一步突出和履行维护职能；负责指导沙坡头区新建企业工会组建工作，特别抓好进城务工人员组建工会、吸收会员工作；指导开展职工素质教育，技术培训工作；协助政府有关部门做好职工的下岗再就业工作；对沙坡头区有关职工合法权益的重大问题进行调查研究，向沙坡头区委和沙坡头区政府反映职工群众的思想、愿望和要求，提出意见和建议；参与沙坡头区涉及职工切身利益的有关政策、措施、制度和法律草案的拟定；参与职工重大伤亡事故的调查处理；负责工会工作理论政策研究，为沙坡头区基层工会提供理论服务；监督检查工会的组织制度、民主制度和《中国工会章程》贯彻执行；研究指导工会自身改革和建设；指导基层工会组织开展以职工代表(大会)为基本制度的民主选举、民主决策、民主管理和民主监督工作，推行厂务公开；推动建立平等协商、集体合同制度和监督保证机制工作；贯彻制定工会干部管理制度，按照有关规定协管基层工会干部；研究制订工会干部的培训规划，负责工会干部的培训工作；监督检查沙坡头区总工会机关和直属单位党员干部党风廉政建设情况；动员和组织职工参加经济建设，指导辖区企业职工技协工作；受沙坡头区委、政府委托，协助上级工会组织承担沙坡头区各行业劳动模范、五一劳动奖章、奖状获得者的评选、推荐和管理工作；负责《劳动法》、《工会法》的贯彻落实；做好职工信访工作；负责沙坡头区职工法律援助、咨询服务工作，指导基层工会监督企业安全生产、劳动保护、劳动争议调解和法律监督工作；负责沙坡头区特困职工管理及送温暖工作；根据上级工会组织的统一部署，发展同各国地方工会的友好关系，开展沙坡头区职工对外交流工作；指导沙坡头区工会"职工之家"建设和职工疗休养工作；负责沙坡头区工会经费和工会资产的管理、审查工作，指导和协调工会劳动福利事业；负责沙坡头区青联、少工委日常工作；领导和指导沙坡头区青少年社会团体的工作；承担沙坡头区委、政府和有关方面委托的青少年工作事务，参加民主管理和民主监督；参与协调处理各种与青少年利益相关的工作；组织沙坡头区团员青年在建立和完善社会主义市场经济体制的进程中发挥先锋模范作用，完成沙坡头区委、政府和上级团组织部署的以青少年为主体的各项工作任务；宣传、协调和监督有关青少年法律法规和政策的贯彻实施，维护青少年的合法权益；承担沙坡头区未成年人保护委员会日常工作；负责沙坡头区团的组织建设，协调党组织管理、选拔和培训团干部工作；指导并组织沙坡头区青少年的思想理论教育、宣传文化活动和活动阵地建设，培养、选拔、树立、表彰并推荐优秀青年；负责沙坡头区各级团组织搞好青少年事业发展工作，募集青少年事业发展经费；承担实施沙坡头区"希望工程"有关工作；围绕党和政府的中心任务开展工作，指导沙坡头区各级妇联组织依据《中华全国妇女联合会章程》和妇女代表大会的决议、决定，开展妇女儿童工作；宣传马克思主义妇女观和男女平等思想，教育、引导广大妇女树立正确的世界观、人生观、价值观，弘扬"自尊、自信、自立、自强"的精神，推动和开展对妇女的科技文化和生产劳动技能培训教育，全面提高妇女素质；代表妇女儿童参与国家和社会事务的民主管理、民主监督，促进妇女参政议政和参与沙坡头区有关妇女儿童法规的制订，监督有关保护妇女儿童法律、法规的实施；受理妇女群众来信来访，反映妇女群众的意见和要求，依法维护妇女儿童合法权益；坚持为妇女儿童服务，为基层服务，加强城乡基层妇女组织建设，扩大妇女组织网络，拓宽妇女工作领域，开展妇女理论、业务、文化、科技培训；扩大与社会各族各界妇女的联络，架起与民主党派、群众团体和团体会员之间的联系与交流；争取和接受有关妇联工作方面的外援项目，并组织实施；调查研究妇女儿童问题，总结妇女运动历史，探索新时期妇女运动的新规律，向沙坡头区委、政府提出妇女儿童工作的意见和建议；承担沙坡头区人民政府妇女儿童工作委员会办公室、农村妇女"双学双化"竞赛活动协调小组办公室、"五好文明家庭"创建活动协调小组办公室、儿童发展规划纲要监测评估领导小组办公室、家庭教育委员

会办公室的具体工作;配合做好市级群团组织、关心下一代工作委员会工作的延伸衔接工作。(王晴)

市直部门派驻机构

沙坡头区公安分局

【机构编制】 沙坡头区公安分局配局长、政委各1名,副局长3名。指挥中心主任1名,警务保障室主任1名、法制大队大队长1名,国内安全保卫大队、经济犯罪侦查大队、治安管理大队、缉毒大队、刑事侦查大队长、教导员各1名。

【职能职责】 研究辖区公安工作出现的新情况、新问题,掌握信息,分析、预测社会治安情况并制定对策;组织侦破、处置沙坡头区各类刑事案件、治安案件和治安灾害事故;依法管理社会治安、户籍、居民身份证等工作;依法监督沙坡头区机关、团体、企事业单位的安全保卫工作,指导企事业单位的保卫组织建设;负责、组织实施对重要外宾、领导人的安全警卫工作;负责应急警用物资的调拨调配、车辆管理工作;负责公安应急警用物资配备工作;完成市局交办的其他工作。(史文进)

中央、自治区驻沙坡头区单位

沙坡头区国税局

【机构编制】中卫市沙坡头区国税局行政编制72名,事业编制1名;设局长1名,副局长4名,纪检组长1名。

【职能职责】贯彻执行税收法律法规、部门规章及规范性文件,并结合本地实际情况,研究制订具体的实施办法;贯彻执行税收征收管理法律法规、部门规章及规范性文件,研究制订具体的实施办法,组织实施税收征收管理改革;根据本地区经济发展规划,研究制订税收发展规划和年度工作计划并组织实施;负责本地区中央税、共享税及法律法规规定的基金(费)的征收管理、税源管理、纳税评估、反避税和稽查工作,力争税款应收尽收;负责增值税专用发票、普通发票和其他税收票证的管理工作;监督检查的税收执法活动和内部行政管理活动;负责税务行政处罚听证、行政复议和行政应讼工作;负责规划和组织实施纳税服务体系建设;制订和监督执行纳税服务管理制度;贯彻执行纳税人权益保障规章制度,研究制订具体的实施办法;组织实施对纳税人进行分类管理和专业化服务,组织实施对大型企业的纳税服务和税源管理;编制、分配和下达税收收入计划并组织实施;负责税收会计、统计的核算工作;负责规划和组织实施税收管理信息化建设;制订税收管理信息化制度;承担金税工程的推广和应用工作;负责本地区进出口税收和国际税收管理工作;组织开展党风廉政建设、反腐败工作及行风建设;垂直管理机构、编制、人员和经费等工作;承办自治区国家税务局、中卫市国家税务局和中卫市委、中卫市政府交办的其他工作。

沙坡头区气象局

【机构编制】 沙坡头区气象局为正科级公益事业单位。沙坡头区气象局党组及其纪检组、行政领导班子成员,按1正2副配备,设党组书记、局长1名,党组成员、副局长2名,其中1名党组成员兼任党组纪检组组长。沙坡头区气象局人员编制数共20人,由国家气象系统编制人员、地方编制人员和部门编制人员组成。其中国家气象系统编制7人(参公编制3人,事业编制4人,);地方编制人员3人;部门编制人员10人。

【职能职责】 负责本行政区域内气象事业发展规划的制订及气象工作的组织实施;对本行政区域内的气象活动进行指导、监督和行业管理。组织指导本行政区域内气象灾害防御工作;组织拟订和实施本行政区域的气象灾害防御规划;组织气象灾害防御应急管理工作;管理本行政区域人工影响天气工作，指导和组织人工影响天气作业；指导城乡气象工作，组织推进农村气象灾害防御体系和农业气象服务体系建设，组织指导乡（镇）、村、街道（社区）气象信息服务站（工作站）和气象协理员、信息员队伍建设。负责本行政区域内气象行政许可、审批工作；组织管理本行政区域内雷电灾害防御工作，会同有关部门指导对可能遭受袭击的建筑物、构筑物和其他设施安装的雷电灾害防护装置的检测工作；负责本行政区域内雷电灾害防护装置的设计审核和竣工验收；负责管理本行政区域内的施放气球活动。组织本行政区域内气候资源的综合调查、区划，指导气候资源的开发利用和保护，组织并审查重点建设工程、重大区域经济开发项目和城乡建设规划的气候可行性论证和气象灾害风险评估。负责本行政区域内的气象台站和气象设施的组织建设和维护管理；组织管理本行政区域内气象探测资料的采集、传输和汇交；依法保护气象设施和探测环境；负责审查建设项目大气环境影响评价所使用的气象资料。负责本行政区域内的气象监测、预报预警、公共气象服务管理工作；组织管理本行政区域内气象信息的发布和传播；组织重大活动、突发公共事件气象保障工作；承担重大突发公共事件预警信息发布系统建设及运行维护。组织开展气象法制宣传教育，负责监督有关气象法律法规的实施，对违反《中华人民共和国气象法》、《宁夏回族自治区气象条例》和《宁夏回族自治区气象灾害防御条例》等法律法规有关规定的行为依法进行处罚，承担有关行政诉讼；组织宣传、普及气象科学知识。管理本级气象部门内部的计划财务、人事劳动、队伍建设、教育培训和业务建设；负责气象部门双重计划财务体制的落实工作；负责党的建设、精神文明和气象文化建设。承担上级气象主管机构和本级人民政府交办的其他事项。

沙坡头区人民武装部

【职能职责】 负责本地区民兵、预备役工作，领导区域内人民武装工作。领导本地区的民兵组织建设、政治教育、军事训练和武器装备管理。开展全民国防教育，做好拥军优属和拥政爱民的工作，组织民兵参加三个文明建设。组织带领民兵完成战备执勤、防汛、抢险、救灾等任务，配合公安部门维护社会治安。负责民兵和预备役人员登记、统计工作，保质保量完成征兵任务。负责国防动员工作，战时负责组织动员民兵参军参战，支援前线、保卫后方和协助组织人口疏散等工作。加强自身正规化建设，建立良好的战备、工作、学习和生活秩序。

沙坡头区消防大队

【机构编制】 沙坡头区消防大队下设特勤中队、沙坡头中队、水上中队三个中队。核定副处领导职数2名，其中大队长1名、教导员1名，核定副科级领导职数3名、其中特勤中队中队长1名、特勤中队指导员1名、沙坡头中队中队长1名。

【职能职责】 消防部队是中国人民武装警察部队的一个警种，是公安机关的一个重要职能部门。它担负着消防保卫和社会抢险救援的双重职能，是党和人民的忠诚卫士，是一支同火灾作斗争的军事化、专业化队伍，它贯彻“预防为主，防消结合”的方针，严格消防监督管理，防止火灾的发生，减少火灾的损失，积极参加社会抢险救援，保卫国家经济建设，保护公共财产和人民生命财产的安全。消防部队的具体任务有“防”和“消”两大方面，“防”主要由各级消防监督机构负责，“消”主要由基层中队负责，其职能是：积极开展消防安全检查，督促整改火灾隐患；督促部门、单位制订消防安全办法和技术标准；督促检查执行建筑设计防火规范的情况，参加竣工验收；督促城建等部门建设、改善和维护公共消防设施；进行火灾统计；教育训练部队，指导专职消防队和义务消防队开展工作；组织调查火灾原因，处理火灾事故；迅速接警出动，及时有效地扑灭各种火灾，努力减少火灾损失，参加灭火以外的各种抢险救灾。

（刘敏楠　冯培灵　李亚超　计生荣）

综　　览

概　况

【地理环境】 沙坡头区位于宁夏回族自治区中西部，东邻中宁县，南与同心县、海原县及甘肃省靖远县交会，西接甘肃省景泰县，北邻内蒙古自治区阿拉善左旗。地形由西向东、由南向北倾斜。境内海拔高度在 1100～2955 米，境域东西长 115.3 公里，南北宽 81.4 公里，总面积 6651.47 平方公里。地貌类型分为沙漠、黄河冲积平原、台地、山地和盆地 5 个较大的地貌单元。黄河自西南向东北流过，境内流程约 182 千米，年平均流量 1039.8 立方米 / 秒，平均过境水量 328.14 亿立方米。

【自然资源】 沙坡头区境内矿产资源种类多，储量丰富，开发历史悠久。探明资源储量的矿种主要有煤、石膏、白云岩、石油、金、铜、铝、锌等 30 多种。截至 2014 年，探明石膏储量达 70 亿吨。煤炭资源最为丰富，分布面积近 200 平方公里，总储量 12 亿吨。黄河自西向东流经全境，土地肥沃，物产丰饶，素有“天下黄河富宁夏，首富中卫”之说，是西北地区重要的商品粮、水产品和设施蔬菜生产基地。国家重点项目“西气东输”工程横穿全境。境内水资源丰沛，有黄河及其支流长流水、清水河三条主要河流，是水能发电的良好地段。沙坡头水利枢纽工程和大柳树水利枢纽工程建成后，将成为西北地区重要的水电基地。

【气候条件】 沙坡头区远离海洋，深居内陆，靠近沙漠，属半干旱典型的大陆性季风气候。春暖迟、秋凉早、夏热短、冬寒长，风大沙多，干旱少雨。因受沙漠影响，日照充足，全年日照时数 3796.1 小时，昼夜温差大，年平均气温 8.8℃，无霜期 158～169 天，年均降水量 179.6 毫米，降水量主要集中在 6—8 月，占全年降水量的 60%，年蒸发量 1829.6 毫米。

【历史沿革】 沙坡头区（中卫县）历史悠久。境内发现有细石器文化遗址，3 万多年前就有人类在这里繁衍生息。因其东连陕晋，西通甘新，北抵内蒙古，南达川滇，是丝绸之路边陲要塞；前有黄河之险，后接贺兰之固，扼守宁夏西大门，自古为西北地区兵家必争之重镇。沙坡头区自古倡儒兴学、崇文重道，明清两朝沙坡头区共考取进士 24 人、举人 183 人、贡生 236 人。

沙坡头区（中卫县）春秋时为羌族和戎族杂居地。秦并六国后将沙坡头区（中卫县）纳入版图，属北地郡，自此有 10 代王朝设郡建县。汉属安定郡朐卷县。南北朝时属灵州薄骨律镇。隋属灵武郡丰安县。唐属西会州鸣沙县。宋、辽、西夏时期属西夏应理县。元属宁夏应理州。明废应理州,于建文元年(1399 年)置宁夏中卫指挥使司,属陕西都指挥使,中卫之名由此始。清雍正三年(1725 年)废卫改中卫县,属甘肃省宁夏府。

民国二十二年(1933 年),中卫县一分为二,在其东部新置中宁县。民国 30 年(1941 年),宁夏省将中卫县香山地区划出,设香山设治局。民国三十四年(1945 年),宁夏设置行政专员督察区,中卫属第二督察专员区。不久,香山设治局撤销,并入中卫县;专区也撤销,中卫县直属宁夏省。1954 年,宁夏省撤销并入甘肃省,中卫县属甘肃省银川专区。1958 年,宁夏回族自治区成立,甘肃省银川专区撤销,中卫县直属自治区。1972 年,银南地区成立,中卫归属其管辖。

2003 年 12 月 31 日,国务院批准(国函〔2003〕139 号),撤销中卫县,设立地级中卫市。2012 年 5 月正式设立沙坡头区,以原中卫县行政区划为沙坡头区行政区划。2012 年 5 月经自治区党委批准,组建党工委、管委会为市委、政府派出机构。

2016 年 8 月 19 日,沙坡头区"四大机关"挂牌成立,以市辖区行政建制模式独立运行。

【行政区划】 沙坡头区共辖 10 镇 1 乡 167 个行政村、15 个城镇社区,分别是文昌镇、滨河镇、迎水桥镇、东园镇、柔远镇、镇罗镇、宣和镇、永康镇、常乐镇、香山乡和兴仁镇。其中:文昌镇辖 6 个居委会、8 个村委会;滨河镇辖 6 个居委会、14 个村委会;迎水桥镇辖 2 个居委会、17 个村委会;东园镇辖 20 个村委会;柔远镇辖 13 个村委会;镇罗镇辖 12 个村委会;宣和镇辖 24 个村委会;永康镇辖 23 个村委会;常乐镇辖 1 个居委会、17 个村委会;香山乡辖 8 个村委会;兴仁镇辖 11 个村委会。为宁夏回族自治区中卫市人民政府驻地。

【文化遗存】 沙坡头区历史文化积淀丰厚,文化遗存诸多。石器时代留下的有:位于迎水桥镇的长流水、一碗泉的新石器时代遗址,孟家湾古文化遗址;常乐镇沙塘古文化遗址。商周时期留下的有:以大麦地岩画为代表的卫宁北山岩画。沙坡头区北部卫宁北山近 30 平方公里的岩画区,其中大麦地岩画分布范围约 4 平方公里,有岩画 2330 多幅,是宁夏岩画的荟萃之地。秦汉时期留下的有:在宣和林场、常乐半截子山、镇罗张家山等近 10 处汉墓群;有镇罗镇照壁山的铜矿遗址;常乐镇上游村大湾瓦窑遗址。西夏时期留下的有:常乐镇四眼井西夏居遗址、下河沿磁窑遗址。明代留下的有:起于镇罗镇胜金关口,至迎水桥镇黑林村的明长城;有始建于明朝永乐初年,距今已有 600 多年历史的中卫高庙,前部称保安寺,融儒释道三教文化于一体,其建筑为砖木构造,在仅有 4100 平方米的建筑面积上,建造了 394 间房屋,层层叠叠,错落有别,被全国建筑师学会誉为"中国古寺庙经典建筑",是中国古建筑艺术中的瑰宝;有始建于崇祯四年(1631 年)的鼓楼,原名"文昌阁",通高 23 米,基座平面呈长方形,南北 22.4 米,东西 16.65 米,高 7 米,四面开设四拱门;有位于香山乡,始建年代不详,存有雍正、乾隆、嘉庆时期石碑的香岩寺。

(高源君)

经济工作

【经济实力】 2015 年,实现地区生产总值 146 亿元,同比增长 5.6%。其中:第一产业增加值 23 亿元,同比增长 4.8%;第二产业增加值 56 亿元,同比增长 5.2%;第三产业增加值 67 亿元,同比增长 6.3%。三次产业结构比由 2014 年的 14.5∶41.2∶44.3 调整为 15.7∶38.4∶45.9。居民消费价格总水平比上年上涨 1.8%,农业生产资料价格下降 3.2%。完成地方财政收入 15.4 亿元,比上年增长 10.5%,完成地方公共财政预算收入 10.1 亿元,增长 9.4%。实现地方财政支出 52.5 亿元,同比增长

11.4%。实现公共财政预算支出46.8亿元，增长16.6%。2016年，沙坡头区全年实现地区生产总值155.6亿元，同比增长7%。分产业看，第一产业实现增加值23亿元，同比增长5%；第二产业实现增加值58.2亿元，同比增长5%；第三产业实现增加值74.4亿元，同比增长9.3%。三次产业增加值构成由2015年的15.7∶38.4∶45.9调整为14.8∶37.4∶47.8。完成地方财政收入14.4亿元，比上年下降6.4%，完成地方公共财政预算收入11亿元，同比增长8.2%。实现地方财政支出63.2亿元，同比增长20.5%。实现公共财政预算支出59.5亿元，同比增长27.2%。

【现代农业】 2015年，完成142个村6.36万户50.91万亩农村土地确权登记颁证工作二轮公示，启动南关村农村集体资产股份制改革试点，深入开展农村产权流转交易试点工作。落实粮食作物种植面积33.44万亩，在镇罗、东园、宣和创建粮食高产万亩示范片3个3.2万亩，百亩攻关区12个0.42万亩，在东园镇八字渠村建成自治区级千亩玉米增产模式攻关点1个1150亩。在柔远、镇罗等地建成永久性蔬菜生产基地5000亩；建设硒砂瓜品质品牌保护区30万亩，嫁接高产硒砂瓜示范区2000亩、压砂地订单辣椒种植示范区600亩、油用牡丹示范种植区300亩、籽用南瓜示范种植区200亩、小拱棚硒砂瓜示范区100亩，瓜菜种植面积累计达66.26万亩。完成营造林5.4万亩、苹果树体改造6.8万亩、红枣嫁接改良0.2万亩；建设经济林示范园3个1200亩、枸杞统防统治基地5000亩。落实千头肉牛场1个、千头养猪场2个、千只肉羊场5个；美加农万头奶牛场土建基础基本完成，硒砂王朝肉羊育肥场建成标准化圈舍2000平方米；正通猪场建成圈舍10栋1.1万平方米。沙坡头区奶牛存栏及肉牛、肉羊、生猪、鸡饲养量分别达到2.94万头、3.01万头、51.06万只、24.29万头、377.19万只。2016年，稳步推进农村综合改革，建成沙坡头区农村产权流转服务中心，完成官桥、黄湾2村农村集体经济组织产权制度改革，开展镇罗镇凯歌村土地股份合作社改革试点，完成以乡镇、机关单位、个体用水户为主体的初始水权分配。种植粮食作物32.83万亩，在东园、镇罗、宣和创建粮食高产万亩示范片3个3万亩，建成水稻标准化种植示范方点1个3000亩。在柔远、镇罗、东园建设永久性蔬菜生产基地1.05万亩，瓜菜种植面积累计达62.39万亩。完成造林2.52万亩，优势特色经济林2.28万亩。实施经果林低产园树体改造1.5万亩，建成苹果矮化密植实验基地1个2159亩，精品苹果展示基地3000亩，枸杞统防统治基地5000亩。落实万头奶牛场2个、10万头生猪育肥项目1个，沙坡头区奶牛存栏及肉牛、肉羊、生猪、鸡饲养量分别为3.05万头、5.07万头、70.09万只、34.15万头、463.59万只。发展适水产业面积4.41万亩。

【新型工业】 2016年，沙坡头区镇罗金鑫园、宣和冶金园、常乐陶瓷园、宁夏红科技园基础设施不断完善，逐步构建起“一区四园”（中卫工业园区、宁夏红科技园、镇罗金鑫园、宣和冶金园、常乐陶瓷园）的招商引资孵化基地，形成三大主导产业，即以铁合金、铝合金为主的金属冶炼产业，以电石、水泥、瓷质砖等为主的无机非金属产业，以面粉、果汁、枸杞果醋等为主的食品加工产业。设立工业和信息化服务中心，开展“一区四园”服务管理工作。把握国家宏观调控和产业政策，帮助企业把脉会诊，协调落实企业差别电价、营改增、电力直接交易、电价补贴等优惠政策，为12家企业完成电力直接交易电量23亿千瓦时。落实企业结构性减税政策，发放交通运输费减征凭单4万张，节约企业运输成本。实现规上工业增加值43亿元。

【信息产业】 2016年，美国亚马逊AWS、云创公司2个新一代超大型数据中心即将投入使用，中关村科技产业园云中心建成运行，一批云制造、云服务、云应用项目陆续落户、开工。环保、卫生、旅游、媒体等云应用项目加快推进。实施“互联网＋

农业”行动计划，建成万齐、大麦地农村电商 B2B 农产品电商平台，建立村淘服务站 173 个。

【交通物流】 2015 年，紧紧围绕区、市重点项目落实，积极配合完成甘武铁路二线、中卫物流园等重大项目的征地协调服务，确保市重点建设项目顺利实施。沙坡头区公路通车里程达 2548.58 公里，公路密度为 41 公里 / 百平方公里。开通城乡客运线路 40 条，覆盖至沙坡头区 168 个行政村，覆盖率达到 98.8%。2016 年，开展西气东输三线、吴忠至中卫城际铁路等工程的土地房屋征收工作，配合实施中国物流中卫物流园等全市重点项目，累计征地 3276 亩，确保重大工程顺利实施。沙坡头区公路通车里程达 2863.9 公里，公路密度为 46 公里 / 百平方公里。包兰、宝中、太中银、干武 4 条普铁线路交会，吴忠至中卫城际铁路、中卫至兰州客运专线高铁线路加快建设。开通城乡客运线路 40 条，覆盖至沙坡头区 167 个行政村，覆盖率达到 100%。

【城市建设】 2015 年，全面推进棚户区拆迁改造，实施宜居家园 B 区、民生花园、旅游新镇等棚户区改造项目，完成房屋征收 2137 户。协调完成民生花园、黄河明珠等 13 个项目回迁安置，妥善安置被征收群众 2372 户，因拆迁安置导致的群体性信访矛盾逐步消解。2016 年，实施江元隆府、兴南财富广场等房地产开发项目 14 个 80.7 万平方米。新建新墩东区、双桥一二期、史湖等棚户区改造安置房 1.1 万套 105 万平方米，安置应理新社区、文博苑等棚户区改造项目被征收群众 1993 户，征收新墩、大板一期等 14 个棚户区改造项目 2787 户房屋。

【新农村建设】 2015 年，整合环保、道路、“一事一议”等项目资金，高起点规划建设柔远范庙、镇罗九塘等 7 个美丽村庄，实施迎水桥小城镇建设项目，续建镇罗、宣和 2 个小城镇项目，新建宣和、永康、香山红圈子 3 个农贸市场和水车、城农等 5 个村级文化广场，改造农村危房 1206 户，安装太阳能热水器 1.8 万台，粉刷墙体 595 户，硬化道路 19.95 公里，铺设供排水管道 19.44 公里，绿化植树 7.5 万株，美丽村庄项目覆盖面达到 36%。实施迎水桥镇营盘水村抗旱应急水源工程和沙坡头区西台应急抗旱水源工程，新建农村人畜饮水站水质检测中心、农村供水工程信息及自动监控系统，对 11 个供水站 25 处供水工程、水源井及蓄水池安装自动化控制系统，布设自动化监控点 130 个。在农村全面推广深度保洁机制，研究出台“两方案一办法”（《美丽乡村建设方案》《农村环境卫生深度保洁实施方案》《农村环境深度保洁及村容村貌管理暂行办法》），增配环卫设施和农村卫生保洁员 555 名，组织对辖区 24 个城乡结合部、103 个主干道路沿线村庄、7 个集镇市场和 67 个中心示范村“四大重点区域”进行为期 70 天的集中整治，共清理“三堆”（垃圾堆、柴土堆、杂物堆）6.7 万立方米，拆除残垣断壁 42308 米，清运垃圾 5630 吨，农村环境面貌明显改善。2016 年，高标准建成常乐、永康 2 个美丽小城镇和沈桥、沙渠等 7 个美丽村庄，改造农村危房 725 户，卫生改厕 310 户，安装太阳能热水器 1.27 万台，新修农村公路 107 公里，硬化巷道 52 公里，敷设污水管网 41 公里，新植树木 3.72 万株，实施兴仁、香山应急抗旱水源工程，解决 4.6 万群众的饮水安全问题，群众生活条件不断改善。按照“12625”工作思路，推进农村环境卫生综合整治示范区建设和包兰铁路沿线环境整治工作，配备环卫车 153 辆、垃圾箱（桶）3045 个。严格执行“5 个 3”（地表垃圾百米不超过 3 处，停留时间不超过 30 分钟，路面尘土每平方米不超过 30 克，每天 3 清扫、3 保洁）“9 个无”（无建筑垃圾、无私搭乱建、无乱堆乱放、无瓜果皮壳、无白色污染、无树挂、无污水、无人畜粪便、无拴养牲畜）环卫保洁新标准，落实“三检三考”（区上一月一检查，一季度一考核；乡镇一周一检查，一月一考核；村、社区一天一检查，一周一考核）“181”严管重罚机制（奖励 10% 的优秀，激励 80% 的多数，淘汰 10% 的落后的农村环境卫生保洁员和环境监督管理员队伍机制)，清运“三堆”6.7万立方米，扎实开展国土专项整治行动，切实改善农村生活环境。

(潘长涛　拓万爵　马智勇　刘志强)

社会事业

【文化体育】 2015年，沙坡头区组织开展文化惠民下基层演出502场次，实施“2131”工程(在21世纪初，实现一村一月放映一场电影)共放映数字电影2000场次；为30个文体广场争取价值约120万元的健身路径器材480件；为10个新扩建的村级篮球场地划拨彩票公益金36万元，配套篮球架和乒乓球桌各10副；为部分文化活动中心争取补助经费9万元；为166个农家书屋配备更新价值16.6万元的图书；为20名老放映员发放补贴资金5.7945万元。先后获得自治区全民健身大拜年三等奖、宁夏市民运动会第九套广播体操比赛三等奖，全市群众文艺会演优秀组织奖、市民篮球赛优秀组织奖及第四名。2016年，沙坡头区组织开展各类社区运动会、农民运动会、职工运动会30余场，组织春节社火展演、元宵舞龙大赛、“三八”健身操大赛、万人唱红歌、徒步行活动20余场，累计参加人数达5万余人；组建民间文艺团队52个、各类社火表演队268个；建设农村文体广场126个、社区多功能运动场2个，建成村级综合文化服务中心166个、农民文化大院41个；建成农家书屋166个、数字农家书屋132个，乡镇阅览室和农家书屋藏书量约42万余本；争取文化体育专项资金260.78万元。先后获得自治区市民运动会一等奖、“迎新春全民健身季”系列活动二等奖、全市群众文艺会演优秀组织奖，“欢乐中卫”“红歌大家唱”群众文艺会演优秀组织奖等。

【人口和计划生育】 2015年，沙坡头区常住人口417485人，人口出生率9.41‰，出生婴儿性别比为105∶79；死亡1860人，死亡率为4.48‰，人口自然增长率4.93‰；出生政策符合率96.24%，超生率2.12%；出生缺陷发生率为5.4‰；群众对计划生育惠民政策知晓率92.37%，已婚育龄妇女术后随访率96.7%，避孕节育措施落实率91.32%，及时率达到87.33%；流动人口计划生育服务管理综合覆盖率达到85%，网上信息办理及时率达95%。完成少生快富项目工程89户，占目标任务的178%，开展免费孕前优生健康检查2858对，占目标任务的124.26%。有4995户独生子女家庭以“一卡通”形式按新标准发放独生子女保健费；有147人享受“计生养老补贴”，7903户享受“计生缴费补贴”，人口和计划生育各项目标任务进展顺利。2016年，沙坡头区常住人口42.37万人，人口出生率10.77‰，低于下达指标2.03个千分点；出生人口政策符合率97.09%，高于下达指标3.09个百分点；出生缺陷发生率9.3‰，低于下达指标1.7‰。所有刚性指标均超额完成。完成普惠性免费健康检查6208人，实现目标人群全覆盖；完成眼健康系统筛查9684人，占目标任务的323%；完成少生快富项目工程36户，占目标任务的120%；开展免费孕前优生健康检查3201对，占目标任务的103.26%。有5058户独生子女家庭以“一卡通”形式按新标准发放独生子女保健费260.6万元；有178人享受“计生养老补贴”12.33万元，7714户享受“计生缴费补贴”162.6942万元，人口和计划生育各项目标任务均已超额完成。

【民生保障】 2015年，全面落实各类社会保障政策，完成6018名残疾人低保和26101名城乡低保、高龄老人的提标补发，共审批新增城乡低保、高龄、孤儿、特困供养人员等各类救助对象2437人，清退不符合条件的各类救助对象2736人，向31140名保障对象发放救助金8193.42万元。实施城乡医疗救助56164人，发放救助金1543.39万元。临时救助7423人，发放救助金386.56万元。统筹城乡居民基本医疗保险参保32.07万人，参保率达100%；全年转移就业3.79万人，城镇登记失业率低于3.84%，社会保障水平不断提升。2016年，完善民生保障和社会救助体系，发放城乡低保、医疗救助等资金1.3亿元，2.52万被征地农民全部纳入养老保险，宁夏民政云社会救助系统现场会在沙坡头区召开。为1.05万名老年人办理意外伤害险，建成沙坡头区第三敬老院、日间照料中心、农村老饭桌等一批养老服务机构，养老服务体系逐步完善。建成"智慧社区"试点2个、社区服务站3个。新增城镇就业岗位1241个，转移农村劳动力16.9万人，城镇登记失业率控制在3.9%以内。

【扶贫开发】 2015年，争取投资6000多万元实施敬农移民区5437亩土地整治、兴仁移民区5700亩土地综合治理、米粮川移民区2780亩盐碱地综合改良等项目，采取公司大户集中流转和分户经营"两条腿"走路的办法，辖区4个移民区28100亩土地全部种植分配利用。采取"光伏+基地+农户"的扶贫模式，引入中广核集团投资3亿元，对康乐移民区9200亩土地集中流转经营、综合治理。在全面完成172户移民集中安置和59户插花移民安置任务基础上，实施村级扶贫项目20个，培训移民5050人次，发放互助资金1000万元，扶持移民群众种植枸杞2514亩、硒砂瓜2500亩，新增压砂地860亩，发展肉牛2463头、肉羊繁育4.1万只。863户2293名贫困群众实现脱贫，米粮川、兴盛、川裕3个重点贫困村，如期实现整村脱贫销号。选派生态移民驻村工作组30个、选任29名"第一书记"，成功选举产生兴仁镇泰和村支部班子和宣和镇兴海村"两委"班子。2016年，围绕"有土""离土"两篇文章，启动实施"七大脱贫工程"，1397户5188人率先脱贫，团结、泰和两个重点贫困村脱贫销号。整合各类政府项目资金4000余万元，改善贫困村农业生产条件和基础设施，建立发展担保基金1200万元，撬动金融机构放贷7823万元，逐步培育形成硒砂瓜、枸杞、牛羊养殖等主导产业。通过整理土地、流转经营、企业运作等形式，在兴海、米粮川等村发展经果林9000亩、硒砂瓜5000亩。引进夏华集团、和旺公司，通过"企业+农户"托管代养、建立产业互助联盟、"企业供犊、农户育肥、一体销售"等模式，在海和、泰和等移民村新补栏肉牛800头、肉羊3000只。加大劳务培训和转移就业力度，完成各类技能培训4500余人次，依托工业园区和供港蔬菜等产业基地，就地转移劳力1.5万余人次，移民人均增收3100元。落实退耕还林、草原生态奖补资金4723万元。财政投资200万元，为5160户贫困户购买"脱贫保"。建档立卡户新纳入低保2288人，实现低保标准、扶贫标准"两线合一"。完成336套移民安置房建设的选址和前期报批手续。

【社会治理】 2015年，制订印发《2015年平安沙坡头区建设工作任务分工方案》，明确市直部门承担的43项工作任务和沙坡头区承担的33项工作任务，将沙坡头区承担的工作任务分解到8个部门和11个乡镇。加强源头治理，启动信访矛盾纠纷排查化解专项活动，抽调10个部门科级干部与镇村干部分组入户，与重点信访人员逐一见面，一对一制订化解方案，共排查各类矛盾纠纷2947件，化解2902件，化解率达98.5%。实行信访工作月通报制度、党工委领导信访大厅周接访制度，接待来信来访187批646人次，共化解信访积案19件。办理网上信访件139件，网上信访系统初见成效。接办市委书记、市长信箱573件，接办党工委书记信箱161件，办结率100%。指导各乡镇建立社区戒毒康复中心10个、戒毒康复站42个。深入开展创建"无传销社区"活动，创建无传销社区（村）23个，查处取缔传销窝点32个，查办传销案件24起，遣散传销人员336人次。推行乡村护路承包责任制，共落实承包人13人，承包治安复杂区段10处、重点部位1处、关键处所2处，涉及铁路45.67公里。扎实开展安全生产"十大专项"整治行动，紧盯非煤矿山、危险化学品、道路交通、烟花爆竹、人员密集场所等领域，开展安全生产大检查6轮次，下发

《限期整改通知书》244 份、《行政处罚决定书》7 份，排查安全隐患 1487 条，督促整改 1453 条，整改率达 97.7%。2016 年，完善区、镇、村、组四级治安防控体系，查处各类治安事件 1158 起，破获各类刑事案件 858 起、侵财类案件 755 起、毒品刑事案件 27 起，其中“5·12”案件缴获毒品海洛因 1000 余克，社区戒毒（康复）执行率达 96%。对 16 名“法轮功”邪教人员进行治安和刑事拘留，打击有组织犯罪团伙 4 个 15 人，抓获涉案犯罪嫌疑人 291 人，抓获网上逃犯 54 人。命案、刑事案件、八类案件全面下降，人民群众的安全感不断提升。建成群众来信来访接待大厅，排查化解矛盾纠纷 1980 件、重点信访积案 30 件，矛盾纠纷调处率达 98%以上，全市改革和加强综治“大调解”现场会在柔远镇召开。严格落实铁路护路承包责任制，共续签承包人 17 名，承包治安复杂区段 17 处、重点部位 37 处，涉及铁路 78.23 公里，建设乡村护路工作中心 2 个、护路工作站 2 个。推进安全生产责任、风险防控、应急救援三大体系建设，安全生产指标控制在自治区下达范围以内。

【生态建设】 2015 年，全区完成营造林面积 55085.7 亩，其中：防护林 29302.5 亩，经济林 25783.2 亩。退耕还林补植补造面积 1.3 万亩，完成农田林网及村庄绿化 0.22 万亩、生态修复 2.62 万亩、防沙治沙 0.1 万亩。苹果树体改造面积 7 万亩，建设示范园 3 个 1200 亩，林业技术培训 3360 人次；防治面积 1.88 万亩，完成苗木产地检疫 2502 亩，办理林木采伐许可证 10 份 4172.4 立方米，审核上报建设项目使用林地 4 项 145.0117 公顷。2016 年，全区完成营造林面积 50133 亩，其中：防护林 32036.6 亩，经济林 18096.4 亩。完成农田林网及村庄绿化 0.24 万亩，退耕还林补植补造面积 1.3 万亩，蒿川生态移民迁出区生态修复造林 2.7 万亩。苹果树体改造面积 1.5 万亩，建设示范园 17 个面积 10030 亩，林业技术培训 2032 人次，防治面积 1.16 万亩，完成苗木产地检疫 2400 亩，办理林木采伐许可证 11 份 2568.3 立方米，审核上报建设项目使用林地 6 项 31.2294 公顷。

【环境保护】 2016 年，中央第八环保督察组 20 件督察转办件全部办结。对不按整改要求整改的中卫市兴顺工贸有限公司实施停电措施，对永康镇杨滩村木炭厂予以取缔，对沙滩村木炭厂进行关停。加强饮用水源地保护，配合市环保局确定农村集中饮用水源地保护工程 22 个，对水源地保护区 14 户农家乐进行调查摸底，取缔 1 家，配合中卫市市场监督管理局依法撤销营业执照 11 家。督促迎水桥镇投资 20 万元对杨渠村污水处理设施进行维修。及时处置“10·2”高家水和“11·1”胜金关两起硫酸车翻车泄漏应急事件，未发生泄漏现场污染周边区域情况。开展冬季大气污染防治工作，查处辖区内堆煤场和堆渣场，拆除燃煤锅炉 7 家 9 台。对沙坡头区国家重点生态功能区县域生态环境质量进行自查，制订《沙坡头区 2017 年国家重点生态功能区县域生态环境质量考核工作实施方案》，争取中央专项转移支付资金 4500 万元。

（李秉杰　潘长涛　刘志强　拓万爵）

政府自身建设

【改革创新】 2016 年，沙坡头区设区获自治区批复，行政单位公务用车管理制度改革顺利完成。滨河镇南关村集体经济组织产权制度改革试点全面完成，实现“资产变股权、村民变股民”的历史性变革，成为全市“股改第一村”。农村产权流转服务中心投入运营，完成 6.8 万户农村土地确权登记颁证工作，发放农村“两权”抵押贷款 1500 万元、特色优势产业担保贷款 1.64 亿元。镇罗镇凯歌村农村土地股份合作社改革试点全面完成。水权确权登记完成以乡镇、机关单位、个体用水户为主体的初始水权分配。农村小型水利工程管理体制改革管护主体和责任得到落实。

【政务环境】 2016年，沙坡头区政务服务中心在中卫市政务服务大厅设置便民服务窗口6个，其中:公安窗口3个,业务窗口3个。配备6名工作人员和电脑、打印机、高拍仪等办公设施设备，分别开展居民异地身份证和临时身份证的办理、建设项目受理、民生服务、农业产地检疫、水产生产经营许可等业务。沙坡头区11个乡镇民生服务中心均设置民政救助、住房保障、社保医保等6个岗位,182个村居（167个行政村、15个社区居委会）共建成为民办事全程代办点182个，并配置电脑、高拍仪、服务终端等设备。11个乡镇民生服务中心、155个行政村联通政务外网，形成以沙坡头区政务服务中心为重点、乡镇民生服务中心为依托、村(社区)为民办事全程代办点为基础的便民服务网络。对沙坡头区54项行政审批事项和27项公共便民服务事项初始化信息进行梳理，为网上办事顺利开展做好前期准备工作。建立健全《政务中心联系窗口工作制度》等5项制度，落实首问负责制、一次性告知制等制度，提高政务服务体系运行管理的质量和水平。

【法治政府】 2016年，沙坡头区健全重大行政决策合法性审查制度，对社会涉及面广、与人民群众利益密切相关的决策事项，及时向社会公布，或通过座谈会、听证会、论证会等形式广泛听取意见，切实保障广大群众对政府重要决策的知情权、参与权和监督权。建立沙坡头区法律顾问室工作方案，筹备组建法律顾问室。制定《沙坡头区规范性文件制定程序和备案规定》，凡以区政府或区政府办公室名义出台的规范性文件，必须经区政府法制办进行合法性审核后，方可提交区政府常务会议讨论，从源头上保障政府行政行为的合法性。在对区直10个部门(单位)830项权力清单和830项责任清单进行梳理后报请市政府法制办进行合法性审查，经区政府第二次常务会议研究通过后，在沙坡头区党建网予以公布。

【效能政府】 2016年，沙坡头区对政府重点工作，量化为指标，落实到乡镇、部门，建立区领导包抓责任制，深入推行一线工作法，实行全过程督促检查，各项工作有序推进。积极回应群众关切，加大人大代表建议和政协委员提案，自觉接受人大依法监督和政协民主监督，办理人大代表建议18件、政协提案29件。

【廉洁政府】 2016年，开展“两学一做”学习教育，建立完善纠治“四风”长效机制，政风行风建设不断加强。坚持把纪律和规矩挺在前面，认真贯彻落实《中国共产党廉洁自律准则》《中国共产党纪律处分条例》和中央“八项规定”精神，全面从严落实政府党组主体责任，严格执行“一岗双责”。

（拓万爵 闫素香 刘霄 张浩）

乡　　镇

文昌镇

【概况】 文昌镇地处中卫城市核心区域，位于鼓楼南北街以东，柔远砖塔村以西，中沟路以南，滨河大道以北，为中卫市人民政府驻地，交通便捷，经济繁荣。镇域面积 27 平方公里，耕地 7737.35 亩，人口 88694 人，辖 8 个行政村，6 个社区居委会。2015 年，实现社会生产总值 19.2 亿元，同比增长 7.9%；农民人均纯收入 10421 元，同比增长 1%。2016 年，实现社会生产总值 20.9 亿元，同比增长 8.9%；农民人均纯收入 11568 元，同比增长 11%。

【人口发展变化】 2015 年，全镇常住人口 26756 户 88269 人，其中户籍人口 63457 人，外来人口 38631 人。第一产业从业人员 4576 人，第二产业从业人员 9746 人，第三产业从业人员 27824 人，外来人口从业人员 22019 人。2016 年，全镇常住人口 27506 户 88694 人，其中户籍人口 63461 人，外来人口 38631 人。第一产业从业人员 27176 人，外来人口从业人员 23714 人。

【农业和农村经济】 2015 年，全镇农作物种植面积 8929 亩，其中:粮食种植面积 8559 亩；经济作物 370 亩(设施瓜菜 370 亩)。完成节水农业示范 2050 亩，建设玉米千亩示范点一个。推广完成土地流转 500 亩，配方施肥 9000 亩，组织实施绿色产业基地有机肥施用项目，推广农作物新品种、新技术、新成果 36 项。发展科技示范户 10 户、科技示范村 2 个。2016 年，全镇农作物种植面积 9170 亩，其中:粮食面积 8830 亩(小麦 3140 亩、水稻 2560 亩、玉米 3130 亩)，经济作物 340 亩（设施瓜菜 340 亩)；完成节水农业示范 2050 亩，农作物重大病虫害防治项目 3140 亩，配方施肥 8100 亩，良种补贴 8505 亩。推广农作物新品种、新技术、新成果 36 项。发展科技示范户 30 户，发展科技示范村 2 个。

【工业经济】 2015 年，全镇工业企业发展至 24 个，其中:规模以上工业企业 3 个，规模以下工业企业 21 个；工业企业完成总产值 10580 万元。全年实施招商引资新建项目 1 个，完成投资 4300 万元。2016 年，全镇工业企业发展至 24 个，其中规模以上工业企业 3 个，规模以下工业企业 21 个；工业企业完成总产值 10680 万元。全年实施招商引资续建中卫宁北长兴汽车城项目，完成投资 15093 万元。

【城市建设】 2015 年，完成市疾控、体育路宽劈等 6 个市重点项目 481.8 亩土地征收任务。完成金河三期B区、庆华苑、双桥等4个棚户区改造项目303个宅基地614户房屋征收任务。妥善安置民生花园80户102套营业房和郭营五里农房改造、商贸综合体、福润苑、中杞郦都等项目449户1876套住宅房。2016年,举全镇之力完成五里、双桥棚户区改造等5个项目882.43亩土地征收任务;完成五里村、双桥村棚户区改造、教育局南侧二期改造、银房置业4个项目489户房屋征收任务。妥善安置时代佳苑、金岸榕苑、紫东苑(银河西区)、天和苑、美利二期(南苑路拓宽)、金河三期、文博苑、教育局南侧项目住宅房及福润苑A区营业房、商贸综合体营业房、美利二期营业房1205户3138套房和应理新社区住宅房(西区)、应理新社区营业房232户746套;紫东苑、中博观河大院、和顺万家一期住房安置项目已完工。

【农村环境整治】 2015年,清理"三堆"(垃圾堆、柴土堆、杂物堆)14233立方米、拆除棚圈468个3909平方米,绿化植树7313株,清理巷道14236米。设立保洁服务站,配备专职保洁员13名、垃圾清运车5辆,辖区环境面貌明显改善。2016年,完成墙体粉刷3750平方米,清理"三堆"19650立方米,清理五葡路、怀远路沿线废品收购站、炭厂等18处26680平方米,拉运铺垫土方1700立方米,喷杀铲除沟渠路畔杂草17万平方米,种植树木13000棵,辖区环境面貌得到改善。

【农田水利建设】 2015年,全镇农田水利基本建设投入资金145.2万元,劳动力5267人次,出动机械205台班;完成清淤渠道154条65.78公里,沟道清淤87条29.39公里,整修生产路10条3.4公里,树木刷白6.4万株,完成农田机深翻5000亩、秋施肥1000亩、秸秆还田1000亩、小畦制作800亩。2016年,全镇农田水利基本建设投入资金145万元、劳动力5367人次,出动机械201台班,完成清淤渠道154条65.78公里,渠道砌护2条1.4公里,沟道清淤87条29.39公里,整修生产路12条4.44公里,树木刷白6.4万株,完成农田机深翻5000亩,秋施肥1000亩,秸秆还田1000亩,小畦制作500亩。

【社会管理】 2015年,直面各类矛盾问题,接待来访群众930人次,受理来信来访事项113件,办结108件,答复办理市委书记、市长信箱47件,办结率100%。对信访积案重点人员逐人约见、逐案分析,化解信访积案7件。开展矛盾纠纷大排查7次,化解矛盾纠纷437件。深化群防群治体制机制,开展"平安村居""平安家庭"创建,举办社区戒毒康复人员培训班3期102人次;清查邪教活动聚居点2处,查获邪教人员23名;销毁传销窝点13处,查获外来传销人员56人,较好地维护社会稳定。2016年,加大信访稳控力度,严格落实重点信访人员"五定"包保责任制,切实保障全国"两会"、环青海湖自行车赛中卫赛段、全域旅游推进会等重大活动期间的社会稳定;接待来访群众1860人次,受理来信来访事项107件,办结104件,答复办理市委书记、市长信箱33件,办结率100%。对信访积案重点人员逐人约见、逐案分析,化解信访积案8件。开展矛盾纠纷大排查11次,有效化解矛盾纠纷360件。深化群防群治体制建设,开展"平安村居""平安家庭"创建,举办社区戒毒康复人员培训班11期302人次;清查邪教活动聚居点4处,查获邪教人员11名;销毁传销窝点1处,查获外来传销人员21人,社会治安形势明显好转。

【社区管理】 2015年,申报增设东花园社区和福润苑社区,深化社区网格化管理机制,依托智能化社区服务站、宁居通呼叫服务等平台,全面提升社区服务水平;圆满完成社区"两委"换届工作,选优配强社区干部队伍。2016年,着力推行网格化管理、培育社会组织,搭建"三社联动"服务平台等,强化社区,全面提升城市社区治理能力。发挥"大党委"成员单位、社会组织和志愿者作用,积极开展各类志愿活动,社区服务功能显著增强,居民满意度不断提升。华西社区和民族巷社区被评为自治区五星级和谐社区,蔡桥路、华西社区被评为自治区四星级和谐社区，东花园和福润苑社区被评为三星级和谐社区。

【社会保障】 2015年，新创办小企业42个，培育小老板105个，新增就业人员1100人，转移输出劳动力3900人。新建设农村幸福院2个、审核发放城乡居民最低生活保障金923万元、低收入老人高龄津贴20万元、“五保”供养资金11万元、城乡重度残疾人生活津贴91万元、临时救助款16.8万元、孤儿养育金17万元、农村籍退伍士兵生活津贴2.6万元。冬令春荒救灾663人，发放26.7万元，向162户住房困难家庭申请配备保障性住房。办理“4050”城镇灵活就业人员社会保险补贴508万元。全面完成城乡居民养老保险和医疗保险的参保缴费工作，其中城乡居民养老保险参保8866人，参保率95.9%，城乡居民医疗保险38165人，参保率102%。2016年，新建设农村幸福院1个，8个村已全部建成。审核发放城乡居民最低生活保障金1255万元，审核发放低收入老人高龄津贴22万元、“五保”供养资金12万元、残疾人两项补贴171万元、临时救助款27万元、孤儿养育金17万元、农村籍退伍士兵生活津贴2.6万元。发放冬令春荒救灾资金637人26.7万元，向187户住房困难家庭申请配备保障性住房。全面完成被征地农民养老保险工作，对符合被征地农民养老保险条件的2958户6826人进行资料审定，年底缴费率达96.8%。办理“4050”城镇灵活就业人员社会保险补贴508万元，全面完成城乡居民养老保险和医疗保险的参保缴费工作。统筹城乡居民医疗保险38067人，参保率达到102%；统筹城乡居民养老保险参保5283人，完成参保95%。

【文化体育】 2015年，组织开展“文昌新歌”专场文艺演出，组织辖区文艺团队开展文昌镇“文化惠民工程”文艺下乡演出56场，开展“欢乐社区行”文艺演出16场次，举办文昌镇市民运动会，参与人数400多人次，播放数字电影204场，观看群众7.1万人次。举办各类群众性文体活动36场次，参与群众达6万余人次。2016年，广泛开展群众性文体活动，组织举办文昌镇百乡千村运动会，组织干部职工在元旦、春节期间开展丰富多彩的文艺联谊活动。积极组织参加春节社火展演活动，组织举办文昌镇庆“三八”社区运动会，组织开展“文昌新歌”专场文艺演出，组织开展庆祝建党95周年红歌大合唱比赛并荣获一等奖。配合上级业务部门开展文昌镇“文化惠民工程”文艺下乡演出41场次，组织举办文昌镇全民健身运动会，参与人数240多人次，播放数字电影224场，观看群众7.3万余人次。全年举办各类群众性文体活动30场次，参与群众5.5万余人次。

【民风建设】 2015年，实施民风建设“五大工程”（法治教育工程、文明新风培育工程、城乡环境综合整治工程、基层民主管理工程、民生保障工程），组建道德评议会6个，评树道德模范64人（户），“现身说法”72场次，制作善行义举榜21块。开展“平安村居”“平安家庭”创建，通过深入开展法律“六进”活动（进机关、进乡村、进社区、进学校、进企业、进单位），评树一批“法律明白人”“守法好公民”。创建社区志愿者服务品牌6个，争取配套健身器材10套，新建各类宣传阵地12个，新建社区文体娱乐活动室3个，五里村多功能体育场1个；组织文艺团体开展“文化惠民工程”活动56场次、播放数字电影204场次，开展群众性文体活动292场次，举办“文昌新歌”广场文艺演出、市民运动会。2016年，培育和践行社会主义核心价值观，深入推进民风建设。评选出身边好人6名，道德模范3名，复验市级“文明村（居）”2个，创建沙坡头区级“文明村（居）”3个。社区持续开展志愿服务活动，组织志愿者进行卫生清洁、交通劝导、送温暖献爱心等学雷锋志愿服务活动。举办各类文体活动55次，组织参加“春节社火”展演及元宵社火比赛荣获二等奖，参加全市庆祝建党95周年“红歌大家唱”大合唱比赛、“文昌新歌”专场演出、“万人红歌演唱”等活动。搭建“三社联动”服务平台，强化社区综合服务能力。建立健全意识形态工作制度,成功化解网络舆情1件。

【人民武装】 2015年,坚持党委议训制度,及时召开党委班子会,传达学习上级会议精神,研究部署民兵整组、兵役登记、冬季征兵等重大事项。坚持国防教育制度,积极组织民兵开展“军事日”活动,安排国防知识专题讲座,开展民兵预备役实弹射击训练。对全镇18周岁的适龄青年和应届毕业生进行兵役登记398人,确定预征对象76名,32名青年应征入伍。参加中卫军分区和沙坡头区组织的3次军事训练任务,5次代表沙坡头区人武部组织全镇基干民兵参加应急拉练。2016年,全面加强民兵预备役连部建设,完善武装工作档案资料室和青年民兵预备役活动之家建设,设立武装器材室并配齐迷彩服、盾牌,警棍、头盔等武装物资,高标准完成基层武装阵地正规化建设。组织全镇60名基干民兵进行集中点验,到点率达98%以上。深入基层,开展征兵宣传教育,张贴宣传标语20多条,发放宣传资料1万多份,完成兵役登记1259人,确定预征对象91名,全镇125人报名参军,22人参军入伍,征兵工作全面完成。

【改革创新】 2015年,率先探索推行流动人口网格化动态管理新模式,保障流动人口个案数据信息动态更新,实现流动人口户籍地与现居住地信息畅通,清理清查商业网点4600户,清理跨省市869人,录入流动人口13869人。新增福润苑、东花园社区2个,新培育中卫市农业产业化促进会等社会组织3家。2016年,开工建设双桥村棚户区改造项目,建筑面积13.4万平方米,是沙坡头区主动承接的首个由乡镇负责实施的棚户区建设项目,实现拆迁、建设、安置一体化;投入资金10万元,打造五星级计生服务室,高标准设置会议室、政策业务培训室和药具室等多个功能阵地,顺利通过自治区计划生育五星级乡镇验收;新建福润苑社区阵地1个、郭营村党组织阵地1个;全面推进黄湾村集体经济产权制度改革工作,完成身份认定、清产核资及公示工作。(刘婷)

滨河镇

【概况】 滨河镇位于中卫市沙坡头区腹地,东以市区南、北大街为界,西与迎水桥镇相邻,南依黄河古道,北接美利工业园区,为沙坡头区人民政府驻地,融儒释道三教文化于一体的自治区重点文物保护单位、AAA级景区高庙坐落境内,地理位置优越,交通便捷、镇域经济发达。境域总面积27.3平方公里,辖13个行政村、6个城市社区。2015年,村居人均可支配收入10220元,招商引资3000万。2016年,实现社会生产总值16.72亿元,村集体经济纯收入2236万元,村居人均可支配收入10935元。

【人口发展变化】 2015年,滨河镇户籍人口18190户,61087人,其中少数民族人口1202人,占总人口1.96%。全年新生婴儿481人,人口出生率控制在7.87‰内,自然增长率3.93‰,出生政策符合率达到97%。常住人口网络信息录入覆盖率98%以上。2016年,全镇户籍人口20190户,64410人,其中少数民族人口1240人,占总人口1.93%。流动人口962人。全年新生婴儿666人,人口出生率10.3‰,人口自然增长率6.4‰;出生政策符合率99.51%。常住人口网络信息录入覆盖率98%以上。

【农业与农村经济】 滨河镇耕地面积1.27万亩,粮食播种面积1.18万亩,是典型的人多地少乡镇。2015年,在城北、沙桥、西关等村流转土地4776亩,实施高效节水灌溉农业3584亩,提质增效日光温室设施蔬菜230座,农业综合效益稳步提高。加大农业技术人才培养力度,召开各类科普知识培训讲座32场,培训新型农民实用技术人才2270人次。创新农村发展模式,在南关村进行农村集体经济产权制度改革试点工作。落实自治区土地确权登记政策，稳步推进 11 个村 75 个村民小组 1.26 万亩承包地确权工作。2016 年，提质增效日光温室设施蔬菜 230 座，落实水稻高产创建百亩示范区 1 个，农业综合效益稳步提高。全面完成农村土地承包经营权确权登记证发放工作。全力推进农村集体经济组织产权制度改革，南关村、官桥村分别被选定为自治区级、沙坡头区级改革试点村，并正式挂牌成立经济合作社，当年累计发放股份红利 1565.4 万元。

【城市建设】 2015 年，协调服务重点项目，配合有关部门积极开展宁夏大学中卫校区、大河之舞主题文化公园、新墩北路和南苑西路延伸段工程建设项目。按时完成新墩村东、西区和西关村棚户区改造项目，征收宅基地 998 个 1784 户，为安置房建设打下坚实基础。统筹开展回迁安置工作，先后安置金泽庭院、黄河明珠一二期、党校家属楼、东方红二期、宇丰苑等 9 个建设项目 296 户拆迁群众，累计分房 902 套 94443.38 平方米。2016 年，紧紧围绕重点项目落实，积极配合完成中卫市土地收储项目、旅游新镇排水管网工程等重点项目 2140 亩的土地征收工作，确保重点建设项目顺利实施。累计完成新墩村、西关村、高庙公园（一期、二期）等 6 个棚户区 948 户的房屋征收任务。协调服务新墩村（东区、西区）、西关村、祥瑞小区二期 3 个棚户区安置房建设项目和兴南卫珑城商贸体、幸福家园、金沙国际、江元隆府 4 个商业开发项目建设，全镇住进楼房的农村人口覆盖率 85%。

【环境卫生整治】 2015 年，先后投资 130 余万元，对宜居家园、城北工业园区，新墩路、五葡路、三排水沟等 6 条重点路段，长城小区等 9 个旧小区进行全面彻底的清理。成立保洁公司，组建 30 人的环卫队伍，在辖区不间断式的进行卫生保洁与监督。2016 年，全面推广深度保洁机制，实施环境卫生保洁网格化管理，形成“全面覆盖、职责明确、分片包干、责任到人”的环境卫生保洁网络模式。对五葡路、机场大道、商城、背街小巷等重点区域和重点地段的环境卫生进行清理整治，为各村和无物业管理小区配备保洁员 37 人。排查整治主要污染源 15 个。

【社会管理】 2015 年，狠抓信访维稳工作，综合运用人民、司法、行政调解群众来信来访，累计受理群众来信来访 151 件，答复转办件 61 件，市长信箱 56 件；定期开展矛盾纠纷专项排查活动，化解矛盾纠纷 67 件；妥善处理新墩集资款、藏羊地毯厂等 7 件群体性上访事件，化解信访积案 11 个。加强社会面管控，升级社区戒毒（康复）工作站硬件设备，新招募戒毒专干 5 名，康复培训 102 人。完善社区矫正管理，明确刑释解教人员帮扶责任，做到安置帮教并举。2016 年，深化“平安滨河”建设，推进矛盾纠纷“大调解”机制，组织开展矛盾纠纷大排查大调处专项活动，排查各类矛盾纠纷 589 件，化解 568 件，调解率 96.4%。全面推行信访案件网上办理，加大重点信访对象稳控力度，全年接访 320 批，初信初访化解率 100%，化解信访积案 9 件，信访维稳总体形势明显好转。办结上级交办信访案件及书记、市长信箱 100 件，办结率 100%，无延办、漏办事件发生。全面完成“六五”普法各项任务，全民普法参与率达到 90%以上。社区禁毒工作常态化进行，辖区社区戒毒管控面达到 90%以上，戒毒康复对象就业率达到 90%以上。

【社会事业】 2015 年，全面贯彻落实低保、临时救助等制度，为 4000 多名救助保障对象发放各类困难救助资金 1170 万元，累计办理最低生活保障 2256 户 2841 人，享受高龄补贴 116 人，享受重残补贴 506 人，公租房配租 529 户；城乡居民社会养老保险参保率达 92.4%，城乡基本医疗保险实现全覆盖，发放各类扶残助困资金 8 万余元。增强市场活力，为 156 户妇女发放妇女小额担保贷款 1008 万元，新创办小企业 36 个，培养小老板 93 个，创造新岗位 415 个；完成劳动力培训 210 人，转移输出农村劳动力 3522 人。争取“一事一议”财政奖补等项目，完成官桥村道路硬化和镇机关楼体亮化工程，申请200万中山社区和沙桥村老年人日间照料中心建设资金。实施人口优生优育工程，孕前优生健康检查302对。加大文体活动开展力度，积极争取自治区农村文艺团队扶持等文体项目，进一步丰富群众精神文化需求，累计举办各类文艺巡、会演314场次，观众达77860人次。2016年，全面落实各类社会保障政策，为辖区高龄、五保、重残、孤儿等3834人审核发放各类社会救助资金1365万元，申报保障性住房271户；统筹城乡居民医疗保险缴费参保36504人，参保缴费率99.1%；养老保险实现全覆盖，其中，被征地农民参加养老保险6064人，社会保障水平不断提升。全年转移就业18710人，帮助369户农村妇女申请创业贷款2435万元，就业渠道不断拓宽。实施人口优生优育工程，孕前优生健康检查422对。争取财政奖补“一事一议”项目、民政项目资金，高标准完成高庙人畜饮水工程、中山社区和沙桥村日间照料中心建设。扶持发展农村文化大院和文艺团队6个，数字电影放映223场次，组织文化惠民下基层宣传演出和广场文艺演出46场次，创建文明村3个、民风示范村2个、民主法治示范村1个。（俞扬）

迎水桥镇

【概况】 迎水桥镇地处中卫市城区西部，南靠黄河，西临甘肃、北接内蒙古。总面积1380平方公里，镇域耕地总面积58740亩，林地总面积92907亩，草地总面积978975亩，水域及水利设施用地42720亩，水域养殖面积1.1万亩。辖17个行政村，2个居委会，总人口32483人。旅游景区有沙坡头景区、金沙岛景区、金沙海景区；历史文化传统村落有南长滩村；乡村旅游示范点有沙坡头村、鸣沙村；待开发景区有长流水村、孟家湾村。是国家级“生态镇”和中卫市旅游大镇。2015年，全镇实现社会生产总值18.65亿元，农民人均纯收入实现9800元。2016年，全镇社会总产值完成20.142亿元，农村常住居民人均可支配收入10789.5元。

【人口和计划生育】 2015年，迎水桥镇总人口32088人，全年出生286人，出生率为9.04‰；政策符合率为98%；完成孕前优生健康检查260对，完成少生快富工程12例。开展计划生育宣传活动，举办育龄妇女培训班、健康大讲堂12场次，培训妇女600多人，打造杨渠村、码头村2个人口与计划生育文化广场，设置计划生育宣传栏50多块，群众计划生育基础知识知晓率达85%以上。2016年，推进阳光计生、诚信计生建设，开展“计生大讲堂”10场，参与人数680人次，筹集慰问资金3万元，慰问计生困难家庭72户。年底全镇人口总数为32290人，出生350人，人口出生率10.96‰，孕前优生健康检查完成249户，“少生快富”项目工程完成5户；育龄妇女节育措施落实及时率100%，宣传教育普及率95%，群众对计划生育工作满意率95%以上。

【农业与农村经济】 2015年，坚持稳粮扩经、特色推进与土地流转相结合，调整农业产业结构，推动农业生产向集约化、规模化、可持续化的现代农业方向发展。全镇农作物播种面积31342亩，其中粮食作物26455亩，经济作物4887亩；落实以西瓜、韭菜等为主的小弓棚瓜菜1308亩；发展以枸杞、葡萄、苹果为主的经果林3273亩，累计达到1.9万亩；巩固发展立体生态高效渔业和休闲观光渔业基地1.3万亩；引进天士力公司建设高标准、无公害绿色枸杞基地1500亩；土地流转累计达到1.8万亩，高效节水灌溉面积8000亩。对沟、渠、田、林、路进行综合整治，农田水利基本建设投入资金428万元，砌护渠道41.6千米，清理整治二排水沟、三排水沟等大型沟道45公里，完成1.8万亩土地整治项目任务及山区“五小”水利项目渠道砌护任务。2016年，完成粮食作物种植26258亩，完成黑林、码头等村4200亩高标准农田土地整治项目及土地整治项目17600亩；建设蓄水池4个，泵房

2个，阀井151座，铺设管道46.2千米；投入3750万元，完成美丽渠、一干渠、迎水村北干渠砌护工程；投入320万元，动员劳动力9575人次，动用机车357台次，完成农田水利建设各项目标。落实以西瓜、韭菜等为主的小弓棚瓜菜1308亩，小弓棚西瓜亩均收入达到7200元以上。落实种植以枸杞、葡萄、苹果为主的经果林3553亩，累计19553亩。

【旅游产业】 2015年，按照打造“生态旅游迎水”的目标，依托沙坡头旅游核心区，进一步整合旅游资源，全力推进旅游新镇建设，完成旅游新镇179户农户、110户商住户、26家企业（厂）房屋及附着物的征收拆迁工作。旅游新镇核心区项目投资6.5亿元，商业单体、博物馆、游客中心等单体建设基本建成，使旅游新镇项目成为助推迎水桥镇旅游“二次创业”战略的又一新引擎；镇政府出台建设农家乐补助政策，完善《迎水桥镇农家乐管理制度》，验收发放补助资金32.6万元；镇域范围内投资1200万元，新建以休闲度假、观光旅游、特色餐饮为主题的特色农家乐80家，总量达到300家，年收入实现6000万元以上；年内全镇辖区接待游客171.2万人次，旅游收入13.2亿元。2016年，围绕“一核、两线、三湖、四区”的旅游发展规划及争创“全域旅游示范镇”总体目标，完成投资2.3604亿元，其中投入1.058亿元完成旅游新镇后续工程建设、旅游新镇纵二、纵三、纵四街道道路硬化工程等旅游新镇配套设施；投资1.132亿元完成腾格里湖项目工程、陶然水岸休闲农庄项目、宁一果业休闲农庄等项目建设；加快“一村一旅游主题”建设，投入1500万元启动鸣沙村风情苑一期项目建设，投入204.31万元启动南北长滩古村落保护项目，审定申报沙坡头片区农家乐改造方案。年内全镇辖区接待国内外游客263.69万人次，实现旅游总收入15亿元。

【新农村建设】 2015年，按照示范引领、整体推进的工作思路，年内改造危房75户；完成原中卫铁厂60户、化肥厂家属楼50户房屋征收拆迁工作；分配福润苑安置房325套，分配旅游新镇安置房335套；发放农牧场逾期安置费652万元，迎水大西部物流城项目逾期安置费113.5万元；建成分散移民安置房4套。争取迎水桥镇“美丽小城镇”建设项目资金1100万元、何滩村“美丽村庄”项目资金200万元、南北长滩古村落保护项目资金300万元，落实码头、黑林等5个村“一事一议”项目资金250万元。落实道路建设项目资金500余万元，完成夹道等4村道路油面铺设4510米，铺垫杨渠村三干渠坂道路基础3000米。利用夏秋两季环境卫生综合整治两大战役，对全镇的垃圾、残垣断壁、私搭乱建、棚圈、厕所、道路等进行综合整治；以镇政府名义成立保洁公司，招聘巡查员、清运员、保洁员，实行单周检查、双周通报、每月评促、季度考核的长效管理机制，“户清扫，村收集，镇转运”的垃圾清运保洁机制运行良好，全镇环境综合整治率、垃圾集中处理率分别达到90%和98%。2016年，基础设施建设完成投入2417.3万元，其中投入659.3万元完成姚滩村美丽村庄建设项目；投入216万元完成鸣钟村道路硬化、码头村广场及社区建设项目；投入326万元完成营盘水村抗旱应急水源工程；投入210万元实施姚滩村农村道路改造工程3.5公里硬化；投入306万元完成黑林村环保项目建设；投入700万元实施杨渠村三排水沟南坂路工程。完成迎水农牧厂90户家属楼安置拆迁工作。以全国全域旅游推进会及秋季农村环境卫生整治为契机，先后投入535.5万元，组织人员13959人次、机械车辆2784台次，清运土方垃圾9.5万余立方米。

【生态建设】 2015年，林网植树407.3亩28771株，村庄植树272亩29430株，树木成活率90%以上。2016年，新增林网植树3600株、村庄植树28097株。对水源地保护区内8家企业、农家乐进行约谈。为保护旅游新镇周边环境，投入5068.17万元对其周边11家高耗能企业进行搬迁拆除；针对南北黄河段上游漂浮垃圾增多问题，投入10.6

万元彻底进行清理整治，并建立巡查整治长效机制。严格安全监管执法，建立完善安全隐患、矿山整治、土地管理巡查制度，无重特大事故发生。

【教育事业】 2015年，用于支持教育教学的资金8万余元，同时争取到中卫市总工会、团市委、妇联等帮扶单位的项目资金支持，发放助学金30.6万元，帮助45名困难家庭的学生圆大学梦。推进素质教育初中层次义务教育普及率100%，获得“教育强镇”称号。2016年，为解决辖内学校生源不足、投入不足等问题，镇政府从公经费中拨付5万元支持迎水学区办学，同时争取社会各界捐助物资6.9万元，争取团市委、社会助学资金6.1万元，为133名困难学生送去温暖。

【文化事业】 2015年，投资37万元，建成牛滩村2队农民文体广场；为每个行政村配套建设农家书屋，全镇村级农家书屋藏书达到3.15册。组织1300余人参加中卫市大型社火展演比赛“大漠黄河旅游节”社火展演；组织广大妇女参加中卫市举办的广场舞大赛；举办“迎水欢歌”大型广场文艺专场演出；举办迎水桥镇第五届农民运动会。为牛滩村、码头村等村配备广场健身器材4套46件，篮球架2套。实施数字电影放映工程，累计放映220场次；联系中卫市歌舞团开展文化下乡惠民演出37场。2016年，在码头村建成文化广场1处，为各村配套体育器材35件，安排文化下乡活动35场，放映电影245场。投入20余万元，组织干部群众参与多彩迎水文化广场专场演出、春节社火展演、第三届农民运动会、沙坡头国际大漠旅游节、红歌万人合唱等活动。

【民生服务】 2015年，开展救灾救济、访贫问苦送温暖活动，走访慰问困难群众1300多户，发放慰问及救灾救助资金20余万元；落实民政救助各项政策，新增低保户158户188人，退出城乡低保78户101人，新增重度残疾人生活保障20人，新增五保供养对象2人，新增孤儿保障1人，实现民政救助对象应保尽保，动态管理；为企业住房困难职工上报申请公租房105套；完成政府惠农资金、救灾救助资金、社会保障资金账号的变更工作，实现“一卡通”发放，确保惠民资金的安全；开展“两险”参保缴费工作，养老保险参保率、医疗保险参保率分别达到99%和98%；民生服务中心接待群众1.8万余人次，办结涉及民生服务的各类事项16500余件，办结率和群众满意率100%。面向全体党员、干部群众广泛征求意见建议33条，镇村两级解决30件，协调有关部门解决3件；投资12万元在镇卫生院内建设公厕1个；为404位妇女申请发放小额贷款1147万元；协调项目资金建成迎新社区新办公楼。2016年，民生服务中心年内接待群众12185人次，办结涉及养老保险、民政救助等方面的问题12185件，办结各类信访件19件，办结率100%，群众满意率达100%，城乡居民养老保险和医疗保险实现基本全覆盖；按照程序完成1198户3297人失地农民养老保险审核、申报工作，完善低保进入退出机制。新增城乡低保136户162人，取消各类民政救助对象207户218人；年内走访慰问困难户769户，结合困难群众生活实际，发放救助粮6吨，煤炭8吨，婴幼儿奶粉价值4万余元，救灾救助资金达67.3万元。为491名妇女争取小额创业贷款2100万元。

【脱贫攻坚】 2015年，扎实开展脱贫攻坚“回头看”工作，对不符合建档立卡贫困户资格的91户350人虚假贫困户进行清理退出，新增87户194人为建档立卡贫困户；开展刺绣、装机、挖机培训3次125人；通过“雨露计划”对26人次高、中职学生进行补助；通过产业扶持实现58户276人脱贫。2016年，以“五个一批”（发展生产脱贫一批、易地扶贫搬迁脱贫一批、生态补偿脱贫一批、发展教育脱贫一批、社会保障兜底一批）为导向，对全镇8个贫困村244户706名贫困户进行信息采集并完成精准分类，因户制宜，制订精准脱贫计划，为113户符合条件的困难群众申请低保，为192户贫困户申请扶贫贴息贷款960万元。与港中旅和沙坡头旅游产业集团公司对接，为鸣沙村贫困户提供87个培训、就业岗位。完成上滩、下滩、鸣钟3个贫困村311名建档立卡户脱贫销号。

【社会综合治理】 2015年开展“六五”普法活动，举办“法律明白人”培训9期1200人，以镇出台矛盾纠纷调处奖惩办法与以案定补资金捆绑使用工作模式，调动人民调解员的工作积极性，化解上访积案4起，矛盾纠纷明显下降。率先在沙坡头区11个乡镇建立民情联系卡。排查各类矛盾纠纷273件，调解273件，调解率100%。筛查涉毒人员136人，年内戒毒(康复)44人，强制隔离戒毒6人。开展辖区内43家企事业单位的安全检查工作，无安全事故及较大火灾事故发生。对沙坡头旅游区内和迎闫公路两侧的违法占地行为和违章建筑进行严厉打击和集中清理。2016年，举办法律大讲堂8场次，培育培训“法律明白人”320人次；排查化解矛盾纠纷148件，办结转办市长信箱87件，办理网上信访答复26件，镇村联调先后平息码头村群众因自来水供应问题意欲上访等群体性矛盾纠纷；成功化解宁夏延光通讯技术有限公司雇用人员意外坠亡纠纷，正旺饲料公司迎水籍牛某、周某二人死亡纠纷等重特大矛盾纠纷，成功化解原农牧场职工子女陈某长达4年上访等积案，为当事人挽回经济损失340万元。全镇无因矛盾纠纷排查化解不及时而引发民转刑案件和群体性事件的发生。

【党管武装】 2015年，落实民兵预备役学习教育、队伍建设、经费保障等各项制度，组织民兵整组点验。2016年，对辖区539名适龄男青年进行登记，登记率100%，为部队选送18名优质兵源，实现迎水桥镇在征兵数量上的历史性突破，获得“民兵整组先进单位”称号。筹资近4.3万余元，对辖区38211等2个部队46名退伍困难军人及烈属进行慰问。

【精神文明建设】 2015年，开展社会主义核心价值观教育，引导广大党员群众积极参与“学雷锋”、寻找“身边的好人”等活动；开展“道德讲堂”活动，树立典型，弘扬传统美德，码头村助人为乐模范廉秀芝被评为沙坡头区道德模范，何滩村孝老爱亲模范崔进宾被评为自治区“百孝之星”；指导各村(居)开展形式多样的“讲文明、建设美丽中卫”等活动，发放各类宣传资料2万余份，评选出“好家风、好家训”22条；以民风建设为载体，深入开展文明村创建活动，夹道村被评为国家级文明村，创建市级文明村3个、沙坡头区级文明村4个、“中卫美丽乡村”1个。2016年，组织开展“身边好人”“学雷锋、树榜样”“感动中卫”“道德模范”推荐评选等活动，同时将好家风好家训征集宣传与“百孝之星”“最美人物”“最美家庭”等评选活动有机结合，健全完善好人发掘常态化机制活动。组织开展文明村创建评选工作，上报自治区文明村1个、中卫市级2个、沙坡头区级3个。组织开展“红歌大家唱”庆祝中国共产党建党95周年万人红歌演唱比赛、纪念红军长征胜利80周年征文等活动，采取多项措施促使“文化惠民工程”活动常态化，落实各村文化站室、农家书屋免费开放制度。

（孙宏瑞　何玉艳）

东园镇

【概况】 东园镇位于沙坡头区北部，距离中卫市区3.2公里，是近郊型农业大镇。包兰铁路贯穿其中，镇域面积271.91平方公里，耕地面积6.73万亩，辖20个村135个村民小组。镇域地势平缓，水源丰富，土壤肥沃，区位优势明显，劳动力资源丰富。2015年，全镇实现社会总产值15.06亿元，农民人均纯收入9690元。2016年，全镇实现社会总产值16.27亿元，农民人均纯收入10715元。

【人口和计划生育】 2015年，全镇常住人口9278户34363人，其中男性17525人，农业人口33580人。年内出生333人，出生率10.08‰，政策内出生

327 人，符合政策生育率 96.18%。完成“少生快富”工程项目户 9 户，免费孕前优生健康检查 258 对，领取独生子女父母光荣证 31 户。2016 年，全镇常住人口 9319 户 34677 人，其中男性 17685 人，农业人口 33888 人。年内出生 399 人，出生率 11.61‰，政策内出生 395 人，符合政策生育率 99%。完成“少生快富”工程项目户 4 户，免费孕前优生健康检查 286 对。

【设施农业】 2015 年，新建拱棚韭菜标准化示范基地 5000 亩、拱棚西瓜套种蔬菜基地 2000 亩、露地蔬菜基地 1500 亩、日光温室大棚基地 4500 亩、永久性蔬菜基地 900 亩、外供蔬菜基地 500 亩，完成 300 座日光温室保温被配套项目，蔬菜种植面积达 2.42 万亩。创建水稻万亩高产示范区 1 个、百亩高产核心攻关区 4 个，总面积达 1620 亩。新建高效节水灌溉面积 1500 亩、高效节水喷灌面积 500 亩，高效节水农业示范区总面积达 2.6 万亩。培育长丰家庭农场和兴韩农业种植合作社 2 个自治区级农业经营主体。2016 年，实施 3000 亩水稻高标准种植示范区建设项目，建成 1500 亩水稻机械插秧、800 亩水稻机械精量穴播种植、700 亩水稻半覆土机械直播示范区及 500 亩鱼稻、鸭稻、蟹稻共生区，集中打造 1050 亩绿色增产模式攻关示范区 1 个，引进新品种 12 个，实现增收 107 万元。新建小拱棚西瓜基地 1111 亩，新建大中拱棚 222 座，完成韩闸村拱棚韭菜转型升级 412 亩，新建万亩粮食高产示范区 1 个，配套建成核心示范区 3 个，完成太阳能热水器安装 1291 台，完成政策性农业保险任务 3.6 万亩。

【畜牧养殖】 2015 年，新建中卫市金沙奶牛养殖场，全镇标准化大型奶牛场达 12 家，规模养殖场户 590 户，奶牛、生猪、羊只、鸡存栏量分别达到 8407 头、1.8 万头、2.26 万只、8.21 万只。在白桥、赵桥等村集中流转土地 5000 亩，建成订单式奶产业青贮饲料基地。2016 年，全镇标准化大型奶牛场 11 家，规模养殖户 590 户，奶牛存栏 8650 头，肉牛饲养量达 9395 头，生猪饲养量达到 5.3 万头，羊饲养量达 4.6 万只，鸡饲养量达 16.8 万羽。

【基础设施建设】 2015 年，争取各类资金 27092.4 万元，其中：争取交通项目资金 1595 万元，完成史瑞路、郭滩四斗路、黑山牛场路等 6 条、16.2 公里道路硬化及桥梁、路基等附属设施配套建设；争取“一事一议”项目资金 189 万元，完成郭滩村环境整治示范点和金沙村 2.5 公里道路硬化项目建设；开工建设总投资 1.32 亿元的史湖村安置住房建设项目，年内完成项目主体工程建设的 80%；投资 308.4 万元，完成“阳光沐浴”工程太阳能热水器安装 2172 台；配合完成投资 800 万元的北干渠扩容改造工程；配合完成投资 1.1 亿元的科源农副产品加工及现代冷链物流项目，并通过招商引资引进东方建筑公司、弘兴达农贸公司、金顺彩钢、意达钢材等 4 家企业。2016 年，完成投资 1.36 亿元的史湖村棚户区改造项目建设。争取各类项目资金 1114.65 万元，其中：投资 581.65 万元，完成谢滩村“美丽村庄”项目建设；争取财政奖补“一事一议”项目资金 429 万元，完成谢滩村文化广场、郑口村文化广场、冯桥村人畜饮水工程项目，争取环保项目资金 104 万元，完成双渠村污水处理项目。

【农田水利建设】 2015 年，投入资金 1600 万余元，深挖沟 1034 条 500 公里，清淤渠 2136 条 833 公里，机深翻 1.03 万亩、普翻 2.6 万亩，秋施肥、秸秆还田 3.59 万亩，树木涂红刷白、抚育修剪 61 万株。整理巷道 472 条、87 公里，农用残膜回收 4900 亩 19.6 吨。投资 80 余万元，对辖区二排水沟、三一支沟、章家小沟、姜家洼路沟进行机械开挖及道路整修铺垫，同时协助实施北干渠灌区扩容改造工程。2016 年，投入劳动力 21273 人，机械投入 703 台，沟道清淤 1034 条 500 公里，渠道清淤 2136 条 832 公里，残膜回收 5000 亩 20 吨，机普翻 1.82 万亩，机深翻 1.53 万亩，秋施肥 9440 亩，树木涂红刷白 61.4 万株。

【农村环境卫生整治】 2015 年，深入开展环境卫生深度保洁暨村容村貌管理专项行动，投入劳动力 31447 人次，机车 4249 台次，对镇域内三横七纵 71 千米主干道路沿线 36 家小作坊及废旧物资回收站、双渠村等 12 个已整治的示范点及美利集贸市场等进行拉网式清理整顿，清理“三堆”（垃圾堆、柴土堆、杂物堆）6.28 万立方米，清运垃圾 1080 吨，拆除残垣断壁 1035 米，拆除私搭乱建 1782 平方米并砌护围墙 132 米，制作彩钢板围栏 570 米。同时结合农田水利建设工作对穿越村庄的沟渠及未硬化的生产路进行高标准整治，巷道硬化 24 条 2.9 万平方米砌护渠板 184 立方米，完成庄点绿化 13 个，巷道新植，补植树木 1742 株。清理整顿辖区 22 家小微企业，对东桐等 3 家存在证照不全、污染严重的机砖厂关停整顿，对雪芳塑料粒子加工厂等 8 家生产、加工塑料粒子的企业依法取缔。2016 年，投入劳力 38500 人次，机车 1.28 万辆次，打造出以五葡路、柔石路、李姚路为主要干道，全长 18.6 公里的环境卫生深度保洁示范区，清理三堆垃圾 1.45 万立方米，其中清理垃圾堆 4272 处，柴草堆 3593 处，粪堆 1222 处，土石堆 980 处，拆除残垣断壁 50 处 965 米，拆除棚圈厕所 249 处 1280 平方米。同时对穿越村庄的沟渠及未硬化的生产路进行高标准整治，整治沟渠 27.4 公里，整修生产路 11.3 公里，完成农田林网植树 18642 株。

【社会管理】 2015 年，开展“平安东园”建设，年内处理各类矛盾纠纷 238 起。以“五定”（定人员、定时间、定责任、定标准、定措施）方案的形式化解信访矛盾纠纷 57 件，市长信箱、党工委书记信箱交办件的办结率、满意率均达 100%。对辖区 18 家企业、8 所学校、8 所宗教场所开展安全生产及交通安全大检查专项行动 13 次，排查并整改隐患 14 处，年内未发生重大安全生产责任事故。以镇建成标准化社区戒毒康复中心，在吸毒人员相对集中、具有地域辐射特点的八字渠、双渠、曹闸村建成 3 个村级禁毒康复工作站，对全镇 131 名吸毒人员进行定期走访，全镇禁毒形势稳定。2016 年，创新工作方法，整合综治办、派出所、司法所、法院等部门，充分发挥“大调解”工作机制作用，年内化解或初步化解矛盾纠纷积案 131 件，开展人民调解员、“法律明白人”培训 2 次，开展普法宣传 9 次，覆盖 1700 余人。全面落实禁毒、反邪教、铁路护路工作，通过定期排查、突击检查、随机抽查的形式，排查出辖区企业、学校和宗教场所存在的安全隐患 6 处并全部整改完成。以镇建立铁路护路联防工作中心，沿线涉及的史湖等 3 个村建立铁路护路联防工作站。

【社会保障】 2015 年，全面推行“一厅受理、全程服务、限时办结”的“一站式”服务模式，探索建立八字渠、赵桥等 5 个村级民生服务网点，全面实施民生服务全程代理代办制度，服务网点累计为群众办证 4000 余人次，办结各类民生服务事项 7000 余件。落实各项惠民政策，救助高龄老人、五保户、优抚对象等困难群众 400 户，救助资金 4.4 万元；发放临时生活救助资金 8.41 万元，受益群众 262 户；发放抗旱救灾资金 11.19 万元，受益群众 384 户。发放社会保障卡 32852 张，发放率 99%，年内新增低保 132 人，核销 50 人，享受低保待遇 2054 人。2016 年，累计慰问高龄老人、五保户、优抚对象等困难群众 629 户，发放慰问金 24.99 万元。发放临时生活救助资金 12.35 万元，受益群众 222 户。年内新增低保 233 人，核销 108 人，享受低保待遇 2159 人。劳动就业人员转移 3108 人，为 3400 余人办理被征地农民养老保险。

【生态移民管理安置】 2015 年，完成 12 户分散移民安置房基础建设和安置任务，配合相关单位认真落实水、电、路等配套基础设施。将 2011 年安置的 39 户、2013 年安置的 26 户移民全部纳入民政政策救助范围，确保分散移民与本地村民享有同等的社会保障待遇。2016 年，通过入户走访，清退建档立卡户中不符合条件的 33 户 103 人，剩余 85 户 236 人。根据贫困户实际情况，完善“一户一档”的精准扶贫到户计划表，制定“一户一策”的帮扶措施，对享受低保56人、享受五保户5人、重残2人进行政策性保障兜底；对2016年新增的7名大学生和2016年前入学的10名在校生完善档案，申请发放政府补助8.5万元；对有发展能力和意愿的农户，每户确定一项主导产业，由村委会和帮扶干部统计农户贷款需求后和金融部门对接，落实扶贫贴息政策。金融部门对接发放13户贷款56万元，落实妇女创业贷款3户15万元；对有劳动能力和意愿的农户，引导帮助落实人员外出打工。

【民风建设】 2015年，开展理论学习55次，报送简报信息124篇，评选出“身边好人”“沙坡头区首届道德模范”等各类道德模范262人，征集“好家风好家训”127条，在全镇20个村均成立道德讲堂。建成红武、北湖村文化广场暨民风建设宣传阵地，打造民风文化长廊。开展志愿者进敬老院、“阳光助残”和义务植树活动46次。创建美利、北湖村科普示范村和白桥村小拱棚瓜菜等农业科技示范基地3个，为245户创业妇女发放创业贷款1332万元，参加“庆三八”妇女广场舞大赛等活动6场次，组织开展2015年春节社火展演等各类文艺文体活动29场次。2016年，开展理论学习56次，报送简报信息136篇，积极开展“身边好人”“善行义举四德榜”评选活动，评选出刘玉玲、邓荣念等先进典型218人，征集“好家风好家训”97条，利用道德讲堂活动室，大力宣传道德模范先进事迹24次。积极参加庆祝建党95周年“万人红歌演唱”、第二届沙坡头区舞龙大赛等活动7场次，组织开展文化下乡文艺演出、“东园在腾飞”文化专场演出等活动32场次。（贯昊）

柔远镇

【概况】 柔远镇地处中卫城区东部，区位优势明显，交通便利，包兰铁路、中央大道、滨河路、西云路等主干线路贯穿全镇，是城区向东发展的要塞。辖13个行政村，121个村民小组，人口2.9万人，镇域总面积40平方公里，耕地2.5万亩。2015年实现社会总产值70237.1万元，农村居民人均可支配收入为10169.81元。2016年实现社会总产值75926.73万元，农村居民人均可支配收入11457元。

【人口和计划生育】 2015年，人口出生率为10.59‰，完成孕前优生健康检查243对，落实“少生快富”项目10户，计划生育政策符合率均达到97.6%以上，打造雍湖村、冯庄村计生文化长廊2个，建成范庙村人口文化广场示范点1个，打造范庙村计生大院1个。2016年，人口出生率11.74‰，完成孕前优生健康检查289对，落实“少生快富”项目4户，计划生育政策符合率均达97.7%以上，打造雍湖村、冯庄村计生文化长廊2个，建成沙渠村人口文化广场示范点1个。

【项目建设】 2015年，中国物流中卫物流园项目完成征地622.439亩，其中：砖塔村557.439亩、柔远村65亩。农副产品加工园区招商引资项目兴拓公司完成投资6800万元，中杰农产品加工配送中心完成投资5800万元，虹桥食品公司完成投资1.3亿元。2016年，中国物流中卫物流园完成投资2000万元。农副产品加工园区兴拓公司建成仓储库房3.3万平方米，中杰农产品加工配送中心建成1.2万平方米的办公楼和综合楼，虹桥食品公司建成1000平方米原料库。完成荣盛仓储中心、军粮库储备中心主体建设目标。

【特色农业】 2015年，新建永久性蔬菜基地5200亩，其中改造日光温室2600亩，配套露地蔬菜2600亩；争取自治区农牧厅、财政厅农业产业化项目，给380座温棚安装卷帘机、595座温棚安装保温被。引进推广水肥一体化、秸秆生物反应堆、病虫害绿色防控、无土栽培等10项新技术，其中推广秸秆生物反应堆技术1545座，投资150万元建成水肥一体化及喷灌设施300亩，推广绿色防控体系2500亩。2016年，新建永久性蔬菜基地3830亩，其中：实施提质增效设施蔬菜1800亩，新建大中拱棚1030亩，新增露地蔬菜1000亩。争取自治区农牧厅、财政厅农业产业化项目，给277座温棚安装卷帘机、保温被；推广秸秆生物反应堆技术1025座，引进三隆种业农民专业合作社、三芳合作社、润泽园公司、虹桥食品有限公司实行精细化种植，吸引周边30余家农户加入合作社承包种植。

【新农村建设】 2015年，累计投资658万元，高起点规划新建范庙村"美丽村庄"项目，全村砖房率达90%以上，改造农村危房196户（其中：D级危房113户，C级危房83户），卫生改厕272户，硬化道路11.01公里，铺设供排水管道45.54公里，建成文体广场2个13017平方米，栽植各类乔灌木6.49万株，安装太阳能热水器2103台。2016年累计投资752万元，改造农村危房124户（其中：D级危房47户，C级危房77户），卫生改厕140户，硬化道路13.5公里，铺设供排水管道87公里，建成文体广场1个36685.5平方米，栽植各类乔灌木4.9万株，安装太阳能热水器1619台。

【农村环境整治】 2015年，严格按照农村垃圾"户清扫、村收集、镇转运、市处理"长效机制规范管理，进度环境卫生重点保洁区域，动用劳力16888人次、装载机167台次、挖掘机91台次、机车392台次，清理巷道195条、"三堆"12968立方，拆除残垣断壁2636米、棚圈3367平方。柔远镇成功创建为国家级生态乡镇，冯庄村成功创建为自治区级生态村。2016年，按照深度保洁新标准，新配备大型铁质垃圾箱16个，新增保洁员7人，围绕冯庄、范庙、雍湖环境整治闭环圈和201省道、中央大道等重点路段、片区进行深度整治。清理"三堆"19880立方米，拆除残垣断壁2856米、棚圈1842平方米，清理巷道204条，粉刷面积13811平方米。

【民生工程】 2015年，以农村饮水安全、农田水利设施配套为重点，争取"一事一议"、农发项目等。砌护支渠55公里，配套农渠斗口22座，简易闸19座，尾水11座，铺设供水管道36公里，硬化道路11.16公里。2016年，积极争取实施沙渠美丽村庄、莫楼人畜饮水等14个民生工程，硬化道路15.3公里，铺设饮水主管道4.78公里，排水管道6.6公里，新建维修桥涵28座，安装路灯15套，购买电动保洁车8个，垃圾箱16个。

【社会保障】 2015年，全面落实各类社会保障政策，发放基本生活保障金231.56万元，发放临时救助及受灾救助资金75.5万元；城乡居民基本医疗参保26801人，社会养老保险参保11739人；帮助192名农村妇女申请创业贷款598万元；争取"希望工程圆梦行动"救助贫困大学生24名，发放救助金9.5万元；新建2个农村社区和1个农村"老年饭桌"。9月21日，全区社保卡综合应用现场观摩会在柔远镇召开。2016年，享受各类特殊待遇人员2304人，发放基本生活保障金572.7万元；城乡居民基本医疗参保26004人，社会养老保险参保12540人；帮助374名农村妇女申请创业贷款2128万元。

【社会管理】 2015年，初信初访案件办结率100%，化解各类矛盾纠纷26件，未出现进京非访和50人以上到自治区集体上访事件。办理书记信箱11件，市长信箱128件，办结率均为100%。2016年，受理初信初访案件36件，办结率100%，化解各类矛盾纠纷168件，未出现进京非访和50人以上到自治区集体上访事件。办理市长信箱53件，办结率均为100%。

【脱贫攻坚】 2015年，完成8户插花移民房建设安置任务，完善15户建档立卡户信息。2016年，通过3–5户联保方式帮助贫困户落实扶贫贷款12万元；建档立卡户15户63人，脱贫14户62人。

【精神文明建设】 2015年，评选各类"道德模范"390名，培育"法律明白人"852人，建成文化宣传长廊4240米，制作民风建设宣传展板206个，灯箱139个，培育"法律六进"示范点1个，创建民主法治示范村2个，民风示范村2个，播放各类科教片、故事片183场，宣传演出71场。2016年，评选各类“道德模范”850名，培育“法律明白人”1200人，建成文化宣传长廊494.47平方米，培育“法律六进”示范点1个，创建民主法治示范村3个，民风示范村3个，播放各类科教片、故事片200场，宣传演出56场。（徐涛）

镇罗镇

【概况】 镇罗镇位于中卫市沙坡头区东大门，南临黄河，北依照壁山与内蒙古自治区相连，是沙坡头区工业重镇、农业大镇。总面积348平方公里，耕地面积44809亩，辖11个行政村。2015年社会总产值50.29亿元，农村居民人均纯收入10949元。2016年全镇社会总产值54.31亿元，农村居民人均纯收入12087元。

【人口和计划生育】 2015年，有常住人口8471户32692人，其中：男16643人，女16039人，非农业人口4632人。人口出生率8.01‰，出生政策符合率96.2%，完成“少生快富”工程项目户10户、孕前优生健康检查227对，11个村全部达到计划生育模范村标准。2016年，有常住人口8475户32989人，其中：男 16724人，女16265人，非农业人口4633人。人口出生率为10.38‰，出生政策符合率99.42%，完成“少生快富”工程项目户4户、孕前优生健康检查267对，12个村全部达到计划生育模范村标准。

【特色农业】 2015年，新增高效节水农业示范基地5700亩，建成观音、镇西、关庄、李园永久性蔬菜基地4000亩，九塘、李园冷冻蔬菜基地1600亩，观音、关庄大中拱棚韭菜基地1300亩，凯歌乌玛生产、加工、销售一条龙的无公害枸杞基地2000亩。打造沈桥、凯歌万亩供港蔬菜基地，创建万亩粮食高产示范区1个，关庄、李嘴百亩攻关区2个。投资150万元对凯歌、河沟、镇北250座旧棚进行改造，增设钢架5000组，安装卷帘机500台。投资440万元为500座大棚安装棉被，提升大棚保温性能。2016年，投资1.2亿元，新建越冬式大拱棚2600亩，日光温室提质增效3800亩，种植露地蔬菜3600亩，建成永久性蔬菜基地1万亩。建成高效节水农业示范区3200亩，推广秸秆生物反应堆新技术大棚100座。投资451万元为500座大棚安装棉被，提升大棚保温性能。推动乌玛GAP有机标准枸杞种植基地建设，巩固枸杞深加工及特色中药材加工项目，种植枸杞2000亩，建成加工生产线2条，依托电商平台拓展市场，扩大品牌效应，“乌玛枸杞”品牌附加值进一步提高。抓好龙头企业海弘公司生态商品猪育肥项目建设，投资3000万元，建成12栋育肥猪舍、2栋40个单元保育猪舍、配套建成培训展示厅、办公区、消毒室等设施。（王茜）

【工业经济】 2015年，完成330变电站扩容工程建设，延伸埋设工业供水管道2.5公里。投资55万元对工业园区2.5公里排洪沟进行治理，宽劈深挖1.9公里，砌护0.6公里，绿化植树3000余株。投资3亿元，落实茂烨冶金2台63000kVA硅铁炉续建项目、跃鑫钢铁公司5.5MW余热发电项目、三元中泰冶金有限公司20MW余热发电项目。新上项目投产后，全镇工业总产值突破45亿元，从业人员达1万人。2016年，面对错综复杂的国内外经济运行环境和经济下行压力加大、金鑫工业园区遭受冲击的严峻局面下，镇党委、政府攻坚克难，积极协调相关部门，争取优惠政策，降低工业电费，缓解金鑫工业园区企业的压力，帮助企业渡过难关，稳定工业发展。逐步配套完善供水、供电、道路、通信等基础设施，修缮硬化道路3.65公里，植树3000余株。

【新农村建设】 2015年，投资1680万元，完成镇罗镇美丽小城镇项目建设。铺设沥青路4.83公里，砌筑桥涵48座，铺设人行道彩砖9200平方米、道牙6400米，埋设排水管道2.8公里，栽植行道树

2100 株，改造既有建筑外立面 1.3 万平方米，安装太阳能路灯 265 盏。打造九塘美丽村庄，建设新居 63 户，清理铺垫巷道 18 条，拆除圈棚厕所 850 平方米、残垣断壁 630 米，铺垫土方 1.84 万立方米。硬化道路 18 条 4.6 公里，铺埋排水管道 4.7 公里，砌筑沉淀井 165 个，铺设彩砖 3200 平方米，建成占地 4950 平方米的文体广场。平整绿化带 8700 平方米，完成道路两侧、村庄巷道、文体广场乔木、灌木栽植 7500 余株，实现村庄硬化、绿化、美化、亮化、净化。2016 年，投资 420 万元，着力打造沈桥美丽村庄。拆除土坯房 41 户、棚圈厕所 420 平方米、残垣断壁 290 米，拉运土方 1400 立方米，清理三堆 1630 平方米，配置大垃圾箱 5 个，小垃圾桶 25 个；高标准建设民居 37 户，建成占地 5333 平方米的文化广场 1 个，硬化道路 2600 米，砌护渠 627 米、桥涵 13 座，铺设道牙 9200 米，面包砖 9300 平方米，粉刷墙面 10500 平方米，平整绿化带 5600 平方米，栽植各类树木 13832 株。

【基础设施建设】 2015 年，争取亚行农业综合开发等项目，投资 380 万元，砌护支沟斗渠和农渠 28 公里，砂石料硬化田间生产道路 10 条 10.3 公里。投资 70 万元砌护李嘴低渠 2.2 公里。投资 800 万元，完成跃进渠拓宽项目工程，宽劈深挖渠道 7.2 公里，新建跨度 26 米的桥梁 10 座，修筑宽 5 米的渠坂带路 10 公里。开展以沟渠清淤、村庄环境整治等为重点的农田水利建设，投资 126 万元，打造二排水沟及李嘴沿河大沟市级农田建设示范点。建设占地 3600 平方米的李园村文化广场，配套体育健身器材 16 件。争取阳光沐浴工程，为群众安装太阳能热水器 3702 台。

【环境整治】 2015 年，全镇拆除土坯房 103 户，建设新居 92 户，清理整治巷道 700 余条，拆除圈棚厕所 4700 平方米、残垣断壁 860 米，村庄巷道绿化植树 3 万余株。成立保洁服务公司，配备垃圾运输车辆 12 辆，小垃圾桶 1247 个，垃圾槽 164 个，按照"村收集、镇转运、市处理"的运行机制，负责全镇垃圾的清运。2016 年，全镇拆除土坯房 95 户，建设新居 80 户，清理整治巷道 400 余条，拆除圈棚厕所 2000 平方米、残垣断壁 906 米，村庄巷道绿化植树 3 万余株。实行 52 个保洁区域网格化管理，配备 52 名保洁员进行日常保洁，包村镇领导、镇干部、村干部包保卫生清扫区域，实现垃圾日产日清。

【社会管理】 2015 年，通过搭建 4 号路铁路涵洞雨棚、沥青铺筑 3 号路、4 号路等措施，对铁路涵洞积水问题进行整治，全镇铁路沿线治安稳定、线路安全畅通。建立矛盾纠纷排查机制，全年调处各类矛盾纠纷 86 件，调解率达 100%，成功率达 98% 上，化解信访积案 14 件，实现矛盾"零激化"、人员"零上访"。建成企业安全文化宣传阵地 4 个，打造应急救援示范企业 1 个，全镇中小微企业实现隐患排查治理系统自查自报、第三方托管服务全覆盖。加强寺庙、宗教活动安全管理，落实宗教活动审批手续，深入开展"和谐寺庙"创建活动，全镇民族宗教领域和谐稳定。2016 年，完善社会治安防控体系，建成河沟、李嘴、镇北、镇西 5 个禁毒工作站，辖区社会治安稳定，群众安全感不断增强。建立矛盾纠纷排查化解机制，全年调处各类矛盾纠纷 39 件，调解率达 100%。建成企业安全文化宣传阵地 4 个，打造应急救援示范企业 1 个，全镇中小微企业实现隐患排查治理系统自查自报、第三方托管服务全覆盖。依法管理宗教事务，严把寺管会、教职人员入寺关口，加强寺庙、宗教活动安全管理，严格落实宗教活动审批手续，开展"和谐寺庙"创建活动。

【社会保障】 2015 年，新增专业合作社 1 家、家庭农场 5 个，转移农村劳动力 3502 人。推进统筹城乡居民社会养老保险、医疗保险扩面工作，全镇 12068 人参加统筹城乡居民社会养老保险，参保率达 85%以上，医疗保险参合率达到 98%。累计发放城乡低保基本生活保障金及生活补贴 291.24 万元，发放扶贫、救灾、救助资金 405.02 万元，发放重点优抚对象各类优抚资金、抚恤补助、医疗补助及退役士兵生活津贴补助77.21万元。投资3万元新建河沟、观音2个幸福大院，提高农村老年人日间照料服务覆盖率。投资54万元，建设凯歌村老饭桌，解决农村特困老人日常生活问题。2016年，投资20万，建成镇罗村社区服务站1个，极大提升为民服务能力。完成新创办小企业14个，培养小老板28个，创造新岗位90人，培育龙头企业1个，转移农村劳动力3438人。推进统筹城乡居民社会养老保险、医疗保险扩面工作，全镇11794人参加统筹城乡居民社会养老保险，参保率达96.10%，医疗保险参保人数达28710人，参合率达到99.00%。按照应保尽保的原则，及时将符合政策的困难群众纳入城乡低保、五保，大病医保、城乡低保、五保供养、困难救助、重度残疾人津贴等“兜底”政策全面落实。

【教育文化】 2015年，投资262万元，翻建关庄、沈桥2所学校，硬化沈桥小学操场，改造沈桥、河沟、李嘴3所小学供暖设施。为各中小学、幼儿园配备150余万元的教学仪器，优化教育教学资源，实现农村义务教育均衡发展。开展文艺下乡活动32场次、集镇文化广场会演6场次、社火展演3场次，播放数字电影80场次。2016年，在辖区内9所中小学、幼儿园深入开展“教学质量提升年”活动，对所有教职员工进行理论培训32次，镇中心幼儿园对墙面进行粉刷，打造社会主义核心价值观主题宣传墙500米。开展文艺下乡活动31场次、集镇文化广场会演5场次、社火展演3场次，播放数字电影170场次，观影群众2.8万人次。

【脱贫攻坚】 2015年，完成生态移民81户362人的安置工作，分布于沈桥、李园、镇北、九塘、河沟、凯歌、胜金等7个村，建立健全生态移民档案底册和帮扶制度，切实解决贫困户生产生活难题。2016年，完善39户162人建档立卡信息，通过实施“脱贫保”投保、发放扶贫贷款、发展特色产业、提供就业机会等措施。建档立卡39户162人全部脱贫，其中发展特色产业脱贫40人、劳务输出脱贫51人、教育脱贫14人、社保政策兜底脱贫57人。

【精神文明建设】 2015年，评树最美人物、身边好人等各类模范78名，培育法律明白人700余人，创建凯歌、河沟、李嘴、九塘4个“民主法治示范村”。建成以社会主义核心价值观、公民道德基本规范、优秀中华传统文化、基层党建、民风建设、党风廉政建设、法制教育等为主要内容的民风文化长廊2500平方米，制作民风建设宣传栏80余个，开展学雷锋志愿活动48次，典型推广120条家风家训。2016年，深化“道德讲堂”的建设，实现全镇12个村“道德讲堂”全覆盖，开展道德讲堂活动30余场，按照“六有”标准，增强道德讲堂仪式上的庄严性，流程上的规范性。以“展示家庭美德，树立良好家风”为主题，开展好家风好家训征集宣传展示活动，典型宣传推广20余条家训，16个家风故事，引领广大群众树立家庭文明新风尚。推进民风宣传墙、文化长廊建设，全镇建设民风宣传文化长廊5处，宣传展板80余块，营造共树文明新风的浓厚氛围。以志愿服务制度化、常态化、品牌化为抓手，打造凯歌志愿服务试点村，全镇共开展以扶贫救济、捐资助学、关爱空巢老人等为主题的志愿活动30余次。（王茜）

宣和镇

【概况】 宣和镇东与中宁县分界，西靠永康镇，南接天景山，北临黄河南岸。镇域总面积488.9平方公里，辖24个行政村（12个引黄老灌区村，12个扬黄灌区村）、1个场（中卫山羊场），共有203个村民小组。2015年，全镇工农业总产值27.1亿元，农民人均纯收入8487元。2016年，全镇工农业总产值28.7亿元，农民人均纯收入9336元。完成招商引资1.84亿元。

【人口和计划生育】 2015年，全镇新出生人口462人，人口出生率8.52‰，出生性别比90.09，自然增长率 5.36‰，信息录入准确率达到 98%以上；完成"少生快富"户 17 户，占总任务的 131%；完成孕前优生健康检查 481 对，占总任务的 172%；办理独生子女证 41 户，落实人流 135 例，引产 20 例，上环 132 例；征收社会抚养费 2.8 万元。2016 年，全镇新出生人口 440 人，出生性别比 94.69，政策外生育 13 人，计划生育符合率 97.05%，人口出生率 7.65‰，自然增长率 5‰；落实"少生快富"户 4 户，孕前优生健康检查 329 对，办理独生子女证 127 户，生育服务证 599 户，流动人口服务证 5 户，全年接受免费"三查"服务 800 余人。

【招商引资】 2015 年，新上和续建工业项目 6 个，创办中小企业 10 个，培养小老板 31 人，创造新就业岗位 230 个，完成固定资产投资 15.6 亿元。中电投宁夏能源铝业中卫新能源有限公司新建 200MWp 风光电互补发电项目完成投资 14.54 亿元，宁夏送变电工程有限公司新建牧羊 110kV 变电所项目完成投资 5022 万元，宁夏胜金水泥有限责任公司新建 30 万吨粉煤灰冬季储存与处置项目完成投资 3000 万元，宁夏宝塔石化中卫市农林牧科技有限公司新建红枣加工项目完成投资 1400 万元，中卫市方圆红工贸有限公司新建豌豆淀粉和蛋白饲料生产加工项目完成投资 750 万元，宁夏晴耕雨读塑料制品有限公司新建塑料制品加工项目完成投资 500 万元，翔聚房地产公司集镇开发项目完成投资 8000 万元。2016 年，新上和续建、技改工业项目 6 个，创办中小企业 3 个，完成固定资产投资 1.34 亿元。其中：中电投宁夏能源铝业中卫新能源有限公司投资新建的风力发电项目完成投资 1 亿元，宁夏胜金水泥有限责任公司光伏太阳能发电项目完成投资 2000 万元。

【重点工程】 2015 年，协调完成西部云基地数据中心项目征地 604 亩，输水管道布线施工 10.3 公里。协调完成穆和 110KV、香山 110KV 高压输电线路铁塔架设 73 级。2016 年，完成吴忠至中卫城际铁路项目工程红线范围内房屋土地及附着物征收工作，并依据有关政策及时向群众发放房屋征收补偿安置费。

【工业经济】 2015 年，全镇共有工业企业 79 家，创造就业岗位 2378 个，实现产值 16.62 亿元，同比增长 7.2%，增加值 5.21 亿元，同比增长 7.4%，实现利润 6316 万元，缴纳税金 3050 万元，其中：规模企业 22 家，创造就业岗位 930 个，实现产值 6.84 亿元、增加值 9152 万元、利润 1109 万元，缴纳税金 832 万元。2016 年，全镇共有工业企业 79 家，创造就业岗位 2418 个，实现产值 17.45 亿元，同比增长 4.8%，增加值 5.28 亿，同比增长 6%，实现利润 4816 万元，缴纳税金 3956 万元，其中：规模企业 22 家，创造就业岗位 1325 个，实现产值 9.89 亿元、增加值 2.73 亿、利润 1092 万元，缴纳税金 1608 万元。

【农业与农村经济】 2015 年，以特色产业为载体，培育新型农业主体，加快推进农业现代化，强化扬灌区经果林产业带和老灌区设施农业产业带"两带"建设。抢抓春季植树时节，采取镇上垫、村上筹、社会帮等措施，完成经果林栽植 2729.5 亩，其中：苹果 2329.5 亩，枸杞 400 亩。强化树体标准化管理，举办果农提质增效技术培训班 2 期，培训果农 400 人次，完成苹果树体改造 2 万亩。集中力量发展壮大优势特色产业，加快老灌区土地流转步伐，年内围绕老灌区产业结构调整和六、八、九排水沟设施农业产业带培育，通过土地流转、租赁等形式，完成紫花苜蓿种植 6000 余亩、燕麦种植 1500 余亩、外供蔬菜种植 2300 亩，建成枸杞示范基地 2 处 1100 亩、蔬菜制种基地 800 亩、酿酒葡萄基地 650 亩，硒砂瓜种植 2.63 万亩，建成以汪园、永和村为中心的万亩玉米高产示范区 1 个，以马滩、张洪村为重点的水稻示范方 2 处，建成家庭农场 3 家。以 4 个养鸡园区、2 个养牛园区为重点，控防并举、禁转结合，动物免疫率达 100%，无动物疫情发生；投资 200 万元新建宁夏宝塔石化农林牧科技有限公司千只肉羊育肥场 1 个，存栏肉羊 2000

只。全镇鸡存栏207.5万只，生猪存栏1.25万头，牛存栏3634头，羊存栏5.23万只。2016年，以特色产业为载体，培育新型农业主体，加快推进农业现代化，强化扬灌区经果林产业带和老灌区设施农业产业带“两带”建设。采取镇上垫、村上筹、社会帮等措施，完成苹果树体改造2万亩，栽植经果林3015.1亩；举办果农提质增效技术培训班10期，培训果农3650人次；春季植树231.9亩19956株，成活率达到90%以上。年内引进农业新品种15个，推广新技术5项，建立1万亩水稻农业示范区1个，优质水稻核心攻关区2个，创建科技示范村1个、示范户50名。完成粮食总播种面积59604亩、硒砂瓜播种面积2.5万亩、土地流转1380亩；参加政策性农业保险57022亩，建成温室大棚172亩，蔬菜制种600亩，测土配方施肥3万亩，良种覆盖率达到90%以上。鸡存栏214.93万只，生猪存栏1.37万头，牛存栏4224头，免疫带标率均达到100%，封山禁牧无媒体曝光和通报批评。完成秋季农田水利基本建设，围绕“四片五线”完成支、斗、农沟道清淤651条509公里，渠道清淤2779条1651公里，各级道路整修300条150公里，巷道清理80条16公里，机深翻1.25万亩，普翻1.47万亩，秋施肥1.5万亩，秸秆还田0.7万亩，小畦制作1.4万亩，林木涂白45.5万株。

【小城镇建设】 2015年，结合宣和小城镇建设总体规划，引入房地产开发企业投资2.4亿元启动实施宣和美丽新村棚户区改造项目。整个项目集新农村建设、棚户区改造、商贸住宅、供排水、供电、供暖、道路硬化、亮化、绿化、广场等基础设施建设于一体，规划建设农民新居商住楼45栋、总面积14.9万平方米1497套，拆迁农户323户。一期工程建设商住楼18栋5.33万平方米，其中：安置住宅楼12栋3.63万平方米、商业网点（含安置营业房）6栋1.7万平方米。2016年，投资800万元建设完成现代农业综合交易中心及大型超市大楼；投资300万元改造翻建宣和中心卫生院门诊部大楼1500平方米；宣和美丽新村棚户区改造项目一期安置房分配183户，分配率达100%；实施集镇主要街道美化绿化工程，栽植风景树3050棵，成活率达到95%以上；对集镇年久失修的自来水塔进行加固维修，确保镇区居民的供水质量。完成集镇南环路东段及商业街3.57公里道路铺筑工程，进一步拉大了小城镇框架，为缓解集镇交通压力奠定了坚实基础。

【美丽村庄建设】 2015年，争取财政奖补“一事一议”项目资金292万元，其中：投资58万元实施何营村村部改造及文化广场建设项目，新建群众公共活动场所11间210平方米，文化广场1692平方米；投资83万元实施福兴村群众公共活动场所改建及文化广场建设项目，改造翻建旧校舍819平方米，新建文化广场4307平方米，铺设给水管网230米、排水管网300米，修建景观渠200米；投资57万元实施宣和村渠道砌护项目，共砌护渠道6807米，其中：斗渠1450米、支渠5357米，新建尾水17座、路涵6座；投资94万元实施林昌村人畜饮水工程项目，共计铺设自来水管道4200米，分支入户管道14355米，建设配套阀井128座，有效解决了林昌村391户群众人畜饮水问题。争取农村公共服务运行维护维修项目资金143.47万元，解决了全镇24个村渠道维修、道路硬化、村部维修粉刷、桥梁维修等村级遗留问题。2016年，高标准实施了马滩美丽新村建设项目工程。积极争取“一事一议”等新农村建设资金，改造农村危房108户，卫生改厕748户，安装太阳能热水器2420台，硬化农村道路、巷道46212平方米，砌护渠道8166米，铺设排水管网2600米，建设农田涵管（50毫米涵管）1700米。争取“一事一议”和华和村少数民族发展项目资金268万元，硬化华和村道路1.4万平方米、敬农村道路8404平方米、草台村道路7755平方米，建设喜沟村农田涵管（50毫米涵管）1700米，建立小型文化广场1个；实施农业综合开发和国土整理项目，完成汪园、永和等村2万亩土地渠系改造工程，砌护渠道107公里。

【环境卫生整治】 2015年，与各村及有关单位签订环境治理目标责任书28份、门前环境卫生“三包”责任书1万余份。在农村环境卫生深度保洁及秋季农田建设工作期间，共拆除违规建筑1200处、残垣断壁3.5公里、圈棚厕所近3万平方米、清理三堆5400立方米，清运垃圾5880吨，铺垫巷道12公里、整理林带5条58公里。2016年，围绕实现农村生活垃圾“减量化、资源化、无害化”目标，建立网格化的管理模式，全镇划为5大片87个小块，实行片长负责制和保洁员、村队干部包保责任制。按照“181”管理机制对农村环境卫生保洁人员优胜劣汰、退补严格、奖罚分明管理。进一步配备完善环卫设施，为集镇及各村配备了提升车、吸污车、摆臂车、垃圾收集车、装机、挖机、人力三轮车、电动三轮助力车164辆，4立方6立方垃圾箱407个、分类垃圾箱136个、垃圾桶2674个，城乡环境综合整治率达到85%以上，农村垃圾集中处理率达到98%以上。

【民生服务】 2015年，共完善各类民生制度17项，制定办事指南10项，共接待咨询民生事项群众1.6万余人次，出具各类证明、办理各类申请3560余份，向群众印发各类宣传资料5000余份。完成城乡居民养老保险参保20204人、占任务的100.8%，城乡居民基本医疗保险参保43965人、占任务的97.7%。严格执行农村低保户核查审批程序和五保户供养政策，按照应保尽保、应退尽退、公开公正的原则，新增农村低保270户273人、城市低保10户10人、重度残疾人31人、高龄津贴80人、五保户17人、退役士兵17人、孤儿3人；清退农村低保37户、城市低保5户、重度残疾4人、退役士兵4人、高龄津贴16人；办理残疾证97例、大病医疗救助37例；办理残疾人创业就业扶持15户、残疾人种养业扶持19户、残疾人助视器28人、扶残助学35人；办理困难临时救助72例，发放救助金10.9万元；“两节”期间慰问困难群众519人，发放慰问金15.05万元；转移输出农村劳动力4323人次。实施“阳光沐浴”工程，为农户安装太阳能2300台。2016年，共接待群众1万余人次，为群众出具各类证明3600余件；审核新增各类民政救助对象329户341人；办理困难群众临时救助140例，发放临时救助资金18.97万元；救助受灾困难群众2007人，发放救灾资金100.8万元；办理困难残疾人生活补贴524人、重度残疾人护理补贴580人，残疾人机动车辆燃油补贴106名；完成城乡居民养老保险参保23589人，城乡居民基本医疗保险参保45215人；办理符合被征地农民养老保险条件的7个村1510户4536人；在福堂、福兴、何营、羚羊、旧营、三营、敬农等7个村试点建设了村民生服务网点，采取帮办代办制度，方便群众办理社保、养老、医疗、计生等民生实事，切实推动村级民生服务网点与镇民生服务中心无缝对接。全面落实困难群众救助、救济保障政策，发放各类困难救助资金195.8万元。

【精准扶贫】 2015年，完成敬农生态移民区土地平整5246亩，并全部分配到户；砌护渠道80.09公里，其中支渠5.5公里、斗渠14公里、农渠60.59公里，配套建筑物555座；组织移民群众种植糜子、谷物等农作物2600余亩。高度重视分散移民群众帮扶安置工作，建成分散移民房11户，安置移民21户，其中：羚和村7户、敬农村4户、兴海村10户；组织开展移民技能培训班3期700余人次，输出劳动力755人次，脱贫人口达600余人。严格按照选举法规定的程序和要求，选举产生兴海村第一届“两委”班子。2016年，加强职业技能培训和劳务输出力度，对重点贫困村群众758人次进行刺绣、钢筋工、装机、家政等职业技能培训，组织921名群众到中宁、兴仁、青海等地采摘枸杞，到内蒙古、新疆等地建筑工地打工；加大特色产业发展力度，对兴海村2867亩土地进行了流转，由专业科技公司发展苹果矮化密植特色种植，积极组织海和村群众种植农作物1300余亩；投资300万元改造维修海和村养殖场，与夏华集团宁夏肉食品有限公司合作，扶持海和村群众发展特色养殖。加大贫困村基础设施建设力度。

【信访维稳】 2015年，全镇共排查调处各类矛盾纠纷158起，成功调解147起，办结答复书记信箱68件，市长信箱112件，办结率100%。成功化解调处了汪园村岳生元和岳发国长达十年的土地纠纷、2008年镇政府与宣和村魏永忠协议纠纷、1991年东月村杨芳琴计划生育医疗纠纷、旧营村赵月珍与田营泵站土地纠纷、云计算基地征地中开垦占地纠纷、华和村曹山村争地占地纠纷、滨河路征地及附着物补偿等遗留问题。2016年，共排查各类矛盾纠纷150起，调解成功115起，转法院35起。同时对2015年全镇排查出的14件重点信访事项进行逐一调查、调解、办理，重点化解了结孙尚江、陆松林、秦万川、尤德奎、严忠朝等8件重点信访事项。

【安全生产】 2015年，定期对冶金化工、建筑施工、非煤矿山、校园安全等重点行业领域开展安全隐患大排查，对排查出的安全隐患录入安全隐患数据库，实行挂牌督办，逐一落实整改责任，确保隐患排查到位、整改到位。对24个行政村、17所学校、3所幼儿园、63个规模企业和57个宗教场所开展了4次安全隐患集中排查，共排查各类安全隐患28起，现场整改24起，限期整改4起。2016年，共排查各类安全隐患50起，现场整改45起，限期整改5起，年内未发生重特大安全事故。

【民族宗教】 2015年，积极开展“和谐寺观教堂”创建活动，加强对在职宗教人士的管理；建立完善民族宗教工作站，结合民风建设吸纳宗教人士组建和事佬协会3个，协助村委会协调处理村民矛盾纠纷，确保社会和谐稳定；定期对全镇57个宗教活动场所进行安全隐患排查，有效防范安全事故发生。（马尧）

永康镇

【概况】 永康镇东邻宣和，西接常乐，南靠中宁县徐套乡下流水村，北与黄河相依，镇域内高速公路、卫宁公路、迎大公路、中靖公路、永大公路以及滨河南路纵横交错。东西贯通17公里，南北相距80余公里，镇域面积514.8平方公里。全镇由灌区、扬黄灌区和山区三个板块构成，下辖23个行政村123个村民小组。2015年全镇农村社会总产值6.6亿元，农民人均纯收入8733元。2016年全镇农村社会总产值7.26亿元，农民人均纯收入9606元。

【特色产业】 2015年，大力实施经果林提质增效工程，完成高标准苹果树体改造示范园13个6.8万亩，建成连片示范园区8500亩，新植经果林5472亩，红枣品种改良2480亩，经果林种植面积9.8万亩，年产值3.36亿元。培训果农20批次3800余人次，培养农民技术骨干362人，服务果农4000余户。推行“公司+基地+农户”一体化运行模式，继“南山阳光”SOD品牌之后又打造万齐“富硒”品牌，充分发挥品牌优势，拓宽群众销售渠道，销售苹果8万吨，亩均增收2000余元。引进民间资本投资4636万元建设永康镇扬灌区农产品交易市场，占地面积21060平方米，硬化交易中心场地6000平方米，搭建钢结构交易中心4000平方米，定制冷库冷藏设备2套，完成投资880万元，促使扬灌区农产品销售向信息化、规模化、标准化的方向迈进，解决原项目品味不高、规模不大，不能满足交易需求的问题。按政策落实硒砂瓜品质品牌核心保护区补助奖励政策2.61万亩，推广绿色标准化种植3.5万亩，其中条覆膜种植1.25万亩，亩产0.8吨，总产值3500万元。创建玉米万亩示范方1个，百亩核心攻关区2个。改扩建长盛、富农奶牛养殖场，奶牛补栏2340头，新建学海肉羊繁育养殖场，建成标准化羊舍 20 栋 8250 平方米、饲草料加工调制棚 2 栋 1104 平方米、青贮氨化池 1 个 980 立方米、蓄水池 1 个 240 立方米，配套铡草机、粉碎机等设施。落实春秋季动物防疫工作，累计免疫猪瘟、口蹄疫、蓝耳病 6906 头；免疫牛口蹄疫 3415 头；免疫羊口蹄疫 56293 只、小反刍兽疫 57895 只、布氏杆菌病 57030 只；免疫鸡禽流感 159500 只、新城疫 354500 只。新增合作社 2 家。投资 9.1 万元，砌护渠道 4 条 1168 米，修便民桥 2 座。清淤沟道 332 条 129.8 公里，清淤渠道及渠堤培土 3315 条 972.4 公里，整修道路 97 条 82.6 公里，完成机翻 2.2 万亩，秋施肥 1.1 万亩，秸秆还田 8500 亩，整治改造中低产田 3210 亩，清理残膜 1.25 万亩，完成林木修剪抚育、涂红刷白 110.5 万株。完成 5322 户 26315 亩土地的确权。2016 年，对全镇 9.8 万亩经果林，实施提质增效工程，其中建成阳沟、丰台、彩达、双达四个村苹果精品展示基地 3000 亩，新植经果林 3444.4 亩，完成苹果低产园改造 6000 亩，红枣品种改良 2500 亩。续建扬灌区农产品交易市场，促使扬灌区农产品销售向信息化、规模化、标准化的方向迈进；投资 2100 万元新建万齐农业集团南山台现代高效苹果种植循环实验示范区，种植矮化密植苹果 2000 亩；投资 681 万元，实施经果林高效节水农业肥水带建设项目 1 万亩；打造“南山阳光”SOD 品牌，推行“公司 + 基地 + 农户”一体化的运行模式，提升有机、健康品牌优势，拓宽群众销售渠道，果品远销北京、上海、福建等全国各地，部分出口俄罗斯、尼泊尔、印度、哈萨克斯坦等国家和地区；同时采取走出去、引进来的措施，组织扬灌区 10 个村 520 名果农到区内外参观学习，培训达 3800 余人次，培养农民技术骨干 362 人，服务果农 4000 余户。推广绿色种植硒砂瓜 3.7 万亩，总产值 3500 万元，落实硒砂瓜品质品牌保护 2.61 万亩。重点做好富农、长盛奶牛养殖场，永新肉牛养殖场，学海、宁夏碱沟肉羊规模养殖场的监管和技术指导工作。羊只存栏 5.76 万只，出栏 8550 只；规模养猪户 25 户，猪存栏 9150 头，其中母猪存栏 2545 头，出栏 3650 头；规模养鸡户 85 户，鸡存栏 62.9 万只，出栏 15.56 万只。抓好春秋季动物防疫工作，累计免疫猪瘟、口蹄疫 26290 头、猪蓝耳病 25590 头；免疫牛口蹄疫 10140 头；免疫羊口蹄疫 105260 只、小反刍兽疫 62350 只；免疫鸡禽流感 155310 只、新城疫 3344 万只，发展高效节水灌溉 3060 亩，新建泵房 2 座，配套离心泵 4 套，铺设各级地下管道及辅管 25 公里，完成土地流转 2760 亩，培育枸杞苗圃 300 亩，建设沙滩村拱棚韭菜 300 亩，培育韭菜苗 35 亩；种植拱棚西瓜 680 亩，青贮玉米 1600 亩。投资 580 万元，投入劳动力 11800 人次，动用机车 932 台次，清淤沟道 332 条 129.8 公里，清淤渠道及渠堤培土 3315 条 972.4 公里，整修道路 97 条 82.6 公里，完成机翻 2.2 万亩，秋施肥 1.1 万亩，秸秆还田 8500 亩；重点治理六排、九排沟全长 6.9 公里，涉及永康、沙滩和徐庄 3 个行政村 9338 人 6722 亩农田排水，整治改造中低产田 1000 亩，清理残膜 1.25 万亩 6.9 吨，完成林木修剪抚育、涂红刷白 110.5 万株。

【项目建设】 2015 年，投资 244.3 万元，实施城农村美丽村庄建设项目，硬化巷道 10 条 6650.9 平方米，铺设面包砖 1.25 万平方米，安装道牙 5900.4 米，粉饰墙体 1.4 万平方米，绿化植树 670 株。争取村级公益事业“一事一议”财政奖补资金 687 万元，硬化达茂、城农村庄巷道 4.3 公里，建成刘湾、沙滩村级文化广场 2 个，硬化场地 5010 平方米，铺设面包砖 8450 平方米，安装路牙 4657 米，粉饰墙体 6000 平方米，建设老年宿舍 12 套，建设围栏 240 米。争取交通厅项目资金 240 万元，硬化丰台村主干道路 3 公里。2016 年，争取各类项目 23 个，总投资 1.16 亿元。返修府前路 680 米 5440 平方米，新建检查井 40 座、雨水井 72 座，铺设钢筋混凝土排水管 1759 米、尾水处理管道 100 米，新建文化活动中心 1 座 400 平方米，公共厕所 5 座，其中移动厕所 3 座；硬化道路 2800 平方米，墙体粉刷 2

万平方米，铺设面包砖1.5万平方米，安装太阳能路灯192盏，绿化植树1208株，广场绿化及草坪种植6000平方米。投资410万元，新建占地1500平方米兴拓农林合作社、分拣库、综合培训楼和检验检测室各1座，并配套相关设备等。争取镇基层政权建设资金150万元，完成镇政府办公楼一至四层卫生间修缮改造、净水饮水机安装、楼顶防水及保温、办公楼内、外墙粉刷等项目，进一步改善干部办公条件。争取村级公益事业"一事一议"财政奖补项目9个，资金675万元，硬化杨滩、永丰、永康、永乐、城农、彩达、景台、徐庄和校育川村庄巷道18.09公里，铺设面包砖1.18万平方米，铺设彩砖8400平方米，硬化散水护坡500平方米，砌护渠道27条6030米，打深水井1座，安装潜水泵1台，绿化植树540株。投资4636.11万元建设扬灌区农产品交易市场，其中投入资金2800万元，建成商贸及办公楼9192平方米、果品保鲜库5400平方米、农产品检测中心100平方米，配套制冷恒温系统、污水处理系统、有线广播以及信息与监控等主体设备，设立信息化中心、外商接待中心、农副产品展厅及四大交易区。争取自治区、中卫市和沙坡头区建设项目，自治区交通厅投资240万元硬化丰台村通村公路2.5公里，中卫市交通局投资407.88万元，硬化艾湾村通村公路5公里，通过沙坡头区宗教局争取自治区民委少数民族发展项目3个，总投资100万元，实施彩达和达茂村移民聚居庄点巷道硬化工程，硬化巷道14条4公里，实施城农村移民聚居庄点人畜饮水项目，有效解决210人的生活用水问题。

【环境卫生】 2015年，投入劳动力4719人次，机车259台次，拆除棚圈厕所320座、残垣断壁512米，清理"三堆"1500立方米，铺垫土方400余立方米，主干道路两侧和农网植树1.89万株，村庄环境明显改观。2016年，投入资金110万元，劳动力2.3万人次，装载机、挖掘机、提升车、勾臂车、电动清运车2700车次，拆除棚圈厕所320座，清理建筑垃圾、生活垃圾及三堆7600方，拆除残垣断壁512米，铺垫土方450余方，残膜回收60吨，主干道路两侧和农网植树6.9万株，完成危房改造52户。

【脱贫攻坚】 2015年，全镇城乡居民养老保险参保11775人，参保率85.2%；基本医疗保险参保29111人，参保率103.8%。镇民生服务中心接待办事群众1.1万余人次，群众政策答复率、知晓率、满意率100%。及时入户排查、上报残疾、低保、高龄等"六类"民政救助对象214人，清退低保户89人，实现应保尽保，应退尽退。办理廉租房38套、公租房19套。及时发放救灾资金104.21万元，救助困难群众2605户9117人，受灾群众的生活问题得到保障。积极开展春节慰问、希望工程、两癌救助、残疾人普查、老年人排查、人口普查等工作，帮扶困难群众及学生118人，帮扶资金15.7万元，发放轮椅和助行器6件。完成12套移民房建设，硬化道路1.1公里，帮助分散移民办理户籍迁移手续58户，配置耕地231亩，并予以确权，宅基地均已登记备案，确保分散移民享有本地各类惠民政策。落实建档立卡"回头看"及"精准扶贫云"信息采集工作，清理六类不符合建档立卡贫困户98户，新增漏登贫困户94户，"精准扶贫云"信息采集770户，实现真扶贫和扶真贫。核实上报全镇23个村农业补贴信息8030户6.32万亩，通过社保卡发放补贴资金465.6万元。申请妇女创业小额担保贷款1146万元，帮助218名妇女创业；发放互助资金371.9万元，受益农户739户，有效缓解广大农民发展资金短缺、融资渠道单一的问题。新创办小微企业9个，培养小老板18人，新增就业岗位60个；转移输出剩余劳动力3920人，劳动技术培训276人，实现劳务收入6100万元。完成"少生快富"项目户17户，兑现1∶1奖励资金34万元；免费孕前优生健康检查293对，完成目标任务的139.5%；办理独生子女光荣证31份；落实提前奖扶、城乡居民养老保险缴费补贴等计生优惠政策1248人次，奖扶资金74.33万元。2016年，全面落实“五个一批”扶贫攻坚行动计划，成立脱贫攻坚工作站，与12个贫困村签订责任状，明确56名包保责任人。全镇263户738名建档立卡贫困户，通过特色产业发展脱贫301人，其中：种植经果林1322.6亩脱贫198人，种植硒砂瓜605亩脱贫21人，养殖业脱贫67人（其中养牛17头脱贫6人，养羊656只脱贫61人），种植枸杞、优质水稻脱贫15人；劳务输出脱贫109人；教育脱贫161人；社保兜底167人。扶持特色种养业贫困户94户，扶持资金9.4万元。大力培育分散移民后续产业，培育移民养殖户18户，配套发放扶贫资金18万元。发挥专业合作社优势，吸纳贫困户107户，从技术指导、价格保护、岗位提供、销售渠道上给予重点倾斜，切实增加贫困户收入。进一步完善贫困村基础设施建设，投资20万元实施党家水村自来水改造工程，解决86户270名群众饮水问题；投资120万元修建校育川村蓄水池1座；投资146.98万元，建设校育川村瓜果批发市场；争取贫困村村级公益事业“一事一议”财政奖补项目5个，项目资金375万元，实施永乐村2.3公里巷道硬化、校育川村深水井建设、6公里砂石路铺设、景台村庄点3年整治、城农村8000平方米基础设施改造、彩达村1.4公里巷道硬化等项目，有效改善贫困村群众人居环境。举办经果林培训班15期，培训人数3200人，其中贫困人口300余人；开展创业技能培训2期，永乐村60人取得职业资格认证；举办硒砂瓜种植技术、病虫害防治、枸杞修剪培训4期，培训群众98人；申报B类驾驶证8人，C类驾驶证8人，雨露计划22人，上报建档立卡贫困户大学生31人，确保贫困群众户均掌握一门实用技能、拥有两条致富门路，不断提高增收致富能力。加大贫困村贫困户互助资金、扶贫小额贷款、妇女创业小额担保贷款扶持力度，发放互助资金355.94万元，帮扶贫困村群众628户；发放扶贫小额贷款440万元，受益农户128户；申请妇女创业小额担保贷款2578万元，帮助妇女488人，以上涉及建档立卡户贫困户145户358万元，切实解决贫困群众在产业发展过程中的资金短缺问题。针对丧失劳动能力、没有收入来源的45名贫困群众，全部纳入低保范畴。同时，采取临时救助、大病救助等，及时解决贫困户基本生活及看病难的问题，落实“脱贫保”263户738人，发放临时救助6.3万元。积极争取各类帮扶资金12.06万元，帮助困难群众及学生216人，联合中卫市红十字会为87名贫困户儿童发放奶粉87份，价值51622元。全镇统筹养老保险参保率达96.3%，医疗保险实现全覆盖。镇民生服务中心接待办事群众1.5万人次，群众政策答复率、知晓率、满意率达100%；及时入户排查、上报残疾、低保、高龄等“六类”民政救助对象275人，清退低保户98人，实现应保尽保，应退尽退。及时发放救灾救助资金134万元，救助困难群众4600人，保障受灾困难群众基本生活。积极开展春节慰问、希望工程、两癌救助、残疾人普查、老年人排查等工作，帮扶困难群众及学生118人，帮扶资金15.7万元，发放残疾人辅助器具41件；核实上报全镇23个村农业补贴信息8030户6.32万亩，通过社保卡发放补贴资金465.6万元。发放成龄低产园改造提质增效补助款2110户，面积13219.5亩，资金351.6万元，幼龄低产园改造2731户，面积22813.8亩，资金182.5万元。申请妇女创业小额担保贷款2578万元，帮助妇女490人，有效缓解广大农民发展资金短缺、融资渠道单一的困难。新创办小微企业18个，培养小老板60人，新增就业岗位132个；转移输出剩余劳动力3300人，劳动技术培训276人，实现劳务收入6100万元；完成“少生快富”任务项目户6户，兑现1:1奖励资金8万元；免费优生健康检查284例，完成目标任务的101.4%；落实提前奖扶、奖励扶助、计生养老补贴、计划生育失独家庭特别扶助等计生优惠政策498人，奖扶资金62.07万元，城乡居民养老保险缴费补贴601人8.32万元。

【平安建设】 2015年，开展“六五”普法，深入实施法律“八进”活动，培育法律明白人300名、法治人物40名，创建丰台、阳沟依法治理示范村2个。加强禁毒工作，成立社区戒毒康复中心1个，建成杨滩、永南、景台社区禁毒工作站3个，配备禁毒专兼职干部9名，与12名戒毒人员签订社区戒毒康复协议，在全镇范围内开展禁种铲毒及制毒摸排工作，未发现种毒、产毒和制毒现象。对全镇43家中小企业坚持一月一排查、重大节假日大排查，对排查出的60起安全隐患全部予以整改，未发生重特大安全生产事故。开展信访矛盾纠纷排查化解专项活动，走访农户1905户，排查土地、灌溉等各类矛盾纠纷170件，调处158件，进行调处12件，做到化解有档案，调处有记录。办理办结市长信箱及信访督办件94件，办结率100%。成功化解农村屋顶光伏发电公司兑付936户农户4年的屋顶使用费和王俊秀与中卫市中医院医疗纠纷2起信访积案，矛盾纠纷、上访人数较上年下降30%。2016年，建立永康镇综治信访维稳中心和信访矛盾调处中心，开展信访矛盾纠纷排查化解专项行动，排查土地、灌溉、邻里、婚姻、生产经营等各类矛盾纠纷85件，调处率达100%。网上信访平台受理56件，办结52件。受理市长信箱和信访督办案件71件，办理办结71件，有效化解重点信访积案2件，实现"零"非访目标。坚持依法行政，巩固法律顾问制度，组织"六五"普法总结验收，刘湾村被评为民主法治先进集体。培育法律明白人213人和法治人物32人，创建彩达和永新2个法治示范基地，创建丰台、刘湾、永丰和永乐4个村依法治理示范村，及时启动"七五"普法；加强戒毒人员的管控工作，与17名戒毒人员签订社区戒毒康复协议，对43名戒毒人员定期进行尿检、心理访谈和就业指导，鼓励41名戒毒人员实现再就业，辖区内无种毒、产毒、制毒现象；强化宣传，认真排查，积极开展打击传销远离邪教活动；严格按照"两个在前、两个不落"的要求，对全镇范围内43家中小企业坚持一月一排查、重大节假日大排查，排查出安全隐患60起，严格督促全面整改，同时对中央第八环保督导组指出辖区8家企业存在的隐患进行逐一整改落实；蒙兴玻璃厂和丰盛纸箱厂推行第三方监管，未发生重特大安全生产事故。严格责任追究制，采取重点养殖户专人负责，重点地段专人巡查，与草原承包户签订协管责任书等形式，组织禁牧封育工作队集中力量开展不间断巡查150次，查处偷牧羊群76群，警告、批评教育75户，有效巩固禁牧封育成果。全力做好吴中城际铁路土地征收和房屋拆迁、西气东输三期、黄河二期堤防工程、黄河中卫城市过境段水生态治理与保护工程等重大项目的协调服务工作，其中完成吴中城际铁路征收土地660.25亩，拆除房屋10户，拆除牛舍56栋，管理房2栋，兑付永久性征地补偿金1296.68万元，临时用地补偿金72.6万元，沿线道路全部贯通。（张腾飞）

常乐镇

【概况】 常乐镇位于中卫市沙坡头区西南部，南系山区，北临黄河，山川共济。全镇辖17个行政村，1个居委会，其中：川区村10个，山区村7个。2015年，全镇农村社会总产值10.8亿元，其中企业总产值9.8亿元，村集体经济纯收入104.29万元，农民人均纯收入9466元。2016年，全镇农村社会总产值11.9亿元，其中企业总产值10.8亿元，村集体经济纯收入124.06万元，农民人均可支配收入10441元。

【人口与计划生育】 2015年，全镇总人口29665人，已婚育龄妇女5936人。落实少生快富户15户，占下达指标的166%；落实孕前检查夫妇191对，占下达指标的106%；出生312人，出生率10.51‰，人口自增率7.28‰，多孩率1.92%，政策符合率98.07%。创建申报模范村（居）12个，出生人口性别比110.6，出生缺陷发生率小于上年值，流动育龄妇女入库率达98%以上，PADIS流动人口子系统应用率98%以上。2016年,全镇总人口28905人,已婚育龄妇女5856人。落实“少生快富”项目户8户，占下达指标的133%；孕前优生检查261对;出生293人,人口出生率10.13‰,人口自增率6.39%,出生人口性别比104.89,出生缺陷发生率小于上年值,政策符合率99.65%以上。创建申报模范村(居)11个。流入育龄妇女查证建档率98%以上，流动人口免费技术服务覆盖率98%以上，PADIS流动人口子系统应用率98%以上。开展集市宣传活动5次，发放各类宣传资料11000余份，计生宣传品400件。

【工业发展】 2015年,工业生产总值97948万元,实现销售收入95365万元，增加值24413万元,利税7526万元。工业项目投资及招商引资实际到位资金86487.8万元。落实新建、续建项目4个:宁夏美加农中卫牧业发展有限公司投资新建占地面积4300亩万头奶牛养殖场，完成投资5619万元;国电电力宁夏新能源开发有限公司新建49.5MW风电工程,完成投资5134.4万元;中卫市硒砂王朝农牧专业合作社投资2000万元，新建占地面积500亩万只肉羊养殖场,完成投资600万元;中电投宁夏能源铝业中卫新能源有限公司续建200MW风电工程,完成投资3.5亿元。年内新办小微企业10家,固定资产投资411万元。2016年落实招商项目2家,分别是:宁夏科豪陶瓷有限公司投资2.2亿元,新建高档抛光砖生产线一条,配套建设附属设施；宁夏阜民丰牧业发展有限公司投资1.2亿元,建设万头奶牛养殖场，占地面积4300亩。全镇乡镇企业完成总产值达到10.8亿元，实现销售收入10.5亿元。

【农业经济】 2015年，种植农作物108878亩,其中粮食作物21843亩,经济作物87035亩。完成硒砂瓜标准化种植86635亩,亩产值660元;建成硒砂瓜品质品牌保护示范区42488亩，亩产值780元;建成296亩蔬菜制种,亩产值17850元。完成科学技术培训13次，培训人数3015人次。鸡存栏44150只,出栏41560只;生猪存栏4119头,出栏5235头；牛存栏2406头，出栏1563头；羊存栏72738只,出栏25458只。春季重大动物疫病免疫防疫生猪3770头,防疫牛2501头,防疫羊23230只,防疫家禽32400只;秋季重大动物疾病免疫生猪3522头，牛2267头，羊72522只，家禽41657只。防疫密度100%。禁牧封育工作巡查1312次，查处偷牧现象37起。完成农田林网植树415亩，32653株，成活率90.3%，占下派任务205.9亩的201.6%;完成退耕还林300亩,成活率86%,100%完成任务；种植红枣、核桃、欧梨等经济林3502亩,成活率92.3%;完成村庄绿化75.5亩,成活率90.1%,占下派任务49亩的154.1%。2016年,全镇农作物种植面积107878亩，其中粮食作物23071亩,经济作物84807亩。建成1.6万亩高效节水农业示范区。其中单种玉米14360亩,亩收入1394.4元,枸杞1640亩，亩收入1938元，吸纳剩余劳动力6992人次。硒砂瓜标准化生产基地种养面积84483亩;硒砂瓜品质品牌保护示范区种养面积35000亩,亩产值990元。建成以李营村为中心的蔬菜制种基地,种养面积96亩。年内新增3家农业产业龙头企业及新增农民专业合作社组织,3家家庭农场,总资产达2.15亿元。全镇鸡存栏38240只，出栏37700只;猪存栏3423头,出栏4926头;牛存栏3201头,出栏1774头;羊存栏55992头,出栏14782头。完成农田林网植树473.8亩,完成率201.6%;完成退耕还林2357.1亩,完成率261.9%;完成苹果、红枣、桃树种植612.3亩，完成率102.1%；完成枸杞种植1870.5亩,完成率110%;完成村庄绿化35.6亩,完成率115.2%。

【美丽小城镇建设】 2016年，规划建设常乐镇美丽小城镇建设项目，铺设中心村7条巷道排水管网1.4千米、硬化巷道7条1.37千米，硬化面积5480平方米、安装检查井47座、整治排水沟1条铺设400毫米水泥砼管752米，安装沉淀池2座；保洁服务站平整场地3700平方米、建设管理房3

间95平方米、搭建彩钢瓦车棚25间、硬化场地2200平方米、墙面抹灰750平方米，污水处理项目工程预定地埋式污水处理设备1套。集镇铺设主排水管道水泥砼管1050米、修建沉淀池10座、粉刷商铺1000平方米、砌护道牙200米；广场植树135棵、绿化面积3000平方米、施肥6吨、铲除破损瓷砖3000平方米、修复瓷砖260平方米；预定太阳能庭院灯40盏、高杆灯4盏、成品公共厕所3座、石凉亭2座、弧形廊架30米。

【美丽乡村建设】 2015年，创建水车村美丽乡村，推倒土坯房2户400平方米，危房改造4户395平方米，墙面粉刷34户3060平方米；完成村庄道路硬化2338米，8350平方米；安装道牙5115米；铺设面包砖4527平方米，草坪砖992.5平方米；敷设排水管4205.6米；铺垫土方4150立方；植树2335株；安装太阳能热水器322台；配置保洁人员4名，铁质垃圾桶153个，4立方垃圾箱13个，电动垃圾车2辆、人力三轮车2辆、柴油垃圾车1辆；印发宣传材料320份，悬挂横幅4条，制作宣传橱窗120平方米，宣传画廊60平方米；制定美丽村庄环境卫生管理制度等4项制度。2016年，创建刘营村美丽乡村，推倒土坯房8户，840平方米；危房改造7户，560平方米；粉刷墙面197户，9000平方米；完成村庄道路硬化2061米，7844平方米；敷设排水管2664米；安装道牙2300米；铺设面包砖4000平方米，草坪砖210平方米；墙面上青灰8020平方米；新建广场1座，亭子1座，回廊2座，硬化面积2200平方米；植树200株；配备保洁人员3名，铁质垃圾桶20个，4立方垃圾箱4个，电动垃圾车1辆；完善村级卫生保洁长效机制、保洁员用工协议等4项制度；制作宣传橱窗160平方米，宣传画廊80平方米，印发宣传材料520份，悬挂横幅8条，制作观摩展板2块。

【农村环境综合整治】 2015年，落实“一事一议”项目5个，分别是：水车村道路硬化及排水项目工程饮水工程、刘营村道路硬化及排水项目工程饮水工程、高滩村文化广场建设工程、河沿村渠道砌护工程、常乐村道路硬化及排水项目工程。在倪滩、马路滩、枣林、大路街等15个村实施农村危房改造，拆除D级危房15户，建成15户，粉刷C级危房34户。拆除残垣断壁431米，拆除棚圈1182平方米，清理三堆4735立方米，整治门头广告牌25块，植树1510株，培育绿地2448平方米，硬化巷道16条3610米，铺设排水管道1100米，安装太阳能热水器3146台，安装路灯20盏，铺设面包砖4527平方米。配备保洁员56人，设置铁质垃圾桶993个，4立方米垃圾箱150个，垃圾池356个，垃圾车28辆。月均垃圾收集量394吨，年均垃圾收集量4737.5吨。2016年，在倪滩、马路滩、枣林、大路街等12个村实施危房改造工程，拆除D级危房24户，建成23户，粉刷C级危房197户。拆除残垣断壁961米；拆除各类违章建筑及棚圈2190平方米；集中清理“三堆”12184立方米；整治门头广告牌20块；粉刷墙面13094平方米；改造大门12个；村庄绿化植树2800株；培育绿地5200平方米；硬化巷道12条3261米；在大路街、高滩铺设排水管道3964米；在倪滩、马路滩、水车安装太阳能热水器110台；在刘营、高滩建设文体广场2个；在倪滩、枣林安装路灯33盏；在大路街、刘营铺面包砖9000平方米。为各村配发铁质垃圾桶1155个、4立方米垃圾箱167个、电动保洁车47辆、三轮车28辆、成立56人的保洁队伍，年均垃圾收集量4896吨，建立健全村庄环境卫生长效保洁机制。

【民生保障】 2015年，常乐镇民生服务中心办件13245件，报送信息13977件。全镇城乡居民养老保险应参保人数9998人，实际参保9548人，新增参保人数233人，参保率95.5%，缴费6778人，享受待遇2091人，缴费率69.28%。城乡基本养老保险应参保人数27987人，实缴人数22372人，实缴总额1799190元，参保率82.9%。落实农村低保户2099户2261人，城市低保户299户454人。康乐移民区技能培训受训人数达870人次，组织劳务输出1130人。2016年,全镇城乡居民养老保险参保率95.5%,城乡基本医疗保险参保率85.24%。落实农村低保户2344户2657人,五保37人,残疾人生活补贴415人,残疾人护理补贴462人,伤残军人等优抚对象65人。为367户群众发放临时救助金18.07万元;为1780户困难群众发放口粮5549袋。救助孤儿37人,高龄人员158人,临时救助367人。落实扶贫贷款601.9万元,发放贫困村扶贫互助资金609.4万元,其中国家拨付511万元,农户自筹98.4万元。思乐、康乐、海乐移民三村技能培训441人,劳务输出1066人,劳务经纪人11人。

【社会管理】 2015年,在常乐、高滩、河沿、黄套打造4个“法制示范村”,在大路街、常乐社区打造2个法制育人示范基地。在李营、枣林、大路街、马路滩等15个村建立村级民调站,调解员154人,排查并化解纠纷153起。培养并招募普法志愿者、普法宣传员、法律明白人938人,建设法制广场5个,建设法治宣传长廊1330米,设立法制宣传橱窗94个,设立法律书屋13个,法律农家院5个,开展法制培训班36次,培训人数达13565人次。2016年,建成刘营村法制育人示范基地,通过培育法律宣传员,吸收法律志愿者,打造法律文化广场,制作宣传橱窗,建立法律书屋等多种方式进行普法宣传。各村建设成立村级民调站,排查化解纠纷160起,有效的维护社会治安稳定和各项事业的平稳发展。全镇开展“法制育人”工程,通过建设法制广场、宣传橱窗、法律书屋、法律农家院等多种方式使全镇法律知晓率达到90%以上。镇信访维稳中心整合基层纪检、公安、民生、司法等多方力量,接待信访群众139人次,成功调解信访纠纷事件81件。

【教育卫生】 2015年,投资28.5万元用于改善辖区内校区办学条件,其中:投资20万元实施“中小学取暖改造”工程,改造常乐小学、倪滩小学取暖管道及锅炉;投资4万元为常乐中学、常乐小学、水车小学、倪滩小学、康乐学校购买树苗进行校园绿化;各校自筹资金4.5万元进行校园文化建设。开展全镇师德师风考核评价,149名教师考核结果均优良;举办“普法讲座”2次,参加人数1739人次。2016年,全镇投资127.4万元用于改善学区办学条件,其中:投资110万改造常乐小学运动场,投资2.3万元打常乐中学深水井,投资8.5万元硬化常乐中学空地,投资3.5万元维修水车小学校舍屋顶,投资2万元用于常乐中学、康乐学校、常乐小学和水车小学校园绿化,投资1.1万元用于安装校区监控设备。举办“普法讲座”2次,参加人数2468人次;开展“国培计划”、新教师培训、网络研修与校本研修、校长能力提高培训3次,培训人数495人次。累计举办各类德育活动14次。

【精神文明建设】 2015年,常乐镇获得国家级“中国好人,孝老爱亲模范”称号1人;自治区级“宁夏好人”称号1人;自治区级“百孝之星”称号1人;中卫市级“道德模范”称号1人;沙坡头区级“道德模范”称号3人;上报沙坡头区级“身边好人”11人;常乐镇级“道德模范户”称号6人。组织各村、学校、机关参加“我们的节日”春节社火活动,组织社火队19支,组合7个方队,参与人数800余人。在常乐广场组织广场舞大赛、唱响常乐“三鑫杯”歌咏比赛;在中卫文化馆、常乐文化站组织常乐籍书画家举办庆祝建党94周年“锦绣常乐”书画展;在市文化广场参加中卫市“常乐欢歌”专场文艺演出;组织中卫市歌舞团举办文化惠民入村巡回演出37场;在屈兆明文化大院接待自治区秦剧团联合演出;完成电影下村巡回放映204场次,任务完成率100%;实现户户通5635户;完成各村村部村居文体工作站建设15个;在刘营、大路街建设村级文体广场;在常乐镇水车村组成文艺团队1个;完成各村巡回演出37场次,占下达任务30场次的123%;在思乐村、屈兆明文化大院举办区、市文化三下乡演出2场次。2016年,创建自治区级文明村2个,市级文明村3个,沙坡头区级文明村3个,沙坡头区民风建设示范村7个。年内常乐镇开展“我们的节日”春节社火活动，组织社火队10支，参与人数600余人，组合方队5个；组织“常乐欢歌”专场文艺演出，演出节目12个，吸引观众1000人次；开展全镇农民、职工运动会1次；在常乐广场组织广场舞大赛1次，吸引观众1800人次；电影下村巡回放映204场次，任务完成率100%。投资245.94万元用于精神文明文体阵地建设及开展精神文明建设活动，其中：投资1.27万元在全镇开展直播卫星公共服务户户通5635户；投资12.6万元用于在各村村部农家书屋建设；投资45万元建设18个村居文体工作站；投资0.35万元在市文化广场参加“欢乐中卫”文艺汇演，枣林村舞蹈《中国美》荣获三等奖；投资58.5万元用于常乐镇文体中心搬迁、装修；投资126万元新建刘营、高滩村级文体广场；完成惠民工程演出37场，占下达任务30场的123%。（许磊）

香山乡

【概况】 香山乡位于中卫市沙坡头区南部山区，东与兴仁镇接壤，北临常乐镇，南连甘肃靖远县，西靠甘肃景泰县，处于宁夏中部干旱带上。地貌属黄土丘陵沟壑区，植被稀疏。四季分明，气候干燥，少雨多风，日照充足，无霜期短。年降雨量不足200毫米，蒸发量2400毫米以上。自然条件恶劣，风沙大，生态环境脆弱。区域面积956.7平方公里，平均海拔1740米。油三公路穿境而过，交通便利。辖8个行政村，43个自然村，有2608户，10685人。2015年全乡农村社会总产值2.2亿元，农民人均纯收入10760元。2016年全乡农村社会总产值2.52亿元，农民人均纯收入11857.5元。

【人口与计划生育】 2015年，全乡人口出生率控制在11.4‰以内，信息录入准确率99.35%，完成少生快富户2户，孕前优生健康检查140人。2016年，全乡人口出生率控制在13.8‰以内，出生政策符合率98%以上，新生婴儿166人，性别比为111.69%，完成少生快富1户，孕前优生健康检查86对。

【硒砂瓜产业】 2015年，完成19.6万亩硒砂瓜种植，其中覆膜种植16万亩；完成政策性农业保险18.2万亩，最大限度地降低产业种植风险；完成倒茬歇茬砂地3万亩。引进银川川雨高科技有限公司，在红圈子建成2000亩高产滴灌嫁接硒砂瓜示范种植基地，重点推广测土配方施肥、覆膜滴灌、嫁接、肥水一体化等整套技术流程，达到亩产1万斤、亩产值7000元的示范效果。动员乡域内小老板、合作社发展老砂地接续产业，建成500亩砂地订单辣椒、300亩油用牡丹、200亩产籽南瓜示范种植基地各1处，试种文冠果800亩。2016年，完成硒砂瓜种植21.5万亩，其中西瓜种植18.64万亩，甜瓜种植2.1万亩，籽瓜种植0.76万亩，覆膜面积达20.7万亩。打造硒砂瓜品质品牌保护区19万亩，完成政策性农业保险19.4万亩，最大限度地降低产业种植风险。组织培训16场次1267人次；引进宁夏华泰农农业科技发展有限公司在红圈村建成占地40亩的高标准硒砂瓜育苗中心（日光温室10栋），重点研究不同西瓜嫁接方式，培育高品质嫁接苗，建成3000亩的标准化示范基地，大面积进行硒砂瓜标准化节水灌溉种植，示范引领硒砂瓜产业向现代农业迈进。采取政策扶持、项目支持、跟踪指导等创业政策，吸引大学生返乡投资创业，采取“合作社+基地+农户”种植模式，在三眼井村建成千亩有机枸杞示范园区；引导乡域内群众，探索发展枸杞产业，栽植枸杞9300余亩。

【农村环境综合治理】 2015年，投工投劳3200余人次，出动车辆723辆次，拆除土坯房16户，残垣断壁62处，清理三堆垃圾1300吨。完成砂地耙耱保墒22万亩，回收残膜10067吨，修剪刷白树木1.55万株，高标准完成农田水利建设任务。投资22万元，完成油三公路等主干道路及红圈子文化广场等庄点的绿化任务，栽植刺槐、垂柳1.02万余棵,成活率达到90%以上。2016年,投工投劳2123人次,出动车辆270辆次,累计清理“三堆”垃圾490吨;完成砂地耙耱保墒22万亩,回收残膜1700吨,修剪刷白树木2万株,高标准完成农田水利基本建设任务;完成红圈村美丽村庄、文化广场、米粮川村等庄点绿化任务,栽植树种25个4814棵;沿油三公路两侧补植刺槐1700棵,成活率均达87%以上。

【生态移民工程】 2015年,通过改善补灌条件、技术培训、增施有机肥等技术措施,提升了移民群众种植硒砂瓜科学化水平,移民村米粮川村2000余亩硒砂瓜,平均亩产值1800元以上。通过争取扶贫项目资金,为米粮川村84户养殖户申请饲草补助8.4万元,解决了该村群众饲草料储备严重不足导致羊只困乏的问题,全村羊只存栏3000只。争取项目资金120万元,对村庄排水系统进行改造升级,为清真寺建设70方蓄水池一座,改善移民群众生活条件。协调中卫市农村商业银行香山支行为米粮川群众发放贷款65万元,解决移民产业发展资金不足的问题;积极争取扶贫部门帮扶,帮扶40名移民群众考取B1驾照,拓宽就业渠道;争取外事办支持,融资50万元作为移民产业发展保证金存入农村商业银行香山支行,为村集体增加年收入2万元。2016年,乡党委、政府结合米粮川村实际情况,因地制宜,千方百计,不遗余力的争项目、筹资金,扶持该村发展种植、养殖和劳务产业,拓宽增收渠道。争取中卫市扶贫办项目资金120万元,为米粮川村新增压砂地480亩;通过完善水利设施、改善补灌条件、技术培训等措施,提升移民群众种植硒砂瓜科学化水平。全村种植硒砂瓜3000余亩,硒砂瓜喜获丰收,人均硒砂瓜收入达到4000元以上。争取少数民族发展项目资金47.5万元,为米粮川村建成1500平方米的文化广场一座,配套路灯60盏,建成管理用房6间150平方米。

【社会管理】 2015年,全乡调处各类矛盾纠纷46起,调处成功率达96%以上,引导进入司法程序3起。2016年,创新和完善调处工作机制,调处各类矛盾纠纷31件,化解成功率达90%以上;受理市长信箱和沙坡头区委书记信箱28件,办结率达100%。

【社会保障】 2015年,发放救济救助救灾资金45万元,医疗保险参保缴费人数9856人,参保率99.9%;养老保险参保缴费人数4361人,参保率98.3%。2016年,加大困难农户的救济救助力度,新增低保63人,对707人低保对象进行全面核查,取消35名不符合条件的低保人员。扩大“两险”收缴覆盖面,医疗保险参保缴费人数9730人,参保率98%;养老保险参保缴费人数4441人,占任务的100%。

【精准扶贫】 2015年,香山乡扶贫攻坚的主要任务是米粮川移民贫困村的脱贫销号。协调黄河农村商业银行实施金融扶贫,全年累计为建档立卡贫困户发放贷款500余万元。2016年,通过对建档立卡贫困户进行“回头看”,全乡确定建档立卡户207户630人,将丧失劳动能力、无收入来源的109名贫困群众,全部纳入低保范畴。采取临时救助、大病救助等民政救助策略,解决部分贫困户看病难的问题。

【项目建设】 2016年,加大峡门水库工程建设力度,投资2.16亿元,建成总库容930万立方米峡门水库工程、一二泵站输水工程、35kV输变电工程,铺设主管道7公里,实现向景庄村峡门队供水补灌。争取项目资金1762万元,实施2.24万亩高效节水灌溉项目。引导合作社老板创业、兴业,投资380万元,在景庄村米粮川队建成1.3万平方米肉驴养殖基地,存栏肉驴40头,带动周边养殖户从散养状态向规模化养殖方向转变。(冯波)

兴仁镇

【概况】 兴仁镇地处宁夏中部干旱带,是两省(甘肃、宁夏)三县一区(靖远县、中宁县、海原县和沙坡头区)的交汇处,京藏高速公路和109国道横跨东西,202省道纵穿南北。地势较为平坦,主峰高泉山海拔2248米。主要矿产资源有煤、页岩、白云岩、陶土等。总面积318.7平方公里,辖11个行政村,51个自然村。2015年,实现社会总产值74737万元,农民人均纯收入6086元。2016年,实现社会总产值81236万元,农民人均纯收入6885元。

【人口与计划生育】 2015年,全镇有7545户,30742人。其中非农户1722人,回族8146人。全镇新生人口344人,出生率15.5‰,出生政策符合率91.2%,出生人口性别比102.5,完成"少生快富"项目6户,完成孕前健康检查174对。2016年,全镇有7550户,30810人。其中非农户1735人,回族8280人。全镇新生人口340人,出生率11.3‰,出生政策符合率95.8‰;完成"少生快富"项目2户,完成孕前健康检查201对。完成结扎手术2例、置环70例;征收社会抚养费4800元,避孕节育措施落实率97.27%,及时率95.57%。

【硒砂瓜产业】 2015年,组建硒砂瓜专业合作社及营销组织61家,种植硒砂瓜11.623万亩,产量12.57万吨,产值10055万元。建成硒砂瓜品质品牌保护区8万亩,新增有机硒砂瓜基地4万亩。2016年,通过扶持壮大硒砂瓜专业合作组织,完善硒砂瓜水肥管理技术规程,重点抓好先进实用技术推广应用、新品种新技术试验示范,全面提升硒砂瓜标准化生产和品质品牌保护工作整体水平,建成硒砂瓜品质品牌保护区8万亩,新增压砂地4800亩,累计达到11.8万亩,倒茬轮作或歇茬1万亩,硒砂瓜种植总面积达10.8万亩,产量11671吨、产值8303.4万元。

【枸杞产业】 2015年,新植枸杞1.32万亩,全镇枸杞种植面积达到3.14万亩,干果产量达5784吨,产值达17352万元。2016年,借助已有的枸杞产业基础,在郝集村以土地流转的形式建设2000亩的枸杞标准化生产示范园。宁夏源泉公司新栽植枸杞1000亩,累计达到4000亩,并取得欧盟有机枸杞出口认证。建成枸杞统防统治基地5000亩,新增枸杞1.68万亩,枸杞种植面积累计达到4.82万亩,产量达到11671吨,产值35013万元。

【农牧产业】 兴仁镇粮食作物以春小麦、玉米和糜谷为主,经济作物主要有马铃薯、油葵、麻子等。2015年,农作物种植面积32850亩,其中:小麦7455亩、玉米14355亩、麻子4260亩、胡麻975亩、油葵5805亩。2016年,农作物种植面积40355亩,其中:小麦8000亩、玉米23200亩、谷子1400亩、胡麻550亩、油葵5805亩、糜子900亩、荞麦500亩。

【农村环境综合治理】 2015年,印发宣传单3500份,刷写墙体标语20余条,调动劳力2100人次,拆除圈棚540平方米,清理"三堆"450处,清运垃圾280余吨。2016年,加大人力物力财力投入,配齐配足环卫作业人员和环卫作业设施设备,购置4立方米垃圾箱60个、脚踏三轮车10辆,为移民村配备保洁员10名,调动劳力1.12万人次,清理"三堆"垃圾3.15万立方米,清运垃圾1800吨。

【生态移民工程】 2015年,平整田地4454亩,铺设田间供水管道40.1公里,砌护渠道20.52公里,配套各类建筑物2700座,打机井7眼、架设输电线路7公里、配备潜水泵电气控制柜7套、建泵房7座219平方米,新建过沟桥涵1座,铺设砂石路3公里,改造两个养殖园区供水,新增压砂380亩,移植枸杞1030亩。2016年,完成团结村坡改梯1600亩,水利设施配套工程全面完成。

【社会管理】 2015年,全镇排查各类矛盾纠纷116起,调处116起,调解成功116起。筹集资金14.38万元,化解信访积案11件。2016年,全镇排查各类矛盾纠纷155起,调处155起,成功132起,成功率85.2%;受理治安案件18起,查处18起。

【社会保障】 2015年,统筹城乡居民医疗保险2万人,参保率96.3%;统筹城乡居民社会养老保险9080人,参保率62.4%。发放各类民政救助资金

49.12万元,受益群众1040户1040人。2016年,新增低保118户118人,取消低保56户57人,做到应保尽保。发放各类救助34.7万元,受益农户467户1925人。

【精准扶贫】 2015年,通过建档立卡贫困户“回头看”工作,清理出不符合条件农户560户2162人,建档立卡贫困户1077户4151人;和中卫市伟达职业技能培训学校联系，举办为期10天的培训班,发放宣传资料1000余份。川裕、兴盛实现脱贫摘帽,其中川裕村2014年脱贫38户182人、2015年脱贫17户85人;兴盛村2014年脱贫12户59人、2015年脱贫2户8人。2016年,兴仁镇扶贫攻坚的主要任务是团结、泰和2个移民贫困村的脱贫销号。协调黄河农村商业银行实施金融扶贫,全年累计为建档立卡贫困户发放贷款1561万元，解决464户贫困家庭脱贫资金难题。在团结、泰和两个村实施整村推进项目,投入资金5577.92万元(其中信贷资金3800万元),夯实基础设施建设。完成养殖园区基础设施建设，修缮围栏、环境卫生整治、铺垫砂石路;扶持圈棚改造成暖棚、对铡草机、粉碎机进行补助；在两村安装太阳能路灯65盏、配套4立方米垃圾箱60个、脚踏三轮车10辆、配备保洁员10名;整合财政资金对村部、巷道进行维修。

【文化体育】 2015年，组织开展春节社火展演活动，组织中老年秦腔活动中心在各村演出11场次。在“五一”期间举办职工运动会1次,积极协调新兴秦剧团、王团秦剧团在春节、国庆等重大节日期间开展文艺汇演7场次；在全镇11个行政村放映132场电影。2016年,组织开展春节社火1次,开展职工运动会1次,放映电影132场次,争取少数民族发展项目资金及捆绑财政奖补“一事一议”项目资金137.75万元,建设团结村文化广场。

(刘健)

党派群团

中共中卫市沙坡头区委员会

·综述·

【概况】 2015年，沙坡头区实现地方社会生产总值146亿元，同比增长5.6%，全社会固定资产投资完成149.6亿元，同比增长5.2%；城镇居民人均可支配收入22703元，同比增长8.5%；农民纯收入9669元，同比增长7.8%。2016年，面对经济下行和改革发展双重压力，区委突出项目带动、产业拉动、创新驱动，经济社会呈现持续健康发展的良好势态，实现地方社会生产总值155.6亿元，同比增长7.0%，全社会固定资产投资156.7亿元，同比增长4.8%；社会消费品零售总额36.2亿元，同比增长8.6%；城镇和农村常住居民人均可支配收入24338.8元和10375.3元，分别增长7.2%和7.3%。

【筹备组建】 2016年，根据自治区党委关于沙坡头区机构设置的批复，在市委、市政府的领导下，党工委统揽全局抓筹建，人大、政府、政协筹备组密切配合，相互衔接，有序推进筹备组建工作，实现从筹备组建到正式成立的平稳过渡。按照“精简、统一、高效”原则，实行大部制组织结构，创新整合29个职能部门，配齐牵头负责人，确保各部门有序运转。执行换届纪律要求，于6月11日召开沙坡头区第一次党代会、7月14日召开一届一次人大、政协会议，依法选举产生首届区委、人大、政府、政协领导班子和纪委班子，8月19日正式挂牌成立，沙坡头区实现以市辖区模式独立运转。

【组织机构】 根据《中卫市沙坡头区机构设置和人员编制方案》规定，在事权配置上实行市区两级职责任务统分结合，沙坡头区主要承担农村政策执行、基层组织建设、农业和农村经济发展、农村公共基础设施建设、扶贫开发、民族宗教、民政和社会保障、计划生育、文化体育、平安建设、信访维稳、村镇规划建设、环境保护与整治、安全生产等方面的职责。自治区共批复沙坡头区设置党政群机关机构25个，其中：党委机构6个、人大常委会机关机构3个、政府机构10个、政协机关机构3个、法院检察院机构2个、群团工作机构1个；共批复设置事业机构27个，其中：政府直属事业单位3个、部门所属事业单位24个；共核定行政事业编制1528名，2016年实有人员1306名；核定科级领导干部职数261名。

【工业经济】 在中卫工业园区的核心引领下，沙坡头区镇罗、宣和、常乐等产业园区基础设施不断完善，先后引进区内外招商引资项目300多个，基本形成"三大"主导产业：即以铁合金、铝合金为主的金属冶炼产业，以电石、水泥、瓷质砖等为主的无机非金属产业，以面粉、果汁、枸杞果醋等为主的食品加工产业。2015年底，规模以上工业实现增加值39.5亿元，实现总产值200.3亿元。三次产业结构由2014年的14.5∶41.2∶44.3调整为2015年的13.7∶41.5∶44.8。2016年，完善优化沙坡头区产业结构，市委、政府将镇罗金鑫园、宣和冶金园、常乐陶瓷园和宁夏红科技园四个产业基地移交沙坡头区统一管理。设立工业和信息化服务中心，加强宁夏红科技园、镇罗金鑫园、宣和冶金园和常乐陶瓷园服务管理工作。协调落实企业差别电价、营改增、电力直接交易、电价补贴等优惠政策，为12家企业完成电力直接交易电量23亿千瓦时，节约电力成本，兑现铁合金、电石等企业电价补贴。落实企业结构性减税政策，发放交通运输费减征凭单4万张，节约企业运输成本。实现规模以上工业增加值41.9亿元。

【特色产业】 2015年，永康、宣和镇实施苹果树体改造7万亩，兴仁等镇新植枸杞1.42万亩，年内新增优势特色经济林2.46万亩，经果林总面积达到38.1万亩。设施蔬菜产业发展上，建成以柔远镇为核心区，镇罗镇、滨河镇为补充永久性蔬菜基地5000亩，新建改造日光温室大棚249座，配套卷帘机、保温被等新装备，推广秸秆生物反应堆、无土栽培、绿色防控体系等新技术，辖区1.6万亩永久性蔬菜基地种植效益稳步提升。香山地区种植硒砂瓜49.12万亩，建设硒砂瓜品质品牌核心保护区30万亩，成功实验种植嫁接高产硒砂瓜2000亩，平均亩产量首次突破1万斤大关，效益高达每亩2500元，是传统种植模式效益的3倍以上，硒砂瓜总产量达到55.16万吨，产值达6.51亿元，价格和收入均创历史新高。创新使用条形码、二维码认证技术，借助大麦地千村电商平台，硒砂瓜品牌拓展到上海、南京等大中城市市场。依托北山养殖产业带和香山北麓养殖产业带集群优势，通过"企业+基地+农户"模式推进出户入园，重点打造学海、硒砂王朝万只肉羊育肥场、正通公司5万头生态商品猪场等标准化规模养殖场，年内改扩建1个千头肉牛场、2个千头养猪场、5个千只肉羊场，奶牛存栏及肉牛、肉羊、生猪、鸡饲养量分别达到2.94万头、3.01万头、51.06万只、24.29万头、377.19万只。立足"四带一区"产业布局(环香山地区硒砂瓜产业带、引黄灌区设施蔬菜产业带、扬黄灌区经果林产业带、南北部养殖产业带和沿黄高效节水农业示范区)，深入推进农村集体土地承包经营权确权登记颁证工作，加快农业种植结构和经营方式变革，促动农业向集约化、产业化、现代化方向迈进。围绕机械化耕作、科技化保障、工厂化管理、水肥一体化操控的现代农业发展方向，以土地集中流转经营方式，在常乐等镇新增高效节水农业2.8万亩，引黄灌区节水农业面积累计达到11.1万亩，土地集中流转经营率达到40%以上，全年节约农业用水4000万立方，农业综合效益稳步提高。借助高效节水农业的示范引领，年内创建粮食高产万亩示范片3个3.2万亩，百亩攻关区12个4243.6亩，落实粮食播种面积33.4万亩，粮食总产量达17.95万吨。沙坡头区被国家农业部命名为第三批国家现代农业综合示范区。2016年，坚持"一特三高"发展方向(特色产业、高品质、高端市场、高效益)，围绕全市"四区七带"农业产业布局(引黄灌区：抓高产创建，打造120万亩优质粮食产业带；抓提质增效，打造50万亩"原产地"枸杞产业带；抓优化升级，打造40万亩蔬菜产业带；扬黄灌区：抓提质增效，打造70万亩优质经果林产业带；中部干旱带：抓品质品牌保护，巩固提升100万亩硒砂瓜产业带；南部山区：抓提质增效，打造60万亩马铃薯产业带；抓节本增效，打造100万亩牧草+200万"羊单位"草畜产业带)，着力转方式、调结构、树品牌，形成"四带一区"产业新格局，推动传统农业逐步向现代农业转型。建设硒砂瓜品质品牌保护区30万亩，产量达59.8万吨，实现产值7.9亿元。建立质量追溯和责任追究体系，先后赴珠三角等地区，开展市场推介、维权8次。推广秸秆生物反应堆、水肥一体化、病虫害绿色防控新技术，新增永久性蔬菜基地1.1万亩，设施蔬菜面积达12.3万亩。新建有机枸杞、精品苹果展示、苹果矮化密植三个科技示范基地0.7万亩，新植枸杞1.8万亩，完成苹果低产园树体改造1万亩，经果林总面积达41.8万亩。推动规模化养殖，重点实施海弘10万头生猪育肥、仔猪保育和沐沙三期规模化养殖场等项目，奶牛存栏和肉牛、肉羊、生猪饲养量分别达3.1万头和5.1万头、70.1万只、34.2万头。培育新型农业经营主体，推广"公司+基地+农户""村委会+合作社+农户"、产业互助风险共担联盟等多种经营模式，引进培育专业合作社652个，扶持壮大农产品加工企业61家，培树专业种养大户3344户，万齐集团、荣盛商业连锁公司新三板挂牌上市，"香山硒砂瓜"被农业部评为全国"一村一品"十大知名品牌。实施"互联网+农业"行动计划，建成万齐、大麦地农村电商B2B农产品电商平台，建立村淘服务站173个。

【城乡一体化建设】 2015年，围绕区市重点项目落实，配合完成甘武铁路二线、中卫物流园、北干渠改造、中电投风电等重大项目的征地协调服务，确保中卫市重点建设项目顺利实施。全面推进棚户区拆迁改造，完成金河三期B区、双桥、西关、新墩棚户区1285户宅基地房屋征收任务。协调完成民生花园、福润苑、黄河明珠、金泽庭院等项目1543户4201套房屋回迁安置。整合环保、道路、"一事一议"等项目资金，高起点规划新建柔远镇范庙村、镇罗镇九塘村、永康镇城农村、常乐镇水车村、迎水桥何滩村、兴仁镇兴仁村、香山乡红圈村等7个"美丽村庄"项目，组织实施镇罗、宣和2个小城镇项目，新建宣和、永康、香山红圈子3个农贸市场和水车、城农等6个村级文化广场，改造农村危房1126户（其中：D级危房697户，C级危房429户），硬化道路19公里，装道牙3.7公里，铺筑面包砖4.4万平方米，铺设供排水管道17.3公里，绿化植树7.5万株，新农村建设步入新阶段。2016年，统筹推进新型城镇化建设，实施江元隆府、兴南财富广场等房地产开发项目14个80.7万平方米。新建新墩东区、双桥一二期、史湖等棚户区改造安置房1.1万套105万平方米，安置应理新社区、文博苑、宣和等棚户区改造项目被征收群众2161户，征收新墩、大板一期等14个棚户区改造项目2787户房屋。高标准建成常乐、永康等4个美丽小城镇和沈桥、沙渠等7个美丽村庄，改造农村危房725户，卫生改厕310户，安装太阳能热水器1.27万台，新修农村公路107公里，硬化巷道52公里，铺设排水管网34公里，新植树木3.72万株，群众生活条件不断改善。

【农村环境整治】 2015年，研究出台《美丽乡村建设方案》《农村环境卫生深度保洁实施方案》《农村环境深度保洁及村容村貌管理暂行办法》，增配1250万元环卫设施和555名农村卫生保洁员，先后于5月份、9月份两次组织对辖区24个城乡结合部、103个主干道路沿线村庄、7个集镇市场和67个中心示范村进行为期70天的集中整治，共清理"三堆"6.7万方，拆除残垣断壁42308米，清运垃圾5630吨，通过"三检三考"（区上一月一检查，一季度一考核；乡镇一周一检查，一月一考核；村（社区）一天一检查，一周一考核。）和"181"严管重罚措施（奖励10%的优秀，激励80%的多数，淘汰10%的落后的农村环境卫生保洁员和环境监督管理员队伍机制），基本建立起农村环境卫生深度保洁的长效机制，农村环境面貌明显改善。2016年，将城市"以克论净"环卫保洁模式向农村和社区延伸，着力打造农村环境卫生综合整治示范区，将环境卫生整治经费列入财政预算，每年投入1000万元，集中开展违章建筑拆除、乱堆乱放清理、沟渠垃圾清理、乡村绿化提升"四大专项行动"，配备环卫车153辆、垃圾箱（桶）3045个。严格执行"5个

3”“9个无”（“9个无”：无建筑垃圾、无私搭乱建、无乱堆乱放、无瓜果皮壳、无白色污染、无树挂、无污泥积水、无人畜粪便、无拴养牲畜。“5个3”：地表垃圾百米不超过3处，停留时间不超过30分钟，路面尘土每平方米不超过30克，每天3清扫、3保洁）环卫保洁新标准，落实“三检三考”（区上一月一检查，一季度一考核；乡镇一周一检查，一月一考核；村、社区一天一检查，一周一考核）“181”严管重罚机制（奖励10%的优秀，激励80%的多数，淘汰10%的落后的农村环境卫生保洁员和环境监督管理员队伍机制），清运“三堆”（垃圾堆、柴土堆、杂物堆）6.7万立方米。扎实开展国土专项整治行动，切实改善农村生活环境。年内共接待区内外学习考察团22批次。

【扶贫攻坚】 2015年，争取实施村级扶贫项目20个，培训移民5050人次，发放互助资金1000万元，扶持移民群众种植枸杞2514亩、硒砂瓜2500亩，新增压砂地860亩，发展肉牛2463头、肉羊繁育4.1万只。米粮川、兴盛村426户2026名群众率先实现脱贫销号。全面完成172户移民集中安置和59户插花移民安置任务。争取投资6000多万元实施敬农移民区5437亩土地整治、兴仁移民区5700亩土地综合治理、米粮川移民区2780亩盐碱地综合改良等项目，采取公司大户集中流转和分户经营，辖区4个移民区28100亩土地全部分配种植利用。引入中广核集团投资3亿元对康乐移民区9200亩土地集中流转经营并进行综合治理，探索出光伏扶贫的新途径。2016年，启动实施“七大脱贫工程”（特色种植工程、养殖示范工程、劳务转移工程、政策扶持工程、金融信贷工程、光伏扶贫工程、易地搬迁工程），整合各类政府项目资金4000余万元，改善贫困村农业生产条件和基础设施，建立发展担保基金1200万元，撬动金融机构放贷7437万元，培育形成硒砂瓜、枸杞、牛羊养殖等主导产业，变“输血式”扶贫为“造血式”脱贫。通过整理土地、流转经营、企业运作等形式，在兴海、米粮川等村发展经果林9000亩、硒砂瓜5000亩。引进夏华集团、和旺公司，通过“企业＋农户”托管代养、建立产业互助联盟、“企业供犊、农户育肥、一体销售”等模式，在海和、泰和等移民村新补栏肉牛800头、肉羊3000只。加大劳务培训和转移就业力度，完成各类技能培训4500余人次，依托工业园区和硒砂瓜、供港蔬菜、枸杞产业基地，就地转移劳力1.5万余人次，移民人均增收3100元。落实退耕还林、草原生态奖补资金4723万元。财政投资200万元，为5160户贫困户购买“脱贫保”，建档立卡户新纳入低保967人，实现低保标准、扶贫标准“两线合一”，完成337套移民安置房建设的选址和前期报批手续。近三年脱贫成效顺利通过第三方评估验收，1546户5660人率先脱贫销号，团结、泰和两个重点贫困村脱贫摘帽。

【民生工程】 2015年，投资1339.25万元实施西台抗旱应急水源、山洪灾害防御、农村饮水安全、退耕还林基本口粮田建设等一系列民生水利工程。吸引社会资本投资4.8亿元实施香山乡峡门水库项目。2016年，解决2.52万被征地农民全部纳入养老保险问题，为1.05万名老年人办理意外伤害险。实施兴仁、香山应急抗旱水源工程，4.6万群众喝上安全优质放心水。开展农田水利基本建设，投资4.1亿元，实施盐碱地改良、高效节水灌溉等重点工程27项，巩固改造农田8.1万亩，沟、渠、田、林、路实现综合治理。

【项目建设】 2016年，沙坡头区组建成立后，开展西气东输三线、吴忠至中卫城际铁路等工程的土地房屋征收工作，配合实施中国物流中卫物流园、高庙历史文化街区改造等全市重要项目，累计征地3276亩，确保重大工程顺利实施。围绕特色农业、城乡建设、扶贫开发等重点领域，建立处级领导包抓机制，实施镇罗永久性蔬菜基地、双桥棚户区改造、香山峡门水库等项目89个，完成投资39亿元，引进宁夏西域金枸万亩黑枸杞、阜民丰万头奶牛养殖、都阳新能源单晶硅等31个项目，到位资金 17.5 亿元。

【社会保障】 2015 年，全面落实各类社会保障政策，完成 6018 名残疾低保和 26101 名城乡低保、高龄老人的提标补发，共审批新增城乡低保、高龄、孤儿、特困供养人员等各类救助对象 2437 人，清退不符合条件的各类救助对象 2736 人，向 31140 名保障对象发放救助金 8193.42 万元。实施城乡医疗救助 56164 人，发放救助金 1543.39 万元。临时救助 7423 人，发放救助金 386.56 万元。统筹城乡居民养老保险参保 12.89 万人，参保率达 99.2%；统筹城乡居民基本医疗保险参保 32.07 万人，参保率达 100%；全年转移就业 3.79 万人，城镇登记失业率低于 3.84%，社会保障水平不断提升。2016 年，完善民生保障和社会救助体系，发放城乡低保、医疗救助等资金 1.3 亿元，宁夏民政云社会救助系统现场会在沙坡头区召开。建成沙坡头区第三敬老院、日间照料中心、农村老饭桌等一批养老服务机构，养老服务体系逐步完善。建成“智慧社区”试点 2 个、社区服务站 3 个。开展文化惠民演出 460 场次，标准化乡镇综合文化站、村文化站、数字农家书屋达到 328 个。新增城镇就业岗位 1241 个，转移农村劳动力 16.9 万人，城镇登记失业率控制在 3.9%以内。

【社会管理】 2015 年，加强社会治理创新，强化源头治理，压实责任化解积案，启动为期 2 个月的信访矛盾纠纷排查化解专项活动，组织开展重大节点矛盾纠纷排查 10 次，共排查矛盾纠纷 2947 件，化解 2902 件，化解率 98.5%。建立抓信访维稳工作常态化机制，坚持实行信访工作月通报制度，重大节日、重要会议定时“零”报告制度，工委领导信访大厅周接访制度，每周五信访工作联席会议制度。全年共化解信访积案 19 件，接待来信来访 187 批 646 人次，同期分别下降 54%和 48%。开通党工委书记热线和党工委书记信箱，坚持 24 小时应急值班制度，建立领导批示件办理制度，从程序、时限、质量、效果上规范领导批示件的办理，使大量的矛盾通过民生热线得到化解。共接办市长、书记信箱 573 件，接办党工委书记信箱 161 件，办结率 100%。2016 年，加强社会治理创新，强化源头治理，完善区、镇、村、组四级治安防控体系，社区戒毒（康复）执行率达 96%，人民群众的安全感不断提升。建成群众来信来访接待大厅，排查化解矛盾纠纷 1980 件、重点信访积案 29 件，矛盾纠纷调处率达 98%以上，全市改革和加强综治“大调解”现场会在柔远镇召开。推进安全生产责任、风险防控、应急救援三大体系建设，安全生产指标控制在自治区下达范围以内。

【精神文明建设】 2015 年，推进“一社区一品牌”志愿服务、“社区道德评议”、社会主义核心价值观示范基地和道德讲堂示范基地创建活动，加大文明村镇创建管理力度，先后评选国家级劳动模范 1 人、自治区级劳动模范 5 人、自治区道德模范 2 人、“中国好人”1 人、“宁夏好人”2 人，挖掘录入“最美人物”60 余名，申报市级文明村镇 13 个。新搭建媒体政务发布平台，组建 21 名通讯员队伍，报送各类信息线索 670 余条，编发公众微信 89 期 534 条、微博信息 2317 条。2016 年，组织全区各级党员干部深入学习中共十八届三中、四中、五中、六中全会精神和习近平总书记系列重要讲话精神，区委中心组集中学习 13 次。围绕沙坡头区第一次党代会、第一届人代会、政协会和“四套班子”挂牌成立等重要时政活动，对沙坡头区“十二五”期间取得的辉煌成就、今后五年的奋斗目标和主要任务及 2016 年重点亮点工作，进行全方位宣传报道。组织开展“我推荐、我评议身边好人”“学雷锋、树榜样”“感动中卫”、首届沙坡头区道德模范推荐评选等活动，共评选表彰沙坡头区级道德模范 25 名，涌现出市级道德模范 21 名、自治区级道德模范 19 名、国家级道德模范 2 名，累计挖掘推荐身边好人 55 名。

【基层党组织建设】 2015 年，大力实施“双百工程”（中卫市委提出要培育打造 100 个党建工作示范点，整顿提升100个软弱涣散基层党组织），打造村级党组织党建示范点20个、社区党建示范点4个、机关部门党建示范点2个、非公企业党建示范点4个，年内整顿软弱涣散党组织20个，在农民专业合作社、专业协会组建党支部4个，将38家农民专业合作组织挂靠到村党组织，组建社区“大党委”15个。深入开展“下基层”活动，安排300余名乡镇干部包抓165个村，结对帮扶贫困户741户，累计走访农户35508户，接待群众17281人次，协调解决问题291件，化解矛盾纠纷352件。2016年，深入开展星级服务型党组织创评工作，评定一星级党组织65个、二星级党组织65个、三星级党组织21个。新建、维修村级组织活动场所25个，选派党建工作指导员361名。推行“联建互助、三培三带”（产业发展和基层党建“联建互助”；培养党组织带头人、带强支部班子；培养优秀党员、带活党员队伍；培养致富能人，带富全村百姓）党建模式，建立农民专业合作社和专业协会党组织29个，实现党的组织全覆盖。推行“党建＋X”发展模式，围绕硒砂瓜、经果林等产业带，培树镇罗镇凯歌村、文昌镇黄湾村等10个“产业党建”示范点。注重加强党支部带头人队伍建设，及时调整无法胜任现职的村党组织书记7名，通过选派驻村第一书记、配齐配强班子、加强阵地建设等措施，集中整顿软弱涣散党组织10个。全面开展“双培养一加强”活动（把优秀青年培养成党员、把优秀党员培养成村干部，加强村级党组织带头人和后备村干部队伍建设），选拔推荐村级后备干部72名，为村“两委”换届选举工作奠定基础。持续推进“下基层”活动常态化，1454名干部与3954户建档立卡贫困户结成帮扶对子，通过慰问、捐资、争取项目等形式全力帮助贫困村脱贫摘帽。创新推行“四化一满意”（以信息化服务平台为基础、全域化服务体系为支撑、网格化服务管理为手段、常态化服务机制为保障、群众满意为目标）服务群众工作机制，投入350万元搭建“四化一满意”服务群众工作平台，全面推行民生事项网上申报受理，变“群众跑腿”为“数据跑路”，提升基层党组织的服务能力和水平。

【党风廉政建设】 2015年，打造清廉建设典型村11个，廉政文化示范点18个，建设廉政文化广场15个。坚持零容忍惩治腐败，严肃查处违纪违法案件，共受理信访举报121件，立案47人，给予党纪处分41人，移送司法机关3人，收缴违纪资金116.7万元。大力整治干部庸懒散软问题，针对信访维稳、禁牧封育等工作不力等问题，共诫勉谈话14人，通报批评9人，书面检查8人。2016年，扎实开展惠农政策、涉农工程、粮食直补政策落实情况专项检查，侵害群众利益的不正之风和腐败问题专项行动等活动，始终坚持有案必查、有贪必肃、有腐必惩，以“零容忍”态度依纪依规开展纪律审查工作。纪检监察机关共受理信访举报127件，其中，初步核实89件，谈话函询5件，结51件，立案28人，给予党政纪处分22人，免于党纪处分1人，移送司法机关1人，收缴违纪资金39万余元，“四风”问题和基层腐败现象有效遏制，“不想腐、不能腐、不敢腐”的效果初步显现。

【重点改革】 沙坡头区组建成立后，完成行政单位公务用车管理制度改革，有效节约行政成本。全面完成南关村集体经济组织产权制度改革，实现“资产变股权、村民变股民”的历史性变革，成为全市“股改第一村”。总结经验，扎实推进黄湾、官桥村集体经济组织产权制度改革。农村产权流转服务中心投入运营，完成6.8万户农村土地确权登记颁证工作，发放农村“两权”抵押贷款1500万元、特色优势产业担保贷款1.64亿元。凯歌村农村土地股份合作社改革试点全面完成。水权确权登记完成以乡镇、机关单位、个体用水户为主体的初始水权分配。

【“二次创业”大讨论】 2015年3—8月，深入开展“二次创业”大讨论活动，共征求各类意见建议483条，查找问题370个，提出整改措施416条，并通过深入广泛的调查研究，将五大类19项惠民政策整理编辑成《惠民政策汇编》,将乡镇、部门在活动中形成的40余篇调研报告、基本底数分析材料等收集编辑成册，为干部依法公开行政提供政策依据。

【"两学一做"学习教育】 2016年,结合实际制订学习教育方案,各乡镇党委、各部门党组织认真对照"六查六看"标准,围绕沙坡头区"五查五树"专题组织党员创新开展交流研讨772场次。各级党员领导干部率先垂范，深入基层联系点带头讲党课631场次。分领域分层次细化党组织和党员队伍问题清单,查找梳理党员在思想、作风、纪律等方面问题2047条,制定整改措施3952项,问题整改率达100%,为全区改革发展稳定提供坚强的思想和作风保证。

·重要会议·

【区党工委2015年第一次会议】 1月9日，党工委书记、管委会主任王学军主持召开。会议听取经济发展局关于沙坡头区安全生产工作情况和落实马廷礼书记今冬明春道路交通安全整治工作指示精神的汇报；研究审定沙坡头区2015年"美丽乡村"建设方案;研究审定沙坡头区2015年工作要点及沙坡头区2015年重点项目、重点工作分工方案；研究审定沙坡头区关于全面推进依法治区的实施意见;研究决定沙坡头区2013年农村D级危房改造补助资金拨付计划的事宜；研究决定沙坡头区2014年农村危房改造市财政配套补助资金拨付计划的事宜；研究审定关于开展沙坡头区"四述三评"(述职、述廉、述责、述德,个人自评、干部测评、委员议评)活动方案;研究审定关于召开沙坡头区计划生育工作会议的方案；研究审定沙坡头区党工委(扩大)会议方案。党工委书记、管委会主任王学军,党工委副书记、管委会副主任景兆珍,党工委委员、纪工委书记、党群工作部部长王永录,党工委委员、管委会副主任唐兴武,党工委委员、管委会副主任邹建萍,党工委委员、管委会副主任张鹏出席会议。有关乡镇、部门负责人列席会议。

【区党工委2015年第二次会议】 1月27日,党工委书记、管委会主任王学军主持召开。会议听取民政和社会保障局关于沙坡头区社区工作情况的汇报;研究审定沙坡头区2015年春节走访慰问方案;研究审定沙坡头区2014年度效能目标管理考核结果及党工委扩大会议奖项设置等相关事宜。党工委书记、管委会主任王学军,党工委副书记、管委会副主任景兆珍,党工委委员、沙坡头区公安分局局长杨立平,党工委委员、纪工委书记、党群工作部部长王永录，党工委委员、管委会副主任唐兴武,党工委委员、管委会副主任邹建萍,党工委委员、管委会副主任张鹏出席会议。有关乡镇、部门负责人列席会议。

【区党工委2015年第三次会议】 3月4日，党工委书记、管委会主任王学军主持召开。会议传达学习自治区纪委十一届五次全会、中卫市纪委三届五次全会精神、全区宣传部长暨市宣传思想文化工作会议精神、传达学习区、市组织工作会议精神;研究审定《沙坡头区农村环境卫生深度保洁及村容村貌管理暂行办法》;研究审定沙坡头区2015年农村及社区环境卫生深度保洁实施方案；研究审定沙坡头区党工委领导批示件办理工作制度;研究审定财政局资金拨付事宜;研究审定房银、狄良珍、赵生玉三名离职村干部生活补贴事宜;研究审定关于增加退耕地调整造林工程建设资金相关事宜；研究沙坡头区党工委领导班子成员包抓乡镇工作事宜；研究沙坡头区党工委领导班子分工调整事宜;研究干部事宜。党工委书记、管委会主任王学军,党工委副书记、管委会副主任景兆珍,党工委委员、沙坡头区公安分局局长杨立平,党工委委员、纪工委书记、党群工作部部长王永录,党工委委员、管委会副主任唐兴武,党工委委员、管委会副主任邹建萍,党工委委员、管委会副主任张鹏出席会议。有关乡镇、部门负责人列席会议。

【区党工委2015年第四次会议】 3月9日，党工委书记、管委会主任王学军主持召开。会议传达学习市委关于开展"守纪律、讲规矩"主题教育活动动员会精神、中卫市委书记马廷礼在市委三届五次全体（扩大）会议上的报告及结束时的讲话精神；研究审定沙坡头区2015年组织工作要点和党建工作目标责任书；研究审定沙坡头区关于开展"守纪律、讲规矩"主题教育活动实施方案和党风廉政建设目标责任书；研究审定沙坡头区组织纪检暨"守纪律、讲规矩"主题教育活动动员会筹备方案；研究审定沙坡头区2015年安全生产会议筹备方案及目标管理责任书；研究审定沙坡头区2014年度"勤廉为民"工程"五好"村命名；研究审定关于沙坡头区2014年度党风廉政建设先进集体及先进个人建议名单；研究审定关于命名沙坡头区"五个好"基层党组织及党建工作示范点事宜；研究审定沙坡头区2015年度效能目标管理考核办法；研究审定沙坡头区各乡镇、各部门2015年效能目标管理考核责任书。党工委书记、管委会主任王学军，党工委副书记、管委会副主任景兆珍，党工委委员、管委会副主任唐兴武，党工委委员、管委会副主任邹建萍，党工委委员、管委会副主任张鹏出席会议。各有关乡镇、部门负责人列席会议。

【区党工委2015年第五次会议】 4月10日，党工委书记、管委会主任王学军主持召开。会议传达学习自治区领导李建华、刘慧、齐同生在区直机关领导干部大会上的讲话精神、陈绪国在2015年党风廉政建设和反腐败主要任务推进座谈会上的讲话精神、马廷礼在全市环保工作誓师大会上的讲话精神、学习《党政领导干部保密工作责任制规定》及《党政机关和涉密单位网络保密管理规定》；研究审定关于进一步深化和谐社区创建工作的意见；研究审定设立宣和镇林昶行政村事宜；研究审定增加沙坡头区村级防疫员指数事宜；研究审定沙坡头区文明村镇创建管理办法；研究审定拟命名表彰的2014年度沙坡头区级文明村、文明单位名单；研究审定成立沙坡头区关心下一代工作委员会事宜；研究审定文昌镇、滨河镇8个村发放村集体经济提成奖励事宜；研究审定沙坡头区部门争取项目资金工作考核办法；研究审定沙坡头区2015年财政收支预算；研究审定拟推荐上报的全市民族团结进步创建活动模范集体和模范个人名单；研究调整成立变更沙坡头区部分非常设机构及组成人员事宜。党工委书记、管委会主任王学军，党工委副书记、管委会副主任景兆珍，党工委委员、沙坡头区人武部政委唐永铎，党工委委员、纪工委书记、党群工作部部长王永录，党工委委员、管委会副主任唐兴武，党工委委员、管委会副主任张鹏，党工委委员、管委会副主任罗磊出席会议。各有关乡镇、部门负责人列席会议。

【区党工委2015年第六次会议】 5月27日，党工委书记、管委会主任王学军主持召开。会议听取社会管理工作部关于信访工作情况的汇报；听取经济发展局关于生态移民工作情况的汇报；听取城乡建设和环境保护局关于农村环境集中整治工作情况的汇报；研究审定设置槐树北巷等社区居委会事宜；研究审定解决沙坡头区水质检测中心建设资金事宜；研究审定在沙坡头区县处级以上领导干部中开展"三严三实"专题教育的实施方案；研究审定沙坡头区党建工作有关事宜；研究审定举办沙坡头区基层党组织负责人培训班事宜；研究审定进一步明确沙坡头区人口和计划生育工作管理职责事宜；研究干部事宜。党工委书记、管委会主任王学军，党工委副书记、管委会副主任景兆珍、肖军军，党工委委员、纪工委书记、党群工作部部长王永录，党工委委员、管委会副主任唐兴武，党工委委员、管委会副主任邹建萍，党工委委员、管委会副主任张鹏，党工委委员、管委会副主任罗磊出席会议。各有关乡镇、部门负责人列席会议。

【区党工委2015年第七次会议】 6月26日，党工委书记、管委会主任王学军主持召开。会议研究审定沙坡头区信访疑难问题专项资金使用规定；研究沙坡头区上半年落实党风廉政建设责任制和推进反腐败暨清廉沙坡头区建设督查工作事宜；研究审定沙坡头区病死或死因不明畜禽无害化处理场建设事宜；研究审定调整沙坡头区农牧科技局所属事业单位机构职责和人员编制事宜；研究审定沙坡头区2015年七一慰问党员活动方案；研究审定首届沙坡头区级道德模范名单；研究审定沙坡头区文明创建工作推进会会议方案；研究审定沙坡头区农户新垦耕地自查统计报告；研究干部事宜。党工委书记、管委会主任王学军，党工委副书记、管委会副主任景兆珍，党工委委员、沙坡头区人武部政委唐永铎，党工委委员、纪工委书记、党群工作部部长王永录，党工委委员、管委会副主任唐兴武，党工委委员、管委会副主任张鹏，党工委委员、管委会副主任邹建萍出席会议。各有关乡镇、部门负责人列席会议。

【区党工委2015年第八次会议】 7月30日，党工委书记、管委会主任王学军主持召开。会议传达学习自治区党委十一届六次全体（扩大）会议精神，研究贯彻落实意见；传达学习《中卫市公职人员不担当慢作为效率低行为问责办法（试行）》；研究审定沙坡头区2015年事业单位工作人员面试方案；研究确定沙坡头区管科级领导干部2014年度考核等次；研究审定沙坡头区2015年度“守法好公民”名单；研究审定沙坡头区计算机终端保密检查装备配置经费事宜；研究审定康乐移民区光伏扶贫项目和打造旱作节水农业示范区方案。党工委书记、管委会主任王学军，党工委副书记、管委会副主任景兆珍，党工委委员、沙坡头区人武部政委唐永铎，党工委委员、纪工委书记、党群工作部部长王永录，党工委委员、管委会副主任唐兴武，党工委委员、管委会副主任邹建萍，党工委委员、管委会副主任张鹏出席会议。有关乡镇、部门负责人列席会议。

【区党工委2015年第九次会议】 8月28日，党工委书记、管委会主任王学军主持召开。会议传达学习贯彻自治区党委十一届六次全会精神市县（区）座谈会精神、自治区主席刘慧到中卫调研讲话精神及贯彻落实意见、全市上半年经济形势分析会暨“二次创业”大讨论活动总结会精神、全区“三严三实”专题教育座谈会及全市“三严三实”专题教育工作推进会精神、自治区纪委十一届六次全会精神及《中国的军事战略》白皮书有关内容；研究审定调整大棚地租标准事宜；研究审定沙坡头区西台抗旱应急水源工程建设占地补偿标准事宜；研究审定沙坡头区2015年建设项目占用草原补偿标准事宜；研究审定沙坡头区公务员平时考核办法（试行）；研究举办2015年沙坡头区市民运动会相关事宜；研究审定沙坡头区禁毒工作经费核拨意见；研究审定沙坡头区第二届宁夏民族团结进步模范人物人选；研究核定宣和镇林昌村村干部职数；研究审定沙坡头区建立“三个清单一张网”工作方案；研究成立沙坡头区建立“三个清单一张网”工作领导小组事宜；研究干部事宜。党工委书记、管委会主任王学军，党工委副书记、管委会副主任景兆珍，党工委委员、沙坡头区人武部政委唐永铎、肖军军，党工委委员、纪工委书记、党群工作部部长王永录，党工委委员、管委会副主任唐兴武，党工委委员、管委会副主任张鹏，党工委委员、管委会副主任罗磊出席会议。有关乡镇、部门负责人列席会议。

【区党工委2015年第十次会议】 10月8日，党工委书记、管委会主任王学军主持召开。会议听取沙坡头区农田水利基本建设及农村环境卫生整治工作汇报；听取经济发展局关于“十三五”规划编制工作进展情况及编制工作经费拨付意见的汇报；研究审定沙坡头区“从严从实抓落实　大干实干100天”活动实施方案；研究审定沙坡头区2016年工作思路；研究党工委委员、管委会副主任唐兴武赴香港参加“城市管理职能优化与能力提升”专题培训事宜；研究干部事宜。党工委书记、管委会主任王学军，党工委副书记、管委会副主任景兆珍，党工委委员、纪工委书记、党群工作部部长王永录，党工委委员、管委会副主任唐兴武，党工委委员、管委会副主任邹建萍，党工委委员、管委会副主任张鹏，党工委委员、管委会副主任罗磊，党工委委员、管委会副主任张伟，党工委委员、管委会副主任邹斌出席会议。有关乡镇、部门负责人列席会议。

【区党工委 2015 年第十一次会议】 10 月 16 日，党工委书记、管委会主任王学军主持召开。会议听取党工委、管委会班子成员关于分管工作 2016 年重点、亮点及创新性工作的汇报；研究审定调整沙坡头区党工委、管委会领导班子分工事宜。党工委书记、管委会主任王学军，党工委副书记、管委会副主任景兆珍，党工委委员、纪工委书记、党群工作部部长王永录，党工委委员、管委会副主任唐兴武，党工委委员、管委会副主任邹建萍，党工委委员、管委会副主任张鹏，党工委委员、管委会副主任罗磊，党工委委员、管委会副主任张伟出席会议。有关乡镇、部门负责人列席会议。

【区党工委 2015 年第十二次会议】 11 月 3 日，党工委书记、管委会主任王学军主持召开。会议学习《中国共产党巡视工作条例》《领导干部干预司法活动插手具体案件处理的记录、通报和责任追究实施办法（试行）》；研究审定解决兴仁、香山、常乐、宣和 4 镇洪水冲毁道路补贴事宜；研究审定解决牛羊布氏杆菌病防疫工作经费事宜；研究审定划拨 2015 年城市社区“两委”换届选举工作经费和离任人员工作报酬补偿事宜；研究审定追加各预算单位业务经费事宜；研究审定解决文昌镇、滨河镇、镇罗镇三件信访积案化解专项资金事宜；研究审定常乐镇上游村搬迁遗留问题处理意见；研究审定恢复镇罗镇部分原合并行政村事宜；研究审定沙坡头区 2014 年度机关事业单位工作人员考核结果；研究审定沙坡头区公务员职务与职级并行拟晋升职级人员名单；研究审定文昌镇蔡桥村农村集体经济组织产权制度改革试点工作实施方案；研究审定兴仁镇原党委委员、人大主席韩楷党政纪处分事宜；研究干部事宜。党工委书记、管委会主任王学军，党工委副书记、管委会副主任景兆珍，党工委委员、沙坡头区人武部政委唐永铎，党工委委员、沙坡头区公安分局局长肖军军，党工委委员、纪工委书记、党群工作部部长王永录、党工委委员、管委会副主任唐兴武，党工委委员、管委会副主任邹建萍，党工委委员、管委会副主任张鹏，党工委委员、管委会副主任罗磊，党工委委员、管委会副主任张伟，党工委委员、管委会副主任邹斌出席会议。有关乡镇、部门负责人列席会议。

【区党工委 2015 年第十三次会议】 11 月 11 日，党工委书记、管委会主任王学军主持召开。会议传达学习《宁夏回族自治区党风廉政建设主体责任和监督责任追究办法（试行）》《自治区关于进一步加强农村基层党建工作的若干意见》；研究审定拟申报的全区优秀乡镇党委书记人选；研究审定沙坡头区党政机关、乡镇领导班子和领导干部考核工作方案；研究拨付沙坡头区大组工网建设经费事宜；研究拨付沙坡头区应急平台应用系统建设经费事宜；研究沙坡头区农田水利基本建设和农村环境卫生整治工作总结表彰大会方案。党工委书记、管委会主任王学军，党工委副书记、管委会副主任景兆珍，党工委委员、沙坡头区人武部政委唐永铎，党工委委员、纪工委书记、党群工作部部长王永录，党工委委员、管委会副主任唐兴武，党工委委员、管委会副主任邹建萍，党工委委员、管委会副主任张鹏，党工委委员、管委会副主任罗磊，党工委委员、管委会副主任张伟，党工委委员、管委会副主任邹斌出席会议。有关乡镇、部门负责人列席会议。

【区党工委 2015 年第十四次会议】 12 月 9 日，党工委书记、管委会主任王学军主持召开。会议传达《在全市“三严三实”专题教育中学习白天章事迹和精神的通知》、自治区党委统战工作会议精神及《自治区党委贯彻落实〈中国共产党统一战线工作条例(试行)〉实施办法》;听取沙坡头区“十三五”规划编制情况汇报;研究成立沙坡头区公务用车改革领导小组事宜;研究举办沙坡头区科级干部培训班事宜;研究审定沙坡头区2015年冬季党员集中轮训方案;研究审定沙坡头区党工委管委会领导班子及班子成员“三严三实”专题民主生活会实施方案;研究督查乡镇2015年落实党风廉政建设“两个责任”暨清廉沙坡头区建设工作有关事宜;研究审定拨付沙坡头区2016年《宁夏日报》征订费用事宜;研究审定《沙坡头区2015年秋冬季农田水利基本建设及农村环境卫生整治工作补助资金拨付意见》;研究干部事宜。党工委书记、管委会主任王学军,党工委副书记、管委会副主任景兆珍,党工委委员、沙坡头区人武部政委唐永铎,党工委委员、沙坡头区公安分局局长肖军军,党工委委员、纪工委书记、党群工作部部长王永录,党工委委员、管委会副主任唐兴武、党工委委员、管委会副主任张鹏,党工委委员、管委会副主任罗磊,党工委委员、管委会副主任张伟,党工委委员、管委会副主任邹斌出席会议。有关乡镇、部门负责人列席会议。

【区党工委2016年第一次会议】 1月19日,党工委书记、管委会主任王学军主持召开。会议传达学习中央扶贫开发工作会议及自治区脱贫攻坚誓师大会精神、自治区十一届人大五次会议精神、中卫市委三届六次全体(扩大)会议精神;研究决定滨河镇南关村产权制度改革相关事宜;研究审定拟上报的全市政法和平安建设工作先进集体、先进个人名单;研究决定命名沙坡头区星级和谐社区事宜;研究决定沙坡头区被征地农民参加养老保险工作有关事宜;研究审定沙坡头区党工委领导2016年元旦春节走访慰问方案;研究决定沙坡头区2015年第三批置换债券使用安排意见;研究决定拨付乡镇、沙坡头区公安分局信访维稳资金事宜;研究决定拨付各乡镇农田水利基本建设补助资金事宜;研究决定改造维修沙坡头区委、政府办公楼及增配办公设备事宜;研究审定《沙坡头区年鉴(2013—2015)》(清样)及拨付年鉴编撰印刷费用事宜;研究决定拨付文昌镇东园村临时市场“12·28”火灾事故特殊疑难信访问题专项资金事宜。党工委书记、管委会主任王学军,党工委副书记、管委会副主任景兆珍,党工委委员、沙坡头区人武部政委唐永铎,党工委委员、纪工委书记、党群工作部部长王永录,党工委委员、管委会副主任唐兴武,党工委委员、管委会副主任邹建萍,党工委委员、管委会副主任张鹏,党工委委员、管委会副主任张伟,党工委委员、管委会副主任邹斌出席会议。有关乡镇、部门负责人列席会议。

【区党工委2016年第二次会议】 2月17日,党工委书记、管委会主任王学军主持召开。会议传达学习全区组织部长会议及全市组织工作会议精神、全区宣传部长及全市宣传思想文化工作会议精神、全区民族宗教工作会议及统战部长会议精神;听取永康镇“2·13”爆燃事故善后处置进展情况汇报;研究审定康乐移民区田间供水系统维修项目实施方案;研究审定敬农生态移民区兴海村差额土地开发建设项目实施方案;研究审定沙坡头区党风廉政建设和反腐败工作会议筹备方案;研究审定沙坡头区脱贫攻坚誓师大会筹备方案;研究决定举办沙坡头区落实村民代表会议制度、加强村监会规范化建设培训班有关事宜;研究审定沙坡头区2015年度工作总结表彰大会筹备方案;研究审定沙坡头区2015年度乡镇、部门目标效能管理考核结果;研究决定拟表彰的沙坡头区2015年度先进集体及先进个人;研究决定命名表彰2015年沙坡头区级文明单位及文明村(社区)事宜;研究决定解决2015年沙坡头区阳光沐浴工程财政配套资金事宜;研究决定解决2015年沙坡头区村级动物防疫员工作经费事宜;研究审定沙坡头区办公楼室内粉刷工程事宜。党工委书记、管委会主任王学军,党工委副书记、管委会副主任景兆珍,党工委委员、沙坡头区人武部政委唐永铎,党工委委员、纪工委书记、党群工作部部长王永录，党工委委员、管委会副主任唐兴武，党工委委员、管委会副主任邹建萍，党工委委员、管委会副主任张鹏，党工委委员、管委会副主任张伟，党工委委员、管委会副主任邹斌出席会议。有关乡镇、部门负责人列席会议。

【区党工委 2016 年第三次会议】 3 月 17 日，党工委书记、管委会主任王学军主持召开。会议传达学习全国“两会”精神；研究审定沙坡头区公务用车制度改革方案及配套文件；研究审定沙坡头区 2016 年安全生产工作会议筹备方案；研究审定沙坡头区 2016 年组织宣传工作会议筹备方案；研究审定沙坡头区党风廉政建设主体责任和监督责任追究办法；研究审定沙坡头区落实党风廉政建设“两个责任”清单；研究审定沙坡头区水权确权工作实施方案；研究审定 2016 年春季造林苗木采购事宜；研究给予沙坡头区农业特色优势产业项目资金扶持有关事宜；研究决定更换政府机关办公楼窗户及改造机关餐厅事宜；研究审定对田建文挪用转移抗旱打井专项资金问题的处理意见；研究干部事宜。党工委书记、管委会主任王学军，党工委副书记、沙坡头区人民政府筹备领导小组副组长童刚，党工委委员、副书记杨和，党工委委员、沙坡头区公安分局副局长肖军军，党工委委员、纪工委书记、党群工作部部长王永录，党工委委员、管委会副主任唐兴武，党工委委员、管委会副主任邹建萍，党工委委员、管委会副主任邹斌，党工委委员、管委会副主任唐亮出席会议。有关乡镇、部门负责人列席会议。

【区党工委 2016 年第四次会议】 4 月 5 日，党工委书记、管委会主任王学军主持召开。会议传达学习全区市县乡领导班子换届工作会议精神；研究审定沙坡头区党代会、人代会和政协会及乡镇党委、人大政府换届筹备方案；研究审定沙坡头区党政群、直属事业单位职能配置和人员编制方案；研究党工委委员分工事宜；研究审定领导干部包抓重点工作、重大项目、信访积案及包抓乡镇包村扶贫分工事宜；研究成立农业农村工作等 4 个领导小组事宜；研究审定沙坡头区 2016 年美丽乡村建设方案；研究审定沙坡头区 2016 年计划生育工作会议筹备方案；研究文昌镇双桥棚户区改造项目相关事宜；研究沙坡头区政府办公楼外墙保温及外立面粉刷事宜；研究建设沙坡头区群众来访接待大厅事宜；研究干部事宜。党工委书记、管委会主任王学军，党工委副书记、沙坡头区人民政府筹备领导小组组长童刚，党工委委员、副书记杨和、党工委委员唐永铎，党工委委员肖军军，党工委委员、沙坡头区人民政府筹备领导小组副组长唐兴武，党工委委员、管委会副主任邹建萍，党工委委员、沙坡头区人民政府筹备领导小组副组长邹斌，党工委委员、纪工委书记张江涛，党工委委员、党群工作部部长张志军，党工委委员、沙坡头区人民政府筹备领导小组副组长李伏荣，党工委委员姜鹏飞出席会议。沙坡头区人大常委会筹备领导小组组长焦清春、沙坡头区政协筹备领导小组组长刘希宁、沙坡头区人大常委会筹备领导小组副组长彭浩平及有关乡镇、部门负责人列席会议。

【区党工委 2016 年第五次会议】 4 月 24 日，党工委书记、管委会主任王学军主持召开。会议传达全区经济形势分析会会议精神、《中共中央关于加强和改进保密工作的意见》和《宁夏回族自治区党政领导干部保密责任制实施办法》；研究审定中卫市沙坡头区坟墓迁移管理办法；研究审定沙坡头区“两学一做”学习教育工作会议方案及工作实施方案；研究审定沙坡头区党代会人代会政协会乡镇换届暨培训工作会议方案和换届工作实施方案；研究干部事宜。党工委书记、管委会主任王学军、党工委副书记、沙坡头区人民政府筹备领导小组组长童刚，党工委委员、副书记杨和，党工委委员唐永铎，党工委委员肖军军，党工委委员、沙坡头区人民政府筹备领导小组副组长唐兴武，党工委委员、管委会副主任邹建萍，党工委委员、沙坡头区人民政府筹备领导小组副组长邹斌，党工委委员、沙坡头区人民政府筹备领导小组副组长唐亮，党工委委员、纪工委书记张江涛，党工委委员、党群工作部部长张志军，党工委委员、沙坡头区人民政府筹备领导小组副组长李伏荣，党工委委员姜鹏飞出席会议。沙坡头区人大常委会筹备领导小组组长焦清春、沙坡头区政协筹备领导小组组长刘希宁、沙坡头区人大常委会筹备领导小组副组长彭浩平列席会议。

【区党工委 2016 年第六次会议】 5 月 4 日，党工委书记、管委会主任王学军主持召开。会议研究审定 2016 年沙坡头区党委、人大、政府、政协选举成立及乡镇领导班子换届工作方案；研究审定乡镇党委、人大、政府换届工作有关事宜；研究审定中共中卫市沙坡头区第一次代表大会工作方案及代表选举相关事宜；研究审定中卫市沙坡头区第一届人民代表大会选举工作实施方案及代表选区划分、名额分配相关事宜；研究审定政协沙坡头区第一届委员会选举工作实施方案。党工委书记、管委会主任王学军，党工委副书记、沙坡头区人民政府筹备领导小组组长童刚，党工委委员、副书记杨和，党工委委员唐永铎，党工委委员肖军军，党工委委员、沙坡头区人民政府筹备领导小组副组长唐兴武，党工委委员、管委会副主任邹建萍，党工委委员、沙坡头区人民政府筹备领导小组副组长邹斌，党工委委员、沙坡头区人民政府筹备领导小组副组长唐亮，党工委委员、党群工作部部长张志军，党工委委员、沙坡头区人民政府筹备领导小组副组长李伏荣，党工委委员姜鹏飞出席会议。沙坡头区人大常委会筹备领导小组组长焦清春、沙坡头区政协筹备领导小组组长刘希宁、沙坡头区人大常委会筹备领导小组副组长彭浩平、沙坡头区政协筹备领导小组副组长梁清江及有关乡镇、部门负责人列席会议。

【区党工委 2016 年第七次会议】 5 月 5 日，党工委书记、管委会主任王学军主持召开。会议传达学习李建华对“两学一做”学习教育的批示和崔波、傅兴国在自治区“两学一做”学习教育会议上的讲话精神、自治区党委关于做好 2016 年市县乡领导班子换届工作的通知精神、崔波、李文章、张超超、李锐在全区综治信访维稳工作会议上的讲话精神；研究审定沙坡头区信访工作规范化建设年活动的实施方案和沙坡头区 2016 年信访工作责任目标管理考核实施细则；研究干部事宜。党工委书记、管委会主任王学军，党工委副书记、沙坡头区人民政府筹备领导小组组长童刚，党工委委员、副书记杨和、党工委委员唐永铎，党工委委员肖军军，党工委委员、沙坡头区人民政府筹备领导小组副组长唐兴武，党工委委员、管委会副主任邹建萍，党工委委员、沙坡头区人民政府筹备领导小组副组长邹斌，党工委委员、沙坡头区人民政府筹备领导小组副组长唐亮，党工委委员、党群工作部部长张志军，党工委委员、沙坡头区人民政府筹备领导小组副组长李伏荣，党工委委员姜鹏飞出席会议。沙坡头区人大常委会筹备领导小组组长焦清春、沙坡头区政协筹备领导小组组长刘希宁及有关乡镇、部门负责人列席会议。

【区党工委 2016 年第八次会议】 5 月 13 日，党工委书记、管委会主任王学军主持召开。会议研究审定自治区、市先进基层党组织、优秀共产党员、优秀党务工作者拟推荐人员名单；研究审定沙坡头区纪念建党 95 周年暨七一表彰大会筹备方案；研究审定中国共产党中卫市沙坡头区第一次代表大会有关事宜；研究干部事宜。党工委书记、管委会主任王学军、党工委副书记、沙坡头区人民政府筹备领导小组组长童刚，党工委委员、副书记杨和，党工委委员唐永铎，党工委委员肖军军，党工委委员、沙坡头区人民政府筹备领导小组副组长唐兴武、党工委委员、管委会副主任邹建萍，党工委委员、沙坡头区人民政府筹备领导小组副组长唐亮，党工委委员、党群工作部部长张志军，党工委委员、沙坡头区人民政府筹备领导小组副组长李伏荣，党工委委员姜鹏飞出席会议。沙坡头区人大常委会筹备领导小组组长焦清春、沙坡头区政协筹备领导小组组长刘希宁及有关乡镇、部门负责人列席会议。

【区党工委 2016 年第九次会议】 6 月 1 日，党工委书记、管委会主任王学军主持召开。会议研究审定各乡镇党委换届选举结果及出席中国共产党中卫市沙坡头区第一次代表大会代表选举结果；研究审定沙坡头区第一届人民代表大会代表初步候选人名单；研究审定中共中卫市沙坡头区第一届委员会、纪律检查委员会和区人大、政府、政协领导班子及法检两长人事安排方案。党工委书记、管委会主任王学军，党工委副书记、沙坡头区人民政府筹备领导小组组长童刚，党工委委员、副书记杨和，党工委委员、沙坡头区人民政府筹备领导小组副组长唐兴武，党工委委员、管委会副主任邹建萍，党工委委员、沙坡头区人民政府筹备领导小组副组长邹斌，党工委委员、沙坡头区人民政府筹备领导小组副组长唐亮，党工委委员、纪工委书记张江涛，党工委委员、党群工作部部长张志军，党工委委员、沙坡头区人民政府筹备领导小组副组长李伏荣出席会议。沙坡头区人大常委会筹备领导小组组长焦清春、沙坡头区政协筹备领导小组组长刘希宁、沙坡头区人大常委会筹备领导小组副组长彭浩平及有关乡镇、部门负责人列席会议。

【区党工委 2016 年第十次会议】 6 月 6 日，党工委书记、管委会主任王学军主持召开。会议研究审定中国共产党中卫市沙坡头区第一次代表大会筹备工作方案；讨论审定《中共中卫市沙坡头区工作委员会工作报告》《中共中卫市沙坡头区纪律检查工作委员会工作报告》《沙坡头区国民经济和社会发展第十三个五年规划纲要的建议》和《党费收缴、使用、管理情况的报告》；研究审定联合开办《沙坡头区新闻》和《沙坡头区周刊》有关事宜；研究审定开展庆祝中国共产党成立 95 周年纪念活动方案。党工委书记、管委会主任王学军，党工委副书记、沙坡头区人民政府筹备领导小组组长童刚，党工委委员、副书记杨和，党工委委员肖军军，党工委委员、管委会副主任邹建萍，党工委委员、沙坡头区人民政府筹备领导小组副组长邹斌，党工委委员、沙坡头区人民政府筹备领导小组副组长唐亮，党工委委员、纪工委书记张江涛，党工委委员、党群工作部部长张志军，党工委委员、沙坡头区人民政府筹备领导小组副组长李伏荣，党工委委员姜鹏飞出席会议。沙坡头区人大常委会筹备领导小组组长焦清春，沙坡头区政协筹备领导小组组长刘希宁，沙坡头区人大常委会筹备领导小组副组长田仲锋、彭浩平、刘德祥、张振宇、金芳、金勇、强吉鸿，沙坡头区政协筹备领导小组副组长梁清江、江红霞、张巨才及有关乡镇、部门负责人列席会议。

【区委 2016 年第一次常委会会议】 6 月 30 日，区委书记王学军主持召开。会议传达学习李建华关于贯彻落实习近平总书记对一些地方统计造假、弄虚作假重要批示的批示和崔波讲话精神、全国宗教会议、全区民族工作会议精神；研究审定沙坡头区政府部门权力清单；研究审定沙坡头区 2016 年开斋节慰问活动方案；研究审定人大、政府、政协、法院、检察院等工作报告；研究审定沙坡头区人大、政协“两会”相关事宜；研究审定人大、政协一届一次会议人事方案；研究审定一届人大代表选举结果；研究审定乡镇人大、政府换届选举结果。区委书记王学军，区委副书记、区长童刚，区委副书记杨和，区委常委、副区长唐兴武，区委常委、政法委书记、沙坡头区公安分局局长肖军军，区委常委、宣传部部长邹建萍，区委常委、副区长邹斌，区委常委、副区长唐亮，区委常委、纪委书记张江涛，区委常委、组织部部长张志军，区委常委、副区长李伏荣，区委常委、统战部部长姜鹏飞出席会议。区人大常委会主任焦清春，区政协主席刘希宁，区人大常委会副主任田仲锋、彭浩平、张永花、刘德祥，副区长张振宇，区人民法院院长金勇，区人民检察院检察长强吉鸿，区政协副主席江红霞及有关乡镇、部门负责人列席会议。

【区委 2016 年第二次常委会会议】 8 月 1 日，区委书记王学军主持召开。会议传达学习习近平总书记来宁视察重要讲话和自治区第十一届常委会第八次全体会议精神、自治区上半年经济形势分析会议精神、蒋巨峰、赵英民、李建华、咸辉在中央第八环境保护督察组督察宁夏回族自治区工作动员会上的讲话精神、自治区党委办公厅关于进一步落实全面从严治党主体责任的通知精神和自治区党委办公厅关于银川市西夏区兴泾镇“6·15”少数信教群众非法游行有关情况的通报精神；研究设立沙坡头区农村产权交易服务中心事宜；研究审定统战、民族宗教有关事宜；研究沙坡头区 2016 年八一建军节走访慰问活动方案；研究调整沙坡头区效能目标管理考核领导小组组成人员事宜；研究审定中卫市沙坡头区机构编制人事管理暂行办法及成立人事调配领导小组事宜；研究审定调整沙坡头区行政事业编制事宜；研究审定沙坡头区委常委会议议事决策规则及相关工作规则；研究成立沙坡头区人大、政府、政协党组及组成人员事宜；研究对综合行政执法局、宣和镇、迎水桥镇、柔远镇和常乐镇落实环境保护监管责任不力问题的问责处理意见；听取综合执法局牵头人黄占荣作出的书面检查；研究干部事宜。区委书记王学军，区委副书记、区长童刚，区委副书记杨和，区委常委、副区长唐兴武，区委常委、宣传部部长邹建萍，区委常委、副区长邹斌，区委常委、副区长唐亮，区委常委、纪委书记张江涛，区委常委、组织部部长张志军，区委常委、副区长李伏荣，区委常委、统战部部长姜鹏飞出席会议。区人大常委会主任焦清春，区政协主席刘希宁，区人大常委会副主任田仲锋、彭浩平、张永花、刘德祥，副区长张振宇、金芳、刘宏阳，区人民法院院长金勇，区人民检察院检察长强吉鸿，区政协副主席梁清江、江红霞、张巨才及有关乡镇、部门负责人列席会议。

【区委 2016 年第三次常委会会议】 8 月 11 日，区委书记王学军主持召开。会议传达张柱书记在市委督查室第 25 期《督察专报》上的批示精神和自治区党委办公厅、政府办公厅《关于中央环保督察组抽查发现永宁县查处首峰公司与事实严重不符有关问题的通报》；研究审定沙坡头区农村产权流转服务工作实施方案（送审稿）等方案；研究审定沙坡头区“十三五”异地扶贫搬迁安置建设方案；研究审定沙坡头区 2016 年效能目标管理考核实施方案；研究审定沙坡头区挂牌成立仪式筹备方案；研究干部事宜。区委书记王学军，区委副书记、区长童刚，区委副书记杨和，区委常委、政法委书记、沙坡头区公安分局局长肖军军，区委常委、副区长唐兴武，区委常委、宣传部部长邹建萍，区委常委、副区长邹斌，区委常委、纪委书记张江涛，区委常委、组织部部长张志军，区委常委、副区长李伏荣，区委常委、统战部部长姜鹏飞出席会议。区人大常委会主任焦清春，区政协主席刘希宁，区人大常委会副主任田仲锋、彭浩平、刘德祥，副区长张振宇、刘宏阳，区政协副主席梁清江、张巨才及有关乡镇、部门负责人列席会议。

【区委 2016 年第四次常委会会议】 8 月 29 日，区委书记王学军主持召开。会议研究审定落实 2016 年沙坡头区党风廉政建设和反腐败重点工作任务“五定方案”；研究审定沙坡头区进一步严明工作纪律、加强作风建设的通知；研究调整沙坡头区直属机关工作常委会组成人员；研究设立沙坡头区镇（乡）工业园区管理办公室事宜；研究审定 2015 年度沙坡头区管科级领导干部年度考核等次；研究审定沙坡头区开展“从严从实抓落实 大干实干 100 天”活动实施方案；研究审定沙坡头区党委（党组）意识形态工作责任制实施细则（试行）；研究审定沙坡头区委中心组学习制度和在职干部理论学习制度。区委书记王学军，区委副书记、区长童刚，区委副书记杨和，区委常委、政法委书记、沙坡头区公安分局局长肖军军，区委常委、副区长唐兴武区委常委、副区长唐亮，区委常委、纪委书记张江涛，区委常委、组织部部长张志军出席会议。区人大常委会主任焦清春及有关乡镇、部门负责人列席会议。

【区委2016年第五次常委会会议】 11月7日，区委书记王学军主持召开。会议研究审定关于召开中国共产党中卫市沙坡头区代表会议事宜；研究审定拟推荐出席中卫市政协第四届常委会常委建议名单；研究审定关于召开中共中卫市沙坡头区委一届二次全体会议有关事宜。区委书记王学军，区委副书记、区长童刚，区委副书记杨和，区委常委、沙坡头区人武部政委唐永铎，区委常委、政法委书记、沙坡头区公安分局局长肖军军，区委常委、副区长唐兴武，区委常委、宣传部部长邹建萍，区委常委、副区长唐亮，区委常委、纪委书记张江涛，区委常委、组织部部长张志军，区委常委、副区长李伏荣，区委常委、统战部部长姜鹏飞出席会议。区人大常委会主任焦清春、区政协主席刘希宁、区人民法院院长金勇、区人民检察院检察长强吉鸿及有关乡镇、部门负责人列席会议。

【区委2016年第六次常委会会议】 11月11日，区委书记王学军主持召开。会议听取沙坡头区2016年安全生产工作汇报；听取沙坡头区2016年禁毒工作汇报；研究审定2016年度党风廉政建设和反腐败工作年终考核有关事宜；研究成立区委巡察工作领导小组事宜和沙坡头区巡察工作办法（试行）；研究审定沙坡头区拟上报的自治区第三届非公有制经济人士优秀中国特色社会主义事业建设者人选；研究审定成立非公有制经济组织和社会组织工作常委会有关事宜；研究审定举办沙坡头区2016年科级干部培训班有关事宜；研究审定沙坡头区出席中卫市第四届人民代表大会代表初步人选建议名单；研究审定沙坡头区加强乡镇建设的实施方案；研究审定中共中卫市沙坡头区委一届二次全体会议有关报告；研究中共中卫市沙坡头区委一届二次全体会议及中国共产党中卫市沙坡头区代表会议经费事宜。区委书记王学军，区委副书记杨和，区委常委、政法委书记、沙坡头区公安分局局长肖军军，区委常委、副区长唐兴武区委常委、宣传部部长邹建萍，区委常委、纪委书记张江涛，区委常委、组织部部长张志军，区委常委、副区长李伏荣，区委常委、统战部部长姜鹏飞出席会议。区人大常委会主任焦清春、副主任刘德祥，区政协副主席张巨才及有关乡镇、部门负责人列席会议。

【区委2016年第七次常委会会议】 11月27日，区委书记王学军主持召开。会议研究审定沙坡头区“七五”普法实施意见和沙坡头区“六五”普法总结暨“七五”普法动员大会筹备方案；研究审定沙坡头区党政机关及乡镇领导班子和领导干部年度考核实施办法等制度；研究审定部门所属事业单位机构编制方案；研究干部事宜。区委书记王学军，区委副书记、区长童刚，区委副书记杨和，区委常委、沙坡头区人武部政委唐永铎，区委常委、政法委书记、沙坡头区公安分局局长肖军军，区委常委、副区长唐兴武，区委常委、宣传部部长邹建萍，区委常委、副区长唐亮，区委常委、纪委书记张江涛，区委常委、组织部部长张志军，区委常委、副区长李伏荣，区委常委、统战部部长姜鹏飞出席会议。区人大常委会主任焦清春、副主任刘德祥及有关乡镇、部门负责人列席会议。

【区委2016年第八次常委会会议】 12月2日，区委书记王学军主持召开。会议传达学习中卫市第四次党代会会议精神；观看警示教育片《警钟——辽宁拉票贿选案》；研究审定关于召开沙坡头区一届人大二次会议有关事宜；研究审定关于召开沙坡头区政协一届二次会议有关事宜；研究审定政府、财政、法检两院工作报告；研究审定关于做好沙坡头区村党组织和村民常委会换届选举工作有关事宜；研究审定沙坡头区2016年冬季党员集中轮训工作方案；研究干部事宜。区委书记王学军，区委副书记、区长童刚，区委副书记杨和，区委常委、沙坡头区人武部政委唐永铎，区委常委、政法委书记、沙坡头区公安分局局长肖军军，区委常委、副区长唐兴武，区委常委、宣传部部长邹建萍，区委常委、副区长唐亮，区委常委、纪委书记张江涛，区委常委、组织部部长张志军，区委常委、副区长李伏荣，区委常委、统战部部长姜鹏飞出席会议。区人大常委会主任焦清春、副主任刘德祥、田仲锋、彭浩平，副区长张振宇、刘宏阳，区人民法院院长金勇，区人民检察院检察长强吉鸿，区政协副主席梁清江、江红霞、张巨才及有关乡镇、部门负责人列席会议。

【区委2016年第九次常委会会议】 12月20日，区委书记王学军主持召开。会议研究审定沙坡头区推选出席党的十九大代表候选人初步人选有关事宜；研究干部事宜。区委书记王学军，区委副书记、区长童刚，区委副书记杨和，区委常委、副区长唐兴武，区委常委、宣传部部长邹建萍，区委常委、纪委书记张江涛，区委常委、组织部部长张志军，区委常委、统战部部长姜鹏飞出席会议。区人大常委会主任焦清春及有关乡镇、部门负责人列席会议。

【区委2016年第十次常委会会议】 12月20日，区委书记王学军主持召开。会议研究审定沙坡头区推选出席党的十九大代表候选人初步人选有关事宜；研究干部事宜。区委书记王学军，区委副书记、区长童刚，区委副书记杨和，区委常委、副区长唐兴武区委常委，宣传部部长邹建萍，区委常委、副区长唐亮，区委常委、纪委书记张江涛，区委常委、组织部部长张志军，区委常委、统战部部长姜鹏飞出席会议。区人大常委会主任焦清春及有关乡镇、部门负责人列席会议。

【区委2016年第十一次常委会会议】 12月26日，区委书记王学军主持召开。会议传达学习自治区党委十一届九次全会暨自治区经济工作会议精神、自治区宗教工作会议精神；听取区委副书记、各常委和政府各副区长2017年分管领域重点工作、重点项目、创新及亮点工作汇报；研究审定沙坡头区部分议事协调机构及组成人员调整成立变更事宜；研究干部事宜。区委书记王学军，区委副书记、区长童刚，区委副书记杨和，区委常委、沙坡头区人武部政委唐永铎，区委常委、政法委书记、沙坡头区公安分局局长肖军军，区委常委、副区长唐兴武，区委常委、宣传部部长邹建萍，区委常委、纪委书记张江涛，区委常委、组织部部长张志军，区委常委、副区长李伏荣，区委常委、统战部部长姜鹏飞出席会议。区人大常委会主任焦清春，区政协主席刘希宁，副区长张振宇、金芳、刘宏阳及有关乡镇、部门负责人列席会议。

【干部选拔任用"一报告两评议"暨领导班子教育实践活动整改落实情况测评会议】 2015年1月9日召开。会议听取《沙坡头区党工委2014年度干部选拔任用工作报告》，对沙坡头区党工委2014年度干部选拔任用工作和新提拔任用领导干部进行民主评议，对沙坡头区党工委管委会领导班子教育实践活动整改落实情况进行民主评议。党工委管委会领导班子全体成员、纪工委领导班子成员、各部门、各乡镇党委、政府主要负责人和部分市党代表、人大代表参加会议。

【机关干部能力提升培训班】 2015年1月20日至1月21日举办。会议就公文写作及处理、会议管理、文档管理、保密工作、机关人员行为礼仪规范、应急管理及应急值守等工作进行培训。各乡镇党委副书记、办公室主任、秘书、文书；各部门分管办公室领导、办公室主任、秘书、文书参加会议。

【党工委扩大会议暨"四述三评"会议】 2015年2月2日召开。会议总结沙坡头区2014年度工作，安排部署2015年工作；表彰奖励2014年度沙坡头区经济社会各项事业发展中涌现出的先进集体和先进个人；"四述三评"（述职、述廉、述责、述德，个人自评、干部测评、委员议评）对象作述职报告，进行现场质询和评议。沙坡头区党工委、管委会领导班子成员，各乡镇党委书记、镇长、人大主席、党委副书记、纪委书记，各部门科级领导，受表彰的先进集体代表、先进个人、部分基层代表参加会议。

【组织纪检暨“守纪律，讲规矩”主题教育活动动员会】 2015年3月10日召开。会议传达贯彻区、市纪检、组织工作会议精神，安排部署沙坡头区“守纪律、讲规矩”主题教育活动及2015年度党建、党风廉政建设工作。党工委全体领导，各乡镇党委书记、镇长、党委副书记、纪委书记，各部门主要负责人，受表彰的2014年度沙坡头区党风廉政建设先进集体和先进个人参加会议。

【计划生育工作会议】 2015年4月2日召开。总结沙坡头区2014年计划生育工作，安排部署2015年计划生育工作。党工委领导班子成员，各乡镇党委书记、分管领导、计生服务中心主任，各部门主要负责人，受表彰的先进集体及先进个人参加会议。

【安全生产工作会议】 2015年4月2日召开。总结沙坡头区2014年安全生产工作，安排部署2015年安全生产工作。党工委领导班子成员，各乡镇党委书记、分管领导，各部门主要负责人，沙坡头区消防大队，沙坡头区重点企业负责人，受表彰的先进集体及先进个人参加会议。

【农村环境卫生深度保洁动员大会】 2015年4月2日召开。安排部署2015年农村环境卫生深度保洁及村容村貌管理工作。党工委领导班子成员，各部门主要负责人，各乡镇党委书记、分管领导、分管站室负责人、保洁公司(站)负责人，2015年5个“美丽村庄”支部书记和24个环境综合整治重点村支部书记，城乡建设和环境保护局全体干部参加会议。

【农村环境卫生整治观摩评促会】 2015年4月24日召开。现场观摩评促灌区9个乡镇的环境卫生整治工作。党工委、管委会全体领导，办公室、党群工作部、农牧科技局、财政局、城乡建设和环境保护局、文体卫生和计划生育局主要负责人，各乡镇党委书记参加会议。

【农村环境卫生整治第二次观摩评促会】 2015年5月11日至5月12日召开。现场观摩评促11个乡镇的环境卫生整治工作。党工委、管委会全体领导，办公室、党群工作部、农牧科技局、财政局、城乡建设和环境保护局、文体卫生和计划生育局主要负责人，各乡镇党委书记参加会议。

【城市社区“两委”换届选举工作动员暨培训会】 2015年5月26日召开。会议安排部署2015年沙坡头区城市社区“两委”换届选举工作；培训社区“两委”换届选举相关知识。沙坡头区党工委、管委会相关领导，纪工委、党群工作部、民政和社会保障局、财政局、社会管理工作部、公安分局主要领导，文昌镇、滨河镇、常乐镇、迎水桥镇主要领导、分管领导、民生中心主任和组织干事，社区办主任、社区干部参加会议。

【“三严三实”专题教育暨“二次创业”大讨论活动启动会】 2015年6月3日召开。党工委书记、管委会主任党工委书记、管委会主任王学军讲“三严三实”专题党课，贯彻落实市委第15次常委(扩大)会议精神，启动中卫“二次创业”大讨论活动。党工委管委会领导班子全体成员、各部门、各乡镇党委、政府主要负责人和部分市党代表、人大代表参加会议。

【秋冬季农田水利基本建设暨农村环境大整治评促会】 2015年9月29日召开。会议现场观摩各乡镇农田建设和农村环境整治示范点，对农田建设进展情况进行打分排名和通报。党工委分管领导，各乡镇(兴仁镇、香山乡除外)党委书记、分管领导，党工委办公室、党群工作部、农牧科技局、城乡建设和环境保护局主要负责人和1名副职领导，财政局主要负责人参加会议。

【秋冬季农田水利基本建设暨农村环境卫生大整治第二次现场观摩评促会】 2015年10月9日召开。会议现场观摩各乡镇农田建设和农村环境整治示范点，对“从严从实抓落实，大干实干100天”活动进行动员部署。党工委在家领导，各乡镇党委书记，党工委办公室、农牧科技局、城乡建设和环境保护局主要负责人和1名副职领导；党群工作部、财政局主要负责人参加会议。

【“从严从实抓落实，大干实干100天”动员会】 2015年10月9日召开。会议现场观摩各乡镇农田建设和农村环境整治示范点，对“从严从实抓落实，大干实干100天”活动进行动员部署。党工委在家领导，各乡镇、各部门主要负责人参加会议。

【秋冬季农田水利基本建设暨农村环境卫生集中整治第三次现场观摩评促会】 2015年10月23日召开。会议现场观摩各乡镇农田建设和农村环境整治示范点，对农田建设及农村环境卫生整治进展情况进行打分排名。党工委在家领导，各乡镇党委书记，党工委办公室、农牧科技局、城乡建设和环境保护局主要负责人和1名副职领导，党群工作部、财政局主要负责人参加会议。

【农田水利基本建设暨农村环境卫生整治工作总结表彰大会】 2015年12月1日召开。会议总结表彰沙坡头区2015年度农田水利基本建设暨农村环境卫生整治工作。沙坡头区党工委领导班子全体成员，各乡镇主要领导和分管领导，各部门主要负责人，受表彰的先进集体代表和先进工作者参加会议。

【科级干部培训班】 2015年12月14日—12月16日举办。围绕十八届五中全会精神、《中国共产党廉洁自律准则》《中国共产党纪律处分条例》、基层党组织建设、干部作风建设等方面的内容，对各乡镇、各部门科级干部及各部门所属事业单位负责人进行培训。

【被征地农民参加养老保险工作会议】 2016年1月21日召开。会议安排部署沙坡头区被征地农民参加养老保险工作，培训相关政策和工作操作方法。沙坡头区党工委、管委会领导班子成员、民政局主要负责人、各乡镇党委书记、镇长，民生中心主任参加会议。

【述职述责述廉评议大会】 2016年1月21日召开。党工委主要领导报告2015年干部选拔任用、落实党风廉政建设主体责任等情况，“三述三评”对象作述职报告，进行现场质询和评议。沙坡头区党工委、管委会领导班子成员，各乡镇党委书记、镇长，党委副书记，纪委书记，各部门党组织负责人，部分两代表一委员、政风行风评议员，纪工委、党工委办公室、党群工作部部分干部参加会议。

【党风廉政建设和反腐败工作会议】 2016年2月19日召开。会议传达学习中央、自治区、市纪委全会精神，全面总结2015年党风廉政和反腐败工作，安排部署2016年工作。党工委在家领导，各乡镇党委书记、镇长、人大主席、党委副书记、纪委书记，各部门主要负责人、分管领导参加会议。

【2015年度总结表彰大会】 2016年2月19日召开。总结沙坡头区2015年度工作，安排部署2016年工作，表彰奖励2015年度沙坡头区经济社会各项事业发展中涌现出的先进集体和先进个人。党工委在家领导，各乡镇党委书记、镇长、人大主席、党委副书记、纪委书记；各部门副科级以上领导，受表彰的先进集体、先进个人参加会议。

【脱贫攻坚誓师大会】 2016年2月19日召开。会议传达中央扶贫开发工作会议和区、市脱贫攻坚誓师大会精神，安排部署沙坡头区脱贫攻坚工作。党工委在家领导，各乡镇党委书记、镇长、人大主席、分管脱贫工作领导，各部门主要负责人，28名驻村工作队“第一书记”，64个贫困村党支部书记，沙坡头区公安分局、检察院、法院，市公安局工业园区公安分局、市公安局交警支队有关负责人参加会议。

【农村环境卫生综合整治现场会】 2016年3月29日召开。实地查看姚滩村、沙渠村美丽村庄建设和瑞应村环境整治示范区建设，观摩冯庄、范庙、雍湖农村环境卫生综合整治示范区，安排部署农村环境卫生综合整治、美丽乡村建设等工作。党工委在家领导，各乡镇党委书记，党工委办公室、农牧科技局、城乡建设和环境保护局、财政局主要负责人，党群工作部常务负责人参加会议。

【计划生育工作会议】 2016年4月7日召开。会议总结2015年度计划生育工作，安排部署2016年计划生育工作，表彰奖励先进集体和先进个人。党工委领导班子成员，各乡镇党委书记、分管领导，计生服务中心主任，各部门主要负责人，受表彰的先进集体及先进个人参加会议。

【政策性农业保险会议】 2016年4月12日召开。会议总结沙坡头区2015年政策性农业保险工作，安排部署2016年政策性农业保险工作，与各乡镇签订2016年度政策性农业保险工作目标管理责任书。沙坡头区党工委、管委会领导班子成员，中卫市人社局有关领导，民政局主要负责人，各乡镇党委书记、镇长，民生中心主任及工作人员参加会议。

【“两学一做”学习教育座谈会】 2016年5月5日召开。会议安排部署沙坡头区“两学一做”学习教育工作。沙坡头区党工委委员，人大、政协筹备小组负责人，沙坡头区人民法院院长，人民检察院检察长，各乡镇党委书记、副书记、纪委书记，各部门负责人、牵头人，分管党建工作的负责人，各乡镇纪检专干、组织干事、宣传干事，各部门党务干部，纪工委、组织部、宣传部全体干部参加会议。

【乡镇领导班子换届工作会议】 2016年5月5日召开。会议安排部署乡镇领导班子换届工作，对换届工作进行业务培训。各乡镇人大主席、党委副书记、纪委书记，各部门分管党建工作的负责人，各乡镇人大专干、纪检专干、组织干事、宣传干事，各部门党务干部，纪工委、人大人选委、政协办、组织部、宣传部、统战部全体干部参加会议。

【中国共产党中卫市沙坡头区第一次代表大会】 2016年6月10—12日召开。会议审议通过《中共中卫市沙坡头区工作委员会工作报告》《中共中卫市沙坡头区纪律检查工作委员会工作报告》《沙坡头区国民经济和社会发展第十三个五年规划纲要的建议》和《沙坡头区党费收缴、使用、管理情况报告》，选举产生中国共产党中卫市沙坡头区第一届委员会和纪律检查委员会。沙坡头区党工委，人大、政府、政协筹备领导小组代表，各乡镇代表、人武部代表、区直机关工委代表出席会议。不是代表的党的纪律检查委员会委员候选人预备人选，不是代表的沙坡头区人大、政协各专委领导干部和各乡镇人大主席，不是代表的中卫市党代表、优秀共产党员代表，党组织关系不在沙坡头区的区属单位负责人和部分特邀人员列席会议。

【“两学一做”学习教育专题研讨会】 2016年6月20日召开。会议传达学习《毛泽东选集》第四卷《党委会的工作方法》《关于党内政治生活的若干准则》，处级领导围绕专题一：查理想信念真不真，树坚定正确政治方向，进行交流发言。区四套班子全体领导，区纪委、区委办、区委组织部主要负责人参加会议。

【庆祝中国共产党建党95周年暨七一表彰大会】 2016年6月27日召开。会议重温入党誓词，表彰先进，先进基层党组织和先进个人代表交流发言。沙坡头区四套班子全体领导，各乡镇党委书记、副书记、纪委书记、组织干事，各部门主要负责人，先进基层党组织负责人，非公企业“双强六好”党组织负责人，优秀共产党员和优秀党务工作者参加会议。

【信访维稳暨平安建设工作会议】 2016年6月27日召开。会议全面总结2015年及2016年上半年信访维稳暨平安建设工作，安排部署2016年下半年工作。区政府筹备领导小组主要领导，区委分管领导，区人大、政府、政协筹备领导小组分管领导，区纪委书记，法院、检察院、公安分局主要负责人，区直各部门（单位）主要负责人，政法委、司法局全体干部，各乡镇党委、政府主要领导和分管领导，各乡镇司法所所长、派出所所长、综治办主任参加会议。

**【美丽乡村建设暨农村环境卫生综合整治观摩评

促会】 2016年7月17日召开。会议实地查看2个美丽小城镇项目进展情况，观摩5镇25村环境卫生综合整治情况及其他6个镇（乡）环境卫生整治情况，实地查看今年春季绿化树木存活及绿化效果，安排部署下半年美丽乡村建设及农村环境卫生综合整治等工作。区委分管领导，区人大、政府、政协筹备领导小组分管领导，宣传部、发展和改革局、农业和科技委员会、建设交通局、财政局、文化体育和计划生育局、综合行政执法局、扶贫办负责人，各乡镇党委书记、分管领导，2016年实施的7个美丽村庄村党支部书记，示范区内25个村的村党支部书记参加会议。

【沙坡头区党代表会议】 2016年11月16日召开。会议选举产生沙坡头区出席中国共产党中卫市第四次代表会议代表。沙坡头区党工委，人大、政府、政协筹备领导小组代表，各乡镇代表、人武部代表、区直机关工委代表出席会议。不是代表的党的纪律检查委员会委员候选人预备人选，不是代表的沙坡头区人大、政协各专委领导干部和各乡镇人大主席，不是代表的中卫市党代表、优秀共产党员代表，党组织关系不在沙坡头区的区属单位负责人和部分特邀人员列席会议。

·组织工作·

【“三严三实”专题教育】 2015年，制订沙坡头区“三严三实”专题教育方案及三个专题集中学习研讨安排，领导班子查找问题12条，制定整改措施21项，领导班子成员共查找问题21条，制定整改措施17项。组织各乡镇、各部门近140余名领导干部参加“三严三实”专题讲座。组织党工委全体领导及乡镇、部门主要负责人共计40余人参观自治区警示教育基地，借反面典型加深对“不严不实”行为及其危害的认识。开展基层调研50余次，对4个乡镇、2个部门和1名乡镇党委书记进行通报，约谈4名乡镇党委主要领导。把“三严三实”专题教育与信访矛盾纠纷排查化解活动相结合，排查基层矛盾纠纷361件，化解214件；把“三严三实”专题教育与特色产业发展相结合，2015年上半年实现农业增加值4.6亿元，同比增长5.4%；把“三严三实”专题教育与扶贫攻坚工作相结合，争取投资6000多万元实施敬农移民区渠灌改造，兴仁移民区土地综合治理、米粮川移民区盐碱地综合改良等工程；把“三严三实”专题教育与农田水利基本建设和农村环境卫生整治工作相结合，获得2015年全区农田水利基本建设竞赛“黄河杯”特等奖，拆除残垣断壁41646米，清运垃圾3951吨。

【“两学一做”学习教育】 2016年，制订“两学一做”学习教育实施方案，确定“五查五树”专题研讨内容，印发沙坡头区“两学一做”学习安排具体方案。制作印发《沙坡头区“两学一做”学习教育资料汇编》300余本。开展集中学习2197场次，12万余人次参加；召开专题研讨会910场次，2.9万余人次参加；组织各级党组织书记、班子成员和普通党员讲党课1628场次，5万余人次参加。查找党员思想、作风、纪律等方面存在的问题4210条，制定整改措施6301项；查找党员领导干部存在问题475条，制定整改措施475项。坚持把“两学一做”学习教育与推动沙坡头区重点项目建设、重点工作推进、信访积案化解、脱贫攻坚等具体工作相结合。

【基层组织建设】 2015年，召开会议专题研究党建工作5次，研究党建工作14项，提出要求和建议5条。建立党工委领导班子成员党建工作联系点制度，7名党工委领导班子成员联系指导农村、社区、非公3个领域14个基层党组织，加强党建工作指导力度。建立每月党建工作例会和定期督查通报制度，制定《乡镇党委（直属机关工委）书记、副书记抓党建工作考核评价办法》，成立农村、社区和社会组织、机关、非公4个党建工作推进组，分领域抓任务落实，增强指导党建工作的针对性。在农村党组织中以村居一体化、农村基层阵地建设、市级文明村、民主法治示范村、美丽村庄建设等为主体，打造产业带动型、阵地服务型、文化引领型、和谐稳定型、民生改善型等党建示范点20

个。在社区党组织中深入开展以育民、乐民、便民、富民为主要内容的“四民”工程，打造社区党建示范点 4 个。在机关部门开展以建立一个为民服务平台、建立一支便民服务队伍、打造一批特色活动载体为主要内容的“三个一”活动，打造机关党建示范点 2 个。在非公企业中围绕抓党建促发展，打造企业示范点 4 个。采取“符合要求的独立建、以大带小挂靠建、小小联合建”等方式，在农民专业合作组织、专业协会组织建立党支部 4 个，下派党建工作指导员 11 名，将 38 家农民专业合作组织和专业协会组织挂靠到村党组织，实现资源共享。实现社区与辖区单位共驻共建，组建社区“大党委”15 个。开展“互帮互促”和城乡党支部“手拉手”结对帮扶活动，结成农村党支部互帮互促对子 84 个，班子成员互帮互促对子 171 个，选派 12 名支部委员到结对村兼任支部副书记，城乡党支部手拉手对子 77 个，切实为结对村办实事好事，有效扩大组织覆盖和工作覆盖。开展“下基层”活动，组织开展宣讲 86 场次，举办培训班 73 场，培训人员 1.2 万余人次，实地指导 700 余次，发放宣传手册、书籍等 3.4 万余册，走访农户 14482 户，召开民情沟通会 139 场次，开展问卷调查 17 次，协调解决问题 291 件，涉及项目 48 个、资金 4581 万元，结对帮扶贫困户 741 户，发放慰问金 46.16 万元，排查矛盾纠纷 406 件，化解矛盾纠纷 352 件。完成社区“两委”换届选举工作，选优配齐 15 个社区党组织班子。任命 29 名驻村工作队长为“第一书记”。举办各类技术、政策培训班 8 次，培训人员 875 人，入户宣讲 136 次，发放宣传资料 2000 余份，为 785 户群众协调发放贷款 1372 万元，组织劳务输出 700 余人。发展党员 223 名。为 57 名党员发放“双带”资金 60 万元，帮助更多的党员创业致富。着力加强基层民主政治建设。全面实行党务村务（财务）公开、“五牙子章”民主理财、“民主议政日”等制度，群众、党员、村“两委”成员、村监会成员开展民主议事、民主理财、民主管理活动，完善决策程序，落实公开责任，提高公开质量，保障党员的主体地位和民主权利，增加工作的透明度。制定印发《关于印发〈村级组织议事决策会议制度〉的通知》，建立健全“村级组织决策议事、村民诉求“月月清”等农村党组织联系服务群众五项制度，安排 300 余名乡镇干部包 165 个村，值班接待群众 17281 人次，登记群众诉求 4239 件，办结 3957 件，村干部走访群众 21026 户。根据收集到的意见建议，提出“民主议政日”初步议题 570 个，确定正式议题 504 个，开展民主议政活动 504 次，涉及农村生产生活的 449 件，涉及资金 1000 余万元，办结答复并公示的 504 件，惠及群众 13 万余名，切实急民之所急、解民之所需。2016 年，与 11 个乡镇党委签订党建工作目标管理责任书，安排 22 名处级领导干部联系指导 11 个乡镇、22 个村级组织党建工作。开展星级服务型党组织创建活动，按照“基层党组织自评、党员群众测评、上级党组织评定”等程序，命名“四星级基层服务型党组织”1 个、“三星级基层服务型党组织”29 个、“二星级基层服务型党组织”128 个、“一星级基层服务型党组织”86 个。建立农民专业合作社和专业协会党组织 29 个，实现党的组织全覆盖。围绕硒砂瓜、经果林等产业带，培树镇罗镇凯歌村、文昌镇黄湾村等 10 个“产业党建”示范点，有效发挥先进典型的示范作用。注重加强党支部带头人队伍建设，及时调整不胜任现职的村党组织书记 7 名，通过选派驻村第一书记、配齐配强班子、加强阵地建设等措施，集中整顿软弱涣散党组织 10 个。全面开展“双培养一加强”活动，选拔推荐村级后备干部 72 名，为村“两委”换届选举工作打好基础。持续推进“下基层”活动常态化，1454 名干部与 3954 户建档立卡贫困户结成帮扶对子，通过慰问、捐资、争取项目等形式全力帮助贫困村脱贫摘帽。创新推行“四化一满意”服务群众工作机制，搭建“四化一满意”服务群众工作平台，全面推行民生事项网上申报受理，变“群众跑腿”为“数据跑路”。组织开展党员组织关系集中排查和党费收缴工作专项检查，查找到失联党员255名、查找率98.8%，口袋党员4名、落实率100%，113名党员补交党费7160元。建立健全党员积分制管理制度、党员组织生活和活动全程公示制，认真落实不合格党员组织处置暂行办法，认定不合格党员48名，处置不合格党员48名。深入开展党代会代表和党员违纪违法未给予相应处理情况排查清理工作，排查清理违法违纪“两代表一委员”和普通党员51名。深入开展在职党员到社区报到服务群众、无职党员设岗定责等活动，增强党员的党性修养和先进性意识。注重把农村致富能人、青年业务骨干、优秀个体业务等各领域精英培养成党员，共发展党员172名。结合纪念建党95周年，组织开展党史学习、红歌演唱、重温入党誓词、先进表彰等系列活动，并对413名老党员和困难党员进行慰问，共发放慰问金33.18万元。

【干部管理】 2015年，共提拔科级干部33名，交流31名；委托审计部门先后对4名领导干部进行经济责任审计；清理整改7名科级领导干部违规兼职；对群众反映的3件信访件进行查核；4名干部违法计划生育政策取消上会资格；消化超职数配备干部5名。2016年，提拔科级干部29名，交流180名，“三类人员”（乡镇事业编制人员、优秀村干部、大学生村官）进乡镇领导班子13名，不存在超职数超职级选拔干部情况；委托审计部门对2名领导干部进行经济责任审计；对群众反映的5件信访件进行查核；加大超职数配备干部整改消化力度，消化超职数配备干部4名。落实领导干部能上能下，实施末位淘汰制，转任非领导职务3名、暂缓任职5名。与纪检、法院、检察院、审计、计生等部门配合，建立违反换届纪律问题快速查核联动机制，成立换届风气监督巡回督查组12个，发放严肃换届纪律提醒卡等各类提醒材料1万余份。

【干部教育】 2015年，制定《2015年沙坡头区干部教育培训工作要点》和《2015年沙坡头区领导干部主体培训班次计划安排》。举办“三严三实”专题教育、科级干部等各类培训班14期，培训1000余人次。外派培训干部21人次。选派参加市直部门各类培训班225人次，组织254名处科级领导干部参加宁夏干部教育网络学习培训。推荐国家劳动模范先进工作者村书记1人，自治区级2人，市级2人、公务员1人。加强实践教育培训，选派3名基层领导干部到机关挂职锻炼，选派57名乡镇干部驻村开展扶贫开发、调处矛盾纠纷。深入开展下基层活动，着力提高干部处理复杂问题和做好群众工作的能力，调整下基层干部300余名。建立三级培训阵地，通过沙坡头区党员教育管理中心、乡镇党员教育管理中心、农村远程教育中心构建沙坡头区三级培训阵地，努力形成覆盖区、乡、村三级党员干部网络式的培训格局。2016年，组织举办纪检干部、基层党组织负责人、女干部、少数民族干部等各类培训班7期，培训1800余人次。组织沙坡头区332名领导干部参加宁夏干部教育网络培训。贯彻落实《宁夏领导干部上讲台实施办法》，主要领导讲授党课、形势课共14次。组织镇村干部、合作社负责人等优秀共产党员进行先进事迹宣讲12场次，培训1200余人。召开各类现场观摩会12场次，发放各类技术资料3.3万余份。坚持请进来和走出去，邀请银川文联主席郭文斌到沙坡头区开展朔方人文科学大讲堂暨沙坡头大讲堂第五场讲座，组织召开2016年产业发展和重点工作现场交流会暨赴中宁、海原学习观摩会。邀请沙坡头区道德模范讲家风故事40余场次。加强实践教育培训，选派3名基层领导干部到机关挂职锻炼，抽调各级帮扶人员1373人，下派驻村第一书记28名，在工作一线教育培训干部。

【机构编制】 2015年，沙坡头区党群工作部挂机构编制委员会办公室、工会、共青团、妇联牌子，主要负责沙坡头区党政群机关和所属事业单位职能配置、人员编制和领导职数的审核、调整，并对沙坡头区事业单位的设立、合并和撤销提出意见和建议；沙坡头区级机关事业单位职能配置、机构设置、人员编制和领导职数等事宜的综合、协调、监督、管理工作，研究提出各类沙坡头区党委、政府研究的各类机构编制事项的初步意见，草拟机构改革和行政管理体制改革方案。2016年，中共中卫市沙坡头区委组织部配合市编办做好机构编制衔接延伸性工作，主要负责沙坡头区级机关事业单位职能配置、机构设置、人员编制和领导职数等事宜的综合、协调、监督、管理工作，研究提出各类沙坡头区党委、政府研究的各类机构编制事项的初步意见，草拟机构改革和行政管理体制改革方案。

【机构设置及管理体制】 2015年，中共中卫市沙坡头区工作委员会和中卫市沙坡头区管理委员会为市委、政府正处级派出机构，党工委和管委会实行一个机构两块牌子的管理体制，综合设置正科级工作机构10个：纪律检查工作委员会（与监察审计局合署办公）、党工委管委会办公室、党群工作部（挂编办、工会、共青团、妇联牌子）、社会管理工作部（挂信访督办局牌子）、农牧科技局、经济发展局（挂安全生产监督管理局牌子）、财政局、民政和社会保障局、文体卫生和计划生育局、城乡建设和环境保护局；设置部门所属事业单位16个（其中副科级事业单位5个）；管辖乡镇12个。2016年8月，沙坡头区挂牌成立，设置为市辖区行政建制，实行大部门工作机制。截至2016年底，共设置行政机构24个，其中：区委工作部门6个，人大机关工作机构3个，政府工作部门10个，政协机关工作机构3个，派出机构1个，群团机关工作机构1个；共设置事业单位28个，其中：直属事业单位3个，部门所属事业单位25个（其中副科级事业单位15个）；管辖乡镇11个。

【权力清单制度】 2015年，制订印发《沙坡头区建立“三个清单一张网”工作方案》，成立沙坡头区建立“三个清单一张网”工作领导小组，研究制定《沙坡头区建立权力清单、责任清单、市场准入负面清单实施意见》，组织专人对10个部门、16个部门所属事业单位现行行政审批事项和非行政审批事项进行摸底调查，梳理汇总形成行政审批事项清单49项。2016年，对沙坡头区级政府部门和具有行政职权事业单位及其他组织的行政职权事项进行全面梳理和依法清理，通过“初审、复审、征求意见、部门联合三审、比对复核、合法性审查”6个环节，全面完成沙坡头区政府部门权力清单制度建立工作。6月，将沙坡头区直部门（单位）834项行政职权事项的权力清单在沙坡头区党建网予以公布，接受社会监督。

【机构编制管理】 2015年，调整原市种子管理站、原市草原站、原市农业机械化推广服务中心承担的15项职责由沙坡头区农牧科技局下属事业单位承担，连人带编划转25名工作人员。撤销各乡镇计划生育服务中心，在乡镇卫生院加挂妇幼保健计划生育服务站牌子，实行卫生计生行政部门和乡镇政府双重管理体制，将原乡镇计划生育服务中心承担的计划生育宣传教育、技术服务等职责移交乡镇卫生院，保留乡镇计划生育审核等行政工作职能，各乡镇人口和计划生育办公室调整为乡镇内设机构，更名为乡镇卫生和计划生育办公室。审核2015年各单位招录招聘计划用编，申请公开招考公务员57名、选调生6名、事业单位工作人员97名。2016年，调整区委办公室等6个部门行政编制和文昌镇等11个乡镇事业编制，将调整编制增加到急需编制部门和乡镇，充实重点领域人员力量。向上级争取乡镇领导职数，新增乡镇科级领导职数17名，除香山乡领导职数为2正7副外，其他10个镇领导职数均为3正7副。制订印发《关于加强乡镇建设的实施方案（试行）》，对乡镇内设机构和事业站所重新进行设置。4.增设“沙坡头区工业和信息化服务中心”，挂“沙坡头区乡镇产业基地服务中心”牌子，为沙坡头区发改局所属副科级事业单位，主要承担沙坡头区工业和信息化服务及4个乡镇产业基地开发、建设、管理等职责。

【行政管理体制改革】 2016年3月，中共市委办公室、市人民政府办公室印发《关于印发中卫市沙坡头区机构设置和人员编制方案》，沙坡头区由中卫市委、市政府派出机构转为市辖区行政建制，综合设置区委工作部门6个，人大机关工作机构3个，政府工作部门10个，政协机关工作机构3个，派出机构1个，群团机关工作机构1个；设置事业单位28个，管理乡镇11个。2016年8月，沙坡头区正式挂牌成立。8月底，制定印发《中卫市沙坡头区机构编制和人事调配管理暂行办法》和沙坡头区党政群机关及直属事业单位“三定方案”。12月，印发沙坡头区部门所属事业单位“九定方案”，沙坡头区级“三定”“九定”工作全面完成。

【人才工作】 2015年，落实目标责任制，督查考核人才工作，落实各项任务。2016年，组织80余名高校毕业生和选调生到沙坡头区开展社会实践、就业，挂职锻炼；组织实施“专业技术人才素质提升”“中小微企业人才培训”“基层之光”等人才培养工程，加强重大项目、重点产业高层次人才和本土特色产业人才的培养开发；组织各类人才到浙江、陕西及区内外高校培训，全年共培训各类人才3200余名。完善人才信息。开展各类人才信息统计工作，完善沙坡头区在外人才信息库、非公企业人才信息库。

·宣传工作·

【概况】 沙坡头区委宣传部成立于2016年8月，是区委主管宣传思想文化工作的工作机构。2016年，围绕沙坡头区第一次党代会，第一届、第二届人代会，政协会和“四套班子”挂牌成立等重要时政活动，对沙坡头区“十二五”期间取得的成就、今后五年的奋斗目标和主要任务及2016年重点亮点工作，进行全方位宣传报道。建立沙坡头区书记信箱（热线），“沙坡头区发布”微博微信公众平台、人民日报客户端、沙坡头区党建网等。与中卫市新闻传媒中心合作，联合开办《沙坡头区新闻》《沙坡头区新闻周刊》新闻栏目和《中卫日报·沙坡头区周刊》。设立沙坡头区记者站，与宁夏电视台和《宁夏日报》《华兴时报》及新华社等驻卫记者站联系，建立新闻线索报送机制，组建75名通讯员队伍，累计报送信息线索1800余条，中央及区市各级媒体刊发（播）、转载沙坡头区新闻信息（节目）1600余篇。编发《沙坡头区发布》公众微信75期500余条。

【舆论引导】 2016年，制定印发中心组学习、干部理论学习、国防教育等安排部署文件，围绕中央、区、市重大主题，着力开展中心组学习、专题讲座、读书活动、领导党课、主题征文等学习教育活动，推进学习型党组织建设。组织开展区委中心组学习13次，乡镇中心组学习132次，区委领导讲党课10次，乡镇书记学习辅导11次，撰写理论文章、各类征文等共30余篇。以弘扬爱国主义为核心，抓住中国共产党成立95周年和中国工农红军长征胜利80周年等重要节点，开展“弘扬长征精神·共铸强大国防”纪念红军长征胜利80周年主题演讲活动1场，红军长征故事宣讲会2场，组织乡镇、部门干部参加纪念长征胜利80周年主题征文活动。

【社会主义核心价值观建设】 2016年，组织开展“我推荐、我评议身边好人”“学雷锋、树榜样”“感动中卫”“首届沙坡头区道德模范推荐评选”等活动，共评选表彰沙坡头区级道德模范25名，涌现出市级道德模范21名，自治区级道德模范19名，国家级道德模范2名。累计挖掘推荐身边好人55名，推荐上报“百孝之星”7名，将好家风好家训征集宣传与“百孝之星”“最美人物”推荐、“最美家庭”等活动结合，组织开展自治区“百孝之星”“展示家庭美德·树立良好家风”等活动。组织开展“党在我心中”庆祝建党95周年暨红军长征胜利80周年演讲比赛、知识竞赛及“红歌大家唱”庆祝中国共产党建党95周年万人红歌演唱比赛、纪念红军长征胜利80周年征文等活动，隆重纪念中国共产党成立95周年和红军长征胜利80周年，大力唱响共产党好、社会主义好、伟大祖国好的时代主旋律。

【文明创建】 2016年，组织开展文明单位、文明村镇创建评选工作，上报自治区文明村2个、到届复验1个。在文明村镇创建中，将落实民风建设“五大工程”和“七个一”活动各项任务要求贯穿于创建评选工作全过程，以创建活动推动形成“遵纪守法、明礼诚信、奋进思变、淳朴向善、理性包容”的良好民风。

【文化建设】 2016年，采取多项措施促使“文化惠民工程”活动常态化，不断丰富群众文化生活。争取公共文化体系建设专项资金总计145万元，为11个乡镇综合文化站添置价值120万元文体器材；争取自治区文体扶贫项目资金38万元，特色打造村综合文化服务中心2个，农民文化大院2个，为21名老放映员发放三个季度补贴资金4.67万元。组织开展辖区“迎新春全民健身季”系列活动，活动期间开展各类社区运动会、农民运动会、职工运动会30余场。组织开展社火展演、舞龙大赛、健身操大赛、徒步行活动20余场，累计参加人数达3万余人，获得自治区“迎新春全民健身季”二等奖。完成文化惠民下基层演出350场次，“2131”农村数字电影放映2100余场。致力精准扶贫、精准脱贫工程，举办“聚力脱贫攻坚，实现共同富裕”文艺巡演。

【网络管理】 2016年，建立舆情分析研判、舆情处置部门联动、重大政策及项目的舆情风险评估等机制，规范舆情信息的研判管控和处置工作。加强重要节点、敏感时期的舆论监管，搜集、研判、处置可能引发群体性事件和社会动荡的言论。坚持正面宣传为主的方针，搜集上报舆情15条，调查核实15条，引导网络舆论。

【队伍建设】 2016年，开展“两学一做”学习教育，纠正办事不讲原则、工作不讲纪律、行动不讲规矩的现象。举办宣传干部业务知识培训班，增强干部的责任感、使命感。制定《区委宣传部制度汇编》《区委宣传部干部职工日常管理办法》等制度。落实部门精准扶贫任务。

·统战工作·

【概况】 沙坡头区委统战部成立于2016年8月，是区委主管统一战线工作的工作机构。全区有6个民主党派组织，设民革、民进、民盟3个沙坡头区委员会。全区有回族、满族、蒙古族、东乡族等21个少数民族，其中回族人口3.5万人，占总人口的8.3%。有伊斯兰教、佛教、道教、天主教、基督教五大宗教。依法登记的宗教活动场所139处，其中伊斯兰教47处，佛教83处，道教3处，基督教5处，天主教1处；有宗教教职人员319人，其中伊斯兰教阿訇86人，佛教僧尼83人，道教138人，天主教神职人员3人，基督教教牧人员9人。（李彦刚）

【民族工作】 2015年，开展“双创”工作，提高各级干部对民族宗教政策的知晓度。申报少数民族发展资金项目12个（其中联合市委统战部民族宗教局上报3个），获批资金100万元，永康镇永新村单独获批150万元。印发《民族团结宣传教育读本》等各类书籍4000余册，举办（参加）培训班、专题讲座4期，发放宗教人士慰问金4.45万元。成立沙坡头区外来少数民族群众权益保障服务工作领导小组，维护少数民族在医疗、就业、教育等方面的合法权益。各乡镇、村居不定期走访外来少数民族群众居所，掌握少数民族流动人员基本情况，建立工作台账。每月开展民族领域矛盾纠纷排查活动，化解矛盾纠纷8起。2016年，开展民族团结进步教育“七进”（进乡镇、进村社、进学校、进单位、进企业、进军营、进宗教场所）活动，向各乡镇、各宗教场所赠送《民族宗教知识》“两学一做”学习教育口袋书3000本。组织创建单位负责人、乡镇分管领导和宗教干事到吴忠市现场观摩；组织并开展以“民族团结月”为主题的文艺演出活动，吸引近2000名群众到现场观看活动演出。2016年，迎水桥镇鸣沙村、文昌镇蔡桥路社区被命名为自治区级民族团结进步示范单位，文昌镇民族巷社区被命名为国家级民族团结示范单位；常乐镇老君台全真观等5处宗教场所被命名为自治区级“和谐寺观教堂”。争取少数民族发展资金245万，实施水车村道路硬化及排水工程，兴仁集贸市场建设，永康达茂村、香山米粮川村、宣和华和村基础设施改造5个项目。

【宗教工作】 2015年，执行《沙坡头区领导干部联系宗教界代表人士和重点宗教活动场所制度》《沙坡头区征集党外人士意见建议制度》《沙坡头区宗教活动场所审批联席会议制度》等4项制度。133名党政领导干部共联系144处宗教场所和150位宗教界人士，维护宗教领域和谐稳定。开展“和谐寺观教堂”创建工作，年内创建“美丽宗教场所”40处。批复举办各类宗教活动51起，整改安全隐患898条，整改率98.89%，关闭停止使用危房场所39处，拆除翻建场所14处。2016年，推进宗教活动场所“四进”活动，即“国旗、党报党刊、法律法规、社会主义核心价值观”进宗教场所，投入11万元在东关清真寺等12座宗教场所通过宣传栏、室内外展板、户外喷绘等方式将“四进”活动落到实处。执行《宁夏回族自治区宗教活动安全管理暂行办法》《宁夏回族自治区宗教事务若干规定》，在自治区第十二次党代会期间、“开斋节”“古尔邦节”等节点进行全区宗教场所安全隐患大排查，整改完成市上下达的13处整改任务。落实《大型宗教活动安全管理暂行办法》，执行大型宗教活动申报审批制度，控制活动时间和参与人数，活动期间，区民族宗教事务管理部门跟踪服务，现场指导。召开3次大型宗教活动联席会议，批复举办各类宗教活动49起，上报翻建宗教场所5处，停建2处。考核测评符合生活补助发放标准的教职人员，对审定的71人，共计发放生活补助27.03万元。开展宗教专项整治工作，开展民族宗教领域矛盾纠纷排查化解专项行动，排查出各类矛盾纠纷7起，化解7起。严密防范境内外利用宗教进行渗透。

·政策研究·

【概况】 沙坡头区委自2016年8月19日挂牌成立以来，受人员编制、机构设置等因素影响，未设立政策研究室、农办、改革办等工作机构。区委办公室主动承担政研、改革、农办的工作，坚持以文辅政、综合协调、统筹服务，努力推动政研、改革、农办工作创新创优发展，完成各项工作目标和任务。

【调查研究】 2016年，配合区委领导开展脱贫攻坚、农村环境卫生整治、基层组织建设、重点项目建设等专题调研20余次，撰写专项调研报告12篇。

【以文辅政】 2016年，起草印发《2016年度年度效能目标管理考核方案》《沙坡头区2016年农业农村工作要点》等各类安排部署性文件20余份。撰写《沙坡头区第一次党代会工作报告》和《沙坡头区委一届二次全体会议工作报告》等重要材料，从宏观层面为区委重大决策提供参考。共编发《沙坡头区信息》40期240余篇，《沙坡头区南关村经济产权制度改革主要做法和经验启示》《周边省市发展硒砂瓜对香山硒砂瓜的影响和对策建议》《沙坡头区部分企业不吸纳本地劳动力就业情况调查》等被评为区、市好信息。

【协调服务】 2016年，组织召开农村“两大工程”观摩评促10余次，接待区内外兄弟县区考察观摩10余批次，安排区“四套班子”领导外出考察学习10余批次，对接自治区、市相关部门检查验收20余次。

【推进改革】 2016年，制订出台《沙坡头区公务用车制度改革实施方案》等4个管理办法和1个测算说明，于9月份全面完成公务用车改革，沙坡头区保留公务车辆42辆。加强对改革任务推进落实情况的督查检查，督促全面完成南关村集体经济组织产权制度改革，实现“资产变股权、村民变股民”的历史性变革，成为全市“股改第一村”。总结经验，推进黄湾、官桥村集体经济组织产权制度改革。全面完成凯歌村农村土地股份合作社改革试点，为村民增加股权收益创造有利条件。农村小型水利工程管理体制改革管护主体和责任得到落实。

【发挥“农办”职能】 2016年,围绕沙坡头区“三农”工作中存在的突出问题,开展调查研究,及时向区党委提出对策建议。牵头拟定《沙坡头区2016年农业农村工作要点》等文件。对自治区、市农村改革发展的各项工作跟踪督促检查、指导落实,切实推动我区农业农村工作健康发展。

【机关建设】 2016年,以“两学一做”学习教育为抓手,科学制订学习计划和活动计划,组织全体党员学习党章、中共十八届六中全会精神及习近平总书记系列重要讲话精神。开展下基层活动,先后4次深入永康镇永乐村,为村委会送去办公设备和体育器材。突出问题导向,狠抓办公室党风廉政建设,认真学习贯彻《中国共产党廉洁自律准则》《中国共产党纪律处分条例》和自治区、市廉洁从政各项规定,开展中央八项规定精神“回头看”活动,增强干部廉洁从政意识。

·区直机关工委工作·

【概况】 中共中卫市沙坡头区直属机关工作委员会成立于2012年,现有工委委员7名,其中书记1名,工作人员1名。现辖党总支1个、党支部18个,共有党员239名。2015年,落实“从严治党”责任,实施“三大工程”建设,促进机关党建工作水平全面提升。2016年,围绕“四个全面”战略布局(全面建成小康社会、全面深化改革、全面依法治国、全面从严治党),聚力抓好管党治党主责主业,全面推进党的思想、组织、作风、制度建设“四项工作”,着力突出品牌创建、脱贫攻坚“两个重点”,全面提升沙坡头区机关党建工作的科学化水平。

【思想建设】 2015年,分层次对机关基层党组织负责人、党务干部和党员进行有针对性的培训。组织开展普通党员讲党课、理论大讲堂等活动和“品读经典,提升能力”“书香伴我行”“周末读书”等形式多样的“读、品、鉴”活动;举办区直机关“守纪律、讲规矩”专题辅导讲座、国防形势政策教育专题讲座、基层党组织负责人培训班。组织广大党员干部到中卫市检察院廉政警示教育基地参观学习,引导广大党员干部守纪律、讲规矩、明底线、知敬畏,带头发挥示范作用。在清明节和七一期间,开展“缅怀革命先烈,重温入党誓词”活动,激励党员以自身的实际行动积极践行入党誓词。机关工委及下属各级党组织开展各种学习教育活动480场次,专题辅导100场次,座谈讨论50场次,党员干部撰写心得体会文章人均3篇以上,人均记写学习笔记2万字以上。2016年,推行机关“党群活动中心”“党员之家”“机关书屋”建设。组织开展“我是党课主讲人”“优秀共产党员先进事迹”巡讲及读书讲座、学习交流、演讲研讨等活动;组织100名机关党员参加“红歌大家唱”庆祝建党95周年“万人红歌演唱比赛”。开展“两学一做”学习教育。举办区直机关工委专题学习4场次40人次,召开专题研讨会5场次45人次,带头讲党课1次。举办党务干部培训班,对40余名党务干部进行培训。机关工委及下属各基层党组织开展各种学习教育活动960次,专题辅导120场次,座谈讨论152场次,党员干部撰写心得体会文章人均3篇以上,人均记写学习笔记2万字以上。

【组织建设】 2015年,申报3个基层党组织为“党建工作示范点”创建单位,开展“创示范、树典型”行动,打造“学习型、创新型、服务型”党建工作品牌。接受预备党员5名,预备党员转正10名,工委班子成员参加各级党组织组织生活会10次。制定印发《关于开展区直机关星级基层服务型党组织创建活动的通知》《区直机关创建星级服务型党组织考核参考标准》,明确10大项40小项星级创建内容,评定出三星级党支部3个,二星级党支部5个。2016年,调整健全沙坡头区直属机关工委领导班子,配备委员6名,理顺机关工委运行机制,对22个机关党组织领导班子进行调整,择优配备22名专职党务干部,增强党组织战斗堡垒作用。组织各基层党组织认真学习贯彻全市“3+7”党建重点任务推进会议精神,成功对届满的10个机关党组织进行换届,指导新成立的9个机关选举成立党组织班子。培养入党积极分子10名、发展对象2名；接收预备党员8名、发展党员10名。开展以“帮助理清工作思路，帮助实现致富脱贫，帮助解决矛盾问题，促进村党组织转化升级”为内容的“三帮一促”活动，推动脱贫攻坚任务落实。开展“我为沙坡头区发展献一策”活动；开展星级服务型党组织创建活动，评定1星级党组织11个，2星级党组织18个，0星级1个。

【作风建设】 2015年，开展城乡党支部“手拉手”结对帮扶、领导干部定点联系基层服务群众、机关干部“下基层”等活动，推行在职党员到社区报道制度，鼓励有特长的机关党员积极深入社区参与政策法规宣传、家庭及邻里矛盾纠纷调处、上访户思想疏通、文明创建等志愿服务活动。区直机关工委所属各级党组织在职党员到社区报到239人，走访农户9850户，结对帮扶贫困户726户，编印培训手册、政策指南等书籍10000多册，协调解决问题254件，解决基层帮扶项目78个。2016年，建立完善领导干部基层党建工作联系点和党建工作督查通报制度，领导干部每年到联系点指导党建工作4次，每季度组织召开一次党建工作领导小组会议，每季度对党建进行督查通报。开展“群众评议机关和干部作风”活动，强化明察暗访，发挥群众监督作用，督促机关和干部自觉转变作风。创新和丰富党员“评星定格”内容，推行“四有四化”工作方式，组织开展机关“四亮四评”活动，建立“党员示范窗口”“党员示范岗”，将党建与业务工作有效融合，促进服务质量和工作效率的提升。依托中卫交通音乐广播电台栏目，开展“机关作风上线”活动，着力解决机关作风方面存在的突出问题。开展机关干部联系帮扶贫困乡镇村户工作，建立《党支部定点帮扶制度》。22个机关417名党员共帮助协调解决各类问题862件，帮扶解决项目36个，帮扶解决资金1509万元。扎实开展在职党员到社区报到服务群众工作，组织22个机关单位400余名在职党员主动到社区报到，积极参与社区“联合党委”建设，认领服务岗位，通过“居民点单、支部下单、党员接单”的“三单制”服务模式，开展各类帮扶活动30余场次，为社区和居民办好事50余件。

【党风廉政建设】 2015年，围绕“遵守党的政治纪律和政治规矩”主题，对机关工作纪律进行3次明察暗访，对违反工作纪律的行为进行通报批评。深化党务公开，对工委2015年预备党员转正和新接受预备党员情况进行公示公开，主动接受广大党员群众的监督。2016年，贯彻落实中央、区、市党委和沙坡头区委全面从严治党的要求，贯彻落实中央八项规定、自治区若干意见、中卫市和沙坡头区实施办法，巩固群众路线教育实践活动和“三严三实”专题教育成果。建立健全党员日常谈话提醒制度，及时抓小、抓早、抓苗头，做到敢抓敢管、严抓严管、常抓常管、防微杜渐。开展党代会代表和党员违纪违法未给予相应处理情况排查清理工作，坚持机关党组织自查与专项清查相结合，严肃工作纪律、严格工作程序，核准核实每一名党员的情况。深化党务公开工作，对工委2016年预备党员转正和新接受预备党员情况进行公示公开。

【机关自身建设】 2015年，以“三严三实”专题教育作为各级党组织落实党建责任制的有力抓手，着力在领会核心要义上下功夫，牢固树立“严”“实”标尺。深入查找不严不实问题，坚持把落实“从严治党”要求作为抓好机关党建工作的切入点，列入重要议事日程。创新工作思路，研究制定《2015年机关党建工作要点》，严格落实机关党组织抓党建工作“主体责任”和党组织书记抓党建工作意识。明确机关各级党组织书记都由单位主要负责人兼任，所有机关党组织都配备一名专（兼）职党务干部，做到各级党组织书记亲自抓，分管领导具体抓，党部干部一线抓，在市直机关形成分工明确，责任到人，一级抓一级，层层抓落实的党建工作新格局。2016年，严格机关党组织负责人的任职审批程序，强化党务干部的管理。着力提高区直机关党员干部的学习力、执行力、创新力，主动适应新常态，熟练掌握本部门、本行业业务知识，贯彻落实区委重大决策部署，坚决做到与区委同频共振、步调一致，强化创新意识，丰富活动载体。自觉践行“三严三实”专题教育成果，健全完善机关工委各项规章制度。落实“三会一课”、民主生活会、组织生活会、民主评议党员等制度，统一印制党支部活动记录本，发放到区直各支部，不断提高党建工作制度化、规范化水平。

·沙坡头区纪律检查委员会·

【概况】 2015年，沙坡头区纪律检查工作委员会与监察审计局合署办公，两块牌子一个机构，履行党的纪律检查和政府监察审计职能。深入贯彻党的十八届三中、四中全会和中纪委五次全会精神，聚焦中心任务，强化监督执纪问责，始终保持正风肃纪、惩贪治腐的高压态势，全力推进“清廉沙坡头区”建设。2016年，区纪委监察局聚焦主责主业，强化监督、严肃执纪，加大问责力度，“四风”问题和基层腐败现象有效遏制，“不想腐、不能腐、不敢腐”的效果初步显现。

【落实责任】 2015年，沙坡头区纪工委突出主业、明确主责，先后向党工委汇报党风廉政建设工作8次，听取乡镇纪委汇报党风廉政建设工作4次。制定《2015年党风廉政建设和反腐败工作暨“清廉沙坡头区”建设主要任务分工》《2015年党风廉政建设目标管理责任书》，组织召开了“四述三评”活动，文昌镇、镇罗镇、宣和镇、农牧科技局及民政和社会保障局主要负责人进行述职，参会人员和党工委领导现场质询评议。建立“年初定责、季度查责、半年督责、年终考责”机制，先后2次组织对各乡镇、各部门落实“两个责任”“清廉沙坡头区”建设和“守纪律讲规矩”活动等重点工作进行督查，对存在问题的单位点名通报，限期整改。进一步深化“三转”(转职能、转方式、转作风)，纪工委牵头及参与的议事机构调整为6个，工作重心聚焦到监督执纪问责上。2016年，协助区委、政府加强党风廉政建设和组织协调反腐败工作，研究制订2016年度党风廉政建设和反腐败工作暨“清廉沙坡头区”建设主要任务分工、“两个责任”实施意见、追究办法和“两个责任”(党风廉政建设党委主体责任清单和纪委监督责任清单)清单，明确党委主体责任五类28项、党委(党组织)书记第一责任人责任五类21项、班子成员责任四类14项、纪委监督责任六类16项，将沙坡头区反腐倡廉工作细化为7大项65小项，将各项任务逐一落实到16个牵头部门和31个参与单位。召开“三述三评”(述职、述责、述廉，个人自评、干部测评、委员议评)测评大会以及“落实全面从严治党主体责任座谈会”，4名乡镇、部门“一把手”以及2名乡镇纪委书记进行述职，现场接受质询和评议，5名部门负责人就落实主体责任情况进行汇报，并对履行“两个责任”的落实情况进行民主测评。制定乡镇党委、部门党组织党风廉政建设和反腐败目标任务考核细则，对乡镇党委、纪委、部门党组织党风廉政建设责任制落实情况进行督查，推进党风廉政责任有效落实。

【严明纪律规矩】 2015年，开展“守纪律、讲规矩”主题教育活动，为不同类型、不同层次党员立规矩。深入开展“二次创业”大讨论活动，组织学习十八大以来中央对党风廉政建设和反腐败工作的重要部署、纪检监察相关政策法规。推行“三重一大”(重大问题决策、重要干部任免、重大项目安排、大额资金使用)“五个不直接分管”(不直接分管财务工作、不直接分管组织人事工作、不直接分管单位建设工程招投标工作、不直接分管行政审批工作、不直接分管物资采购工作)制度，21名乡镇部门“一把手”做出“廉政公开承诺”。开展群众评议机关和干部作风活动，对167名科级以上党员领导干部进行测评。深化党务公开和政务公开，开通政务微博、短信群发平台，组织领导干部参与媒体问政，探索加强党内监督、推进党务公开、规范权力公开运行等方面的新途径、新办法。促进中央八项规定精神落实和干部作风转变，在重要节点，重申纪律要求，发现问题点名通报。组织明察暗访10次，对在上班期间违反工作纪律的2名乡镇工作人员给予通报批评，责成乡镇党委对相关人员和分管领导作出处理。整治干部庸懒散软、不作为、慢作为现象，先后对维稳工作不力、造成群众越级进京非访的1个乡镇党委及2名分管领导进行通报批评和诫勉谈话，对禁牧封育工作出现偷牧问题的5个乡镇通报批评，5名乡镇领导作出书面检查。2016年，研究出台《沙坡头区巡察工作办法(试行)》并开展巡察试点。践行“四种形态”(党内关系要正常化，批评和自我批评要经常开展，让咬耳扯袖、红脸出汗成为常态；党纪轻处分和组织处理要成为大多数；对严重违纪的重处分、作出重大职务调整应当是少数；严重违纪涉嫌违法立案审查的只能是极极少数)，对部门负责人、乡镇一把手、新任职领导干部开展廉政谈话101人次，逢年过节、婚丧嫁娶、子女升学等倾向性苗头性问题易发多发时期，发送提醒短信1430条，开展提醒谈话61人次，对履行职责不力、单位出现不规范行为、“两个责任”落实措施不到位的19名科级领导干部进行责任约谈。对轻微违纪但减轻免于党政纪处分的相关人员进行警诫、劝勉，共通报批评2人、责令作书面检查7人、给予诫勉谈话13人、职务调整1人。成立换届风气监督巡回督查组，对各乡镇换届工作进行全程监督，发放换届纪律调查问卷5000余份，填写廉政承诺1000余份。对提拔重用的干部及210名区党代表、199名区人大代表、115名区政协委员候选人进行廉政审核，鉴定候选人800多人次，严把党风廉政意见回复关，坚决防止带病提拔、带病上岗。督导11个乡镇党委、20个部门党组织对班子及个人存在的问题整改效果进行评议，确保每个问题得到有效整改落实。学习贯彻落实《中卫市党员干部改革创新干事创业容错免责办法》，使纪律规矩成为保障党员干部安全干事创业的“护身符”和“安全网”。

【廉政教育】 2015年，举办科级干部、基层党组织书记培训班和党员集中轮训，组织集中学习50场次，研讨会议20场次，讲座23次，观看警示教育片21次，参观区、市廉政警示教育基地2000人次。以一把手家属为重点，深入开展“家庭助廉”“读书思廉”“案例警廉”系列活动。组建滨河镇中山社区清廉剧社、镇罗镇河沟村清廉剧社，宣传党风廉政建设新要求新成果，营造崇廉尚廉的浓厚氛围。建立以任前谈话、廉政谈话、诫勉谈话、关爱提醒为载体的“四谈”机制，及时发现苗头性问题，做到早打招呼、早提醒、早处理，防止小问题拖成大问题。按照“宣传氛围浓厚、干部清廉勤政、干群关系和谐、群众参与有效、监督机制完善”5个方面打造清廉示范村11个。开展廉政文化“六进”“创清风家园、建和谐社区”“清廉家风家训”活动，创建廉政文化示范点18个，新建廉政文化广场15个。2016年，对拟提拔交流的101名干部以及227名领导干部、纪检监察干部进行党纪党规知识培训，组织科级以上领导干部及家属观看迎新春廉政主题晚会、舞台剧《昨夜无钟声》、警示录《莫让亲情绑架公权》《蜕变的人生》《镜鉴——衡阳、南充违反换届纪律案件警示录》；组织2000余名基层干部到区、市廉政警示教育基地接受警示教育，到看守所、法院进行“以案说纪、以案促廉”。在《中卫日报·沙坡头区周刊》开设党风廉政板块，制作“清风正气劲扬帆—举旗亮剑颂清廉”专题片，印制发放《清廉中卫》。开展“廉洁家风建设”“好家规、好家训”“最美家庭”“廉洁齐家好故事”“读书思廉”系列活动，发放《家庭助廉倡议书》300余份，征集好家训好家规65条、廉洁齐家好故事9篇，读书思廉心得210余篇，签订廉政承诺书210余份，申报最美家庭评选户12户。推进“四个一”品牌创建活动(每个县区创建一批党风廉政建设的工作示范点，每个乡镇创建一个党风廉政建设品牌工作，每个村、社区创建一项党风廉政建设特色工作，市县区纪委、纪工委机关室创建一项党风廉政建设亮点工作)，11个乡镇分别确定品牌项目，165个村、

15个社区申报特色工作，新打造清廉村（居）13个，创建廉政文化示范点14个，建设廉政文化长廊30余处，廉政文化广场15个，张贴廉政漫画、廉政格言警句1000余幅。培育清廉剧社2个，清廉剧场1个。

【纠治“四风”】 严格落实中央八项规定精神，把纠治“四风”问题作为改进作风建设的重点，紧盯春节、清明、“五一”、端午、开斋、古尔邦、中秋、十一等重要节假日下发通知，编发短信，重申纪律要求。2016年，围绕公款吃喝、公款送礼、公款旅游、借婚丧嫁娶敛财、滥发津补贴等作风问题开展明察暗访13次，排查公务用车1100辆次，对4个部门、11个乡镇疑似超标准接待票据进行核实，对4名乡镇部门一把手进行责任约谈，对上班迟到、上班玩电脑游戏、违规使用公车等情况进行点名通报。开展婚丧嫁娶喜庆事宜专项整治活动，对2起党员干部违规操办婚宴行为进行问责处理，给予党内警告1人、诫勉谈话1人，分管领导作书面检查1人。开展落实中央八项规定精神“回头看”和“廉洁自律 廉洁从政”自查自纠工作，对14个乡镇部门“三公经费”管理使用情况进行专项检查，发现问题9类83个，下发《纪律检查建议书》14份。对部门、乡镇制度进行全面清理，督促职能部门废止旧制度30多个，制定新制度140多个。

【惩贪治腐】 2015年，坚持零容忍惩治腐败，坚决查处和整治发生在群众身边的腐败问题。受理信访举报116件，初步核实115件，了结67件，立案43人，给予党纪处分34人，移送司法机关3人，收缴违纪资金45.2万元。对滨河镇高庙村虚报套取资金设立“小金库”、村干部利用职务之便低价购买村集体房产等行为进行立案审查，对文昌镇蔡桥村违反八项规定精神、原任村干部利用职务之便谋利进行严肃查处，对兴仁镇原人大主席收受贿赂进行立案审查。开展查处套取挪用侵占涉农惠农资金专项行动，梳理线索39件，给予党政级处分13人。对6个乡镇、部门的涉农资金进行全面检查，督促及时整改问题，严格使用涉农资金，确保各类资金规范安全使用。编印下发《乡镇纪委办案模拟案卷》，指导乡镇纪委加强纪律审查工作。完善村监会监督机制，加大了对村级权力的监督制约。2016年，坚持有案必查、有贪必肃、有腐必惩，腐败蔓延势头得到有效遏制，反腐败斗争压倒性态势已经形成。受理信访举报127件，初核90件，谈话函询5件，了结58件，立案28人，给予党政纪处分25人，免于党纪处分1人，终止调查1人，移送司法机关1人，收缴违纪资金39万余元。深入开展惠农政策、涉农工程及农村“三资”大排查活动，先后3次对排查出来的3类86个问题整改落实情况进行督查，重点对粮食直补政策落实情况进行专项检查，发现问题线索30件。对脱贫攻坚工作实施“精准监督”，开展专项检查3次，保障扶贫政策和资金落实到位。对3起典型案例8名违纪人员点名道姓通报曝光。对自治区纪委移交的8起侵害群众利益问题线索及时进行了查处，6个乡镇实现了自办案件“零突破”。

【履职能力】 全面落实纪检监察机关“五个不直接参与”，将机关作风评议、村监会管理等工作移交主责部门，聚焦监督执纪问责。加强对信访举报处置权、案件检查权、定性量级权、执纪监督权的规范监督，制订沙坡头区纪委常委会议议事规则、纪委书记办公会议议事规则、监察局局长办公会议议事规则等制度，强化内部权力运行监督。研究制定乡镇纪委目标责任管理考核办法等制度，促乡镇纪委发挥作用。严格执行纪检监察干部“四个严格”“六个不准”“十个严禁”等纪律要求，对纪检监察干部严格要求、严格管理、严格监督，全区纪检监察干部履职尽责能力明显提升。

（张涛　孙金鑫　万静　王怀勇　徐宏亮　王建军　张积达　王晴　郑晓丽　张燚　李彦刚　徐金虎　张丹旎　何婷）

民主党派

·中国国民党革命委员会沙坡头区委员会·

【概况】 民革沙坡头区委会成立于2016年5月29日，委员规模为9名。设主委1人，副主委3人，平均年龄44.1岁。下设5个基层支部(社会支部、卫生支部、文教支部、卫中支部、老年支部)，现有党员104名。党员主要分布在教育、卫生、法制及非公等领域。平均年龄54.14岁。在职66人，离退休38人；男63人，女41人；有大学学历50人；有高中级职称61人。党员中有处级干部3人；科级5人；市人大代表4人(常委1人)；市政协委员4人(常委1人)、区人大代表2人；区政协委员6人(常委1人)。

【思想教育】 2016年，深化坚持和发展中国特色社会主义学习实践活动。全年组织10批85名党员参加民革宁夏区委会、中卫市委统战部、民革中卫市委会统战理论、组织建设、参政议政培训；组织全体党员开展向张宝艳、秦艳友学习活动；2次选送作品参加“榴韵莲香·团结聚力·崇廉尚清”全区统战系统第二届书法美术摄影作品展；3次组织82名党员参加区、市主题演讲比赛并获奖。

【组织建设】 2016年，召开代表大会，换届选举新的领导班子，推进组织建设，完成政治交接。修改完善《参政议政奖励办法》等17项工作制度，认真执行基层组织汇报制度；经过培养、考察发展5名新党员；4名党员被选举为市四届政协委员、4名党员被选举为市四届人大代表；为骨干党员搭建发展平台，党员刘强被推荐到市委统战部实践基地挂职锻炼；组织民革党员为中卫一中患重病的王占河老师爱心捐款4670元。

【参政议政】 2016年，提案立案68件(自治区政协12件、市政协24件)，其中“关于加强学校教师队伍建设的建议”等三件被市政协列为重点提案，由万新恒等主要领导督办；“关于扩大我市老年公寓建设规模的建议”等5件提案被市政协列为重要提案。市委会报送社情民意38篇，其中“关于严格落实我区农业排灌电价政策的建议”被自治区政协采用，12篇被区委会采用，7篇被市政协采用，“关于提高遗属生活补助的建议”被原市委张柱书记批阅，意见建议转化为成果。4名党员被民革宁夏区委会评为2016年度反映社情民意先进个人。

【社会服务】 2016年，组织医卫界党员，到沙坡头区宣和镇福堂村开展下乡健康义诊活动；组织医卫界党员到沙坡头区思乐移民村开展精准扶贫送医送药义诊服务活动；4次到海原县李旺镇九道村开展“助力脱贫攻坚”活动。成立志愿者队伍，开展“博爱·牵手”活动，深入到海原县甘城乡久坪村助力帮扶点，将价值万元的大米、面粉、食用油，送到30名困难户家中，为山区乡贫困群众送上节日的祝福；牵手爱心企业家，在中卫市民政局、教育局大力支持下，友成基金会为中卫地区捐赠价值380万元的“TOMS”布鞋2万双，覆盖中卫市109所贫困小学2万名18岁以下的在校农村学生。借助市委会民革法律咨询服务中心，依托民革党内和社会优秀法律工作者，在常规提供公共法律服务的基础上，开展电话咨询服务、预约服务等服务形式，对残疾人、病重人员、老年人等行动不便的群众，提供上门服务；律师参与接访、法律调解均不收取任何费用，对代理案件家庭特别困难、符合法律援助条件的，一律实行法律援助无偿服务，帮助社会困难群体维护合法权益。

·民盟沙坡头区委员会·

【概况】 2009年7月27日，民盟中卫县委会更名为中卫市沙坡头区委员会，召开民盟沙坡头区第一次代表大会，选举产生民盟沙坡头区第一届委员会，冯克国任主委，林英、张晓磊任副主委；2014年8月16日，召开民盟沙坡头区第二次代表大会，选举产生民盟沙坡头区第二届委员会，王文华任主委，张晓磊、唐银香任副主委，梁建华任秘书长。截至2016年底，中卫市沙坡头区委会共有盟员120人，分属中卫中学、中卫一中（四中）、中卫二中（社会）、义教联合、机关法律、文化卫生六个支部。

【政治理论学习】 结合“十三五”规划的实施，开展国情、区情、市情和形势、任务、政策教育，盟员通过各种媒体收听、收看、学习全国、全区、全市两会精神，观看央视对话节目理论面对面《辩证看、务实办》等节目，正确认识现阶段的基本国情，领会党和政府的各项方针政策，正确看待深化改革中出现的困难和问题，多做反映情况、理顺情绪、化解矛盾、维护稳定的工作。加深对民盟作为参政党的性质、地位、作用和职能的认识，增强坚持中国共产党领导和走中国特色社会主义政治发展道路的自觉性和坚定性。

【参政议政】 2016年，共向市政协和沙坡头区政协提交提案20余件，社情民意信息6件。提交大会发言10余篇。其中“关于加快我市移民区建设及后续产业发展的建议”“关于加大对中小企业扶持力度的建议”“关于加强城市社区建设管理的建议”被列为重点提案。完成调研报告10余篇，其中《关于中卫市脱贫攻坚的调研报告》《农村闲置房屋置换利用问题研究》等重点研究报告呈报中共中卫市委，为领导决策提供重要参考依据。重要点提案《关于加快制定〈城市地下管线管理条例〉的建议》《关于进一步落实“节假日开放城区中小学操场，为青少年提供强身健体场所”的建议》《关于创新金融服务，助力中小微企业发展》《关于安排我区中小学放“春秋假”的建议》被区委会采用，上报民盟中央和自治区政协。《关于进一步关注防范小学生放学十分钟交通安全隐患的建议》《关于加强我市公共停车场规划建设与运营管理的建议》《关于加强散旧小区改造管理的建议》《关于加强物业规范化管理，提高服务水平的建议》《深入推进依法行政，为建设和谐富裕新中卫提供法治保障》和《关于进一步推进我市残疾人事业科学发展、创新发展的建议》《关于安全生产执法队伍建设的建议》等上报市政协，其中《关于加强我市公共停车场规划建设与运营管理的建议》《关于加强散旧小区改造管理的建议》《关于加强物业规范化管理，提高服务水平的建议》《关于安全生产执法队伍建设的建议》都被落实。

【组织建设】 加强后备干部队伍建设，在教育、卫生、文化、法律以及行政事业单位发展具有一定社会影响力的党外人士和优秀青年入盟，发展新盟员10名。

【社会活动】 2016年，开展“爱心温州 善行天下 明眸工程”活动。民盟中卫市委会积极争取民盟宁夏区委会支持，在民盟中央的协调下，温州医学院附属眼视光医院和中卫市第二医院结对帮扶，将“爱心温州 善行天下 明眸工程”活动引进中卫，对中卫市贫困眼病患者实施免费手术，累计实施眼科手术近600余例。高考前，发动中宁黄河乳制品公司向中卫一中、中卫中学40余名高三年级困难学生捐助营养牛奶，其中受捐助的同学万镇瑞取得中卫文科高考状元。盟员张晓磊关心幼儿教育，将价值3万元的字画及书籍赠送给中卫时代幼儿园。代表民盟中卫市出席原兰州军区84523部队八一联谊会，并给西吉老区捐赠图书500册。法律界盟员王新慧常年为农民无偿提供法律咨询，被公认为“民生律师”。王新慧、刘韦唯、周艳、白春莉等法律界盟员，被自治区司法厅推荐提名为全区十佳法律援助律师候选人。社会支部主委雍家骝，被中卫市文昌镇评为社会公益道德模范。

·民进沙坡头区委员会·

【概况】 2016年6月19日，民进沙坡头区召开第一次代表大会，选举产生民进沙坡头区第一届委员会。韩春玲任主委，张建忠、吴少华、李钰华选任副主委，黎新明、韩正涛、孙志刚、杨云霞、王伏华选任委员，黎新明任秘书长，齐鲁宁任副秘书长（办公室主任）。民进沙坡头区委会下设中卫中学、中卫一中、中卫二中、中卫三中、中卫职教、中卫六中6个支部，现在册会员87人(女32人)。现有副厅级1人，正科级4人，副科级1人，小学副校长1人。自治区政协委员1人，市人大副主任1人，市政协委员10人(常委2人)，沙坡头区政协委员8人(常委1人)。

【思想建设】 2016年，坚持中心组学习制度。开通中卫总支群，搭建会员信息交流平台。参与区委会、市委会宣传阵地建设，在区委会网站、会刊上投稿，报道总支及各支部开展学习实践活动的做法、经验和成果，营造学习实践活动的良好氛围。鼓励会员学用结合，提升政治素养。组织30余名会员参加自治区、市委统战部，民进宁夏区委会、市委会培训班。会员韩春玲、黎新明、杨宁、齐鲁宁、吴少华分别在民进区委会、市委“我身边的先进”宣讲活动中作先进事迹报告。

【组织建设】 2016年，组成新一届领导班子，完成政治交接。召开沙坡头区第一次代表大会，选举民进沙坡头区委会班子成员，对4个基层支部的领导班子进行调整。发展会员6人(为正科级1人)。截至2016年底，在册会员82人(女性29人)其中教育界51人，书画界 8人，中高级职称51人，自治区政协委员1人，市人大副主任1人，市政协委员10人(常委3人)，沙坡头区政协委员8人(常委1人)。组织开展文体活动，在中卫市职工体育运动中心举办以“强身健体，快乐运动”为主题的体育运动会，50多名会员参加乒乓球、羽毛球、毽球及跳棋比赛。

【参政议政】 2016年，向“两会”提交沙坡头区政协提案10件(集体提案6件)，市政协提案15件，其中，《关于加强教师队伍建设的建议》《关于进一步加强中卫城区道路交通管理的建议》《关于重启中冶美利纸浆公司生产盘活国有资产的建议》等4件市政协重点提案，分别由市长万新恒，政协副主席田桦、施润云、付成林督办，《关于促进农作物秸秆有效利用的建议》和《关于科学整合公交运营资源，提升我市公共交通质量的建议》获市政协优秀提案。提交大会发言6篇，其中《整合全市旅游资源，打造靓丽旅游品牌》《抢抓机遇，推动全域旅游健康发展》由会员韩春玲代表民进市委会、沙坡头区委会在市政协、沙坡头区政协大会上发言，《依法土地流转，切实保障当事人合法权益》《加大投入，促进城乡学前教育均衡发展》《发展农村优势特色产业助力精准脱贫》等作书面交流。完成市委会调研报告2篇，其中《关于全市文化旅游融合发展情况的调研报告》获市委相关领导批示。加强与会员所在单位的联系与合作，开展有计划地走访、调研活动，走访会员所在单位党组织2个。组织会员积极参与自治区统战部、市委统战部(民宗局)美术摄影作品展，选送作品20多幅。

【社会服务】 2016年，参加民进市委会、区委会联合开展的诊疗、法律、畜牧养殖指导进乡村活动。协调自治区人民医院消化内科、心血管内科、疼痛科、综合内科、呼吸内科的7位医生义务诊疗患者近百名，赠送价值2000余元的药品；宁夏兴业律师事务所的3位律师会员为十余位群众做法律维权指导；宁夏大学农学院教授吴心华在养殖圈棚为20多名养殖户做牛羊疫病防治与科学养殖现场指导，直接受益群众百余人。组织会员参加市委会在沙坡头区宣和镇福堂村开展“送医疗下乡”诊疗活动，现场诊疗患病群众50多人，发放疾病预防、健康保健手册及宣传材料100多套。举办“春联万家”活动，联合民进市委会在沙坡头区宣和镇福堂村开展以“翰墨馨香暖”为主题的“迎新春 送春联”活动，7位书画界会员现场书写赠送春联1000多幅。民进书画界会员还积极参与市书协、文联等单位组织的社区、广场、集市、超市写春联活动，弘扬民族文化的翰墨馨香。联合民进市委会开展“寒冬送暖，关爱老人”走访慰问活动，走访慰问沙坡头区宣和镇福堂村的10户生活困难老人，为每户老人送去大肉5斤、食用油20斤、挂面30斤、方便面1箱、春联2幅，慰问品由民进会员崔明军捐赠，价值3000多元。慰问生活困难、患病会员8人。

【岗位奉献】 2016年，民进中卫职教支部获市委会先进集体。书画界会员参加区党委宣传部主办"不到长城非好汉"纪念建党95周年和红军长征胜利80周年书法展，宁夏第四届青年书法篆刻展、五市总工会书法联展、"中国梦劳动美"第三届全国职工书画展、华城杯"丝路明珠·中卫"全国书画展等，获奖、入选作品20余幅。15名会员荣获中国书法家协会"送万福进万家"活动先进个人、全国个私协会系统先进工作者称号、全国德克士优秀加盟业主、宁夏科技厅"法人科技特派员"、市高考先进个人、市优秀班主任、市优秀教育工作者、第五届全国高中信息技术优质课展评二等奖、宁夏职业院校信息化教学设计比赛三等奖等多项荣誉。会员所带班级80人全部上高考线，重点率达96%；指导学生及部门合唱队5次获市级二、三等奖，会员所办学校获中卫市教育局"民办教育先进单位"。

（刘晓宏　张建忠　韩春玲）

群众团体

·沙坡头区总工会·

【概况】 2013年4月25日，经市总工会同意，沙坡头区总工会成立。2015年，全年共组建工会43家，完成市总工会下达组建任务40家的112%；发展会员3500人；办理基层法人资格证45份。开展"农民工入会集中行动"，全年共发展农民工会员1720人，完成市总工会下达任务1680人的102%。2016年组建工会组织35家，发展会员2500人，完成市总下达任务的116%。办理法人资格证45家。开展"农民工入会集中行动"，共发展农民工会员1200人，完成市总下达任务的120%。工会会员实名数据库系统录入13200余人。2016年，沙坡头区共有工会组织545家，会员39810人。

【建功立业】 2015年，东园镇被自治区总工会评为"模范职工之家"，宁夏万齐农业发展集团生产基地1号班组和中卫市宇丰大酒店客房部被评为自治区"模范职工小家"。参与"安康杯"竞赛的单位达435家，参赛班组546个，参赛职工达2万余人。共创建市级劳模创新工作室4家。2016年，组织开展"工人先锋号""五一劳动奖章"候选单位、人员申报工作，宁夏南山阳光果业有限公司技术推广部、宁夏万齐农业发展集团生产基地1号班组被评为自治区"工人先锋号"单位。推荐自治区五一劳动奖章候选人2名，中卫市五一劳动奖章候选人3名，推荐镇罗镇人民政府为中卫市"五一劳动奖状"候选单位。创建劳模创新工作室6家。

【困难帮扶】 2015年，共救助困难职工（农民工）1374户，发放慰问款82.84万元。生活救助4人，发放救助资金0.4万元；医疗救助15人，发放救助资金4.4万元。核查沙坡头区工会帮扶工作管理系统的2522户档案及2014年度帮扶资金，确保帮扶对象资料完整、资金全面落实。开展"金秋助学"活动，筹集助学资金20.3万元，资助单亲女职工上大学子女和75名困难职工（农民工）；开展女职工"关爱行动"活动，慰问100名困难女职工，发放慰问金5万元；组织辖区内11个镇乡的180名女职工进行"两癌"免费筛查；慰问困难女职工54人，慰问资金2.7万元。2016年，救助困难职工（农民工）1221户，发放慰问款76.44万元。医疗救助困难职工（农民工）7户，生活救助困难职工（农民工）6户，发放救助资金3.1万元。生活救助20名单亲困难女职工、困难女农民工和患特殊疾病的女职工，发放困难帮扶资金2万元。开展"金秋助学"工作，筹集助学资金35.1万元，资助单亲女职工上大学子女和92名困难职工（农民工）。

【职工维权服务】 2015年，共签订工资专项合同337份，涵盖企业395家，涵盖职工24823人。签订区域性工资集体合同2份，覆盖企业60家，涵盖职工1116人。签订行业性工资集体合同4份，涵盖企业17家，涵盖职工2369人。开展职工（农民工）技能培训，在文昌镇、宣和镇、迎水桥镇工会组织举办职工（农民工）家政培训班、巾帼科技致富培训班及农家乐创建与探索等培训班，涉及家政服务、时尚礼仪、服务员岗位等多项培训内容，培训人数达335人。培养职工创业能手19名，带动就业人数408人。共建立基层工会劳动争议调解委员会194家。组织辖区内56名劳动争议调解员参加中卫市总工会举办的劳动争议调解员暨仲裁员培训班。开展和谐劳动关系创建活动，年内申报和谐企业6家。2016年，签订工资专项合同316份，涵盖企业385家，涵盖职工23176人。建立"工资集体协商示范单位"4家。开展职工维权述职行动计划，在中卫市中锦物业服务有限公司、中卫市华信物业有限公司等8家非公企业中召开职工维权述职评议大会，维护职工合法权益。建立镇乡区域职代会11个，其中村、社区区域职代会12个，行业职代会4个。联合镇乡工会开展"巾帼科技致富培训班"和农村妇女创业科技培训班，涉及农业、种植、养殖、农产品加工等方面的生产技能及相关科技知识和法律常识等多项培训内容，培训人数达117人。培养职工创业能手15名，带动就业人数367人。在中卫市天翼果蔬生物工程有限公司分别创建"工字号"创业就业基地1个和"工字号"创业创新基地1个。

【文化活动建设】 2015年，举办"庆三八"趣味运动会；组织基层工会近千余人次参加第八届职工登山运动会和第三届职工环腾格里湖湿地徒步行活动；开展"职工书屋"创建活动，宁夏万齐农业发展集团、银阳新能源有限公司、官桥华信商贸有限责任公司被命名为区级"职工书屋"，东园镇、永康镇、兴仁镇被命名为市级"职工书屋"。各基层工会全年共组织各种活动29场次，参加职工3500余人次。2016年，组织基层工会职工参加中卫市第九届全市职工登山运动会和2016年中卫市旅游节万人腾格里沙漠湿地徒步行活动；组织社区艺术团队参加首届宁夏职工"劳动者之歌"合唱大赛；开展"职工书屋"创建活动，西关社区、长安社区、黄河花园社区、宣和镇机关工会和宁夏金彤生物科技有限公司工会被命名为市级"职工书屋"示范点。全年共组织参与各种文体活动17场次，参加职工3000余人次。

·妇联工作·

【概况】 2016年，沙坡头区共有妇女19.8万人，村（社区）妇代会182个，其中村妇女主任167人，社区妇联干部15人，领导班子健全，妇女之家覆盖率100%。沙坡头区妇联认真履行组织妇女、引导妇女、服务妇女和维护妇女儿童合法权益职责，发挥自身优势，开展了系列妇女儿童工作。

【妇女创业发展】 2016年，以乡镇为单元举办"巾帼科技致富工程"培训班14期，培训农村妇女2051名。开展巾帼家政、电子商务等实用技术培训班共4期，培训妇女420名。建立沙坡头区妇女创业就业培训基地5个，培训有就业意愿贫困妇女730人，解决就业380人。组织辖区内100余名妇女代表观摩沙坡头区宣和、永康、迎水桥镇等妇女创业示范基地。推进农村妇女创业小额担保贷款项目，2016年沙坡头区发放农村妇女创业小额担保贴息贷款19129万元，扶持创业妇女3327人。累计发放55914.9万元，扶持创业妇女10298人，按期还付本息率为100%。

【落实惠民政策】 2016年，组织城镇妇女、女职工进行"两癌"免费筛查5010人次，加入妇女"两癌"健康险4122人。帮扶76名贫困妇女儿童，发放资金18.05万元。邀请北京光彩明天儿童眼科医院专家为沙坡头区65名儿童进行义诊，33名儿童被确诊为治疗对象，前往北京接受免费治疗。向常乐镇康乐燕宝学校女学生捐赠价值10300元小护士护肤品。

【妇女儿童维权】 2016年，共受理妇女来信来访52起，全部依法进行答复或调处。针对女童辍学、早婚问题，在沙坡头区各学校开展关爱女童"护航春蕾”宣讲活动21场次，受益女童5185名。推荐2名妇联干部担任人民陪审员，妇联与法院互派维权干部2名，为妇女儿童寻求法律救助搭建新平台。

【文明创建活动】 2016年，围绕“三八”妇女节等节日，举办妇女广场舞大赛、趣味运动会、知识竞赛等活动。开展“康乃馨”关爱单亲母亲活动，为单亲母亲举办健康讲座3场次、进行健康体检136人。在各乡镇建立“康乃馨”单亲母亲互助小组52个，帮助单亲母亲在商场、超市等单位就业52人次。开展关爱留守妇女健康知识讲座13场次；开展“以人为本，扶贫济困”送温暖活动，慰问贫困妇女儿童76名。发动3万余户家庭参与寻找“最美家庭”活动，征集好家风好家训38条，有21个家庭荣获全国、自治区、中卫市、沙坡头区“最美家庭”。

【组织建设】 2016年，在182个村（社区）扩充妇代会成员，村妇代会成员从226名扩大到1333名。推进巾帼志愿服务规范化建设，共建立巾帼志愿者队伍23支，巾帼志愿者529人，组织志愿者活动32次。创建示范妇女之家22个，发放工作经费共2.2万元。

·共青团工作·

【概况】 2016年底，沙坡头区共有团委27个，团总支23个、团支部 229个、团干部692名，共青团员2.59万名。坚持党建带团建、团建促党建的工作原则，创新工作形式，不断深化团的各项工作，推动沙坡头区共青团工作迈上新台阶。

【团组织建设】 加强团的基层组织建设，建立相对完善的区、镇乡、村三级团组织。举办沙坡头区2016年青年座谈会、团干部学习会、培训班4次，参与人数达150余人。

【青少年思想引领工作】 打造青年“身边的团组织”，发挥微博、微信、“青年之声”等媒体互动平台的作用，宣传党团文化，为青少年提供交流平台，截至2016年12月，“青年之声”互动交流平台浏览量达52万余次，入驻专家230人，微博微信公众平台粉丝数500余人，通过平台收集青年诉求和疑问70余条，青少年自主参与发布信息900多条，问题答复率在90%以上。开展“拒绝毒品、珍爱生命”禁毒志愿服务活动，帮助青少年建立对毒品的认识和自护意识。

【青年工作】 开展“西部计划”志愿者服务管理工作。2016年共招募大学生服务“西部计划”志愿者39名，召开工作座谈会及年终总结会共3次，开展包括“走进青年、转变作风、改进工作”户外拓展训练活动在内的各类活动6次。在六一儿童节、第七届丝绸之路大漠黄河国际旅游节、国际志愿者日等节日节点，组织志愿者开展“爱心公益手拉手·多彩快乐儿童节”“弘扬志愿精神 共建美好家园”等活动8场次，覆盖人数达千余人。举办“团聚青春·缘来是你”青年联谊活动，来自沙坡头区各行各业的近百名单身青年参加。

【服务青少年成长】 2016年，推进“希望工程·圆梦行动”助学活动，争取到黄河银行、国酒茅台、芙蓉学子助学金等资助项目，资助困难大学新生163人，发放助学金64.5万元。开展“青春护航”行动，深化特需青少年结对帮扶行动，形成定期排查、及时干预的工作模式。成立特需青少年帮扶队伍，年内帮扶30人。举办电子商务知识培训班5期，培训学员284名。

（张永江　杨莉　刘盼）

政权政协

中卫市沙坡头区人大常委会

·综述·

【概况】 2016年8月19日，中卫市沙坡头区人大常委会正式挂牌成立。年内，共筹备召开人民代表大会2次，常委会主任会议3次，常委会议3次，听取和审议“一府两院”专项工作报告5次，依法作出重大事项决议决定3项，开展视察、执法检查、专题调研4次，交办区人民政府审议意见1件，依法任免国家机关工作人员21人次，督办代表意见建议34件。

【代表构成】 按照市人大常委会和沙坡头区党工委的统一部署和要求，2016年4月开始，至6月20日，沙坡头区选举委员会完成区、乡两级人大代表选举工作。11个乡镇143个选区共选举产生乡镇人大代表701名、沙坡头区人大代表199名。当选的199名(代表名额共201名，预留2名)沙坡头区人大代表中：按照代表身份划分，中共党员代表141名，占70.9%；非中共党员代表58名，占29.1%；妇女代表63名，占31.6%；少数民族代表22名，占11%。非公有制经济人士、工人、农民、居民代表134名，占67.3%；专业技术人员代表7名，占3.5%；领导干部代表56名，占28.1%；军人代表2名，占1%。按照代表年龄结构划分，35岁以下代表18名，占9%，36岁至55岁代表170名，占85.4%；56岁以上代表11名，占5.52%，代表的平均年龄为45.8岁。按照代表学历划分，具有大专以上学历的代表91名，占45.7%；中专及高中学历的代表49名，占24.6%；初中及小学学历的代表59名，占29.6%。

【决定重大事项】 2016年，区人大常委会依法作出重大决议决定3项：关于设立中卫市沙坡头区第一届人大常委会代表资格审查委员会的决定，关于召开中卫市沙坡头区第一届人民代表大会第二次会议的决定，关于深入开展第七个五年法治宣传教育的决议。

【人事任免】 2016年，区人大常委会始终坚持党管干部与依法行使任免权的有机统一，逐步规范和完善人事任命程序，严格任前法律知识考试、供职发言、投票表决、颁发任命书、宪法宣誓等程序，依法开展人事任免，切实增强任命人员的政治意识、宪法意识、责任意识。年内，共审议人事任免议案3件，依法任免国家机关工作人员21人次。

【视察检查调研】 2016年，区人大常委会共组织开展视察、检查、调研活动4次：关于沙坡头区2016年农业特色产业项目建设及运行情况的视察、关于沙坡头区2016年脱贫攻坚工作进展情况的调研、关于沙坡头区人民法院民商事审判工作的检查、关于沙坡头区人民检察院司法规范化建设工作进展情况的检查。

【代表工作】 强化支持保障，增强代表履职动力。研究制定《关于加强乡镇人大代表工作室建设的指导意见》，完善乡镇及部分村（社区）代表之家建设，组织代表认真开展代表小组活动和联系接待选民等活动，推动闭会期间代表活动常态化、制度化。通过集中培训、以会代训等形式，加强宪法、代表法、监督法的培训，共培训代表230多人次，增强代表的履职能力。争取资金为各乡镇人大主席团划拨代表活动经费，为代表履职提供必要的经费保障。搭建活动平台，增强代表履职能力。建立代表参与机制，拓宽代表知情知政渠道，邀请人大代表参加执法检查、专项调研、视察等活动38人次，提出意见建议22条；邀请代表列席常委会会议9人次，推荐代表参加征求意见会、行风测评会、民主评议机关等活动120多人次，有效扩大代表对人大工作的参与度。制定《中卫市沙坡头区人大代表联系基层群众制度》，要求代表与选举单位群众保持密切联系，每年联系3-5名选民，了解群众生产生活的实际困难，听取和反映群众诉求，帮助群众依法解决问题。按照市人大常委会要求，组织开展人大代表“四带头，五个一”（带头贯彻党的方针政策和法律法规；带头优化发展环境，全力支持项目建设；带头发挥表率作用，服务经济发展大局；带头维护社会稳定，促进社会和谐发展。每年至少向选区选民进行一次述职述廉；至少参加一次代表视察检查活动；至少提出一条建设性意见建议；至少为群众办一件实事好事；至少调处一起民事纠纷）创先争优活动，鼓励代表切实发挥“访民意、汇民智、解民忧、惠民生”的重要作用。强化建议办理，增强代表履职动力。把加强代表议案建议督办作为激发代表履职热情、推进民主政治建设的重要抓手，以提高代表建议办理质量为重点，将一届人大一、二次会议期间确定的34件事关民生、涉及面广的建议及时交由“一府两院”办理，通过常委会领导牵头督办、委室归口督办，政府领导牵头领办、部门具体承办等形式，加大办理、督办力度，34件建议全面顺利办复，一批代表和群众关心关注的问题得到有效解决。

·重要会议·

【区第一届人民代表大会第一次会议】 2016年7月13—15日，沙坡头区人大常委会筹备领导小组组织沙坡头区199名代表在中卫市红宝宾馆召开沙坡头区第一届人民代表大会第一次会议。会议听取和审议沙坡头区人民政府筹备领导小组组长童刚代表政府所做的工作报告；听取和审议关于中卫市沙坡头区2016年国民经济和社会发展计划草案的报告，审查批准沙坡头区国民经济和社会发展第十三个五年规划纲要，审查批准沙坡头区2016年国民经济和社会发展计划；听取和审议关于中卫市沙坡头区2016年财政预算草案的报告，审查批准中卫市沙坡头区2016年财政预算；听取和审议沙坡头区人大常委会筹备领导小组组长焦清春代表沙坡头区第一届人大常委会所作的工作报告；听取和审议沙坡头区人民法院工作报告；听取和审议沙坡头区人民检察院工作报告；选举焦清春为沙坡头区第一届人民代表大会常务委员会主任，田仲锋、彭浩平、张永花、刘德祥为沙坡头区第一届人民代表大会常务委员会副主任；马立平、王广兴、王文宁、王有选、王秀渼、尹万福、刘月敏、刘吉祥、李学亮、李宝玉、杨麦生、吴晓梅、张永华、张秉文、张春玫、张福平、陈志忠、林英、周瑾、周秀玲、周重南、赵建全、俞正国、徐立、唐加胜、崔小凤、梁玉川、訾跃平28人为沙坡头区第一届人民代表大会常务委员会委员；选举童刚为沙坡头区人民政府区长，唐兴武、李伏荣、张振宇、金芳（女，回族）、刘宏阳为中卫市沙坡头区人民政府副区长；选举金勇为沙坡头区人民法院院长；选举强吉鸿为沙坡头区人民检察院检察长。

【区一届人大常委会第一次会议】 2016年8月5日，中卫市沙坡头区第一届人民代表大会常务委员会第一次会议在沙坡头区六楼会议室召开。区人大常委会主任焦清春，副主任田仲锋、彭浩平、张永花、刘德祥及委员31人（请假2人）出席会议。会议审议通过《中卫市沙坡头区人民代表大会常务委员会议事规则(试行)》《中卫市沙坡头区人民代表大会常务委员会人事任免办法(试行)》《中卫市沙坡头区人民代表大会常务委员会组成人员守则(试行)》《中卫市沙坡头区人民代表大会常务委员会代表议案、建议、批评和意见办理办法(试行)》。会议根据区人大常委会主任会议的提请，任命张永华为中卫市沙坡头区人大常委会办公室主任，任命梁玉川为中卫市沙坡头区人大常委会法制财经社会工作委员会主任。会议根据童刚区长的提请，决定任命邹斌、唐亮为沙坡头区副区长，王福才为沙坡头区人民政府办公室主任，王琳为沙坡头区监察局局长，罗华盛为沙坡头区民族宗教局局长，孙占宏为沙坡头区发展和改革局局长，丁明忠为沙坡头区司法局局长，张越为沙坡头区社会保障局局长，胡文礼为沙坡头区农业和科技委员会主任，方振荣为沙坡头区审计局局长，张永生为沙坡头区建设交通局局长，李金凯为沙坡头区财政局局长，张淑英为沙坡头区文化体育和计划生育局局长，吕生文为沙坡头区综合行政执法局局长。

【区一届人大常委会第二次会议】 2016年9月29日，中卫市沙坡头区第一届人民代表大会常务委员会第二次会议在沙坡头区五楼会议室召开。区人大常委会副主任田仲锋、彭浩平、张永花、刘德祥及委员共31人出席会议(请假2人)。受焦清春主任委托，田仲锋副主任主持会议。会议传达学习自治区十一届人大六次会议精神，听取和审议区人民政府关于沙坡头区2016年农业特色产业项目建设及运行情况报告，听取区人大常委会视察组关于沙坡头区2016年农业特色产业项目建设及运行情况的视察报告，听取和审议区人民政府关于脱贫攻坚工作进展情况的报告，听取区人大常委会调研组关于脱贫攻坚工作进展情况的调研报告。审议通过《关于对全区脱贫攻坚工作情况报告的审议意见》。会议根据沙坡头区人民法院院长金勇的提请，任命周进明、史银福为沙坡头区人民法院人民陪审员。同时，免去雷凯的沙坡头区人民法院人民陪审员职务。

【区一届人大常委会第三次会议】 2016年12月5日，中卫市沙坡头区第一届人民代表大会常务委员会第三次会议在沙坡头区五楼会议室召开。区人大常委会副主任田仲锋、彭浩平、张永花、刘德祥及委员共31人出席会议(请假2人)。受焦清春主任委托，田仲锋副主任主持会议。会议听取和审议区人民政府关于沙坡头区一届人大一次会议代表建议办理情况的报告；听取和审议区人民法院关于民商事审判工作情况的报告，审议区人大常委会检查组关于沙坡头区人民法院关于民商事审判工作情况的检查报告；听取和审议区人民检察院关于司法规范化建设情况的报告，审议区人大常委会检查组关于区人民检察院关于司法规范化建设情况的检查报告；审议通过区人大常委会关于深入开展第七个五年法治宣传教育的决议；审议通过关于召开中卫市沙坡头区第一届人民代表大会第二次会议的决定；审议通过提请中卫市沙坡头区第一届人民代表大会第二次会议的各项建议；审议沙坡头区人大常委会工作报告。

【区第一届人民代表大会第二次会议】 2016年12月7—9日，中卫市沙坡头区第一届人民代表大会第二次会议在中卫市红宝宾馆召开。会议听取和审查沙坡头区人民政府工作报告；审查和批准沙坡头区2016年国民经济和社会发展计划执行情况与2017年国民经济和社会发展计划草案的报告，批准沙坡头区2017年国民经济和社会发展计划；审查和批准沙坡头区2016年财政预算执行情况和2017年财政预算草案的报告，批准沙坡头区2017

年财政预算；听取和审议沙坡头区人大常委会工作报告；听取和审议沙坡头区人民法院工作报告；听取和审议沙坡头区人民检察院工作报告。依法选举沙坡头区出席中卫市第四届人民代表大会代表 97 名。

【宪法宣誓】 2016 年 7 月 15 日，新当选的沙坡头区一届人大常委会主任、副主任、委员，沙坡头区区长、副区长，沙坡头区人民法院院长在中卫市红宝宾馆 7 楼多功能厅进行宪法宣誓。8 月 5 日，区一届人大常委会第一次会议决定任命的 2 名副区长、12 名政府组成部门负责人和 2 名人大常委会委室主任在沙坡头区六楼会议室进行任职宪法宣誓。

（孙晓丽）

中卫市沙坡头区人民政府

·重要会议·

【区政府筹备领导小组第一次常务会议】 2016 年 4 月 6 日，组长童刚主持召开。传达学习《宁夏回族自治区公职人员“庸懒散软”行为问责暂行办法》，研究沙坡头区人民政府筹备领导小组组长、副组长工作分工事宜，审定沙坡头区 2016 年阳光沐浴工程实施方案、沙坡头区 2016 年度旱作节水农业技术推广项目实施方案，研究柔远物流园区供水管道移线工程建设资金事宜，拨付兴仁镇、香山乡抗旱应急水源工程占地补偿费用事宜，辖区重大工程项目提高迁坟补助款标准事宜，拨付沙坡头区政府办公楼 2015 年采暖费及党工委办公室运行经费事宜。副组长唐兴武、邹斌、唐亮、李伏荣、张振宇、金芳出席，相关区领导应邀参加，相关部门负责人列席会议。

【区政府筹备领导小组第二次常务会议】 2016 年 4 月 28 日，组长童刚主持召开。传达学习全区第一季度经济形势分析会议精神，审定《沙坡头区信访工作规范化建设年活动实施方案（送审稿）》《沙坡头区 2016 年度信访工作责任目标管理考核细则（送审稿）》《沙坡头区依法规范信访秩序实施意见（送审稿）》《中共中卫市沙坡头区人民政府党组学习工作制度（送审稿）和《中卫市沙坡头区人民政府工作规则（暂行）（送审稿）》，研究拨付镇罗镇道路修缮及日光温室棚改造资金事宜、拨付 2014 年三北防护林五期工程经济林建设资金事宜、沙坡头区在职公职人员办理交通意外保险事宜、沙坡头区惠农政策及涉农工程大排查重大项目资金审计费用事宜、拨付沙坡头区政府办公楼办公设备配备资金及部分项目工程款事宜。副组长唐兴武、邹斌、唐亮、李伏荣、张振宇、金芳出席，相关区领导应邀参加，相关部门负责人列席会议。

【区政府筹备领导小组第三次常务会议】 2016 年 5 月 27 日，组长童刚主持召开。听取司法局沙坡头区 2016 年上半年信访维稳工作汇报，讨论《沙坡头区国民经济和社会发展第十三个五年规划的建议（征求意见稿）》，审定《沙坡头区农村产权交易服务中心及农村土地承包经营纠纷调解仲裁庭建设项目工作方案（送审稿）》，研究拨付枣林湾补水泵站供电改造工程资金事宜、拨付市区城市供水系统补水资金事宜、拨付沙坡头区区、乡镇人大代表选举经费事宜、研究拨付滨河镇西关村养牛场路段环境卫生综合整治工作经费事宜、拨付沙坡头区安全生产专项经费事宜、成立沙坡头区第三次全国农业普查工作领导小组及相关事宜、拨付沙坡头区“十三五”规划编制费用事宜、拨付《中卫市沙坡头区城市生态与环境保护规划》编制费事宜、2016 年置换债券资金使用意见事宜、拨付政府筹备领导小组办公室办公经费事宜。副组长唐兴武、邹斌、唐亮、李伏荣、张振宇出席，相关区领导应邀参加，相关部门负责人列席会议。

【区政府筹备领导小组第四次常务会议】 2016 年 6 月 17 日，组长童刚主持召开。传达学习《中卫市精准脱贫工作问责办法（试行）》《中卫市党员干部改革创新干事创业容错免责实施办法（试行）》《关于加强乡镇建设的若干意见》，研究扶贫办关于对2014—2015年结余扶贫资金进行整合并实施新扶贫项目的请示、扶贫办关于调整2016年整村推进脱贫销号村的请示，审定《兴仁镇泰和村、团结村整村推进脱贫考核销号实施方案（送审稿）》，研究司法局关于拟上报的市“六五”普法先进集体和先进个人名单的请示、常乐镇关于拨付康乐生态移民区土地租金的请示、财政局关于乡镇使用闲置校产建设文化广场审批手续的请示、政府筹备领导小组办公室关于拨付办公设备、电梯等支出资金的请示、区委组织部关于拨付乡镇换届选举和“两学一做”学习教育工作经费的请示、区委组织部关于拨付《中卫日报·沙坡头区周刊》版面余款的请示、永康镇烟花爆竹爆燃事故的情况汇报。副组长唐兴武、李伏荣、张振宇、金芳出席，相关区领导应邀参加，相关部门负责人列席会议。

【区政府筹备领导小组第五次常务会议】 2016年6月28日，组长童刚主持召开。审议《政府筹备领导小组工作报告（送审稿）》《中卫市沙坡头区国民经济和社会发展第十三个五年规划纲要（草案）（送审稿）》《中卫市沙坡头区2016年国民经济和社会发展计划（草案）（送审稿）》《中卫市沙坡头区2016年财政预算（草案）报告（送审稿）》，研究司法局关于上报市“守法好公民”名单的请示、文化体育和计划生育局关于拨付沙坡头区“红歌大家唱”庆祝建党95周年“万人红歌唱”比赛经费的请示、建设交通局关于拨付沙坡头区政府办公楼外墙保温及外立面粉刷项目资金的请示、区党工委办公室关于拨付办公楼维修、机关餐厅改造、公寓财产采购资金的请示、政府筹备领导小组办公室关于拨付机关餐厅运行费用的请示。副组长唐兴武、唐亮、李伏荣、张振宇、金芳出席，相关区领导应邀参加，相关部门负责人列席会议。

【区政府筹备领导小组第六次常务会议】 2016年7月18日，组长童刚主持召开。传达学习自治区代主席咸辉在自治区第六十七次常务会议上的讲话精神，研究调整沙坡头区人民政府筹备领导小组组长、副组长工作分工事宜，听取沙坡头区上半年安全生产工作情况及下半年工作措施的汇报，审定《沙坡头区2016年八一建军节走访慰问活动方案（送审稿）》、常乐镇康乐移民区《农牧光伏扶贫项目合作框架协议（草案）》、宣和镇敬农移民区与夏华集团签订的《养殖合作协议（草案）》，研究宣和镇关于减免敬农生态移民区生产用水水费的请示、建设交通局关于拨付沙坡头区建设交通局等8个部门办公楼维修改造项目资金的请示、农业和科技委员会关于解决沙坡头区2016年度动物疫病采样监测经费的请示、文昌镇关于拨付双桥棚户区改造项目工程建设前期费用的请示。副组长唐兴武、邹斌、唐亮、李伏荣、张振宇、金芳、刘宏阳出席，相关区领导应邀参加，相关部门负责人列席会议。

【区政府第一次常务会议】 2016年8月4日，区长童刚主持召开。传达学习自治区代主席咸辉在自治区政府第五次全体（扩大）会议上的讲话精神，研究各乡镇、部门2016年效能目标管理职能目标任务及评分标准，审定《沙坡头区农村产权流转服务工作方案（送审稿）》《沙坡头区“十三五”易地扶贫搬迁安置建设方案（送审稿）》等方案，研究迎水桥镇关于拨付鸣沙村房屋改造提升工程项目资金的请示、建设交通局关于拨付沙坡头区政府办公楼亮化工程资金的请示、区委政法委关于解决沙坡头区矛盾纠纷排查手机APP项目开发资金的请示。副区长唐兴武、唐亮、李伏荣、张振宇、金芳、刘宏阳出席，相关区领导应邀参加，相关部门负责人列席会议。

【区政府第二次常务会议】 2016年9月1日，区长童刚主持召开。听取建设交通局1—8月工作汇报，审定沙坡头区政府各部门责任清单、《沙坡头区农村电子商务筑梦计划实施方案（送审稿）》，研究镇罗镇关于拨付2016年自治区观摩点镇罗沿线环境卫生综合整治工程资金的请示，审定《沙坡头区兴仁镇农村成灾房屋改造方案（送审稿）》。副区长唐兴武、李伏荣、张振宇、金芳、刘宏阳出席，相关区领导应邀参加，相关部门负责人列席会议。

【区政府第三次常务会议】 2016年9月21日，区长童刚主持召开。审定《中卫市沙坡头区2016年“扶贫到户 责任到人”扶贫攻坚实施方案（送审稿）》《沙坡头区第四排水沟农田排灌水及污水分离建设项目房屋征收及补偿安置方案（送审稿）》，研究建设交通局关于拨付沙坡头区农村环境卫生整治示范区墙体粉刷及砌墙补助资金的请示、农科委关于拨付沙坡头区2016年春季造林绿化项目资金的请示、农科委关于实施沙坡头区农产品质量安全检验检测站及水质检测中心项目的请示、政府办公室关于拨付发改局等部门（单位）增配办公设施设备经费的请示、关于实施兴仁镇标准化文化服务中心和镇司法所项目的请示、司法局关于拨付沙坡头区来访群众接待大厅建设资金的请示、区委办关于拨付办公设备及餐厨设备购置剩余资金的请示、宣传部关于拨付沙坡头区人民政府成立专题片制作及党代会宣传等经费的请示。副区长唐兴武、李伏荣、张振宇、金芳、刘宏阳出席，相关区领导应邀参加，相关部门负责人列席会议。

【区政府第四次常务会议】 2016年10月21日，区长童刚主持召开。传达学习咸辉在安全生产专题会议上的讲话精神，审定《关于进一步加强招商引资工作实施方案（送审稿）》，研究常乐镇关于办理两处闲置校产建设村级群众文化广场审批手续的请示、文体计生局关于申报计划生育四星级乡镇的请示、永康镇2016年农业一二三产业发展项目补助资金的请示、永康镇关于拨付2·13烟花爆燃事故伤者后续治疗费用的请示、社保局关于进一步提高重点优抚对象抚恤待遇和门诊补助标准的请示、政府办关于拨付办公设备购置资金及管理运行费用的请示、关于拨付沙坡头区消防大队配置办公家具资金的请示、建设交通局关于拨付沙坡头区乡村建设规划试点编制工作经费的请示、农科委关于拨付沙坡头区一二三产业融合发展示范县等项目编制实施方案，制作视频费用的请示、农科委2016年冬季应急设施蔬菜开发试点项目补助资金使用事宜、农科委关于拨付沙坡头区林地变更调查工作经费的请示。副区长唐兴武、李伏荣、张振宇、金芳、刘宏阳出席，相关区领导应邀参加，相关部门负责人列席会议。

【区政府第五次常务会议】 2016年11月7日，区长童刚主持召开。传达学习中共中央办公厅国务院办公厅印发的《信访工作责任实施办法》、中共中央办公厅 国务院办公厅印发的《关于完善农村土地所有权承包权经营权分置办法的意见》，研究《建设交通局等八部门办公楼维修及西大门改造项目建设方案》、区气象局关于拨付气象职工地方津补贴等经费的请示、东园镇关于拨付宁钢大道环境整治资金的请示、柔远镇关于拨付广汇大道镇靖段房屋拆迁逾期安置补偿费的请示，审定《发改局关于研究处理60万吨/年以下煤矿分类处理意见的函》，研究兴仁镇关于解决109国道改造项目受损房屋补偿资金的请示、机关事务局关于拨付各项补助资金的请示。副区长唐兴武、李伏荣、张振宇、金芳、刘宏阳出席，相关区领导应邀参加，相关部门负责人列席会议。

【区政府第六次常务会议】 2016年11月23日，区长童刚主持召开。审定《沙坡头区2014、2015年已脱贫建档立卡贫困户财政专项扶贫资金使用方案（送审稿）》，研究扶贫办关于变更香山乡米粮川移民安置区水利工程部分建设内容的请示、扶贫办关于变更敬农移民区海和村养殖园区道路工程建设内容的请示、扶贫办关于为兴仁镇泰和村肉牛养殖互助联社设立定向担保基金的请示、扶贫办关于变更2016年沙坡头区整村推进项目建设内容的请示、综合执法局关于成立沙坡头区安全生产委员会的请示、组建沙坡头区政府融资平台事宜，审定《沙坡头区“六五”普法总结暨“七五”普法动员大会筹备方案（送审稿）》《关于在全区公民中开展第七个五年法治宣传教育深入推进依法治区进程的实施意见(送审稿)》《关于深入开展第七个五年法治宣传教育的决议(草案)》,研究宣和镇关于拨付养殖园区门房管理费用及新增防疫员工资的请示、区委宣传部关于拨付自治区县域经济观摩专题片制作、宣传报道及区委中心组理论学习书籍经费的请示、政府办关于拨付沙坡头区人民政府电子政务外网费用的请示。副区长唐兴武、李伏荣、张振宇、刘宏阳出席,相关区领导应邀参加,相关部门负责人列席会议。

【区政府第七次常务会议】 2016年12月1日,区长童刚主持召开。传达全国、全区安全生产电视电话会议精神、中卫市第四次党代会精神,审议《2016年财政预算执行情况及2017年财政预算(草案)报告(送审稿)》《沙坡头区2016年国民经济和社会发展计划执行情况与2017年国民经济和社会发展计划草案的报告(送审稿)》《沙坡头区一届人大一次会议代表建议办理情况的报告(送审稿)》《政府工作报告(送审稿)》。副区长唐兴武、李伏荣、张振宇、金芳、刘宏阳出席,相关区领导应邀参加,相关部门负责人列席会议。

【区政府第八次常务会议】 2016年12月12日,区长童刚主持召开。研究审计局关于实行"八不准"审计纪律的请示,研究审定沙坡头区第二排水沟整治及二干渠砌护改造工程立项事宜,研究农科委关于拨付沙坡头区2016年高效节水灌溉项目占地补偿费用的请示、扶贫办关于"十三五"易地搬迁安置征地提前解除土地租种协议补偿费的请示、扶贫办关于设立财政扶贫资金账户的请示、扶贫办关于兴仁镇泰和村移民压砂地建设项目的请示、迎水桥镇关于拨付迎接中央第八环保督查组环保问题整改及环境整治资金的请示、迎水桥镇关于拨付杨渠村三排水沟南坡路建设项目房屋征收补偿资金的请示、镇罗镇关于拨付永久性蔬菜大棚建设资金的请示、财政局关于拨付宁钢大道、广汇大道及东扩路绿化带占地租金的请示、柔远镇关于利用镇靖村闲置学校建设群众文化广场的请示、东园镇关于划转郑口村小学建设文化广场的请示。副区长唐兴武、唐亮、李伏荣、张振宇、金芳出席,相关区领导应邀参加,相关部门负责人列席会议。

【区政府第九次常务会议】 2016年12月27日,区长童刚主持召开。传达学习自治区党委十一届九次全会及经济工作会议精神、自治区宗教工作会议精神,审定《沙坡头区全民健身计划2016—2020年(送审稿)》,研究《2017年"两节"期间开展群众文化体育活动实施方案(送审稿)》及经费预算,审定《中卫市沙坡头区2016年草原生态保护补助奖励机制实施方案(送审稿)》,研究沙坡头区2017年"两节"慰问事宜、兴仁镇关于拨付原蒿川乡2012年农房改造补助资金的请示、迎水桥镇关于拨付第四排水沟农灌水和污水分离工程房屋征收货币补偿资金的请示。副区长唐兴武、李伏荣、张振宇、刘宏阳出席,相关区领导应邀参加,相关部门负责人列席会议。

·政府法制·

【依法行政】 起草《中卫市沙坡头区法治政府建设工作方案(2016—2020年)(征求意见稿)》及《沙坡头区人民政府重大行政决策听取意见制度》《沙坡头区人民政府重大行政决策决策动议制度》《沙坡头区人民政府重大行政决策公众参与制度》《沙坡头区人民政府重大行政决策专家论证制度》《沙坡头区人民政府重大行政决策风险评估制度》《沙坡头区人民政府重大行政决策合法性审查制度》等重大行政决策合法性审查制度,征求各部门意见。对社会涉及面广、与人民群众利益密切相关的决策事项,及时向社会公布,或通过座谈会、听证会、论证会等形式广泛听取意见,保障广大群众对政府重要决策的知情权、参与权和监督权。对全区重大行政决策执行情况的跟踪、调查与反馈,提高决策的科学性和民主性,区政府探索建立行政决策后评价制度。对各乡镇,区直各部门行政复议、行政诉讼案件及涉法性事务办理情况摸底调查，起草建立沙坡头区法律顾问室工作方案，组织筹备法律顾问室建设工作。

【规范性文件】 制定《沙坡头区规范性文件制定程序和备案规定》，明确以区政府或以区政府办公室名义出台的规范性文件，必须经区政府法制办进行合法性审核后，才能提交区政府常务会议讨论。坚持规范性文件专人审核和重大疑难问题集体讨论制度，把好行政许可、行政收费和行政处罚这三个关口，坚持权力与责任挂钩，权力与利益脱钩，力求文件内容具体明确，具有可操作性，从源头上保障政府行政行为的合法性。

【领导学法制度】 制定《沙坡头区人民政府法律学习例会制度》，加强区领导干部的法治教育。各乡镇、各部门也建立健全干部学法制度。

【梳理出台权责清单】 对沙坡头区直 10 个部门（单位）830 项权力清单进行梳理，报请市政府法制办进行合法性审查，经区政府第 2 次常务会议研究通过，并在沙坡头区党建网上公布。

·政务服务·

【概况】 沙坡头区政务服务中心 2016 年 8 月成立，是沙坡头区人民政府直属正科级事业单位，是区政府为进一步转变政府职能，推行政务公开，深化行政审批制度改革，规范政府行为，强化便民服务，加快推进经济社会发展的重要载体，是全面贯彻实施《行政许可法》、面向社会集中办理行政审批及服务事项的机构和场所。核定事业编制 10 名，领导职数为主任 1 名、副主任 2 名，承担着政务服务各项工作任务的落实。沙坡头区 11 个乡镇都建设有规范化民生服务中心，分别设置民政救助、住房保障、社保医保、综合服务等 6 个岗位。181 个村居（166 个行政村、15 个社区居委会），共建成为民办事全程代办点 181 个，配置电脑、高拍仪、服务终端等设备。乡镇民生服务中心机构名称、机构标志、服务标准达到上下统一。11 个乡镇民生服务中心、155 个行政村联通政务外网，形成以沙坡头区政务服务中心为重点，乡镇民生服务中心为依托，村（社区）为民办事全程代办点为基础，上下衔接的便民服务网络。

【制度保障】 2016 年，按照“便民、高效、廉洁、规范”的工作要求，建立健全《政务中心联系窗口工作制度》等 5 项制度，制订印发沙坡头区人民政府办公室《关于推进相对集中行政审批及公共服务事项改革试运行的通知》等，完善各类便民服务措施，简化办事程序，缩短办事周期，提高办事效率。

【网上办事】 2016 年，审核 11 个部门梳理出的 835 项权力清单，规范、修改，梳理出责任事项 830 项（包括公共责任事项 10 项），具体责任事项 6142 项，追责情形 8766 项，担责方式 5181 项。推广“政务云”工作，依托自治区“政务云”平台，对 54 项行政审批事项和 27 项公共便民服务事项初始化信息进行梳理。制订印发《沙坡头区深化行政审批制度改革加强事中事后监管的实施方案》，形成部门（单位）联动、社会齐抓共治的监管格局。

【群众满意度测评】 2016 年，对政务服务中心前来办事的群众进行问卷调查，将问卷下发 11 个乡镇部门的政务服务中心窗口，由社区群众参与问卷调查。参与问卷调查共 500 人，收回 496 份，问卷调查统计结果表明，群众对政务服务中心满意度较高。

【窗口标准化建设】 2016 年，沙坡头区政务服务中心在中卫市政务服务大厅设置便民服务窗口 6 个，其中：公安窗口 3 个，业务窗口 3 个，配备 6 名工作人员，配备电脑、打印机、高拍仪等办公设施设备，分别开展居民异地身份证和临时身份证的办理、项目备案审批受理、环保项目、建设项目受理、民生服务、农业产地检疫、水产、林木、种子生产经营许可等业务。制定《中卫市沙坡头区乡镇民生服务中心窗口标准化设置及工作职责》《中卫市沙坡头区乡镇民生服务中心办事指南及办事流程》。硬件设施功能齐全。

【基层政务服务】 2016 年，对沙坡头区 54 项行政审批事项和 27 项公共便民服务事项初始化信息进行梳理，明确乡镇民生服务中心的工作职责，规范办事指南及办事流程，督导乡镇和村（社区）做好为民办事全程代理工作，督导社区做好为特殊人群提供审批服务事项代办和有关事项的入户核查工作。

【行政审批事后监管】 根据《中卫市深化行政审批制度改革加强事中事后监管的意见》，对行政审批许可项目逐项进行规范，加强事中事后监管。推进相对集中行政审批及公共服务事项改革，按照“一个中心（大厅）受理、一站式审批、一条龙服务、一个窗口收费”运行模式，办理行政审批和各类民生服务事项。

【监督考核】 落实首问负责制、首办负责制、一次性告知制等制度。在政务大厅设立行政效能投诉中心、意见箱等，将政务大厅“窗口”置于服务对象的监督之下。依托市政务中心实施电子平台全程监察、中心主任不定期督察、管理人员适时巡察的“三察联动机制”，强化日常管理，坚持月度考核、季度通报制度。

·信 访·

【概况】 2015 年，沙坡头区信访总量 291 批 1112 人次，同比批次下降 29%、人次下降 11%。进京非访 26 批 56 人次，同比批次上升 50%、人次下降 32%。全年没有发生 50 人以上到自治区集体访，到区初信初访办结率 100%，实现“两会”等重大节点期间“零非访”目标。2016 年，沙坡头区信访总量 359 批 1000 人次，同比批次上升 23.4%、人次下降 10.1%。进京非访 15 批 15 人次，同比批次、人次分别下降 42%和 73%。全年没有发生 50 人以上到自治区集体访，到区初信初访办结率 100%，各项约束性指标均未突破自治区规定。

【机制建设】 2015 年，建立领导干部周接访制度、包案化解制度和稳控责任制度，严格落实重点信访人员包案责任制、动态管控制、失控通报制、信访专报制等制度，切实压实信访责任，构建人人抓信访的格局，切实减少非访的发生。实行各乡镇驻京工作人员劝返轮换机制，进一步加强驻京劝返工作组力量，年内成功劝返进京上访人员 28 人次。2016 年，成立沙坡头区司法局，加挂信访督办局牌子，将司法行政和信访工作相结合，狠抓工作结合点，力求工作相长，深入开展法治宣传，实现信访人由信“访”到信“法”转变，充分发挥人民调解员职能，促进信访矛盾纠纷排查调处化解，有效提升律师监管力度，引导律师和基层法律工作者介入涉法信访的代理申诉和化解。出台《沙坡头区领导干部接访十条规定》《沙坡头区信访工作责任目标考核细则》《沙坡头区关于派驻北京劝返工作组的通知》等文件，从责任、制度、奖惩等层面强化信访工作。

【网上信访】 2015 年，按照《中卫市网上信访信息系统网络互联工作方案》要求，依托电子政务平台，将自治区网上信访信息系统纵向联通到沙坡头区各乡镇，横向联通到各部门（单位）。沙坡头区 11 个乡镇，10 个部门都完成互联互通任务，群众来访、来信、网上信访及国家、自治区、中卫市信访局交办的信访事项全部在网上办理。年内网上办理信访 269 件，其中上级转办 143 件，办结 138 件，办结率达 96.5%。2016 年，规范网上信访录入，按照《中卫市信访事项规范化办理集中攻坚活动实施方案》要求，按照方案步骤，严把时间节点，认真落实攻坚任务，将各项信访事项全部录入信访信息系统，要求责任乡镇、部门在规定时限内办理完毕，书面答复信访人，将答复意见和送达回执等相关证据材料全部录入网上信访系统。对筛查出的 2012 年至 2016 年 725 件“问题属地”信访件，一对一进行整改。严督不规范问题，安排专人，每天对登记录入网上信访件进行排查，发现问题，要求责任乡镇、部门限期整改，对即将到期信访事项提前一周督促责任乡镇、部门办理。2016 年，沙坡头区责任乡镇、部门及时受理率 100%，按期办结率 100%，群众满意率

97.86%，参评率 50%。

【规范办理环节】 2015 年，规范信访工作活动，从受理、办理、督查督办、答复、送达、录入等各个方面、各个环节认真查找、整改 2015 年以来办理的信访事项中存在的不规范问题。2016 年，进一步理清 2015 年以来信访事项，将网上办理信访事项录入情况进行查漏补缺，对应录未录、录入不及时、录入不完整、办理流程不规范等问题进行整改，强化信访事项受理、转送交办、办理、送达、督查督办等关键环节的规定动作和刚性要求。按照《中卫市信访工作规范程序》，进一步明确接访受理、协调办理、督查督办、复查复核、答复送达和网上录入 6 个方面、18 个关键环节的工作职责、工作任务、工作措施，建立信访工作规范化管理长效机制。

【矛盾纠纷排查化解】 定期召开信访形势研判会，分析信访形势，研究解决疑难信访问题，如有重大信访事项，随时召开会议进行研究。扎实开展由党工委包保乡镇领导牵头，各乡镇负责，各部门配合的信访矛盾纠纷排查化解专项活动，通过进村入户、主动登门，将排查出的重点信访人员逐一走访、全部见面。2015 年，加强全国“两会”、自治区“两会”、中阿博览会等重大节点矛盾纠纷排查，坚持信访“零报告”制度，先后开展矛盾纠纷排查 10 次，排查矛盾纠纷 2947 件，化解 2902 件，化解率 98.5%。2016 年，开展信访矛盾纠纷排查化解专项活动，对排查出的重点信访人员逐一走访、全部见面。排查信访矛盾纠纷 368 件，化解 352 件，化解率 95.6%。加强重大节会矛盾纠纷排查，坚持信访“零报告”制度，开展矛盾纠纷排查 6 次，重要节会“零非访”。

【信访积案化解】 2015 年，积极争取 300 万元信访维稳专项资金，加强重点人员、重要时间节点的信访稳控力度，调动乡镇稳控的积极性，扎实开展信访维稳和信访积案化解工作。化解永康镇 936 户群众光伏发电屋顶租赁费及入股分红等 19 件信访积案。2016 年，建立积案工作台账，完成自治区及中卫市交办的 15 件信访积案的网上信息系统录入工作，对每件积案建立工作台账，开展积案录入业务培训，利用一周时间到责任乡镇、部门进行一对一现场指导。落实压实积案化解责任，沙坡头区四套班子 24 名处级领导包抓包保梳理出的 50 件信访积案，抽调司法局（信访督办局）3 名领导干部包抓 3 个重点乡镇。成立由沙坡头区委督查室、政府督查室、司法局（信访督办局）工作人员组成的信访积案化解专项工作督查小组，全年开展五次督查工作，有效推动沙坡头区重点信访积案化解工作进度。7—9 月份开展信访积案化解集中攻坚行动，沙坡头区财政积极筹措资金 230 余万元，用于化解信访积案，化解国家信访局挂牌督办的信访案，化解应理新社区拆迁安置长达 5 年群体上访等信访积案。

【治理缠访闹访和进京非访】 2015 年，认真贯彻落实自治区、中卫市依法处理信访指导意见精神，加大对缠访、闹访、无理访等信访案件的依法打击力度，年内依法打击处理进京非访人员 38 人次，其中依法刑事拘留 7 人；治安拘留 24 人；追究刑事责任 1 人。2016 年，对进京“两访”人员逐一建立台账，做到“七个清楚”，即人员基本信息清楚、利益诉求清楚、处理情况清楚、包案领导清楚、责任单位清楚、责任人清楚、化解稳控措施清楚。贯彻落实自治区、中卫市依法处理信访指导意见精神，加大对缠访、闹访、无理访等信访案件的依法打击力度。

【设施建设】 2016 年，沙坡头区投资 120 余万元，建设沙坡头区群众来访接待大厅，按照大厅职能、机构设置等工作需求，从硬件配备、便民服务体系建设、接待人性化等方面着手，力争让来访群众在优质的环境中享受“一站式受理、一条龙办理、一揽子解决”，架起沙坡头区政府了解群众意愿、解决群众诉求的桥梁。

（高源君　刘霄　闫素香　孟庆涛）

政协中卫市沙坡头区委员会

·重要会议·

【区一届一次全委会议】 2016年7月12—14日，中国人民政治协商会议中卫市沙坡头区第一届委员会第一次全体会议在中卫红宝宾馆召开，会议应出席政协委员115人，实出席政协委员110人，政协中卫市沙坡头区委员会筹备领导小组组长刘希宁主持会议并作《肩负新使命 谋求新发展 努力开创沙坡头区政协工作新局面》的工作报告。会议听取和审议沙坡头区政协筹备领导小组工作报告；列席中卫市沙坡头区第一届人民代表大会第一次会议，听取沙坡头区人大筹备领导小组工作报告，听取并讨论沙坡头区人民政府筹备领导小组工作报告、沙坡头区法院工作报告、沙坡头区检察院工作报告；通过沙坡头区政协一届一次会议《选举办法》，选举刘希宁为政协中卫市沙坡头区第一届委员会主席，选举梁清江、江红霞、张巨才为副主席，选举政协中卫市沙坡头区第一届委员会常务委员25名；审议通过沙坡头区政协筹备领导小组工作报告的决议、政协中卫市沙坡头区第一届委员会提案审查委员会关于提案审查情况的报告、政协中卫市沙坡头区第一届委员会第一次会议政治决议和沙坡头区政协2016年协商计划。

【区一届二次全委会议】 2016年12月6—8日，中国人民政治协商会议中卫市沙坡头区第一届委员会第二次全体会议在中卫红宝宾馆召开，会议应出席政协委员115人，实出席政协委员108人，沙坡头区政协主席刘希宁主持会议并作工作报告。会议听取和审议政协中卫市沙坡头区第一届委员会常务委员会工作报告、政协中卫市沙坡头区第一届委员会常务委员会提案工作报告；列席中卫市沙坡头区第一届人民代表大会第二次会议，听取沙坡头区人民政府工作报告、沙坡头区人大常委会工作报告、沙坡头区法院工作报告和沙坡头区检察院工作报告；审议通过沙坡头区政协2017年度协商计划、沙坡头区政协提案委员会关于一届二次会议提案审查情况的报告、政协中卫市沙坡头区第一届委员会第二次会议决议。

【区一届一次常委会议】 2016年8月8日，沙坡头区政协在沙坡头区政府五楼中间会议室召开政协中卫市沙坡头区第一届委员会第一次常务委员会会议，沙坡头区政协主席刘希宁主持会议，会议应出席政协常委25人，实出席21人。会议传达学习习近平总书记来宁视察重要讲话精神、自治区党委第十一届委员会第八次会议精神；通报《沙坡头区政协主席会议工作规则》；审议通过《沙坡头区政协2016年工作要点》《沙坡头区政协常委会议工作规则》《沙坡头区政协专门委员会工作规则》《沙坡头区政协委员履职考核办法》《沙坡头区政协提案工作办法》《“服务中心聚焦民生政协委员在行动”活动方案》，审议通过李福华为政协办公室主任、刘剑宁为政协提案和经济委员会主任。

【区一届二次常委会议】 2016年11月21日，沙坡头区政协在沙坡头区政府五楼中间会议室召开政协中卫市沙坡头区第一届委员会第二次常务委员会会议，沙坡头区政协主席刘希宁主持会议，会议应出席政协常委25人，实出席21人。会议传达学习中共十八届六中全会精神；审议通过《政协中卫市沙坡头区委员会关于认真学习宣传贯彻中共十八届六中全会精神的通知》《沙坡头区脱贫攻坚工作调研报告》《沙坡头区设施蔬菜和经果林产业发展情况调研报告》《沙坡头区美丽乡村建设工作调研报告》《沙坡头区矛盾纠纷排查化解工作情况调研报告》；征集沙坡头区政协2017年协商议题。

【区一届三次常委会议】 2016年12月6日，沙坡头区政协在沙坡头区政府五楼中间会议室召开政协中卫市沙坡头区第一届委员会第三次常务委员会会议，沙坡头区政协主席刘希宁主持会议，会议应出席政协常委25人，实出席23人。会议审议通过《沙坡头区政协一届二次会议议程》《沙坡头区政协一届二次会议日程》《政协中卫市沙坡头区第一届委员会常务委员会工作报告和提案工作报告报告人建议名单》《沙坡头区政协一届二次会议提案审查委员会名单》《沙坡头区政协一届二次会议讨论分组及召集人名单》；讨论《政协中卫市沙坡头区第一届委员会常务委员会工作报告》《政协中卫市沙坡头区第一届委员会常务委员会提案工作报告》《沙坡头区政协2017年度协商计划（草案）》。

【区一届四次常委会议】 2016年12月8日，沙坡头区政协在中卫红宝宾馆九楼西区5号会议室召开政协中卫市沙坡头区第一届委员会第四次常务委员会会议，沙坡头区政协主席刘希宁主持会议，会议应出席政协常委25人，实出席25人。会议审议通过《沙坡头区政协2017年度协商计划（草案）》《沙坡头区政协提案委员会关于一届二次会议提案审查情况的报告（草案）》《沙坡头区政协一届二次会议决议（草案）》。

·视察调研·

【脱贫攻坚工作调研】 2016年8月22—24日，沙坡头区政协组织部分政协委员组成两个调研组，分别到辖区宣和镇、兴仁镇、香山乡等5个镇乡11个生态移民区对沙坡头区脱贫攻坚工作进行专题调研。针对脱贫攻坚工作机制不完善、特色产业不明显、脱贫攻坚合力不足、宣传氛围不浓、就业渠道狭窄等问题提出如下建议：1. 完善工作机制，建立属地管理、动态管理、达标退出的工作机制；2.合力攻坚克难，整合特色农业发展、“一事一议”等项目资金，打好项目“组合拳”；3.培育特色产业，实施项目带动工程，完善“订单式”“定向式”培训模式，进行定向岗位技能培训强化；4.加强宣传教育，打破“等、靠、要”思想观念，拔掉思想上的“穷根”。

【设施蔬菜和经果林产业发展情况调研】 2016年8月30日，沙坡头区政协组织21名政协委员到辖区东园镇、柔远镇、镇罗镇永久性蔬菜基地及永康镇苹果低产园树体改造示范基地、沙坡头区苹果矮化密植科技示范园对沙坡头区设施蔬菜和经果林产业发展情况进行专题调研。针对设施蔬菜存在市场流通体系不够健全、蔬菜品种多乱杂、产业化组织规模小、标准化生产机制不完善等问题提出如下建议：1.加大资金扶持和技术人才支持；2.优化蔬菜品种引进；3.健全标准化规范生产机制；4.加快市场流通体系建设。围绕经果林苹果产业方面果品无主打品牌、缺少统一命名和政策资金技能支持等问题提出如下建议：1.加大资金扶持和林业技能人才支持；2.优化管理形成规模；3.打造品牌促进发展；4.提升标准化规范生产机制。

【中小企业发展情况视察】 2016年9月19日，沙坡头区政协组织部分政协委员先后到宁夏南山阳光果业公司、宁夏万齐农业发展集团、宁夏香岩集团等8家企业进行观摩，详细了解企业生产经营、技术创新、产品研发、发展项目及沙坡头区相关产业发展情况。围绕如何解决中小企业发展面临的问题和制约瓶颈，提出如下建议：企业界政协委员要立足本地优势，挖掘企业潜力，瞄准行业水平，紧盯市场需要，树立绿色科技发展理念，加强链条延伸、技术更新、品牌打造、人才培养、标准化和生态化生产，努力把企业做强、做优、做精，做成产业龙头示范带动企业，全力助推沙坡头区经济又好又快发展。

【美丽乡村建设情况调研】 2016年9月20—21日，沙坡头区政协主席刘希宁带领11名政协委员到辖区宣和镇、常乐镇等乡镇及美丽村庄示范点，对沙坡头区美丽小城镇及美丽村庄建设情况进行专题调研。刘希宁强调：调研的目的在于通过民主协商，凝聚社会各方共识，建好言、献好策，共同帮助和促进沙坡头区美丽乡村建设更好发展。针对工作中存在的问题提出如下建议：1. 坚持规划引领，优化乡村布局；2.广泛宣传引导，赢得群众支持；3.突出项目带动，拓宽筹资渠道；4.加强环境整治，建立长效机制；5.部门协调联动，增强工作合力。

【矛盾纠纷排查化解工作情况调研】 2016年10月18—19日，沙坡头区政协组织部分政协委员、各乡镇综治维稳工作负责人到辖区柔远镇、宣和镇、永康镇矛盾调处中心及滨河镇中山社区对沙坡头区矛盾纠纷排查调处工作情况进行专题调研。针对沙坡头区矛盾纠纷调处机制不健全、源头化解不及时、宣传引导不到位、依法惩处力度不够、综治组织建设薄弱等问题提出如下建议：1.建立健全机制，确保大调解工作机制运转顺畅；2.加大资金投入，强化工作人员培训，提升矛盾纠纷调处化解队伍工作能力；3.强化思想教育，引导群众依法诉求；4.加大依法惩处，严厉打击非访行为；5.注重源头治理，严把化解第一关口。

·专门委员会工作·

【政协办公室】 2016年，筹备召开沙坡头区政协一届一次全委会议、一届二次全委会议，完成会议工作报告、领导讲话、会议材料、会务材料、会议文件起草及会议会刊编印，审核大会发言18篇；筹备召开4次常委会议、5次主席会议、开展4次专题调研、2次观摩学习；起草制定《中国人民政治协商会议中卫市沙坡头区委员会常务委员会工作规则》《中国人民政治协商会议中卫市沙坡头区委员会主席会议工作规则》《中国人民政治协商会议中卫市沙坡头区委员会专门委员会工作规则》《中卫市沙坡头区政协委员履职考核办法》及《沙坡头区政协机关学习制度》《沙坡头区政协机关工作人员考核管理办法》等制度；完成《沙坡头区政协常委会2016年工作要点》《沙坡头区政协常委会2017年工作要点》及落实工作要点“五定”方案等日常文件、文字材料的起草、审核、校对、编印；建立政协委员微信群、政协信息发送平台，及时发布政协工作动态；编发《政协信息》12期，在《人民政协网》《华兴时报》《中卫日报》等媒体发表理论文章及新闻稿件14篇；扎实开展沙坡头区政协“两学一做”学习教育，组织机关干部集中学习46次，开展专题研讨活动5次；统筹开展区政协机关党的建设、党风廉政建设、精神文明建设、财务管理、委员履职管理等工作。

【提案和经济委员会】 2016年，对沙坡头区设施蔬菜和经果林产业发展情况、美丽乡村建设情况进行专题调研，形成《沙坡头区设施蔬菜和经果林苹果产业发展情况调研报告》《沙坡头区美丽乡村建设工作调研报告》；共收政协提案118件，立案59件；整理报送社情民意7件；完成沙坡头区政协一届一次全委会议、一届二次全委会议提案参考选题的调研起草，有关提案审查情况报告和工作报告撰写以及《提案分类目录》《提案汇编》整理；确定沙坡头区政协领导督办的3件重点提案筛选工作；完成《沙坡头区政协2016年协商计划》《沙坡头区政协2017年度协商计划》《中国人民政治协商会议中卫市沙坡头区委员会提案工作办法》起草。

【社会和法制委员会】 2016年，对沙坡头区脱贫攻坚和矛盾纠纷排查化解工作情况进行专题调研，形成《沙坡头区脱贫攻坚工作调研报告》《沙坡头区矛盾纠纷排查化解工作调研报告》；组织政协委员参与沙坡头区民主评议部门政风行风座谈会7场，填写民主测评表28份，填写调查问卷109份，提出意见建议36条；配合办公室完成沙坡头区政协一届一次全委会议、一届二次全委会议会前政协委员相关知识培训及大会各项服务保障工作。

·重要活动·

【开展“服务中心聚焦民生政协委员在行动”活动】 沙坡头区政协成立后，组织政协委员开展“服务中心聚焦民生政协委员在行动”活动。围绕“精准扶贫”和“城乡社区大讲堂”主题组建6个活动小组，在辖区生态移民村和部分城乡社区中开展扶贫帮困、种养殖技术培训、政策法律宣讲等活动。

【青岛光伏农业产业发展情况考察】 2016年8月4日，沙坡头区政协主席刘希宁，沙坡头区委常委、副区长邹斌，常乐镇纪委书记王宏涛一行三人前往青岛昌盛日电太阳能科技股份有限公司进行实地考察，并就该公司在沙坡头区常乐镇康乐移民区投资建设光伏农业产业园区项目事宜与公司主要负责人进行洽谈。

【贺兰县电商发展情况考察】 2016 年 9 月 28 日，沙坡头区政协组织经济、科技、工商联等界别 20 名政协委员参观贺兰县宁浙电商创业园、银川电商物流园、阿里农村淘宝实体店，考察了解贺兰县电商发展情况。针对沙坡头区电商发展缺乏顶层设计和系统规划、人才培养引进困难、扶持鼓励政策单一、缺乏行业服务管理组织等问题提出如下建议：1.尽快制订沙坡头区电商发展规划，明确发展方向、定位；2.制定和出台相关扶持政策，加强对电商企业人才引进、物流配送、旗舰体验店建设等方面支持力度；3.成立电商管理服务机构，做好协调服务工作；4.按照“一乡一业、一村一品”的要求，大力发展特色农产品，进一步提升农产品标准化生产程度和品牌知名度。(宫峥)

法治建设

社会治理

【概况】 规范乡镇综治维稳中心，构建“大调解”工作体系。2015年，排查各类矛盾纠纷2947件，化解2902件，化解率达98.5%。2016年，排查出各类矛盾纠纷1990件，化解1980件，化解率达99.5%。制定《2016年沙坡头区毒品重点地区整治实施方案》等专项工作方案，推进社会治安重点地区整治。查处治安事件1158起、破获刑事案件858起、侵财类案件755起、毒品刑事案件27起。对16名“法轮功”邪教人员进行治安和刑事拘留，打击有组织犯罪团伙4个共15人，抓获涉案犯罪嫌疑人291人，抓获网上逃犯54人，现发命案侦破率100%。指导城区30所学校完成一键通报警系统安装工作，对治安重点辖区文昌、滨河增加警力，设置30条必巡防线和40个必巡点，巡逻力量共救助群众80余人次，现场调解处理案件388起，抓获各类违法犯罪嫌疑人89名。

【信访维稳】 2015年，开展专项整治，制订沙坡头区《关于在党的群众路线教育实践活动中开展“信访积案化解及规范化管理”专项整治行动的实施方案》，对涉及沙坡头区的35件信访积案分六个方面进行梳理排查，化解34件，化解率97%。推动信访事项及时就地解决，办理网上信访件139件，网上信访系统初见成效。制定《沙坡头区关于加强信访工作的实施意见》，对6名上访人启动信访案件终结程序，召开听证会6场，按终结程序完成终结。依法处置无理缠访闹访行为，依法处理54人。2016年，建立领导干部周接访制度、包案化解制度和稳控责任制度，落实重点信访人员包案责任制、动态管控制、失控通报制、信访专报制、信访联席会议等制度，切实压实信访责任，构建人人抓信访的格局。年内有效预防重点信访人员29批78人次，成功劝返进京上访人员32人次，减少非访发生。开展由区委、政府各包乡镇领导牵头，乡镇负责，部门配合的信访矛盾纠纷排查化解专项活动和重大会议、重要节点零报告制度。开展矛盾纠纷排查6次，排查信访矛盾纠纷368件，化解352件，化解率95.6%，重要节会实现“零非访”。实行信访积案四套班子领导包保化解责任制，梳理出50件历年信访积案，化解30件，其中：涉法涉诉8件，重点信访问题13件。积极争取50万元信访维稳专项资金，加强重点人员、重要时间节点的信访稳控力度。争取自治区专项资金121.5万元，化解重点信访问题6件。召开信访联席会议10次，区财政支持资金218.4万元化解信访积案。开展网上信访办理，年内网上办理信访事项359件1000人次，其中：来访登记326件967人次，网上投诉15件15人次，来信登记18件18人次。初信初访办结率为95%以上，进京非访15批15人次，未发生50人以上到自治区群体访事件，各项约束性指标均未突破自治区规定。网上信访工作受理率100%，按期办结率100%，群众参评率50%，群众满意率达到97.86%。

【平安建设】 2015年，邀请市委政法委领导对平安建设进行专题辅导2次，开展实地督查3次，召开平安建设推进会3次，下发平安建设通报2期。制定《2015年平安沙坡头区建设工作任务分工方案》，明确沙坡头区承担的33项工作任务，分解到8个相关部门和11个乡镇。开展社区戒毒康复工作，争取落实禁毒经费300万元，指导各乡镇建立社区戒毒康复中心10个、戒毒康复站42个。在镇罗工业园区三元中泰冶金有限公司和常乐科豪陶瓷有限公司建成吸毒人员“阳光工程”就业安置基地2个，先后安置吸毒人员50余人。建立吸毒宣传教育基地113个、宣传墙461米、宣传栏112个。打击传销工作，构建预防为主，打防并举、综合治理的工作格局，年内创建无传销社区(村)23个，查处取缔传销窝点32个，查办传销案件24起，遣散传销人员336人次。2016年，制订《沙坡头区2016年平安建设工作实施方案》《关于认真贯彻落实矛盾纠纷排查化解等7项重点工作的通知》《关于分解2016年平安建设工作任务的通知》，建立健全平安建设联席会议等制度。开展实地督查3次、电话督查6次，召开平安建设安排部署会1次、推进会3次，下发平安建设工作督查通报2期。

【铁路护路联防】 2015年，全面推行乡村护路承包责任制，落实承包人13名，承包治安复杂区段10处，重点部位1处，关键处所2处，涉及铁路45.67公里，年承包金额7万元。开展铁路护路安全宣传活动，在镇罗中学投资3.6万元建立爱车护路教育基地1处，定期组织辖区内各中小学校师生轮流观摩，并参与铁路安全承诺签字活动；在柔远小学开展以“珍爱生命、遵守法规、共筑平安铁路”为主题的爱路护路知识宣传教育活动；在中卫市十小举行捐赠仪式，向学校师生捐赠雨伞、手电筒等宣传用品。提升防控能力，投资2.2万元在中卫火车站安装5个高清探头，配合市交通局开展沙坡头区37个涵洞的积水抽排和除冰等工作。2016年，制定《2016年度沙坡头区铁路护路联防工作要点》和《2016年度沙坡头区铁路护路联防工作考核细则》，共续签承包人17名，承包治安复杂区段17处，重点部位37处，涉及铁路78.23公里；在东园镇、柔远镇、双渠村、高营村试点建立2个乡村护路工作中心和2个护路工作站。开展护路宣传活动，发放宣传资料7000余份，悬挂横幅19条，设立咨询点7个，摆放宣传展板24块，受教育群众达1万余人；开展迎接自治区铁路护路成立20周年系列活动，制作完成铁路护路组织成立20周年纪念册和专题宣传片。

【政法队伍建设】 2016年5月政法委成立后，充分发挥职能作用，加强政法队伍建设。督促政法各部门结合中心工作制订实施细则和学习计划，组织全体干警学党章、学《条例》、学业务，切实提高干警思想政治素质。开展防止干预司法活动“三个规定”(领导干部干预司法活动、插手具体案件处理的记录、通报和责任追究规定，司法机关内部人员过问案件的记录和责任追究规定，关于进一步规范司法人员与当事人、律师特殊关系人、中介组织接触交往行为的若干规定)和政法队伍建设“五查”活动，先后向政法部门发出督办通知5份，上报防止干预司法活动“三个规定”季度报表36份。未发现干警违法违纪和领导干部干预司法活动的情况。(田彦虎)

审 判

【概况】 2015 年，共受理各类案件 5508 件，其中：受理诉讼案件 3511 件，审结 3129 件，结案率 89.12%；受理执行案件 1997 件，执结 1691 件，执结率 84.68%。2016 年，共受理各类案件 6400 件，其中：受理诉讼案件 4162 件，审结 3733 件，结案率 89.69%；受理执行案件 2238 件，执结 1769 件，结案率 79.04%。

【审判执行】 2015 年，受理刑事案件 331 件，审结 302 件，结案率 91.24%。坚持惩防并举，打击严重危害社会治安的抢劫、强奸等暴力犯罪和多发性侵财犯罪，共判处 78 案 105 人；开展反腐败斗争，判处贪污、贿赂等案件 8 件 9 人；全面实施量刑规范化，适用规范化量刑 178 案 234 人；积极推进轻微刑事案件快速办理，共办理危险驾驶等 21 件轻微刑事案件，平均办案期限 8 天；坚持依法严惩犯罪与切实保障人权并重，为被告人指定辩护人 42 人次。受理民商事案件 3149 件，审结 2799 件，结案率 88.89%。化解各种纠纷争议，民商事案件调撤率 42.35%，非诉化解各类纠纷 350 件。受理行政案件 30 件，审结 27 件，结案率 90%。审查非诉行政执行案件 22 件，裁定准予执行案件 18 件，裁定不准予执行案件 1 件；执结非诉行政执行案件 11 件，标的 47.9 万元。完善工作措施，实行裁执分离，由副院长对终结执行程序的案件进行审批，坚决杜绝工作的随意性；开展清理执行积案、规范执行行为、反消极执行、集中执行等专项活动；实施法律赋予的执行手段，对拒不履行义务的被执行人司法拘留 158 人，纳入失信被执行人名单个人 269 人、法人 85 个，报送公安机关协查 179 人，采取强制措施 27 人；运用执行查控系统查询案件 2675 起，冻结资金 1240.86 万元，划拨 1183.36 万元，查封车辆 112 台，房产 146 套。2016 年，严格执行新修订的刑事诉讼法，依法严惩严重危害社会治安的犯罪，坚决维护国家安全和社会稳定；依法严惩腐败犯罪，坚持“老虎”“苍蝇”一起打，从严惩处各类职务犯罪和商业贿赂犯罪；坚持惩罚犯罪与保障人权相统一，严格贯彻罪刑法定、疑罪从无、非法证据排除等制度；积极推进量刑规范化工作，依法惩处多发性侵财犯罪和影响群众安全感犯罪。共受理各类刑事案件 395 件，审结 361 件，审结率 91.39%，对 184 件案件 218 人实行量刑规范化审理；积极推进轻微刑事案件快速办理工作，对危险驾驶等 10 件轻微刑事案件进行快速办理，平均办案期限 8 天。紧紧围绕沙坡头区中心工作，充分发挥民商事审判在服务改革发展、定纷止争、维护诚信、保障民生方面的作用，妥善解决劳动争议、交通事故赔偿、房屋拆迁补偿等涉及群众切身利益的问题。受理民商事案件 3637 件，审结 3247 件，审结率 89.28%，民商事案件调撤率 42.66%。受理行政案件 48 件，审结 44 件，结案率 91.67%。严格把握合法性原则，认真履行司法审查职能，共审查非诉行政执行案件 22 件，裁定准予执行案件 18 件，裁定不准予执行案件 4 件；执结非诉行政执行案件 11 件，标的 45.2 万元。开展清理执行积案、集中执行等专项活动，组织开展执行款物清理专项整治活动；推进执行信息化建设，实现执行过程的全程公开。

【队伍建设】 2015 年，组织干警深入学习贯彻党的十八大，十八届四中、五中全会和习近平总书记系列重要讲话精神，认真开展“三严三实”主题教育、讲规矩守纪律等活动。2016 年，开展“两学一做”学习教育、廉洁司法教育等活动；组织法官参加自治区高院举办的基层法庭庭长、基层法官轮训、民商事审判业务等培训；开展以优秀庭审、优秀裁判文书评选和书记员技能比武为内容的“两评一比”活动；组织开展法官下基层、走工矿企业、进村入户等活动。培养法官为民意识和务实作风，解决少数干警精神状态不佳、工作效率低下、执行力不强、规矩意识欠缺等问题,坚决杜绝门难进、脸难看、话难听、事难办的现象。落实全面从严治党主体责任，制定责任追究办法，落实“一案双查”，对履职不力的审判人员进行党风廉政问责；落实廉洁司法各项规定。

【司法改革】 2015年，推进量刑规范化和轻微刑事案件快速办理工作；成立民商事案件审理指导小组,对疑难、复杂的民商事案件审理指导、把关；全面推进立案登记制改革,有案必立,有诉必理；改进执行工作机制,对执行力量进行重新调配,按需配备执法设备;赋予陪审员协助执行、化解涉诉信访等多项职责，拓宽监督渠道，提升司法透明度;狠抓办案节点控制,对所有案件合议庭必须在开庭后5日内进行评议,10日内作出判决;制定便民服务流动法庭利用规定,规范流动法庭的使用；建立《司法公开和不公开双清单制度》,将司法公开、不公开事项制度化、规范化、精细化；制定《关于调整部分审判权限的规定》,对主审法官、庭长、主管院长的裁判文书签发权限和审委会讨论案件的范围进行调整。2016年,推进司法改革,遴选出29名法官进入员额制管理;组建民商事、刑事、行政审监、立案执行等10个审判团队，建立全新的审判运行模式,院长、副院长分别编入不同的审判团队参加案件审理工作;组建民商事、刑事、行政执行三个专业委员会,负责重大、疑难、复杂案件的指导把关工作;制定《司法责任制实施办法》《审判委员会议事规则》《院长庭长办案规定》《审判专业委员会工作规则》《入额法官退出办法》等相关配套制度及工作机制。完善质效评估机制,及时把握审判执行工作态势，促进审判质量和效率的提高;完善绩效考核机制,形成良好的激励导向;完善错案追究机制，保证法官能够依法正确行使审判权和执行权。加强司法宣传工作,各类新闻媒体对区人民法院工作报道90篇(次)。开展“创新突破年”主题工作和司法能力提升工程。制订法院“标准化建设”“一庭一品牌”“一庭一特色”“一庭一亮点”目录,司法能力提升工程问题清单任务责任清单,严格按照目录和清单开展各项创建活动。开展“青少年维权教育”“旅游速裁庭”“司法超市”等“一庭一品牌”“一庭一特色”“一庭一亮点”创建活动。柔远法庭联合调解室的工作受到自治区政法委、司法厅、中卫市委政法委和沙坡头区委的一致肯定。

【司法公开】 推进裁判文书公开、审判流程公开、执行信息公开三大平台建设。2015年网上裁判文书2614份；通过电子公告屏和触摸屏等现代信息技术,为公众提供全方位、多元化、高效率的审判流程公开服务;实行庭审活动全部录音录像,全面实现“每庭必录”；对具有典型代表性、社会关注度高、涉访涉诉、具有普遍教育意义的案件全部进行庭审直播,共直播案件93件;利用执行远程执法设备,将执行现场的视频、音频通过无线网络实时传输至执行指挥中心,并及时存档,实现执行案件的全程公开。2016年,落实审判公开原则,全面推进裁判文书公开、审判流程公开、执行信息公开，确保司法权在阳光下运行。不断扩大司法民主,通过向社会公布班子成员联系方式、举办法院开放日、人大代表政协委员联络、邀请人民陪审员审理案件、开展法律进校园、进军营等活动,增强人民群众对司法的了解。

【便民利民】 2015年，对诉讼服务中心和各基层法庭的诉讼服务大厅进行改建,设立导诉台,划分办理区和等候区,提供“一站式”开放服务;落实司法救助制度，对困难当事人免交诉讼费14件3.5万元,缓交诉讼费56件26.3万元。深化便民服务,制定便民流动服务法庭使用规定，开展巡回审判316件次，基层法庭案件巡回审理率达到30%以上,开展法制宣传37次,发放宣传材料1100余份。2016年,加强诉讼服务窗口建设,完善功能设置,规范工作制度,制作便民服务联系卡,设立党员服务窗口,建立首办负责制、事后回访制、AB岗工作制等制度;加强对当事人的诉讼指导与帮助,强化诉讼权利义务、举证责任、诉讼风险等事项告知，群众诉讼更加方便；坚持院长接待日、下基层接访等制度，注重深入基层听取诉求、解决问题、反馈意见；规范便民立案机制，认真落实立案登记制，推行预约立案、电话立案，深入乡村社区、田间地头受理案件、开庭审理、调处纠纷、接受咨询和宣传法律，基层法庭巡回审理案件340件，开展法制宣传47次，发放宣传材料2600余份，确保当事人高效、便捷、经济地诉讼；以保障民生为出发点，认真落实司法救助制度，对困难当事人免交诉讼费6件0.25万元，缓交诉讼费33件12.98万元。

【基层基础建设】 2016年，完成执行指挥中心视频会议系统建设任务和中心机房的改造任务；对机房空调进行改造，安装专用空调，确保机房设施安全；加强法庭设施投入，为法庭配置扫描仪等办案设施，为兴仁、宣和法庭重新购置供暖锅炉，对法庭供暖设施进行维修改造；对全院固定资产进行全面清查，购置固定资产管理软件，实现固定资产的数字化管理；完成全院2004年至2009年诉讼档案的数字化扫描。（冯婧茹）

检察

【概况】 中卫市沙坡头区人民检察院是在中卫撤县设市后，在原中卫县人民检察院的基础上成立的。核定政法专向编制75名，工勤人员编制4名。现有干警75人，其中政法专向编制人员71人（检察官36人、司法警察6人、书记员29人），工勤人员4人。院党组由4人组成，其中：党组书记、检察长1名、副检察长2名、纪检组长1名。

【维护社会和谐稳定】 2015年，共受理各类审查逮捕案件187件272人，经审查批准逮捕111件151人。受理审查起诉案件365件496人（含2014年未结案件50件79人），经审查提起公诉240件305人。2016年，共受理审查逮捕案件137件183人，经审查批准逮捕92件114人，受理审查起诉案件405件540人，经审查提起公诉364件469人。贯彻落实宽严相济的刑事司法政策，加强对轻微犯罪、过失犯罪等依法从宽处理，不批准逮捕43件67人，不起诉27件59人。

【未成年刑事检察】 2015年，共受理提请批准逮捕的未成年人刑事案件21件26人，不批准逮捕9件9人；共受理审查未成年人起诉案件35件54人，不起诉5件7人。组织33名中学生走进院机关，零距离感受检察机关执法办案和工作环境，组织干警深入辖区中小学开展法治宣传活动，教育和引导未成年人学法、懂法、守法。开展走访慰问特困刑事被害人、未成年人犯罪嫌疑人帮教等系列活动。2016年，成立未成年人检察科，专门负责全市未检案件的办理，有力地推动未检机构专门化和职能规范化工作。成立“法治进校园”自行车宣传队，结合最高人民检察院和教育部组织开展的“法治进校园”三年全覆盖活动的开展，组织干警深入辖区中小学开展“法治进校园”宣传活动43次，教育和引导未成年人学法、懂法、守法。

【惩治职务犯罪】 2015年，共立案侦查贪污贿赂案件15件17人，侦查终结并移送审查起诉19件23人（其中市检察院立案后交办1件1人、侦结交办3件3人，上年度积存2件4人），法院做出生效有罪判决11件14人。所立案件均为大案，其中要案1件1人，科级干部1人。共受理渎职侵权案件线索2件，立案1件1人，已移送审查起诉。2016年，共立案侦查职务犯罪案件11件23人，其中贪污贿赂类案件10件22人，渎职犯罪案件1件1人。立案侦查贪贿大案5件9人，起诉10件22人，判决13件14人。结合案件办理，深入查找涉案单位制度漏洞，向涉案单位发检察建议2份，推动涉案单位加强制度建设6项，开展预防职务犯罪警示教育活动19次，完成案件剖析报告4篇。

【刑事诉讼监督】 2015年，向公安机关发出《要求说明不立案理由通知书》9份，监督立案9件10

人，监督撤案2件2人，追捕到案12人。纠正遗漏犯罪嫌疑人9人、漏罪9起。加大刑事侦查和审判监督力度，共发纠正违法通知书、检察建议44份。列席法院审判委员会19次，共对196案提出量刑建议，采纳177件，采纳率达到 90.5%。2016年，对公安有案不立、以罚代刑、违法立案和法院裁判不公加大监督力度，定准位出实招，切实维护司法公平公正。共监督公安机关立案11件11人、撤案6件8人，追捕犯罪嫌疑人13人，追诉遗漏犯罪嫌疑人14人、遗漏犯罪事实8起，刑事案件抗诉成功2件2人。

【民事行政诉讼监督】 2015年，受理民事行政申诉案件34件，受理行政机关不当履行职责案件6件，提出检察建议6件，回复并采纳6件。对涉及国家利益、社会公共利益的案件督促相关行政执法部门认真履行职责，共督促收回国有资产2552.41万元。2016年，受理各类民事行政监督案件61件，向法院、行政执法单位共发出各类检察建议59件，对涉及国家利益、社会公共利益的案件督促相关部门履行职责，追回国有资产3037万元。

【检务公开】 全面落实《人民检察院案件信息公开工作规定》，2015年共公开案件程序性信息523条，重要案件信息发布19条，公开终结性法律文书205份，网上受理辩护和代理预约42人次。首次尝试推行案件公开审查制度，就公安机关提请批准逮捕的一起案件进行公开审查。2016年，完善检务公开平台建设，及时向社会公布重要案件信息，保障群众的知情权、参与权和监督权。依托人民检察院案件信息公开网，共公开程序性信息583条、终结性法律文书361份，发布重要案件信息17条，进一步深化检务公开。

【检察队伍建设】 2015年，结合“守纪律，讲规矩”“三严三实”专题教育活动，加强队伍建设。以“每周一讲，每人一课”、检察理论调研文章竞赛、案件评查等活动为载体，提高干警业务素养。研究制定《干警上下班签到（离）制度》《微信管理制度》等6项制度，着力加强机关纪律作风建设。不定期对全院干警检容风纪、岗位履职、出勤等情况进行督察督办。2016年，扎实开展“两学一做”学习教育，开展讲党课、革命传统教育、警示教育、慰问困难党员等系列活动。开展岗位练兵活动，坚持“一季度一练兵”，开展“公诉人论辩赛”“调研文章竞赛”“检察微信作品大赛”等活动，提高干警的办案能力和司法水平。共有3名干警考取研究生，1名干警取得司法考试A证。

【司法专项整治】 开展“规范司法强化年”活动，“精准整治”司法不规范问题，通过多种形式查找问题，2016年，共梳理出3类27项司法不规范问题，建立责任清单；各业务部门根据工作实际，分别召开规范司法问题整改会。案件管理部门从强化案件流程监控入手，做到逐案审查及时反馈，将事前监督、事中监督落到实处，并坚持每月通报制度和召开案件问题反馈评析会，促使承办人规范司法行为。

【司法体制改革】 2016年，积极稳妥地开展员额制管理检察官遴选工作，提出员额制管理检察官建议人选30名，最终经自治区检察官遴选委员会确定入额检察官27名。健全案件质量责任追究机制，引导办案人员在司法办案中严格执行司法责任制有关规定，积极适应司法改革的新要求。

（王茹　王芳）

司法行政

【概况】 沙坡头区司法局成立于2016年8月，辖11个司法所，局机关设办公室、综合业务办公室、法律援助中心，核定司法政法专项编制44名（局机关11名、司法所33名），截至2016年底，有在编干部33人，其中局机关干部11人，司法所干部22人。沙坡头区有律师事务所6个（注册律师81名、执业律师 81 名),人民调解委员会 230 个(调解员 1358 人)。

【法治宣传】 开展“依法治理示范单位”“民主法治示范村(社区)”“六五普法”先进集体及个人、“守法好公民”评选等工作。健全机关单位学法制度,开展法律知识培训 5 场次;立足企事业单位实际需求,开展以市场经济法律知识为主要内容的诚信守法、企业经营管理人员学法用法、企业职工维权法治大讲堂等活动 50 场次;依托乡镇、村(社区)法治宣传教育培训基地,组织律师和司法助理员开展“法律明白人”培训活动 90 场次,培育“法律明白人”8000 余人;举办各类宗教人士法律知识培训 23 场次,培训 700 余人,发放各类普法教材、宣传材料 2000 余份。“12·4”期间,以“弘扬宪法精神、增强法制观念”为主题,组织开展宪法宣传活动,悬挂宣传横幅 74 条,展出宣传展板 120 块,发放宣传材料 2 万余份。以三八妇女节、“3·15”消费者权益日、综治宣传月、“6·26”国际禁毒日等节点为抓手开展法治宣传活动 87 场次,发放宣传单 1.1 万余份,接待法律咨询达 510 人次。按照中卫市依法治市领导小组办公室《关于开展全市法治文艺创作和巡演活动的通知》,在沙坡头区各乡镇、社区广场组织巡回演出 12 场次。

【人民调解】 沙坡头区 11 个乡镇人民调解委员会,22 个专业(行业)调委会,15 个企事业单位调委会已经全部完成规范化建设。182 个村(社区)人民调解委员会有 118 个完成规范化建设,达标率达到 65%。2016 年,沙坡头区各级、各类人民调解组织调处矛盾纠纷 1323 件,调解成功 1283 件,矛盾纠纷调处率 100%,调解成功率 97%,其中调处化解重大疑难复杂矛盾纠纷 953 件,未发生因矛盾纠纷化解不力引发的“民转刑”案件。按照自治区司法厅组织机构正规化、队伍建设专业化、业务工作效能化、所务管理规范化的创建标准,截至年底,沙坡头区 11 个司法所,有 10 个司法所被司法厅评为五星级司法所,五星级司法所创建率 91%。

【法律服务】 2016 年,沙坡头区律师事务所代理各类案件 2149 件,办理法律援助诉讼案件 544 件,代书 1500 份,法律咨询 2428 人次,担任法律顾问 259 家。沙坡头区律师到市信访局信访大厅值班,依法解答上访人员的咨询,为上访人员提供法律咨询和法律服务,引导信访群众依法反映诉求,及时化解矛盾纠纷,信访值班律师现场解答法律咨询 45 批,160 人次。沙坡头区律师开展公益法律服务,开展法治授课 12 场次,参与纠纷调解 8 起,提供法律意见 10 件,审查合同 11 份,解答法律咨询 150 人次,发放各类法律宣传资料 400 份。沙坡头区律师参与“12348”法律咨询电话值班,接待法律咨询热线电话 200 多人次。

【安置帮教与社区矫正】 2016 年,受理人民法院、人民检察院、公安机关的委托调查评估 175 人,累计接收社区服刑人员 1115 名,累计解除 874 人,在册 241 人。坚持以“帮教社会化、就业市场化、管理信息化、职责法治化”的要求,建立“一人一档”工作台账,坚持以就业防脱管为工作主线,积极为刑满释放人员就业创造条件。截至年底,衔接刑满释放人员 1486 人,帮教 1471 人,安置 1486 人。重新犯罪 14 人,重新犯罪率 0.94%。

【司法队伍建设】 选举产生第一届沙坡头区司法局党支部领导班子,坚持落实“一岗双责”制,健全党员目标管理、“三会一课”、民主生活会、民主评议党员工作等多项制度,开展民主评议党员、党员教育培训等工作,年内 2 名预备党员转正成为正式党员,吸收入党积极分子 2 名。严抓局内党风廉政建设“两个主体责任”落实,推进“清廉机关”建设,开展“守纪律、讲规矩”主题教育活动、党员领导干部“四述三评”(述职、述廉、述责、述德,个人自评、干部测评、委员议评)“家庭助廉”活动。明确领导干部工作责任分工,落实管理考核办法、干部考勤月通报等制度。(孟庆涛)

公安

【概况】 中卫市公安局沙坡头区分局为市公安局正科级派出机构。沙坡头区分局设8个内设机构：指挥中心、警务保障室、法制大队、国内安全保卫大队、经济犯罪侦查大队、治安管理大队、刑事侦查大队、缉毒大队。自沙坡头区政府成立以来，聚焦沙坡头区党委、政府部署要求，强化打防管控力度，服务地方经济发展，构建具有沙坡头特色的立体化社会治安防控体系格局。

【维稳工作】 2015年，共排查化解各类矛盾纠纷1435起，妥善处置恒祥国际工人闹访、香山风电场、西部枣业土地纠纷等群体性事件12起。化解各类信访事件45件(次)、重点信访积案3起。查处法轮功、门徒会等邪教案件6起，刑事拘留5人、行政拘留6人。获取国保情报信息400余条，被中卫市局采用信息61条、区厅采用42条，治安情报信息135条。完成“中高考”“抗战胜利70周年纪念”等各类安保活动23次。2016年，加大对各类邪教和非法组织、重点人员的查处和监控，查处法轮功、门徒会等邪教案件13起，刑事拘留1人、行政拘留18人，开展情报信息分析研判工作，获取国保情报信息160余条，被市局采用信息71条、区厅采用56条，完成各类警卫安保任务40余次(二级警卫2次，三级警卫3次)，沙坡头区重大项目开工仪式、重大庆典活动、重点招考活动、重要领导视察、调研、巡视活动无安全事故发生。

【严打整治】 2015年，立各类刑事案件3207起，其中立侵财案件2993起。破获各类刑事案件1371起，破获侵财类案件1130起，现场勘查2585起，现场勘查率达80.6%。共打击处理526人，其中打击侵财类218人，提请逮捕274人，抓获网上逃犯74人、现行逃犯35人、年前逃犯19人、协外逃犯20人，共追赃返赃45起，为群众挽回经济损失74万余元。其中恶性抢劫、抢夺案件35起，命案7起，侵财性案件1130起，抓获犯罪嫌疑人218名，占破案总数的82.4%。打掉王某、吴某等人“酒托”诈骗团伙；破获在中卫市及周边县区盗砸汽车玻璃案50余起；破获多起电信网络诈骗案等一批系列团伙大要案。开展打侵财专项行动，破获盗窃案件数976起，刑事拘留96人，追回被盗汽车3辆、电动车、摩托车21辆，清查行业场所269家。期间破获区公安厅挂牌督办的袁某、周某系列盗窃电瓶案件110余起，涉案价值20余万元。打击经济领域犯罪，办理经济犯罪刑事案件38起，其中合同诈骗案10起，信用卡诈骗案1起，非法吸收公众存款案15起，传销案12起，打击处理42人，打掉传销团伙8个，清除传销窝点52个，劝回传销被骗人员175人。开展“追逃”工作，多种手段加大追逃力度，全面追捕各类在逃人员。共抓获网上逃犯74人、现行逃犯35人、年前逃犯19人、协外逃犯20人。2016年，共立各类刑事案件2601起，其中立侵财案件2430起。破获各类刑事案件1067起，破获侵财类案件889起。共打击处理471人，其中打击侵财类221人，提请逮捕136人，抓获网上逃犯49人、现行逃犯21人、年前逃犯10人、协外逃犯26人，为群众挽回经济损失82万余元。其中恶性抢劫、抢夺案件8起，侵财性案件889起，抓获犯罪嫌疑人221名。办理经济犯罪刑事案件43起，其中合同诈骗案19起，信用卡诈骗案7起，非法吸收公众存款案1起，传销案13起，打掉传销团伙5个，清除传销窝点52个，劝回传销被骗人员175人。

【治安整治】 2015年，开展“黄赌毒”集中清查行动10余次，共检查各类行业场所3700余家次，取缔无证经营、涉黄旅馆8家，行政处罚不如实登记旅馆9家、责令停业整改28家，捣毁赌博窝点12个，收缴赌资8万余元，销毁赌博机2台，破获各类毒品刑事案件86起，抓获犯罪嫌疑人85人，查获吸毒人员455名，其中强制隔离戒毒203名，缴获毒品300余克。开展“治爆缉枪”专项行动，收缴管制刀具733把、气枪2支、自制土枪2支、废弃雷管2枚、废弃子弹163发、弩1把，查处非法使用疑似爆炸物品案件3起，查获假冒伪劣烟花爆竹477箱，行政拘留3人。2016年，共破获涉黄行政案件3起，行政拘留7人；涉黄刑事案件1起（为互联网涉黄案件），取保候审2人。破获赌博行政案件4起，处理 43人，行政拘留2人，行政拘留并罚款32人，罚款6人，警告3人，罚款总金额40200元，收缴赌资共106963元；破获涉赌刑事案件8起，共处理 11人（刑事拘留3人，取保候审4人，行政拘留并罚款4人）；罚款金额2000元，收缴赌博游戏机1台，其中处理9名为赌博提供场所的违法人员；破获各类毒品刑事案件50起，抓获犯罪嫌疑人50人，查获吸毒人员45名，其中强制隔离戒毒155名，缴获毒品1900余克。强化危爆物品安全监管，破获涉抢案件1起，查处非法携带管制刀具案件16起，收缴管制刀具354把，收缴气枪2把、气枪铅弹500发、军用子弹14发，查获一处非法储存烟花爆竹窝点，当场扣押非法储存烟花爆竹4900箱，销毁过期炸药840公斤、过期雷管1287发。全面排查消防安全隐患，杜绝重大火灾事故的发生，未发生任何重、特大火灾事故。

【执法监督】 2015年，法制大队共审核刑事案件1043起，刑事拘留322人，报捕228人，起诉259人，取保候审201人，监视居住33人，行政案件722起，考评刑事案件2915起，行政案件2523起，发现并督促整改存在的问题共3000余处。整改落实局长信箱不及时回复、警务公开查询未链接等问题。鼓励民警参加高级执法资格考试，出台奖励措施，通过高级执法资格的民警每人奖励现金3000元。组织专人对辖区11438起接报警进行梳理，查找到未受立案件266起，全部予以监督整改，从源头上杜绝不如实立案问题发生。执法办案场所未发生涉案人员非正常死亡问题、刑讯逼供、涉案财物管理不规范等办案不规范现象。考评各类案件4261件，梳理排查接处警11618起，纠正不及时受理、立案854件，督促整改存在的问题共4937处。2016年，法制大队共审核刑事案件336起，刑事拘留309人，报捕138人，起诉221人，取保候审261人，监视居住30人，行政案件472起，考评刑事案件2585起，行政案件3471起，全局中层以上领导全部要求报名参加高级执法资格考试，凡通过当年高级执法资格的民警每人奖励现金5000元。排查梳理14207起接报警记录，查找到未受立案件783起，从源头上抓整改落实，杜绝不如实受立案问题发生。一年来，无国家赔偿案件，无因行政执法行为违法或不当引发的群体性事件，无撤销或败诉案件。

【服务大局】 以“平安中卫”建设为指引，依法查处无端阻碍干扰工程施工、生产经营的违法犯罪行为，查处非法、违法上访，闹访，缠访的人和事，打击堵门堵路，以上访为由扰乱办公、经营秩序的违法犯罪行为。2015年，破获聚众寻衅滋事案件3起，刑事拘留6人；查处扰乱单位秩序案12起，行政拘留69人；查处2起阻碍执行职务案，行政拘留5人。2016年，全力保障吴忠—中卫城际铁路和高铁站建设、中卫城市过境段水生态治理与保护项目、沙坡头南岸半岛开发等区、市重点工程项目顺利实施。处置各类挡工、挡车事件140余起，依法打击处理40余人次，挽回经济损失数百万元。集中开展打击“黑导游”专项整治行动，抓获“黑导游”46名，治安拘留12人、行政处罚7人、移交旅游执法部门24人、停运非法营运“黑车”7辆。有效处置各类大小群体性事件180余起，打击各类非访扰序70余人次。

【服务群众】 2015年，在政务大厅户政窗口推行户籍业务跨乡镇“一站式”受理服务模式，所有审批权限下放到政务大厅，临时身份证办理权限下放到派出所，推出微信、微博服务平台，走访群众2.3万余人，发放警情提示1.2万余张，主动上门送证400余份，办理各类户籍证照业务4.9万份，提供户籍查询8000余人次。开展机关民警下基层活动，安排民警多岗位锻炼，总结完善“110接处警”“执法办案”“信息化实战应用”等实战经验。2016年，深化“一村一警”工作，打造特色社区警务，落实社区民警22名，配备社区协勤62名，村警171名。创新社区警务服务模式，探索微信群全覆盖，建立各类管理微信群115个、群众微信群68个。每天推送各种预警防范、警务服务信息，及时接收“微信报警”“意见建议”“咨询求助”等信息。

（史文进）

消防

【概况】 沙坡头区消防大队前身是中卫县消防科，1995年成立中卫县消防大队，2004年5月18日，随着中卫市消防支队的成立，更名为沙坡头区消防大队。沙坡头区消防大队下辖特勤中队、沙坡头中队、水上中队三个中队，辖区有二级消防安全重点单位93家，三级消防安全重点单位479家。大队有水罐、泡沫、高喷、登高等消防车辆，配有隔热服、正压式空气呼吸器、呼救器、防化服、手提泛光照明灯、便携式照明灯、15米金属拉梯、30米缓降器等普通消防器材，配备特勤装备有排烟机、手抬机动泵、可燃气体探测仪、液压切割机、无齿锯、脉冲水枪、救生气垫、隔热服等器材。2015年，沙坡头区接警出动575起，出动车辆729台次，出动警力4373人次，抢救被困人员42人，疏散被困人员33人，抢救和保护财产价值6310.61万元。2016年，沙坡头区接警出动597起，出动车辆794台次，出动警力4727人次，抢救被困人员70人，疏散被困人员316人，抢救和保护财产价值1906.73万元。

【宏观管理】 2015年，召开全区消防工作会议，与各乡镇签订消防工作目标责任书，组织进行年度考核检查通报，加快消防工作社会化进程，“政府统一领导、部门依法监督、单位全面负责、公民积极参与”的社会化消防工作网络逐步形成。向管委会领导汇报工作20余次，专题研究消防建设议题5次，发文7份。2016年，多次召开安全生产会议和消防工作联席会议，研究解决重大消防事宜。针对夏防、冬防工作，由政府领导作出重要批示7次，专题研究消防建设议题5次，发文6次。开展夏季消防安全大检查、今冬明春火灾防控、区域联防消防安全检查，督促消防安全重点单位全面落实“消防安全措施，完成社区、重点单位消防微型站建设，实现“有人员、有器材、有战斗力”的目标。开展“集贸市场”“旅游景区”“电气火灾防范”“易燃易爆危险品”等场所消防安全集中整治。检查单位2305家，督促整改火灾隐患或违法行为1726处，临时查封22家单位，责令“三停”单位9家。

【监督检查】 2015年，推动统筹部署开展劳动密集型企业专项治理，夏季消防安全检查等重点工作，开展人员密集场所、养老院福利院机构、可燃饲料堆场、农村蔬菜种植基地、易燃易爆危险品等场所消防安全集中整治，拆除违规彩钢板建筑10处、11529平方米。检查单位1657家，督促整改火灾隐患或违法行为950处，临时查封12家单位，责令“三停”单位2家。2016年，对所辖的4支农村消防队进行业务培训指导。建立社会消防监管新模式，推进各乡镇网格化管理，将各乡镇、行政村网格长、网格员手机号进行登记，定期通报火灾形势研判及消防安全温馨提示，提升农村火灾防控意识，督促属地居民做好防火工作。

【基础设施建设】 2015年，完成新增48个市政消火栓任务，城镇市政消火栓建有率、完好率分别达到100%和99.3%，完善全区城镇公共消防设施建设。2016年，编制本地消防规划，切实解决无公共消防设施和消防设施欠账等突出问题。根据各乡镇实际情况，增建地下消火栓145个，建立公安消防、城建（水务）等部门的建设维护使用信息共享机制。

【宣传培训】 2015年，创新消防宣传形式，加大消防宣传力度，借助广播、电视、报刊、互联网等媒体，利用“3·15”“安全生产月”“5·12防灾减灾日”“119”宣传月等活动开展消防宣传，举办公益性培训26期，开放消防站和科普教育基地43次，发放宣传册5000余份，累计培训各类人员4141人，沙坡头区消防微信公众平台累计关注人数4560人。利用微信公众平台定期发送消防安全常识和优秀火灾事故处置案例。2016年，创新消防宣传形式，加大消防宣传力度，借助广播、电视、报刊、互联网等媒体，利用“安全生产月”“119”宣传月等活动，举办公益性培训43期，开放消防站和科普教育基地39次，发放宣传册8000余份，累计培训各类人员7254人。沙坡头区消防微信公众平台关注人数累计达7000人次。借助辖区40余家单位LED荧屏滚动播放消防安全知识。

【文化育警】 2015年，围绕“学习践行强军目标，做新一代革命军人”主题教育活动，参加各级政治教育大讲堂11期，开展多媒体授课26次、专题讨论6次、撰写心得体会60余份，开展官兵心理健康教育12次，心理测试4次。2016年，参加各级政治教育大讲堂12期，开展多媒体授课26次、专题讨论7次、撰写心得体会60余份，开展官兵心理健康教育14次，心理测试4次。

【勤务实战化建设】 2015年，完成灭火演练111次，其中出水演练86次，夜间演练55次，编制并录入灭火救援预案102份，灭火救援预案编制率、审核率、系统录入率均超过95%。大队先后完成“两会”“中阿博览会”“抗战胜利70周年”、2015首届沙坡头沙漠音乐节、第十四届环青海湖公路自行车赛（中卫赛段）、原中共中央领导来卫视察、宁蒙陕甘毗邻地区共同发展联席会议等重大安保和“6·22”明巨电石变压器火灾等重大火灾扑救任务。2016年，完成灭火演练123次，其中出水演练93次，夜间演练49次，编制并录入灭火救援预案102份。圆满完成市、区“两会”“大漠执勤”“G20峰会”、第十五届环青海湖公路自行车赛（中卫赛段）、中央领导来卫视察等重大执勤任务。

【基层办实事】 2015年投入16万余元对水上中队浴室、卫生间进行改造及更换营区电动门；投入2万余元加强大队建设；投入18万元新建大队荣誉室、更换餐厅、办公室桌椅和建设温馨话吧，投入10万余元为所属中队建设警营网吧、在各班和干部宿舍安装电视，更换所属中队各班的饮水机、热水器。组织全区消防官兵开展健康检查。2016年，完成沙坡头中队营区绿化、营房维修改造工作。为所属中队购买空调，配齐文体器材，建成警营网吧、红门影院等。对沙坡头水上中队和大队的办公家具进行更换，完成大队搬迁工作，对水上中队餐厅、围栏进行改造，切实解决官兵的生活困难。发挥营区边角地作用，种植蔬菜、果树、饲养鸡鸭等，有效发展庭院经济。（计生荣）

军　事

人民武装

【概况】 沙坡头区人武部紧紧围绕强军目标，按照年初党委工作安排，着眼新形势，把握新常态，凝心聚力，狠抓落实，各项工作扎实有效推进，保持良好的发展势头。

【思想政治建设】 2015 年，组织干部、职工积极参加军分区组织的“学习践行强军目标　做新一代革命军人”主题教育等五个专题的学习辅导，提高争做新一代革命军人重大意义的理解和认识。本部 2 名同志在网络答题中，分别受到两级军区的通报表彰。针对意识形态领域中的斗争复杂形势，组织大家进行时事政策、反邪教、“四反”警示、保密细则和法纪知识等教育，确保官兵政治上的坚定性和思想道德上的纯洁性。投资 5 万余元，更换国防教育室和荣誉室图片内容，配置完善宣传展柜、收集更换部分老旧武器装备实物展品。建立书画室、图书阅览室，完善配置网络室设施。在单位后院安装多种体育健身器材，更换新式篮球架。2016 年，先后 15 次组织党委中心组，集中学习习主席在军队改革工作会议、七一、纪念红军长征胜利 80 周年等系列重要讲话和中共十八届六中全会精神的学习，7 次组织体会交流。开展“两学一做”学习教育和“改革强军”主题教育，增强政治意识、大局意识、核心意识、看齐意识，没有违犯政治纪律、政治规矩的问题。

【战备训练】 2015 年，修订完善各类战备方案，开展实战化战备训练，派专人分两批参加军区组织的参谋培训和新任基层武装部长培训；突出民兵分队和骨干的训练，组织民兵应急连骨干、专武干部进行集结拉动、实弹射击、防暴队形、手榴弹投掷、警棍盾牌术等训练。2016 年，完成 1692 名基干民兵编组任务，发出入队通知书 1700 份。召开 400 多名民兵应急分队人员参加整组点验大会，进行队列、防暴队形、拳术、班务会等示范课目表演。组织新任职基层武装部长参加军区集中培训，组织 8 个民兵分队、389 名民兵进行集中训练，发放误工补助 167264 元；组织民兵水上救援分队开展落水人员救援、水上船只着火救援等科目的训练演练和比武竞赛活动。

【国防动员】 2015 年，落实征兵宣传、体检、政审、定兵等环节的工作，征兵上站人数达到 430 多名，共完成 137 名男兵，9 名女兵，2 名直招士官的征召任务，是历年来征兵人数最多的一年。完成 2 个民兵营、20 个民兵分队共 1692 名基干民兵的编组任务。2016 年，根据国防形势，定期更换 9 个社区国防教育宣传栏内容；组织沙坡头区党政机关130余名科级以上干部，开展八一军事日活动。完成神舟11号飞船备勤任务。部长唐加胜和政委唐永铎先后到中卫市医院、市人社局、民政局、高庙保安寺进行国防形势辅导，协调驻地部队为7所中学、4000余名新生进行军训。开展兵员征集工作，对246名报考军队院校和国防生的高中生进行政治考核，对600多名应征青年进行初检、体检，圆满完成111名男兵、4名女兵的征集任务。

【军民共建】 2015年，春节筹资1.2万元看望参战复退军人、走访慰问困难群众10户。投资1.3万元，在大门口树立大型双拥宣传牌，组织干部职工和民兵，共植树1.2万余株。投资1.2万元，为共建小学捐赠一对篮球架和其他文体器材。部长唐加胜、政委唐永铎亲自备课，先后到11个乡镇及党工委、工业园区、民政局、干休所等单位，围绕国内外形势，为1800多名干部群众进行国防教育专题讲座。2016年，先后7次派人到迎水桥镇鸣沙村进行调研协调，2次召开党委会专题研究精准扶贫工作，拿出5万元用于扶贫攻坚，其中2万元用于该村建设“标准化医疗卫生室”和“鸣沙村就业培训中心”建设资金，3万元用于10户贫困群众的医疗扶贫和助学扶贫金。协调有关部门为该村31户群众安装太阳能热水器，协调沙坡头旅游集团在职业技术学校为87名村民进行技能培训、上岗11人。筹资2万余元，为共建希望小学87名学生购买校服，在校园内安装8组长条椅。

【基层建设】 2015年，筹资30万元，为民兵应急分队购买单兵背囊160套、迷彩服250套，给养单元3套，书柜和器材架等。投资12万元为11个基层武装部统一安装制式的制度牌，为4个城区基层武装部配备会议桌、椅等办公设施。及时发放各类民兵演练误工补贴15万元。投资3万多元，为11个基层武装部和沙坡头区党工委领导订阅270多份报纸杂志。2016年，协调沙坡头区委对9个基层武装部长进行调整，任令8名新任职的武装部教导员，对21名基层武装专干进行业务集训。按时完成文昌镇“基层武装部正规化建设试点及观摩”任务。

【安全管理】 坚持把人、车、枪、弹、库作为主要预防对象。在重要目标的警戒上，严格落实值班和武器库室每周检查保养制度，武器装备的登统计制度，严格对营区实施全域监控。在安全隐患排查上，重点查找涉密载体、手机使用、社会交友和网络管理等方面存在的问题，加强对保密室、文印室及档案室的管理，杜绝失泄密发生。2015年，开展“学法规、用法规、守法规”活动，大力纠治“非军事化”倾向。2016年，开展“学用守”和“百日安全”活动，严格落实安全规章制度，先后投资5万元更换营区监控设施2套，购买防暴叉、防暴棍和消防器材，检修更换车辆轮胎，在大门口安装拒马和一键报警器，对视频会议系统进行维修维护，对重点目标警戒进行实案演练，清查核对历年文件资料5426份，无安全隐患和失泄密问题的发生。

【后勤保障】 2015年，投资近10万元，改造机关食堂、暖气管道，完善各类库室，投资8万元修建营院前门铁栏、将大门口两边更换大理石路牙、翻修武器库台阶等配套设施，投资4.85万元更换各科（室）电脑、办公桌椅、文件柜等设施，在院内安装健身器材，建立文体活动室。 2016年，坚持经费向军事训练、基层建设倾斜，共用于战备训练经费23.4万元，基层建设140370万元。投资17万元，对营区后院围墙整治粉刷、场地平整铺设、蔬菜大棚基础设施建设、武器库治漏、车库维修及喷漆等，营区面貌有新的改观。

【比武竞赛考核】 2016年5月9—22日，新任职基层武装部长，参加军区新任职武装部长暨民兵教练员集中培训，迎水桥镇民兵教练员柳钢取得总分第一名，香山乡武装部长石泰露取得理论第一名、综合成绩第二名的好成绩，受到中卫市和军分区的通报表扬，石泰露在2016年底被中央军委国防动员部表彰为“军事训练先进个人”。

【新兵回访】 2016年9月21日至9月30日，沙坡头区人武部部长唐加胜、政委唐永铎奔赴新疆军区、47集团军、第10集团军等单位对入伍新兵进行回访，了解新兵入营后的现实表现，取得较好效果，实现“零退兵”。

【八一军事日】 2016年7月30日，组织沙坡头区党政机关130余名科级以上干部，开展八一军事日活动，先后参观驻地部队新式武器装备、进行轻武器实弹射击、开展国防教育讲座、参观本部国防教育基地建设。

（李亚超　刘兴喜　刘渊鑫）

武装警察

【概况】 中国人民武装警察部队宁夏回族自治区总队中卫市支队（正团级），组建于2005年6月16日。机关设司令部、政治处、后勤处。下辖1个大队，4个直属中队，3个县（市）中队，1个勤务中队。部队主要担负中卫市辖区国家重要目标的守卫、看守、武装巡逻和处置突发事件等任务。支队机关驻中卫市沙坡头区景观大道4号。2015年6月12日，直属大队三中队从中卫市沙坡头区镇罗镇胜金关村迁入支队机关院内，老营区移交兰州铁路局。

【思想政治建设】 2015年，组织开展“学习践行强军目标，做新一代革命军人”主题教育，组建威风锣鼓队、篮球队、电声小乐队，开展民族团结创建活动，政治工作服务保证作用明显增强。支队被自治区表彰为“民族团结创建进步示范连队”。2016年，开展“践行严实要求，争做‘四有’军人”（有灵魂、有本事、有血性、有品德）专题教育和纪念建党95周年、长征胜利80周年系列活动，组建特色文化分队，举办“道德·法纪·安全”大讲堂，创建思想骨干网络和家长微信群，建立思想“数据库”“定期回访登记册”，设立“心理情感114”服务台，制作官兵笑脸墙、连心电话卡，开展“尊干爱兵、兵兵友爱”活动，锻造官兵忠诚品格。用网络信息成效助推，率先建成“五微”（微电影、微动漫、微故事、微艺术、微课堂）创作中心、网上指导员之家和支队网上3D史馆、中队3D荣誉室，升级政工网，开设“兵心兵言”“家长寄语”“每周一文”“兵语荟萃”专栏，借助智能手机，发送励志信息，开展“寻找爱的理由”活动，传递建军强军正能量。

【履行使命能力】 2015年，累计出动兵力4953人次，完成城市武装巡逻、环青海湖国际自行车赛安保、等级警卫、武装押解、中阿博览会环宁设卡查控等重大勤务48起。巡逻官兵抓获网上通缉犯，受到总部通报表扬；支队被自治区公安厅定为“两警”联勤试点单位，支队和两个中队被总队评为“执勤优秀单位”。司令部被中队评为“支队级单位先进部（处）”。2016年，出动兵力3600余人次，完成等级警卫、国际自行车赛安保、设卡查控、武装押解和常态巡逻等重大勤务57起。直属四中队成功处置执勤目标周围火灾险情，受总队通报表扬；支队新训和预提指挥士官培训考核总评第一，特勤排应急班比武竞赛总评第三。

【依法治警】 2015年，落实安全工作“八个规范”（安全教育、安全训练、安全组织、安全制度、安全环境、安全设施、安全活动、安全责任），制定《依法抓建十项措施》，开展从严治警网上集训、条令法规知识竞赛和作风纪律教育整顿等活动，定期组织保密专项检查、枪弹管理整顿和安全工作大检查，部队管理更加正规有序。落实“八个规范”做法被总队推广。2016年，制定《精细化管理五项措施》，开展“日记一条、月有会操、季度整顿”和“学法规、用法规、守法规”活动，传达学习违纪违规、涉枪涉弹、自杀问题通知通报，落实日有“五个一”、周有安全短信、月有“安全日”。利用“三家”活动（“中队长之家”“指导员之家”“司务长之家”）对各类设施、内务设置、政治环境、登记统计16个方面内容逐项规范，机关设立行政值班员和违纪曝光台，落实“一操两训三检查”“一张课表”和院内每日查铺查哨措施，采取不打招呼、不定时间、杀“回马枪”、录像讲评办法加强监督检查，纠治“四个秩序”不正规、手机管控不严格突出问题。落实“八个规范”，开展训练伤预防、紧急避险、自救互救安全教育训练，“百日安全竞赛”“三谈三论三析”和“六小”活动，营区悬挂安全警示牌，定期分析安全形势，精细组织安全检查调研、保密专项检查及枪弹管理整顿，堵塞安全漏洞12处。保密工作受到总部工作组高度肯定。

【基层建设】 2015年，1个中队被总队评为“基层建设标兵中队”，荣立集体二等功；2个中队被总队评为“基层建设先进中队”；1人提干，2人考入警官学院，14人考入士官学院，13人荣立个人三等功，27人入党，32人提职晋衔，124人被评为优秀士兵，133人获得嘉奖。2016年，采取集中辅导、专题解读、讨论交流、评比竞赛方法，开展学《纲要》用《纲要》和岗位练兵活动，组织5批帮建领导深入基层，安排23名机关干部下队代职，基层干部休假率100%。班子成员6次到目标单位和驻地党委政府，协调解决基层21个现实困难，与市工会妇联举办“牵手寻爱”联谊活动，为17名家庭困难官兵申请发放补助6万余元，组织245名官兵体检，解决10名官兵公寓住房。

【后勤保障】 2015年，18人取得各类资格证书，出动2000余台次车辆、动用枪支8700余支，安全无事故，投入50余万元安装机关院内天然气管道，改造暖气管线，改善官兵生活。2016年，常态开展“三学三练”和“司务长之家”活动。采取业务监督、纪委监督与群众监督相结合，对大项经费开支、大宗物资采购全程跟踪，党委每季听取经费预算执行情况汇报，提升管控实效。每月集中开展卫生、心理常识教育，10次组织医疗小分队下队巡诊送药，县市中队医疗全部纳入地方医保范畴。抓好生态养殖、蔬菜大棚、葡萄园和枣园建设，组织“伙食精细管理年”活动，炊事员定期轮岗，班子成员大灶就餐，伙食满意率达到98%以上。完成后勤战储物资库、基层中队训练馆改造等11项工程，解决基层训练场地、用水用气等46处困难。免费争取11个品种5万余株树苗，部队周边绿化面积40多亩。支队被推荐为全国防沙治沙先进单位。

【从严治党】 2015年，组织干部、财务大检查，开展风气专项整治，整改各类问题17个，退回不合理报销4.88万元。2016年，组织观看《作风建设永远在路上》《筑梦路上》，探索“互联网+党风廉政建设”方法路子，实施日常教育、管理监督、提醒警醒和谈询诫勉措施，引导党员按照“四讲四有”标准履职尽责。开展升国旗重温誓词、赞强军文艺晚会、忆长征主题演讲，表决心集体签名系列活动。对4个层面32个问题进行细化梳理，采取双向检查、公开承诺、挂账销号办法督促整改，回应官兵期盼。开展“系统行业风气清理整顿”“基层风气专项整治”和“财务大清查回头看”活动，着力纠治发生在战士身边的8类问题，赢得官兵信任。对照《准则》和《条例》，制定《加强党支部和党员队伍建设五项措施》，严格党支部、党小组、党费收缴制度，得到官兵认可。学习教育和风气整治两篇经验被总队转发。

【教育特色】 2015年，探索总结“观点+故事+分析+警句”授课模式，普及手写教案，开设“道德·法纪·安全”大讲堂，开展“讲普通话、写规范字”和“多读书、读好书、常读书”活动。组织观看核心价值观讲坛、感动中国十大人物、最美孝心少年颁奖晚会和励志短片，构建思想骨干网络，组建威风锣鼓队。2016年，开展“践行严实要求，争做‘四有’军人”专题教育。建立官兵思想“数据库”“定期回访登记册”，采用“三级帮带”“五网联查”“五个一遍”措施稳固官兵思想。信息化建设上，率先建成支队网上3D史馆、中队3D荣誉室。

【军事特色】 2015年，组织开展“抓骨干、强能力，抓尖子、带部队”军事竞赛活动。实施“135”值班备勤模式（1个值班首长，3名常委留队，5人反恐指导组），开展“两警之家”活动（巡逻勤务中公安特警和执勤中队定期交流）。2016 年，制定巡逻勤务“三个确保”，固定勤务“四位一体”互控措施，正规执勤秩序。树立“抓骨干强能力，抓三头带部队”思路，组织首长机关战法研究，强化指挥谋略，提升官兵实战素养。开通全市要害部位监控，开展“两警”联训，互通社情信息，备战能力明显增强。

【成立十周年系列活动】 2015 年，支队成立十周年，组织开展“一个仪式”（组建十周年庆典仪式）；“一场晚会”（点燃激情·放飞梦想文艺晚会）；“六项活动”（“杞乡卫士情”系列比武、第七届沙漠运动会、“最美战士”评选、“队歌唱起来、队史讲起来、队风传起来”活动、“我与支队共成长”征文和演讲比赛）。

【民族团结创建】 2015 年，投资 5 万余元，为驻地 6 个移民村、2 所清真寺订购党报党刊 500 余份（册）、书柜书架 21 副，修筑国旗台 2 座；投入 2 万余元为沙坡头区兴海村和敬农村党支部添置办公桌椅、文体用品，捐赠图书 2000 余册；与 8 户特困家庭结对，与 9 所中小学建立“1+1”捐资助学关系，常态资助 100 名贫困学生，全年捐资助学 6 万余元；投入兵力 1500 余人次，参与“基本农田水利建设大会战”“保护母亲河工程”等重点项目，植树 4 万余株，兴修水渠 1500 多米。2016 年，与中卫市宗教局、民政局对接联系，签订《共创共建协议书》和《脱贫攻坚责任书》；协调中卫市扶贫办，3 次到贫困村调研，建立联合检查、联合表彰、联席会议等 6 项制度，与驻地 3 所清真寺开展“四讲四共”活动，常委 5 次到兴海村宣讲创新理论、政策法规，协调召开村民代表座谈会，组织 28 名村党员参观中卫市云计算数据中心和生态产业示范园。开展“两学一做”学习教育，规范民主选举、党支部会议等，设立党员评比栏、村务公开栏。开展“手拉手、心连心”“1+1”捐资助学活动，与驻地 9 所学校 112 名贫困学生建立帮扶对子，捐款 5 万余元。创建“互联网 + 合作医疗”模式，组织医疗分队到兴海村送医送药，帮助 4 名大病患者申请二次医疗补助，缓解家庭困难。出动兵力 1500 余人次，完成生态绿化、农田水利大会战等任务。扶贫攻坚、捐资助学等事迹在人民日报、央广新闻、中央电视台军事报道微信专栏报道。

【表彰奖励】 2015 年，支队被宁夏回族自治区表彰为“民族团结创建进步示范连队”。2016 年，支队党委被武警党委表彰为“先进师旅团级单位党委”；支队团委被武警部队表彰为“红旗团委”；支队被总队评为“先进支队”，表彰为“军事训练先进单位”“新闻宣传工作先进单位”“理论研究先进单位”，获“强军风采”系列文化活动、“强军故事会”二等奖；政治处被总队表彰为“先进政治处”；司令部作训股被表彰为“先进科（股）”；直属四中队被评为“基层建设标兵中队”，直属一中队、三中队被评为“基层建设先进中队”；直属一中队被评为“军事训练一级单位”，四中队被表彰为“正规化执勤优秀单位”；1 人在武警部队强军目标知识竞赛中获三等奖，1 人被中国武警网评为“十佳新闻报道员”，2 人被总队表彰为“训练标兵”，6 人被评为“极限训练勇士”，1 人被评为自动步枪“枪王”，1 人获十大“勇士”勋章，1 人提干，3 人考入警官学院，13 人荣立个人三等功，34 人入党，157 人获嘉奖。（侯连）

经济管理

发展和改革

【概况】 2015年，沙坡头区实现地区生产总值146亿元，同比增长5.6%，占全市比重46.1%；全社会固定资产投资完成149.6亿元，同比增长5.2%。实现社会消费品零售总额33.37亿元，增长7.7%；城镇常住居民人均可支配收入2.27万元，增长8.5%；农村常住居民人均纯收入达到0.97万元，增长7.8%。2016年，全区实现地区生产总值155.6亿元，同比增长7.0%，比上年加快1.4个百分点；全社会固定资产投资完成156.7亿元，同比增长4.7%；全年社会消费品零售总额36.2亿元，同比增长8.6%；城镇常住居民人均可支配收入2.43万元，增长7.2%；农村常住居民人均可支配收入1.04万元，增长7.3%，城乡常住居民人均可支配收入增速与地区生产总值7.0%的增速基本持平。

【重点项目建设】 2015年，沙坡头区第一产业重点实施永久性蔬菜基地、硒砂瓜品质品牌保护、经果林品质提升等项目，完成第一产业投资2.52亿元，同比增长28%；二产重点实施蛋氨酸及产业配套项目、年产3850单晶方棒等项目，完成第二产业投资73.42亿元，同比下降13.1%；三产重点实施旅游新镇、腾格里沙漠湿地提质扩容等旅游产业项目，美丽乡村建设、移民迁出区生态修复等基础设施项目，完成三产投资59.1亿元，同比增长50.6%。2016年，沙坡头区共实施项目144个，其中新开工项目108个，完成县属投资130.5亿元。其中：第一产业重点实施镇罗镇镇北村2000亩泰国朝天椒、3000亩矮化密植苹果科技示范园建设等项目，实现第一产业投资10.9亿元，同比增长332.6%；第二产业实施虹桥速冻生产线扩建、乌玛天启中药饮片加工及宝塔3万吨红枣加工等项目，完成第二产业投资39.8亿元，同比下降45.8%；第三产业重点实施大漠边关、陶然水岸休闲农庄、兴拓现代农业综合服务中心等项目，完成第三产业投资106.0亿元，同比增长79.4%。

【规划编制】 2015年，沙坡头区被列入国家级生态保护与建设示范区之一。编制完成《沙坡头区生态保护与建设示范区建设实施规划（2015-2020年）》。2016年，编制完成《沙坡头区国民经济和社会发展第十三个五年规划》。

【项目审批和备案】 沙坡头区发展和改革局于2016年5月成立，分别于2016年5月和9月承接政府投资项目审批及企业投资项目备案工作。截至2016年底，沙坡头区发展和改革局共受理项目

84 项，总投资 62.7 亿元，其中政府投资项目 35 项，投资金额 7 亿元；登记备案项目 49 宗，投资金额约 55.7 亿元。

【招商引资】 2015 年，紧密配合市云计算、旅游、精细化工及新材料、新能源、农副产品加工、城乡建设及商贸物流 6 个专题招商组，紧盯重点区域、重点产业，挖掘线索、精准招商。落实招商引资项目 39 个，总投资 176.36 亿元，实际到位资金 125.48 亿元。中国物流有限公司投资 1 亿元的中卫物流园区项目、宁夏中卫宝塔农林牧生态科技有限公司投资 1.6 亿元的红枣系列产品深加工项目、北京美加农科技有限责任公司投资 1 亿元的美加农万头奶牛场项目、北京京运通科技股份有限公司投资 4.3 亿元的 50MWp 光伏发电项目、宁夏洁华石膏建材有限责任公司投资 0.8 亿元的石膏加工等项目已相继投产。2016 年，成立 5 个产业专题招商小组、1 个线索征集及项目推介小组和 11 个乡镇招商小组，开展“引进来和走出去”，不断加大外出考察对接和邀请客商前来考察对接项目。共签约招商引资项目 31 个，总投资 114.1 亿元，实际到位资金 24.5 亿元。宁夏阜民丰牧业发展有限公司投资 1.2 亿元的万头奶牛养殖基地项目、宁夏沙坡头凯里大漠生态旅游有限公司投资 0.33 亿元的腾格里金沙海配套项目、中国物流宁夏有限公司投资 2.1 亿元的全国联通物流项目、港中旅（宁夏）沙坡头景区公司投资 1.2 亿元的沙坡头景区提质扩容项目、宁夏乌玛农林科技有科限公司投资 0.98 亿元的乌玛万亩枸杞文化产业园项目、中电投宁夏能源铝业投资 2 亿元的中电投中卫香山 200MWp 风电场续建等项目相继开工建设。

（马金霞　王林香）

统计管理

【概况】 沙坡头区统计工作执行目标管理责任制、统计执法责任制及各项规章制度，加强思想政治教育，开展党的群众路线教育实践活动回头看、践行“三严三实”“守纪律 讲规矩”“二次创业”大讨论等主题教育活动。加大对基层统计人员的指导，建立和规范基层统计数据质量，组织干部职工学习统计专业知识、统计法律法规等知识。

【统计基础】 2015 年，配合市统计局评定东园镇、柔远镇、宣和镇统计站为“五星级统计站”，评定滨河镇、迎水桥镇统计站为“四星级统计站”。完成 2014 年《县域社会经济基本情况》县卡、乡卡数据收集、整理、汇总联网直报工作。2016 年，开展基层基础工作星级评定工作。配合市统计局评定常乐镇、镇罗镇、香山乡、兴仁镇统计站为“四星级统计站”。完成 2015 年《县域社会经济基本情况》县卡、乡卡数据收集、整理、汇总联网直报工作。

【统计监测】 2015 年，沙坡头区生态移民统计监测涉及宣和镇海和村、常乐镇海乐村、迎水桥镇鸣沙村、香山乡米粮川村、兴仁镇川裕村 5 个移民村，50 户记账户，常住人口 246 人。沙坡头区生态移民人均可支配收入 4718.1 元，增速位于全区 22 个县区的第三名，比全区平均水平高 1.3 个百分点。2016 年，沙坡头区生态移民统计监测涉及迎水桥镇鸣沙村、香山乡米粮川村、兴仁镇川裕村 3 个移民村，30 户记账户，常住人口 125 人。沙坡头区生态移民人均可支配收入 5215 元，增速位于全区 22 个县区的第三名。

【人口抽样调查】 2015 年，开展全国 1%人口抽样调查，沙坡头区共调查 56 个调查小区，3768 户，应登记人口 12133 人，调查年度内出生人口 133 人，死亡人口 60 人。2016 年，开展人口变动情况抽样调查工作，主要调查人口和住户的基本情况。采用 PDA 电子设备入户采集数据和网络自主填报的方式进行数据采集、调查、上报工作，全程做好数据质量控制。对入户调查率、应登记人口、出生死亡人口等重点指标，进行登记事后质量抽查工作，经过评估，各项抽查结果均达到登记质量标准。沙坡头区劳动力抽样调查抽中21个调查小区，共计1260户。坚持登门入户现场登记，逐户、逐项进行询问调查，组织调查员采取自查、互查、全面复查的方式进行调查表的审核，通过入户回访、电话访查、明察暗访等方式，对入户调查率、应登记人口、失业人口等重点指标，进行事后质量抽查，经过评估，各项抽查结果均达到登记质量标准。

【统计服务】 2015年，整理编印《沙坡头区月度经济指标手册》11期1320册，配合市统计局编写2015年度《中卫统计年鉴》《经济要情手册》。每月及时向管委会报告主要经济指标完成情况，分析各行业发展状况，提出对策建议。按照沙坡头区效能目标考核需求搜集加工整理各种数据，组织人员为"十三五"规划目标制订提供大量翔实的统计数据，为各部门、社会公众提供统计咨询服务。2016年，围绕沙坡头区委、政府的目标任务和重点工作，开展经济运行预警监测和统计咨询服务工作，每月及时向区委、政府各领导报告主要经济指标完成情况，分析各行业发展状况，提出对策建议。整理编印《沙坡头区月度经济指标手册》11期1320册，配合市统计局编写2016年度《中卫统计年鉴》《经济要情手册》。按照沙坡头区效能目标考核需求搜集加工整理各种数据，积极为各部门、社会公众提供统计咨询服务。

【统计法制】 2015年，对40多名统计人员进行统计法制培训。开展普法"六进"活动，扩大法制宣传面。与市统计局联合开展统计执法检查，在自查基础上，组织执法检查，围绕农业统计数据质量、农业统计报表等内容，在沙坡头区11个乡镇、各个农林产站、农牧科技局等单位进行重点抽查。2016年，结合"政法平安宣传月活动"和统计宣传日等重大时间节点，创新方式开展普法宣传。与市统计局联合开展统计执法检查，在自查基础上，组织执法检查，围绕农业统计数据质量、农业统计报表等内容，在沙坡头区11个乡镇、各个农林产站、区农科委等单位进行重点抽查。

【居民消费价格】 2015年，沙坡头区CPI平稳运行，是近五年来较低的年份之一。八大类呈"六涨一平一降"的运行态势。其中，食品、烟酒及用品、衣着、医疗保健及个人用品、娱乐教育文化用品及服务、居住七类价格分别上涨0.6%、2.6%、3.9%、3.1%、3.5%和2.7%；交通和通讯价格下降0.5%。服务项目价格上涨4%；农业生产资料商品价格下降3.2%。2016年，沙坡头区物价稳定，增速基本保持在1.7%—2.0%区间内，其中9、10、11、12连续四个月的物价增速均是1.7%。从调查的价格来看，八大类商品及服务项目继续呈现"六增两降"趋势。其中教育文化和娱乐、食品烟酒、衣着、医疗保健、其他用品和服务六类价格分别上涨6.3%、2.4%、1.7%、1.5%、0.6%和1.8%；居住、交通和通信价格分别下降0.3%和1.5%。服务项目价格上涨2.3%；商品零售价格上涨0.7%。

【第三次全国经济普查】 2015年，开展第三次全国经济普查后续工作，完成第三次全国经济普查数据与基本单位名录合并错误查询修改工作，补充更新名录库，对不存在的单位进行剔除。完成第三次全国经济普查数据审核汇总，配合市统计部门发布《中卫市第三次全国经济普查公报》。2016年，沙坡头区第三次全国农业普查工作完成机构组建、宣传动员、地址编码、地图绘制、业务培训、综合试点、摸底核查等前期准备工作。共组建完成13个镇级农业普查办公室；选聘普查指导员、普查员共计818名；通过电视、广播、微信、横幅、宣传栏、宣传册、电子屏等多种方式进行宣传；对13个镇(乡)级区域的182个村(居)区域边界及813个普查小区进行地址编码和地图绘制，共绘制地图900余张；深入基层开展业务培训工作，共组织培训20多场；组织开展沙坡头区第三次全国农业普查综合试点工作，对82户农户进行入户清查摸底、普查登记；组织各镇(乡)农普办开展实地清查摸底工作，逐一入户摸底登记，并组织人员对清查摸底数据与各部门的行政资料进行对比，统一普查口径，对《清查摸底底册》主要数据汇总结果进行比对和评估，提出指导性建议和意见。2016年沙坡头区第三次全国农业普查各项工作任务顺利完成。（吕鸿倩）

审计监督

【概况】 沙坡头区审计局于2016年5月11日批准成立，核定行政编制10名，设局长1名、副局长3名。机关设置综合办公室、政策法规、经济责任、财政企业和固定资产投资审计5类岗位。

【固定资产投资审计】 2016年，完成镇罗镇小城镇建设项目和兴仁镇移民区土地治理及水利配套项目竣工决算情况审计，核减工程造价35.11万元，建议纠正设计监理未进行公开招标97.35万元，以及部分标段未按批复内容实施、签证项目较多和工程款支付比例过高等问题。

【专项资金审计】 2016年，对区农科委2015年度财政专项资金进行独立审计调查，完成区农科委本级和部分用款单位延伸审计。

【政府临时交办审计】 2016年，对区建设交通局实施的区政府办公楼外墙保温及外立面粉刷项目、迎水桥镇南长滩村幸福村庄建设项目和区委办实施的行政中心维修改造项目进行审计。

【参与上级部门审计】 2016年，按照自治区审计厅和市审计局要求，选派2名职工参加自治区审计厅实施的全区扶贫资金审计项目。选派干部职工参加中卫市审计局实施的镇罗镇原任书记镇长、原沙坡头区民政和社会保障局局长经济责任审计。配合中卫市审计局对沙坡头区南山台电灌站2015年度财政预算执行及其他财政财务收支情况进行审计。选派职工配合区纪委完成“三公经费”检查和对区文体计生局的巡察工作。

【创新工作】 2016年，提请区委政府印发《沙坡头区人民政府关于〈中卫市审计局投资审计分类管理办法〉的实施意见》《关于规范向审计机关临时交办审计事项的通知》等规范性文件，明确各级、各部门、各乡镇临时交办审计事项的工作程序、具体要求，以及利用社会审计力量的措施办法。以中卫市审计局、发改委通过政府采购确定的全国25家造价审核机构为造价审计备选库，通过“开展一个审计项目进行一轮公开摇号”的方式，随机确定项目审计最终服务单位，做到程序公开，机会公平，结果公正。

【机关规范化建设】 2016年，建立党务、政务工作及审计工作制度流程40余项。开展“两学一做”学习教育，进行集中学习50余次。完善党风廉政建设三个责任清单，召开组织生活会2次，参加群众评议机关作风、效能建设网络测评113人次。组织党员冬季轮训、星级服务型党组织创建、领导干部述职评议等工作，积极组织开展各类文体活动。撰写信息稿件66条上稿62条，在中卫电视台登稿4次。争取自治区审计厅扶持资金10万元，市审计局扶持资金5万元、笔记本电脑2台。落实招商引资投资项目2个。走访贫困户10余次，投入物品0.3万余元。（杜阳若琰）

安全生产监督管理

【概况】 2015年，沙坡头区共发生各类安全生产事故268起，死亡21人（其中非生产经营交通事故死亡10人），受伤113人，经济损失167.5万元。与上年同期相比，事故起数增加21起，上升8.5%；死亡人数减少11人，下降34.4%；受伤人数减少7人，下降5.8%；经济损失减少431.8万元，下降72.0%。按行业情况来看，发生道路交通事故109起，死亡19人，受伤113人，经济损失19.07万元；发生火灾事故157起，无人员伤亡，经济损失68.43万元；发生工矿商贸事故2起，死亡2人，经济损失80万元。全区生产经营性事故死亡11人，控制在自治区、市下达指标以内,亿元GDP死亡率控制在自治区下达的指标0.214以内。2016年,沙坡头区共发生各类安全生产事故103起,死亡27人,其中:生产经营性事故死亡12人,(道路交通8人,工矿商贸4人),受伤93人,经济损失373.4万元。与上年同期相比,事故起数减少165起,下降61.6%;死亡人数增加6人,上升28.6%;受伤人数减少20人,下降17.7%;经济损失增加205.9万元,上升122.9%。按行业情况来看,发生道路交通事故98起,死亡18人,受伤90人,经济损失13.41万元;发生工矿商贸事故5起,死亡9人,受伤3人,经济损失360万元;未发生人员伤亡或重大经济损失的火灾事故。亿元GDP死亡率控制在自治区下达的指标0.179以内,未发生较大以上安全生产事故,安全生产形势总体保持稳定。

【安全生产责任】 2015年,管委会召开各类安全生产工作会议7次,专题研究安全生产工作2次,领导带队检查5次。自治区安全生产责任落实年活动现场会在沙坡头区召开,5家企业通过了安全生产标准化验收,66家企业建立了隐患排查治理体系。通过政府指导、部门监管、企业自律,安全生产三大责任得到有效落实,人员密集场所、农机、水利、危险化学品、非煤矿山、电力等多个领域实现"零死亡"乃至"零事故"。2016年,召开区委常委会7次,区委专题会议4次,政府常务会议10次,政府专题会议7次,研究部署重大节日、重点行业、重点领域的安全生产工作,听取安全生产工作汇报。出台《中卫市沙坡头区安全生产行政责任规定》,成立以区长为主任的安全生产委员会,明确安委会成员单位职责分工,推进配套工作制度、责任落实途径和考核机制进一步完善,明确和落实党委、政府及其班子成员安全生产责任。

【责任落实年活动】 2016年,建立"双重"预防体系。与自治区、市安监部门对接,将4个乡镇产业基地的企业纳入沙坡头区风险控制和隐患治理信息系统,整合、理顺"两个系统"管理机制。纳入重点企业173家,截至12月底,辨识各类风险点9201处,制订隐患排查清单1136个,上报检查记录4.66万条,整改一般隐患906处,整改率88.5%,切实提高隐患排查监管效率。实施安全生产责任保险制度。组织举办煤矿、非煤矿山、危化等企业负责人培训会,对推进安责险的目的、意义及相关知识进行全面培训,鼓励企业投保安全生产责任险,推动社会商业保险机构参与安全监管,全区共投保企业16家,缴纳保费77万元,提高企业的抗风险能力。推进安全生产应急救援体系建设。开展山洪灾害防御、灭火抢险等各种应急演练活动,进一步提高事故应急处置能力,确保反应迅速、规范高效、保障有力。严格事故报告制度,全面实施生产安全事故网上直报制度,明确专门的安全生产工作联络员,确保一旦发生险情,第一时间反映,第一时间上报。加强和辖区荣盛超市等商场的合作,实现救援物资储备调运快捷高效,为应对处置突发事件提供有力保障。加强企业六化建设。按照责任落实年"六化目标"要求,督促辖区企业建立安全管理分级化责任体系。

【创新管理机制】 2015年,对沙坡头区所有工况企业进行调查摸底,搞清全区10大行业工矿企业256家的基本情况。在119家工矿企业推进隐患自查自报系统建设工作;在43个重点企业开展安全生产管理"六到位"(领导责任到位、人员培训到位、制度规章到位、投入资金到位、检查整改到位、应急处置到位)"六化"(安全管理分级化、排查项目清单化、隐患查治常态化、制度规程规范化、现场管理可视化、培训教育经常化)达标活动;在鸿基伟业纸制品公司、天元锋农机制造公司创建应急管理标准化示范点,组织华钰煤矿、深中天然气公司、西气东输天水分公司等企业开展了应急救援演练,成立了60余人的安全生产应急救援队伍。举办落实企业主体责任、隐患自查自报系统操作、消防安全检查等培训班3期5批次,培训企业管理人员、职工461人次。2016年,有效利用社会组织在安全生产方面的技术资源、专业特长和责任能力，采取企业托管和政府购买服务两种方式，在11家非煤矿山，由第三方监管机构定期、定点、定向对企业安全生产进行排查、指导服务，为重要环节部位隐患排查、重大安全隐患治理验收及重大危险源监控提供有力的技术支撑。

【安全生产检查】 2015年，依法依规对1起事故进行调查处理，收缴罚款2.1万元，同时督促企业对事故隐患点进行彻底整改，规范企业安全生产行为。2016年，在元旦、春节、全国两会、五一、G20杭州峰会、中秋节、国庆节等重大政治活动和重点节假日期间，共检查生产经营单位940多家，排查各类隐患1839条，督促整改1804条，下发各类执法文书51份，重点行业领域安全生产形势不断稳定好转。深刻汲取11月24日江西丰城发电厂冷却塔施工平台坍塌等重特大事故教训，深入开展安全生产大检查活动，组织各乡镇和各职能部门对煤矿、非煤矿山、交通运输等九大重点行业领域开展隐患排查整治。12月，全区各乡镇各部门成立76个安全检查小组，出动检查人员475人次，检查辖区重点行业领域生产经营单位累计675家，排查企业安全生产隐患累计83个，整改完成18个，期间未发生安全生产事故。

【专项整治】 2015年，制订《沙坡头区十大专项整治行动方案》，共组织开展安全生产大检查5轮次，排查排除各类隐患638个。煤矿领域，以瓦斯、水害、冒顶“三防”为主要整治内容，严查矿长带班下井、通风监测检测、人车规范管理是否落实到位。输油输气管线领域，督促企业加强管线安全定期排查，整改占压管道隐患3个。非煤矿山领域，对12家不符合安全生产条件的企业下发了《限期整改通知书》，督促整改隐患47个。危险化学品生产经营领域，督促整改隐患27个。防粉尘爆炸领域，排查整改隐患11条。烟花爆竹领域，办理长期烟花爆竹零售许可证47个，办理临时许可证238个，督促整改证件过期、不符合专柜经营、无警示标识、消防器材不合格等隐患34个。道路交通领域，排除各类安全隐患40个，配合市交通、交警等部门完成设置限高龙门架7处、安装警示爆闪灯4个、补栽警示桩329个、设置警示标志牌38块，在铁路立交涵洞划设减速标线1250平方米、设置拦水坡10道60米、安装警示标志牌74块。各乡镇与村委会、村委会与农用车驾驶员层层签订道路交通安全责任书5438份。消防领域，以乡镇行政区域为基础，建立了11个大网络、159个中网络、287个小网络。组织检查各类单位、场所651家，发现火灾隐患及违法行为439处，督促整改406处，下发《责令改正通知书》225份，下发《行政处罚决定书》5份，罚款1.15万元。灭火救援出动车辆392辆，出动警力2355人，抢救被困人员22人，疏散被困人员20人，抢救财产价值685.64万元。建筑施工和市政设施领域，全面排查中卫商城消防设施情况，争取资金50万元，建成消防井19座，安装消防箱74只，配套消防栓口、布带、水枪74具，配套5公斤灭火器138只，敷设108口径消防管道600米，极大改善了商城安全环境。水上安全领域，排查排除隐患13条。2016年，开展百日专项整治行动。印发《沙坡头区安全生产百日专项整治行动实施方案》，组织各乡镇和各职能部门对建材制造加工等九个重点行业领域，按照“企业自查、监管单位必查、督查组抽查”的要求进行隐患排查整治。7—9月，区领导、部门、乡镇、村居共出动检查人员704人次，检查各类生产经营单位396家（含多次检查），排查隐患398个，当场整改322个，限期整改76项，下发各类执法文书21份，期间未发生安全生产事故。开展危险化学品和烟花爆竹专项检查。吸取永康镇艾湾村“2·13”事故教训（非生产性事故），上半年组织开展危险化学品和烟花爆竹专项检查，对所有从事危化和烟花爆竹生产、经营、储存、运输的单位进行全面、彻底检查，督促整改隐患66条，责令停产整顿企业2家，收缴非法经营烟花爆竹20箱。开展煤矿、非煤矿山整治，下达执法文书7份、《责令限期整改指令书》9份；开展道路交通专项整治，排查各类安全隐患18个，安排交通安全协管员269名，层层签订道路交通安全责任书5438份；开展危险化学品专项整治，督促整改隐患66条，责令停产整顿企业2家；开展建筑施工专项整治，关闭、关停、责令停产整顿企业11家；开展消防领域专项整治，检查各类单位、场所156家，督促整改隐患129处；开展职业卫生及粉尘防爆专项整治，开展专项检查4次，共检查企业22家。

【宣传培训教育】 2015年，在重大节庆日和全国第14个安全生产月期间，组织开展了系列集中宣教活动，悬挂横幅60余幅，播放影视资料450余分钟，展出展板86块，发放各类资料2.3万余份，微博、微信、飞信、QQ平台发送安全宣传信息1600余条；在镇罗镇建设安全文化长廊3条。2016年，组织139家企业545人次参加《宁夏安全生产条例》宣传培训会、隐患自查自报系统培训会、有限空间作业培训班等专业培训会议；9月27—28日，举办全区安全生产监管人员暨企业安全生产管理人员培训班，对区安委会19个成员单位和165个村的203名安全生产监管人员，以及182家企业的237名安全生产管理人员进行安全生产法律法规和业务知识综合培训。12月21日，联合自治区供销社日杂鞭炮公司举办沙坡头区烟花爆竹零售从业人员安全生产业务培训班，共计101人参加培训。以演讲、知识竞赛、应急演练、集中宣传等形式集中开展“安全生产月”活动，悬挂横幅26条，发放宣传资料1.2万余份，受教育职工群众达1.5万人。在文昌、镇罗、宣和、常乐、兴仁5个乡镇各建设1条文化长廊。（孙耀义）

工业与园区建设

综 述

【概况】 2016年8月，镇罗、宣和、常乐、文昌4个乡镇产业园区交由沙坡头区承接管理。

【基础设施】 2016年，沙坡头区4个乡镇工业园区道路、供排水、供电、亮化、通讯等基础配套设施经过近几年的逐步完善，镇罗特色冶金产业园建成110kV变电站2座、330kV变电站1座，硬化6.5公里沥青柏油主干道路1条，工业补水站2座、2.2万立方米蓄水池2个，埋设自来水管道15公里；宣和电石化工循环产业园建成110kV变电站、330kV变电站各1座，硬化沥青柏油路5.7公里，铺设供水管道4公里、主干道路排水管道5公里，在绿化主干道路两侧栽植景观苗木1.3万株；常乐陶瓷建材产业园建成110kV变电站、330kV变电站各1座，硬化科豪大道沥青柏油道路4公里，建成供水站1座，铺设供水管道4公里；宁夏红健康养生产业园道路基本建成，供排水、绿化、亮化等基础设施完善齐全。

【规模以上工业】 2016年，沙坡头区规模以上工业实现总产值216.5亿元，同比增长7.9%；完成增加值41.9亿元，同比增长4.2%；实现主营业务收入183.1亿元，同比增长1.9%。

【项目建设】 2016年，新建、技改工业项目5个，完成固定资产投资25.2亿元，宁夏科豪陶瓷有限公司年产600万平方米高档喷墨金刚釉抛光砖、宁夏中卫市银河冶炼有限公司1×25MW铁合金矿热炉烟气余热发电、中电投宁夏能源铝业中卫香山风电场扩建200MW工程、中卫市胜金新能源有限公司6MWp屋顶分布式光伏发电等项目全部建成运营。

【经济运行】 2016年工业经济平稳回升，轻工业增速逐步加快。规模以上轻工业实现总产值43.7亿元，同比增长45.2%，增速比重工业上升43.9个百分点；重工业实现总产值172.8亿元，同比增长1.3%。

【转型升级】 2016年，宁夏科豪陶瓷有限公司年投资2.6亿元新建1条年产600万平方米高档喷墨金刚釉抛光砖生产线，填补宁夏区内高端陶瓷生产空白。

【节能降耗】 2016年，银河冶炼余热发电项目建成，年发电量达13363万千瓦时，年可节约标煤4.05万吨。组织明巨电石、胜金水泥公司开展清洁生产审核，并通过自治区清洁生产审核验收。组织上报节能、循环经济和资源节约重大备选项目11个，获得资源节约与环境保护中央预算资金支持

1000万元。

【信息化建设】 2016年，对工业企业“两化融合”情况进行调研，并指导9家企业申报“两化融合贯标试点企业”。经专家评审，中卫市银阳新能源有限公司、中卫市茂烨冶金有限责任公司和2家企业被评为国家级两化融合贯标试点企业。

【安全生产】 2016年8月，镇罗、宣和、常乐、文昌4个乡镇产业园区交由沙坡头区承接管理。自承接管理以来，认真贯彻落实安全生产各项工作要求，保持4个工业园区安全生产形势持续平稳，全年未发生重、特大安全事故。

【陶瓷产业】 沙坡头区共有2家陶瓷生产企业，分别是宁夏科豪陶瓷有限公司、宁夏美康陶瓷有限公司。宁夏美康陶瓷有限公司因设备落后、产品档次底，已于2014年年底关停。宁夏科豪陶瓷有限公司经过十余年的发展，形成陶瓷制造、洁净煤生产两大产业。公司资产总额达到6.8亿元，占地面积300多亩，员工580人，主营外墙砖、内墙砖、地板砖、通体砖、欧式连锁瓦等建筑陶瓷产品。2012年被自治区授予“宁夏中小企业50强企业”荣誉称号。宁夏科豪陶瓷有限公司年投资2.6亿元新建1条年产600万平方米高档喷墨金刚釉抛光砖生产线，填补宁夏高端陶瓷生产空白。2016年实现工业总产值 22019万元。（汪进旭）

冶金产业

【概况】 2016年，规模以上生产企业10家，工业产值达23.83亿元。镇罗特色冶金产业园共有8家，分别是中卫市茂烨冶金有限公司、宁夏新华实业集团有限公司、宁夏新华实业集团钢铁有限公司、中卫市合发冶炼有限公司、中卫市跃鑫钢铁有限公司、中卫市大有冶炼有限公司、宁夏三元中泰冶金有限公司、宁夏中卫市银河冶炼有限公司。常乐陶瓷建材产业园共有4家，其中2家铸造企业，分别是宁夏华源机械制造有限公司、中卫市恒达机械制造公司；2家钢铁生产企业，分别是中卫市三鑫铸锻有限责任公司、中卫市闽鑫金属铸锻有限公司。宣和电石化工循环产业园共有2家，分别是宁夏大正伟业冶金有限责任公司和宁夏中卫市晟鑫冶炼有限公司。

【宁夏三元中泰冶金有限责任公司】 成立于2010年，注册资金10000万元，占地面积363亩，现有职工810人，年产75#硅铁18万吨。公司先后获得AAA级信用企业、中卫市沙坡头区阳光工程安置基地，履行社会责任优秀企业等荣誉称号。经营范围为：硅铁制造、进出口业务和五金、建材销售。2016年实现工业总产值 70353万元。

【中卫市茂烨冶金有限责任公司】 成立于2008年，注册资金7000万元，现有职工750人，年产硅铁20万吨。先后获得AAA级信用单位、自治区百强企业、全区优秀民营企业等称号。投资1.5亿元建成3×25500kVA、2×25500kVA、2×63000kVA硅铁矿热炉余热发电机组，年发电量13000×104千瓦时，年节约标准煤36631.7吨，每年减少CO_2排放量91579.3吨。2016年实现工业总产值 59046万元。（汪进旭）

电石化工产业

【概况】 2016年，沙坡头区共有电石化工企业6家，其中规模以上生产企业3家 ，工业产值达4.53亿元。宣和电石化工循环产业园5家，其中生产电石企业3家，分别是宁夏明巨电石有限公司、中卫市俱进化工有限责任公司、宁夏中卫市华伟化工有限公司；生产双氰氨企业1家，宁夏长和化工有限公司；生产糠醛企业1家，中卫市美联化工有限公司；镇罗特色冶金产业园1家，中卫市明新工贸有限公司。

【宁夏明巨电石有限责任公司】 成立于2003年，

已建成 21000kVA 半密闭式电石矿热炉 3 座。2014—2015 年先后投资 6000 多万元，对原有 3 台内燃式电石炉进行密闭节能技术改造，对原来的主体炉、煤气净化系统、烘干系统、全部进行改造，新建尾气烧白灰项目。通过项目改造，收集的高温余热尾气经净化系统净化，输送到气烧石灰窑生产生石灰，部分余热还可以烘干兰炭，实现节能环保、综合利用的目标，年生产优质电石 13 万吨。2016 年实现工业总产值 22673 万元。

【宁夏中卫俱进化工有限责任公司】 公司前身为中卫县第一电石厂，建于 1986 年，2003 年改制为民营企业，后更名为宁夏中卫市俱进化工有限责任公司。公司有小型电石矿热炉 3 台，总容量为 37000KVA，年生产电石 7 万吨。公司积极响应政府号召，立足企业可持续发展，在宣和高载能工业园区投资 1.2 亿元建设 2×31500kVA 大型高效、节能、自动控制全密闭矿热炉，并配套建设电石炉尾气余热回收利用煅烧石灰项目，既实现环保、清洁生产又降低生产成本，经济效益、社会效益和生态效益十分明显。2016 年实现工业总产值 12206 万元。（汪进旭）

农副产品深加工产业

【概况】 沙坡头区共有农副产品深加工龙头企业 9 家。龙头企业主要聚集在文昌镇宁夏红健康养生产业园，主要生产加工大米、面粉、果汁、枸杞、冷饮等。

【宁夏红枸杞产业集团有限责任公司】 创立于 2004 年，集团公司现下设 7 家全资子公司，分别是：宁夏红中宁枸杞制品有限公司及其 3 个销售分公司、宁夏红中宁枸杞工贸有限公司、宁夏红沙坡头葡萄酿酒有限公司、宁夏红（法国）大慕爱国际酒庄有限公司、宁夏香山酒业有限公司、宁夏香山印刷有限公司、宁夏沙坡头旅行社有限公司。经过多年的发展，宁夏红集团已经成为以枸杞深加工为主营业务的国内知名企业，自治区农业产业化龙头企业、国家级农业产业化重点龙头企业、自治区高新技术企业。2015 年，宁夏红集团公司实现工业总产值 178008 万元，较上年增长 32%；实现销售收入 101903 万元，较上年增长 39.47%，实现利润 14638 万元，较上年增长 24.61%。

【宁夏万齐农业发展有限责任集团】 是一家集设施生态农业开发、现代农业新品种、新技术的引进推广与应用、优质水稻种植、加工、销售、生态观光休闲农业的开发应用为一体的现代化大型农林科技集团，公司先后通过 ISO14001 和 ISO9001 质量管理体系认证，资信等级为 AAA 级。万齐集团致力打造从“田间地头”到“百姓餐桌”的全绿色健康生态产业链，自建有枸杞种植基地、优质水稻种植基地、新品种蔬菜种植基地、水果种植基地等 3.2 万亩生态农业种植基地，先后获得全国百佳农产品品牌、宁夏农业产业化重点龙头企业、宁夏农业科技示范基地、大学生科技特派员创业基地等荣誉。2016 年 8 月 2 日，该企业正式挂牌新三板，成为沙坡头区首家“新三板”上市企业。同时，在中卫市、银川市共有 5 家自营店铺，电商分销商 10 家，加盟区域电商平台 1 家，3 个村级电子商务服务点、1 个电子商务服务中心，销售服务体系相对完善。

【宁夏江南好枸杞产业集团有限责任公司】 是一家集枸杞、苹果、红枣深加工、非油炸水果脆片设备制造、物联物流、电子交易商务于一体的食品企业，注册资金 1000 万元，现有员工 150 多人。公司拥有枸杞果醋、果蔬脆片技术发明专利 4 项，实用新型专利及外观设计专利等共 20 余项专利，旗下品牌有江南好、印象宁夏、金彤、沙坡鸣钟、橄榄树，生产枸杞果醋系列、枸杞干果、枸杞脆果、黑枸杞、八宝茶等十二大类 105 种产品。近年来，先后被评为“全区农业产业化重点龙头企业”“枸杞企业 50 强”“宁夏自主创新标杆企业”等称号。2016 年获中共中卫市委统战部“诚信守法民营企业”、宁夏挂牌企业。

【中卫市金帝冷冻食品有限责任公司】 创建于2010年6月，是集冷饮、冷冻米面食品于一体的全区独家具有规模的清真冷冻食品私营企业。主要生产冰淇淋、雪糕、冰棍、乳酸菌饮料、凝固型酸奶、月饼、速冻水饺、汤圆八种冷饮、冷冻食品。公司注册资金1500万元，占地46860平方米、日产冷冻制品最高达120吨，公司创建的“不倒翁”品牌，有八大系列冷饮、冷冻食品80多种产品，在陕、甘、宁、内蒙古、青海等区内外建有40余家独家代理经销商和近百个经营销售网点，产品畅销西北五省区。企业产品还连续多年被自治区消费者协会评为“推荐产品”在银行信用等级评定中，公司被认定为“AAA”级信用企业。2016年实现年产值10174万元。（汪进旭）

新能源产业

【概况】 中卫沙坡头区光伏产业示范区作为宁夏十大光伏园区之一，可建设光伏面积42750亩，规划光伏建设容量1.2GW，将打造成新能源与沙漠农业、生态移民结合的防沙治沙、扶贫开发示范基地。2016年重点发展了高效单晶硅、多晶硅等新能源制造业，着力构建发展集群化、产业耦合化、创新高端化、效益最大化的新型工业体系。

【银阳新能源有限责任公司】 2010年5月成立，注册资本20亿元。2011年8月正式投入生产。主要从事单晶硅拉棒、多晶硅铸锭、切片、太阳能组件和光伏电站建设等生产、销售、研发、建设和服务。公司拥有单晶硅拉棒200MWp、多晶硅铸锭1000MWp、切片600MWp等生产能力，建筑面积54100平方米，是西北地区最大的太阳能硅片生产基地，也是排名全国前三位的硅片专业制造企业。2016年产值达18.02亿元。

【宁夏协鑫晶体科技发展有限责任公司】 属保利协鑫集团（隶属于香港上市公司）旗下的公司，于2015年5月在中卫工业园区成立，注册资本2.1亿元。作为全球最大的多晶硅片制造商，专业致力于高效率单晶硅棒、12英寸大尺寸半导体晶圆等光伏及半导体产品的研发和生产。2016年工业产值达2.7亿元。（汪进旭）

乡镇产业园区

【概况】 2016年，沙坡头区4个乡镇产业园区工业企业实现产值51.9亿元。

【镇罗特色冶金产业园区】 建于2004年，占地面积2.3万亩，分一区和二区，2004年被列入中卫市工业“一区五园”规划。该园区依托北山矿产资源优势，初步形成以硅铁冶炼、新型建材和铸造加工为主导的产业集群，现有入园企业29家，其中规模以上企业8家。2016年，完成产值30.2亿元。

【宣和电石化工循环产业园区】 建于2003年，占地面积5000亩，2004年被列入中卫市工业“一区五园”规划。该园区依托天景山丰富的石灰石资源，初步形成了以电石化工、水泥为主导的产业集群。现有入园企业8家，其中规模以上企业5家。2016年，完成产值15.3亿元。

【常乐新型建材陶瓷产业园区】 建于1996年，占地面积1.5万亩。初步形成以陶瓷、建材、铸造为主导的产业集群。有入园企业18家，其中规模以上企业3家。2016年，完成产值4.9亿元。

【文昌宁夏红健康养生产业园区】 建于2002年，规划占地面积1082.83亩，已形成以农副产品加工、食品加工和新型建材为主导的产业集群。现有入园企业32家，其中规模以上企业1家。2016年，完成产值1.5亿元。（汪进旭）

农业和农村经济

种植业

【粮食种植】 2015年，全区落实粮食播种面积30.5万亩，其中小麦3.4万亩，水稻7.39万亩，玉米19.34万亩。建设农业部级粮食高产万亩示范片3个，3.2万亩，12个百亩核心攻关点0.42万亩；落实自治区级玉米千亩增产攻关模式示范片1个，1150亩；全年粮食总产量15.5万吨。2016年，全区落实粮食播种面积31.5万亩，其中小麦3.85万亩，同比增加0.45万亩，增长13.2%；水稻面积继续缩减，较上年减少1.39万亩，减幅18.8%，总面积6万亩；玉米20.01万亩，同比增加0.67万亩，增长3.5%。建设水稻、玉米绿色攻关示范点2个，2150亩；全年粮食总产量15.8万吨。

【硒砂瓜种植】 2015年，种植硒砂瓜49.12万亩，建立硒砂瓜品质品牌保护核心基地30万亩，合理安排分期播种、均衡上市，有序组织压砂地轮作歇茬，严格落实品质品牌保护和田间管理措施，总产量达67.5万吨，实现产值6.51亿元。2016年，种植硒砂瓜45.05万亩，建立硒砂瓜品质品牌保护核心基地30万亩，合理安排分期播种、均衡上市，有序组织压砂地轮作歇茬，严格落实品质品牌保护和田间管理措施，总产量达62.8万吨，实现产值5.55亿元。

【蔬菜种植】 2015年，蔬菜种植面积17.14万亩，其中：设施蔬菜12.29万亩，露地蔬菜4.85万亩。全年蔬菜总产量达到61.34万吨，产值14.83亿元。2016年，全区蔬菜种植面积累计达15.59万亩，其中：设施蔬菜12.31万亩，露地蔬菜3.28万亩。新建永久性蔬菜基地0.25万亩。全年蔬菜总产量达到61.1万吨，产值15.62亿元。（杨晓慧）

畜牧业

【概况】 2015年，全区奶牛存栏、肉牛、肉羊、生猪和蛋鸡饲养量分别达到2.7万头、4.98万头、68万只、33万头和438万只，肉、蛋、奶总产量分别达到1.6万吨、2.7万吨和6.6万吨，实现牧业总产值7.9亿元。2016年，全区奶牛存栏、肉牛、肉羊、生猪和蛋鸡饲养量分别达到3.05万头、5.14万头、65.03万只、34.5万头和461.5万只，肉、蛋、奶总产量分别达到1.7万吨、2.7万吨和7.3万吨，实现牧业总产值7.4亿元。

【标准养殖场建设】 2015年，建成标准化规模奶牛场3个，分别是中卫市牧哥畜牧养殖农民专业合作社、中卫市恒源奶牛养殖农民专业合作社和中卫市长盛奶牛养殖农民专业合作社，存栏奶牛5582头。建成中卫市跃兴养殖农民专业合作社标准化规模羊场1个,存栏肉羊1270只。2016年,建成标准化规模奶牛场5个，分别是宁夏阜民丰常乐镇万头奶牛场、沐露奶牛养殖农民专业合作社、中卫市富农畜牧养殖专业合作社、中卫市康圣奶牛养殖农民专业合作社和中卫市塞外奶牛养殖农民专业合作社，存栏奶牛6640头。建成中卫市武胜养殖农民专业合作社标准化规模羊场1个,存栏肉羊1270只。

【畜牧品种改良】 2015年,2个生猪良补供精站生产良种猪精液8.9万份，授配能繁母猪2.16万头；引进优质奶牛冻精5.66万支、肉牛冻精2.04万支,运送液氮10505立升,改良奶牛2.13万头、肉牛1.21万头;落实滩羊和山羊种公羊各200只,引进种公猪20头,调购原种母猪50头、二元母猪500头。生猪、奶牛、肉牛良种覆盖面均达到100%,羊良种覆盖面均达到70%以上。切实提高品种质量,促进产业提质增效。2016年,2个生猪供精站生产良种猪精液33117份,授配能繁母猪8175头。引进优质肉牛冻精1.04万支，奶牛冻精2.06万支,采购配送液氮4305立升。改良肉牛5200头,改良奶牛10300头；引进种公猪20头，山羊种公羊200只,调购原种母猪50头、二元母猪500头。生猪、奶牛、肉牛良种覆盖面均达到100%,羊良种覆盖面均达到70%以上,切实提高品种质量,促进产业提质增效。

【惠农政策及养殖业保险】 2015年，开展5头以上基础母牛见犊补母建档立卡工作和基础母羊建档工作，并将基础母羊建档立卡工作逐乡（镇)分解,狠抓落实,促进此项工作的顺利开展。基础母牛建档立卡4300头,其中犊牛2100头,并全部购买养殖保险。基础母羊建档立卡54户,16584只。落实能繁母猪保险8100头。2016年,开展5头以上基础母牛见犊补母建档立卡工作和基础母羊建档工作,并将基础母羊建档立卡工作逐乡(镇)分解,狠抓落实,促进此项工作的顺利开展。基础母牛建档立卡4200头,其中犊牛2000头,并全部购买养殖保险。落实能繁母猪保险7058头。

【草畜产业】 2015年，沙坡头区加强草畜产业节本增效科技示范。通过对奶牛采用增加青贮饲喂量、降低精饲料饲喂量,调整牛群机构、淘汰中低产牛,推行精细化管理、提高劳动生产率等措施,头均每天节省生产成本0.96元；通过对肉牛进行日粮配方调整、基础母牛限喂饲养、改善养殖环境、提高犊牛的繁殖成活率、推广肉牛快速育肥和分群饲养、提高劳动生产率等措施,头均每天节省生产成本1.16元;通过对肉羊采取日粮配方调整、改善养殖环境、提高母羊繁殖成活率、推广肉羊快速育肥和分群饲养、提高劳动生产率等措施,只均每天节省生产成本0.18元。积极与区厅对接,争取到位粮改饲项目、农业产业化以及畜牧良种补贴项目资金2292.5万元。2016年，加强沙坡头区草畜产业节本增效科技示范。通过对奶牛采用增加青贮饲喂量、降低精饲料饲喂量,调整牛群机构、淘汰中低产牛,推行精细化管理、提高劳动生产率等措施,头均每天节省生产成本2.28元;通过对肉牛进行日粮配方调整、基础母牛限喂饲养、改善养殖环境、提高犊牛的繁殖成活率、推广肉牛快速育肥和分群饲养、提高劳动生产率等措施,头均每天节省生产成本1.45元；通过对肉羊采取日粮配方调整、改善养殖环境、提高母羊繁殖成活率、推广肉羊快速育肥和分群饲养、提高劳动生产率等措施,只均每天节省生产成本0.18元。积极与区厅对接,争取粮改饲、节本增效、农业产业化、畜牧良种补贴及水产和草原项目16个,完成项目资金任务2247.7万元。

【草原建设】 2015年,种植各类优质饲草1.97万亩,其中:多年生5100亩,一年生14658亩。开展草原生产力和鼠虫害监测工作,灭鼠8.5万亩,灭虫18万亩,组织开展草原生态环境综合治理工作。开展草原监理执法与防火项目,草原防火巡查39次,发放宣传资料1000余份,处理各类草原纠纷4起,草原违法案件6起。草原承包面积343.72万亩,兑付资金2577.89万元,5202户受益。2016年,种植各类优质饲草1.56万亩,其中:多年生1.19万亩,一年生0.37万亩。开展草原生产力和鼠虫害监测工作,灭鼠8万亩,灭虫29万亩,组织开展草原生态环境综合治理工作。开展草原监理执法与防火项目,草原防火巡查25次,发放宣传资料1000余份,处理各类草原纠纷5起,草原违法案件24起。草原承包面积343.72万亩,兑付资金2577.9万元,5163户受益。不间断地对沙坡头区的草原禁牧封育工作进行督查。坚持每周一次的禁牧封育督查,查处偷牧羊只30群2850只,上报禁牧专报19期。

【动物疫病防治】 2015年,全面实行规范化、程序化免疫,年内牲畜口蹄疫免疫家畜126.45万头只,家禽2426.38万只。其中猪31.47万头、牛9.62万头、羊85.36万只,免疫密度和标识率均达到100%;羊小反刍兽疫免疫43.35万只,免疫密度达100%;猪瘟免疫32.89万头,免疫密度达100%;高致病性猪蓝耳病累计免疫26.12万头次;高致病性禽流感免疫1007.85万只;鸡新城疫免疫1418.53万只,免疫密度均达100%。开展鸡H9亚型禽流感、羊梭菌病、羊痘、炭疽病、狂犬病、鸡法氏囊、传支等危害较大的动物疫病的防治。常发性、群发性和因病设防性动物疫情平稳。经调查,猪、牛、羊和鸡因病死亡率分别控制在0.86%、0.22%、0.71%和3.37%以内,全年未发生重大动物疫情。2016年,全面实行规范化、程序化免疫,年内牲畜口蹄疫免疫家畜141.08万头只,家禽2144.46万只。其中猪27.88万头、牛10.37万头、羊77.47万只,免疫密度和标识率均达到100%;羊小反刍兽疫免疫31.55万只,免疫密度达100%;猪瘟免疫30.52万头,免疫密度达100%;高致病性禽流感免疫843.53万只;鸡新城疫免疫1300.93万只,免疫密度均达100%。开展鸡H9亚型禽流感、羊梭菌病、羊痘、炭疽病、狂犬病、鸡法氏囊、传支等危害较大的动物疫病的防治。常发性、群发性和因病设防性动物疫情平稳。经调查,猪、牛、羊和鸡因病死亡率分别控制在1.21%、0.22%、0.63%和3.85%以内,全年未发生重大动物疫情。

【动物卫生监督管理】 2015年,产地申报检疫各类畜禽13.42万头(只),产地检疫开展面达100%,产地检疫率100%,屠宰检疫各类畜禽23.96万头(只),屠宰检疫率100%,无害化处理病害动物0.2014万头(只)、动物产品0.13吨。抽样检测15个生鲜乳收购站采集生鲜乳样品18份,54个平行样,检测结果全部合格。对动物产品兽药残留进行检测,抽样猪肉13批次、鸡肉7批次、鸡蛋样品144批次,检测结果全部合格。2016年,产地申报检疫各类畜禽107.72万头(只),产地检疫开展面达100%,产地检疫率100%,屠宰检疫各类畜禽32.67万头(只),屠宰检疫率100%,无害化处理病害动物0.2106万头(只)、动物产品0.15吨。抽样检测22个生鲜乳收购站采集生鲜乳样品62份,202个平行样,检测结果全部合格。对动物产品兽药残留进行检测,抽样猪肉24批次、60批次牛羊肉、鸡肉36批次、鸡蛋样品39批次,检测结果全部合格。

【动物疫情预测预报】 2015年,监测各类动物血清样品4492份,免疫抗体水平均达到国家规定标准;外送血清样品635份进行相关疫病的检测和研究;按规定上报各类动物防疫信息,并对信息情况进行分析和通报。2016年,充分发挥国家动物疫情预测预报中心职能,以兽医门诊为窗口,全面开展动物疫病监测和调查,及时掌握疫情动态。监测各类动物血清样品5682份,免疫抗体水平均达到国家规定标准;外送血清样品360份进行相关疫病的

检测和研究;按规定上报各类动物防疫信息,并对信息情况进行分析和通报。(俞建奎　何培政)

水产业

【概况】 2015年,沙坡头区水产养殖面积达到4.41万亩,水产品产量达到1.42万吨,渔产值达到1.7亿元。池塘标准化改造面积达到3000亩;河鲈、梭鲈、白斑狗鱼、乌鳢、斑点叉尾鮰、黄河鲶、鲟鱼、草鱼、黄河鲤、中科三号鲫鱼、等名优新品种养殖及微孔增氧、抬网捕鱼、风送式投饵、微生态制剂水质改良、流水养鱼、水产物联网、鱼类病害预测预报等现代渔业新技术集成应用3.5万亩;同比提高25%;建设标准化健康养殖基地8个;示范推广稻鸭综合生态种养面积3000亩。2016年,沙坡头区水产养殖面积达到4.47万亩,水产品产量达到1.55万吨,渔产值达到1.8亿元。池塘标准化改造面积达到3000亩;河鲈、梭鲈、白斑狗鱼、乌鳢、斑点叉尾鮰、黄河鲶、鲟鱼、草鱼、黄河鲤、中科三号鲫鱼、南美白对虾、高背鲑等新品种养殖及微孔增氧、抬网捕鱼、风送式投饵、微生态制剂水质改良、流水养鱼、水产物联网、鱼类病害预测预报等现代渔业新技术集成应用3.8万亩;建设标准化健康养殖基地12个;示范推广稻鸭综合生态种养面积3000亩;申报产业扶持项目3个,项目资金130万元。

【水产良种繁育体系建设】 2015年,沙坡头区有省级水产良种繁殖场一个,高级水产师2名,中级水产师3名;繁育温棚4座,育苗池塘面积380亩;良种黄河鲤鱼亲本350组,福瑞鲤亲本280组,中科三号鲫鱼亲本360组,繁殖良种能力15000万尾,繁殖培育水产优质良种7500万尾,其中繁育黄河鲤2000万尾,福瑞鲤1500万尾,中科三号鲫鱼1500,草鱼1300万尾,白鲢850万尾,花鲢350万尾,满足沙坡头区及周边省市水产养殖户渔业生产需求,良种覆盖率达到95%。2016年,沙坡头区有省级水产良种繁殖场一个,高级水产师2名,中级水产师3名;繁育温棚4座,育苗池塘面积380亩;良种黄河鲤鱼亲本350组,福瑞鲤亲本280组,中科三号鲫鱼亲本360组,繁殖良种能力15000万尾,繁殖培育水产优质良种8000万尾,其中繁育黄河鲤2200万尾,福瑞鲤1800万尾,中科三号鲫鱼1600　,草鱼1200　万尾　,白鲢800万尾,花鲢400万尾,满足沙坡头区及周边省市水产养殖户渔业生产需求,良种覆盖率达到98%。

【休闲渔业】 2015年,沙坡头辖区有休闲渔业单位18家,规模以上经营主体1个,主要经营项目休闲垂钓、水上休闲观光、特色鱼类餐饮、湖畔休闲度假、观赏鱼及钓具经营等,年接待人数18万人,休闲渔业产值1065万元。其中休闲垂钓营业额120万元;旅游导向型休闲渔业营业额840万元;观赏鱼产业营业额55万元;休闲渔业钓具、钓饵、观赏鱼、渔药及水族设备等营业额50万元。2016年,沙坡头辖区有休闲渔业单位22家,规模以上经营主体1个,主要经营休闲垂钓、水上休闲观光、冰上休闲运动、湖畔休闲度假、观赏鱼及钓具经营等,年接待人数22万人,休闲渔业产值1688万元。其中休闲垂钓营业额165万元;旅游导向型休闲渔业营业额1350万元;观赏鱼产业营业80额万元;休闲渔业钓具、钓饵、观赏鱼、渔药及水族设备等营业额93万元。

【水域环境生态修复】 2015年,修复养殖水域环境1.42万亩,腾格里湖1万亩,以香山湖水系为主的景观水城1200亩,黄河湿地公园湖3000亩,成效良好。2016年,修复养殖水域环境2万亩,其中:南北滨河大道两侧水域2000亩,腾格里湖1万亩,以香山湖水系为主的景观水城1200亩,黄河湿地公园湖3000亩,照壁山水库3800亩。

【渔政执法】 2015年,培训指导服务350余人次,和沙坡头区全部水产养殖单位(户)签订渔业生产安全责任书和水产品质量安全承诺书,发放张贴黄河休渔公告、禁用鱼药告知书、鱼药休药期、渔业用船须知、渔业安全生产制度等资料 600 余份;黄河休渔执法 30 人次,没收非法网具 5 张,电捕鱼设备 3 占套;产地水产品质量安全抽检 32 个样本; 渔业安全生产检查 12 次 25 人次。2016 年,举办渔业安全生产培训班 2 期,池间塘头培训指导服务 500 余人次, 和沙坡头区全部水产养殖单位(户)签订渔业生产安全责任书和水产品质量安全承诺书,发放张贴黄河休渔公告、禁用鱼药告知书、鱼药休药期、渔业用船须知、渔业安全生产制度等资料 800 余份; 黄河休渔执法 42人次,没收非法网具 15 张,电捕鱼设备 12 占套;产地水产品质量安全抽检 60 个样本;渔业安全生产检查 16 次 38 人次, 查处并督导整改安全隐患 12 起,查处报废不合格渔船 2 只,发放救生衣 56 件。无安全事故发生,抽检水产品质量全部合格。

【技术服务体系】 沙坡头区有县级水产动物疫病检测站一个,水产技术推广服务人员 4 人,其中水产工程师 3 名,初级水产工程师 1 名,50 岁以上 2 名,45 岁至 50 岁 2 名。2015 年, 指导服务水产健康养殖面积 4.1 万亩,引进养殖品种黄河鲤、福瑞鲤、中科三号鲫鱼、斑点叉尾鮰、加州鲈、河蟹、黄河鲶、狗鱼等鱼类新品种, 引进指导使用微孔增氧、抬网捕鱼、微生态制剂水质改良、鱼类病害预测预报等现代渔业新技术集成应用 3.5 万亩,养殖产量提高 4.8%,养殖效益提升 8.2%。鱼类病害预测预报等现代渔业新技术集成应用 3.5 万亩。2016 年,指导服务水产健康养殖面积 4.5 万亩,引进养殖品种黄河鲤、福瑞鲤、中科三号鲫鱼、斑点叉尾鮰、南美北对虾、加州鲈、高白鲑、河蟹、黄河鲶、狗鱼等鱼类新品种,引进指导使用微孔增氧、抬网捕鱼、微生态制剂水质改良、高产高效低碳流水养鱼等新技术, 鱼类病害预测预报等现代渔业新技术集成应用 3.8 万亩,养殖产量提高 9.5%,养殖效益提升 15%。(赵常山)

农业机械化

【概况】 2015 年, 全区农业机械总动力 49.08 万千瓦,农业机械原值达 4.21 亿元、净值 2.78 亿元。各类拖拉机拥有量 5455 台, 其中大中型拖拉机 2938 台、小型拖拉机 2517 台、联合收割机 215 台、各种配套农机具 1.27 万台(套)。全区主要农作物耕种收综合机械化水平达到 83.19%以上, 比上年增加 0.67 个百分点。灌区小麦实现全程机械化生产。水稻机械化种植水平达到 68%,机械收获水平达到 100%,玉米种植机械化水平达到 75%,收获水平达到 76%。地膜覆盖面积残膜机械化回收利用率达到 85%以上, 主要农作物机械化秸秆回收综合利用率超过 65%。2016 年,沙坡头区农业机械总动力 22.44 万千瓦, 比 2015 年减少 26.64 万千瓦,农业机械总值 3.55 亿元, 受取消农用运输车和小型拖拉机报废影响,比上年减少 0.66 亿元。其中,各类拖拉机拥有量 5619 台,联合收割机 238 台。拖拉机配套农具达到 1.21 万台(套)。水稻种植机械、玉米收获机械等粮食生产薄弱环节的农业机械大幅增加;为硒砂瓜生产、设施农业、枸杞、马铃薯、中药材及畜牧饲草等农业产业化生产服务的新型农业机械研发推广工作不断推进,技术日臻成熟,农业机械已成为支撑农业生产的重要物质装备。主要农作物耕种收综合机械化水平达到 84.79%,比上年增加 1.6 个百分点。水稻机械化种植水平达到 48%,机械收获水平达到 95%,玉米种植机械化水平达到 63%,收获水平达到 68%。设施农业、硒砂瓜、马铃薯等主要农业产业化生产机械化水平有很大突破, 地膜覆盖面积残膜机械化回收利用率达到 90%以上, 主要农作物机械化秸秆回收综合利用率超过 75%。主要农业产业机械化快速推进,机械化生产方式在农业生产中已占据主导地位。

【农机购置补贴】 2015 年, 沙坡头区落实农机购置补贴资金1166.667万元，购置各类农业机械1440台件，其中大中型拖拉机359台，其他农具1081台件，受益农户936户。拉动农民直接投资2845.103万元。2016年，沙坡头区落实农机购置补贴资金1360.618万元，购置各类农业机械1469台(件)，其中：大中型拖拉机537台，耕整地机械170台，收获机械27台。受益农户751户。在购机补贴实施过程中，重点向薄弱环节、农业主导产业、玉米收获、水稻种植、农机社会化服务体系建设、硒砂瓜生产、枸杞生产、马铃薯生产等生产服务的机械倾斜，进一步完善加强农机购置补贴政策监管措施，严格落实补贴机具目录、招标选型制、补贴政策公示制、补贴资金沙坡头区财政集中支付制，资金管理监督制和工作成效考核制五项制度。

【农机社会化服务体系建设】 2015年，全区有农机专业合作组织18个，年作业服务面积16万亩。其中，农机作业服务公司9个。拥有各类农机具230台(套)，机具配套比1:4，流转土地3.2万亩。2016年，沙坡头区有农机专业合作组织21个，其中农机作业服务公司12个，年作业服务面积22万亩。拥有各类农机具216台(套)，机具配套比1:3，流转土地3.4万亩，按照《农机作业公司建设规范》进行规范化、标准化建设，大力开展一条龙作业服务，支持引导农机作业公司，从育秧、插秧、播种、机耕、植保、机收、加工等粮食生产全程机械化服务拓展，提高市场化服务水平，积极引导农机作业公司，参与土地流转，大力推行土地承包、土地流转、代管托管等服务形式，建立稳固的作业市场。

（郭正锋　孙万华）

农业产业化

【概况】 2015年，沙坡头区农业产业化组织总数617个。按组织类型划分：龙头企业带动型40个，中介组织带动型576个，专业市场带动型1个；按利益联结方式划分：合同关系23个，合作方式(按利润返还)2个，股份合作方式(按股分红)578个，其他方式14个。农业产业化龙头企业固定资产16.76亿元，带动农户数18万户，完成销售收入27.7亿元，实现利润2.71亿元，中介组织完成销售收入6.9亿元，专业市场交易额1500万元，农户从事产业化经营增收总额115万元。农业产业化组织从业人数7.1万人，其中龙头企业从业人数0.93万人，中介组织从业人数6.1万人。2016年，沙坡头区农业产业化组织总数675个。按组织类型划分：龙头企业带动型50个，中介组织带动型624个，专业市场带动型1个；按利益联结方式划分：合同关系35个，合作方式(按利润返还)1个，股份合作方式(按股分红)624个，其他方式15个。农业产业化龙头企业固定资产28.84亿元，带动农户数25.71万户，完成销售收入51.48亿元，实现利润7.18亿元，中介组织完成销售收入7.2亿元，专业市场交易额3.78亿元，农户从事产业化经营增收总额2904万元。农业产业化组织从业人数7.56万人，其中龙头企业从业人数1.06万人，中介组织从业人数6.47万人。

【农产品加工业】 2015年，全区农产品加工企业个数248家，从业人员33903人，完成总产值20.8亿元，实现营业收入19.6亿元，利润总额2.02亿元，上交税金0.58亿元。2016年，全区农产品加工企业个数245家，从业人员3729人，完成总产值20.5亿元，实现营业收入19.2亿元，利润总额2.05亿元，上交税金0.57亿元。

【新型农业经营主体培育】 2015年，全区新型农业经营主体4105个，其中种养大户3327个，发展家庭农场202个，培育农民专业合作社576个，发展农产品加工企业204个，从业人数3347人，营业收入172315万元，实现利润21060万元。全区拥有农产品大型批发市场2家，农贸市场11个，田间马路市场14个；培训农产品电商销售企业7家，销售农产品1000吨，实现销售额5200万元。2016

年，全区新型农业经营主体4280个，其中种养大户3327个，家庭农场347个，培育农民专业合作社6个，发展农产品加工企业231个，从业人数3537人，营业收入185048万元，实现利润20012万元。全沙坡头区拥有农产品大型批发市场2家，农贸市场11个，田间马路市场14个；培训农产品电商销售企业13家，销售农产品1113.56吨，实现销售额2305.17万元。（高静　李志敏）

林业和生态建设

【概况】　2015年，沙坡头区完成营造林面积55085.7亩（防护林29302.5亩，经济林25783.2亩），退耕还林补植补造面积1.3万亩；苹果树体改造面积7万亩，建设示范园3个，面积1200亩，林业技术培训3360人次；防治面积1.88万亩，完成苗木产地检疫2502亩，办理林木采伐许可证10份4172.4立方米，审核上报建设项目使用林地4项145.0117公顷。2016年，沙坡头区完成营造林面积50133亩（防护林32036.6亩，经济林18096.4亩），退耕还林补植补造面积1.3万亩；苹果树体改造面积1.5万亩，建设示范园17个面积10030亩，林业技术培训2032人次，防治面积1.16万亩，完成苗木产地检疫2400亩，办理林木采伐许可证11份2568.3立方米，审核上报建设项目使用林地6项31.2294公顷。

【生态经济林建设】　2015年，完成经济林人工造林面积25783.2亩，其中枸杞14969.7亩，苹果6564.1亩，红枣2653.2亩，葡萄及其他1596.2亩；经济林面积达到39.5万亩，果品产量19.7万吨，实现产值7.13亿元。2016年，完成经济林营造林面积18096.4亩，其中枸杞13757.1亩，苹果3635.0亩、红枣40.6亩、其他663.7亩；经济林面积达到41.3万亩，果品产量21.2万吨，实现产值7.79亿元。

【生态防护林建设】　2015年，完成防护林营造林面积29302.5亩，其中：农田林网1278.1亩、村庄绿化781.0亩、生态修复26228亩、防沙治沙1015.4亩；完成退耕还林补植补造1.3万亩。2016年，完成防护林营造林面积32036.6亩，其中：农田林网1939.7亩，村庄绿化699.1亩，生态修复造林26933亩，水土保持林2464.8亩；完成退耕还林补植补造1.3万亩。

【经济林提质增效】　2015年，实施苹果、红枣低产园树体改造7万亩，建设经济林示范园3个1200亩，建设枸杞统防统治基地5000亩；举办培训班30期，培训3360人次，实地技术指导29场次；争取经济林产业建设项目资金1567.64万元。2016年，实施苹果、红枣低产园树体改造1.5万亩，建设枸杞统防统治基地5000亩，建立各类示范园17个10030亩；举办不同类型的技术培训班和现场技术指导15场次，培训2032人次；争取经济林产业建设项目资金2869.3万元。

【有害生物防控】　2015年，适时有序地开展林业有害生物测报、森林植物检疫和野生动物疫源疫病监测等工作。应实施监测面积134.51万亩，实实施监测面积131.21万亩次；苹果蠹蛾预防12.34万亩，苹果蠹蛾防治0.34万亩，春尺蠖防治1.07万亩，星天牛防治0.2万亩，沟眶象防治0.27万亩，建设苹果蠹蛾监测防控示范区1.03万亩，完成苗木产地检疫2502亩；扎实野生动物疫源疫病监测工作，经监测陆生野生动物无疫源疫病发生。2016年，开展林业有害生物测报、森林植物检疫和野生动物疫源疫病监测等工作。蛀干害虫打孔注药防治200亩2万株，食叶害虫打孔注药防治面积350亩3.5万株，经济林栽植区化学药剂防治1.1万亩；苹果蠹蛾防治监测发生面积2500亩；完成苗木产地检疫2400亩。扎实野生动物疫源疫病监测工作，经监测陆生野生动物无疫源疫病发生。

【林业行政审批】　2015年，办理林木采伐许可证10份，采伐株数22316株，采伐蓄积量4172.4立方米；审核上报建设项目使用林地4项，使用林地面积145.0117公顷，其中永久使用林地15.0992公顷，临时使用林地129.9125公顷。2016年，办理林木采伐许可证11份，采伐株数14054株，采伐蓄积量2568.3立方米；审核上报建设项目使用林地6项，使用林地面积31.2294公顷，永久使用林地16.3673公顷，临时使用林地14.8621公顷。

（马珍）

水利水保

【水利项目资金争取】 2015年，落实山洪灾害防治、公益性水利设施维修养护、水土保持设施补偿费返还等6个水利项目，批复投资907.31万元。2016年，落实农田水利设施维修养护、高效节水灌溉、骨干坝除险加固等9个水利项目，批复投资8112.92万元。

【民生水利工程建设】 2015年，组织实施抗旱应急水源工程、农村饮水安全工程、农村人畜饮水站中心化验室等9个项目，投资1679.64万元。2016年，争取项目资金7772.38万元实施抗旱应急水源工程、农田水利设施维修养护项目、高效节水灌溉等5个工程。

【农田水利基本建设】 2015年，沙坡头区农田水利建设投入项目资金3.61亿元，突出重点，连片整治，规划确定镇罗东园二排水沟片区、宣和八排水沟片区、迎水桥国土项目高标准农田水利建设治理等16个重点示范片区，涉及54个行政村面积7.86万亩。获自治区农田水利基本建设“黄河杯”竞赛特等奖。2016年，沙坡头区立足“四带一区”产业实际，将农田水利基本建设和农业产业结构调整、推动现代农业发展、农村环境卫生综合整治结合起来，科学划定14个重点巩固和治理片区，强化领导包保责任制、以奖代补、观摩评促等工作措施，全力推进农田水利基本建设。共计清淤各级沟道3406条1714公里，清淤各级渠道9869条5001公里，砌护各级渠道704条311公里，改造低产田2.89万亩，新增高效节水灌溉面积3.27万亩，改善灌溉面积2.99万亩。获自治区农田水利基本建设“黄河杯”竞赛特等奖。

【高效节水灌溉项目建设】 2016年，投资4632万元实施沙坡头区高效节水灌溉工程，发展高效节水灌溉面积2.85万亩，涉及迎水桥镇、镇罗镇、常乐镇、永康镇、宣和镇、香山乡6个乡镇。投资568.04万元实施沙坡头区2016年度永康兴仁香山高效节水灌溉工程，发展高效节水灌溉面积0.42万亩，涉及永康镇、兴仁镇、香山乡的6个行政村。

【农村饮水安全工程建设】 2015年，投资712.79万元实施迎水桥镇营盘水村抗旱应急水源工程和沙坡头区西台抗旱应急水源工程；投资186万元，新建农村人畜饮水站水质检测中心，按照国家《生活饮用水卫生标准》，调整水质检测方案，增加末梢水的检测，提高水质检测水平，水质检测项目由29项提高到49项，有力保障农村饮水水质安全；投资262万元，新建农村供水工程信息及自动监控系统，对11个供水站25处供水工程、水源井及蓄水池安装自动化控制系统，布设自动化监控点130个，提升农村人饮工程的信息化水平。2016年，强化管理、狠抓落实，及时对各处人饮供水工程重点设施、设备进行彻底排查维修，确保工程设施的正常运行；开通供水服务维修电话和供水监督电话，对群众反映的供水问题做到第一时间内快速解决，有效化解供水矛盾；协助镇村实施多项人饮工程，为多年来居住分散，施工条件差，一直饮用苦咸水的562户2334人解决饮水困难。全年完成农村人饮供水258万立方米，确保沙坡头区农村群众喝上安全、放心的自来水。

【农业灌溉】 2015年，安全行水175天，确保灌区51.77万亩农田适时灌溉，累计引用黄河水量4.17亿立方米（其中：内蒙古乱井泵站上水0.473亿立方米），较下达控制引水指标少引0.49亿立方米。

选定4个典型片区18块20.5亩试验田，开展毛豆、玉米、果树、水稻田间土壤含水率、年度用水量测算工作。全年取样105次，取得并提交测算数据333份。2016年，安全行水180天，累计引用黄河水量4.308亿立方米（其中：内蒙古乱井泵站上水0.464亿立方米）。开展农田灌溉水有效利用系数测算，选定4个典型片区19块22亩试验田，开展玉米、果树、水稻、小麦等田间土壤含水率、年度用水量测算工作。年内取样150次，测算数据560份。

【防汛抗旱】 2015年，沙坡头区坚持兴利除害结合、防汛抗旱并举，全面落实防汛责任制。审定印发《中卫市沙坡头区2015年抗旱工作预案》《沙坡头区防洪抢险工作预案》，完成沙坡头区防汛（山洪灾害防御）应急演练实施方案的修编工作，在汛前对镇乡防汛工作人员开展山洪灾害防御知识培训工作。编制完成《沙坡头区防汛工作手册》，配合自治区国土厅完成《沙坡头区防洪工程分布图》。投资342.7万元，配套建设监测及预警系统、完善群测群防体系、山洪灾害防御监测预警体系及防汛指挥决策系统，提高山洪灾害预警防御能力。2016年，对全区的防汛抗旱工作及时进行安排部署并开展督导检查。举办2次山洪灾害防御应急演练，增强山洪灾害防御能力。投资538万元，对兴仁、香山、宣和等镇乡因暴雨洪水造成损毁道路、水库、沟道、骨干堤坝等水利设施进行维修加固。

【水利改革】 2015年，制定《沙坡头区深化小型水利工程管理体制改革实施方案》《沙坡头区水权确权试点方案》。编制《沙坡头区河湖管理范围和水利工程管理与保护范围划界工作实施方案》《沙坡头区河湖管理范围和水利工程管理与保护范围划界确权工作调查技术方案》。完成沙坡头区新建水利工程运行管理经费落实情况调查和测算工作。2016年，组织开展水权确权改革，按照《沙坡头区水权确权试点方案》，完成以乡镇、机关单位、个体用水户为主体的初始水权分配工作，共计分配水权指标4.65亿立方米，其中：农业用水取用水指标3.724亿立方米，生态工业取用水指标0.425亿立方米，其他用水指标0.501亿立方米。深化小型水利工程管理体制改革，制订《沙坡头区深化小型水利工程管理体制改革实施方案》，开展改革范围内各类小型水利工程调查登记和分类定性，对灌区、井灌区、人饮工程、中小型水库、淤地坝等9类小型水利工程维修养护经费进行测算，建立小型水利工程管理档案，完成绩效评估工作，落实管护主体和责任。

【节水型社会建设】 2016年，全区取水总量5.32亿立方米，引用黄河水量4.56亿立方米，农业灌溉水利用系数达到0.475，万元GDP用水量342立方米；万元工业增加值用水量42.4立方米；工业用水重复利用率达到84.3%，节水型公共机构覆盖率达到53%；重要水功能区水质及城市集中式饮用水水源地水质达标率均达到100%；城镇污水集中处理率达到95.3%；供水管网漏损率11.7%；再生水回用率27%。

（孙耀舒　崔永泉　丁建春　郭文宝）

旅游业

综　述

【概况】 2016年，沙坡头区有5A级景区1家（沙坡头景区）、4A级景区1家（腾格里·金沙岛）、3A级景区5家(腾格里·金沙海、寺口子、高庙、大河之舞·黄河宫、沙坡头水镇)、旅行社26家、四星级酒店6家，接待游客410万人次，同比增长33.7%。

【项目建设】 2016年，组织实施338国道沿线宣和、永康段万亩苹果花卉旅游观光带项目。投资5200万元，实施林果、畜草、沼气“三位一体”的生态模式，建成以双达村为重点的千亩苹果采摘体验园。协调实施镇罗乌玛万亩枸杞文化产业园项目，完成GAP无公害枸杞种植示范园、枸杞产品深加工园区、枸杞育苗示范园区。建成中药材种植深加工基地以及观光体验园附属设施。

【休闲农业与乡村旅游】 2016年，沙坡头区乡村旅游和休闲农业单体272个，其中：农家乐222家、休闲观光农园(庄)17个、星级休闲农庄6家(四星级1家，三星级5家)、规模旅游景点8处、休闲农业园区6个、民俗村庄7个。从业人员1881人，带动农户3845户，年接待人次407万人次，实现营业收入13027.3万元，同比增长35.7%，涌现出了阳光怡然生态园、长丰家庭农场、陶然水岸休闲农业观光园等一批特色鲜明、带动能力强的休闲农业示范点。以古村落民俗风情游为主，南北长滩、孟家湾、长流水古丝绸之路等一批极具地方民俗文化特色的乡村景点培育成长。

【宣传营销】 2016年，成功举办南北长滩第十届梨花节、香山硒砂瓜节、长流水徒步踏青等地方旅游特色活动；湖南卫视《爸爸去哪儿》、七十二层奇楼、浙江卫视《西游奇遇记》等品牌真人秀入驻旅游区；旅游卫视、宁夏卫视等星级卫视对南北长滩等村乡村旅游发展持续关注。旅游产业宣传渠道得以拓宽，旅游产业品牌影响力得以提升。

（李岩）

景区(景点)

【概况】 沙坡头区旅游业是宁夏对海外旅游市场的主打品牌，拥有两条独具特色的自然文化景观带和三个核心区域。独特美丽的自然风光、深邃厚重的文化内涵、领先世界的治沙成果、新颖刺激的旅游项目，是同类型旅游产品中的典范和标杆，得到国内外的充分认可。

【沙坡头旅游景区】 为国家首批AAAA级旅游景

区，被中外旅游专家誉为世界垄断性旅游资源，先后获得“全球环保500佳单位”“中国全民健身二十大景观”“中国十大最好玩的地方”“中国最值得外国人去的50个地方”等荣誉。大漠、黄河、绿洲浑然一体，兼具塞上的雄浑和江南的秀美。景区有皮筏漂流、骑驼观光、激情滑沙、沙海冲浪、飞渡黄河等项目。

【高庙景区】 高庙位于沙坡头区城北，始建于明朝永乐年间(1403—1424年)，距今600多年历史，至清代已成为一处规模较大的古建筑群。占地6895平方米，殿堂僧房300余间，建筑集中、紧凑、高耸、回曲。重楼叠阁、檐牙相啄、迂回紧凑，因独特的古建筑群和儒、释、道三教合一的宗教文化而驰名。高庙前有保安寺，山门朝南，两侧建有厢房，正面为单檐歇山顶的大雄宝殿。拾级而上，经牌坊、南天门、中楼，最后是高达三层的五岳、玉皇、圣母殿。这些建筑在一条中轴线上，亭廊相连、翼角高翘，反映出宁夏古建筑的艺术风貌。在高庙主体建筑的两侧，还有钟楼、鼓楼、文楼、武楼、灵官殿、地藏殿等配殿。

【寺口子景区】 为国家AAA级旅游景区，位于中卫市香山脚下，占地面积18平方公里，距中卫市区50公里，被评为“宁夏全民健身攀岩基地”“首批中国自驾车旅游活动基地”“中国魅力景区”。天然的分为东、西两个景区，东景区属于典型的喀斯特地貌，以峡谷怪石著称，西景区为红色丹霞地貌，被我国丹霞地貌研究专家称为西部最美最为壮观的丹霞地貌奇观。

【通湖草原旅游区】 位于宁夏和内蒙古交界处的腾格里大沙漠腹地，距宁夏中卫市26公里，汇集沙漠、盐湖、湿地草原、沙泉、绿洲、牧村、岩画等多种自然人文景观，南与沙坡头景区隔沙相望，直线穿越8.3公里便可到达。

【金沙岛旅游景区】 为国家AAAA级旅游景区，位于中国第四大沙漠——腾格里沙漠东南缘，距中卫市区8公里，距沙坡头景区5公里，占地面积22平方公里，水域面积1万亩，是集沙漠、湿地、湖泊、长城等景观为一体的旅游度假景区。经过多年打造，已形成花海环湖、湖中有岛、沙中有绿、绿中有水、水中有景、沙水相融、湖景交错的奇特景观。(李岩)

星级酒店

【概况】 随着城乡居民消费方式改变和消费结构的升级，政务、商贸、社会活动增多，旅游星级酒店呈现出多样化、特色化、品牌化和个性化的消费特征，促进中卫餐饮业快速发展。

【中卫红宝宾馆】 四星级酒店，位于中卫市彩虹大道以西，滨河大道以北，南靠黄河，东临香山公园，距沙坡头景区15公里、香山机场10公里、中卫汽车站5公里。建筑面积3.6万平方米，绿化面积占宾馆占地面积的50%，设有大型停车场，可同时泊车100辆以上。宾馆有各类房间310间、会议室12个；餐饮分别设有宴会大厅和大小雅间，可同时容纳2000人用餐。宴会大厅建筑面积1400平方米，可同时容纳600人用餐，承办1000人的会议。

【逸兴大酒店】 四星级酒店，地处中卫市区鼓楼东北角，建筑面积1.48万平方米。内设中央空调、垂直电梯、中央天井，外形以鼓楼为中心，按“内方外圆”的鼓楼商业区整体思路进行设计，“逸兴”二字出自唐代诗人王勃《滕王阁序》中的“遥襟俯畅，逸兴遄飞”。酒店大楼分为东、北两个服务区，拥有豪华客房114间、会议室2间，可承办120人的会务。酒店有小吃中心，拥有餐位500多个。酒店配有康浴中心、娱乐总汇、商务中心、精品屋、棋盘室等娱乐场所。酒店先后被评为国家青年文明号、十佳诚信星级饭店、区级文明星级酒店、消防安全先进单位等。

【沙坡头假日酒店】 四星级酒店，坐落在沙坡头旅游风景区旁，距中卫市中心10公里。酒店住宿分为普通标准间、商务标准间、豪华单间、豪华标准间、商务套房、豪华套房、沙坡头总统套房7种房型,用餐有中餐厅、西餐厅、宴会厅、茶餐厅和8个各式包房,可同时接待300人。酒店有会议室3个,具备接待各种会议的能力,还有棋牌室、乒乓球室、篮球场、商场等场所和票务预订、租车等服务项目。

【新华国际饭店】 四星级酒店，位于东大街长途汽车站十字路口西南角黄金地带，建筑面积14552平方米,是集住宿、餐饮、娱乐为一体的涉外饭店。有客房143套,拥有豪华套房4套、豪华商务套房5套、豪华单人套房12套、豪华商务标间85套、豪华单人房29套、豪华时尚单人房8套。餐饮部设有大中型宴会厅、大小豪华雅间31套（中餐17套、火锅14套),可供600余人同时用餐。配置茶艺、洗浴、KTV等娱乐设施设备,适合大中小型团队住宿、就餐、婚宴宴请、商务及会议的接待。

【黄河金岸大酒店】 四星级酒店，位于沙坡头大道中段,建筑面积19676平方米,是一家集住宿、餐饮、休闲为一体的室内园林式生态酒店。酒店以粤菜为主,地方特色餐为辅,致力于打造健康、生态、新颖、精致的美味佳肴。酒店室内共有热带珍贵花木60余种,有北京四合院、傣族民居、白族民居、傣族风情园、徽派情园、福建土楼、延安窑洞等建筑风格。

【隆城酒店】 四星级酒店，位于鼓楼东街五环广场西侧,临近中卫汽车客运总站,总建筑面积1.1万平方米,主楼高7层,拥有各类房间147间,其中标准间68间、豪华标间40间、蜜月房2间、豪华单人间26间、豪华套房6间、行政套房3间、商务套房2间。酒店有提供粤、川、湘菜的特色中餐厅及豪华包房,有咖啡厅、多功能厅、会客厅及各种中小型会议室,可供商务会议的各种需要。

【中博大饭店】 四星级酒店，位于鼓楼东街与文萃南路交会处五环广场斜对面，总建筑面积2万余平方米，有各种客房96间，距中卫市长途汽车站500米，火车站2公里，沙坡头旅游景区25公里。饭店集住宿餐饮、品茗、休闲、商务会议为一体,免费提供自助早餐、无线和宽带上网、停车、接机等服务。

【中卫宾馆】 三星级饭店，位于鼓楼西街市中心商业旺区,交通便捷,购物方便。宾馆设有豪华双人标间88套、商务套房4套、豪华套房1套、单人标间10套、娱乐室2间、中小型会议室2个、百人会议室1个。宾馆院落四季飘香，有停车位80多个,满足自驾游及团队游、商务宾客停车。宾馆设有餐厅,以手抓羊肉、中卫粉皮、油饼枣糕、中卫小吃等特色菜肴闻名。

【万瑞大酒店】 三星级酒店，位于鼓楼东街繁华地带,拥有装修现代、豪华的套房、标间共60套,会议室1间,多功能大厅1个;餐饮中心环境宽敞典雅,有大厅和各式雅座10间,可同时容纳300多人就餐,是一家集海鲜火锅、高档住宿、商旅服务于一体的涉外三星级酒店。酒店的服务宗旨是“宾客至上,服务第一”。

【君悦大酒店】 三星级酒店,地处鼓楼东街,距火车站2公里,距汽车站100米,距著名的旅游景区沙坡头20公里,位置优越,交通便利,是一家集餐饮、住宿、会议、商务于一体的涉外三星级酒店。酒店装修现代、豪华,有各类客房55套,可满足不同层次的消费需求。餐饮中心有豪华宴会厅2间、各式雅座12间,民族风味餐饮特色突出。配套多功能厅、会议厅、棋牌室,可满足各类商务和休闲需求。

【卓越大酒店】 三星级酒店，位于鼓楼东街市区繁华地段，占地面积6万平方米，总资产1500万元。是一家集餐饮、住宿、会议商务为一体的三星级酒店。拥有客房56间、接待200人左右的会议室1间、容纳30人的小型会议室2间。主营粤菜海鲜及本地特色菜肴,可同时容纳300人就餐,另有豪华雅间18间。配套商务中心、商品部、大型停车场等设施。

【宇丰大酒店】 三星级酒店，位于文昌北街与长城东街交会处东南角，占地面积 3600 平方米，建筑面积 7000 平方米。是一家集住宿、餐饮、娱乐为一体的三星级酒店，酒店有会议室 2 个，有 8 种房型的客房共 106 间，能满足各种会议及商务需求。餐厅提供早餐为自助式快餐，全天候提供送餐服务。停车场设置智能监控系统，可供 80 余辆车停泊。

【天马宾馆】 三星级酒店，位于鼓楼东街汽车总站，客房内设有 60 多间高，中，低档客房，提供 24 小时热水，光纤高速上网端口、壁挂式数字液晶电视、空调、电话、棋牌娱乐和足疗保健按摩等服务。商务中心提供图文、传真、商务复印、激光扫描、资料打印及代订汽车客票服务。餐饮部设有豪华雅座、大厅散座、情侣座、提供自助早餐、快餐、自助火锅、各种特色菜肴。室外有大型停车场，可停泊大中型各种车辆。（李岩）

旅行社

【宁夏美景国际旅行社】 原为中卫市民族旅行社有限公司，是经宁夏回族自治区旅游局批准，自治区工商管理局注册，缴纳足额质量保证金，具有独立法人资格的专业旅游公司，坐落于中卫市城区文昌南街。公司成立于 2006 年，在市场竞争中，由小到大，由弱到强，并逐步走向管理科学化、规范化和正规化。公司把“诚信文明”作为旅行社的追求目标和宗旨，根据客户的要求量身定做旅游线路，旨在为顾客提供全方位的服务。

【宁夏中卫市沙坡头旅行社】 宁夏中卫市沙坡头旅行社是经宁夏回族自治区旅游局批准、工商局注册、足额交纳质量保证金的专业旅游公司，同时也是使游客心情舒畅同时互惠互利的旅游最佳合作伙伴。“游客至上，诚信服务”是沙坡头旅行社每个员工的服务理念。

【宁夏中卫市假日旅行社】 宁夏中卫市假日旅行社是经宁夏旅游局批准、中卫市工商管理局注册的具有独立法人资格的合法旅游企业，主要承接团队、散客旅游观光、休闲度假、商务考察、学生夏令营及各种会议接待和旅游车辆租赁等业务。公司始终以“安全第一、诚信第一、服务第一”为宗旨，打造一批具有专业知识、经验丰富的高素质管理人员和导游队伍，坚持为广大游客提供高质量的旅游服务，并且在西安和上海均设有旅游咨询处，与铁路、航空等部门建立良好的关系，为旅游交通提供可靠的保障。

【金色沙漠旅行社】 成立于 1998 年，原名宁夏沙坡头旅行社，是中卫地区最早的一家旅游企业，2008 年改制，并更名为宁夏金色沙漠旅行社有限责任公司。有中文导游 4 名，英语导游 2 名。

【中卫盟约旅行社】 成立于 2010 年 4 月，有专职工作人员 36 名、兼职导游 18 名，总社位于中卫市中卫宾馆东侧。相继成立盟约旅行社西安分公司、中宁营业部、商业北街营业部。2011 年，总社共接待全国来卫游客 1.2 万人，组织中卫市民出行 2600 人，实现营业额 1100 万元。2012 年成为中卫首家接待人数过万的旅行社，同年被自治区旅游局评为三星级旅行社，填补中卫没有星级旅行社的空白。

【中卫市世纪长河旅行社】 成立于 2003 年，经营范围包括专业地接、国内旅游、沙漠探险及自驾车等旅游服务。公司以品质化、规范化、人性化为目标，以全心服务、悉心策划、注重特色为经营宗旨，立志在满足顾客需求的基础上追求卓越、精益求精，不断加大人力及技术等方面的持续投入。地接及组团业务逐年上升。

【中国旅行社中卫分公司】 成立于 2011 年 2 月，是中旅总社宁夏有限公司进驻宁夏市场后首先成立的分公司之一。主要经营入境、组团、导游、租车、政府接待、旅游咨询、旅游代理、旅游顾问等业务。秉承“星旅相伴无疆”的发展理念，致力于打造专业化、精品化管理队伍。

【宁夏沙坡聚旅行社】 成立于 2012 年 11 月，是经宁夏回族自治区批准、工商局注册、办理旅行社责任保险、足额交纳质量保证金、独立核算、自主经营的法人实体。经营入境旅游、国内组团、区内接待、散客一日游、大型会议接待等各类业务，下设计调部、业务部、前台、导游部、财务部、后勤部及质检部。（李岩）

特色美食

【概况】 沙坡头区自古得黄河灌溉之利，盛产稻、麦和各种杂粮，饮食以面食为主，风味小吃荤素皆有，各具特色。其中较为人们喜爱的美食有30余种。素食类有素菜豆腐、滚粉泡芋头、胡萝卜包子、米黄子、蒜蘸煎豆腐、油饼子夹枣糕、旋粉凉菜等，肉食类有煎猪肝、猪瓢子、浑酒小炒、羊杂碎、牛杂碎、猪肉干饭、蒸羊羔、清汤羊羔、雪花羊肉、杂烩等，鱼类有蒸成鱼、清蒸鱼、酸辣鱼、干炸鱼等，乳类有枣糕泡羊奶，面馍类有大锅揪面、春韭白葱拌水面、炒面、糖酥馍、书本子油馍、牛舌头饼、油饼子、大月饼、硬面干烙子等。城区中卫商城内有夜市，经营各色小吃，非常热闹。南大街及南环路一段为中卫的小吃一条街，个体小吃摊点诸多。

【香山压砂西瓜】 富含健康元素“硒”，因原产于沙坡头区香山地区，并采用压砂栽培技术而得名。加上当地特殊的降水、光照、温差、土壤条件，压砂西瓜个大皮厚，便于运输，果肉鲜红，果汁丰富，甘甜爽口，舒心如蜜，自然保鲜期50天以上，糖分含量高达13.89%。出产的瓜营养元素含量全面合理，其中，含人体必需的氨基酸18种、维生素3种、微量元素5种，其中含钙56毫克/千克、钾1090毫克/千克，特别是含有人体必需的硒（硒含量达到0.0056毫克/千克）和锌等微量元素，具有提高人体免疫力、抗衰老和防癌作用。香山西瓜不使用任何化肥和农药，经国家绿色食品发展中心检测，产品质量完全符合绿色有机食品要求，被认证为绿色有机食品。

【煎猪脏】 由鲜猪血拌精米久蒸而成。吃时切成片状，和卤猪头肉放入平底锅煎制。米色红润光泽，脂肪渗入米内，肥瘦量灵活，满足众多顾客的口味。饭菜一盘即刻煎成，随煎随吃，热气腾腾，是最简单的肉食快餐。猪脏入口肥而不腻，细细咀嚼，余味不尽，可以下酒，也可以带回家里吃时自煎。

【羊杂碎】 中卫入冬后，老羊塌膘，有趁膘宰杀的习惯。这时羊杂碎价格便宜，但洗涤加工较繁杂，因此有专门的作坊，在街面上摆摊出售。是冬季味美可口的早餐，佐以土酿黄酒，既能耐饱，又增体热。其特点是汤清肉烂而无腥味，汤内加萝卜片，肥而不腻，吃时可以泡馍,也可掺入面食。

【浑酒小炒肉】 浑酒是用黄酒糟再次过滤而成（充分利用米酒营养素），小炒肉用羊肉丁、萝卜丁、粉条等烩制。吃时将浑酒小炒肉佐以辣油，冬季还可加酸菜丁、葱花煮开，再下入水饺。汤饺、米酒和鲜羊肉味混为一体，风味别致，既充饥耐饱，又驱寒取暖。

【滚粉泡芋头】 沙坡头区的芋头（土豆）个大，沙甜。先将芋头蒸熟，捏烂去皮，放入碗内，再把粉芡搅成糊状，配上各种佐料和时令鲜菜，烧成滚而鲜的粉糊浇在上面。吃起来酸辣滚烫风味别致，物美价廉，为群众最喜爱的早点。

【旋粉凉菜】 将旋粉皮切成条块、加少量青菜,佐以芥末汁、蒜泥、芝麻酱、陈醋等拌匀，为春末夏初的应时之品。特点是：粉皮薄而软，不碎烂，悦目爽口。供嗜酒者享用，最为人称道。

【硬面干烙子】 以发面2斤、干面10斤，温水加碱和成硬面。用木制有把的平底锅，放在炉上小火烘干，翻转烤熟。特点是形状美观轻巧，黄而不焦，能长期存放，不发霉、不变味、不干硬。吃起来香酥脆甜，耐咀嚼，面味浓郁，易于消化。放入汤内不烂，较之甘肃静宁的硬面锅盔，同样味美，驰名西北各地。

（李岩）

商贸流通和交通运输

商贸流通

【概况】 沙坡头区发挥地域特色和全域旅游的整体带动作用，发展农村电子商务、建设农产品流通体系等，构筑统一开放、竞争有序、功能完备的大商贸、大流通、大市场格局。2015年，沙坡头区社会消费品零售总额33.4亿元，同比增长7.2%。2016年，沙坡头区社会消费品零售总额36.2亿元，同比增长8.6%。

【第三产业】 2015年，沙坡头区第三产业实现增加值67.0亿元，同比增长6.3%。第三产业从业人员17万人，占在岗人员的27.2%，其中：交通运输业、仓储和邮政业增加值为12.3亿元，批发和零售业为8.1亿元，住宿和餐饮业为3.0亿元，金融业为16.7亿元，租赁和商务服务业0.5亿元。2016年，沙坡头区第三产业实现增加值74.4亿元，同比增长9.3%。批发、零售行业增加值增长，餐饮业保持稳定，住宿业下滑。全年沙坡头区批发和零售业实现零售额30亿元，同比增长12.4%；住宿和餐饮业实现零售额6.3亿元，同比下降6.5%。

【重点项目建设】 推动四季鲜农产品综合批发市场和全民创业城培育壮大，四季鲜农产品批发市场占地240亩，建筑面积14万平方米，投资6亿元，日交易量300吨左右，日交易额250万元；全民创业城占地100亩，建筑面积20万平方米，完成投资7.5亿元，开张营业400余户。推进建设集特色餐饮、文化、休闲、娱乐等为一体的沙坡头水镇综合性商贸服务中心，完成投资3.2亿元。2016年，建设完成亚马逊AWS和云创公司两个全自然风冷数据中心项目，完成一期5.5万台服务器安装调试。中卫云中心建成投运，入驻企业23家。大力实施沙坡头旅游新镇建设项目，总建筑面积约为2.39万平方米，其中，游客服务中心约1.77万平方米，换乘中心约1408平方米，连廊约2109平方米，观景平台约1651平方米。

【争取项目资金】 2015年，争取自治区鲜活农产品流通体系、现代物流业促进发展建设、农村电商工程等4类建设项目，自治区下达沙坡头区鲜活农产品流通体系建设计划项目2个，项目资金630万元。2016年，争取自治区"51015"商业生活服务圈、农村电子商务筑梦计划、现代物流业等建设项目，自治区下达沙坡头水镇特色商业功能区建设项目资金100万元，孵化培育沙坡头水镇商业业态。

【商务民生】 2015年，配合中卫市商务和经济技术合作局继续完善标准化菜市场建设。在建成南关、怀远、西关、官桥、邵桥、文萃、福润苑7处标准化菜市场的基础上,新建丰安、美利2处便民菜市场。推进荣盛"菜篮子"连锁超市(宜居店)建成并投入使用。建成常乐、镇罗和美利3处农村商贸服务中心并投入运营。2016年,加快推动城乡一体化试点项目落实,建成宣和商贸服务中心、城乡一体化加工配送中心并投入运营;督促中卫荣盛商业连锁股份有限公司、万齐集团及中杰农业科技发展有限公司网络销售平台上线运营,实现涉农龙头流通企业线上线下融合发展;配合中杰公司农产品加工物流配送中心项目、夏华公司旅游美食体验广场项目、荣华公司创业城二期项目完成项目前期手续并启动建设;在原建成的中山、宜居、丰安及美利等9处公益性便民菜市场基础上,争取以自治区商务民生项目资金为依托,引入社会资本共同参与,对二干渠沿线露天市场进行封闭式改造,扩大"菜篮子"工程覆盖范围。

【电子商务】 2015年,实施"千村电商"工程,投资建设中卫市大麦地农村电商平台、沙坡头区县域级农村电商运营中心、中卫农特产品O2O线下体验店,用于后台管理、平台推广、农村电商人才培训等。在173个行政村进行布点,落实村级服务站建设,基本构建覆盖沙坡头区农村的电子商务服务、培训网络,实现快递到乡镇到行政村。2016年,京东集团在沙坡头区开展电商营销配送业务,与宁夏万齐农业发展集团联合建设"中卫特色农产品专区"项目;建设完成大麦地农村电商平台、中卫农特产品O2O线下体验店一处,对173个行政村进行布点,建成村级服务站65个,正式运营45个;组织辖区7家企业申报2016年农村电子商务筑梦计划项目,符合补助条件企业3家,分别为:宁夏万齐农业股份有限公司、宁夏金彤枸杞生物制品有限公司和中卫市卫宁果品产销专业合作社,审定补助总额15.53万元,其中:网络销售额补助10.96万元,入驻电商平台年费4.57万元。

【供销合作】 2015年,发展以农资连锁经营,日用品连锁配送,农副产品流通,烟花爆竹专营的现代流通网络,基本形成上联龙头、下联农家店、连锁经营、网络健全的新农村经营网络,增强为农服务的功能;发展乡镇级配送中心12个,村级经营网点420个,服务网点覆盖率达到95%以上;加大农产品经纪人的培训力度,2015年培训农民经纪人400余名。2016年,改造基层社,全面提升基层社经营服务功能。对宣和、永康2个供销社进行全面的升级改造,争取项目资金和自筹资金共计1200余万元,新建储备库2800平方米、综合营业面积3700平方米,建成培训中心、农资配送中心各2个,指导成立各类协会3个、领办创办专业合作社10家,培训农民200余人次,培训农产品流通经纪人50余名;建设宣和、永康、柔远现代农业综合服务中心,总投资9500万元,建筑面积10600平方米;销售大宗农副产品15万吨以上,交易额达到13亿元;争取总社基层组织体系建设和产销对接项目资金940余万元,扶持四季鲜、基层供销社发展壮大,专业合作社等社属企业、专业合作社发展。

【粮食流通】 2015年,建设完成中卫市粮油应急保障中心暨中卫市军粮供应站,该项目占地面积13289平方米,概算总投资1356万元,建筑面积5770平方米;对企业比较集中且较为偏远的乡镇采取上门服务方式,现场办理粮食收购许可审核工作,沙坡头区共审核合格56家;完成应急成品粮油、军供粮油和市场粮食品质测报、卫生质量、重金属、农药残留等抽验监测工作;组织中卫市第十小学学生273名,中卫市第四中学学生315名到宁夏万齐农业发展集团爱粮节粮教育社会实践基地参观体验,同时开展加工环节节粮减损工作,指导宁夏万齐集团投资450万元,对5万吨大米加工项目进行品质提升技术改造,其中设备投资362万元,对大米抛光喷雾水管进行防冻改造,通过各项技术改革,降低原料耗用,提高大米品质,生产大米每吨节约成本约120元。2016年,加强流通市场监管，开展粮食流通统计专项检查。重点检查辖区内取得粮食收购许可证的粮食经营企业粮食流通统计制度执行情况；完善粮食应急体系，建立“政府统一领导、部门分工负责、粮源统一调配、网点对接社区、定点定量供应”的应急供应运行机制，解决粮食应急供应最后一公里的问题；抓好危仓老库改造，中卫市粮油购销公司直属镇罗粮库、宣和粮库维修改造项目总投资535.37万元，维修改造总仓容1.77万吨，室外硬化维修10932平方米。开展节粮减损宣传，深入农户、粮食加工企业、食品加工作坊、农贸市场等场所，宣传爱粮节粮、科学储粮、食品安全等科普知识。现场发放《积极应对气候变化促进粮食减损增效》《爱粮节粮科普读本》200多本。完成粮食收购许可审核工作，共审核合格38家，年内注销企业22家。

【农产品流通】 2015年，沙坡头区规划建成中卫四季鲜农产品批发市场，推行“农超对接”现代流通模式，支持涉农流通企业建立社区蔬菜直销店、“菜篮子”平价超市，初步形成以批发市场为龙头，以城乡农贸市场为依托，以社区便民蔬菜便利店为补充的鲜活农产品流通供应体系；引导、支持有基地规模、仓储保鲜设施、加工配送能力、经营服务实力的涉农流通企业围绕市场、社区建立鲜活农产品直销专区和直营店；加强农产品批发市场、流通组织、大型超市与农产品生产基地、农村专业合作社（协会）、种养大户的产销衔接，建立长期稳定的产销对接关系和流通供应渠道。2016年，完善农村农贸市场和流通体系，重点建设枸杞专业市场、硒砂瓜专业市场、林果专业市场、马铃薯市场和生态移民区农贸市场；培育壮大农村经纪人队伍，提升农民专业合作组织的流通配送能力和营销服务水平，促进优势特色农产品流通；鼓励、引导大型商贸流通企业向农村延伸，以服务“三农”为目的，借助国家及自治区支农政策项目支持，围绕农村中心集镇、特色小城镇和生态移民区，扩大农村城乡一体化商贸中心建设覆盖范围，改造提升农村农家店，完善农村商贸服务网点和流通配送设施，整合服务内容，拓展服务功能，推动城乡一体、双向流通，促进农村消费，保障农村供应，推进新农村建设发挥支撑和引领作用。（李晓鑫）

交通运输

【概况】 2015年末，沙坡头区公路通车里程2548.6公里，公路密度为41公里/百平方公里。按行政等级分：国道153.6公里，省道255.9公里，县道106.8公里，乡道1043.5公里，村道988.8公里；按技术等级分：高速公路138.7公里，一级公路47.1公里，二级公路336.3公里，三级公路654.5公里，四级公路1281.2公里，等外公路90.8公里。2016年末，沙坡头区公路通车里程达2863.9公里，公路密度为46公里/百平方公里。按行政等级分：国道257.6公里，省道213.9公里，县道34.2公里，乡道1036.6公里，村道1022.1公里，专用公路299.5公里；按技术等级分：高速公路126.9公里，一级公路55.3公里，二级公路448.5公里，三级公路474.2公里，四级公路1755.3公里，等外公路3.7公里。包兰、宝中、太中银、干武4条普铁线路交汇，吴忠至中卫城际铁路、中卫至兰州客运专线高铁线路加快建设。沙坡头机场执飞航线北京—中卫—乌鲁木齐（每周1、3、5、7执飞）、中卫—西安—上海（每周1、3、5、7执飞）、北京—中卫—重庆（每周2、4、6执飞）。2016年，沙坡头机场完成运输起降1266架次，旅客吞吐量10.28万人次，货邮吞吐量86.9吨。

【城乡客运】 2015年，沙坡头区城乡客运经营企业6家，运营车辆155辆，开通城乡客运线路40条，覆盖至沙坡头区168个行政村，覆盖率达到98.8%。2016年，沙坡头区城乡客运经营企业6家，运营车辆104辆，开通城乡客运线路40条，覆盖至沙坡头区165个行政村，覆盖率达到100%。

【城市交通】 2015年，沙坡头区城市公交经营企业3家，运营车辆242辆，开通城市公交线路7条，完成客运量2256.7万人次，出租车经营企业10家，运营车辆1211辆，完成客运量3525.2万人次。2016年，沙坡头区城市公交经营企业3家，运营车辆297辆，开通城市公交线路7条，完成客运量2252.6万人次，出租车经营企业10家，运营车辆1138辆，完成客运量3257.3万人次。

【建设管理】 2015年，沙坡头区积极争取交通厅农村公路资金2629万元，新改建农村公路8条43.5公里，涉及7个乡镇11个行政村，服务人口3万人。2016年，沙坡头区立足重点和急需，争取交通厅农村公路资金2982万元，新改建农村公路11条63.2公里，涉及8个乡镇22行政村，服务人口8.4万人。吴忠至中卫城际铁路开工建设，迎闫跨铁桥、中卫黄河公路大桥旧桥加固维修工程建成通车。国道109线改建工程、国道338线改建工程、黄河标准化堤防工程、19条农村公路、广申大道跨包兰铁路立交桥加紧施工。完成黄河南长滩至沙坡头段航道整治主体工程，修建码头7座，建成海事搜救中心主体工程和海事应急指挥中心。对沙坡头区7条公交线路重新整合和规划，开通以旅游新镇为中心至周边各景区旅游专线和沙坡头区至中宁同城沿黄旅游观光线路，规划建设7个公交首末站，为3—7路46辆公交车安装了无线WiFi，实施新能源汽车推广项目。中卫至兰州客运、高铁站跨黄河大桥、乌力吉口岸至中卫铁路、乌玛高速、常乐黄河大桥、镇罗铁路物流中心、迎水桥海关保税监管仓库、黄河沙坡头枢纽至中宁县白马乡段航运建设项目等一批重点工程开展前期工作。

【水上运输】 截至2016年末，沙坡头区辖区内水上通航里程达到92公里，营运船舶108艘；有7处渡口、浮桥，分别是：南长滩渡口、中卫通航渡运有限责任公司、中卫常迎黄河浮桥管理有限责任公司、永丰渡口、河沟渡口、胜金渡口、马滩渡口；有2家水运企业：（港中旅）宁夏沙坡头旅游景区有限责任公司、中卫腾格里旅游服务有限公司。2016年客运量93.67万人，货运量30.03万吨，实现经济收入3604万元。全年工作中，全面开展安全监管，严格水上隐情报告和值班制度，全年水上无安全生产事故发生。彻查事故隐患，隐患整改率100%。对船体设施进行经常性维护，建设信息监控平台。加强船舶登记，避免“一船多证、多船一证、船证不符”等现象。加大日常检查频次，全年共开展日常安全检查210次，检查船舶2300余艘次，检查船员和筏工2500人次，出动执法人员630人次。开展水上应急救援演练2次，提高应急处置实战能力。严厉查处违法行为，联合市安监局、市场监管局、旅游局、迎水镇政府、沙坡头区公安分局等相关部门对鸣钟漂流公司开展非法漂流业务进行了现场执法，停止了该公司漂流业务。

【宣传培训】 2015年，组织开展“公交出行周”宣传咨询活动，重点宣传国家优先发展公共交通政策，发放统一印制的《2015年“公交出行宣传周”宣传册》等普及性宣传材料1000余份，组织公交企业员工向社区、学校、机关企事业单位、商场、广场、公交站台等地方发放公交线路告市民书1万册。2016年，通过中卫电视台、政务服务中心电子屏、客运站公交集团LED显示屏、火车站、出租车顶灯、公交车电子屏等媒体，发布“优选公交、绿色出行”宣传标语和温馨提示。在人流密集的公共场所悬挂宣传横幅3条，在公交车上悬挂宣传横幅30条，在各类载体LED电子屏上循环播放宣传标语6条，利用出租车顶灯滚动播放宣传标语1100余条。

【安全管理】 加强运管、交警、路政、气象、公路段、海事等部门的联防联检，以道路交通安全隐患排查、公共交通安全管理、水上运输、治超治限和节假日、重大活动为重点，保持交通运输安全的良好态势。开展“安全生产月”“安全生产万里行”等社会活动，加强道路运输安全常识普及教育与培训，不断提高全社会的道路安全意识和安全技能。

【重大项目协调服务】 2015年，沙坡头区全力开展重大项目协调服务工作。吴忠至中卫城际铁路全线开工；鼓楼南街行人天桥建成使用；广申大道三标段进行路基施工；镇照公路照壁山经沈桥至滨河大道连接线完成剩余2公里路基土方；加快推进迎闫公路跨铁路立交桥建设进度，完成投资4000万元；黄河南长滩至沙坡头段航道整治工程全面开工。2016年，沙坡头区积极做好西气东输三线、吴忠至中卫城际铁路等工程的土地房屋征收工作，配合实施了中国物流中卫物流园、高庙历史文化街区改造等全市重要项目，累计征地3276亩，确保重大工程顺利实施。吴忠至中卫城际铁路建设项目，房屋征收共涉及宣和、永康、常乐3个镇61户，全部签订协议并拆除，征收土地2154.8亩，迁移坟墓214座，协调拨付征地补偿款8436.38万元，迁坟补偿费30万元；西气东输三线工程涉及宣和、永康、常乐镇，完成征地260亩；中卫物流园完成征地278亩，项目已完成国际电子商务示范区1—5号楼主体，装修完成80%；公路港1—6号转运区主体完工；沿街商铺1—7区及司机之家基础建设完工。（张昆昆）

城乡建设与环境保护

城乡建设

【概况】 2015年，沙坡头区开展棚户区改造工作，推进美丽乡村建设，集中整治农村环境卫生，加快城乡一体化建设步伐。城区面积达到64.7平方公里，城市人口21.94万人，城镇化率54.41%；人均公共绿地面积21.25平方米，建成区绿化覆盖率37.04%，绿地率35.14%。2016年，沙坡头区城市建成区面积32平方公里，城镇化率56%；城市建成区绿化覆盖率38.5%，绿地率32.7%。

【棚户区改造】 2015年，沙坡头区实施棚户区改造2220户，实施宜居家园B区、民生花园、旅游新镇等棚户区改造项目，完成房屋征收2137户。实施民生花园、黄河明珠等13个项目回迁安置，妥善安置被征收群众2372户。2016年，沙坡头区实施棚户区改造1600户，完成滨河镇大板村、文昌镇双桥村等14个棚户区改造项目，完成房屋征收2787户，占下达任务1600户的174%。实施应理新社区西区、文博苑等17个项目2069户被征收人，妥善安置被征收群众1993户，占下达任务1500户的132%。

【环卫建设】 2015年，通过地方财政投入和农村环境连片整治项目支撑，先后投入6000多万元，建成垃圾填埋场4座，按照8公里的服务半径建设垃圾中转站12座。按照3个中转站配备1辆钩臂车、230个垃圾桶配备1辆提升车、6户配备1个垃圾桶的标准，为12个乡镇配备塑料垃圾桶11056个、铁质垃圾桶16220个、大型铁质垃圾箱2308个，配备环卫车辆1897辆，保障农村生活垃圾从收集转运到统一处理的无缝隙对接。2016年，投入2500万元，建设南长滩2万方垃圾填埋场1处，为柔远沙渠、宣和集镇、常乐康乐和刘营、兴仁兴盛等7个乡镇25个村(社区)增配垃圾桶(箱)2700个、环卫车辆153辆，配套生活污水集中收集管网28公里、新建一体化处理设备2套。

【路网建设】 2015年末，沙坡头区境内县道106.801公里，乡道1043.53公里，村道988.732公里。2016年，争取自治区交通厅补贴资金5611万元，建设农村公路19条107公里，涉及8个乡镇22个行政村，服务人口8.4万人。2016年末，县道34.228公里，乡道1036.625公里，村道1022.057公里。

【美丽乡村建设】 2015年，建成镇罗镇九塘村、柔远镇范庙村、迎水镇何滩村、永康镇城农村、常乐镇李营村、兴仁镇兴仁村、香山乡红圈村7个“美丽村庄”。2016年，建成迎水桥镇姚滩村、东园镇史湖村和谢滩村、柔远镇沙渠村、镇罗镇沈桥村、宣和镇马滩村、常乐镇刘营村7个“美丽村庄”。以打造“定位准确、功能完善、特色鲜明、辐射带动强”的美丽宜居示范镇为目标，2015年实施迎水桥小城镇建设项目，2016年实施永康和常乐小城镇建设项目。

【农村危房改造】 2015年，完成危房改造1206户，（D级危房709户、C级危房436户、生态移民61户）。2016年，完成危房改造725户（D级危房502户、C级危房223户）。

【村庄环境整治】 2015年，彻底治理主干道路沿线、城乡结合部、集镇市场、示范村庄“四大重点保洁区域”脏乱差问题，集中组织劳力4.05万人次、机械设备2735辆，清理“三堆”6.7万方，拆除残垣断壁42308米，清运垃圾5630吨。2016年，打造1个涵盖5镇25村的农村环境综合整治示范圈、柔远镇和迎水桥镇2个网格化管理样板区，对李姚路等6条主干道路环境卫生进行彻底治理。全面推行“5个3”“9个无”新标准，集中开展乱堆乱放清理、沟渠垃圾清理、乡村绿化提升、违法违章建筑拆除、废旧物资收购摊点整治、铁路及高速公路沿线环境专项整治“六大专项行动”，组织召开现场观摩评促会6次，督查农村环境卫生20余次，下发督查通报14期，查处“三堆”901处，投资212万元粉刷闭环圈墙体6万多平方米。

【基础设施建设】 2015年，以“经济最困难、住房最危险、建房最优先”为原则，组织9个乡镇改造农村危房1206户；借助美丽乡村建设，硬化道路19.95千米，铺设排水管道15.79千米、给水管道3.65千米，新建广场5个；为7个乡镇53个村（社区）配套垃圾箱（桶）5939个、车辆250辆，完成柔远镇15公里排水管网敷设工程及2处污水处理一体化设备建设工程。2016年，争取农村环境连片整治项目资金2259万元，为东园双渠等7个乡镇22个村（社区）配套3045个垃圾箱（桶）、153辆环卫车，敷设农村生活污水管网41公里；投入204万元，完成南长滩2万方垃圾填埋场主体工程和附属设施建设。争取农村公路建设项目资金8726万元，新（改）建南干渠板、姚滩村至八字渠等19条农村道路107.2公里。争取农村卫生改厕试点项目，落实项目资金50万元，姚滩村、沙渠村、沈桥村完成卫生改厕310户。

（邵斐　张昆昆　徐超　宋鹏　薛文政）

环境保护

【概况】 沙坡头区环境保护职能2015年由城乡建设和环境保护局承担，2016年8月由综合行政执法局承担。处理转办信访件，开展环境污染监管，加大环境宣传教育力度，全面推进国家重点生态功能区县域生态环境考核工作，扎实开展大气环境污染防治和水环境污染防治工作，全面落实政府、部门、企业三方监督管理责任，促进全区环保形势总体稳定好转。

【环境监管】 2015年，成立沙坡头区农村环境保护协调联动工作小组，制定沙坡头区农村环境保护协调联动工作制度，成立了沙坡头区环境突发事件应急救援队伍。制定《沙坡头区2015年美丽乡村建设方案》《沙坡头区2015年农村环境卫生深度保洁实施方案》和《沙坡头区农村环境卫生深度保洁及村容村貌管理暂行办法》，进一步明确农村环境卫生保洁责任主体、作业标准及考核细则，建立农村环境卫生深度保洁县区、乡、村三级联动机制，全面推行了公司化运行管理模式，实现了“户分类、村收集、乡镇转运、市处理”的农村生活垃圾收处系统高效运转。2016年，成立了沙坡头区农村环境综合整治领导工作小组。区、乡镇、村组三级联动，对郭营村等18个环境“脏乱差”难点村进行集中整治、对夹道村等65个中心村实施示范提升，对铁路及高速公路沿线进行重点治理，农村环境卫生保洁步入常态化、规范化。集中开展乱堆乱放清理、沟渠垃圾清理行动、乡村绿化提升、违法违章建筑拆除、废旧物资收购摊点整治“五大专项行动”，打造“12625”农村环境卫生综合整治示范区。

【农村环境综合整治】 2015年，各乡镇紧盯城乡结合部、主干路两侧庄点、集镇市场等环境整治重点区域，通过实施环境卫生集中整治，狠抓落实、严管重罚，农村环境面貌焕然一新。累计动用机械设备2735辆，组织劳力4.05万人次、清理“三堆”6.7万方，拆除残垣断壁4.23千米，清运垃圾5630吨。全年组织观摩评促5次，拨付环卫经费746.68万元、发放奖补资金285万元。重点打造了夹道村、柔远村、雍湖村、八字渠村、何滩村和杨滩村等6个环境综合整治示范村。2016年，对郭营村等18个环境“脏乱差”难点村进行集中整治、对夹道村等65个中心村实施示范提升，农村环境卫生保洁步入常态化、规范化，考核拨付一、二季度环卫经费381.95万元。对5个乡镇主干道路两侧、村庄巷道、农户房前屋后的“三堆”（垃圾堆、柴土堆、杂物堆）进行彻底清理；对沙姚路、李姚路、柔石路和五葡路沿线的700余户6万平方米房屋外墙进行了粉刷；对道路沿线、田埂沟渠、村庄院落进行绿化，栽植新疆杨、红黄刺玫等苗木3.72万株；拆除违法违规用地54宗，涉及违章建筑物150处，拆除面积158.6亩，恢复耕地近70亩。开展废旧物资收购站整治工作，搬离废品收购站4家，彩钢板包装19家。

【水污染防治】 2015年，沙坡头区8个建制镇生活污水处理设施全面建设完成，编制完成沙坡头区2016年农村环保储备项目计划、编制上报2016—2020年农村污水治理村庄名录、编制完成沙坡头区已实施过的污水处理项目改进计划，完成沙坡头区农村污水处理情况调查摸底，制订沙坡头区农村污水治理实施方案。2016年，加强饮用水源地保护，保障人民生活饮用水供水安全，配合市环保局确定22个农村集中饮用水源地保护项目工程，确保水源地保护区率达到100%。对水源地保护区14户农家乐进行调查摸底，取缔1家，配合市场监督管理局撤销营业执照11家。督促迎水桥镇政府投资20万元对杨渠村污水处理设施进行维修。及时处置10·2高家水和11·1胜金关两起硫酸车翻车硫酸泄漏应急事件，未发生泄漏现场污染周边区域情况。

【农业污染治理】 2015年，开展残膜回收工作，共计投入资金246万元，落实回收站点16个，定点加工企业1个。投入残膜回收机械760台，回收残膜35万亩，1960.27吨。2016年，共计投入资金800万元，落实回收站点10个，定点加工企业1个。投入残膜回收机械760台，回收残膜36.4万亩，4020.1吨。

【大气污染防治】 2016年，以燃煤污染控制为重点，开展冬季大气污染防治工作，加大对农村群众使用高品质无烟煤、洁净煤的宣传教育力度，鼓励农村群众尽量多使用太阳能、天然气、电能等清洁能源，减少因生火炉、土炕等造成的农村燃煤污染。对城区小锅炉进行普查，成立沙坡头区燃煤锅炉强制拆除工作组，组织实施燃煤锅炉拆除。对16家燃煤锅炉使用单位进行排查，共计排查锅炉26台，其中，拆除6台，改气5台，未使用3台，使用9家14台，有煤质检测报告5家。对辖区内采砂厂进行扬尘污染督查。督促永康镇刘湾村阴洞梁沟4家采砂场将建在行洪沟内的设备及附属物进行清理；要求宣和镇5家石料厂对除尘设备进行维修保养，没有除尘设备的石料厂已将除尘设备安装到位，并完成采出矿石、废渣规范堆放工作，对拉运石料车辆采取篷布全部遮盖、兜底措施，对砂石路进行洒水降尘；组织协调5家企业完成对寺口风景区向里延伸5公里的砂石路硬化工作；责令苏苏餐厅、金叶子酒店、翰林酒店安装油烟净化装置，督促明巨、华伟电石厂厂区周围增设防风抑尘网。

【重点生态功能区监测】 2016年，对沙坡头区国家重点生态功能区县域生态环境质量进行自查，并起草《沙坡头区 2017 年国家重点生态功能区县域生态环境质量考核工作实施方案》，明确部门职责，细化工作任务，为全面推进生态考核工作提供有力保障。综合行政执法局将档案资料整理汇编后上报自治区环保厅并通过验收，争取到中央专项转移支付资金 4500 万元。

【环境执法监察】 2015 年，配合完成中华环保世纪行——宁夏中卫行动视察活动，对沙坡头区 8 个环保建设点位进行集中检查，以问题为导向，推动农村环境保护突出问题的解决。2016 年，配合市环保局对辖区内各供热公司供热站和燃煤小锅炉使用单位进行日常监管，责令黄河金岸大酒店拆除燃煤锅炉 2 台，煤改气 1 台。协同四个工业园区所属乡镇对企业进行不定期监督检查、提出整改措施，要求责任单位按期整改到位。由市环保局牵头，综合执法局、永康镇人民政府配合对 4 家污染企业进行逐一督查。其中，对南山木炭厂进行彻底清理；对永康镇南山炼胶厂进行停电处理，待企业相关环保设备齐全，环保部门验收合格后方可生产；对永康镇杨滩村木炭厂进行拆除。

【督查转办件办理】 2016 年，按照自治区党委督查室、人民政府督查室转办的中央第八环境保护督查组转办的环保事项办理要求，在区政府主要领导和分管领导的带领下，在市环保局的支持下，综合行政执法局抽调精干力量与相关乡镇组成联合调查组，深入被举报企业进行调查核实。受理转办案件 21 起，全部按时限要求办结并形成调查报告会同档案资料反馈上报至市委督查室、政府督查室、市环保局，21 件环保案件均在办结基础上制定长效机制。对信访件整改落实情况进行“回头看”，督促宣和镇 5 家有机肥厂分别完成场地硬化 1300 平方米、1200 平方米、1500 平方米、4800 平方米、7000 平方米，并铺装防渗膜，督促永康镇 2 家有机肥厂完成铺装防渗膜任务；兴顺工贸有限公司因不按整改措施和要求按期整改，供电部门对企业采取停电措施。取缔永康镇杨滩村木炭厂，关闭沙滩村木炭厂。

【环境宣传教育】 在中卫市红太阳广场举办 2015 年“6·5”环境日宣传咨询活动，摆放主体展板 6 块，发放环保公益宣传手册 1000 册，基本知识彩页 500 页。2016 年，在中卫市职业中学培训楼举办沙坡头区 4 个工业园区企业，11 个乡镇分管领导、环保办主任、工作人员为期 2 天的安全生产和环境保护培训班。

（邵斐　孙耀义　杨晓慧）

财政税收

财 政

【概况】 2015年，中卫市财政划转沙坡头区转移支付资金78252万元，其中：一般转移支付资金15518万元，专项转移支付资金48498万元。非税收入完成1070万元，为年度预算的138.6%。沙坡头区公共财政预算支出完成62723万元，为变动预算数的89.41%；基金预算支出完成2519万元，为变动预算数的94.31%。2016年，中卫市财政划转沙坡头区转移支付资金94891万元，其中：一般转移支付资金33743万元，专项转移支付资金61148万元。非税收入完成2383万元，为年度预算的248.23%。沙坡头区支出合计为93.630万元，其中：一般公共预算支出完成92030万元，政府性基金预算支出完成1600万元。

【民生保障】 2015年，通过"一卡通"及时发放低保对象、孤儿、残疾人、五保供养人员及高龄老人等低收入人群生活补贴8443万元；拨付资金3128万元用于农村危房改造补助；拨付资金1459万元用于困难群众火葬救助金及医疗救助；下达资金1393万元用于救灾，解决受灾群众口粮、饮水等生活困难；拨付资金762万元用于农村环卫保洁经费；安排资金672万元用于退役士兵一次性补助及现役军人家庭优待金及高原兵奖励；安排资金536万元用于高校毕业生到村任职及公益性岗位补助；下达资金606万元用于免费孕前健康检查、"少生快富"、独生子女保健费等。拨付资金8485万元用于发放粮食直补、农资综补、退耕还林补助、草原生态保护补助、农机购置补贴、畜牧良种补贴等；下达资金4181万元用于巩固退耕还林成果、退牧还草、农产品产地初加工、基层农业技术推广等项目；拨付资金3637万元用于粮改饲、农业产业化、现代农业产业发展等项目；下达资金2056万元用于农村劳动力培训、残膜回收、病虫害控制、硒砂瓜产业发展等；拨付资金1803万元用于农业"阳光沐浴"工程；下达资金1463万元用于特色经济林产业、防护林工程及森林培育等项目建设；安排资金1080万元用于水土保持、山洪灾害防治、农村饮水安全、农村沼气、抗旱应急水源引调提水项目；拨付资金1474万元用于支持生态移民区土地改良；下达资金394万元用于乡镇基层政权补助建设。2016年，通过财政"一卡通"累计发放城乡低保8430万元，惠及群众29.67万人次；五保供养231万元，惠及群众4421人次；孤儿养育津贴179万元，惠及群众1154人次；重点优抚对象补助资金678万元，惠及6668人次；残疾人生活津贴及护理费 1071 万元，惠及 38891 人次；拨付 2015 年新型职业农民培育工程补助资金 86.7 万元，安排资金 1208 万元支持信访维稳、禁毒，维护社会稳定和谐；安排资金 100 万元，支持宣和镇敬农社区建设和常乐镇大路街社区服务中心建设；投入资金 451 万元支持计划生育事业发展；拨付资金 145 万元用于采购文化设备，支持镇乡文化活动室建设，拨付 30 万元支持宣和镇科普文化中心建设；拨付 70 万元用于第二次全国地名普查工作，为沙坡头区全面掌握地名基础数据，提高地名标准化水平提供资金保障。安排资金 675 万元用于公益性岗位、高校毕业生到村任职人员和西部计划志愿者工作补助，扩大就业范围，促进人员就业。安排资金 394 万元用于自然灾害救助，安排 145 万元用于生态移民口粮救助，惠及群众 5827 人次。争取自治区专项资金 63334 万元，占总任务的 134.13%。共组织各乡镇上报“一事一议”财政奖补项目 108 个，争取自治区财政以奖代补资金 3950 万元，批复实施项目 52 个。争取自治区财政厅苹果提质增效项目资金 719 万元，解决扬灌区果农反映的补助问题。

【服务发展】 2015 年，拨付资金 4229 万元用于宣和美丽新村棚户区改造、三合家园、应理新社区、民生花园等逾期安置；下达资金 1825 万元用于主干道路大整治大绿化、美丽乡村、美丽村庄工程；拨付资金 1770 万元用于乡镇美丽小城镇建设；筹措资金 640 万元用于乡镇农贸市场标准化建设；拨付资金 506 万元用于农田水利建设；下达资金 195 万元用于农村环境卫生深度保洁以奖代补；安排资金 720 万元用于农村公共服务运行维护；安排资金 96 万元用于乡镇文化站免费开放。2016 年，安排资金 2400 万元支持高效节水灌溉工程；拨付 2195 万元建设兴仁镇、香山乡应急抗旱水源、农村饮水安全工程；筹措资金 8669 万元用于农业产业化项目扶持、蔬菜园区建设、农业特色优势产业项目等；拨付资金 2416 万元用于福润苑、应理新社区、时代佳苑等项目的逾期安置；安排新墩北路、宁夏大学分校区项目征地补偿资金 444 万元，加快推进棚户区拆迁安置任务。安排资金 642 万元，继续推进兴仁镇高庄王团移民村综合治理项目。

【规范管理】 2015 年，提前启动 2016 年部门预算编制，细化预算管理，完善定额标准，优先保障沙坡头区重点工作和民生实事。对沙坡头区总预算、31 个单位（部门）预算、“三公”经费预算信息全部进行公开，公开率 100%。监控疑似违规资金 1068 笔，审核处理疑似违规资金 995 万元。沙坡头区因公出国（境）费用 1.33 万元，公务接待费 24.54 万元，会议费支出 19.91 万元，公务车辆运行费 128.85 万元。审批落实采购计划 3334 万元，节约资金 340 万元，资金节约率 10.2%。2016 年，对沙坡头区总预算、各单位（部门）预算、“三公”经费预算信息公开率 100%。监控疑似违规资金 1686 笔，审核处理疑似违规资金 2587 万元。因公出国（境）费用 4.66 万元，公务接待费 39.2 万元，会议费支出 169.81 万元，公务车辆运行费 168.72 万元。审批落实采购计划 6080 万元，节约资金 583.68 万元，资金节约率 9.6%。培训镇村两级财会人员近 300 人。

【财政监督】 2015 年，开展涉农资金专项检查，对查出的 9 个问题督促相关乡镇进行整改落实。开展会计信息质量检查工作，对文体卫生和计划生育局、农技推广服务中心、宣和镇进行会计信息质量检查；配合纪工委等实施中央八项规定落实情况、村级财务监督两个专项检查。制定出台《沙坡头区 2015 年涉农资金信息公开试点方案》，在市人民政府和市财政局官网公示农村低保对象最低生活保障金和种粮农民直接补贴和农资综合补贴政策及发放花名册，试点推进社会保障卡发放涉农补贴工作。2016 年，对各单位涉农资金管理使用中存在的问题、各乡镇 2014、2015 年基层政权资金使用情况进行检查，结合开展八项规定“回头看”活动，对各单位“三公经费”之处进行抽查，及时纠正被查单位存在的违规问题，规范会计核算行为；完善行政事业单位资产信息数据，实现资产信息网络化动态管理。开展2015年政府性债务审计,化解2015年系统内债务近1亿元。向自治区财政厅申报沙坡头区2016年政府置换债券使用计划8328万元,已到位并支付债券资金8000万元。(刘舒蓉)

税 收

【概况】 沙坡头区国税局内设办公室、财务管理科、政策法规科、人事教育科、机关党办、税政科、纳税服务科、征收管理科、信息中心、收入核算科10个职能科室,稽查局1个直属机构,下辖文昌税务分局、镇罗税务分局、迎水桥税务分局、宣和税务所、常乐税务所、兴仁税务所6个派出机构。共有在职干部职工72人,其中,男44人,女28人,平均年龄42岁;公务员57人,占79%;工勤人员14人,占19%;事业人员1人。2015年,沙坡头区国税局共管理各类纳税人9986户,其中,企业3032户,个体6954户。按税种划分,增值税纳税人9986户(含一般纳税人1083户),消费税纳税人10户,企业所得税纳税人2163户。2016年,沙坡头区国税局共管理各类纳税人14796户,其中,企业4919户,个体9877户。按税种划分,增值税纳税人14796户(含一般纳税人1483户),消费税纳税人11户,企业所得税纳税人3373户。

【组织收入】 2015年,共组织税收收入51298万元,其中,完成地方级税收任务12527万元,依法为纳税人办理减免(退)税8520万元。2016年共组织税收收入88252万元,同比增长72.04%,增收36953万元,为年度计划57000万元的154.83%,为市局调整计划84984万元的103.85%。其中地市级入库23339万元,同比增长129.94%,增收13189万元。严格落实西部大开发、小微企业、创业就业、出口退税等各项税收优惠政策,全年共依法减免抵退税款5.31亿元。

【税收征管】 2015年,落实《全国税收征管规范》《国地税合作工作规范》及各类专业性管理规范,加强各税种管理,共备案出口退(免)税企业42户,审核办理出口退(免)税896.64万元。2015年汇算清缴企业所得税应税收入2128958.6万元,实现应纳税所得额86979.8万元,实际缴纳企业所得税额12009.53万元,减免所得税额9731.4万元,汇算清缴补缴企业所得税3148.7万元。2016年,对于符合条件的13748户小规模纳税人实行按季申报缴纳增值税,推广网上审批、网上申报、涉税业务"一窗通办"综合办税模式,实现涉税事项"全市通办"和"全区通办";开通邮政"双代"业务,共委托邮政代征税款1738万元。完成3594户纳税人户籍移交、确认、录入、核定工作,如期完成发票发售与开具、纳税申报等阶段性工作目标,持续打赢"开好票""报好税""分析好""改进好"四场战役。加强各税种管理,共备案出口退(免)税企业44户,审核办理出口退(免)税3656.98万元。汇算清缴企业所得税应税收入2165917.81万元,实现应纳税所得额101984.79万元,应纳税额24826.94万元,减免所得税额11841.33万元,减免收入47365.32万元,汇算清缴补缴企业所得税4211.28万元,企业所得税税收负担率1.15%。

【信息管税】 2015年,成功上线运行金税三期工程,被宁夏国税局授予集体三等功荣誉。开展税收风险管理,建立大企业管理信息系统,对大企业的基础信息、涉税数据采集、风险指标分析、日常征管监控、纳税评估等进行信息化管理,提高大企业风险应对管理的及时性和针对性。推行增值税发票系统升级版1250户。2016年,完成金税三期系统中各项税收信息补录,对3594户迁移纳税人进行税务登记信息补录及确认工作;对"营改增"迁移来的1050户不达起征点的个体纳税人核定定额发票票种。融合和衔接地税业务,在中卫市政务大厅地税服务窗口安装专用发票代开软件;在办税服务厅开通2台地税系统网络接口,运行地税征管系统。发挥金税三期系统加强税收风险应对质效，及时对风险任务进行核查评估，对于需补正信息的纳税人及时在金三系统内核实，对错误信息进行立即修改，通过金三系统查找征管漏洞。共应对风险任务 1978 户次，合计补缴税款 2129.84 万元，风险命中率为 99.58%。

【依法治税】 2015 年，广泛宣传、积极引导纳税人依法诚信纳税，有效整治税收秩序，扎实推进依法治税工作。被宁夏国税局授予“法治税务示范基地”荣誉。2016 年，制定干部学法制度和普法依法治理工作实施方案，广泛开展干部法治宣传工作，在全局形成学法用法浓厚氛围，结合宪法宣传日、税法宣传月以及“营改增”宣传工作。开展税收执法疑点数据核查及税收执法检查工作，对“三证合一”管理、组织收入原则落实、税收执法疑点数据核查等情况进行专项检查。继续开展“法治税务示范基地”建设活动，制订法治税务示范基地建设工作方案，被中卫市委、市政府表彰为“依法治理示范单位”。

【纳税服务】 2015 年，依托中卫市国税局大企业咨询服务室，为辖区内大企业和政府招商引资企业提供涉税服务。创新服务方式，开通办税服务绿色通道，设立电子服务云平台，实现“三证合一”，切实提高办税服务效率，畅通诉求渠道，及时办理纳税人涉税投诉事件，实现国地税联合办税工作。2016 年，深化办税服务厅建设，配齐配强窗口工作人员，增设 3 个办税窗口，配置 4 台自助办税终端机，开通绿色通道。开展税收咨询辅导及涉税事项提醒工作，开设小微企业税收优惠政策辅导办理窗口，与中卫云基地、城际铁路建设等中卫市重点建设项目建立互联互通机制。落实首问责任制、涉税事项一次性告知、限时办结、预约服务及班子成员办税服务厅值班等制度。

【税法宣传】 2015 年，以全国第 24 个税收宣传月“新常态·新税风”为主题，通过多渠道、多形式的宣传活动，与中卫市地税局联合开展第 24 个税收宣传月活动，开展广泛宣传。建立纳税人实体学堂，开展“税法送万家”活动，并利用国地税网站、国地税官方微信、税企 QQ 群、政务信息公开等平台，及时发布最新的税收政策法规，提高纳税人的税法遵从度。2016 年，以“聚焦营改增试点 助力供给侧改革”为主题，组织开展第 25 个税收宣传月活动，开展税法“六进”活动及多种形式的税收信用宣传教育。在市区主要干道悬挂“营改增”宣传标语，并在企业、旅游景区、酒店、银行、汽车站等人员密集场所，张贴《致全国营改增纳税人的一封信》。通过在中卫日报做“营改增”专版、在电视台滚动播放广告、制作税收宣传广播广告等方式，多角度开展“营改增”政策宣传。印制宣传彩页，在政务中心、办税服务厅、各大广场、车站等地，向广大群众发放，进一步提升纳税人和社会公众对“营改增”相关政策的知晓度。在办税服务厅触摸屏幕上时时播放《2 分钟动画读懂营改增》《3 分钟了解营改增》等动画视频，利用云平台、电子屏幕时时播放“营改增”相关政策。

【文明创建】 2015 年，通过“全国文明单位”的复检验收，被中宣部授予“全国学雷锋活动示范单位”、被自治区精神文明建设指导委员会授予“全区优秀志愿服务组织”、被中卫市精神文明建设指导委员会授予“全市优秀志愿服务组织”等荣誉称号。2016 年，相继开展“书香国税”、参观警示教育基地、爱国主义教育及预防职务犯罪专题讲座、“最美国税人”评选、“万人唱红歌”建党 95 周年知识竞赛、“党在我心中”演讲比赛、“我心目中的合格党员”征文以及党史知识电视大赛等一系列文体活动。开展税收志愿者服务及扶贫助困活动，向中卫市常乐镇爱心餐馆定期送去米、面、油等生活用品。组织青年志愿者服务队参加中卫市第二十六次全国助残日活动启动仪式，向过往群众发放宣传资料，宣传孤独症及脑瘫相关知识。与中卫市怡乐残疾人康复中心开展长期结对帮扶，多次前往开展志愿服务活动。（刘敏楠）

科学技术

综 述

【概况】 2015年，沙坡头区农牧科技局是沙坡头区管委会主管科技、科协工作的机构。2016年，科技工作职能职责由沙坡头区农业和科技委员会承担。

【科技特派员】 2015年，协助中卫市科技局提升科技特派员服务能力。通过优化科技特派员队伍，推进科技特派员创业行动，进一步提升我区科技特派员创新创业服务能力。2015年，沙坡头区科技特派员人数共计185名，创办各类企业49家。2016年，沙坡头区共有科技特派员190名，科技特派员创办实体52家。

【科学普及】 2015年，开展农村实用人才培训工作，共培训57574人次。开展“科技赶集”“科技下乡”等活动，对农技人员、广大农民进行宣传培训指导，举办各类培训班310场，培训2.8万余人次，召开各类现场观摩会10场，发放各类技术资料10万余份；开展各类林果技术培训，举办培训班30期，培训3360人次，实地技术指导29场次；组织编印畜禽水产养殖及秸秆饲料加工培训资料6类1.6万册，开展不同层次科技培训培训班15期、培训农民技术员2500人次，农民技术员以现场培训等形式培训农民1万余人次；开展合作社、家庭农场相关法律法规、规章制度、会计基础知识、市场营销及农产品质量安全等方面的培训，培训合作组织辅导员298人，合作组织理事长和财务会计209人次，家庭农场主及财务会计人员106人，与沙坡头区财政局合作培训村级会计330人。2016年，坚持因地制宜的原则，以市场需求和农民需要为导向，以农业增效、农民增收为目的，促进农业新品种、新技术的普及推广，利用农闲时节，大力开展实用技术培训。技术培训采取“走出去，请进来”相结合的办法，邀请区内外专家采取集中培训和现场培训相结合的方式进行培训，组织农民进行实地观摩学习，通过听、看、学加深对新品种、新技术的认识和理解。先后在12个镇(乡)开展不同层次科技培训培训班190余期、培训农民技术员2万余人次。

【新品种新技术推广】 2015年，推进农业科技创新，依托现代农业示范基地，引进推广新品种43个，新技术30项，良种覆盖率达到75%以上，农村专业户掌握新技术率达到80%以上。2016年，推进农业科技创新，依托现代农业示范基地，引进推广新品种41个，新技术45项，良种覆盖率达到80%以上，农村专业户掌握新技术率达到85%以上。(丁新)

气 象

【概况】 沙坡头区气象局成立于2014年2月，为正科级公益事业单位，其内设机构和直属业务单位均为股级，内设办公室（应急办）、防灾减灾科（政策法规科）；直属事业单位有气象台、气象服务中心、雷电防护技术中心；地方气象机构有沙坡头区人工影响天气领导小组办公室（与防灾减灾科合署办公）、沙坡头区气象灾害防御指挥部办公室（与防灾减灾科合署办公）。党组及纪检组、行政领导班子成员，按1正2副配备，设党组书记、局长1名，党组成员、副局长2名。按照宁夏气象局关于艰苦台站运行机制改革的有关要求，沙坡头区气象局与兴仁气象站合署办公。现有人员13人，由国家气象系统编制人员和部门编制人员组成，其中国家气象系统编制8人（参公编制1人，事业编制7人）、部门编制人员5人。

【政策性文件】 2015年，沙坡头区管委会印发《沙坡头区农业农村气象防灾减灾工作管理办法》《沙坡头区关于加快推进气象现代化工作的实施意见》《关于加强沙坡头区农业气象服务体系和农村气象灾害防御体系建设的实施意见》《沙坡头区重大气象灾害应急预案》4份政策性文件。

【灾害预警和人工影响天气】 2015年，在行政村建设气象信息服务站9个，预警大喇叭103套，建设气象灾害防御示范旅游区1个和旅游区气象信息服务站2个，建设气象灾害防御示范社区1个和社区气象信息服务站1个。建设改造红泉、景庄、香山、兴仁4个固定人影标准化作业点。2016年，调整沙坡头区人工影响天气领导小组和气象灾害防御指挥部组成人员，联系沙坡头区政府分管领导与人影作业点所在乡镇负责人签订人影安全责任书，建立人影设备、弹药安全储运登记档案，规范作业，全年人工影响天气作业18点次，共发射火箭弹128枚。沙坡头区共建47个自动气象站、6个土壤水分自动站、121套大喇叭、29块电子显示屏，行政村气象预警大喇叭覆盖率达到74%。

【基础业务】 2015年，地面测报设备稳定运行率为99.7%；到报率为100%；数据可用率为100%；综合观测指数为97%；酸雨观测工作基数为2201个，错情率为0.0‰，达到2015年综合观测业务调整以来中卫市同期各站最好水平。在第24次全国酸雨观测质量样品考核中连续第7年获得全国优秀的喜人成绩。2016年，地面观测设备可用性为99.62%；传输及时率为99.96%；数据可用率为99.98%；综合观测指数为99.6分；区域自动站传输及时率99.21%，土壤水分站传输及时率99.11%，酸雨观测工作基数为1827.5个，错情率为0.0‰，基础业务质量稳中有升。在第25次全国酸雨观测质量样品考核中，考核水样的pH值、K值及本站所用纯水K值三项成绩继续保持全部优秀。

【网络保障】 2015年，完成沙坡头区84个区域站核查工作，并建立核查档案。2016年4月业务人员参加综合气象观测运行监控系统（ASOM2.0）业务培训班，对系统用户、网站信息进行维护管理及补充完善，7月正式运行。

【汛期气象服务】 2015年，沙坡头区气象局成立汛期气象服务领导小组和应急管理领导小组，制定完善《沙坡头区气象局工作制度》《沙坡头区气象局应急预案》、气象服务工作流程、地面测报工作流程、自动站技术保障工作流程等；保障防汛抗旱决策气象服务和突发公共事件的应急气象服务。撰写气象信息专报48期，农用天气预报92期，决策服务材料收到政府领导批示12次。通过沙坡头区工委应急办、农牧科技局、民政和社会保障局等部门及有关气象信息员调查了解灾情，共上报灾情5次，累计直接经济损失2572.14万元，更新发布大喇叭信息累计818条，短时临近预报18次，天气预警信号79次。完成农气观测基数12175.0个，农气质量0.5‰；完成生态观测基数

1002.2个，错情率2.0‰。共计测墒56次，其中，硒砂瓜8次、小麦玉米32次、生态10次、枸杞6次。2016年，撰写气象信息专报67期，农用天气预报92期，决策服务材料受到政府领导批示12次。与市防办联合组织完成黄河防洪渡汛演练工作。2016年，抽查常乐镇、永康镇、香山乡新水村山洪灾害预警网络及雨量监测站运行情况；检查兴仁气象站炮库标准化建设，确保安全度汛。上报灾情5次，累计直接经济损失2146.972万元，更新大喇叭信息累计1163条，短时临近预报18次，天气预警信号140次，沙坡头区气象局进入重大气象灾害应急响应11次。完成农气观测基数11520.0个，农气质量0.1‰；完成生态观测基数1007.2个，错情率2.0‰。共测墒58次，其中，硒砂瓜7次、小麦玉米36次、生态9次、枸杞6次。完成小麦信息专报2期，玉米信息专报5期，水稻信息专报3期。

【防灾减灾】 2015年，沙坡头区气象局调整人工影响天气工作领导小组成员，建立气象灾害预警多部门应急联动机制，修订完善《沙坡头区重大气象灾害预警应急预案》。在东园镇开展气象协理员、信息员培训。完成环香山山洪地质灾害气象预警服务示范区建设。配合区、市局开展2015年暴雨灾害应急联合演练。新增兴仁、景庄2个高炮作业点，实施人工增雨防雹作业54次，共发射增雨防雹炮弹447枚。收集25个重点贫困村3954户15001人的手机号码纳入气象预警信息发布短信平台，使贫困户及时收到气象预警信号，提前做好避灾防灾工作，消除因灾致贫。2016年，参加中卫市政府组织，气象、水务、民政等多部门联合开展的黄河防汛应急联合演练。完成黄河花园气象灾害防御示范社区和向阳社区气象信息服务站建设。组织实施人工影响天气作业18次，共发射火箭弹128枚。依托南山台苹果提质增效种植基地和镇罗镇标准化建设多要素自动气象站1套，六要素自动气象站3套，两要素自动气象站3套，高清摄像头监控设备1套，电子显示屏和预警大喇叭各1套。在蔬菜产业园区农业综合服务站建设中融入气象信息服务站的建设，实现部门间的融入式发展和信息资料的共享。在南山台苹果基地获取气象资料后立即开展苹果专项气象服务，编制苹果气象服务专报7期。

【人才队伍建设】 2015年，积极组织职工参加中国气象局远程培训，派送人员参加国家局和区局组织的技术保障、雷电防护、综合管理、农业气象观测、人影工作、气象通讯员等培训。鼓励职工围绕气象科技创新、提升气象探测、气象服务能力开展课题研究，营造良好的科研氛围。2016年，选派业务技术骨干作为中卫市局代表队成员之一，参加区局组织的全区县级综合气象业务技能竞赛，取得个人全能第六名的成绩。沙坡头区气象台台长在区局组织的优秀青年专业技术人员遴选中脱颖而出，选拔到宁夏气象台工作。

【世界气象日专题宣传活动】 在每年的世界气象日，组织人员走进车站、深入社区，围绕世界气象日的纪念主题，多途径开展世界气象日专题宣传活动。通过发放3·23中国气象报、气象灾害预警信号、天气预报用语、人工影响天气、防灾减灾、气象为农服务“两个体系”建设等方面的小册子，大力普及气象知识、弘扬气象科学精神，积极引导公众了解气象、关注气象、支持气象，提升公众对气象防灾减灾的认知程度。沙坡头区气象局对外开放，由市民参观学习。邀请本行政区域内新一批气象信息员代表到沙坡头区气象局参观中卫国家基本观测站、气象台等，亲身感受气象部门的先进科技与设备，近距离体会气象探测设备、气象观测数据的采集、气象预报与服务流程。气象服务人员用通俗易懂的语言向信息员讲解气象知识，带他们全面了解沙坡头区的气候特点以及气象预警、信息传送、灾情收集、防灾减灾避险基本知识。

【中国气象局测报业务专项检查】 2015年10月20日，中国气象局测报业务专项检查组在区局观网处领导的陪同下，到中卫国家基本气象站和沙坡头区区域自动站检查地面气象测报业务工作。检查组对照台站上报的《2015 年地面气象观测业务专项检查报告书》，逐条进行详细检查。检查组对沙坡头区地面测报业务标准化建设工作给予肯定并提出建议。

【强降温催生黄河沙坡头区段出现流凌】 黄河宁夏沙坡头区段穿越黑山峡（整个峡谷长 52.3 公里），经下河沿进入冲积平原，至胜金关出境，全长 114 公里。入境至下河沿河面宽度 150—250 米，下河沿至出境河面宽度 250—1000 米。由于沙坡头区段河面窄，流速快，只有符合特定的气象条件才能形成流凌，基本周期为 4 年，在 2008 年、2012 年出现过流凌。2016 年 1 月 24 日受强降温影响，本站平均气温为 -17.4℃，最低气温在 2 时下降到-20℃以下并一直持续到 9 时，当日最低可达 -23.6℃。在 8 时气象服务人员立即到黄河观测流凌，其流凌密度可达 35%以上。应对此次强降温至黄河沙坡头区段出现流凌过程，沙坡头区局继续做好凌汛监测，同时向有关部门进行凌汛监测服务工作，为沙坡头区黄河防凌提供气象决策依据。

【气象服务助力果农精准脱贫】 2016 年 5 月 19 日，中卫市沙坡头区南山台建有占地 48000 平方米的苹果树品牌扩规提质增效园区，为做好苹果园区气象服务，沙坡头区局积极组织开展园区的自动气象站建设工作，完成南山台苹果树品牌扩规提质增效园区自动气象监测站建设。有气温、雨量、风向、风速、日照、空气湿度、土壤湿度、地温 8 要素农业自动站，用于研究苹果生长发育及其产量、品质的气象指标，通过气象服务平台向园区管理层及果农发布气象产品，指导果农适时管理农事活动。

【环香山地区旱情调查】 2016 年 8 月 22 日，沙坡头区气象局组织人员对环香山地区旱情进行实地调查。为更全面的掌握旱情状况，选取环香山地区南北两地兴仁、红泉进行调查，详细观测土壤墒情和当地主要作物玉米的生长状况。调查发现，香山南部兴仁一带土壤墒情较差，玉米受干旱影响，株高普遍较矮且灌浆较差。香山北部红泉地区未出现旱情，玉米长势及灌浆较好。

【小学生探寻气象奥秘】 2016 年 11 月 3 日下午，中卫市第三小学 300 余名学生走进沙坡头区气象局，了解气象知识，探寻气象奥秘，感受气象科技带来的无限乐趣和魅力。近年来，沙坡头区气象局接待大批的学生到局参观，针对气象防灾减灾多次走进校园进行科普宣传讲座，丰富学生们的课余科技生活。

【印发“十三五”气象事业发展规划】 2016 年 11 月 11 日，沙坡头区人民政府办公室印发《沙坡头区气象事业发展“十三五”规划》，明确“十三五”时期沙坡头区气象事业发展的指导思想、基本原则、发展目标、主要任务，对未来五年实现沙坡头区气象事业持续健康发展具有重要的指导意义。（冯培灵）

教育和医疗卫生

教　育

【概况】 2015年，沙坡头区有各级各类公办学校104所，2016年增加1所，为105所，其中：中等职业技术学校1所，高级中学2所，初级中学11所，九年制学校12所，小学62所，幼儿园16所，特殊教育学校1所。在校学生64059名，有中小学教师4076人。有各级各类民办学校42所，其中：民办幼儿园25所，民办培训学校17所，共有教师614名，在校学生6250名。中卫中学为自治区一类示范性普通高中，中卫一中为自治区二类示范性普通高中，中卫职业技术学校为“国家中等职业教育改革发展示范学校”“全国中等职业教育重点学校”“自治区职业教育信息化示范试点学校”和教育部确定的宁夏唯一一所“中职学校现代学徒制试点单位”。

【基础设施建设】 2015年，积极争取项目资金1.389亿元，共实施农村薄弱学校改造、中小学标准化运动场改造、农村教学点办学条件改造、幼儿园建设、教师周转房改造、农村中小学供暖设施改造等各类续建和新建项目43个，新建、改扩建校舍7.3万平方米。2016年，争取项目资金1.75亿元，共实施农村薄弱学校改造、中小学标准化运动场改造、农村教学点办学条件改造、幼儿园建设、教师周转房改造、农村中小学供暖设施改造等各类续建和新建项目16个，新建、改扩建校舍8.3万平方米。

【硬件配备】 2015年，争取资金2467.3万元，实施中卫九小等28所中小学设施设备购置项目，购置设施49.3万套（台、件）、图书21万册、课桌凳7678万套、计算机及教学仪器设备等25.6万套（台、件）。2016年，争取市财政投资4095万元，为中小学装备信息化设备，配发计算机、触摸一体机等设施设备10.2万套（台、件），图书21万册，学校装备水平有效提高。

【信息化建设】 2015年，加快推进教育信息“三通两平台”建设，“校校通”完成率达95%，“班班通”完成率达82%，“人人通”完成率达71%；创新教育模式和学习方式，加强优质教育资源和信息化学习环境建设，推进信息技术和教育教学深度融合，以教育信息化缩小城乡教育发展差距。2016年，按照统筹城乡义务教育资源均衡配置要求，全面推进教育信息化“三通两平台”建设，沙坡头区宽带网络“校校通”实现率达97.7%，教学资源“班班通”实现率达96.3%，网络空间“人人通”实现率达93.3%，促进优质教育资源互通共享。

【学前教育】 2015 年，扩建、新建兴仁、永新两所农村幼儿园。2016 年，基本实现每个乡（镇）有 1 所幼儿园的目标，全面加大农村幼儿园和民办幼儿园的支持、管理力度，提升幼儿园社会效益，沙坡头区学前三年毛入学率达到 88.9%，基本上实现“广覆盖、保基本”的学前教育公共服务目标。

【职业教育】 2015 年，中卫职业技术学校顺利通过“国家中等职业教育改革发展示范学校”验收，被教育部确定为宁夏首批唯一一所中职现代学徒制试点单位。建立 40 个稳定的校外实训基地，接受学生轮岗实训 3000 人次。与应理集团合作组建中卫市应理职业教育中心，双方在资源共享、人才培养、社会化培训等方面开展合作；与区内外 60 多家企业建立稳定的合作关系，推动专业设置与企业需求对接，推进产、教、学、用一体化的订单培养模式。2016 年，中卫市职业技术学校有教职工 210 人，在校中职学生 5073 人，开设 27 个专业，学校深化校企合作，与区内外 70 多家企业签订订单培养协议，毕业生就业率达 98.6%，完成各类技能培训和鉴定 9800 人次。学生获全国职业院校技能大赛二等奖 1 项，三等奖 5 项，获全区职业院校技能大赛一等奖 6 人，二等奖 23 人，三等奖 39 人。

【高等教育】 2015 年，占地 642 亩、42 个建筑单体、建筑面积 20 万平方米的宁夏大学中卫校区建成投入使用，近 800 名大学生入住新校区。2016 年，有软件工程、旅游管理、电子商务、市场营销、化学工程与工艺、食品科学与工程、汉语言文学、人文地理与城乡规划 8 个专业，招生 490 人，在校大学生 1273 人，填补了沙坡头区及中卫高等教育空白。

【师资队伍建设】 2015 年，沙坡头招聘教师 199 名（其中：硕士研究生 4 名，免费师范生 14 名，事业编制教师 82 名，特岗教师 99 名）。安排 189 名教师在城乡学校之间交流轮岗，实行音、体、美教师学区内走教制度，缓解教师专业结构不合理和总量不足的问题。鼓励教师参加学历提高教育，小学教师专科以上学历达 91.7%，初中教师本科以上学历达 88.66%，高中教师研究生以上学历达 23%。2016 年，举办各级各类培训班 78 场次，培训 9000 人次，鼓励教师参加学历提高教育，小学大专以上学历教师达 93.81%，初中本科以上学历教师达 89.37%，高中研究生以上学历教师达 10.12%。建立城乡学校校长、教师轮岗交流机制，安排 20%的校长和 10%的教师在城乡学校之间进行轮岗交流任教，骨干教师示范带动作用明显提升。落实《中卫市乡村教师支持计划（2015-2020）》，稳定农村教师队伍。实施信息技术条件支撑下的中小学教师“高效课堂”达标工程，以“互联网 +”教育变革为重点，对 1254 名各级各类骨干教师、学科带头人进行信息技术条件下“高效课堂”测评工作。

【惠民政策】 2015 年，沙坡头区共资助学生 15559 人次，资助总金额 1559.99 万元，其中：普通高中资助 6363 人，资助金额 548.546 万元；职业高中资助 7836 人，资助金额 762.45 万元；学前教育资助 1360 人，资助金额 48.995 万元。2016 年，为 2716 名普通高中和中职学生发放助学金 543.2 万元；为 5590 名幼儿、普通高中学生、职中学生减免各类费用 1202.949 万元，实现家庭经济困难学生资助全覆盖；争取宁夏燕宝慈善基金会、慈善基金会金秋“圆梦行动”等各类助学金，帮助近 800 名学生圆了大学梦；开辟绿色通道，为 4991 名大学生办理生源地助学贷款 3087.9 万元；实施营养改善计划，争取专项资金 508.368 万元，共惠及 4539 名农村中小学生。

【学生安全教育】 2015 年，举行以“珍爱生命、预防溺水”为主题的 2015 年学生防溺水主题宣传活动，督促家长更好地履行安全监护责任起到积极的推动作用；组织 400 名学生和 160 名教师参加应急救护培训班，参训师生掌握普及型应急救护知识、应急救护知识和方法；印发《网络安全知识手册》7000 册、《安全预防应急知识手册》3600 册，向学生家长发放 5200 份安全宣传彩页和 7750 份安全知识读本。2016 年,加强安全演练,落实安全责任,发布《安全工作信息简报》12 期,预警提示 124 条,健全人防、物防和技防有机结合的防控体系;实施校车安全有效运营与即时监管机制,为广大师生安全往返校园提供更加通畅的绿色通道和平安通道;为全市 41 所学校安装"一键式报警装置",在各学校设立治安室或警务室,确保校园的安全稳定。

【学生素质教育】 2015 年,中卫四中赵强同学发明的"手动、电动组合式家用玉米脱粒机"获得第 30 届全国青少年科技创新大赛科技创新项目初中组一等奖,实现沙坡头区及中卫市在全国青少年科技创新大赛科技创新项目中没有一等奖的突破。开展"道德讲堂"、青少年五好小公民"美丽中国我的中国梦"主题教育系列活动,举行社会主义核心价值观培育和践行活动,开展铁路护路知识竞赛、绘画和征文活动,组织编写社会主义核心价值观读本,发放《美丽中国梦》青少年读本 5 万册,举办"真善美伴我行"主题征文活动,开展"爱祖国、学宪法"手抄报书法作品征集评选活动。举行少先队规范化入队仪式,设立善行义举榜,举行十八岁学生成人礼仪式,开展网上祭英烈活动,组织评选 100 名美德少年、"科普剧" 展演活动。2016 年,深入推进社会主义核心价值观教育,开展"做一个有道德的人""五好小公民"等主题教育和"文明校园"创建活动,加强普法、科普、"三爱"教育,提升德育工作的实效性。建立学生体质健康监测报告机制,坚持开展校园阳光体育活动,参加全区中小学生艺术展演、科普剧展演、普法演讲、经典诵读等活动,获自治区一等奖 16 个,二等奖 34 个,有 550 名学生在全国各类竞赛中获奖,中卫五小在全区第六届学生合唱艺术节展演中获第一名,中卫中学学生在全国"学宪法守宪法"演讲比中获一等奖,市教育局荣获国家及部委表彰 3 项,自治区及厅局级表彰 8 项,市级表彰 17 项,有 6 项工作被自治区教育厅认定为创新性工作。

【高考成果】 2015 年,中卫中学关欣荣、黄子高、万中尚,中卫一中雷亚倩 4 名同学被北京大学录取,中卫中学徐艺绮同学被香港中文大学录取,大批同学被浙江大学、中国科学技术大学、上海交通大学、南京大学等名校录取。2016 年,高考二本以上一次性上线 1790 人,上线率 44.3%,一本(重点)一次性上线 1012 人,上线率 25.03%,600 分以上 49 人,共有 7 名同学被北京大学、清华大学录取,实现名校录取人数的历史性突破。

【中考成果】 2015 年,开始取消招收择校生,普通高中招生全部实行统一录取,沙坡头区普通高中招生均采取"单一志愿,统一划线,分别录取,差额调剂"的录取方式进行,且邀请人大代表、政协委员和家长代表深入中考综合素质测试一线,自觉接受社会各界监督,规范测试程序,确保"公平、公正、公开"。2015 年录取 2858 人,2016 录取 2636人。

【交流活动】 2016 年,中卫一中与教育部中国教师发展基金会、北京师范大学联合举办《传统文化与教育教学》课题全国首届校长研究人员论坛。中卫中学与北京师范大学、宁夏教育厅教研室联合举办《赢在课改中国行》宁夏中卫区域打造高效课堂暨塞上名师工作室教育成果展示研讨会。北师大政府管理研究院院长,北师大区域教育均衡发展研究中心秘书长,以及来自北京、安徽、四川、河南、河北、内蒙古、甘肃、宁夏、新疆 9 省区(直辖市)40 余所学校的 300 多位课改专家、校长和教师参会。(焦志明)

卫 生

【概况】 沙坡头区各级各类医疗卫生机构 208 个。其中:医院 10 个(国有 4 个:三级乙等医院 1 个,三级乙等中医医院 1 个,二级综合医院 2 个;民营医院 6 个);专业公共卫生机构 4 个(卫生监督机构 1 个，疾病预防控制机构 1 个，妇幼保健计划生育服务机构 1 个，中心血站 1 个）；基层医疗卫生机构 193 个（社区卫生服务站 10 个，乡镇卫生院 9 个，村卫生室 137 个，诊所 37 个），社区卫生服务管理中心 1 个。沙坡头区各级医疗卫生机构共设置病床 2105 张，沙坡头区每千人口床位数 5.18 张。2015 年，沙坡头区各级医疗机构完成门诊治疗 250.6 万人次，收治住院病人 5.03 万人次。传染病报告率 100%，报告发病率 490.79/10 万。孕产妇系统管理率 93.44%，住院分娩率 99.81%，高危孕产妇住院分娩率 100%，孕产妇死亡率 36.09/10 万。7 岁以下儿童管理率 96.58%，婴儿死亡率 9.86‰，出生缺陷发生率 73.37/ 万。2016 年，沙坡头区各级医疗机构完成门诊治疗 272 万人次，收治住院病人 5.4 万人次。传染病报告率 100%，报告发病率 447.97/10 万。孕产妇系统管理率、住院分娩率、孕产妇死亡率、婴儿死亡率、出生缺陷发生率分别为 97.05%、99.82%、11.17/10 万、8.49‰、78.1/ 万。

【医疗管理】 2015 年，在市戒毒所设立中卫市戒毒康复中心，在宁夏大学中卫校区、沙坡头旅游区、工业园区设立卫生室，严格控制医药费用不合理增长。二级以上医疗机构 80%临床科室达到优质护理示范病房标准。县级医疗机构建立电子病历管理系统。开展“平安医院”创建活动，二级医疗机构及部分乡镇卫生院参加医疗责任保险。成功调解医疗纠纷 17 起。2016 年，落实区、市政府关于促进社会办医加快发展的政策，为社会办医提供便利，审批个体诊所 10 家、民营医院 4 家。严格医师、护士资格考试，完成医师、护士资格审查工作。

【医改工作】 2015 年，落实创新支付制度及先住院后付费制度。在沙坡头区乡镇以上公立医疗机构全面推广和普及医疗责任保险。区域卫生信息云平台建成并开始运行。沙坡头区人民医院、市第三人民医院及乡镇卫生院安装眼健康管理系统，开展眼底出血、白内障、视功能检查 5665 人次。完成远程会诊 454 例。制定印发《中卫市公立医院改革试点财政经费补助管理暂行办法》。对沙坡头区乡镇卫生院医用耗材、检验试剂统一进行招标。基层医疗机构基本药物使用率及零差率销售均达 100%。2016 年，中卫市被确定为全国第四批城市公立医院综合改革试点城市。市人民医院、中医医院、妇幼保健和计划生育服务中心、第三人民医院及沙坡头区人民医院 5 家城市公立医院取消药品加成，破除以药补医机制。基层医疗卫生机构全面实施国家基本药物制度、先住院、后付费制度和创新支付制度、提高卫生效益改革项目。

【计划生育】 2015 年，沙坡头区卫生计生机构改革及人员、业务、设备、经费优化整合到位，乡镇卫生计生机构服务职能全面融合，各项指标均在自治区下达范围内。2016 年，实施全面两孩政策，实行生育服务登记制度，层层开展计划生育星级乡镇创建活动，创建计划生育五星级、四星级乡镇各 6 个。人口出生率、出生人口政策符合率、出生人口性别比均在自治区要求的指标范围内。开展免费孕前优生健康检查，完成检查任务 100%；落实“三项制度”等奖扶对象奖励资金，项目户政策符合率 100%。

【社区和农村卫生】 2015 年，乡村医生签约服务率达 80.12%。选派 18 名骨干对口支援 6 所乡镇卫生院。实行绩效工资制度，基层医疗机构公共卫生补助经费和乡村医生生活补助及时足额到位。健康宁夏行动以居委会和行政村为单位实现全覆盖。农民健康档案建档率 97%。社区卫生服务站实行归口管理，孕产妇系统管理率、0—6 岁儿童健康管理率分别为 94.43% 和 96.2%。住院分娩率 99.71%。婚前医学检查率 95.02%，新生儿疾病筛查率 93.56%。孕产妇死亡率 35.97/10 万，新生儿死亡率 6.36‰。2016 年，建成沙坡头区宣和镇卫生院门诊楼。有效落实 12 类 52 项基本公共卫生服务项目。全力推进乡村医生职业化，完成离岗乡村医生生活补助审核工作。开展“建设群众满意的基层医疗卫生机构”“基层卫生岗位练兵和技能竞赛”

活动。永康镇中心乡镇卫生院通过国家级“群众满意的乡镇卫生院”验收。累计完成50周岁及以上城乡居民普惠性健康体检,体检覆盖率达93.96%。城乡居民电子健康档案规范化建档率96.26%。高血压患者健康管理率46.43%,糖尿病患者健康管理率30.34%。

【公共卫生】 2015年,有效落实12类52项基本公共卫生服务项目。免疫规划接种率99.69%,传染病报告发病率控制在417.76/10万。实施艾滋病关怀救治工程,完成免费艾滋病咨询检测2397人次,艾滋病病毒感染者/病人随访干预比例达100%。重性精神疾病患者检出发现率累计达到总人口的3.5‰。新发结核病患者治愈率87.1%,涂阳肺结核密切接触者筛查率100%。巩固碘缺乏病成果。包虫病项目任务完成率100%。完成10—12岁儿童麻腮风疫苗强化免疫4.5万名,接种率98%。孕产妇系统管理率、住院分娩率、孕产妇死亡率、婴儿死亡率、出生缺陷发生率分别为94.43%、99.71%、35.99/10万、10.2‰、64.41/万。2016年,严把公共场所卫生许可证办证关口,年内共受理公共场所卫生许可424家,予以卫生许可380家。将388家茶座、酒吧、咖啡厅、饭馆四类公共场所的监督管理职能及时向市场监督管理局进行移交。组织190余家公共场所,先后开展两次创建国家卫生城市公共场所卫生规范、相关法律法规知识的培训,发放培训手册236本。加强日常监督,重点查处无证经营、公共用品用具清洗消毒不合格等违法行为,实施行政处罚25户次,罚款3万余元。按照《宁夏2016年公共场所卫生重点监督检查工作实施方案》要求,开展辖区内游泳场所、住宿场所、沐浴场所、美容美发场所、集中空调通风系统、影剧院游艺厅、歌舞厅、音乐厅的卫生监督检查。

【妇幼卫生】 2015年,全面落实妇幼卫生“七免一救助”政策。免费对农村孕产妇住院分娩补助4900余人,婚前医学检查5000余人,新生儿疾病筛查5000余人,新生儿听力筛查5100余人,补服叶酸6000余人。孕产妇系统管理率93.44%,住院分娩率99.81%,高危孕产妇住院分娩率100%,孕产妇死亡率36.09/10万。7岁以下儿童健康管理率96.58%,婴儿死亡率9.86‰,出生缺陷发生率73.37/万。2016年,全面落实妇幼卫生“七免一救助”政策,免费住院分娩补助14903人,补助率97.48%;免费婚检12493人,婚检率96.81%;免费新生儿先天性疾病筛查15702人,筛查率97.44%;免费新生儿听力筛查15376人,筛查率95.42%;免费增补叶酸20768人,普服率96.47%;乳腺癌筛查13667人,筛查率136.67%;宫颈癌筛查42758人,筛查率100.37%。

【爱国卫生】 2015年,开展2次城市“牛皮癣”清理活动和为期2个月的城市垃圾广告清理等卫生专项整治活动。开展健康宁夏行动和健康素养促进行动,发放健康教育宣传资料1.5万份,创卫知识宣传手册5000份,创建健康步道600米,发放血压计400个、体重秤200个,健康知识抽纸盒1.6万盒。建立健康教育示范单位5个,创建健康促进医院4个。成功创建为自治区卫生城市。2016年,坚持每月一次全民参与“爱国卫生日”活动和城市“牛皮癣”清理工作。启动创建国家卫生城市工作。实施健康中卫行动,建成香山公园健康步道1000米,在市场、公交站台、居民小区等设置健康教育宣传栏228块,完成五馆一中心健康主题公园的设置,制作健康核心宣传牌50个。

【落实国家基本药物制度】 2015年,全面实施国家基本药物制度,基层医疗机构基本药物申购率、使用率、药品配送到位率、履约期内回款率分别为100%、100%、88.82%和100%。二级医疗机构基本药物目录使用率和销售额占总费用分别达98.3%和51%,分别同比上升6.5%和6%。组织开展国家基本药物临床应用指南和处方集培训,举办合理用药培训班30余次,实现基本药物知识培训全覆盖。全年组织督导检查4次,未发现违规行为。2016年,全面落实国家基本药物制度和自治区“三统一”政策，辖区公立医疗机构所有药品全部从宁夏药品集中采购网上采购。二级医疗机构基本药物目录销售金额占医院药品销售总金额的50%以上，自治区卫计委与人力资源和社会保障厅联合下发《宁夏回族自治区基层医疗卫生机构非基本药物目录（2016年版）》，将二、三级目录中150种慢病患者用药下沉到基层医疗卫生机构，方便患者需求。

【卫生监督】 2015年，开展餐饮安全无遗漏即时监管，完成食品安全风险监测任务。卫生监督覆盖率99.39%，卫生监督协管率100%。公共场所量化分级管理率100%。依法开展打击非法行医和非法采供血专项整治活动，共查处取缔流动牙医摊点8处，办理非法行医案件9件。日供水千吨以上饮用水单位监督覆盖率100%。2016年，监督检查公共场所562家，监督覆盖率98.94%，生活饮用水单位14家，监督覆盖率100%，学校89家，监督覆盖率100%，传染病防治204家，监督覆盖率100%，放射诊疗机构12家，监督覆盖率100%，医疗机构203家，监督覆盖率达100%。全面完成自治区卫计委下达的6项卫生计生重点监督检查及3项专项整治工作任务。

【中医工作】 2015年，顺利通过自治区卫生和计划生育委员会、自治区财政厅、自治区人力资源和社会保障厅、自治区发展和改革委员会、自治区食品药品监督管理局联合进行的中医药服务能力提升工程终期评估验收工作，11月份中卫市创建为地市级全国基层中医药工作先进单位。2016年，市中医医院与北京中医药大学东直门医院等区外三甲医院进行帮扶合作，建立“郭维琴名医传承工作站”。实施中医药服务提升工程，在9个乡镇卫生院建设标准化“中医馆”。社区卫生服务中心及100%乡镇卫生院能够提供中医药服务。开展中国“微笑行动”中卫行、“第四届北京中医药专家宁夏行——走进中卫”活动，受益1000人。

（高敏贤　谢淑慧　王立明　蔡怀明　刘月华　田桂萍　谢慧菊）

文化体育和计划生育

文　化

【公共文化阵地建设】 2015年，争取黄河花园社区、华西社区和中山社区文化活动中心补助经费9万元。争取免费开放资金48万元，开展“全民阅读”活动，评选出“书香之家”7个、“书香之乡”1个。为166个农家书屋配备更新价值16.6万元的图书。2016年，完善区、乡（镇）、村（社区）三级公共文化设施网络，打造融文化传播、学习教育、科技普及为一体的乡镇综合文化站6个，打造兴仁镇兴仁村、香山乡红圈村标准化村综合文化服务中心2个，优先发展东园镇吴军、镇罗镇淑红等农民文化大院3个，累计建成村级综合文化服务中心166个、农民文化大院41个；建成农家书屋166个、数字农家书屋132个，乡镇阅览室和农家书屋藏书量约42万余本。争取文化体育专项资金260.78万元。为乡镇文化站配置办公用品、乐器、音响、服装等文化设备；为文化大院和文艺团队配备电视、DVD、乐器、演出服装等活动器材，为村级文化室、社区文化中心配备音响、点歌机等娱乐设备；选派乡镇文化骨干参加区内外培训班，培养百名农村文化骨干力量，培育3支民间文艺团队；承办自治区卫星数字农家书屋整改现场会。

【广场文化】 2015年，组织各乡镇开展健身舞大赛、广场舞大赛等主题活动10余场，“欢乐沙坡头”群众文艺会演反响热烈，参与人数达3000人次。2016年，组织开展“欢乐中卫”群众文艺会演沙坡头区专场，评选出一批贴近实际、贴近生活、贴近群众的优秀作品，组台参加“欢乐中卫”群众文艺会演，并选派优秀参赛队参加“欢乐宁夏”全区群众文艺会演。

【节庆文化】 2015年，组织各乡镇开展社火展演、元宵节社火比赛、迎新春书画展览、庆“三八”趣味运动会等活动。2016年，在常乐、柔远、永康等乡镇开展“迎新春”下基层惠民演出10余场，在中山社区、华西社区等（村居）社区举办春节联欢晚会；组织开展沙坡头区庆祝建党95周年“万人红歌演唱”比赛，选送4支优秀代表队参加中卫市庆祝建党95周年“万人红歌演唱”决赛。

【群众文化】 2015年，组织开展文化惠民下基层演出502场次，参加“欢乐沙坡头”群众文艺会演等文化活动，并荣获全市群众文艺会演优秀组织奖。2016年，组织春节社火展演、元宵舞龙大赛、“三八”健身操大赛、万人唱红歌、徒步行活动20

余场，累计参加人数达5万余人，获全市群众文艺会演优秀组织奖，“欢乐中卫”“红歌大家唱”群众文艺会演优秀组织奖。

【农村数字电影放映】 2015年，开展电影进广场、进社区等放映活动，完成电影放映2000余场次，为20名老放映员发放补贴资金5.7945万元。2016年，沙坡头区建设农村数字电影固定放映点3个；11个镇（乡）放映队全年共放映各类故事片20多部，放映电影3403场，观众累计10余万人次。

【非物质文化遗产保护】 2015年，“沙坡头的传说”等15个项目列入中卫市第二批非物质文化遗产保护项目名录，以市政府公告进行公布。春节、“6·13文化遗产日”期间，举办多形式“非遗”专项展览，展出沙坡头区羊皮筏子等“非遗”代表项目、实物等。2016年，参与完成《中卫市非物质文化遗产名录》的整理编辑和出版工作，配合市文化体育新闻出版广电局开展“文化遗产日”非遗宣传活动。

【文化市场监管】 2015年，开展五一等节假日期间安全生产大检查专项行动。检查辖区内向阳步行街、商城等重点地段，共检查文化经营户230余家，排除安全隐患10起。配合公安部门开展打黑除恶专项行动。开展文化市场“打非治违”和平安文化市场建设专项行动，共检查商家50余家。2016年，配合市文化体育新闻出版广电局开展“两项清单”编制工作，共梳理出文化市场综合行政处罚类134项，行政强制类1项，行政检查类2项；启用文化市场综合执法网络办公系统；配合中卫市文化市场执法大队开展文化市场日常巡查2370家次。（王婧　徐丽娅）

体　育

【基础设施建设】 2015年，为沙坡头区基层文体广场配发32套496件、篮球架26副、乒乓球桌28副。2016年为沙坡头区基层文体广场配发10套88件、篮球架10副、乒乓球桌4副。申报沙坡头区全民健身中心和11人制足球场项目。督导相关乡镇利用11所废弃学校土地建成村级文体广场，建成社区多功能运动场2个，健身步道2公里。

【体育赛事】 2015年，第14届环青海湖国际公路自行车赛（中卫赛段）比赛在沙坡头区举行，来自世界五大洲的22支运动队约1000人参加中卫赛段活动。协助中卫市连续举办“越野e族”中国越野拉力赛和2015“丝绸之路”中国越野拉力赛等汽摩越野比赛。2016年，协助中卫市成功举办第十五届环青海湖国际公路自行车赛中卫赛段个人计时赛的比赛、“沙坡头杯”第三届全国大漠健身运动大赛、“一带一路”国际女子沙滩排球精英赛、西部八省围棋赛等国际、国内知名赛事。其中，大漠健身运动大赛有来自全国25个代表团980名运动员参加，运动员为历届之最，本届大赛对于深入开发和推进全民健身新项目、拓展沙漠体育新领域、深化全民健身新内涵、提升沙坡头区和沙坡头旅游景区的影响力和美誉度具有十分重要的意义，被国家体育总局社体中心评为全国地方品牌优秀赛事（全国仅有2个）。

【广场健身】 2015年，以村级文体广场为基点，发动各乡镇体育爱好者，创建以健身舞、太极拳、健身气功等为主的晨晚练点，带动基层自发性体育运动。2016年，宣传《全民健身条例》，提高基层健身质量，与自治区、市级部门对接，联系各乡镇，壮大社会体育指导员队伍，累计培养三级社会体育指导员85名。

【群众体育】 2015年，开展“百乡千村”农民体育活动月。组织社火展演、舞龙大赛、农民体育运动会、农民篮球赛、广场舞大赛。动员沙坡头区行政、企业、事业单位职工及其家属积极参与到健身活动中，组织沙坡头区干部职工及其家属和群众参加中卫市第八届职工户外登山活动，举行2015年第六届“中国宁夏沙坡头大漠黄河国际旅游节”万人腾格里湖湿地徒步行的活动。2016年,组织各乡镇文体中心开展内容丰富、形式多样的群众健身活动,组织社火展演、舞龙大赛、农民体育运动会、职工篮球赛、职工运动会等喜闻乐见的群众性体育活动。协助中卫市文化体育新闻出版广电局完成第十五届“环青海湖”国际公路自行车赛宁夏中卫赛段,“沙坡头杯”第三届“全国大妈健身大赛”和“一带一路”国际女子沙滩排球精英赛等几次大型体育赛事。(丁艳林　黄占帅)

计划生育

【概况】 2015年,沙坡头区常住总人口为40.3万人,当年出生4654人,出生率为11.55‰;死亡2184人,死亡率为5.42‰,人口自然增长率为6.13‰。落实“少生快富”项目工程89户,占目标任务的178%,完成免费孕前优生健康检查2858对,占目标任务的124.26%。2016年,沙坡头区常住总人口为40.6万人,当年出生4916人,出生率为12.11‰;死亡2123人,死亡率为5.23‰,人口自然增长率为6.89‰。落实“少生快富”项目工程36户,占目标任务的120%;完成免费孕前优生健康检查3115对,占目标任务的100.48%。

【流动人口服务管理】 2015年,沙坡头区全面推进流动人口网格化管理,跨乡镇居住的人口一并登记录入、审核反馈、信息共享,网格化管理信息入库率达96%。完成全国流动人口动态监测和异地信息协查反馈工作,流动人口网上信息办理及时率达到95%,开展流动人口“三查”服务6036人次。2016年,开展流动人口免费服务7场次,查体查病2900人次,免费服务覆盖率88.63%。

【技术服务】 2015年,实施各类节育手术5027例,建立免费药具发放点59个,调拨避孕药具74.8万份;已婚育龄妇女术后随访率96.7%,避孕节育措施落实率、及时率分别为91.32%、87.33%,避孕药具免费获得率达到100%。2016年,加强与市妇幼保健计划生育服务中心的联系协作,将避孕方法知情选择、出生缺陷干预、生殖健康和孕前优生健康检查作为民生工程推进落实。发放避孕套5.2万余盒,开展“三查”服务54场(次)、查体查病5509人、接受群众咨询2万余人,现场答疑5000余条,已婚育龄妇女术后随访率98.3%,综合节育率为87.26%。开展流动人口集中免费服务7场次,服务群众2900人次。

【宣传教育】 2015年,在9镇28村文体广场和村庄巷道打造“计生国策长廊”356个(幅)2364平方米。以“婚育新风进万家”和“关爱女孩”活动为主线,利用“三八”妇女节、“5·29”计生协会日、“7·11”世界人口日等节日活动。开展以书画展览、现场义诊、培训辅导为内容的宣传服务活动,累计发放便民服务、生殖健康等各类宣传材料10万余份,群众对计划生育惠民政策知晓率达92.37%。2016年,实行全员宣传,组织集中宣传70场次、微信平台发布计生信息363条、悬挂横幅153余条,举办培训班117场次,发放宣传资料9.7万余份、宣传品2.7万余份。打造户外宣传阵地,制作大型电子屏12个102.2平方米,墙体喷绘55幅488.88平方米,不锈钢宣传栏182幅403.08平方米,共计994.16平方米,解读两孩政策、惠民政策、优生优育、孕前优生健康检查、性别比知识及“九免一救助”等卫生、计划生育政策。

【人口信息化管理】 2015年,沙坡头区常住人口综合完整率达到99.79%,单变量、户单变量综合完整率分别为99.3%和99.22%,出生、死亡更新及时率分别为94.67%和98.49%。2016年,沙坡头区常住人口综合完整率为99.81%,单变量和户单变量综合完整率分别为99.4%和99.07%,出生更新及时率和死亡更新及时率分别为95.56%和99.7%。全员流动人口、证件录入及“三项制度”等业务稳步推进。

【利益导向机制】 2015年,沙坡头区落实“少生快富”项目 89 户 178 万元；落实部分农村计划生育家庭奖励扶助 198 人 23.76 万元；落实独生子女伤残死亡家庭特别对象 32 人 10.368 万元；落实计生养老缴费补贴 7903 人 153.7717 万元；落实计生家庭独生子女、少生快富保险业务 4115 户 15.551 万元；落实计生养老补贴 147 人 10.461 万元；落实少生快富提前奖扶 3818 人 453.98 万元；落实独生子女保健费 4995 人 265.8825 万元；落实免费孕前优生健康检查 2858 对 68.5920 万元。2016 年，沙坡头区落实“少生快富”项目 36 户 73 万元；落实“少生快富”特殊困难家庭 1 户 0.45 万元；落实少生快富提前奖扶 3597 人 431.92 万元；落实独生子女保健费 5058 人 260.6 万元；落实部分农村计划生育家庭奖励扶助 211 人 25.32 万元；落实独生子女伤残死亡家庭特别扶助对象 51 人 45.12 万元；独生子女伤残死亡家庭特别扶助对象扩面 47 人 37.44 万元，计划生育手术并发症 1 人 0.12 万元；落实计生养老缴费补贴 7714 人 162.6942 万元；落实计生养老补贴 178 人 12.33 万元；落实计生家庭独生子女、少生快富保险业务 4580 人 16.955 万元。

（艾玉洁　唐菲菲）

民生保障与扶贫开发

民生保障

【概况】 2015年，企业城镇职工基本养老保险参保人数达到84995人，享受待遇30169人；城乡居民社会养老保险参保人数128997人，享受待遇20353人。参加失业保险34105人，缴费2951万元，城镇职工基本医疗保险参保45552人，城乡居民基本医疗保险参保321795人。工伤保险参保43959人，离休人员医疗保障88人。发放医疗救助金1543.39万元，发放基本生活保障金及生活补贴8193.41万元。建成迎水桥镇码头村、文昌镇五里村、柔远镇雍湖村3个农村老饭桌。2016年，企业城镇职工基本养老保险参保人数达到89438人，享受待遇32314人；城乡居民社会养老保险参保人数129600人，享受待遇19666人。参加失业保险35107人，缴费2493万元，城镇职工基本医疗保险参保45664人。城乡居民基本医疗保险参保327892人。工伤保险参保45285人，离休人员医疗保障共计76人。发放医疗救助金1513.26万元，累计为322066名保障对象发放基本生活保障金及生活补贴8840.52万元。建成滨河镇中山社区、沙桥社区2个社区日间照料中心，永康镇徐庄村、宣和镇羚羊村2个互助养老院，东园镇美利村、宣和镇福兴村等15个农村幸福院。文昌镇黄湾村被推荐为自治区做实村民代表会议制度工作先进典型村。

【城镇居民】 2015年，沙坡头区城镇居民可支配收入22702.7元，同比增长8.5%；消费支出16834.9元，同比增长8.1%。2016年，可支配收入24338.8元，同比增长7.2%；消费支出18793.6元，同比增长11.6%。

【农村居民】 2015年，沙坡头区农村居民可支配收入9669.2元，同比增长7.8%；消费支出8996.6元，同比增长7.3%。2016年，可支配收入10375.3元，同比增长7.3%；消费支出9920.5元，同比增长10.3%。

【基层建设】 2015年，建设城市社区服务站1个、农村社区服务站2个，新增并调整槐树北巷、东花园及福润苑等3个社区，配备优秀社区干部24名。完成第九届城市社区居委会换届选举工作，15个社区全部实现居委会主任、支部书记“一肩挑”。指导各乡镇、村修订完善《村民自治章程》《村规民约》《村民议事规则》等村级民主管理制度，对村代会全过程进行全面监督，培育滨河镇官桥村、文昌镇黄湾村2个先进典型，发挥示范引领作用，促进村代会制度的有效落实。2016年，完成3个农村社区服务站（永康镇乐台村、镇罗镇镇罗村和柔远镇沙渠村)项目建设。指导各乡镇、村严格按照“五步工作法”对村代会全过程规范议事,文昌镇黄湾村被推荐为自治区做实村民代表会议制度工作先进典型村,考核评选出沙坡头区三星级和谐社区3个、四星级和谐社区9个、五星级和谐社区2个。

【优抚安置】 2015年,落实各项优抚政策,为1210名优抚对象发放各类优待抚恤费567.9万元,为654名重点优抚对象落实门诊医疗补助资金68.98万元;现役军人家属优待金及时足额兑现,共为236名义务兵发放现役军人家属优待金192.15万元。落实退伍士兵安置政策,共接收退役士兵120人,发放自主就业退役士兵自主就业一次性经济补助480万元。组织退伍士兵就业培训,对99名退伍士兵进行驾驶员技能培训,组织80余名退伍士兵参加自治区民政厅举办的退伍士兵招聘会。2016年,认真落实各项优抚政策,为1259名优抚对象发放各类优待抚恤费668.7404万元,为875名重点优抚对象落实门诊医疗补助资金88.12万元。现役军人家属优待金及时足额兑现,共为261名义务兵发放现役军人家属优待金223.07万元,标准逐步提高。落实退伍士兵安置政策,接收退役士兵108人,发放自主就业退役士兵自主就业一次性经济补助438.18万元。组织退伍士兵就业培训,对89名退伍士兵进行职业技能培训,组织61名退伍士兵参加自治区民政厅举办的退伍士兵招聘会。

【双拥工作】 2015年,广泛开展军民服务活动。结合“平安城市”创建活动,积极与武警部队联合开展社区、街道社会治安和执勤巡逻活动;协调沙坡头区各旅游景点、医院、银行等单位设立军人优先优惠窗口;组织社区、企业开展送表演、送书画、送慰问进军营等“双拥文化进军营”活动。加强军地共建,建成滨河镇中山社区、莫楼清真寺2个军民共建示范点。2016年,协调沙坡头区各旅游景点、医院、银行等单位设立军人优先优惠窗口,张贴“军人优先”标志牌,营造拥军爱军的良好氛围。加强国防教育,通过设立宣传牌、短信、广播、电视、宣传车、标语及开展“军事日”“国防形势报告会”等方式,向广大人民群众进行国防教育,增强群众的国防观念。开展“八一”慰问活动,走访慰问沙坡头区中卫军分区、工兵团、武警支队、消防支队、消防大队、雷达连、沙坡头区武装部等驻卫部队官兵和困难重点优抚对象,发动沙坡头区义工联合会等社会组织,广泛开展拥军活动。

【救灾救济】 2015年,划拨救灾资金923.69万元,临时救助资金362万元。创建国家级防灾减灾示范社区2个(滨河镇光明社区、迎水桥镇杨渠社区)。开展防灾减灾演练及防灾减灾政策宣传活动,发放救灾宣传资料书籍等1000余份。积极与气象、农牧、防汛办等部门联系沟通,密切跟踪天气变化和灾情发展趋势,及时做好灾情的初报、核报工作。共上报灾情5起,编写灾情信息17期。2016年,划拨救灾资金394万元,临时救助资金620万元。组建沙坡头区防震减灾专项应急救援队伍,为各乡镇灾害信息员配发“灾情直报型北斗减灾信息终端设备”106个。利用国家自然灾害管理系统及时上报旱灾、洪涝灾害等灾情6次,编发灾情信息18期,灾情报送做到及时、准确。发布预警预报信息26起。加大防灾减灾宣传力度,协调开展“5·12”防灾减灾宣传日应急演练和疏散活动,发放救灾宣传资料书籍500余份。

【医疗救助】 2015年,共救助56173人次,发放救助金1543.39万元。2016年,共救助33536人次,发放救助金1513.26万元。

【社会救助】 2015年,按时发放城乡低保、五保、高龄、重度残疾人、孤儿等各类社会救助资金,共审批新增各类保障对象2437人,核退保障对象2736人,累计发放基本生活保障金及生活补贴8193.41万元。成立沙坡头区社会救助家庭经济状况核对中心,完善核对机制,开展对社会救助对象的车辆、养老保险、住房及工商企业等家庭经济状况核对工作,促进社会救助政策公平实施。城乡低保人均补助水平分别提高64元、40元。2016年,共审批新增各类保障对象2281人，核退保障对象2049人，累计发放基本生活保障金及生活补贴8840.52万元。提高城乡低保保障标准，城乡低保人均补助水平分别提高32元、39元。符合条件的962名“建档立卡户”纳入保障范围。开展宁夏民政综合服务管理平台系统一期项目试点工作，应用经验在全区推广，城乡低保、高龄等社会救助实现网上申请、审核审批办理，开创互联互通、便捷高效、精准科学的工作新格局。

【社会福利】 2015年，实施困难群体关爱项目，落实“残疾孤儿手术康复明天计划”、贫困家庭先天性心脏病患儿手术以及“福康工程”项目，为沙坡头区5名18周岁以下先天性心脏病患儿、1名孤儿手术适应症，2名40周岁以下肢体矫治患者进行免费手术治疗。2016年，实施“福康工程”，为12名18周岁以下先天性心脏病患儿、11名贫困肢体矫治者免费进行手术。指导公益慈善类社会组织开展留守儿童关爱试点工作，为贫困学生、贫困移民发放布鞋2万双，为中卫六小学生发放“减防灾小书包”1200个。

【婚姻登记】 2015年，办理结婚登记4351对，离婚登记904对，收养登记17个。补发结婚证书2425对，补办离婚证书64个，登记合格率达100%。2016年，办理结婚登记4964对，补办结婚证2621对，办理离婚登记1045对，补办离婚证67个。推进婚姻登记信息全国联网工作，整理补录2005—2012年历史婚姻数据25447条。

【特困供养】 2015年，贯彻落实《社会救助暂行办法》，全年审批新增特困供养人员20人，核查清退不符合条件的特困供养人员20人，累计为3220名特困供养人员发放供养金230.94万元，保障特困供养人员的基本生活。2016年，全年审批新增特困供养人员23人，核查清退不符合条件的特困供养人员26人，累计为4822名特困供养人员发放供养金231.89万元。

【殡葬管理】 2015年，沙坡头区共死亡1493人，公墓安葬(火化)1178人，安葬率78.9%，对48名符合条件的困难群众火葬实施救助，发放救助金11.52万元。强化文明祭祀宣传，对各殡葬服务单位进行安全生产检查，共接待祭祀车辆4912台次，祭祀人员17017人次。2016年，沙坡头区共死亡1592人，公墓安葬(火化)1262人，安葬率79.27%。推动殡葬管理改革，落实殡葬惠民政策，对56名符合条件的困难群众火葬实施救助，发放救助金13.44万元。全面完成工业园区云基地光伏项目(续)、“吴忠至中卫城际铁路”等项目272座坟墓迁移工作，发放迁坟补助资金35.8万元。

【老龄事业】 2015年，建成迎水镇码头村、文昌镇五里村、柔远镇雍湖村3个农村老饭桌。组织老年人普查活动，顺利完成沙坡头区辖11个镇(乡)、165个村委会、12个社区居委会、总人口40.6万人的城乡60岁以上老年人状况普查统计。开展“第四次中国城乡老年人生活状况抽样调查”活动，完成永康、东园、文昌、滨河4个样本镇16个样本村(居)委会的480份有效问卷。协调交通运输公司免费制作宣传老年人享受公共服务公交站牌162个，免费发放老年优待证2130本，接待老年人咨询、信访86人。2016年，建成滨河镇中山社区、沙桥社区日间照料中心2个；永康镇徐庄村、宣和镇羚羊村互助养老院2个；东园镇美利村、宣和镇福兴村等农村幸福院15个。建成社区微型消防站12个，为14个社会福利机构安装智能烟感器。推进政府购买为老服务项目建设，为沙坡头区失能失智老年人发放价值157万元的智能手环2666个，投入47万元为辖区内482户困难老年人安装可视频通话装置，为辖区10475名城乡低保、农村五保供养对象及重点优抚对象的老年人购买意外伤害综合保险。提高城乡低保、高龄老人保障标准，补发城乡低保和城乡高龄提标资金共计392.98万元，惠及城乡低保21975户、城乡高龄老人1896户。

【劳动就业】 2015年，沙坡头区培养小老板421个，培育小企业178个，创造新岗位1500个，创业能力培训 1020 人。农村劳动力转移就业 37112 人，实现工资收入 3.77 亿元。城镇新增就业 4848 人，安置公益性岗位 165 个。城镇登记失业率 3.71%。新签订农民工劳动合同 1514 人，农民工劳动合同签订率达到 96.7%；受理拖欠农民工工资案件 178 件，农民工工资清欠率达到 97.2%；立案处理劳动人事争议仲裁案件 158 件，受理劳动人事争议案件结案率达 100%。2016 年，共培养小老板 430 个，培育小企业 180 个，创造新岗位 1241 个，创业能力培训 1045 人。农村劳动力转移就业 41236 人，实现工资收入 4.1 亿元。城镇新增就业 3887 人，安置公益性岗位 315 个。城镇登记失业率 3.87%。新办理劳动合同签订备案 11620 份，其中：规模以上企业劳动合同签订 7231 份，签订率达到 97.2%；农民工劳动合同签订 4180 份，签订率达到 97.4%。受理拖欠农民工工资案件 242 件，农民工工资清欠率达到 97.4%；立案处理劳动人事争议仲裁案件 173 件，受理劳动人事争议案件结案率达 100%。

【社会保险】 2015 年，企业城镇职工基本养老保险参保人数达到 84995 人，享受待遇 30169 人。城乡居民社会养老保险参保人数 128997 人，享受待遇 20353 人。参加失业保险 34105 人，缴费达到 2951 万元。2016 年，企业城镇职工基本养老保险参保人数达到 89438 人，享受待遇 32314 人。城乡居民社会养老保险参保人数 129600 人，享受待遇 19666 人。参加失业保险 35107 人，缴费达到 2493 万元。

【医疗保险】 2015 年，城镇职工基本医疗保险参保 45552 人，城乡居民基本医疗保险参保 321795 人，工伤保险参保 43959 人，离休人员医疗保障 88 人。2016 年，城镇职工基本医疗保险参保 45664 人，城乡居民基本医疗保险参保 327892 人，工伤保险参保 45285 人，参加离休人员医疗保障共计 76 人，其中，参加解放战争 55 人，抗日战争 4 人，新中国成立前参加工作 16 个，伤残军人 1 人。

【住房公积金管理】 2015 年，沙坡头区建立住房公积金制度的职工 2.39 万人；当年归集住房公积金 2.3 亿元，累计归集 12.88 亿元，期末归集余额 6.36 亿元。为 5455 名缴存职工提取住房公积金 1.69 亿元，累计为 31307 名缴存职工提取住房公积金 6.52 亿元；发放住房公积金贷款 2.64 亿元，贷款总额达 11.92 亿元，贷款余额 5.71 亿元；年末住房公积金个人贷款率达 89.86%；贷款逾期率控制在 0.08‰以内。2016 年，沙坡头区建立住房公积金制度的职工 2.51 万人；当年归集住房公积金 2.57 亿元，累计归集 15.45 亿元，期末归集余额 7.14 亿元。为 5354 名缴存职工提取住房公积金 1.78 亿元，累计为 36661 名缴存职工提取住房公积金 8.3 亿元；发放住房公积金贷款 3.55 亿元，贷款总额达 15.47 亿元，贷款余额 8.08 亿元；年末住房公积金个人贷款率达 113.08%；贷款逾期率控制在 0.03‰以内。（张洋）

扶贫开发

【概况】 2015 年，863 户 2993 名建档立卡贫困人口实现脱贫，兴仁镇兴盛、川裕村，香山乡米粮川村 3 个重点贫困村如期实现整村脱贫销号。2016 年，1397 户 5188 名建档立卡贫困人口实现脱贫，兴仁镇团结、泰和 2 个重点贫困村如期实现整村脱贫销号。沙坡头区在全区 13 个非贫困县（区）脱贫攻坚目标管理考核中获二等奖，沙坡头区扶贫办荣获自治区扶贫办“精准脱贫技能培训先进单位”荣誉。

【精准扶贫】 2015 年，整合各类项目资金 1732.76 万元，实施兴仁镇兴盛、川裕村，香山乡米粮川村 3 个重点贫困村整村推进脱贫销号项目，新打机井 7 眼，砌护渠道 24.5 公里，铺设输水管道 40.1 公里，平田整地 4454 亩，新压砂地 740 亩，扶持群众种植硒砂瓜 2200 亩，栽植枸杞 1030 亩。通过项目带动，产业扶持等举措，863 户 2993 名建档立卡贫困人口实现脱贫，3 个重点贫困村如期实现整村脱贫销号。为建档立卡贫困家庭中、高职学生发放“雨露计划”教育培训补助资金 165 人，24.75 万元。整合 447 万元“双到”（扶贫到户、责任到人）资金，扶持 2235 户“有发展能力和发展愿望”的贫困农户发展特色种植业和养殖业，着力培育壮大优势主导产业。探索扶贫资金与金融资金捆绑放大的机制，破解贫困地区发展瓶颈。沙坡头区 51 个贫困村村级互助发展资金项目总计到位资金 2822 万元；以互助资金项目为平台，实施“千村信贷·互助资金”项目，相关金融部门为互助资金使用农户发放捆绑贷款 1560 万元，破解群众“贷款难、融资难、发展难”的难题。协调安排 20 个区属、市直单位（企业）定点帮扶 5 个重点贫困村，共计投入帮扶资金 85.46 万元，协调项目资金 2086 万元，促进贫困村基层党建、基础设施、特色产业的发展。指导 34 名从自治区和中卫市抽调的机关干部，35 名从区、镇（乡）抽调的干部到 33 个重点贫困村、难点村开展驻村帮扶，帮助建立健全村级组织、制订和落实产业发展规划、加强社会事务管理，指导移民生产、帮助解决困难。引进中广核太阳能有限公司，投资 1.4 亿元在常乐镇康乐移民区建设光伏产业项目基地，大力发展光伏扶贫产业，解决贫困村产业发展难题，拓宽移民群众增收渠道。中广核太阳能有限公司已将 1000 万元项目建设资金转入沙坡头区财政局指定账户，成立中广核中卫农业开发有限公司。2016 年，坚持“有土”扶贫和“离土”扶贫相结合，通过大力推进特色种植、养殖示范、劳务转移、政策扶持、金融信贷、光伏扶贫和易地扶贫搬迁“七大精准扶贫工程”，辖区 1397 户 5188 名建档立卡贫困人口率先脱贫；兴仁镇团结、泰和 2 个重点贫困村如期实现整村脱贫销号。成立由区委书记任组长的脱贫攻坚工作领导小组，在县（区）层面建立起“主管单位牵头、相关部门配合、全区上下齐抓共管”的脱贫攻坚联动机制。区人大、政协就脱贫攻坚工作组织开展专题视察、调研，区委、政府主要领导带头包抓脱贫销号村，区“四套班子”25 名处级领导定期赴包保重点贫困村解决实际问题，分管领导盯住解决生态移民村制约发展难题。整合各类项目资金 1460.6 万元，通过项目支撑、产业带动，全力推进 2 个重点贫困村脱贫销号。团结村投入 1074.1 万元，对 2210 亩土地进行“坡改梯”治理，建成占地 1.4 万平方米的文化活动广场、建设村级电商服务站 1 个、改造 110 座养殖暖棚、砌筑园区围墙 2.8 公里；开展实用技术培训 600 余人次，对 333 名中高职学生给予“雨露计划”就学资助，对 197 户群众发放互助资金 105 万元，为 237 户贫困群众发放产业扶贫贷款 500 余万元，221 户 981 名建档立卡贫困人口如期脱贫。建立产业发展担保基金 1200 万元，按 1:10 比例撬动金融机构放贷，对建档立卡贫困户及生态移民户 5 万元额度内贷款全额贴息 1 年，共发放产业扶贫贷款 1880 笔 7823 万元。沙坡头区 50 个互助社运行互助资金 3332 万元。整合财政扶持资金 130 万元，为 3954 户建档立卡户购买“家庭意外伤害和大病补充医疗保险”，为办理贷款的贫困户主购买“借款人意外伤害保险”，为 4975 只（头）基础母羊、母牛购买“优势特色产业保险”。对建档立卡贫困户家庭中、高职学生发放“雨露计划”教育培训补助资金 288 人 21.56 万元；完成建档立卡贫困户及生态移民户驾驶员 B 证、C 证资格补助 328 人 81.6 万元。整合 646.6 万元“双到”资金，采取差别化扶持政策，对“有发展能力和发展愿望”的贫困人口落实产业扶贫贷款贴息、购买四种“脱贫保”产品、补助种植庭院拱棚及扶持从事特色种养业农户，着力培育壮大优势主导产业。将符合条件的 1871 户 2288 人建档立卡户纳入社会保障范围，实现农村低保标准和扶贫标准“两线合一”，做到应保尽保。结合沙坡头区土地资源和承载能力，选择地力条件好、就业转移近、基础配套好的东园镇金沙村、东园林场作为“十三五”336 户 1432 人易地扶贫搬迁安置点。安排 1454 名干部与 3954 户建档立卡贫困户结成帮扶对子，设立56名驻村联络员，全力帮助建档立卡贫困户脱贫致富。协调安排101个区属、市直单位(企业)定点帮扶64个贫困村，共计投入帮扶资金285.97万元，协调项目资金1.08亿元。制定《沙坡头区驻村干部管理制度》，指导34名从自治区和中卫市抽调的机关干部，35名区、镇(乡)干部到33个重点贫困村、难点村开展驻村帮扶，帮助贫困村和移民村建立健全村级组织、制订和落实产业发展规划、加强社会事务管理，指导移民生产、帮助解决困难。

【生态移民】 2015年，沙坡头区新建生态移民住房106套，搬迁安置移民106户465人。全面整改落实制约生态移民区生产发展的突出问题，通过改善移民区生产生活、基础设施条件，改良土壤条件，解决土地沙化问题，破解制约移民区生产发展的瓶颈问题，为移民群众增收致富奠定良好的生产基础。投资2324万元实施兴仁镇高庄王团、香山乡米粮川移民区土地综合治理项目，兴仁移民区完成土地平整4454亩，铺设田间供水管道30.1公里，砌护渠道15.8公里，打机井7眼，压砂380亩全部种植硒砂瓜，栽植枸杞1030亩；香山乡米粮川移民区新增压砂地480亩，完成改良实验示范盐碱地50亩，村庄及园区铺设排水管道6.8公里，新建阀井51座、雨水井101座。投资3500万元实施敬农生态移民区生沙荒地改造工程，共完成平田整地5200亩，砌护支斗农渠75.12公里，配套建筑物539座，组织农户种植糜子和谷类作物1600亩。争取资金1993万元，实施康乐、敬农移民区村庄及室内外排水工程，敷设各类排水管道128公里，配套各类排水建筑物5377座。2016年，投资448万元对兴仁镇团结村2210亩土地进行“坡改梯”治理，培育以枸杞、硒砂瓜种植和牛羊养殖互补的主导产业；采取企业化运作模式，将宣和镇兴海村3185亩土地全部流转给中乾农业科技有限公司，用于种植矮化、乔化苹果，敬农移民区经果林产业迈出实质性步伐；政府出资100万元，在香山乡米粮川村新发展压砂地500亩用于种植枸杞，新建3000亩硒砂瓜示范基地，110户移民群众硒砂瓜收入320万元，农户硒砂瓜最少收入达到2.6万元。投资320余万元，实施宣和镇海和村养殖园区扩能改造工程。借助金融扶贫政策的有力支撑，引进夏华集团按照“企业＋农户”托管代养的形式，发展肉牛、肉羊养殖产业。引进中卫市和旺畜牧业公司与兴仁镇泰和村养殖户建立肉牛养殖互助联盟，政府出资为扶贫龙头企业定向担保贷款，企业为养殖户定向赊牛养殖，通过“大户带头示范、散户联户入园、企业统管统销”的办法，解决企业养殖成本高、大户养殖融资难、散户养殖规模小等突出问题，直接带动泰和村新增肉牛800头、肉羊3000只。

【技能培训】 2015年，按照市场需求和贫困群众意愿因地因人制宜，对有转移就业创业愿望的建档立卡贫困群众和生态移民，开展多层次、多形式、宽领域的农村实用技术和就业技能培训，编制印刷养羊、养牛、青贮实用技术手册2000余份，实用技术培训3000人次，驾驶员、厨师、焊工等技能培训1050人次。在香山乡米粮川村探索以奖代补培训模式，对学习并取得汽车驾驶技能B照的移民每人给予4000元补助，把“要我学”转变为“我要学”，共培训补助驾驶员33人，该村年内新增重型汽车5辆，重型车发展到20辆，群众发展长途运输产业的积极性明显提高。2016年，紧紧围绕市场需求和贫困群众意愿因地因人制宜，对有转移就业创业愿望的建档立卡贫困群众和生态移民，开展多层次、多形式、宽领域的精准脱贫职业技能培训和实用技术培训班52期4436人次，依托工业园区平台，有组织输出劳力3700人，依托硒砂瓜、枸杞、供港蔬菜基地，就地消纳季节性劳力15000余人次。

【扶贫宣传】 2015年，聘请中卫市歌舞团编排群众喜闻乐见的法律、科普、扶贫政策宣传等方面的文艺节目，赴沙坡头区11个生态移民村演出6场次，观演移民群众2200人次；制作、印发扶贫政策、生态移民政策宣传册 1 万份，发放到沙坡头区 11 个移民新村，普及贫困群众对法律法规和扶贫、生态移民政策的知晓率；以“关注贫困问题、关爱贫困人口、关心扶贫工作、帮助贫困人口脱贫致富”为主题，在 10 月 17 日全国扶贫日期间利用报纸、短信、易信等宣传媒介宣传扶贫开发相关政策，共发送短信 2 万余条、易信 1 万余条，全力营造扶贫济困人人皆可为、人人皆能为的帮扶氛围。2016 年，召开机关干部联系帮扶建档立卡贫困户工作培训会，对 420 名包保干部进行扶贫政策、帮扶重点、包保责任专题辅导培训；聘请中卫市歌舞团精心编排群众喜闻乐见的脱贫攻坚文艺节目，深入 9 个乡镇的 30 个贫困村开展“扶智脱贫文艺巡回演出”33 场次；制作、印发扶贫惠民政策宣传册 3 万余份，发放到沙坡头区 64 个贫困村（28 个重点贫困村），普及建档立卡贫困群众对法律法规和精准扶贫、生态移民政策的知晓率；以“脱贫攻坚 同步小康”为主题，在 10 月 17 日全国扶贫日期间通过报纸、短信、宣传彩页等形式宣传扶贫开发相关政策，共发送短信 1.5 万条，发放彩页 1 万余份，全力营造全社会广泛参与扶贫开发的良好氛围。（赵嘉鑫）

人 物

政界领导

王学军 1968年1月生，宁夏中宁人。1990年9月参加工作，1992年7月加入中国共产党。宁夏党校政治学专业毕业，宁夏党校研究生学历，助理畜牧师。历任中宁县副县长，海原县委常委、纪委书记、副县长（正处级），海原县委副书记、海原新区管委会主任，中卫市文化体育广播电视局局长、党委书记，中卫市发展和改革委员会主任、党组书记等职务。2014年11月至2016年6月，任中卫市沙坡头区党工委书记、管委会主任、人武部党委第一书记。2016年6月，任中卫市沙坡头区委书记、人武部党委第一书记。2016年12月，任中卫市副市长、沙坡头区委书记、人武部党委第一书记。

焦清春 1963年4月生，宁夏中卫人。1983年7月参加工作，1988年6月加入中国共产党，中央广播电视大学法学专业毕业。1980年8月至1983年7月在固原农机学校农机管理专业学习；1983年7月

至1985年8月在中卫县景庄乡工作，兼任政府文书；1985年8月至1987年8月在宁夏广播电视大学党政管理专业学习；1987年8月至1991年10月在中卫县西台乡工作，任党委秘书；1991年10月至1993年12月在中卫县人民政府迎水桥办事处担任秘书兼会计；1993年12月至1996年12月在中卫县城关镇工作，任党委秘书；1996年12月至2000年7月在中卫县委组织部工作；2000年7月至2002年8月担任中卫县委组织部副科级组织员；2002年8月至2004年2月担任中卫县委组织部副部长；2004年2月至2007年10月，历任中卫市委组织部组织科负责人、中卫市委组织部组织一科科长（2004年2月至2006年7月在中央广播电视大学法学专业学习）；2007年10月至2007年11月担任中卫市文昌镇党委书记、镇长，市委组织部组织一科科长；2007年11月至2008年1月担任中卫市城区工委副书记，文昌镇党委书记、镇长，市委组织部组织一科科长；2008年1月至2009年5月担任中卫市城区工委副书记，文昌镇党委书记、镇长；2009年5月至2009年12月担任中卫市委组织部副部长、人才工

作领导小组办公室主任；2009年12月至2011年3月担任中卫市委组织部副部长、市人才工作领导小组办公室主任（正处级）；2011年3月至2016年2月担任中卫市委组织部副部长（正处级）；2016年2月至2016年7月提名为沙坡头区人大常委会筹备领导小组组长，主任候选人；2016年7月，任中卫市沙坡头区人大常委会主任。

童　刚　1972年1月生，宁夏惠农人。1995年7月参加工作，2001年5月加入中国共产党，天津商学院食品工程专业（本科）毕业，中央党校在职研究生学历。历任石嘴山市平罗县政府副县长，石嘴山市大武口区委常委、宣传部部长，石嘴山市委宣传部副部长（正处级）、常务副部长，石嘴山市商务局党组书记、局长，石嘴山市平罗县委副书记、政法委书记、社会工作部部长，石嘴山市财政局党组书记、局长。2016年1月至2016年6月任中卫市沙坡头区党工委副书记、政府筹备领导小组组长。2016年6月至2016年7月任中卫市沙坡头区委副书记、政府筹备领导小组组长、区长候选人。2016年7月任中卫市沙坡头区委副书记、区长。

刘希宁　1961年5月生，宁夏中卫人。1977年3月参加工作，1986年6月加入中国共产党，中央党校经济管理专业毕业，大学本科学历。1977年3月至1980年8月，担任原中卫县红泉中学教师；1980年8月至1982年7月，在吴忠师范学校学习；1982年7月至2004年2月，历任原中卫县红泉中学教师、教导主任，红泉乡党委秘书、组织干事，红泉乡党委副书记、副乡长，西台乡党委副书记，景庄乡党委副书记、乡长，镇罗镇党委副书记（正科级）；2004年2月至2016年7月，历任中卫市镇罗镇党委副书记（正科级），柔远镇党委书记，中卫市城区工委副书记、柔远镇党委书记、镇长，海原县副县长，海原县委常委、常务副县长，中卫市民政局党组书记、局长、社会组织党工委书记，中卫市纪律检查委员会副书记，中卫市沙坡头区政协筹备领导小组组长；2016年7月，任中卫市沙坡头区政协党组书记、主席。

景兆珍　1969年2月生，宁夏中卫人。1989年7月参加工作，1995年2月加入中国共产党，宁夏农业学校园林专业毕业，中央党校大学学历。历任原中卫县镇罗镇林业站站长，中卫市镇罗镇党政办公室主任，中卫市镇罗镇党委委员、副镇长、党委副书记、党委书记、镇长。2010年1月至2012年5月任中卫市城区工委副书记、镇罗镇党委书记、镇长，2012年5月至2016年3月任中卫市沙坡头区党工委副书记、管委会副主任。

杨　和　回族，1968年12月生，宁夏海原人。1989年7月参加工作，1991年1月加入中国共产党，宁夏农学院农业经济管理专业毕业，甘肃省委党校在职研究生学历。历任海原县委办公室副主任、政研室主任，海原县政府党组成员、办公室主任，海原县史店乡党委书记，海原县海城镇党委书记，中卫市政府办秘书一科科长，中卫市政府副秘书长、中卫市政务中心党组书记、主任。2016年2月至2016年6月任中卫市沙坡头区党工委副书记、区

委副书记候选人。2016 年 6 月任中卫市沙坡头区委副书记。

唐永铎 1969 年 6 月生，山东省莒县人。1987 年 10 月入伍，1991 年 4 月加入中国共产党，国防科学技术大学思想政治工作专业毕业，本科学历。历任宁夏军区政治部组织处副营职干事、正营职干事、副团职干事。2010 年 11 月任中卫市沙坡头区人民武装部政治委员，2011 年 9 月任中卫市沙坡头区党工委委员、人民武装部政委，2016 年 2 月任中卫市沙坡头区党工委委员、区委常委候选人、人民武装部政委，2016 年 6 月任中卫市沙坡头区委常委、人民武装部政委。

肖军军 1974 年 9 月生，宁夏石嘴山人。1996 年 9 月参加工作，1996 年 5 月加入中国共产党，银川师专物理学教育专业毕业，大学学历。历任自治区公安厅办公室秘书科副科长，自治区公安厅出入境管理局副主任科员，自治区公安厅出入境管理局外管科科长，自治区公安厅刑事侦查总队副总队长，自治区公安厅禁毒总队政委。2015 年 3 月至 2016 年 6 月任中卫市公安局党委委员、副局长（正处级）、沙坡头区公安分局局长、沙坡头区党工委委员。2016 年 6 月任中卫市公安局党委委员、副局长（正处级）、沙坡头区委常委、政法委书记、沙坡头区公安分局局长。

王永录 1970 年 11 月生，宁夏中宁人。1993 年 7 月参加工作，1996 年 6 月加入中国共产党，宁夏财经学校工商行政专业毕业，中央党校大学学历。历

任中宁县县级机关工委副书记；中卫市委组织部干部二科副科长、科长；中卫市交通运输局党委委员、市交通运输管理处处长；中卫市民政局党组成员、市社会组织党工委副书记；2012 年 5 月任中卫市沙坡头区党工委委员、纪工委书记；2013 年 12 月至 2016 年 3 月任中卫市沙坡头区党工委委员、纪工委书记、党群工作部部长。

唐兴武 1964 年 12 月生，宁夏中卫人。1987 年 8 月参加工作，1993 年 8 月加入中国共产党，宁夏农学院园林系林学专业毕业，大学学历。历任原中卫县园艺场副厂长、厂长、党支部书记，中卫市西郊林场厂长，中卫市沙坡头区香山乡党委书记、政府乡长，沙坡头区党工委副书记。2012 年 5 月至 2016 年 2 月任中卫市沙坡头区党工委委员、管委会副主任。2016 年 2 月至 2016 年 6 月任中卫市沙坡头区党工委委员、区委常委候选人、区政府筹备领导小组副组长、副区长候选人。2016 年 6 月至 2016 年 7 月任中卫市沙坡头区委常委、区政府筹备领导小组副组长、副区长候选人。2016 年 7 月任中卫市沙坡头区委常委、副区长。

邹建萍 女，1968 年 2 月生，宁夏中卫人。1990 年 7 月参加工作，1997 年 6 月加入中国共产党，中央党校函授学院经济管理专业毕业，大学学历。历任原中卫县柔远乡党委委员、副乡长，中卫市总工会党组成员、副主席，中卫市人力资源和

社会保障局党组成员、中卫市社会保险事业管理局局长。2013 年 3 月至 2016 年 2 月任沙坡头区党工委委员、管委会副主任，沙坡头区总工会主席。2016 年 2 月至 2016 年 6 月任中卫市沙坡头党工委委员、区委常委候选人。2016 年 6 月任中卫市沙坡头区委常委、宣传部部长。

张 鹏 1971 年 11 月生，宁夏中卫人。1992 年 7 月参加工作，1999 年 3 月加入中国共产党，华东交通大学建筑工程系给排水专业毕业，宁夏党校研究生学历。历任中卫市水务局玉龙建材公司经理、中卫市防汛抗旱指挥部办公室副主任，中卫市沙坡头区东园镇党委书记、镇长，中卫市沙坡头区宣和镇党委书记、镇长，中卫市沙坡头区文昌镇党委书记、镇长。2013 年 12 月至 2016 年 2 月任中卫市沙坡头区党工委委员、管委会副主任。

邹 斌 1979 年 9 月生，湖北黄陂人。2002 年 7 月参加工作，2000 年 2 月加入中国共产党，武汉大学商学院会计学专业本科毕业，宁夏大学经济管理学院工商管理专业在职研究生学历。历任宁夏保监局人事教育处副主任科员、宁夏保监局办公室副主任科员、宁夏保监局人身保险监管处检查科科长、宁夏保监局人事教育处科长、宁夏保监局法制处副处长。2015 年 9 月至 2016 年 9 月，先后挂职中卫市沙坡头区党工委委员、管委会副主任，沙坡头区委常委、区长。

唐 亮 1983 年 12 月生，山东临沂人。2003 年 6 月参加工作，2002 年 12 月加入中国共产党，兰州

理工大学国际经济管理专业毕业，宁夏党校研究生学历。历任自治区农牧厅办公室副主任科员、主任科员，自治区农牧厅办公室副调研员，自治区农牧厅农产品质量安全监管局副局长。2016 年 1 月挂职中卫市沙坡头区党工委委员；2016 年 2 月挂职中卫市沙坡头区党工委委员、政府筹备领导小组副组长；2016 年 6 月挂职中卫市沙坡头区委常委；2016 年 8 月挂职中卫市沙坡头区委常委、副区长。

张江涛 1966 年 3 月生，河北深州人。1985 年 11 月参加工作，1990 年 5 月加入中国共产党，宁夏党校大学学历。历任原陶乐县红崖子乡人大主席、党委书记，原陶乐县政法委副书记，中卫市委政法委副书记，中卫市交通局党委委员、市交通运输管理处处长，中卫市纪委第一派驻纪检组组长、市直机关工委委员，中卫市纪委常委、监察局副局长。2016 年 3 月至 2016 年 6 月任中卫市沙坡头区党工委委员、纪工委书记、区委常委候选人、纪委书记候选人。2016 年 7 月任中卫市沙坡头区委常委、纪委书记。

张志军 1969 年 10 月生，宁夏中宁人。1991 年 7 月参加工作，1996 年 6 月加入中国共产党，宁夏农学院畜牧专业毕业，大学学历。历任中宁县人事劳动保障局副局长，中宁县委办公室副主任、督查室主任，中宁县委组织部副部长、人才办主任，中卫市直机关工委副书记，中宁县委组织部副部长、人才办主任。2016 年 3 月至 2016 年 6 月任中卫市沙坡

头区党工委委员、区委常委候选人。2016年6月任中卫市沙坡头区委常委、组织部部长。

李伏荣　1972年6月生，宁夏中卫人。1992年7月参加工作，1996年1月加入中国共产党，西北农林科技大学园林专业毕业，大学学历。历任中卫市农牧林业局办公室副主任，中卫市沙坡头区常乐镇党委副书记，镇罗镇党委副书记、人大主席，永康镇党委书记、镇长，宣和镇党委书记、镇长，中卫市林业生态建设局副局长。2016年3月至2016年7月任中卫市沙坡头区党工委委员、沙坡头区委常委候选人、沙坡头区人民政府筹备领导小组副组长、沙坡头区副区长候选人。2016年7月任沙坡头区委常委、副区长。

姜鹏飞　1977年4月生，宁夏海原人。1998年7月参加工作，1999年10月加入中国共产党，宁夏党校经济管理专业毕业，大学学历。历任海原县交警队副队长（副科级），海原县七营镇党委副书记，海原县树台乡党委副书记、乡长，海原县史店乡党委书记、人大主席，海原县三河镇党委书记、人大主席，海原县农牧局局长。2016年3月至2016年6月任中卫市沙坡头区党工委委员、区委常委候选人。2016年6月任中卫市沙坡头区委常委、统战部部长。

田仲锋　回族，1964年11月生，宁夏海原人。1985年7月参加工作，1988年6月加入中国共产党，西北民族学院数理化系数学专业毕业。1981年9月至1985年7月，在西北民族学院数理化系数学专

业学习；1985年7月至1989年1月，在西北第二民族学院人事处工作；1989年1月至1994年1月，在海原县体改办工作；1994年1月至1998年6月，任海原县体改办办公室副主任；1998年6月至2002年3月，任海原县计经局副局长、体改办主任；2002年3月至2005年1月，任海原县交通局局长；2005年1月至2009年8月，任海原县副县长；2009年8月至2012年5月，任中卫市综治办主任（副处级）；2012年5月至2016年3月，任中卫市委政法委机关副秘书长、市综治办主任（副处级）；2016年3月至2016年7月，任沙坡头区人大常委会筹备领导小组副组长、副主任候选人；2016年7月，任中卫市沙坡头区人大常委会党组成员、副主任。

彭浩平　1968年9月生，宁夏中卫人。1991年7月参加工作，1994年10月加入中国共产党，宁夏大学历史教育专业毕业。1987年9月至1991年7月，在宁夏大学历史教育系学习；1991年7月至1994年7月，在中卫县东园中学任教；1994年7月至1998年8月，在中卫县东园乡工作；1998年8月至2003年7月，在中卫县人大常委会工作；2003年7月至2005年3月，任香山乡党委委员、副乡长；2005年3月至2005年8月，在中卫市人大常委会办公室工作；2005年8月至2016年3月，历任中卫市人大常委会办公室秘书科科长、人事代表联络与选举工作委员会副主任；2016年3月至2016年7月，任沙坡头区人大常委会筹备领导小组副组长、副主任候选人；2016年7月，任中卫市沙坡头区人大常委会党组成员、副主任。

张永花　女，1965年12月生，宁夏中卫人。1984年7月参加工作，2006年10月加入中国民主建国会，中央广播电视大学会计学专业毕业。1982年9月至1984年7月，在宁夏财经学校企业财务会计专业学习；1984年7月至2000年7月，分别在中卫县计经委、工交局、交通局工作；2000年7月至2004年2月，任中卫县交通局副主任科员、财务股股长；2004年2月至2008年9月，历任中卫市交通局副主任科员、财务审计科科长；2008年9月至2016年3月，历任中卫市交通运输局财务审计科科长、副调研员；2016年3月至2016年7月，任沙坡头区人大常委会筹备领导小组副组长、副主任候选人；2016年7月，任中卫市沙坡头区人大常委会副主任。

刘德祥　1966年1月生，宁夏中卫人。1989年7月参加工作，1992年5月加入中国共产党，宁夏农学院农牧业经营管理专业毕业，大学学历。1985年9月至1989年7月，在宁夏农学院农牧业经营管理专业学习；1989年7月至2004年2月，在中卫县宣和镇工作；2004年2月至2005年3月，在中卫市宣和镇工作；2005年3月至2007年10月，任中卫市宣和镇党委委员、副镇长、纪委书记；2007年10月至2008年12月，任中卫市永康镇党委委员、纪委书记、党委副书记（正科级）；2008年12月至2009年9月，任中卫市沙坡头区东园镇党委副书记（正科级）；2009年9月至2010年3月，任中卫市沙坡头区滨河镇党委副书记、人大主席；2010年3月至2012年8月，任中卫市沙坡头区柔远镇党委书记、镇长；2012年8月至2014年7月，任中卫市沙坡头区城乡建设和环境保护局局长；2014年7月至2016年3月，任中卫市沙坡头区农牧科技局局长；2016年3月至2016年4月，任沙坡头区人大常委会筹备领导小组副组长、副主任候选人；2016年4月至2016年7月，任沙坡头区人大常委会筹备领导小组副组长、副主任候选人，镇罗镇党委书记；2016年7月，任中卫市沙坡头区人大常委会副主任、镇罗镇党委书记。

张振宇　1979年10月生，宁夏中宁人。1998年7月参加工作，2000年7月加入中国共产党，宁夏大学汉语言文学教育专业毕业，大学学历。历任中宁县鸣沙镇纪委书记，中宁县宁安镇党委副书记，中宁县石空镇党委副书记，中宁县喊叫水乡党委副书记，中卫市委宣传部副部长，中卫市人民政府副秘书长。2016年3月至2016年7月任中卫市沙坡头区人民政府筹备领导小组副组长、沙坡头区副区长候选人。2016年7月任中卫市沙坡头区副区长。

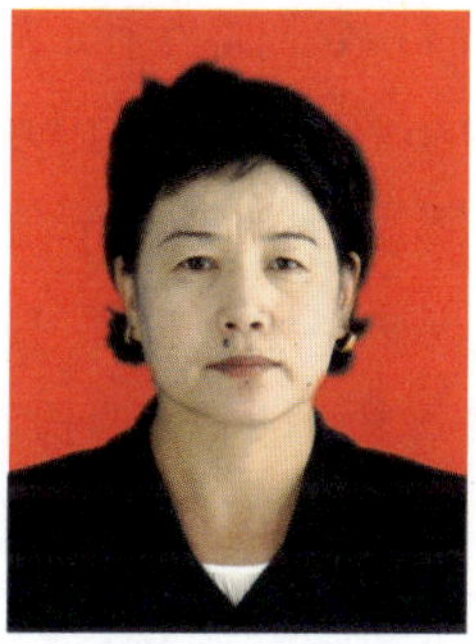

金　芳　回族，1971年1月生。1990年7月参加工作，1998年6月加入中国共产党，宁夏党校经济管理专业毕业，大学学历。1990年7月至1998年12月，在海原县海城镇学区任教；1998年12月至2003年3月，在海原县人大办公室工作；2003年3月至2008年7月，任海原县人大财经委副主任；2008年7月至2010年1月，任海原县人大财经委主任；2010年1月至2012年5月，任海原县委组织部副部长、机关工委书记；2012年5月至2012年11月，任海原县郑旗乡党委副书记、乡

长；2012 年 11 月至 2016 年 3 月，任海原县人大常委会副主任；2016 年 3 月至 2016 年 7 月，任中卫市沙坡头区人民政府筹备领导小组副组长、副区长候选人；2016 年 7 月，任中卫市沙坡头区副区长。

刘宏阳　1965 年 9 月生，宁夏中宁人。1985 年 7 月参加工作，中共中央党校经济管理专业毕业，大学学历。1985 年 7 月至 2000 年 5 月，在中宁县经管站工作；2000 年 5 月至 2003 年 3 月，任中宁县农经局副局长；2003 年 3 月至 2007 年 12 月，任中宁县农业局副局长；2007 年 12 月至 2009 年 3 月，任中宁县畜牧局局长；2009 年 3 月至 2012 年 11 月，任中宁县农牧局局长 ；2012 年 11 月至 2016 年 7 月，任中宁县人民政府副县长；2016 年 7 月，任中卫市沙坡头区副区长。

梁清江　1967 年 12 月生，山东冠县人。1986 年 10 月参加工作，1990 年 2 月加入中国共产党，中国人民解放军工程兵指挥学院行政管理专业，大学学历。1986 年 10 月至 1991 年 7 月，陆军第廿一集团军工兵团舟桥营四连战士；1991 年 7 月至 1993 年 12 月，陆军第廿一集团军工兵团舟桥营四连排长；1993 年 12 月至 1999 年 3 月，历任陆军第廿一集团军工兵团一营二连副连长、政治指导员；1999 年 3 月至 1999 年 12 月，陆军第廿一集团军工兵团道路桥梁一营副营长；1999 年 12 月至 2005 年 3 月，历任陆军第廿一集团军工兵团后勤处营房股股长、后勤处处长；2005 年 3 月至 2007 年 4 月，陆军第廿一集团军工兵团副团长；2007 年 4 月至 2007 年 10 月，转业待安置；2007 年 10 月至 2016 年 7 月，历任中卫市人事劳动保障局副局长、中卫市安全生产监督管理局副局长、中卫市政协社会和法制委员会副主任、中卫市沙坡头区政协筹备领导小组副组长；2016 年 7 月，任中卫市沙坡头区政协党组成员、副主席。

江红霞　女，1964 年 3 月生，宁夏海原人。1986 年 7 月参加工作，宁夏大学英语教育专业，大学学历。1986 年 7 月至 1990 年 9 月，海原县回民中学任教；1990 年 9 月至 2013 年 8 月，宁夏师范学院任教；2011 年 7 月至 2013 年 7 月，任宁夏师范学院外国语学院副院长；2013 年 7 月至 2016 年 4 月，任中卫市职业技术学校副校长；2016 年 4 月至 2016 年 7 月，任中卫市沙坡头区政协筹备领导小组副组长；2016 年 7 月，任中卫市沙坡头区政协副主席。

张巨才　1963 年 5 月生，宁夏中卫县人。1987 年 1 月参加工作，1956 年 7 月加入中国共产党，宁夏大学农村经济管理专业，大专学历。1987 年 1 月至 1993 年 3 月，在宁夏水利厅跃进渠管理处工作；1993 年 4 月至 2005 年 3 月，在原中卫县扶贫开发办公室工作；2005 年 4 月至 2007 年 8 月，任沙坡头区柔远镇副镇长；2007 年 9 月至 2011 年 6 月，任沙坡头区迎水桥镇副镇长、正科级副书记；2011 年 7 月至 2014 年 4 月，任沙坡头区香山乡党委书记、乡长；2014 年 4 月至 2015 年 3 月，任沙坡头区东园镇党委书记、镇长；2015 年 3 月至 2016 年 4 月，任沙坡头区文昌镇党委书记；2016 年 4 月至 2016 年 7 月，任中卫市沙坡头区政协筹备领导

小组副组长、文昌镇党委书记；2016 年 7 月，任中卫市沙坡头区政协党组成员、副主席、文昌镇党委书记。

专家学者

俞大鹏　1959 年 3 月生，宁夏中卫市镇罗镇人。北京大学物理学院教授、博士生导师、教育部“长江学者”特聘教授。1978 年参加高考，以原中卫县第三名的成绩被华东理工大学录取，毕业后，考取了中科院硅酸研究所硕士研究生，成为当时中卫县第一个考取研究生的人，1985 年获得硕士学位，其后几年一直从事科研工作。1989 年进入法国南巴黎大学固体物理实验室攻读博士，1993 年获得博士学位。回国后，曾获国家自然科学二等奖、国家杰出青年科学基金、第二届北京大学研究生“十佳导师”等荣誉，培养了一批优秀人才，先后在 Nature 子刊等顶级学术刊物上发表论文 400 余篇。他长期从事半导体纳米线材料的制备与物理性质关键科学问题的研究，开启了国际纳米线材料研究新纪元，在其可控制备、新颖物理性质研究以及应用基础研究领域作出了原创性和系统、深入的学术贡献。2015 年 12 月，俞大鹏当选中国科学院院士，成为首位当选中科院院士的宁夏籍学者。

刘帮林　1982 年 4 月生。大学本科学历，宁夏紫光天化蛋氨酸有限责任公司常务副总经理。他带领生产干部员工，深入生产一线，为蛋氨酸国产化作出重要贡献。蛋氨酸是八大氨基酸中唯一含硫的氨基酸，长期以来我国饲料工业所需蛋氨酸全部依赖进口，1999 年，国家把蛋氨酸列为国家重点新

产品计划的十个重大项目之一。在宁夏蛋氨酸项目投产之初，生产面临诸多问题，刘帮林带领公司员工上下一心，不断摸索优化生产工艺，实施技改项目共 25 项，合计创造直接经济效益 10484 万元。并在蛋氨酸分离结晶、蛋氨酸大装置节水减排、H131 项目技术升级等重大项目上做出重大贡献，分别获得紫光化工股份公司技术创新成果一等奖、二等奖、三等奖。特别是蛋氨酸结晶分析项目，面对国外蛋氨酸产品突破历史最高价 2 倍以上大举进入中国市场，刘帮林带领生产团队，冒着零下十几度的严寒，天天奋斗在生产现场，尝试各种办法，开展上百次实验，终于在结晶系统打开突破口，颠覆最初的结晶系统设计理念，积极组织技改升级，使蛋氨酸产量由最开始每天 30 吨逐渐提升到 150 吨以上，质量、产量迅速达到设计标准，创造了巨大的经济效益。同时，通过对相关技术工作进行优化、沉淀，为二期装置扩建创造了良好的技术条件。

俞　军　1966 年 1 月生。中共党员，中卫市人大代表，宁夏科豪陶瓷有限公司董事长，参与创建并发展了科豪陶瓷有限公司。在他的带领下，科豪人始终秉承“依托科技、提升品质、脚踏实地做好瓷砖”的经营宗旨，在生产经营中努力体现“优质高效创新，追求零缺陷，优质服务达到客户最大满意度”的质量方针，不断超越自我。利用民族特需商品定点生产企业的优势，发展与其他国家的商贸合作，将科豪陶瓷打造成我国民族特需陶瓷生产龙头企业。未来三年内，宁夏科豪陶瓷有限公司将以 800 × 800 地砖的研发设计创新升级，生产和

销售为主营方向，配合内墙、外墙、通体砖、欧式连锁瓦的产品多元化以及洁净煤建筑陶瓷为一体的循环经营模式，继承设计领先、工艺求胜的竞争策略，密切关注拓展西北和国内市场，积极培育自主品牌在国内市场的占有率，围绕管理提升，资源整合，品牌定位和渠道创新的总思路，以建平台、创渠道、立品牌的规划实施战略目标。先后被自治区评为“环境保护先进企业”“科技型中小企业”、荣获“宁夏质量管理奖”“宁夏百姓喜爱的商标品牌”、自治区“企业技术中心”“自治区环境友好企业”“消费者推荐产品”，公司主导产品“科豪牌”釉面地板砖、外墙瓷砖、欧式连锁瓦连续被自治区评为“宁夏名牌产品”，“科豪”商标被评为“宁夏著名商标”。2012 年公司被国家民委、财政部、中国人民银行联合授予“全国民族特需商品定点生产企业”；并同时获得“全国建材行业先进集体”“一等达标企业”“全国建材行业 2010 年度先锋企业”“宁夏中小企业 50 强企业”荣誉称号。

高新华　1961 年 11 月生，宁夏中卫市常乐镇高滩村人。中共党员。1986 年 7 月毕业于宁夏农学院农学系。毕业后分配到中卫县农业技术推广中心工作至今，农业技术推广研究员。

主要从事农业技术推广、植物保护、植物检疫及农产品检测等工作，农业部中卫西甜瓜综合试验站专家组成员、自治区专家服务团成员。参加了“宁夏中卫区域性重点植物检疫实验室建设项目”等项目建设 7 项；编制无公害食品日光温室黄瓜生产技术规程等 4 个；发表“黄瓜嫁接育苗技术”等论文 8 篇。编制了《水稻病虫害防治》等多部通俗易懂的农民培训课件。录制的“长在石头缝里的硒砂瓜”在中央七台每日农经栏目播出，并多次录制农业技术节目在宁夏及中卫电视台进行播出，对多项农业技术进行了宣传，得到了各界的好评。2005 年，被中华人民共和国农业部评为全国农业植物有害生物普查工作先进个人。2008 年，被自治区人事厅、科学技术协会评为首届“全区优秀科技工作者”。通过完成宁夏压砂瓜抗旱节水推广项目，2010 年获农业部农牧渔业丰收二等奖，为第 2 完成人；2007 年、2009 年、2012 年 3 次评为自治区农业技术推广先进工作者。

秦秀华　女，1966 年 7 月生。1989 年毕业于宁夏农学院，大学专科，高级农艺师。

主要从事农业技术试验、示范及推广工作近 30 余年。自工作以来主持并实施《宁夏水稻旱育稀植规范化栽培技术示范与推广项目》《中卫市农业综合开发项目》《粮食高产创建和绿色增产攻关示范项目》《中卫市农业污染源普查》等 30 余项。在核心期刊发表《水稻旱育稀植规范化栽培技术》等论文 12 篇，制定《绿色食品（A 级）露地番茄栽培技术规程》等 6 项，编制《粮食作物高产栽培技术》等 25 篇培训教材，制作《粮食、瓜菜等作物高产栽培技术培训》课件 15 件。特别是在水稻种植上，农户存在播种量大、密植和偏施氮肥等不良现象，造成水稻产量低，品质差，这一技术难题一直制约着本地区水稻生产的快速发展。针对这项技术秦秀华刻苦钻研，认真试验示范，最终解决了这一难题。2001 年至今累计推广水稻旱育稀植面积 15 万亩，开展各种试验 50 余项，累计节本增效 2900 万元，人均增收 120 元以上，为今后水稻高产高效奠定了基础。实施的《水稻旱育稀植规范化栽培技术项目》荣获自治区科学技术进步一等奖。2009 以来，主持编写了《优质粮食高产栽培技术规程》《稻段休闲期种植冬牧 70 黑麦技术规程》，解决了当地土壤板结现象，提高了土壤有机质含量。主持制定了《中卫市

2008—2012 年优质粮食产业发展规划》，编写了《2008—2012 年中卫市沙坡头区绿色农业示范园区五年规划》并通过了农业部绿色专家认证。2009 年以来致力于开展粮食高产创建，常年深入基层，解决粮食、瓜菜类生产中出现的疑难问题，实现了本地区粮食连续多年增产。作为本学科的技术骨干，由于工作成绩突出，曾多次获得区县市区级先进工作者荣誉称号。2010 年负责实施的《宁夏压砂瓜抗旱节水技术示范推广》项目获全国农牧渔业丰收二等奖；2016 年负责实施的《玉米增产增效综合技术集成推广》荣获全国农牧渔业丰收二等奖，2010 年在农业污染源工作中表现突出，曾获得 2010 年全国污染源普查先进个人称号；2012 年又荣获全区优秀科技工作者称号。由于工作成绩突出，2009 年破格晋升为高级农艺师，2016 年晋升为第十二届农业技术推广研究员。

郝忠华　1969 年 12 月生，宁夏中卫人。1993 年 6 月毕业于吉林农业大学农业化学专业，本科学历。2016 年被农业部评为农业技术推广研究员。

主要从事土壤开发利用、土壤分类、中低产田改良、土壤监测、测土配方施肥等方面的试验、示范、推广服务工作 20 多年。累计推广测土配方施肥面积 161.7 万亩，开展各种测土配方施肥试验 123 项，推广三大作物配方施肥示范面积 41 万亩，累计节省化肥 2177.8 吨，节省开支 1018.97 万元，增产粮食 4533.52 吨，增收 603.47 万元，节本增效 1622.64 万元。有效地减少了沙坡头区化肥的用量，节约了生产成本，促进了农业增产增收，为生产绿色食品打下了坚实的基础，为中卫的测土配方施肥做出了突出贡献。他用 4 年时间撰写了 40 万字的《宁夏中卫市沙坡头区土壤耕地地力评价与测土配方施肥》一书，在 2012 年出版发行。曾在宁夏大学学报、宁夏农林科技等期刊发表学术性论文 10 多篇，编写了《中卫市沙坡头区测土配方施肥技术》等 10 部通俗易懂的农民培训教材，制作了各种作物测土配方施肥技术培训课件 15 部。同时获全国农牧渔业丰收奖个人二等奖 2 项，获自治区科技进步成果奖个人二等奖 1 项。2008—2010 年被自治区党委组织部聘为自治区专家服务团成员，并被自治区党委组织部评为优秀专家。多次获得区、市、县先进工作者、优秀共产党员光荣称号。并在各镇乡培训农业技术人员 600 人次，培训农民达 16000 多人次。常年深入基层，解决了许多粮食、蔬菜、瓜类生产过程中出现的疑难问题。

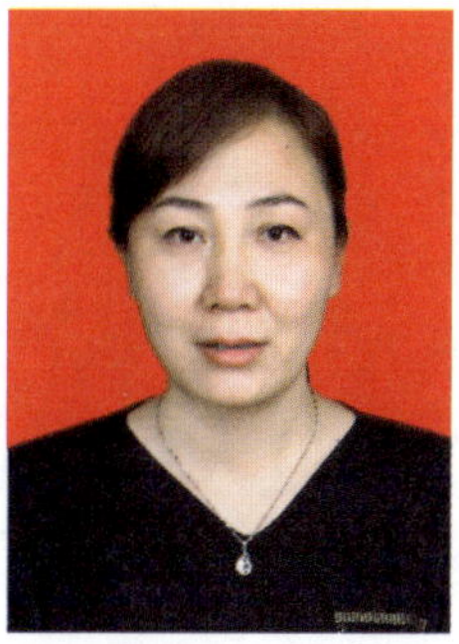

张翠红　女，1972 年 10 月生，中卫市沙坡头区柔远镇人。中共党员，本科学历。沙坡头区林业技术推广服务中心副主任，高级林业工程师。2012 年 7 月毕业于西北农林科技大学。主要从事林业技术推广工作，先后发表论文 8 篇，获得自治区科学技术进步二等奖 2 项，科技成果奖 2 项，参与编写《引黄灌区苹果郁闭园改造技术规程》等地方行业标准 6 个。长期从事苹果新技术推广试验示范工作，推广实施的县域特色产业苹果提质增效项目，惠民资金达 1889 万元，受益农户达到 4324 户，受益面积达到 5.3 万亩，为促进农民增收奠定了坚实的基础。在永康镇彩达村建立的苹果优质丰产高效示范园，由于成效显著，被自治区林业局评为“自治区级”特色经济林示范园。指导建立 SOD 精品示范园，果园亩均收入达到 1 万元以上，经济效益较为显著，为推进中卫市苹果产业发展做出了积极贡献。2016 年 2 月获全国绿化委员会全国绿化奖章；2016 年 4 月获自治区总工会五一劳动奖章。

新闻人物

刘在环 1953年6月生。中卫市常乐中学退休教师。他把乡亲当亲人，关爱身边生活困难老人。2011年以来，他用退休金资助困难户49户，发放救助款3万多元，覆盖全镇11个村。自费在常乐镇、永康镇和黄河花园开办了三家“爱心饭馆”，累计支出5万多元，解决了30余名老人的吃饭问题。对于不能上门吃饭的老人，他定期为他们送去油米面。刘老师说：“生命不息，饭馆不止。”2014年8月，刘在环又牵头成立“一碗水”爱心协会，不断扩大志愿服务范围，影响并带动身边的人参与社会公益事业，形成了互帮互助的良好风尚。先后荣获中卫市道德模范、“感动宁夏人物”、宁夏好人、全区岗位学雷锋标兵、全国首届最美敬老志愿者和第六届全国道德模范提名奖等荣誉。

先进名录

2015年先进集体

【省部级先进集体】

获奖单位	奖　　项	颁奖单位
沙坡头区	2014年自治区美丽乡村建设三等奖	自治区人民政府
沙坡头区	2014年自治区人口和计划生育目标管理综合优秀奖	自治区人民政府
沙坡头区	2014年全区工业保增长先进集体	自治区经济运行协调领导小组
沙坡头区	2014年度全区生态移民工作考核三等奖	自治区扶贫开发领导小组
沙坡头区	2014年全区非重点贫困县(区)扶贫开发工作考核三等奖	自治区扶贫开发领导小组
沙坡头区	国家现代农业示范区	农业部
沙坡头区	全区美丽乡村建设一等奖	自治区推进新型城镇化工作领导小组
沙坡头区	全区信访工作先进集体	自治区信访联席会议领导小组
沙坡头区	全区农田水利基本建设“黄河杯”竞赛特等奖	自治区农田水利基本建设指挥部
镇罗镇	全区安全生产先进单位	自治区安全生产委员会
永康镇人民政府	第三次全国经济普查先进集体	自治区第三次全国经济普查领导小组
滨河镇人民政府		
兴仁镇人民政府		
东园镇人民政府		
公安分局巡警大队	全区禁毒工作先进集体	自治区禁毒委员会
滨河镇光明社区	全国综合减灾示范社区	国家减灾委员会、民政部
滨河镇中山社区	2015—2018年度自治区文明单位	自治区精神文明建设指导委员会
滨河镇长安社区	民族团结进步创建活动示范社区	自治区民族事务委员会
镇罗镇胜金村	全国文明村	中央文明办

【厅(局)级先进集体】

获奖单位	奖　项	颁奖单位
沙坡头区	2014年度扶贫开发工作考核三等奖	自治区扶贫办(移民局)
沙坡头区	2014年度生态移民工作考核二等奖	
沙坡头区	全区扶贫开发工作二等奖	
沙坡头区	宁夏市民运动会第九套广播体操三等奖	自治区体育局
沙坡头区	宁夏市民运动会县(区)一等奖	
沙坡头区	宁夏市民运动会总决赛优秀组织奖	
沙坡头区	全民健身大拜年活动三等奖	
区委组织部	2014年度调研课题优秀成果三等奖	宁夏回族自治区党的建设研究会
区委组织部	2014年度希望工程筹资动员三等奖	宁夏青少年发展基金会、希望工程办公室
区委组织部	党报发行先进单位	宁夏日报报业集团
城乡建设和环境保护局	住房城乡建设先进集体	自治区住房和城乡建设厅
财政局	2014—2016年度全区五四红旗团支部	共青团宁夏回族自治区委员会
财政局	全区行政事业资产清查工作优秀单位	自治区财政厅
沙坡头区护路办	铁路护路先进县(区)	自治区护路办
镇罗镇	“欢乐宁夏”全区群众文艺会演优秀节目奖	自治区党委宣传部
东园镇	2014年“新春乐”第十届全区社火大赛金奖	自治区文化厅
公安分局文昌派出所	2015中阿博览会安保工作先进集体	自治区公安厅
沙坡头区人民法院	多元化纠纷解决机制改革示范法院	自治区高级人民法院
滨河镇官桥村	自治区级生态村	自治区环境保护厅

【中卫市先进集体】

获奖单位	奖　项	颁奖单位
沙坡头区	中卫市农村环境综合整治先进单位	中卫市人民政府
	2014年度全市人口和计划生育目标管理综合二等奖	
	中卫市2015年度卫生计生工作综合目标管理一等奖	
沙坡头区管委会	平安建设先进集体	中卫市社会管理综合治理委员会
沙坡头区	全市市民篮球赛第四名	中卫市文化体育新闻出版广电局
	全市市民篮球赛优秀组织奖	
区委组织部	2014年度平安建设工作先进集体	中卫市社会管理综合治理委员会
区委组织部	2014年度五四红旗团支部(总支)	共青团中卫市委员会
文体卫生和计划生育局	廉政文化进机关创建示范点	中共中卫市纪律检查委员会
文体卫生和计划生育局	“欢乐中卫”全市群众文艺会演优秀组织奖	中共中卫市委宣传部 中卫市文化体育新闻出版广电局
东园镇	平安建设工作先进集体	中卫市社会管理综合治理委员会
东园镇	春节大型社火展演比赛三等奖	中共中卫市委宣传部 中卫市文化体育新闻出版广电局
柔远镇	全市农村环境卫生综合整治工作二等奖	中共中卫市委、中卫市人民政府
柔远镇	五四红旗团委	共青团中卫市委
镇罗镇	全市农村环境卫生综合整治工作一等奖	中共中卫市委、中卫市人民政府
镇罗镇	2014年度铁路护路联防工作先进集体	中卫市铁路护路联防工作领导小组

续表

获奖单位	奖　　项	颁奖单位
镇罗镇	"欢乐中卫"全市群众文艺会演创作三等奖	中共中卫市委宣传部 中卫市文化体育新闻出版广电局
镇罗镇	"沙坡头水镇杯"全市首届舞龙大赛优秀组织奖	中共中卫市委宣传部 中卫市文化体育新闻出版广电局
镇罗镇	第四届妇女健身大赛优秀组织奖	中卫市妇联
镇罗镇	科协工作二等奖	中卫市科学技术协会
镇罗镇党政办公室	青年文明号	共青团中卫市委员会
常乐镇	全市农村环境卫生综合整治工作三等奖	中共中卫市委、中卫市人民政府
常乐镇	五四红旗团委	共青团中卫市委员会
香山乡人民政府	政策性农业保险先进单位	中卫市人民政府
宣和司法所	效能目标考核二等奖	中卫市司法局
公安分局缉毒大队	集体三等功	中卫市公安局
公安分局刑侦大队	集体三等功	中卫市公安局
公安分局滨河派出所	先进基层党组织	中卫市公安局
公安分局镇罗派出所	先进基层党组织	中卫市公安局
公安分局镇罗派出所	优秀基层单位	中卫市公安局
沙坡头区人民法院	中卫市"无偿献血促进奖"团体奖	中卫市无偿献血工作领导小组办公室
沙坡头区人民法院民事二庭	集体三等功	中卫市中级人民法院
滨河镇中山社区	拥军优属模范单位	中共中卫市委、中卫市人民政府 中卫军分区
滨河镇长安社区	廉政文化进农村(社区)创建示范点	中共中卫市纪律检查委员会
滨河镇西关村		
滨河镇南街村	科普示范村	中卫市科学技术协会
东园镇红武村	廉政文化"进农村"示范点	中卫市廉政文化建设领导小组
镇罗镇镇西村	"沙坡头水镇杯"全市首届舞龙大赛优胜奖	中共中卫市委宣传部 中卫市文化体育新闻出版广电局
镇罗镇李嘴村	科普示范村	中卫市科学技术协会

【沙坡头区先进集体】

获奖单位	奖项	颁奖单位
镇罗镇	效能目标管理考核先进集体一等奖	中共中卫市沙坡头区工作委员会 中卫市沙坡头区管理委员会
党群工作部	效能目标管理考核先进集体一等奖	
柔远镇	效能目标管理考核先进集体二等奖	
常乐镇	效能目标管理考核先进集体二等奖	
党工委办公室	效能目标管理考核先进集体二等奖	
纪工委	效能目标管理考核先进集体二等奖	
东园镇	效能目标管理考核先进集体三等奖	
香山乡	效能目标管理考核先进集体三等奖	
永康镇	效能目标管理考核先进集体三等奖	
财政局	效能目标管理考核先进集体三等奖	
城乡建设和环境保护局	效能目标管理考核先进集体三等奖	
民政和社会保障局	效能目标管理考核先进集体三等奖	

续表 1

获奖单位	奖项	颁奖单位
宁夏红科技园企业联合党支部	“五个好”基层党组织	中共中卫市沙坡头区工作委员会
宁夏万齐农业发展集团党支部		
柔远镇渡口村党支部		
镇罗镇观音蔬菜协会党支部		
宣和镇汪园村党支部		
常乐镇马路滩村党支部		
常乐镇刘营村党支部		
文昌镇民族巷社区党支部	党建工作示范点	中共中卫市沙坡头区工作委员会
常乐镇李营村党支部		
河北灌溉管理所党支部		
镇罗镇	计划生育目标管理考核先进集体一等奖	中共中卫市沙坡头区工作委员会 中卫市沙坡头区人民政府筹备领导小组
东园镇	计划生育目标管理考核先进集体二等奖	
常乐镇	计划生育目标管理考核先进集体二等奖	
文昌镇	计划生育目标管理考核先进集体三等奖	
迎水桥镇	计划生育目标管理考核先进集体三等奖	
永康镇	计划生育目标管理考核先进集体三等奖	
宣和镇	计划生育目标管理考核机制创新先进集体	
双桥村、雍楼村、、前锋村、城北村、向阳社区、史湖村、白桥村、杨渠村、何滩村、下滩村、黑林村、沙渠村、施庙村、凯歌村、福堂村、羚羊村、羚和村、宣和村、宏爱村、马滩村、大路街村、泰和村、红圈村	新命名的计划生育模范村(社区)	
郭营村、五里村、东关村、华西社区、黄河花园社区、南关村、南街村、南园村、沙桥村、西关村、高庙村、炭场子村、光明社区、中山社区、长安社区、双渠村、冯桥村、北湖村、赵桥村、新滩村、柔新村、新星村、郭滩村、金沙村、郑口村、八字渠村、牛滩村、鸣钟村、上滩村、码头村、沙坡头村、长流水村、孟家湾村、营盘水村、高营村、渡口村、冯庄村、雍湖村、范庙村、沈桥村、观音村、关庄村、李园村、镇西村、河沟村、九塘村、胜金村、东月村、汪园村、草台村、杨滩村、南滩村、北滩村、艾湾村、永南村、沙滩村、徐庄村、乐台村、景台村、阳沟村、丰台村、永乐村、倪滩村、常乐村、刘营村、高滩村、上游村、黄套村、熊水村、马路滩村、上石棚村、常乐社区、王团村、兴盛村、深井村、梁水村、黄泉村	巩固的计划生育模范村(社区)	
镇罗镇	农田水利基本建设先进集体一等奖	中共中卫市沙坡头区工作委员会 中卫市沙坡头区管理委员会
常乐镇	农田水利基本建设先进集体二等奖	
东园镇	农田水利基本建设先进集体二等奖	
柔远镇	农田水利基本建设先进集体三等奖	
迎水桥镇	农田水利基本建设先进集体三等奖	
宣和镇	农田水利基本建设先进集体三等奖	

续表 2

获奖单位	奖项	颁奖单位
农牧科技局	农田水利基本建设先进集体优秀组织奖	
镇罗镇	2015 年度环境卫生综合整治先进集体一等奖	中共中卫市沙坡头区工作委员会 中卫市沙坡头区管理委员会
柔远镇	2015 年度环境卫生综合整治先进集体二等奖	
常乐镇	2015 年度环境卫生综合整治先进集体三等奖	
城乡建设和环境保护局	2015 年度环境卫生综合整治先进集体优秀组织奖	

2015 年先进个人

【省部级先进个人】

获奖者	奖　项	颁奖单位
马彦荣	全国劳动模范	国务院
马彦荣	自治区劳动模范	自治区党委、自治区人民政府
柳小平	第二届“宁夏好人”称号	自治区精神文明建设指导委员会
李金明	全区安全生产先进个人	自治区安全生产委员会
王学新	十佳缉毒卫士	自治区禁毒委员会
葛　薇	第三次全国经济普查工作自治区级先进个人	自治区第三次全国经济普查领导小组
郭淑梅		
王秀玲		
马　芳		
张　宴		

【厅(局)级先进个人】

获奖者	奖项	颁奖单位
高晓明	第 234 期培训班摄影比赛获得一等奖	中央纪委监察部北戴河培训中心
	第 234 期培训班乒乓球比赛获得男子双打季军	
	第 235 期培训班优秀学员	
马立芹	全区组织系统“传承使命、开拓创新”主题征文三等奖	自治区党委组织部
宋敬超	“关爱明天 普法先行”教育活动先进个人	自治区关工委、宣传部、教育厅、公安厅、司法厅、法制办、综治办
黄志刚	2015 中阿博览会安保工作先进个人	自治区公安厅
丁　飞		
温太福		
马玉科		
李金凯	全区“六五”普法先进个人	自治区财政厅
胡文礼	全区住房和城乡建设先进个人	自治区住房和城乡建设厅
王永忠	第 28 期驻京维稳劝返工作优秀工作者	自治区人民政府驻京办事处
孙尚辉	自治区社会科学普及工作先进个人	宁夏社会科学界联合会

【中卫市先进个人】

获奖者	奖　项	颁奖单位
张积达	全市民族团结进步创建活动模范个人称号	中共中卫市委、中卫市人民政府
柳小平	“敬业奉献道德模范”称号	中卫市精神文明建设指导委员会
刘思菊	全市宣传思想文化工作先进个人	中共中卫市委宣传思想工作领导小组
薄　娟	优秀通讯员称号	中卫市司法局
汪金龙	优秀防震减灾助理员	中卫市规划管理局
詹梅芳	科普工作先进个人	中卫市科学技术协会
张　娜	2014 年度优秀女警	中卫市公安局
刘　丽	2014 年度优秀女警	
韩安宁	个人三等功	
徐　冉	个人三等功	
马晓军	个人三等功	
史文进	个人三等功	
刘　津	个人三等功	
寇明伟	个人三等功	
王　华	个人三等功	
白学义	个人三等功	
党晓伟	个人三等功	
芮　刚	个人嘉奖	
马　宁	个人嘉奖	
田　涛	个人嘉奖	
马智宇	个人嘉奖	
李天资	个人嘉奖	
陆文学	个人嘉奖	
张　娜	个人嘉奖	
梁俊霞	个人嘉奖	
陆　云	个人嘉奖	
金　林	个人嘉奖	
汪　宇	个人嘉奖	
马玉科	个人嘉奖	
王金燕	优秀共产党员	
孙广武	优秀共产党员	
冯晓伟	优秀共产党员	
刘　丽	优秀共产党员	
王学新	优秀党务工作者	
孙广武	个人三等功	
董海涛	个人三等功	
梁　松	个人三等功	
党彦荣	个人嘉奖	
马　涛	个人嘉奖	
李　阳	个人嘉奖	
郭凯旋	个人嘉奖	
李全国	个人嘉奖	

续表

获奖者	奖　　项	颁奖单位
罗成龙	个人嘉奖	中卫市公安局
祁亚琦	个人嘉奖	
王　伟	个人嘉奖	
刘　津	个人嘉奖	
李茂华	个人嘉奖	
马悦凯	个人嘉奖	
赵永放	个人嘉奖	
马晓军	个人嘉奖	
林　海	个人嘉奖	
王　萍	个人三等功	中卫市中级人民法院
王希刚	个人三等功	
刘广胜	个人三等功	
宋玉梅	个人三等功	
王　静	个人三等功	
万　玲	个人三等功	
马培培	市中级人民法院“薪火相传，担当有责”演讲比赛二等奖	
曾亚婷	优秀社区消防宣传大使	中卫市公安消防支队

【沙坡头区先进个人】

获奖者	奖　　项	颁奖单位
张永华　王福才　武建国　王　洪 拓守辉　景兆栋　张建财　张　武 王宏涛　段立武　史　进　禹宝宏 王文文　张积达　王有选　王玉忠 杨先伟　秦　玲　刘文华　杜阳若琰 李卫民　任永新　李亚超　王毅凡	效能目标管理考核先进工作者	中共中卫市沙坡头区工作委员会 中卫市沙坡头区管理委员会
潘秀芳　许银莲　朱凤玲　薛秀莲 高祖菁　闫兴平　张　洁　徐　霞 王若兰　陶茹霞　张艳玲　陆炜娟 张晓静　刘银兰　李　凡　王　萍 林学奎　苏顺莲　崔小凤　白凤良 刘亚娟　李淑华　张　敬　艾玉洁 张　娜	计划生育先进工作者	中共中卫市沙坡头区工作委员会 中卫市沙坡头区人民政府筹备领导小组
冯伟明　钱万有　袁　东　张　云 刘新民　黄学成　张　宏　王　斌 张庭保　张　雁　王　洪　姜守和 孙健宾　王　军　朱爱华　赵浩海 徐吉平　张秉文　何建忠　李明元 赵建全　张吉祥　赵嘉鑫　秦国汉 李玉明　王怀勇　雍明春　李新芳 刘兴仪　刘占亮　史　进　徐振安 郭　航　张　涛　孙尚辉　刘全三 崔永泉　李昱颉　白永生　徐　超	农田水利基本建设暨农村环境卫生综合整治先进工作者	中共中卫市沙坡头区工作委员会 中卫市沙坡头区管理委员会

续表

获奖者	奖　　项	颁奖单位
万自国　杨振慧　刘伏平　侯勇德 滕保仁　周正科　沈长保　张自先 李自兴　田春发　何建设　陆玉科 朱凤珍　闫吉荣　吴国荣　李红忠 刘红霞　马长福　冯成先　陈国希 刘成业　詹风林　张建军　石福梅 候建伟　高崇林　杨现成　刘福有 尚俊芳　高怀峰　高生国　万治先 李万明　韩风栋　杨文有　张立军	农村环境卫生深度保洁先进个人	中共中卫市沙坡头区工作委员会 中卫市沙坡头区管理委员会

2016 年先进集体

【省部级先进集体】

获奖单位	奖　　项	颁奖单位
沙坡头区	全区农村全面小康建设先进集体三等奖	自治区党委、政府
沙坡头区	全区卫生计生工作综合目标管理一等奖	自治区政府
沙坡头区	全区美丽乡村建设一等奖	自治区推进新型城镇化工作领导小组
沙坡头区	全区非贫困县(区)扶贫开发工作考核二等奖	自治区扶贫开发领导小组
沙坡头区	全区农田水利基本建设“黄河杯”竞赛特等奖	自治区农田水利基本建设指挥部
常乐镇	2013—2017 年度自治区文明村镇称号	自治区精神文明建设指导委员会
镇罗镇	全区“六五”普法先进单位	自治区依法治区协调小组
镇罗镇	全区铁路护路联防工作先进集体	自治区铁路护路联防工作领导小组
镇罗镇	计划生育“五星级”乡镇	自治区人口和计划生育领导小组
香山乡人民政府	全国一村一品示范村镇	农业部
迎水桥镇夹道村	自治区 2014—2017 年度文明村	自治区精神文明建设指导委员会
迎水桥镇鸣沙村	宁夏民族团结进步创建活动示范村	自治区民族事务委员会
东园镇红武村	2011—2015 年全国法治宣传教育先进单位	中共中央宣传部、司法部
镇罗镇九塘村	全国创建无邪教示范村	国务院防范和处理邪教问题办公室

【厅(局)级先进集体】

获奖单位	奖　　项	颁奖单位
沙坡头区	自治区迎新春全民健身季活动二等奖	自治区体育局
区委组织部	宁夏非公企业党建工作三类调研成果	自治区党委组织部 自治区非公经济组织和社会组织工委
区委组织部	自治区党建研究会调研课题优秀成果	自治区党的建设研究会
扶贫办	精准脱贫技能培训先进单位	自治区扶贫开发办公室
东园镇	“新春乐”第十一届全区社火大赛银奖	自治区文化厅
东园镇统计站	五星级统计站	自治区统计局
柔远镇	“新春乐”第十一届全区社火大赛铜奖	自治区文化厅

续表

获奖单位	奖　项	颁奖单位
沙坡头区人民法院	“改革发展年”主题工作先进集体	自治区高级人民法院
兴仁法庭	自治区维护妇女儿童权益先进集体	自治区妇联
滨河镇中山社区	全区敬老爱老助老主体教育活动敬老模范单位	自治区老龄办、民政厅、教育厅、新闻出版广电局、团委、妇联、关工委
滨河镇中山社区	全区“五好”离退休干部党支部	自治区党委组织部、离退休干部党工委、党委老干部局
滨河镇长安社区	自治区示范妇女之家	自治区妇联
柔新村新安寺	第三届全区创建和谐寺观教堂先进集体	自治区党委统战部、宗教事务局

【中卫市先进集体】

获奖者	奖　项	颁奖单位
司法局	“六五”普法先进集体	中共中卫市委、中卫市人民政府
文体卫生和计划生育局	“红歌大家唱”群众文艺会演优秀组织奖	中卫市文化体育新闻出版广电局
迎水桥镇人民政府	中卫市科普示范镇	中卫市科学技术协会
柔远镇	庆祝中国共产党成立 95 周年“万人红歌演唱”比赛三等奖	中共中卫市委 中卫市人民政府
	春节大型社火展演比赛三等奖	中卫市文化体育新闻出版广电局
	农村妇女岗位建功先进集体	中卫市妇女联合会
	柔远镇被评为科普工作先进集体二等奖	中卫市科学技术协会
镇罗镇党委	全市先进基层党组织	中共中卫市委
镇罗镇	信访工作先进集体	中卫市信访工作联席工作领导小组
镇罗镇	2016 年舞龙大赛三等奖	中共中卫市委宣传部 中卫市文化体育新闻出版广电局
镇罗镇	2016 年正月十五社火比赛优秀组织奖	中共中卫市委宣传部 中卫市文化体育新闻出版广电局
镇罗镇	中卫市“五一”劳动奖状	中卫市总工会
常乐镇	实施“勤政为民”工程“五好”乡（镇）称号	中卫市农村基层党风廉政建设协调领导小组
常乐镇	“五好”关工委	中卫市关心下一代工作委员会
香山乡人民政府	基层建设先进单位	中卫军分区
镇罗镇武装部		
迎水桥镇民生中心	先进集体	宁夏沙坡头旅游经济开发试验区管理委员会
公安分局	集体嘉奖	中卫市公安局
公安分局文昌派出所党支部	先进基层党组织	
公安分局滨河派出所党支部		
公安分局警务保障室	集体三等功	
公安分局文昌派出所		
公安分局迎水桥派出所		
沙坡头区人民法院执行庭		中卫市中级人民法院
滨河镇光明社区	民主法治示范社区	中共中卫市委、中卫市人民政府
滨河镇中山社区	“六五”普法先进单位	中共中卫市委、中卫市人民政府
滨河镇中山社区	戒毒康复工作站先进集体	中卫市沙坡头区禁毒委员会

续表

获奖者	奖　项	颁奖单位
滨河镇中山社区	市政协委员基层联系点工作先进单位	政协中卫市委员会
滨河镇槐树北巷社区	“五好”关工委	中卫市关心下一代工作委员会
滨河镇槐树北巷社区	优秀青少年维权岗	共青团中卫市委 中卫市社会管理综合治理委员会办公室
滨河镇东方红社区	“五好”关工委	中卫市关心下一代工作委员会
滨河镇西关村	科普示范村	中卫市科学技术协会
迎水桥镇牛滩村	全市先进基层党组织	中共中卫市委、中卫市人民政府
迎水桥镇牛滩村	中卫市2013—2016年度“文明村”	中卫市精神文明建设指导委员会
东园镇双渠村	第二届“沙坡头区水镇杯”舞龙大赛一等奖	中卫市文化馆
东园镇新滩村	第二届“沙坡头水镇杯”舞龙大赛优秀奖	中卫市文化馆
镇罗镇凯歌村党支部	全市先进基层党组织	中共中卫市委
镇罗镇凯歌村	“五好”关工委	中卫市关心下一代工作委员会
永康镇刘湾村	“六五”普法先进单位	中共中卫市委、中卫市人民政府
永康镇彩达村	全市先进基层党组织	中共中卫市委

【沙坡头区先进集体】

获奖单位	奖　项	颁奖单位
镇罗镇	效能目标管理考核先进集体一等奖	中共中卫市沙坡头区委员会 中卫市沙坡头区人民政府
区委组织部	效能目标管理考核先进集体一等奖	
社会保障局	效能目标管理考核先进集体一等奖	
柔远镇	效能目标管理考核先进集体二等奖	
文昌镇	效能目标管理考核先进集体二等奖	
区委办公室	效能目标管理考核先进集体二等奖	
农业和科技委员会	效能目标管理考核先进集体二等奖	
迎水桥镇	效能目标管理考核先进集体三等奖	
东园镇	效能目标管理考核先进集体三等奖	
香山乡	效能目标管理考核先进集体三等奖	
政府办公室	效能目标管理考核先进集体三等奖	
财政局	效能目标管理考核先进集体三等奖	
镇罗镇	效能目标管理考核发展特色产业先进集体	
兴仁镇	效能目标管理考核脱贫攻坚先进集体	
文昌镇	效能目标管理考核信访维稳先进集体	
宣和镇	效能目标管理考核农村“两大工程”先进集体	
东园镇	效能目标管理考核农村“两大工程”先进集体	
宣和镇党委、迎水桥镇党委、文昌镇五里村党支部、文昌镇华西社区党支部、滨河镇南关村党支部、滨河镇西关村党支部、滨河镇中山社区党支部、迎水桥镇杨渠村党支部、东园镇新滩村党支部、柔远镇渡口村党支部、镇罗镇凯歌村党支部、镇罗镇河沟村党支部、宣和镇羚羊村党支部、永康镇刘湾村党支部、常乐镇刘营村党支部、香山乡新水村党支部、兴仁镇团结村党支部、区委办公室党支部	先进基层党组织	中共中卫市沙坡头区工作委员会

续表 1

获奖单位	奖　　项	颁奖单位
中卫市嘉盛建筑安装工程有限责任公司党支部	非公企业“双强六好”党组织	中共中卫市沙坡头区工作委员会
文昌镇	计划生育目标管理考核先进集体一等奖	中共中卫市沙坡头区委员会 中卫市沙坡头区人民政府 □
常乐镇	计划生育目标管理考核先进集体二等奖	
东园镇	计划生育目标管理考核先进集体二等奖	
迎水桥镇	计划生育目标管理考核先进集体三等奖	
永康镇	计划生育目标管理考核先进集体三等奖	
镇罗镇	计划生育目标管理考核先进集体三等奖	
宣和镇	全员人口信息化先进集体	
柔远镇	优质服务先进集体	
迎水桥镇	计划生育三星级乡镇	
柔远镇	计划生育三星级乡镇	
区委组织部	计划生育(部门)先进集体	
社会保障局	计划生育(部门)先进集体	
文化体育和计划生育局	计划生育(部门)先进集体	
公安分局	计划生育(部门)先进集体	
迎水桥镇妇幼保健计划生育服务站	计划生育(部门)先进集体	
黄湾村、官桥村、东方红社区、曹闸村、瑞应村 、姚滩村、迎水村、夹渠村、刘台村、镇北村、李嘴村、张洪村、刘湾村、枣林村、李营村、东滩村、新水村	新命名的计划生育模范村(社区)	
郭营村、五里村、东关村、雍楼村、华西社区、黄河花园社区、南关村、南街村、南元村、西关村、高庙村、光明社区、向阳社区、中山社区、长安社区、双渠村、冯桥村、北湖村、白桥村、赵桥村、柔新村、新星村、郭滩村、八字渠村 、牛滩村、杨渠村、何滩村、上滩村、下滩村、黑林村、长流水村、孟家湾村、营盘水村、沙渠村、高营村、冯庄村、雍湖村、范庙村、施庙村、沈桥村、观音村、关庄村、李园村、镇西村、河沟村、凯歌村、胜金村、福堂村、羚羊村、羚和村、东月村、宣和村、宏爱村、马滩村、汪园村、杨滩村、南滩村、北滩村、艾湾村、永南村、沙滩村、乐台村、景台村、阳沟村、丰台村、永乐村、倪滩村、常乐村、刘营村、高滩村、上游村、黄套村、熊水村、马路滩村、大路街村、上石棚村、常乐社区、王团村、深井村、梁水村、黄泉村	2016 年巩固的计划生育模范村(社区)	
柔远镇 东园镇 迎水桥镇 镇罗镇	农村环境卫生综合整治先进集体	中卫市沙坡头区美丽乡村建设工作领导小组
镇罗镇人民政府、常乐镇人民政府、农业和科技委员会、建设交通局、公安分局、消防大队、中卫市全民创业城、中卫市茂烨冶金有限责任公司、宁夏中卫市俱进化工有限责任公司、宁夏科豪陶瓷有限公司	安全生产工作先进单位	中卫市沙坡头区人民政府

续表 2

获奖单位	奖　　项	颁奖单位
中卫农村商业银行、宁夏银行中卫分行营业部、邮储银行中卫支行、中卫香山村镇银行、中国人寿保险中卫分公司、中国电信中卫分公司、宁夏中乾农业科技有限公司、宁夏夏华肉食品股份有限公司、中卫和旺畜牧业公司	脱贫攻坚社会帮扶先进单位	中共中卫市沙坡头区委员会 中卫市沙坡头区人民政府
沙坡头区人武部、区委办公室、沙坡头区气象局	脱贫攻坚驻村帮扶先进单位	

2016 年先进个人

【省部级先进个人】

获奖者	奖　　项	颁奖单位
常玉华	2012—2016 年全区机关干部“下基层”活动先进个人	自治区党的建设领导小组
马立生	信访工作先进个人	自治区信访联席工作领导小组
马立生	全区铁路护路联防工作“先进个人”	自治区铁路护路联防工作领导小组
马立生	“六五”普法先进个人	自治区依法治区协调小组
杨文秀	宁夏“守法好公民”	自治区依法治区协调小组
陈巧玲	普法 30 周年征文三等奖	自治区依法治区协调小组

【厅(局)级先进个人】

获奖者	奖　　项	颁奖单位
吴　楠	公务员办公自动化大赛二等奖	自治区党委组织部、人力资源和社会保障厅
孙宏瑞	自治区新录用公务员初任培训班演讲比赛二等奖	自治区人力资源与社会保障厅、公务员局
秦　玲	全区财政支农政策培训先进个人	自治区财政厅
刘　芳	全区住房和城乡建设先进个人	自治区住房和城乡建设厅
张　宏	环境保护监察执法先进工作者	自治区环境保护厅
李　岩	全区卫星数字农家书屋工作先进个人	自治区新闻出版广电局
刘　琦	“改革发展年”主题工作先进个人	自治区高级人民法院
李　鹏	全区第三期新晋公务员培训优秀学员	自治区人力资源培训中心
侯彩华	全区第三期新晋公务员培训优秀学员	
李　鹏	全区第三期新晋公务员培训演讲比赛二等奖	
麦鑫玉	全区第三期新晋公务员培训优秀学员	

【中卫市先进个人】

获奖者	奖　　项	颁奖单位
葛丽萍	“六五”普法先进个人	中共中卫市委、中卫市人民政府
万　玲	“六五”普法先进个人	中共中卫市委、中卫市人民政府
杨文秀	全市“守法好公民”	中共中卫市委、中卫市人民政府

续表 1

获奖者	奖　　项	颁奖单位
李彦刚	统战系统先进个人	中共中卫市委、政府
常存智	中卫市优秀共产党员	中共中卫市委
邵国平	中卫市优秀共产党员	
康占军	优秀党务工作者	
宋　扬	优秀党务工作者	
俞正国	优秀党务工作者	
詹梅芳	全市统战工作先进个人	
吴全旺	中卫市纪检系统“四个能手”系列比赛“办案能手”	中共中卫市纪律检查委员会
马海轮	社会治安综合治理先进个人	中卫市社会管理综合治理委员会
薄　娟	综治工作“先进个人”	中卫市社会管理综合治理委员会
王永忠	信访工作先进个人	中卫市信访工作联席会议
李卫民	中卫市农民工工资支付管理工作先进个人	中卫市农民工工资清欠领导小组
刘　琦	个人三等功	中共中卫市委组织部 中卫市人力资源和社会保障局
蒋永仓	个人三等功	中共中卫市委组织部 中卫市人力资源和社会保障局
范新华	个人三等功	中共中卫市委组织部 中卫市人力资源和社会保障局
景兆栋	全市优秀组工干部	中共中卫市委组织部
王怀勇	全市组织系统信息工作先进个人	
何　婷	纪念长征胜利 80 周年演讲比赛三等奖	中共中卫市委宣传部
孙宏瑞	宁夏经典诵读与演讲大赛(中卫赛区)优秀奖	
孙宏瑞	庆祝中国人民解放军成立 90 周年主题演讲比赛三等奖	
张　茹	卫生和计划生育工作先进个人	中卫市卫生和计划生育局
刘亚娟	“全市优秀团干部”	共青团中卫市委员会
郑　磊	青年岗位小能手	共青团中卫市委员会
陶　英	科普工作先进个人	中卫市科学技术协会
余凤焱	科普工作先进个人	
寇明伟	优秀共产党员	中卫市公安局
李全国	优秀共产党员	
丁　飞	优秀共产党员	
史文进	优秀共产党员	
马　丽	优秀党务工作者	
王新原	优秀党务工作者	
梁　松	个人三等功	
韩　东	个人三等功	
靳　刚	个人三等功	
齐　超	个人三等功	
冯忠海	个人三等功	
周　勇	个人嘉奖	
鲁文韬	个人嘉奖	
杨　辉	个人嘉奖	

续表 2

获奖者	奖　　项	颁奖单位
马玉科	个人嘉奖	中卫市公安局
马　涛	个人嘉奖	
王　冲	个人嘉奖	
马秉禄	个人二等功	
李全国	个人三等功	
强志彦	个人三等功	
魏宏攀	个人三等功	
薛志勇	个人三等功	
孟庆玲	个人嘉奖	
王　珊	个人嘉奖	
黄志刚	个人嘉奖	
丁　飞	个人嘉奖	
丁　娜	个人嘉奖	
闫霄龙	个人嘉奖	
马晓军	个人嘉奖	
罗　麟	个人嘉奖	
吉平太	个人嘉奖	
罗成龙	个人嘉奖	
马虎林	个人嘉奖	
李　福	个人嘉奖	
闫　超	个人嘉奖	
王　霄	个人嘉奖	
田春博	个人嘉奖	
孟海涛	个人嘉奖	
马晓林	个人嘉奖	
余文亮	个人嘉奖	
乔　祯	个人嘉奖	
葛　涛	个人嘉奖	
陈生信	个人嘉奖	

【沙坡头区先进个人】

获奖者	奖　　项	颁奖单位
张　云　刘亚娟　高祖菁　李　莉 王若兰　张宝刚　蒋忠华　冯菊萍 李志梅　夏容珍　姜梅玲　王瑞生 王慧娟　詹秀芬　雍爱荣　张学莲 孙淑珍　杨　媛　沈自明　唐菲菲	计划生育先进工作者	中共中卫市沙坡头区委员会 中卫市沙坡头区人民政府
张振文　王成文　牛金岐　侯建全 乌秉军　王　杰　雷　柏　王生信 刘兴成　孙永宏　许世发　郝存虎 唐彦虎　吕亚东　袁　东　邵国平 陈学华　李学禄	安全生产工作先进个人	中卫市沙坡头区人民政府

续表

获奖者	奖　项	颁奖单位
常伟海　刘卫东　李新伟　雍雅卿　王新平	优秀第一书记（驻村工作队队长）	中共中卫市沙坡头区委员会 中卫市沙坡头区人民政府
田兴俊　张海龙　田　升　刘彦录　罗永贵　靳忠保　王宏涛　马海涛　黄自发　杨先伟	脱贫攻坚先进工作者	
田鹏程　马登宝　马　飞　张海龙　田兴平　刘小成　李海江　冯忠玲　翟　华　李建华	脱贫攻坚奋进奖	

重要文献

规范性文件

中共中卫市沙坡头区工作委员会关于全面推进依法治区的实施意见

卫沙党发〔2015〕2号

为贯彻落实《中共中央关于全面推进依法治国若干重大问题的决定》(以下简称《决定》)、《中共宁夏回族自治区委员会关于贯彻党的十八届四中全会精神全面推进依法治区的实施意见》(以下简称自治区《实施意见》)和《中共中卫市委关于全面推进依法治市的实施意见》(以下简称中卫市《实施意见》), 加快推进依法治区, 结合沙坡头区实际,制定本实施意见。

一、全面推进依法治区,加快建设法治沙坡头区

1.深刻认识全面推进依法治区的重大意义。中央《决定》对全面推进依法治国作出了总体部署,是加快建设社会主义法治国家的纲领性文件。自治区《实施意见》,立足全区实际,对全面推进依法治区提出了更具针对性、操作性、创新性的具体意见,对建设开放、富裕、和谐、美丽宁夏具有十分重要的意义。中卫市《实施意见》,结合我市实际,对全面推进依法治市提出了明确要求。贯彻落实中央《决定》、自治区《实施意见》和中卫市《实施意见》,全面推进依法治区,对于深化改革、全面建成小康社会具有重大现实意义和深远历史意义。沙坡头区各级党组织和广大党员干部要切实把思想和行动统一到中央、自治区、市委和沙坡头区党工委的决策部署上来, 切实增强全面推动依法治区的自觉性和坚定性, 不断加快法治沙坡头区建设步伐。

2.正视沙坡头区法治建设中存在的突出问题。近年来,沙坡头区认真贯彻依法治国基本方略,大力推进依法治区,法治政府建设稳步推进,公民守法意识不断提高,法治宣传和法律服务深入开展,促进了沙坡头区改革开放和经济社会全面进步。同时,必须清醒地看到,还存在许多与依法治区不相适应的问题,主要表现为:一些工作人员依法办事观念不强, 以法治思维和法治方式推动改革发展的能力不够; 法律实施的监督和激励机制尚未有效形成;有法不依、执法不严、违法不究和多头执法、选择性执法现象仍然存在;法治工作队伍建设滞后,法制人才严重不足;部分社会成员遵法信法守法用法、依法维权意识不强,存在信访不信法现象,等等。这些问题,必须高度重视并下大气力加以解决。

3.全面推进依法治区的指导思想和目标任务、基本原则。全面推进依法治区，必须贯彻落实党的十八大和十八届三中、四中全会、自治区党委十一届四次全会和市委三届五次全会精神，深入贯彻落实习近平总书记系列讲话精神，坚持党的领导、人民当家作主、依法治国有机统一，坚定不移走中国特色社会主义法治道路，坚决维护宪法法律权威，依法维护人民群众利益、维护社会公平正义、维护社会和谐稳定，为推进沙坡头区经济社会科学发展、创新发展、跨越发展提供有力法治保障。

到2020年，努力使沙坡头区各级干部依法办事能力和人民群众法治意识普遍增强，法治行政体系基本完善，司法公信力不断提升，法治政府基本建成，依法治区取得显著成效。实现这个目标，必须坚持党领导立法、保证执法、支持司法、带头守法，把党的领导贯穿到依法治区的全过程和各方面；必须坚持人民主体地位，做到法治建设为了人民、依靠人民、保护人民；必须坚持法律面前人人平等，任何组织和个人都必须尊重宪法法律权威，都必须在宪法法律范围内活动；必须坚持依法治区和以德治区相结合，以法治体现道德理念，以道德滋养法治精神；必须坚持立足实际，努力用法治思维和方式解决制约沙坡头区发展的突出问题；必须牢牢把握重点任务，全面推进科学立法、严格执法、公正司法、全民守法。

二、强化宪法法律实施，树立全民法治信仰

4.增强全社会法治意识。深入开展法律进机关、进农村、进社区、进家庭、进学校、进企业、进单位、进社会组织、进宗教活动场所。建立党工委领导和部门负责人法律轮训制度，把宪法、法律作为各级党委中心组学习的重要内容，列为干部教育培训的必修课程。以党员领导干部及公职人员为重点，围绕法治政府建设，积极开展以《公务员法》《信访条例》《行政许可法》等法律法规为重点的法制教育，不断提高沙坡头区各级领导干部依法决策、依法执政、依法行政的能力。加强普法宣传工作，引导企业经营管理者、工人、农民、宗教界人士等社会群体加强宪法等相关法律知识学习，提高全民自觉守法、遇事找法、办事依法、解决问题用法、化解矛盾靠法的意识。

5.加强普法宣传教育。坚决维护宪法尊严，一切违反宪法的行为都必须予以追究和纠正。精心组织国家宪法日宣传活动，普及宪法知识，弘扬宪法精神，增强全社会宪法意识。落实宪法宣誓制度，凡经人大及其常委会选举或者决定任命的国家工作人员正式就职时公开向宪法宣誓。把法治教育纳入精神文明创建活动，创新法治文化建设载体，发挥媒体宣传优势，利用报纸、广播电视、网站、微博微信、法治文化阵地等载体普及法律常识，健全公益普法制度。以加强社会公德、职业道德、家庭美德、个人品德建设为重点，广泛开展社会主义道德教育和各类主题活动，发挥道德模范的示范引领作用。探索建立信用信息共享机制和违法失信行为惩戒机制，加强社会信用体系建设，夯实依法治区的思想道德基础。

三、深入推进依法行政，加快建设法治政府

6.依法全面履行政府职能。建立政府权力清单制度，法无授权不可为。科学划定行政权限边界，禁止行政机关法外设权，没有法律法规依据不得作出减损公民、法人和其他组织合法权益或者增加其义务的决定。建立行政机关权力运行责任清单制度，法定职责必须为。建立岗位责任制和限时办结制，坚决纠正不作为、乱作为，坚决杜绝懒政、怠政，坚决惩处失职、渎职行为。建立行政审批负面清单制度，负面清单以外的事项一律取消审批。

推进沙坡头区各级政府事权规范化、法律化，强化沙坡头区统筹推进区域内基本公共服务均等化职责，理顺管理体制，强化乡镇、部门的执行职责。创新政府履行职能方式方法，推广政府购买服务，将可由市场提供的公共服务事项，采取公开招标方式由具备条件、信誉良好的社会组织、机构和

企业承担。严禁行政部门垄断或指定中介组织从事服务，推进政府部门社会信用等信息共享。

7.完善依法行政决策机制。建立重大行政决策程序规则，把公众参与、专家咨询、风险评估、合法性审查和集体讨论决定作为重大行政决策的法定程序。坚持开门决策，凡涉及重大政府投资项目、重大国有资产处置等重大行政决策事项，都要向社会公开征求意见；凡技术性和专业性强的决策事项，都要进行专家咨询论证；凡涉及公共利益决策的事项，都要召开征集意见会或依法组织听证，并注重参加人员的广泛性和代表性。进一步完善重大事项社会稳定风险评估机制，对未开展风险评估或有重大涉稳隐患的事项，一律不得作出决策。建立对重大招商引资项目投资主体、资信及守约情况法律调查机制。建立重大决策全过程记录保存制度、终身责任追究制度及责任倒查机制，对决策严重失误或者依法应该及时作出决策但久拖不决造成重大损失、恶劣影响的，严格追究主要领导、负有责任的其他领导人员和相关责任人员的法律责任。

完善普遍建立法律顾问制度，建立法律顾问选聘、经费保障、责任追究机制，在制定重大决策、处置重大资产过程中，保证法律顾问发挥事前咨询论证、事中审查把关和事后监督救济作用。

8.深化行政执法体制改革。理顺行政强制执行体制机制，规范行政强制权的执行程序，凡不具备强制权的行政机关必须及时依法向人民法院申请强制执行。严格落实行政执法人员持证上岗、资格管理和社会监督制度，未取得执法资格者不得从事执法活动。

9.严格规范行政执法行为。加大对土地、环境、安全生产、食品安全等关系群众切身利益重点领域的执法力度，依法惩处各类违法行为。完善执法程序，推行行政执法告知、全过程记录、监督卡和行政执法信息公示制度。改进执法方式，推行全程说理式执法、轻微问题告诫、突出问题约谈、重大案件回访等柔性执法方式。落实和健全行政裁量权基准制度，细化量化行政裁量标准，规范裁量范围、种类、幅度。全面落实行政执法责任制，严格确定不同部门及机构、岗位执法人员的执法责任，完善行政执法人员执法档案，落实行政执法案卷评查制、行政执法评议考核制和行政执法责任追究制。

四、加强执法监督，推进政务公开

10.建立备案审查制度。把沙坡头区所有规范性文件纳入市法制办备案审查范围，依法撤销和纠正违宪违法的规范性文件，禁止制发带有立法性质的文件。健全规范性文件报送备案、分送、分头审查、联合审查、反馈和信息沟通等工作制度，加大主动审查力度。制发规范性文件必须经市法制办合法性审查，否则不得提交讨论和进入决策程序。依法应通过开展听证等方式公开征询社会意见而没有进行的，法制机构不予受理。

11.强化对行政权力的监督和制约。加强党内监督、人大监督、民主监督、行政监督、司法监督、审计监督、社会监督、舆论监督制度建设，努力形成科学有效的权力运行制约和监督体系，增强监督合力和实效。加强对行政机关内部权力的制约，完善行政机关内部监督制度，对财政资金分配使用、国有资产监管、政府投资、政府采购、公共资源转让、公共工程建设等权力集中的部门和岗位实行分事行权、分岗设权、分级授权、定期轮岗、强化内部流程控制。强化政府内部层级监督和专门监督，建立法制机构常态化监督与监察问责衔接机制。完善纠错问责机制，健全责令公开道歉、停职检查、引咎辞职、责令辞职、罢免等问责方式和程序。对在行政管理和行政执法中违反法定权限、法定程序决策，违法制定规范性文件，不执行复议建议意见、不依法履行职责而造成严重后果的，严肃追究有关责任人的责任。

加强审计监督，对公共资金、国有资产、国有资源和领导干部履行经济责任情况实行审计全覆盖。对审计中发现的问题，要建立健全整改落实跟踪机制，对违纪违法问题要依纪依法处理。

12.全面推进政务公开。坚持以公开为常态、不公开为例外原则，推进决策公开、执行公开、管理公开、服务公开、结果公开。沙坡头区各乡镇及各部门依据权力清单，向社会全面公开政府职能、法律依据、实施主体、职责权限、管理流程、监督方式等事项。重点推进财务预算、公共资源配置、重大建设项目批准和实施、社会公益事业建设等领域的政府信息公开。建立健全例行发布、应急发布、政策解读、民生回应等机制。拓宽信息公开渠道，利用政务微博、微信等新媒体及时发布各类权威政务信息，促进信息互联互通和共享监督。

13.保障人民群众参与司法。在司法调解、司法听证、民事执行、涉诉涉法信访等司法活动中保障人民群众有效参与。通过人大代表、群众代表旁听、听证、见证执行、发表案件处理意见建议等方式，不断拓宽群众参与司法的渠道、方式、方法。

五、整合法治力量，强化法治队伍建设

14.强化监督执纪力量。继续推行乡镇纪委联合办案制度，进一步深化纪检监察系统“三转”推进，强化沙坡头区纪工委的监督执纪责任，加强党内法规执行监督检查，把党要管党、从严治党落到实处。沙坡头区各级党组织和广大党员干部要带头遵守国家法律法规和党规党纪，坚决同违法违纪行为作斗争。加强改进作风建设常态化，依纪依法反对形式主义、官僚主义、享乐主义和奢靡之风，严格落实中央、自治区、中卫市和沙坡头区加强廉洁自律相关规定，完善和严格执行领导干部政治、工作、生活待遇等方面的各项制度规定，严格落实党风廉政建设党委主体责任和纪委监督责任，对腐败行为和腐败分子，必须依纪依法予以坚决惩处，决不手软。

15.优化司法职能配置。探索设立沙坡头区政法服务窗口，建立弱势群体维权快立、快审、快执的“绿色通道”，切实维护群众合法权益。紧盯行政执法关键领域、关键环节和关键人员，健全受理、分流、查办、信息反馈制度，加强线索管理，对职务犯罪采取“一案双查”“分级负责”的责任追究制度，依法、及时、有效查处违法违纪和职务犯罪案件。

16.建设高素质法治专门队伍。突出抓好理想信念教育和法治能力教育，切实增强法治意识和依法履职能力。加强执法机关领导班子建设，注重政治素质、法治素养和依法办事能力，真正把善于运用法治思维和法治方式推进工作的干部选拔到领导岗位上来。

17.建设法律服务队伍。加强人民调解员、基层法律服务工作者、法律服务志愿者队伍建设。完善保障机制，提高人民调解员、基层法律服务工作者的积极性，鼓励具有法律专业知识的在职干部、律师、在校大学生等社会公众积极参与法律志愿服务。

六、强化社会治理，推进法治社会建设

18.推进多层次依法治理。探索开展党政群共商共治工程，发挥基层党组织在依法治区中的战斗堡垒作用。严格落实村民自治制度，凡涉及村民公共利益的重大事项，必须经村民大会或村民代表会议集体研究决定，并由村“两委”或村民代表向群众做好解释说明工作。完善城市社区居民自治制度，发挥市民公约、乡规民约、行业规章、团体章程等在社会治理中的积极作用，强化社区自治功能，推进社区居民依法民主参与公共事务管理。加强社会组织管理，支持、引导和监督行业商会和科技类、慈善类、社区服务类等社会组织发挥行业自律和专业服务功能。

19.完善立体化治安防控体系。加强社会治安重点地区和突出治安问题排查整治。依法严厉打击暴力恐怖、涉黑、邪教、传销和黄赌毒等违法犯罪活动。依托民生服务中心推进基层综治维稳组织建设，提升基层综合治理水平。健全社区矫正工作运行保障机制，加强对社区矫正和刑满释放等特殊人员的安置帮教。开展禁毒人民战争，健全戒毒工作执法流程和执法标准，提升戒毒工作规范化水平，新吸毒人员滋生速度明显减缓，对吸毒人员社会管理能力明显提升，毒品违法犯罪活动明显遏制，毒品问题引发的社会问题明显减少，群众对治理毒品满意度明显提高。加大校园周边环境治理力度。完善重点青少年关爱帮扶机制，预防和减少违法犯罪。

20.依法监管安全生产。严格落实安全生产政府监管责任和企业主体责任，强化重大项目建设、煤矿、交通、危险化学品、城市公用设施等行业安全专项治理，遏制重特大安全事故发生。依法打击网络犯罪，坚持依法管网、依法办网、依法上网，提高网络安全和信息法治化建设水平。

21.健全依法维权和化解矛盾纠纷机制。完善调解、仲裁、行政裁决、行政复议、诉讼等有机衔接、相互协调的多元化纠纷解决机制。加强各类专业性、行业性人民调解组织建设，健全镇、单位、村、组“四级联调”，人民调解、行政调解、司法调解“三调联动”的社会矛盾纠纷“大调解”工作机制。完善乡镇、村（居）人民调解网络建设，建立第三方参与矛盾纠纷调处化解机制。健全土地权属争议等方面的行政裁决制度，不断强化行政机关解决同行政管理活动密切相关的民事纠纷功能。

完善“1+X”信访工作制度体系，推进信访工作法治化、规范化。规范书记信箱、市长信箱和民生服务热线办理流程，建立沙坡头区党工委书记信箱，强化信访五联动工作机制，实行领导专题接访和带案下访制度。坚持诉访分离制度，完善信访事项依法终结制度。拓宽社情民意表达渠道，健全公众参与、诉求表达、平等沟通、协商对话平台和机制，完善“两代表一委员”联系群众工作机制。

22.加强和规范法律服务。完善法律援助制度，扩大援助范围，建立法律援助“一卡通”机制，建设以法援便民服务大厅为中心，辐射各个乡镇法援站、行业性法援站的“一小时法律援助圈”，保证人民群众在遇到法律问题或权益受到侵害时获得及时有效的法律帮助，畅通维权绿色通道，努力实现应援全覆盖。

23.推进民族事务治理法治化。积极推进维护民族团结、保护少数民族权益等方面政策的制定。大力开展对民族政策和法律法规执行情况的监督检查，保障少数民族合法权益不受侵犯。完善城市少数民族流动人口服务管理协调机制，做好少数民族维权服务。

24.依法管理宗教事务。严格执行党的民族宗教政策，不断完善依法管理宗教事务有关规定，坚持保护合法、制止非法、遏制极端、抵御渗透、打击犯罪的原则，依法保护信教群众宗教信仰自由和开展正常宗教活动。依法加强大型宗教活动管理，严格落实申报审批制度，确保正常宗教活动规范有序进行。进一步推进宗教活动场所管理规范化、法治化。加强宗教人士培训培养，依法规范宗教教职人员资格认定、备案和民主选聘，确保宗教组织领导权牢牢掌握在爱国宗教人士手中。建立宗教领域矛盾依法排查调处工作机制，依法查处和打击利用宗教进行渗透破坏等违法犯罪活动，全力维护沙坡头区现有宗教格局。

七、切实加强党的领导，为依法治区提供根本保证

25.健全依法治区的领导制度和工作机制。成立由党工委书记、管委会主任任组长，管委会副主任，各部门负责人为成员的沙坡头区全面推进依法治区领导小组，办公室设在社会管理工作部，负责具体日常工作。坚持每半年专题听取一次依法治区工作情况汇报，研究解决依法治区的重大问题。各乡镇、各部门要把依法治区工作摆到重要位置，把工作着力点放在依法行政、依法履职、公正执法上，进一步健全普法宣传、依法治理的组织机构，完善“一把手”负责制，结合自身职能，制订具体实施方案。

26.落实依法执政责任。沙坡头区各级领导干部特别是主要领导干部要牢固树立依法执政理念，牢记法律红线不可逾越、法律底线不可触碰。各级党组织要领导和监督本单位模范遵守宪法法律，贯彻党委决策部署，坚决查处执法犯法、违法用法等行为。各级党委要领导和支持工会、共青团、妇联等人民团体和社会组织在依法治区中发挥积极作用。

全面落实党管武装工作各项制度，深入贯彻国防动员建设法律法规，健全人民武装、经济(装备)、交通战备、人民防空、信息动员和国防教育等重点领域建设政策支撑体系，完善士兵服(退)役、民兵预备役人员支援保障作战和遂行多样化任务待遇配套法规，推进军民融合深度发展，提升国防动员建设整体水平。

27.提高党内法规执行力。加强党内法规执行监督检查，把党要管党、从严治党落到实处。沙坡头区各级党组织和广大党员干部要模范遵守国家法律和党规党纪，以更高标准严格要求自己，坚决同违法违纪行为作斗争。

28.增强党员干部法治意识。各级领导干部特别是主要领导干部要牢固树立法治意识，自觉提高运用法治思维和法治方式深化改革、推动发展、化解矛盾、维护稳定的能力。沙坡头区各级领导干部在召开领导班子民主生活会和进行述职述廉述德述责时，要报告学法用法情况。坚决查处执法犯法、违法用权等行为，对特权思想严重、法治观念淡薄的干部，要进行批评教育或给予组织处理。在强化领导干部的岗位法律法规知识培训的基础上，分级、分类强化对在职干部和新招录公务员及事业干部的岗位法律法规知识培训。

29.加强对依法治区的督查考核。各级党委要建立科学的法治建设指标体系和考核标准，完善法治政府建设考核机制，提高法治政府考核指标在效能考核中的比重，进一步加强对依法治区各项工作的督促检查，确保落实到位。要在强化监督检查的基础上，及时总结推广典型经验，表彰先进，形成人人关心、人人支持、人人参与依法治区的良好社会氛围。

沙坡头区各级党组织和广大党员干部群众要紧密团结在以习近平同志为总书记的党中央周围，高举中国特色社会主义伟大旗帜，在市委、政府的坚强领导下，开拓创新、扎实工作，为建设法治沙坡头区而努力奋斗！

沙坡头区信访疑难问题专项资金使用规定

卫沙党办发〔2015〕68号

第一条　为彻底化解信访疑难问题，推动“事要解决”，促进沙坡头区信访形势根本好转，特建立信访疑难问题化解专项资金。

第二条　信访疑难问题专项资金旨在解决长期积累、久拖未决、化解难度较大的特殊信访案件，促使信访人息诉罢访。

第三条　信访疑难问题专项资金的使用遵照以下规定执行：资金在20万元以下的，经信访联席会议讨论同意，以会议纪要形式决定拨付；资金在20万元以上的，由信访联席会议审定后提请党工委会议研究决定。

第四条　信访专项资金使用程序：信访人与所在乡镇签订书面息诉罢访协议后，由信访人所在乡镇向信访联席会议提出申请，按资金额度审批权限研究拨付。资金拨付到信访人所在乡镇后，必须做到专款专用，不得挪作他用。

第五条　沙坡头区信访督办局要建立和完善信访专项资金使用档案，对每一件化解救助信访事项都要建立台账，从资金申请到发放每个环节的资料都要及时形成卷宗，归档备查。

文献名录

【2015 年中共中卫市沙坡头区工作委员会发文名录】

序　号	文　件	发文号
1	中卫市沙坡头区党工委印发《关于加强和改进新形势下离退休干部党组织建设工作的实施意见》的通知	卫沙党发〔2015〕1 号
2	中共中卫市沙坡头区工作委员会关于全面推进依法治区的实施意见	卫沙党发〔2015〕2 号
3	关于印发《中卫市沙坡头区 2015 年工作要点》的通知	卫沙党发〔2015〕3 号
4	关于表彰奖励 2014 年度效能目标管理考核先进集体和先进个人的决定	卫沙党发〔2015〕4 号
5	沙坡头区关于落实党风廉政建设党委主体责任情况的报告	卫沙党发〔2015〕5 号
6	沙坡头区关于落实自治区 2014 年党风廉政建设责任制检查和领导班子领导干部考核组反馈意见整改方案的报告	卫沙党发〔2015〕6 号
7	关于表彰 2015 年度党风廉政建设和反腐败工作先进集体和先进个人的决定	卫沙党发〔2015〕8 号
8	关于命名沙坡头区“五个好”基层党组织和“党建工作示范点”的决定	卫沙党发〔2015〕9 号
9	关于表彰奖励 2014 年度美丽乡村建设先进集体的决定	卫沙党发〔2015〕10 号
10	关于调整沙坡头区禁毒委员会成员的通知	卫沙党发〔2015〕11 号
11	关于表彰奖励 2014 年度计划生育工作先进集体和先进工作者的决定	卫沙党发〔2015〕12 号
12	关于命名 2014 年度计划生育模范村（社区）和计划生育基层群众自治示范村（社区）的决定	卫沙党发〔2015〕13 号
13	关于呈报《沙坡头区 2015 年重点改革任务》的报告	卫沙党发〔2015〕14 号
14	关于印发《沙坡头区关于自治区党委第一巡视组巡视中卫市反馈意见的整改方案》的通知	卫沙党发〔2015〕15 号
15	关于呈报沙坡头区 2015 年上半年工作总结暨下半年工作思路的报告	卫沙党发〔2015〕16 号
16	关于呈报《沙坡头区“二次创业”大讨论活动总结》的报告	卫沙党发〔2015〕17 号
17	关于深入学习贯彻自治区党委十一届六次全会精神情况的报告	卫沙党发〔2015〕18 号
18	关于呈报《沙坡头区深化农村改革工作任务分工方案》的报告	卫沙党发〔2015〕19 号
19	关于认真学习宣传贯彻党的十八届五中全会精神的通知	卫沙党发〔2015〕20 号
20	关于验收“无邪教创建”示范乡镇、村居（社区）的请示	卫沙党发〔2015〕21 号
21	关于落实党风廉政建设党委主体责任情况的报告	卫沙党发〔2015〕22 号
22	关于呈报《沙坡头区 2015 年农业农村工作总结和“十三五”及 2016 年工作思路》的报告	卫沙党发〔2015〕23 号
23	关于宣和镇兴海村、兴仁镇泰和村村委会选举工作进展情况的报告	卫沙党发〔2015〕24 号
24	关于表彰 2015 年度农田水利基本建设暨农村环境卫生综合整治先进集体和先进工作者的决定	卫沙党发〔2015〕25 号
25	关于新墩村群众入股集资有关情况的报告	卫沙党发〔2015〕26 号
26	沙坡头区党工委关于召开党工委领导班子“三严三实”专题民主生活会的请示	卫沙党发〔2015〕27 号
27	关于上报沙坡头区党工委管委会领导班子及班子成员“三严三实”专题民主生活会实施方案的报告	卫沙党发〔2015〕28 号

【2015年中共中卫市沙坡头区工作委员会办公室发文名录】

序　号	文　件	发文号
1	关于切实做好当前安全生产和人员密集场所安全管理工作的紧急通知	卫沙党办发〔2015〕1号
2	关于进一步做好办公用房清理整改工作的通知	卫沙党办发〔2015〕2号
3	关于召开沙坡头区2014年度干部选拔任用“一报告两评议”工作会暨党工委管委会领导班子教育实践活动整改落实情况测评会议的通知	卫沙党办发〔2015〕3号
4	关于印发《自治区2014年党风廉政建设责任制检查和领导班子领导干部考核组反馈意见整改方案》的通知	卫沙党办发〔2015〕4号
5	关于开展关爱困难职工群众“寒冬送暖”捐款活动的通知	卫沙党办发〔2015〕5号
6	关于印发《沙坡头区开展四述三评活动工作方案》的通知	卫沙党办发〔2015〕6号
7	关于召开沙坡头区计划生育工作会议的通知	卫沙党办发〔2015〕7号
8	关于举办2015年机关干部能力提升培训班的通知	卫沙党办发〔2015〕8号
9	关于转发《关于加强和改进紧急信息报送工作的通知》的通知	卫沙党办发〔2015〕9号
10	关于印发《沙坡头区2015年重点项目、重点工作分工方案》的通知	卫沙党办发〔2015〕10号
11	关于调整沙坡头区机构编制委员会组成人员的通知	卫沙党办发〔2015〕11号
12	关于拨付王森同志一次性工伤伤残补助金的请示	卫沙党办发〔2015〕12号
13	关于调张涛等同志到党工委办公室工作的请示	卫沙党办发〔2015〕13号
14	关于拨付保密监控设备资金的请示	卫沙党办发〔2015〕14号
15	关于召开沙坡头区党工委扩大会议暨“四述三评”会议的通知	卫沙党办发〔2015〕15号
16	关于启用“沙坡头区处理信访突出问题及群体性事件联席会议办公室”印章的通知	卫沙党办发〔2015〕16号
17	关于印发《沙坡头区2015年春节走访慰问方案》的通知	卫沙党办发〔2015〕17号
18	关于2014年度效能目标管理考核结果的通报	卫沙党办发〔2015〕18号
19	关于春节假期值班情况的通报	卫沙党办发〔2015〕19号
20	关于接入宁夏党政内网的请示	卫沙党办发〔2015〕20号
21	关于印发《2015年市“8+2”工作机制中涉及沙坡头区的重点项目及重点工作推进工作方案》的通知	卫沙党办发〔2015〕21号
22	关于做好深入开展“转作风、抓发展”工作督促检查的通知	卫沙党办发〔2015〕22号
23	关于党工委领导班子成员包抓乡镇工作的通知	卫沙党办发〔2015〕23号
24	关于印发《沙坡头区党工委领导批示件办理工作制度》的通知	卫沙党办发〔2015〕24号
25	关于印发《沙坡头区2015年机关干部下农村送政策促发展活动实施方案》的通知	卫沙党办发〔2015〕25号
26	关于召开沙坡头区组织纪检暨“守纪律、讲规矩”主题教育活动动员会的通知	卫沙党办发〔2015〕26号
27	关于印发《关于开展“守纪律、讲规矩”主题教育活动的实施方案》的通知	卫沙党办发〔2015〕27号
28	关于印发《沙坡头区2015年度效能目标管理考核办法》的通知	卫沙党办发〔2015〕28号
29	关于印发沙坡头区2015年乡镇效能目标管理任务及评分标准的通知	卫沙党办发〔2015〕29号
30	关于印发沙坡头区2016年部门效能目标管理任务及评分标准的通知	卫沙党办发〔2015〕30号
31	关于印发沙坡头区党工委2015年月度重点工作计划的通知	卫沙党办发〔2015〕31号
32	关于印发《〈市人民政府2015年督查工作要点〉分工落实方案》的通知	卫沙党办发〔2015〕32号
33	关于印发《2015年深化平安沙坡头区建设实施方案》的通知	卫沙党办发〔2015〕33号
34	关于调整党工委领导班子成员工作分工的通知	卫沙党办发〔2015〕34号
35	关于召开计划生育、安全生产及农村环境卫生深度保洁动员大会的通知	卫沙党办发〔2015〕35号
36	关于加大考评考核力度推进平安沙坡头区建设的通知	卫沙党办发〔2015〕36号
37	关于印发《沙坡头区落实〈自治区对市县效能目标管理考核任务〉责任分工方案》的通知	卫沙党办发〔2015〕37号

续表 1

序　号	文　件	发文号
38	关于转发《关于印发〈中卫市公职人员环境保护问责办法(实行)〉的通知》的通知	卫沙党办发〔2015〕38 号
39	关于调整成立变更沙坡头区部分非常设机构及组成人员的通知	卫沙党办发〔2015〕39 号
40	关于转发自治区党委督查室《关于全区禁牧封育情况的督查通报》的通知	卫沙党办发〔2015〕40 号
41	关于转发《宁夏进京非访情况分析》的通知	卫沙党办发〔2015〕41 号
42	关于召开沙坡头区农村环境卫生整治观摩评促会的通知	卫沙党办发〔2015〕42 号
43	关于印发《关于进一步深化和谐社区创建工作的意见》的通知	卫沙党办发〔2015〕43 号
44	关于召开沙坡头区农村环境卫生整治第二次观摩评促会的通知	卫沙党办发〔2015〕44 号
45	关于 2014 年 12 月—2015 年 3 月信息采用情况的通报	卫沙党办发〔2015〕45 号
46	沙坡头区党工委办公室　管委会办公室关于印发《2015 年党风廉政建设和反腐败暨“清廉沙坡头区”建设主要任务分工》的通知	卫沙党办发〔2015〕46 号
47	关于转发《关于印发〈中卫市落实党风廉政建设党委主体责任和纪委监督责任追究办法(试行)〉的通知》的通知	卫沙党办发〔2015〕47 号
48	关于转发《关于印发〈中卫市落实党风廉政建设党委主体责任和纪委监督责任追究办法(试行)〉的通知》的通知	卫沙党办发〔2015〕48 号
49	关于沙坡头区 2015 年 4 月新浪政务微博运行及转办回复情况的报告	卫沙党办发〔2015〕49 号
50	沙坡头区党工委办公室　管委会办公室关于成立 2015 年沙坡头区城市社区“两委”换届选举工作领导小组的通知	卫沙党办发〔2015〕50 号
51	关于认真做好 2015 年沙坡头区城市社区“两委”换届选举工作的通知	卫沙党办发〔2015〕51 号
52	行政事业单位资产分析报告要点	卫沙党办发〔2015〕52 号
53	关于召开沙坡头区保密工作会议暨保密知识培训班的通知	卫沙党办发〔2015〕53 号
54	沙坡头区党工委办公室　管委会办公室关于召开 2015 年沙坡头区城市社区“两委”换届选举工作动员暨培训会的通知	卫沙党办发〔2015〕54 号
55	密件	卫沙党办发〔2015〕55 号
56	关于建立党工委领导班子成员党建工作联系点的通知	卫沙党办发〔2015〕56 号
57	印发《关于在县处级以上领导干部中开展三严三实”专题教育实施方案》的通知	卫沙党办发〔2015〕57 号
58	关于召开“三严三实”专题教育暨“二次创业”大讨论活动启动会的通知	卫沙党办发〔2015〕58 号
59	关于印发《沙坡头区培育建设全区县域经济观摩备选点“五定”方案》的通知	卫沙党办发〔2015〕59 号
60	关于印发《沙坡头区“二次创业”大讨论活动实施方案》的通知	卫沙党办发〔2015〕60 号
61	关于印发《沙坡头区 2015 年全民禁毒宣传月活动实施方案》的通知	卫沙党办发〔2015〕61 号
62	关于印发《沙坡头区“法律八进”活动实施方案》的通知	卫沙党办发〔2015〕62 号
63	沙坡头区党工委办公室　管委会办公室关于印发《2015 年度沙坡头区效能目标管理考核任务分工落实方案》的通知	卫沙党办发〔2015〕63 号
64	关于印发《沙坡头区 2015 年群众评议机关和干部作风活动实施方案》的通知	卫沙党办发〔2015〕64 号
65	关于做好沙坡头区“二次创业”大讨论活动相关工作的通知	卫沙党办发〔2015〕65 号
66	关于召开沙坡头区党工委领导班子“三严三实”专题教育第一次集体学习研讨会的通知	卫沙党办发〔2015〕66 号
67	关于对上半年落实党风廉政建设责任制和推进反腐败暨清廉沙坡头区建设情况进行督查的通知	卫沙党办发〔2015〕67 号
68	关于印发《沙坡头区信访疑难问题专项资金使用规定》的通知	卫沙党办发〔2015〕68 号
69	关于进一步强化督查工作的通知	卫沙党办发〔2015〕69 号
70	关于成立沙坡头区行政审批制度改革专项小组的通知	卫沙党办发〔2015〕70 号
71	关于转发《中卫市公职人员不担当慢作为效率低行为问责办法(试行)的通知》的通知	卫沙党办发〔2015〕71 号
72	关于对兴仁镇禁牧封育工作情况的通报	卫沙党办发〔2015〕72 号
73	关于 2015 年 4 月—5 月信息采用情况的通报	卫沙党办发〔2015〕73 号

续表 2

序号	文件	发文号
74	关于“开斋节”假期值班情况的通报	卫沙党办发〔2015〕74 号
75	关于调张涛等同志到党工委办公室工作的请示	卫沙党办发〔2015〕75 号
76	关于做好沙坡头区“三严三实”专题教育“专题二”学习研讨有关工作的通知	卫沙党办发〔2015〕76 号
77	关于认真学习宣传贯彻自治区党委十一届六次全体会议精神的通知	卫沙党办发〔2015〕77 号
78	关于做好调研准备工作的通知	卫沙党办发〔2015〕78 号
79	关于认真做好兴海村、泰和村村委会选举工作及进一步加强驻村第一书记管理考核的通知	卫沙党办发〔2015〕79 号
80	关于印发沙坡头区 2015 年乡镇、部门效能目标管理综合目标任务及评分标准的通知	卫沙党办发〔2015〕80 号
81	关于印发《沙坡头区 2015 年禁毒工作目标管理任务及评分标准》的通知	卫沙党办发〔2015〕81 号
82	关于 2015 年 6—8 月信息采用情况的通报	卫沙党办发〔2015〕82 号
83	关于报送沙坡头区 2016 年重大项目、重点工作的通知	卫沙党办发〔2015〕83 号
84	关于认真落实机关企事业单位职工带薪年休假制度的通知	卫沙党办发〔2015〕84 号
85	关于印发《沙坡头区近期重点工作“五定”责任方案》的通知	卫沙党办发〔2015〕85 号
86	关于召开 2015 年秋冬季农田水利基本建设暨农村环境大整治评促会的通知	卫沙党办发〔2015〕86 号
87	关于转发《关于印发〈星级和谐社区创建工作考评方案〉的通知》的通知	卫沙党办发〔2015〕87 号
88	关于召开 2015 年秋冬季农田水利基本建设和农村环境卫生大整治第二次现场观摩评促会暨“从严从实抓落实，大干实干 100 天”动员会的通知	卫沙党办发〔2015〕88 号
89	关于印发《沙坡头区开展“从严从实抓落实大干实干 100 天”活动实施方案》的通知	卫沙党办发〔2015〕89 号
90	印发《关于对市纪委 2015 年上半年党风廉政建设暨“清廉中卫”建设督查反馈意见整改方案》的通知	卫沙党办发〔2015〕90 号
91	关于转发自治区考核办《2015 年市县效能目标管理考核综合目标考核赋分细则》的通知	卫沙党办发〔2015〕91 号
92	密件	卫沙党办发〔2015〕92 号
93	关于做好沙坡头区“三严三实”专题教育“专题三”学习研讨有关工作的通知	卫沙党办发〔2015〕93 号
94	关于明确自治区及中卫市下达效能目标管理考核任务责任分工的通知	卫沙党办发〔2015〕94 号
95	关于召开 2015 年秋冬季农田水利基本建设暨农村环境卫生集中整治第三次现场观摩评促会的通知	卫沙党办发〔2015〕95 号
96	关于报送“从严从实抓落实 大干实干 100 天”活动信息的通知	卫沙党办发〔2015〕96 号
97	关于 2015 年 9 月信息采用情况的通报	卫沙党办发〔2015〕97 号
98	关于调整党工委管委会领导班子成员工作分工的通知	卫沙党办发〔2015〕98 号
99	关于转发自治区党委办公厅《关于认真学习贯彻〈中国共产党巡视工作条例〉的通知》的通知	卫沙党办发〔2015〕99 号
100	印发《关于自治区深化和谐社区创建等三项重点工作督查反馈意见整改方案》的通知	卫沙党办发〔2015〕100 号
101	关于印发《中卫市 2015 年第三期媒体问政曝光沙坡头区有关问题整改方案》的通知	卫沙党办发〔2015〕101 号
102	沙坡头区关于市政协三届三次会议提案办理情况的自查报告	卫沙党办发〔2015〕102 号
103	关于对沙坡头区“平安建设”工作进行督查的通知	卫沙党办发〔2015〕103 号
104	印发《关于深化“三严三实”专题教育着力解决基层干部不作为乱作为等损害群众利益问题的工作方案》的通知	卫沙党办发〔2015〕104 号
105	关于转发《自治区党委办公厅 人民政府办公厅印发〈关于规范农村土地经营权流转的实施意见〉的通知》的通知⊖	卫沙党办发〔2015〕105 号
106	关于认真学习贯彻《中国共产党廉洁自律准则》《中国共产党纪律处分条例》的通知	卫沙党办发〔2015〕106 号
107	关于召开沙坡头区 2015 年度农田水利基本建设暨农村环境卫生整治工作总结表彰大会的预通知	卫沙党办发〔2015〕107 号
108	关于对沙坡头区党政机关乡镇领导班子和领导干部进行全面考核的通知	卫沙党办发〔2015〕108 号
109	印发《关于对市委 2015 年落实党风廉政建设“两个责任”暨推进“清廉中卫”建设督查反馈意见的整改方案》的通知	卫沙党办发〔2015〕109 号

续表 3

序　号	文　件	发文号
110	关于转发《自治区党委办公厅关于印发〈宁夏回族自治区事业单位领导人员管理暂行办法〉的通知》的通知	卫沙党办发〔2015〕110 号
111	关于印发《沙坡头区关于开展 2015 年“三述三评”活动的工作方案》的通知	卫沙党办发〔2015〕111 号
112	关于 2015 年 10 月信息采用情况的通报	卫沙党办发〔2015〕112 号
113	关于对各部门 2015 年度效能目标管理任务进行考核的通知	卫沙党办发〔2015〕113 号
114	关于做好 2016 年度党报党刊发行工作严格规范报刊发行秩序的通知	卫沙党办发〔2015〕114 号
115	关于征求沙坡头区党工委管委会领导班子及班子成员“三严三实”专题民主生活会意见建议的通知	卫沙党办发〔2015〕115 号
116	关于举办沙坡头区科级干部培训班的通知	卫沙党办发〔2015〕116 号
117	关于印发《沙坡头区 2015 年冬季党员集中轮训工作方案》的通知	卫沙党办发〔2015〕117 号
118	关于做好 2016 年元旦春节期间有关工作的通知	卫沙党办发〔2015〕118 号
119	关于 11 月份信息采用情况的通报	卫沙党办发〔2015〕119 号

【2015 年中卫市沙坡头区管理委员会发文名录】

序　号	文　件	文　号
1	关于拨付新墩北路建设项目房屋征收货币补偿款的请示	卫沙管发〔2015〕1 号
2	关于拨付十里水街官桥幸福里小区自行车棚建设资金的请示	卫沙管发〔2015〕2 号
3	关于拨付土地收储项目 2 号(瑞丰家园)宗地拆迁服务费和垃圾清运费的请示	卫沙管发〔2015〕3 号
4	关于拨付幸福立方安置房建设资金的请示	卫沙管发〔2015〕4 号
5	关于拨付宜居家园经济适用房建设资金的请示	卫沙管发〔2015〕5 号
6	关于成立沙坡头区处理信访突出问题及群体性事件联席会议领导小组的通知	卫沙管发〔2015〕6 号
7	关于沙坡头区“十二五”生态移民“双清”工作的报告	卫沙管发〔2015〕7 号
8	关于做好今冬明春道路交通安全整治工作的通知	卫沙管发〔2015〕8 号
9	关于印发《2015 年沙坡头区财政收支预算》的通知	卫沙管发〔2015〕9 号
10	关于解决沙坡头区镇罗镇土地流转工作基础设施配套资金的请示	卫沙管发〔2015〕10 号
11	关于拨付城市重点建设项目逾期安置补偿费的请示	卫沙管发〔2015〕11 号
12	关于转发《关于新能源光伏、风力发电项目用地收取租赁费的通知》的通知	卫沙管发〔2015〕12 号
13	关于拨付阳光骄子安置房建设资金的请示	卫沙管发〔2015〕13 号
14	关于拨付滨河镇工业基地拆迁补偿费的请示	卫沙管发〔2015〕14 号
15	关于转发《关于印发政府投资项目招标投标的规定的通知》的通知	卫沙管发〔2015〕15 号
16	关于解决永康镇永新村肉牛养殖场建设项目扶持资金的请示	卫沙管发〔2015〕16 号
17	关于拨付沙坡头区生态移民区青贮池建设及饲草储备补助资金的请示	卫沙管发〔2015〕17 号
18	关于拨付沙坡头区 2014 年下半年生态移民区移民生活救助资金的请示	卫沙管发〔2015〕18 号
19	关于峡门水库工程建设过程中土地及有关问题的请示	卫沙管发〔2015〕19 号
20	关于沙坡头区 2014 年度农村饮水安全工程督查情况整改的报告	卫沙管发〔2015〕20 号
21	关于同意成立中卫市镇罗金鑫园供水有限公司的批复	卫沙管发〔2015〕21 号
22	关于柔远镇刘台村普光寺举行传统庙会的批复	卫沙管发〔2015〕22 号
23	关于研究审定《沙坡头区高庄王团、米粮川移民区综合治理建设方案》的请示	卫沙管发〔2015〕23 号
24	关于上报 2015 年中卫市沙坡头区整村推进示范村和脱贫销号村实施方案的报告	卫沙管发〔2015〕24 号
25	关于上报 2015 年中卫市沙坡头区整村推进项目资金整合计划的报告	卫沙管发〔2015〕25 号
26	关于调整香山乡新水村建设用地的请示	卫沙管发〔2015〕26 号

续表 1

序　号	文　件	文　号
27	关于拨付退耕地异地调整造林工程建设资金的请示	卫沙管发〔2015〕27 号
28	关于上报沙坡头区 2014 年最严格水资源管理和节水型社会建设工作总结的报告	卫沙管发〔2015〕28 号
29	关于呈报沙坡头区 2015 年保护黄河绿色行动实施方案的报告	卫沙管发〔2015〕29 号
30	关于呈报沙坡头区保护黄河绿色行动规划（2015—2017 年）的报告	卫沙管发〔2015〕30 号
31	关于报送 2015 年沙坡头区各乡镇及部门下属事业单位公开招聘工作人员计划的请示	卫沙管发〔2015〕31 号
32	关于常乐镇老君台全真观举行传统庙会的批复	卫沙管发〔2015〕32 号
33	关于上报《沙坡头区 2015 年硒砂瓜品质品牌保护实施方案》的请示	卫沙管发〔2015〕33 号
34	关于上报《沙坡头区 2015 年农田水利基本建设实施方案》的报告	卫沙管发〔2015〕34 号
35	关于高庙保安寺举办传统法会的请示	卫沙管发〔2015〕35 号
36	关于划拨宜居家园 B 区和民生花园保障房工程款的请示	卫沙管发〔2015〕36 号
37	关于 2015 年春季造林绿化工作的安排意见	卫沙管发〔2015〕37 号
38	关于永康镇阳沟村申报自治区级生态村的批复	卫沙管发〔2015〕38 号
39	关于协调解决中卫市硒砂王朝农牧专业合作社万头肉羊养殖场建设用地及坟墓迁移的请示	卫沙管发〔2015〕39 号
40	关于《常乐镇定武高速公路南侧造林绿化土地承包经营实施方案》的批复	卫沙管发〔2015〕40 号
41	关于转发《市人民政府关于印发〈中卫市安全生产行政责任规定〉的通知》的通知	卫沙管发〔2015〕41 号
42	关于统一采购 2015 年美丽村庄绿化苗木的请示	卫沙管发〔2015〕42 号
43	关于预拨民生花园营业房退付房款差价的请示	卫沙管发〔2015〕43 号
44	关于解决沙坡头区高效节水农业田间滴灌带设施资金的请示	卫沙管发〔2015〕44 号
45	关于限期整改各乡镇辖区内违法占用耕地问题的通知	卫沙管发〔2015〕45 号
46	关于申请核拨沙坡头区禁毒经费的请示	卫沙管发〔2015〕46 号
47	关于高庙保安寺举行传统法会的批复	卫沙管发〔2015〕47 号
48	关于印发《沙坡头区农村环境卫生深度保洁及村容村貌管理暂行办法》的通知	卫沙管发〔2015〕48 号
49	关于拨付沙坡头区东园镇史湖村停车厂租地资金的请示	卫沙管发〔2015〕49 号
50	关于办理常乐镇大路街社区迁移建设用地手续的请示	卫沙管发〔2015〕50 号
51	关于对宁夏林翔驾驶员培训学校建设用地进行预审的请示	卫沙管发〔2015〕51 号
52	关于柔远镇冯庄村申报自治区级生态村的批复	卫沙管发〔2015〕52 号
53	关于滨河镇城北村申报自治区级生态村的批复	卫沙管发〔2015〕53 号
54	关于滨河镇官桥村申报自治区级生态村的批复	卫沙管发〔2015〕54 号
55	关于解决文昌镇东园村临时市场“12.28”火灾事故遗留问题的请示	卫沙管发〔2015〕55 号
56	关于拨付阳光骄子安置房回购资金的请示	卫沙管发〔2015〕56 号
57	关于拨付金泽庭院项目在幸福立方小区回购安置房资金的请示	卫沙管发〔2015〕57 号
58	关于拨付沙坡头区农村垃圾清运设施购置资金的请示	卫沙管发〔2015〕58 号
59	关于拨付沙坡头区农村环卫保洁经费的请示	卫沙管发〔2015〕59 号
60	关于转发《关于印发〈中卫市加强新时期爱国卫生工作的实施方案〉的通知》的通知	卫沙管发〔2015〕60 号
61	关于转发《关于印发〈中卫市创建国家卫生城市 2015 年工作“五定”方案〉的通知》的通知	卫沙管发〔2015〕61 号
62	关于调配公务用车的请示	卫沙管发〔2015〕62 号
63	关于解决沙坡头区特色农业及农村环境综合整治以奖代补资金的请示	卫沙管发〔2015〕63 号
64	关于对沙坡头区康乐、敬农生态移民区室内外及村庄排水工程进行立项的请示	卫沙管发〔2015〕64 号
65	关于办理东园镇谢滩村“美丽村庄”项目建设用地手续的请示	卫沙管发〔2015〕65 号
66	关于解决东园镇史湖村“美丽村庄”安置住房建设工程有关问题的请示	卫沙管发〔2015〕66 号
67	关于办理兴仁镇源泉有机枸杞种植园项目开发用地手续的请示	卫沙管发〔2015〕67 号
68	关于审定《中卫市沙坡头区社区地震应急示范演练方案》的请示	卫沙管发〔2015〕68 号

续表 2

序　号	文　件	文　号
69	关于为中卫市林园瓜果流通农民专业合作社新品种示范园增加用水指标、配套深水井的请示	卫沙管发〔2015〕69 号
70	关于解决香山乡米粮川移民区和兴仁高庄王团移民区移民住房工程税款遗留问题的请示	卫沙管发〔2015〕70 号
71	关于申报 2015 年规模化生物天然气工程试点项目的请示	卫沙管发〔2015〕71 号
72	关于拨付宁夏大学中卫校区建设项目遗留问题补偿资金的请示	卫沙管发〔2015〕72 号
73	关于划拨宣和农村公路(南环路)项目征地拆迁费的请示	卫沙管发〔2015〕73 号
74	关于拨付中卫市广厦房地产开发有限公司垫支民生花园回迁安置房逾期安置费等费用的请示	卫沙管发〔2015〕74 号
75	关于解决沙坡头区农村饮水水质处理设施资金的请示	卫沙管发〔2015〕75 号
76	关于拨付沙坡头区生态移民区土地租金的请示	卫沙管发〔2015〕76 号
77	关于《中卫市沙坡头区 2015 年“扶贫到户责任到人”扶贫攻坚工程实施方案》的报告	卫沙管发〔2015〕77 号
78	关于上报中卫市沙坡头区 2015 年种粮农民直接补贴和农资综合补贴面积的报告	卫沙管发〔2015〕78 号
79	关于拨付民生花园建设项目工程款的请示	卫沙管发〔2015〕79 号
80	关于解决文昌镇双桥村农居工程遗留问题的请示	卫沙管发〔2015〕80 号
81	关于拨付沙坡头区生态移民区易地扶贫搬迁工程项目资金的请示	卫沙管发〔2015〕81 号
82	关于将沙坡头区迎水桥镇何滩村列入自治区 2015 年美丽村庄建设项目计划的请示	卫沙管发〔2015〕82 号
83	关于常乐镇香岩寺举行传统法会的批复	卫沙管发〔2015〕83 号
84	关于呈报《中卫市沙坡头区城乡社区服务站建设项目实施方案》的报告	卫沙管发〔2015〕84 号
85	关于印发《中卫市沙坡头区 2015 年整村推进示范村实施方案》《中卫市沙坡头区 2015 年整村推进脱贫销号村实施方案》及《中卫市沙坡头区 2015 年“扶贫到户责任到人”扶贫攻坚工程实施方案》的通知	卫沙管发〔2015〕85 号
86	关于研究解决兴仁镇兴仁小康楼项目建设用地的请示	卫沙管发〔2015〕86 号
87	关于拨付常乐镇黄套高效节灌工程运行资金的请示	卫沙管发〔2015〕87 号
88	关于拨付 2014 年常乐镇黄套小型农田水利节水灌溉工程运行资金的请示	卫沙管发〔2015〕88 号
89	关于解决阳光沐浴工程地方补贴资金及工作经费的请示	卫沙管发〔2015〕89 号
90	关于处置宣和镇民生服务中心大楼资产的批复	卫沙管发〔2015〕90 号
91	关于拨付福润苑 A 区项目被征收人住宅房逾期安置补助费的请示	卫沙管发〔2015〕91 号
92	关于设立宣和镇林昌村的批复	卫沙管发〔2015〕92 号
93	关于拨付民生花园营业房逾期安置补助费的请示	卫沙管发〔2015〕93 号
94	关于拨付民生花园被征收人安置在中杞郦都逾关于沙坡头区土地利用和管理情况的报告	卫沙管发〔2015〕94 号
95	关于沙坡头区土地利用和管理情况的报告	卫沙管发〔2015〕95 号
96	关于解决沙坡头区水质检测中心建设资金的请示	卫沙管发〔2015〕96 号
97	关于进一步明确沙坡头区人口和计划生育工作管理职责的通知	卫沙管发〔2015〕97 号
98	关于沙坡头区 2015 年度财政专项扶贫资金使用计划的报告	卫沙管发〔2015〕98 号
99	关于康乐敬农移民区一户多代一户多人住房困难的报告	卫沙管发〔2015〕99 号
100	关于拨付应理新社区项目逾期安置补偿费的请示	卫沙管发〔2015〕100 号
101	关于将沙坡头区香山乡红圈村列入自治区 2015 年美丽村庄建设项目计划的请示	卫沙管发〔2015〕101 号
102	关于将沙坡头区 2015 年新增社区工作经费及干部工资纳入财政预算的请示	卫沙管发〔2015〕102 号
103	沙坡头区关于进一步核实上报“十三五”扶贫移民搬迁计划数据的报告	卫沙管发〔2015〕103 号
104	关于拨付福兴苑项目逾期安置补偿费的请示	卫沙管发〔2015〕104 号
105	关于划拨信访维稳工作经费的请示	卫沙管发〔2015〕105 号
106	关于解决沙坡头区扬水泵站运行人员及经费的请示	卫沙管发〔2015〕106 号
107	关于拨付兴仁镇硒砂瓜市场地上附着物补偿款的请示	卫沙管发〔2015〕107 号
108	关于拨付黄河湿地公园东段建设项目剩余占地补偿款的请示	卫沙管发〔2015〕108 号

续表 3

序　号	文　件	文　号
109	关于成立沙坡头区 2015 年夏秋季征兵工作领导小组的通知	卫沙管发〔2015〕109 号
110	关于沙坡头区农户新垦耕地自查统计的报告	卫沙管发〔2015〕110 号
111	关于拨付柔远镇砖塔村物流园区建设占用自来水管线变更维护资金的请示	卫沙管发〔2015〕111 号
112	关于将沙坡头区兴仁镇兴仁村列入自治区 2015 年美丽村庄建设项目计划的请示	卫沙管发〔2015〕112 号
113	关于上报沙坡头区 2015 年阳光沐浴工程实施方案的报告	卫沙管发〔2015〕113 号
114	关于将东园镇史湖村安置住房建设列入自治区棚户区改造项目的请示	卫沙管发〔2015〕114 号
115	关于呈报沙坡头区 2015 年上半年工作总结暨下半年工作思路的报告	卫沙管发〔2015〕115 号
116	关于拨付永康集镇和迎水桥镇杨渠村一体化污水处理设施运行经费的请示	卫沙管发〔2015〕116 号
117	关于印发《沙坡头区 2015 年推进依法行政建设法治政府工作安排》的通知	卫沙管发〔2015〕117 号
118	关于拨付新墩村(东区)棚户区改造项目房屋征收服务费和垃圾清运费的请示	卫沙管发〔2015〕118 号
119	关于审定《沙坡头区兴仁镇兴仁村美丽村庄项目建设方案》的请示	卫沙管发〔2015〕119 号
120	关于解决 2015 年硒砂瓜品质品牌保护地理标示经费的请示	卫沙管发〔2015〕120 号
121	关于解决沙坡头区康乐生态移民区土地利用有关问题的请示	卫沙管发〔2015〕121 号
122	关于将宣和高载能工业园区功能区棚户区改造项目列入自治区棚户区改造项目的请示	卫沙管发〔2015〕122 号
123	关于将沙坡头区部分乡镇排水工程列入自治区专项建设资金计划的请示	卫沙管发〔2015〕123 号
124	关于划拨沙坡头区农村人畜饮水管理站中心化验室和农村供水工程信息及自动监控中心建设用地的请示	卫沙管发〔2015〕124 号
125	关于拨付新墩北路建设项目房屋征收补偿款的请示	卫沙管发〔2015〕125 号
126	关于拨付应理新社区建设项目逾期安置补助费的请示	卫沙管发〔2015〕126 号
127	关于调整中卫市沙坡头区农产品质量安全检验检测站建设用房的通知	卫沙管发〔2015〕127 号
128	关于对市政协三届三次会议第 13 号提案的答复	卫沙管发〔2015〕128 号
129	关于对市政协三届三次会议第 7 号提案的答复	卫沙管发〔2015〕129 号
130	关于对市政协三届三次会议第 12 号提案的答复	卫沙管发〔2015〕130 号
131	关于对市政协三届三次会议第 18 号提案的答复	卫沙管发〔2015〕131 号
132	关于对市政协三届三次会议第 92 号提案的答复	卫沙管发〔2015〕132 号
133	关于拨付三合家园小区项目工程款的请示	卫沙管发〔2015〕133 号
134	关于对市政协三届三次会议第 59 号提案的答复	卫沙管发〔2015〕134 号
135	关于对市政协三届三次会议第 68 号提案的答复	卫沙管发〔2015〕135 号
136	关于呈报《中卫市沙坡头区 2015—2017 年农村危房改造实施方案》的报告	卫沙管发〔2015〕136 号
137	关于成立沙坡头区农村环境保护协调联动工作领导小组的通知	卫沙管发〔2015〕137 号
138	关于呈报《沙坡头区"千村电商"工程实施方案》的报告	卫沙管发〔2015〕138 号
139	关于拨付卫谢路改建工程房屋征收剩余补偿款的请示	卫沙管发〔2015〕139 号
140	关于拨付中杞郦都安置全民创业城、民生花园被征收人逾期安置补助费和退付房款的请示	卫沙管发〔2015〕140 号
141	关于拨付时代佳苑项目逾期安置补助费的请示	卫沙管发〔2015〕141 号
142	关于拨付福兴苑保障性住房建设项目逾期安置补助费的请示	卫沙管发〔2015〕142 号
143	关于核拨沙坡头区禁毒经费的请示	卫沙管发〔2015〕143 号
144	关于拨付利民路建设项目逾期安置补偿费的请示	卫沙管发〔2015〕144 号
145	关于拨付兴仁镇硒砂瓜市场地上附着物补偿款的请示	卫沙管发〔2015〕145 号
146	关于呈报《沙坡头区村庄布局调整名录》的报告	卫沙管发〔2015〕146 号
147	关于拨付永康镇扬灌区农产品交易市场项目专项补助资金的请示	卫沙管发〔2015〕147 号
148	关于解决沙坡头区农村饮水安全水源井建设资金的请示	卫沙管发〔2015〕148 号
149	关于上报《沙坡头区 2015 年秋冬季农田水利基本建设实施方案》的报告	卫沙管发〔2015〕149 号

续表 4

序号	文件	文号
150	关于对中卫大酒店(有限公司)等重大火灾隐患单位进行摘牌销案的通知	卫沙管发〔2015〕150 号
151	关于拨付宁夏大学中卫分校区项目建设征地遗留问题补偿款的请示	卫沙管发〔2015〕151 号
152	关于解决兴仁镇农村环境卫生整治及示范点建设资金的请示	卫沙管发〔2015〕152 号
153	关于拨付沙坡头区建设项目逾期安置补偿费的请示	卫沙管发〔2015〕153 号
154	关于将沙坡头区东园镇史湖村和迎水桥镇迎水村美丽村庄建设项目列入自治区 2016 年美丽村庄建设项目计划的请示	卫沙管发〔2015〕154 号
155	关于翻建跃进渠上段沙坡头区境内危桥的请示	卫沙管发〔2015〕155 号
156	关于拨付原中卫县铁合金厂建设项目征地补偿款的请示	卫沙管发〔2015〕156 号
157	关于延期取缔拆除中卫市东桐建材厂的请示	卫沙管发〔2015〕157 号
158	关于成立沙坡头区建立“三个清单一张网”工作领导小组的通知	卫沙管发〔2015〕158 号
159	关于解决中广核光伏扶贫建设项目有关问题的请示	卫沙管发〔2015〕159 号
160	关于解决沙坡头区草原防火站建设用地的请示	卫沙管发〔2015〕160 号
161	关于解决东园镇郭滩村受淹农田补偿资金的请示	卫沙管发〔2015〕161 号
162	关于解决沙坡头区 2015 年秋冬季农田水利基本建设资金的请示	卫沙管发〔2015〕162 号
163	关于办理香山硒砂瓜育苗中心建设用地手续的请示	卫沙管发〔2015〕163 号
164	关于拨付应理新社区建设项目逾期安置补助费的请示	卫沙管发〔2015〕164 号
165	关于拨付民生花园项目采暖入网增容费的请示	卫沙管发〔2015〕165 号
166	关于拨付宣和美丽新村及棚户区改造项目安置住房扶持资金的请示	卫沙管发〔2015〕166 号
167	关于拨付民生花园保障性住房等城市建设项目房屋征收服务费和垃圾清运费的请示	卫沙管发〔2015〕167 号
168	关于拨付金河三期 B 区项目房屋征收服务费和垃圾清运费的请示	卫沙管发〔2015〕168 号
169	关于拨付测土配方及绿色产业基地建设等七个农业产业化项目补助资金的请示	卫沙管发〔2015〕169 号
170	关于拨付宣和美丽新村及棚户区改造项目安置住房扶持资金的请示	卫沙管发〔2015〕170 号
161	关于解决东园镇郭滩村受淹农田补偿资金的请示	卫沙管发〔2015〕161 号
162	关于解决沙坡头区 2015 年秋冬季农田水利基本建设资金的请示	卫沙管发〔2015〕162 号
163	关于办理香山硒砂瓜育苗中心建设用地手续的请示	卫沙管发〔2015〕163 号
164	关于拨付应理新社区建设项目逾期安置补助费的请示	卫沙管发〔2015〕164 号
165	关于拨付民生花园项目采暖入网增容费的请示	卫沙管发〔2015〕165 号
166	关于拨付宣和美丽新村及棚户区改造项目安置住房扶持资金的请示	卫沙管发〔2015〕166 号
167	关于拨付民生花园保障性住房等城市建设项目房屋征收服务费和垃圾清运费的请示	卫沙管发〔2015〕167 号
168	关于拨付金河三期 B 区项目房屋征收服务费和垃圾清运费的请示	卫沙管发〔2015〕168 号
169	关于拨付测土配方及绿色产业基地建设等七个农业产业化项目补助资金的请示	卫沙管发〔2015〕169 号
170	关于拨付宣和美丽新村及棚户区改造项目安置住房扶持资金的请示	卫沙管发〔2015〕170 号
171	关于印发《沙坡头区建档立卡“回头看”暨“宁夏精准扶贫云”信息采集工作实施方案》的通知	卫沙管发〔2015〕171 号
172	关于呈报《沙坡头区“十二五”生态移民区新增建设项目》的报告	卫沙管发〔2015〕172 号
173	关于解决沙坡头区香山米粮川移民村千亩枸杞示范基地建设项目资金的请示	卫沙管发〔2015〕173 号
174	关于呈报《沙坡头区 2015 年森林覆盖率调查报告》的报告	卫沙管发〔2015〕174 号
175	关于呈报《沙坡头区 2015 年营造林工程自查报告》的报告	卫沙管发〔2015〕175 号
176	关于呈报《沙坡头区 2015 年依法行政工作总结暨 2016 年工作思路》的报告	卫沙管发〔2015〕176 号
177	关于拨付幸福立方安置房项目建设工程款的请示	卫沙管发〔2015〕177 号
178	关于拨付新墩路拓宽工程地上附着物征收补偿款的请示	卫沙管发〔2015〕178 号
179	关于拨付宁夏大学中卫校区及新墩路拓宽工程部分遗留问题资金的请示	卫沙管发〔2015〕179 号

续表 5

序　号	文　件	文　号
180	关于解决信访维稳工作经费的请示	卫沙管发〔2015〕180 号
181	关于拨付东园镇韩闸小拱棚韭菜专业批发市场项目建设资金的请示	卫沙管发〔2015〕181 号
182	关于拨付卫谢路改建工程房屋拆迁补偿款、工作经费和垃圾清运费的请示	卫沙管发〔2015〕182 号
183	关于将沙坡头区部分环保项目列入自治区财政专项资金计划的请示	卫沙管发〔2015〕183 号
184	关于将沙坡头区部分农村公路项目列入自治区财政专项资金计划的请示	卫沙管发〔2015〕184 号
185	关于将沙坡头区部分基础设施建设项目列入自治区财政专项资金计划的请示	卫沙管发〔2015〕185 号
186	关于将沙坡头区常乐镇美丽小城镇项目列入自治区财政专项资金计划的请示	卫沙管发〔2015〕186 号
187	关于审定《黄河卫宁右岸沙坡头区常乐段标准化堤防工程建设项目房屋征收与补偿安置方案》的请示	卫沙管发〔2015〕187 号
188	关于沙坡头区各干渠延迟停水的请示	卫沙管发〔2015〕188 号
189	关于报送沙坡头区生态移民区新增建设项目的报告	卫沙管发〔2015〕189 号
190	关于认定“沙坡头区永久性蔬菜基地项目”为 2015 年创新工作的报告	卫沙管发〔2015〕190 号
191	关于认定“沙坡头区康乐移民村光伏扶贫项目”为 2015 年创新工作的报告	卫沙管发〔2015〕191 号
192	关于认定“沙坡头区农田水利基本建设”为 2015 年创新工作的报告	卫沙管发〔2015〕192 号
193	关于认定“沙坡头区农村环境卫生深度保洁”为 2015 年创新工作的报告	卫沙管发〔2015〕193 号
194	关于认定“沙坡头区滨河镇南关村集体经济组织产权制度改革”为 2015 年创新工作的报告	卫沙管发〔2015〕194 号
195	关于办理沙坡头区常乐镇联科农牧专业合作社建设用地手续的请示	卫沙管发〔2015〕195 号
196	关于解决柔远蔬菜示范园区建设资金的请示	卫沙管发〔2015〕196 号
197	关于办理宣和美丽新村棚户区改造项目国债基金贷款手续的请示	卫沙管发〔2015〕197 号
198	关于设立镇罗镇镇罗村的批复	卫沙管发〔2015〕198 号
199	关于常乐镇上游村搬迁遗留问题的批复	卫沙管发〔2015〕199 号
200	关于拨付滨河镇工业基地剩余拆迁费的请示	卫沙管发〔2015〕200 号
201	关于拨付滨河镇新墩村东、西区和西关村棚户区改造项目拆迁服务费的请示	卫沙管发〔2015〕201 号
202	关于审定沙坡头区 2016 年村镇建设项目计划的请示	卫沙管发〔2015〕202 号
203	关于转发《宁夏回族自治区医疗救助办法》的通知	卫沙管发〔2015〕203 号
204	关于拨付常乐镇康乐生态移民区土地租金的请示	卫沙管发〔2015〕204 号
205	关于呈报“十三五”易地扶贫搬迁规划的报告	卫沙管发〔2015〕205 号
206	关于拨付 2015 年沙坡头区湖泊湿地用水水费的请示	卫沙管发〔2015〕206 号
207	关于拨付 2016 年电子政务外网建设与运行维护费用的请示	卫沙管发〔2015〕207 号
208	关于拨付测土配方及绿色产业基地建设等四个农业产业化项目补助资金的请示	卫沙管发〔2015〕208 号

【2015 年中卫市沙坡头区管理委员会办公室发文名录】

序　号	文　件	文　号
1	关于转发沙坡头区安全生产监督管理局 2015 年安全生产监管监察行政执法工作计划的通知	卫沙管办发〔2015〕1 号
2	关于印发《沙坡头区年鉴编辑方案》的通知	卫沙管办发〔2015〕2 号
3	关于印发开展机关事业单位“吃空饷”问题集中治理工作方案的通知	卫沙管办发〔2015〕3 号
4	关于转发《关于坚决禁止未开具发票付款行为的通知》的通知	卫沙管办发〔2015〕4 号
5	关于做好自治区“两会”期间信访维稳工作的紧急通知	卫沙管办发〔2015〕5 号
6	关于对沙坡头区农村土地承包经营权确权登记颁证阶段性工作测绘结果进行检查验收的通知	卫沙管办发〔2015〕6 号
7	关于召开沙坡头区“十三五”规划编制工作推进会的通知	卫沙管办发〔2015〕7 号
8	关于转发《关于严禁违规出借财政资金的通知》的通知	卫沙管办发〔2015〕8 号

续表 1

序　号	文　件	文　号
9	关于进一步做好春节期间宗教活动场所安全工作的通知	卫沙管办发〔2015〕9 号
10	关于做好 2015 年行政执法证件年检工作的通知	卫沙管办发〔2015〕10 号
11	关于接入宁夏党政内网的请示	卫沙管办发〔2015〕11 号
12	关于呈报《沙坡头区基本情况简介》的报告	卫沙管办发〔2015〕12 号
13	关于印发《沙坡头区民族宗教领域突发事件应急预案》的通知	卫沙管办发〔2015〕13 号
14	关于转发《中卫市国土资源动态巡查工作实施方案》的通知	卫沙管办发〔2015〕14 号
15	关于进一步加强禁牧封育工作的紧急通知	卫沙管办发〔2015〕16 号
16	关于进一步加强草原防火工作的通知	卫沙管办发〔2015〕17 号
17	关于成立沙坡头区粮食高产创建活动领导小组的通知	卫沙管办发〔2015〕18 号
18	关于印发《沙坡头区 2015 年粮食高产创建活动实施方案》的通知	卫沙管办发〔2015〕19 号
19	关于做好市三届人大三次会议代表建议和市政协三届三次会议提案办理工作的通知	卫沙管办发〔2015〕20 号
20	关于印发《沙坡头区 2015 年农村环境卫生深度保洁实施方案》的通知	卫沙管办发〔2015〕21 号
21	关于印发《沙坡头区 2015 年美丽乡村建设方案》的通知	卫沙管办发〔2015〕22 号
22	落实平安沙坡头区建设应急管理体系建设工作实施方案	卫沙管办发〔2015〕23 号
23	关于印发《沙坡头区 2015 年农村环境卫生深度保洁工作宣传方案》的通知	卫沙管办发〔2015〕24 号
24	关于转发《关于进一步做实村民代表会议制度的通知》的通知	卫沙管办发〔2015〕25 号
25	关于做好 2015 年应急预案演练工作的通知	卫沙管办发〔2015〕26 号
26	关于印发《沙坡头区重大决策社会稳定风险评估实施方案》的通知	卫沙管办发〔2015〕27 号
27	关于清理城乡结合部等重点保洁区域卫生死角垃圾的通知	卫沙管办发〔2015〕28 号
28	关于清理规范省会城市办事机构工作的报告	卫沙管办发〔2015〕29 号
29	关于拨付安装保密设备资金的请示	卫沙管办发〔2015〕30 号
30	关于建立行政村志愿消防队的通知	卫沙管办发〔2015〕31 号
31	沙坡头区关于开展 2015 年全国 1%人口抽样调查的通知	卫沙管办发〔2015〕32 号
32	关于沙坡头区 2015 年第一季度火灾形势的通报	卫沙管办发〔2015〕33 号
33	关于转发《市创建卫生城市领导小组办公室〈关于开展病媒生物消杀活动的通知〉》的通知	卫沙管办发〔2015〕34 号
34	关于转发《关于开展“5·12”地震应急疏散演练活动的通知》的通知	卫沙管办发〔2015〕35 号
35	关于对沙坡头区国民经济和社会发展现状进行全面调研的通知	卫沙管办发〔2015〕36 号
36	关于组建专项应急救援队伍及综合应急救援队伍的通知	卫沙管办发〔2015〕37 号
37	关于转发《关于印发〈中卫市 2015 年度主要污染物总量减排计划〉的通知》的通知	卫沙管办发〔2015〕38 号
38	关于转发《关于进一步加强市区交通秩序管理的通知》的通知	卫沙管办发〔2015〕39 号
39	关于转发《关于印发〈中卫市行政应诉规定〉的通知》的通知	卫沙管办发〔2015〕40 号
40	关于印发《沙坡头区依法行政工作考核细则》的通知	卫沙管办发〔2015〕41 号
41	关于呈送《沙坡头区落实〈中卫市 2015 年改革创新行动计划〉等 8 项行动计划责任分工方案》的报告	卫沙管办发〔2015〕42 号
42	关于印发《沙坡头区打击传销专项行动方案》的通知	卫沙管办发〔2015〕43 号
43	关于印发《沙坡头区贯彻落实市委常委会议精神责任事项“五定”方案》的通知	卫沙管办发〔2015〕44 号
44	关于印发《沙坡头区农业重大有害生物及外来生物入侵突发事件应急预案》的通知	卫沙管办发〔2015〕45 号
45	关于开展信访矛盾纠纷排查化解专项活动的通知	卫沙管办发〔2015〕46 号
46	关于印发《沙坡头区落实国家信访督察组督察杨文信访事项整改工作方案》的通知	卫沙管办发〔2015〕47 号
47	关于印发工业企业环境和安全隐患大排查大整治剩余问题整改五定方案的通知	卫沙管办发〔2015〕48 号
48	关于印发《沙坡头区部门争取项目资金工作考核办法》的通知	卫沙管办发〔2015〕49 号
49	关于转发《关于做好 2015 年度捐资助残工作的通知》的通知	卫沙管办发〔2015〕50 号

续表 2

序　号	文　件	文　号
50	关于转发自治区人民政府办公厅《关于印发〈宁夏回族自治区行政单位国有资产管理暂行办法〉和〈宁夏回族自治区事业单位国有资产管理暂行办法〉的通知》的通知	卫沙管办发〔2015〕51 号
51	转发《关于印发〈“我为慈善献一策‘金点子’大赛”活动方案〉的通知》的通知	卫沙管办发〔2015〕52 号
52	转发《关于印发〈中卫市首届“爱在我身边”慈善摄影大赛活动方案〉的通知》的通知	卫沙管办发〔2015〕53 号
53	关于印发《中卫市沙坡头区 2015 年抗旱工作预案》的通知	卫沙管办发〔2015〕54 号
54	关于印发《沙坡头区防洪抢险工作预案》的通知	卫沙管办发〔2015〕55 号
55	关于印发《沙坡头区 2015 年农业转方式调结构稳增长推进计划》的通知	卫沙管办发〔2015〕56 号
56	关于排查沙坡头区老旧危房危楼安全隐的通知	卫沙管办发〔2015〕57 号
57	关于进一步做好臭椿沟眶象防治工作的通知	卫沙管办发〔2015〕58 号
58	关于成立沙坡头区农村集体经济组织产权制度改革工作领导小组的通知	卫沙管办发〔2015〕59 号
59	关于印发《沙坡头区农村集体经济组织产权制度改革试点工作实施方案》的通知	卫沙管办发〔2015〕60 号
60	关于印发《沙坡头区第十四届环青海湖国际公路自行车赛中卫赛段信访维稳应急处置预案》的通知	卫沙管办发〔2015〕61 号
61	关于印发《沙坡头区 2015 年阳光沐浴工程实施方案》的通知	卫沙管办发〔2015〕62 号
62	关于转发《关于开展“社会关注普及应急常识”献爱心公益活动倡议书的通知》的通知	卫沙管办发〔2015〕63 号
63	关于对沙坡头区主干道路大整治大绿化工程进行考核验收的通知	卫沙管办发〔2015〕64 号
64	转发《自治区农牧厅财政厅发展和改革委政府法制办教育厅新闻出版广电局〈关于做好 2015 年减轻农民负担工作和开展涉农乱收费乱摊派清理整治活动的通知〉》的通知	卫沙管办发〔2015〕65 号
65	关于召开沙坡头区“阳光沐浴”工程项目实施启动会议的通知	卫沙管办发〔2015〕66 号
66	关于成立沙坡头区“阳光沐浴”工程实施工作领导小组的通知	卫沙管办发〔2015〕67 号
67	关于印发《沙坡头区扶持发展村级集体经济试点工作实施方案》的通知	卫沙管办发〔2015〕68 号
68	关于印发《沙坡头区 2015 年农业机械购置补贴实施方案》的通知	卫沙管办发〔2015〕69 号
69	关于立即开展安全生产大检查的紧急通知	卫沙管办发〔2015〕70 号
70	关于认真做好农村宅基地确权登记四邻签字确认工作的通知	卫沙管办发〔2015〕71 号
71	转发《关于贯彻实施新修改的〈中华人民共和国行政诉讼法〉的通知》的通知	卫沙管办发〔2015〕72 号
72	转发《关于印发〈中卫市审计结果整改约谈办法(试行)〉的通知》的通知	卫沙管办发〔2015〕73 号
73	关于转发《关于开展 2015 年沙坡头区秋季“除四害”活动的通知》的通知	卫沙管办发〔2015〕74 号
74	关于印发沙坡头区建立“三个清单一张网”工作方案的通知	卫沙管办发〔2015〕75 号
75	关于转发《关于对全区政府机关使用正版软件工作进行检查的通知》的通知	卫沙管办发〔2015〕76 号
76	关于召开 2015 年秋冬季农田水利基本建设动员会的通知	卫沙管办发〔2015〕77 号
77	关于安排古尔邦节、中秋节、国庆节放假及冬季作息时间的通知	卫沙管办发〔2015〕78 号
78	关于转发《关于禁止水上非法运输的通知》的通知	卫沙管办发〔2015〕79 号
79	关于召开沙坡头区扶贫开发建档立卡工作推进会的通知	卫沙管办发〔2015〕80 号
80	关于转发《关于印发〈全区扶贫开发建档立卡“回头看”工作方案〉的通知》的通知	卫沙管办发〔2015〕81 号
81	关于组织行政执法证件申领换证人员进行培训考试的通知	卫沙管办发〔2015〕82 号
82	沙坡头区 2015 年焚烧秸秆专项整治工作方案	卫沙管办发〔2015〕83 号
83	关于成立沙坡头区粮改饲试点工作领导小组的通知	卫沙管办发〔2015〕84 号
84	关于印发《沙坡头区电子政务协调发展工作方案》的通知	卫沙管办发〔2015〕85 号
85	关于印发《沙坡头区冬春火灾防控工作方案》的通知	卫沙管办发〔2015〕86 号
86	关于对各乡镇 2015 年秋季农田水利基本建设和农村环境卫生深度保洁工作进行验收评比的通知	卫沙管办发〔2015〕87 号
87	关于报送《沙坡头区 2016 年民生项目计划》的报告	卫沙管办发〔2015〕88 号

续表 3

序　号	文　件	文　号
88	关于沙坡头区建档立卡“回头看”暨“精准扶贫云”信息采集工作进展情况的通报	卫沙管办发〔2015〕89 号
89	关于印发《沙坡头区 2015 年度法治政府建设考评责任分工五定方案》的通知	卫沙管办发〔2015〕90 号
90	关于印发沙坡头区开展城市垃圾广告集中清理活动实施方案的通知	卫沙管办发〔2015〕91 号
91	关于呈报《沙坡头区“十二五”及 2015 年工作总结和“十三五”及 2016 年工作思路》的报告	卫沙管办发〔2015〕92 号
92	关于沙坡头区建档立卡“回头看”暨“精准扶贫云”信息采集工作进展情况的通报(2)	卫沙管办发〔2015〕93 号
93	关于呈报《沙坡头区 2015 年地方志工作总结及 2016 年工作重点》的报告	卫沙管办发〔2015〕94 号
94	关于转发《自治区人民政府办公厅关于进一步做好防范和处置非法集资工作的通知》的通知	卫沙管办发〔2015〕95 号
95	关于印发《沙坡头区环境监管三级网格建设实施方案》的通知	卫沙管办发〔2015〕96 号
96	关于转发《中卫市开展老年人意外伤害综合保险工作实施方案》的通知	卫沙管办发〔2015〕97 号
97	关于印发《沙坡头区基本蔬菜价格政策性保险试点实施方案》的通知	卫沙管办发〔2015〕98 号
98	关于对保护中卫市农村珍稀树木建议的答复意见	卫沙管办发〔2015〕99 号
99	关于转发《自治区人民政府办公厅关于加强耕地保护工作的通知》的通知	卫沙管办发〔2015〕100 号
100	关于转发《关于印发〈进一步加强农业项目及资金监督管理意见〉的通知》的通知	卫沙管办发〔2015〕101 号
101	关于转发《关于印发〈沙坡头区国有草原征(占)用补偿标准(试行)〉的通知》的通知	卫沙管办发〔2015〕102 号

【2016 年中共中卫市沙坡头区工作委员会发文名录】

序　号	文　件	发文号
1	关于沙坡头区党工委管委会领导班子“三严三实”专题民主生活会情况的报告	卫沙党发〔2016〕1 号
2	关于印发《沙坡头区党工委管委会领导班子“三严三实”专题教育问题整改清单》的通知	卫沙党发〔2016〕2 号
3	关于表彰奖励 2015 年度效能目标管理考核先进集体和先进个人的决定	卫沙党发〔2016〕3 号
4	关于印发《中卫市沙坡头区 2016 年工作要点》的通知	卫沙党发〔2016〕4 号
5	关于呈报《沙坡头区落实自治区 2015 年度党风廉政建设责任制落实情况检查发现问题整改方案》的报告	卫沙党发〔2016〕6 号
6	转发自治区党委 人民政府关于加快农业现代化实现全面小康目标的意见的通知	卫沙党发〔2016〕7 号
7	关于印发《沙坡头区党风廉政建设主体责任和监督责任追究办法》和《沙坡头区落实党风廉政建设“两个责任”清单》的通知	卫沙党发〔2016〕8 号
8	关于启用中共中卫市沙坡头区工作委员会等印章的请示	卫沙党发〔2016〕9 号
9	关于贯彻落实李建华书记重要批示精神的报告	卫沙党发〔2016〕10 号
10	关于命名表彰 2015 年度计划生育“模范村(社区)”的决定	卫沙党发〔2016〕11 号
11	关于表彰奖励 2015 年度计划生育工作先进集体和先进工作者的决定	卫沙党发〔2016〕12 号
12	关于成立沙坡头区农村工作等领导小组的通知	卫沙党发〔2016〕13 号
13	关于呈报《沙坡头区平安建设工作整改方案》的报告	卫沙党发〔2016〕14 号
14	关于呈报《沙坡头区党代会人代会政协会及乡镇换届筹备工作方案》的请示	卫沙党发〔2016〕15 号
15	关于转发《关于印发〈中卫市贫困群众“离土”脱贫扶持政策(试行)〉的通知》的通知	卫沙党发〔2016〕16 号
16	关于成立沙坡头区党委人大政府政协选举及乡镇换届工作领导小组和乡镇换届工作指导组的通知	卫沙党发〔2016〕17 号
17	关于印发《2016 年沙坡头区党委人大政府政协选举成立及乡镇领导班子换届工作方案》的通知	卫沙党发〔2016〕18 号
18	关于印发《沙坡头区第一届人民代表大会选举工作实施方案》的通知	卫沙党发〔2016〕19 号
19	关于印发《政协沙坡头区第一届委员会选举工作实施方案》的通知	卫沙党发〔2016〕20 号
20	关于认真做好乡镇党委换届工作的通知	卫沙党发〔2016〕21 号

续表

序 号	文 件	发文号
21	关于认真做好乡镇人大、政府换届选举工作的通知	卫沙党发〔2016〕22 号
22	关于限期整改宗教活动场所安全隐患的通知	卫沙党发〔2016〕23 号
23	关于召开中国共产党中卫市沙坡头区第一次代表大会的决议	卫沙党发〔2016〕24 号
24	关于召开中国共产党中卫市沙坡头区第一次代表大会的请示	卫沙党发〔2016〕25 号
25	关于印发《沙坡头区 2016 年度信访工作责任目标考核细则》的通知	卫沙党发〔2016〕26 号
26	关于中国共产党中卫市沙坡头区第一次代表大会代表选举工作的通知	卫沙党发〔2016〕27 号
27	关于王学军同志作为沙坡头区第一次党代会代表候选人分配至镇罗镇党委选举的通知	卫沙党发〔2016〕28 号
28	关于同意召开中国共产党中卫市沙坡头区乡镇第三次代表大会的通知	卫沙党发〔2016〕29 号
29	关于《中国共产党中卫市沙坡头区第一次代表大会筹备工作方案》的通知	卫沙党发〔2016〕30 号
30	关于印发《沙坡头区信访工作规范化建设年活动实施方案》的通知	卫沙党发〔2016〕31 号
31	关于《自治区党委办公厅 人民政府办公厅关于构建和谐劳动关系的若干具体意见》的修改意见	卫沙党发〔2016〕32 号
32	关于解决永康镇永乐村村民户籍问题的批复	卫沙党发〔2016〕33 号
33	关于呈报《沙坡头区 2016 年机关干部"下农村、送政策、促发展"活动总结》的报告	卫沙党发〔2016〕34 号
34	关于申请培育和践行社会主义核心价值观宣传工作经费的请示	卫沙党发〔2016〕35 号
35	关于申请"打造群众性文化团队助力脱贫攻坚"活动经费的请示	卫沙党发〔2016〕36 号
36	关于申请支持新成立沙坡头区宣传部办公经费的请示	卫沙党发〔2016〕37 号
37	关于沙坡头区纪委领导班子人选的请示	卫沙党发〔2016〕38 号
38	关于沙坡头区领导班子换届人事安排的请示	卫沙党发〔2016〕39 号
39	关于召开沙坡头区处级党员领导干部"两学一做"学习教育专题研讨会的通知	卫沙党发〔2016〕40 号
40	关于召开中国共产党中卫市沙坡头区第一次代表大会的通知	卫沙党发〔2016〕41 号
41	关于成立中国共产党中卫市沙坡头区第一次代表大会临时党委、党支部的通知	卫沙党发〔2016〕42 号
42	关于开展庆祝中国共产党成立 95 周年纪念活动的通知	卫沙党发〔2016〕43 号
43	沙坡头区选举结果报告	卫沙党发〔2016〕44 号
44	关于认真学习贯彻第一次党代会精神的通知	卫沙党发〔2016〕45 号
45	关于表彰沙坡头区先进基层党组织、优秀共产党员和优秀党务工作者的决定	卫沙党发〔2016〕46 号

【2016 年中共中卫市沙坡头区工作委员会办公室发文名录】

序 号	文 件	发文号
1	关于成立矛盾问题排查化解专项工作领导小组的通知	卫沙党办发〔2016〕1 号
2	关于召开沙坡头区述职述责述廉评议大会的通知	卫沙党办发〔2016〕2 号
3	关于开展春节慰问工作的通知	卫沙党办发〔2016〕3 号
4	关于认真学习宣传贯彻自治区党委十一届七次全会和市委三届六次全会精神的通知	卫沙党办发〔2016〕4 号
5	关于做好春节期间信息报送工作的通知	卫沙党办发〔2016〕5 号
6	关于召开沙坡头区党风廉政建设和反腐败工作会议、2015 年度总结表彰大会暨脱贫攻坚誓师大会的通知	卫沙党办发〔2016〕6 号
7	关于 2015 年度效能目标管理考核结果的通报	卫沙党办发〔2016〕7 号
8	关于印发沙坡头区 2016 年重大项目、重点工作"五定"责任分工的通知	卫沙党办发〔2016〕9 号
9	关于认真做好机关干部联系帮扶贫困乡镇村户工作的通知	卫沙党办发〔2016〕10 号
10	关于 2015 年 12 月—2016 年 1 月份信息采用情况的通报	卫沙党办发〔2016〕11 号
11	关于转发《自治区党委办公厅 人民政府办公厅关于进一步做好社区减负增效工作的通知》的通知	卫沙党办发〔2016〕12 号

续表 1

序　号	文　件	发文号
12	关于做好 2016 年度信息报送和调研工作的通知	卫沙党办发〔2016〕13 号
13	关于做好沙坡头区 2016 年上半年党委(党组)中心组学习的通知	卫沙党办发〔2016〕14 号
14	关于印发《关于开展惠农政策及涉农工程和农村“三资”管理大排查活动工作方案》的通知	卫沙党办发〔2016〕15 号
15	关于印发《沙坡头区 2016 年机关干部下农村送政策促发展活动实施方案》的通知	卫沙党办发〔2016〕16 号
16	关于印发《沙坡头区 2016 年督查工作方案》的通知	卫沙党办发〔2016〕17 号
17	关于印发沙坡头区 2016 年月度重点工作计划的通知	卫沙党办发〔2016〕18 号
18	关于三干渠垃圾清理和春季绿化植树工作督查情况的通报	卫沙党办发〔2016〕19 号
19	关于召开沙坡头区计划生育工作会议的通知	卫沙党办发〔2016〕20 号
20	关于区党工委书记、副书记和委员工作分工的通知	卫沙党办发〔2016〕21 号
21	关于印发《沙坡头区 2016 年重大项目、重点工作、重点信访积案化解、脱贫攻坚责任分工》的通知	卫沙党办发〔2016〕22 号
22	关于沙坡头区处级领导干部包乡镇联系行政村的通知	卫沙党办发〔2016〕23 号
23	关于 2016 年 2 月 -3 月份信息采用情况的通报	卫沙党办发〔2016〕24 号
24	关于认真做好自治区、中卫市人大代表建议和政协委员提案办理工作的通知	卫沙党办发〔2016〕25 号
25	关于进一步加强机构组建过程中涉密资料介质、涉密设备管理和交接工作的通知	卫沙党办发〔2016〕26 号
26	关于市委督查室督查反馈项目有关情况的报告	卫沙党办发〔2016〕27 号
27	关于召开沙坡头区“两学一做”学习教育座谈会和沙坡头区党代会人代会政协会及乡镇领导班子换届工作会议的通知	卫沙党办发〔2016〕28 号
28	关于印发《关于在沙坡头区全体党员中开展“学党章党规、学系列讲话，做合格党员” 学习教育实施方案》的通知	卫沙党办发〔2016〕29 号
29	关于启用“中卫市沙坡头区选举委员会”及中卫市沙坡头区各乡镇选举委员会印章的通知	卫沙党办发〔2016〕30 号
30	关于转发《自治区党委办公厅 人民政府办公厅关于印发〈宁夏回族自治区行业协会商会与行政机关脱钩实施方案〉的通知》的通知	卫沙党办发〔2016〕31 号
31	关于印发《2016 年深化平安沙坡头区建设实施方案》的通知	卫沙党办发〔2016〕32 号
32	关于沙坡头区机关干部职工联系帮扶贫困户工作安排的通知	卫沙党办发〔2016〕33 号
33	关于认真组织开展 2016 年度“保密法制宣传月”活动的通知》的通知	卫沙党办发〔2016〕34 号
34	关于印发《沙坡头区 2016 年度政党协商计划》的通知	卫沙党办发〔2016〕35 号
35	关于印发《沙坡头区深化“红顶中介”专项整治实施方案 》的通知	卫沙党办发〔2016〕36 号
36	关于印发《沙坡头区 2016 年统战和民族宗教工作要点》的通知	卫沙党办发〔2016〕37 号
37	关于认真贯彻落实《宁夏回族自治区矛盾纠纷排查化解办法(试行)》精神的通知	卫沙党办发〔2016〕38 号
38	关于召开沙坡头区保密知识培训班的通知	卫沙党办发〔2016〕39 号
39	关于印发《2016 年沙坡头区党风廉政建设和反腐败暨“清廉沙坡头区”建设主要任务分工》的通知	卫沙党办发〔2016〕40 号
40	关于印发《沙坡头区 2016 年农业农村工作要点》的通知	卫沙党办发〔2016〕41 号
41	关于开展沙坡头区“两学一做”学习教育党员领导干部讲党课的通知	卫沙党办发〔2016〕42 号
42	关于开展废旧物资收购站专项整治的通知	卫沙党办发〔2016〕43 号
43	关于 2015 年深化平安沙坡头区建设实施方案职责分工的通知	卫沙党办发〔2016〕44 号
44	关于分解 2016 年平安建设工作任务的通知	卫沙党办发〔2016〕45 号
45	关于印发《沙坡头区 2016 年深化群众评议机关作风活动实施意见》的通知	卫沙党办发〔2016〕46 号
46	关于转发《中共中卫市委办公室 市人民政府办公室关于印发〈中卫市精准脱贫工作问责办法(试行)〉的通知》的通知	卫沙党办发〔2016〕47 号
47	关于转发《中共中卫市委办公室 市人民政府办公室关于印发〈中卫市党员干部改革创新干事创业容错免责实施办法(试行)〉的通知》的通知	卫沙党办发〔2016〕48 号

续表 2

序　号	文　件	发文号
48	关于认真做好矛盾问题排查化解等七项重点工作的通知	卫沙党办发〔2016〕49 号
49	关于举办“红歌大家唱”庆祝建党 95 周年“万人红歌演唱”比赛的通知	卫沙党办发〔2016〕50 号
50	关于对 2016 年上半年党建和党风廉政建设等工作进行督查的通知	卫沙党办发〔2016〕51 号
51	关于印发《沙坡头区重大决策社会稳定风险评估机制工作进行“回头看”实施方案》的通知	卫沙党办发〔2016〕52 号
52	关于召开庆祝中国共产党建党 95 周年暨七一表彰大会的通知	卫沙党办发〔2016〕53 号
53	关于 2016 年 4—5 月份信息采用情况的通报	卫沙党办发〔2016〕54 号
54	关于召开沙坡头区 2016 年信访维稳暨平安建设工作会议的通知	卫沙党办发〔2016〕55 号
55	关于下达 2016 年度招商引资指导性目标及争取项目资金目标任务的通知	卫沙党办发〔2016〕56 号
56	关于深化平安沙坡头区建设实施方案职责分工的通知	卫沙党办发〔2016〕57 号

【2016 年中共中卫市沙坡头区委员会发文名录】

序　号	文　件	发文号
1	关于启用“中共中卫市沙坡头区委员会办公室”和废止“中共中卫市沙坡头区工作委员会办公室”印章的通知	卫沙党发〔2016〕47 号
2	关于成立中国人民政治协商会议中卫市沙坡头区第一届委员会第一次会议临时党委、党支部的通知	卫沙党发〔2016〕48 号
3	关于成立中卫市沙坡头区第一届人民代表大会第一次会议临时党委、党支部的通知	卫沙党发〔2016〕49 号
4	关于呈报《沙坡头区委选举成立工作总结》的报告	卫沙党发〔2016〕50 号
5	关于中卫市沙坡头区人大政府政协领导班子和法检两长选举结果的报告	卫沙党发〔2016〕51 号
6	第一次会议选举强吉鸿为沙坡头区人民检察院检察长情况的通报	卫沙党发〔2016〕52 号
7	关于邹建萍同志任职的请示	卫沙党发〔2016〕53 号
8	关于肖军军同志任职的请示	卫沙党发〔2016〕54 号
9	关于姜鹏飞同志任职的请示	卫沙党发〔2016〕55 号
10	关于落实党风廉政建设主体责任工作情况的报告	卫沙党发〔2016〕56 号
11	关于印发沙坡头区党工委工作报告任务分工的通知	卫沙党发〔2016〕57 号
12	关于调整沙坡头区处级领导干部联系贫困村的请示	卫沙党发〔2016〕58 号
13	关于启用“中卫市沙坡头区人民代表大会常务委员会”和废止“中卫市沙坡头区人民代表大会常务委员会筹备领导小组”等印章的通知	卫沙党发〔2016〕59 号
14	关于对宣和镇等落实环保监管责任不力予以责任追究的决定	卫沙党发〔2016〕60 号
15	关于启用“中卫市沙坡头区精神文明建设指导委员会”等印章的通知	卫沙党发〔2016〕61 号
16	关于对宣和镇、迎水桥镇、柔远镇和常乐镇落实环保监管责任不力予以问责的决定	卫沙党发〔2016〕62 号
17	关于对未及时办理中央环保督察组转办事项的相关责任人进行问责处理情况的报告	卫沙党发〔2016〕63 号
18	关于成立沙坡头区人大常委会人民政府政协委员会党组的通知	卫沙党发〔2016〕64 号
19	关于印发《沙坡头区领导干部接访十条规定》的通知	卫沙党发〔2016〕65 号
20	关于印发《落实 2016 年党风廉政建设和反腐败重点工作任务“五定方案”》的通知	卫沙党发〔2016〕66 号
21	关于沙坡头区开展落实中央八项规定精神“回头看”工作的整改报告	卫沙党发〔2016〕67 号
22	关于成立沙坡头区意识形态工作领导小组的通知	卫沙党发〔2016〕68 号
23	关于 2016 年上半年意识形态工作情况的报告	卫沙党发〔2016〕69 号
24	关于印发《沙坡头区领导干部联系宗教界人士和宗教活动场所制度》的通知	卫沙党发〔2016〕70 号
25	关于调整沙坡头区效能目标管理考核领导小组组成人员的通知	卫沙党发〔2016〕71 号

续表

序　号	文　件	发文号
26	关于呈报《沙坡头区换届纪律执行情况专项巡察反馈意见的整改方案》的报告	卫沙党发〔2016〕72 号
27	关于认真学习《胡锦涛文选》的通知	卫沙党发〔2016〕73 号
28	关于确定沙坡头区出席中国共产党中卫市第四次代表大会候选人预备人选的情况报告	卫沙党发〔2016〕74 号
29	中共中卫市沙坡头区委关于召开中卫市沙坡头区党代表会议的通知	卫沙党发〔2016〕75 号
30	关于选举产生沙坡头区出席中国共产党中卫市第四次代表大会代表的情况报告	卫沙党发〔2016〕76 号
31	关于印发《沙坡头区巡查工作办法(试行)》的通知	卫沙党发〔2016〕77 号
32	关于成立中国共产党中卫市沙坡头区非公有制经济组织和社会组织工作委员会的通知	卫沙党发〔2016〕78 号
33	关于启用"中国共产党中卫市沙坡头区人民代表大会常务委员会党组"等印章的通知	卫沙党发〔2016〕79 号
34	关于呈报《沙坡头区 2016 年深化改革任务及效能考核自查工作报告》的报告	卫沙党发〔2016〕80 号
35	关于呈报沙坡头区 2017 年度重点改革事项的报告	卫沙党发〔2016〕81 号
36	关于成立中卫市沙坡头区第一届人民代表大会第二次会议临时党委、党支部的通知	卫沙党发〔2016〕82 号
37	关于中卫市沙坡头区第一届人民代表大会第二次会议选举结果的报告	卫沙党发〔2016〕83 号
38	关于 2016 年意识形态工作情况的报告	卫沙党发〔2016〕84 号
39	关于同意中卫市公安局沙坡头区分局申报"全国优秀公安局"的报告	卫沙党发〔2016〕85 号
40	关于上报《沙坡头区委领导班子 2016 年度专题民主生活会方案》的报告	卫沙党发〔2016〕86 号
41	关于呈报《沙坡头区 2017 年农业农村工作思路和重点工作》的报告	卫沙党发〔2016〕87 号

【2016 年中共中卫市沙坡头区委员会办公室发文名录】

序　号	文　件	发文号
1	关于启用"中共中卫市沙坡头区纪律检查委员会"和废止"中共中卫市沙坡头区纪律检查工作委员会"等印章的通知	卫沙党办发〔2016〕58 号
2	关于转发《自治区党委办公厅 人民政府办公厅关于印发〈全区贫困县、贫困村、贫困户精准脱贫退出方案〉的通知》的通知	卫沙党办发〔2016〕59 号
3	关于召开沙坡头区 2016 年美丽乡村建设暨农村环境卫生综合整治观摩评促会的通知	卫沙党办发〔2016〕60 号
4	关于在沙坡头区开展贯彻落实中央八项规定精神"回头看"的通知	卫沙党办发〔2016〕61 号
5	关于成立中央第八环境保护督察组沙坡头区协调联络工作领导小组的通知	卫沙党办发〔2016〕62 号
6	关于印发《沙坡头区 2016 年环境保护及安全生产排查整治专项行动实施方案》的通知	卫沙党办发〔2016〕63 号
7	密件	卫沙党办发〔2016〕64 号
8	印发《关于贯彻落实李建华书记来卫调研脱贫攻坚工作重要讲话精神责任分工方案》的通知	卫沙党办发〔2016〕65 号
9	关于启用"中卫市沙坡头区群团工作委员会"和废止"中国共产党中卫市沙坡头区群团工作委员会"印章的通知	卫沙党办发〔2016〕66 号
10	关于做好 2016 年度影响长远发展突出问题整改工作的通知	卫沙党办发〔2016〕67 号
11	关于印发《政协中卫市沙坡头区 2016 年协商工作计划》的通知	卫沙党办发〔2016〕68 号
12	关于印发《中卫市沙坡头区机构编制和人事调配管理暂行办法》的通知	卫沙党办发〔2016〕69 号
13	关于成立沙坡头区人事调配领导小组的通知	卫沙党办发〔2016〕70 号
14	关于 2016 年 6—7 月份信息报送及采用情况的通报	卫沙党办发〔2016〕71 号
15	关于调整党政机关编制有关事项的通知	卫沙党办发〔2016〕72 号
19	关于在全区开展"廉洁自律 廉洁从政"自查自纠工作的通知	卫沙党办发〔2016〕76 号
20	关于举行沙坡头区挂牌成立仪式暨新闻发布会的通知	卫沙党办发〔2016〕77 号
21	关于成立沙坡头区农村一二三产业融合发展工作领导小组的通知	卫沙党办发〔2016〕78 号

续表 1

序　号	文　件	发文号
22	关于切实加强紧急信息报送工作的通知	卫沙党办发〔2016〕79 号
23	关于印发《沙坡头区委常委会议议事决策规则》等工作规则的通知	卫沙党办发〔2016〕80 号
24	关于转发《中共中卫市委办公室关于重申严格贯彻落实中央八项规定精神的通知》的通知	卫沙党办发〔2016〕81 号
25	关于进一步严明工作纪律 加强机关作风建设的通知	卫沙党办发〔2016〕82 号
26	密件	卫沙党办发〔2016〕83 号
27	关于印发《沙坡头区开展“从严从实抓落实 大干实干 100 天”活动实施方案》的通知	卫沙党办发〔2016〕84 号
28	关于规范向审计部门临时交办审计事项的通知	卫沙党办发〔2016〕85 号
29	关于印发《中共中卫市沙坡头区纪律检查委员会(监察局)主要职责、内设机构和人员编制方案》的通知	卫沙党办发〔2016〕86 号
30	关于印发《中共中卫市沙坡头区委办公室主要职责和人员编制方案》的通知	卫沙党办发〔2016〕87 号
31	关于印发《中卫市沙坡头区人大机关主要职责内设机构和人员编制方案》的通知	卫沙党办发〔2016〕88 号
32	关于印发《中卫市沙坡头区人民政府办公室主要职责和人员编制规定》的通知	卫沙党办发〔2016〕89 号
33	关于印发《中卫市沙坡头区政协机关主要职责内设机构和人员编制方案》的通知	卫沙党办发〔2016〕90 号
34	关于印发《中共中卫市沙坡头区委组织部主要职责和人员编制方案》的通知	卫沙党办发〔2016〕91 号
35	关于印发《中共中卫市沙坡头区委宣传部主要职责和人员编制方案》的通知	卫沙党办发〔2016〕92 号
36	关于印发《中共中卫市沙坡头区委统一战线工作部(民族宗教局)主要职责和人员编制方案》的通知	卫沙党办发〔2016〕93 号
37	关于印发《中共中卫市沙坡头区委政法委员会主要职责和人员编制方案》的通知	卫沙党办发〔2016〕94 号
38	关于印发《中卫市沙坡头区发展和改革局主要职责和人员编制规定》的通知	卫沙党办发〔2016〕95 号
39	关于印发《中卫市沙坡头区司法局主要职责和人员编制规定》的通知	卫沙党办发〔2016〕96 号
40	关于印发《中卫市沙坡头区社会保障局主要职责和人员编制规定》的通知	卫沙党办发〔2016〕97 号
41	关于印发《中卫市沙坡头区农业和科技委员会主要职责和人员编制规定》的通知	卫沙党办发〔2016〕98 号
42	关于印发《中卫市沙坡头区审计局主要职责和人员编制规定》的通知	卫沙党办发〔2016〕99 号
43	关于印发《中卫市沙坡头区建设交通局主要职责和人员编制规定》的通知	卫沙党办发〔2016〕100 号
44	关于印发《中卫市沙坡头区财政局主要职责和人员编制规定》的通知	卫沙党办发〔2016〕101 号
45	关于印发《中卫市沙坡头区文化体育和计划生育局主要职责和人员编制规定》的通知	卫沙党办发〔2016〕102 号
46	关于印发《中卫市沙坡头区综合行政执法局主要职责和人员编制规定》的通知	卫沙党办发〔2016〕103 号
47	关于印发《中卫市沙坡头区扶贫开发办公室机构编制方案》的通知	卫沙党办发〔2016〕104 号
48	关于印发《中卫市沙坡头区机关事务局机构编制方案》的通知	卫沙党办发〔2016〕105 号
49	关于印发《中卫市沙坡头区政务服务中心机构编制方案》的通知	卫沙党办发〔2016〕106 号
50	关于印发《中卫市沙坡头区群团工作委员会主要职责和人员编制方案》的通知	卫沙党办发〔2016〕107 号
51	关于印发《全国全域旅游推进大会暨全域旅游示范区验收标准研讨会信访维稳工作方案》的通知	卫沙党办发〔2016〕108 号
52	关于印发《沙坡头区公务用车制度改革实施方案》的通知	卫沙党办发〔2016〕109 号
53	关于理顺镇罗镇等四个乡镇产业基地管理体制的通知	卫沙党办发〔2016〕110 号
54	关于召开 2016 年秋冬季农田水利基本建设暨农村环境卫生综合整治动员会的通知	卫沙党办发〔2016〕111 号
55	关于学习贯彻《中国共产党问责条例》的通知	卫沙党办发〔2016〕112 号
56	关于印发《沙坡头区 2016 年度效能目标管理考核实施方案》的通知	卫沙党办发〔2016〕113 号
57	关于调整秋季农田水利基本建设和农村环境卫生综合整治指挥部组成人员的通知	卫沙党办发〔2016〕114 号
58	关于印发《沙坡头区镇罗镇永久性设施蔬菜基地核心区建设工作“五定方案”》的通知	卫沙党办发〔2016〕115 号
59	关于印发《沙坡头区全面推进政务公开工作实施方案》的通知	卫沙党办发〔2016〕116 号
60	关于印发《沙坡头区委中心组理论学习制度》的通知	卫沙党办发〔2016〕117 号

续表 2

序　号	文　件	发文号
61	关于对城乡社区治理“全面提升年”工作进行督查的通知	卫沙党办发〔2016〕118 号
62	关于召开 2016 年秋冬季农田水利基本建设暨农村环境卫生综合整治评促会的通知	卫沙党办发〔2016〕119 号
63	关于召开沙坡头区做实村民代表会议制度工作推进会的通知	卫沙党办发〔2016〕120 号
64	关于印发《沙坡头区创建民族团结进步示范区三年（2016—2018 年）行动计划任务分工方案》的通知	卫沙党办发〔2016〕121 号
65	关于转发《自治区党委办公厅 人民政府办公厅关于印发〈宁夏回族自治区脱贫攻坚督查巡查工作办法〉的通知》的通知	卫沙党办发〔2016〕122 号
66	关于印发沙坡头区 2016 年乡镇部门效能目标管理任务及评分标准的通知	卫沙党办发〔2016〕123 号
67	关于召开 2016 年秋冬季农田水利基本建设暨农村环境卫生综合整治评促会的通知	卫沙党办发〔2016〕124 号
68	关于做好十八届六中全会期间信访维稳、社会治安、安全生产等工作的紧急通知	卫沙党办发〔2016〕125 号
69	关于认真做好 2016 年度中卫市考核沙坡头区效能目标管理考核工作的通知	卫沙党办发〔2016〕126 号
70	关于成立沙坡头区计划生育工作领导小组的通知	卫沙党办发〔2016〕127 号
71	关于印发《关于加强招商引资工作的实施方案》的通知	卫沙党办发〔2016〕128 号
72	关于印发《关于“市委巡察组对沙坡头区精准扶贫纪律执行情况的专项巡察反馈意见”的整改方案》的通知	卫沙党办发〔2016〕129 号
73	关于对不按要求参加会议的通报	卫沙党办发〔2016〕130 号
74	关于印发《沙坡头区铁路及高速公路沿线环境卫生专项整治实施方案》的通知	卫沙党办发〔2016〕131 号
75	关于做好沙坡头区 2016 年度效能目标管理考核的通知（关于转发《自治区党委办公厅 人民政府办公厅关于印发〈2016 年度自治区机关及市县效能目标管理考核方案〉的通知》的通知）	卫沙党办发〔2016〕132 号
76	关于认真学习宣传贯彻党的十八届六中全会精神的通知	卫沙党办发〔2016〕133 号
77	关于印发《关于加强乡镇建设的实施方案（试行）》的通知	卫沙党办发〔2016〕134 号
78	关于召开中共中卫市沙坡头区委一届二次全体会议的通知	卫沙党办发〔2016〕135 号
79	关于印发《沙坡头区创建全国文明城市工作方案》的通知	卫沙党办发〔2016〕136 号
80	关于宣和镇在十八届六中全会期间信访维稳工作不力的通报	卫沙党办发〔2016〕137 号
81	沙坡头区委办公室关于对乡镇部门领导班子进行年度考核的通知	卫沙党办发〔2016〕138 号
82	关于 2016 年 8 月 -10 月份信息报送及采用情况的通报	卫沙党办发〔2016〕139 号
83	关于在“两学一做”学习教育中集中整治涉农资金使用管理突出问题的通知	卫沙党办发〔2016〕140 号
84	关于做好 2017 年度党报党刊发行工作严格规范报刊发行秩序的通知	卫沙党办发〔2016〕141 号
85	关于印发《关于做好当前重点工作的分工方案》的通知	卫沙党办发〔2016〕142 号
86	关于认真学习宣传贯彻中卫市第四次党代会精神的通知	卫沙党办发〔2016〕143 号
87	关于印发《沙坡头区村党组织和第十届村民委员会换届选举工作方案》的通知	卫沙党办发〔2016〕144 号
88	关于召开沙坡头区村“两委”换届选举动员暨培训工作会议的通知	卫沙党办发〔2016〕145 号
89	关于做好沙坡头区村党组织和第十届村民委员会换届选举工作的通知	卫沙党办发〔2016〕146 号
90	关于对区政府机关办公楼维修改造工程进行审计的请示	卫沙党办发〔2016〕147 号
91	关于呈报《沙坡头区 2016 年深化改革工作自查报告》的报告	卫沙党办发〔2016〕148 号
92	关于呈报沙坡头区 2017 年度改革事项的报告	卫沙党办发〔2016〕149 号
93	关于做好 2017 年度《农村工作通讯》《农民文摘》《秘书工作》《中办通讯》《内参选编》杂志征订工作的通知	卫沙党办发〔2016〕150 号
94	沙坡头区委办公室关于进一步做好文件运转审核工作的通知	卫沙党办发〔2016〕151 号
95	关于滨河镇常乐镇信访维稳工作不力的通报	卫沙党办发〔2016〕152 号
96	关于印发《沙坡头区廉政教育和案件信息管理中心机构编制方案》的通知	卫沙党办发〔2016〕153 号
97	关于印发《沙坡头区党政内网服务中心机构编制方案》的通知	卫沙党办发〔2016〕154 号

续表 3

序　号	文　件	发文号
98	关于印发《沙坡头区党员宣传教育中心机构编制方案》的通知	卫沙党办发〔2016〕155 号
99	关于印发《沙坡头区人力资源服务中心机构编制方案》的通知	卫沙党办发〔2016〕156 号
100	关于印发《沙坡头区网络安全与信息化办公室机构编制方案》的通知	卫沙党办发〔2016〕157 号
101	关于印发《沙坡头区城乡居民最低生活保障中心机构编制方案》的通知	卫沙党办发〔2016〕158 号
102	关于印发《沙坡头区殡葬管理所机构编制方案》的通知	卫沙党办发〔2016〕159 号
103	关于印发《沙坡头区动物疾病预防控制中心机构编制方案》的通知	卫沙党办发〔2016〕160 号
104	关于印发《沙坡头区工业和信息化服务中心机构编制方案》的通知	卫沙党办发〔2016〕161 号
105	关于印发《沙坡头区国库集中支付中心机构编制方案》的通知	卫沙党办发〔2016〕162 号
106	关于印发《沙坡头区河北灌溉管理所机构编制方案》的通知	卫沙党办发〔2016〕163 号
107	关于印发《沙坡头区河南灌溉管理所机构编制方案》的通知	卫沙党办发〔2016〕164 号
108	关于印发《沙坡头区北干渠灌溉管理所机构编制方案》的通知	卫沙党办发〔2016〕165 号
109	关于印发《沙坡头区林业技术推广服务中心机构编制方案》的通知	卫沙党办发〔2016〕166 号
110	关于印发《沙坡头区民兵武器装备库机构编制方案》的通知	卫沙党办发〔2016〕167 号
111	关于印发《沙坡头区南山台电灌站机构编制方案》的通知	卫沙党办发〔2016〕168 号
112	关于印发《沙坡头区农村合作经济经营管理站机构编制方案》的通知	卫沙党办发〔2016〕169 号
113	关于印发《沙坡头区农村人畜饮水管理站机构编制方案》的通知	卫沙党办发〔2016〕170 号
114	关于印发《沙坡头区农业技术推广服务中心机构编制方案》的通知	卫沙党办发〔2016〕171 号
115	关于印发《沙坡头区畜牧水产技术推广服务中心机构编制方案》的通知	卫沙党办发〔2016〕172 号
116	关于印发《沙坡头区社区服务中心机构编制方案》的通知	卫沙党办发〔2016〕173 号
117	关于印发《沙坡头区水利技术服务中心机构编制方案》的通知	卫沙党办发〔2016〕174 号
118	关于印发《沙坡头区统计普查中心机构编制方案》的通知	卫沙党办发〔2016〕175 号
119	关于印发《沙坡头区村镇公用事业管理所机构编制方案》的通知	卫沙党办发〔2016〕176 号
120	关于印发《沙坡头区文化体育服务中心机构编制方案》的通知	卫沙党办发〔2016〕177 号
121	关于领导干部带头宣讲党的十八届六中全会、市第四次党代会和区委一届二次全会精神的通知	卫沙党办发〔2016〕178 号
122	关于转发《自治区党委办公厅 人民政府办公厅印发〈关于改革社会组织管理制度促进社会组织健康有序发展的实施意见〉的通知》的通知	卫沙党办发〔2016〕179 号
123	关于 2016 年 11 月份信息报送及采用情况的通报	卫沙党办发〔2016〕180 号
124	关于做好《关于贯彻党的十八届四中全会精神全面推进依法治区的实施意见》落实情况督查调研相关准备工作的通知	卫沙党办发〔2016〕181 号
125	关于召开中共中卫市沙坡头区委一届三次全体会议的通知	卫沙党办发〔2016〕182 号
126	关于做好自治区、中卫市人大、政协“两会”期间信访维稳工作的通知	卫沙党办发〔2016〕183 号
127	关于印发《沙坡头区党政机关镇(乡)领导班子和领导干部年度考核实施办法》等 6 项制度规定的通知	卫沙党办发〔2016〕184 号
128	关于做好 2017 年元旦春节期间有关工作的通知	卫沙党办发〔2016〕185 号

【2016 年中卫市沙坡头区政府筹备工作领导小组发文名录】

序 号	文 件	文 号
1	关于变更沙坡头区草原防火站建设用地的请示	卫沙政筹发〔2016〕1 号
2	关于拨付东园镇史湖村棚户区改造安置住房建设项目工程款的请示	卫沙政筹发〔2016〕2 号
3	关于上报中卫市沙坡头区扶持发展村级集体经济项目的报告	卫沙政筹发〔2016〕3 号
4	关于同意建设沙坡头区群众来访接待大厅的请示	卫沙政筹发〔2016〕4 号
5	关于办理东园镇谢滩村“美丽村庄”项目建设用地性质变更手续的请示	卫沙政筹发〔2016〕5 号
6	关于解决沙坡头区 2016 年高效节水灌溉工程征地补偿资金的请示	卫沙政筹发〔2016〕6 号
7	关于协调批复青岛昌盛太阳能科技股份有限公司光伏扶贫项目建设指标的请示	卫沙政筹发〔2016〕7 号
8	关于柔远镇沙渠村美丽乡村(建设)规划的批复	卫沙政筹发〔2016〕8 号
9	关于拨付常乐镇康乐生态移民区土地租金的请示	卫沙政筹发〔2016〕9 号
10	关于研究办理柔远镇沙渠村等 3 个社区服务站建设项目用地手续的请示	卫沙政筹发〔2016〕10 号
11	关于拨付柔远物流园区供水管道移线工程建设资金的请示	卫沙政筹发〔2016〕11 号
12	关于迎水桥镇姚滩村美丽村庄规划建设方案的批复	卫沙政筹发〔2016〕12 号
13	关于宣和镇马滩村美丽村庄建设规划的批复	卫沙政筹发〔2016〕13 号
14	关于镇罗镇沈桥村美丽村庄建设规划的批复	卫沙政筹发〔2016〕14 号
15	关于常乐镇刘营村美丽村庄建设(整治)规划的批复	卫沙政筹发〔2016〕15 号
16	关于东园镇谢滩村美丽村庄建设(整治)规划的批复	卫沙政筹发〔2016〕16 号
17	关于上报中卫市沙坡头区扶持村集体经济发展试点项目的报告	卫沙政筹发〔2016〕17 号
18	关于将沙坡头区纳入扶持发展村级集体经济试点项目县(区)的请示	卫沙政筹发〔2016〕18 号
19	关于拨付新墩村棚户区改造项目房屋征收服务费和房屋拆除费用的请示	卫沙政筹发〔2016〕19 号
20	关于对《宁夏城镇体系规划(2015—2030)》的修改意见	卫沙政筹发〔2016〕20 号
21	关于解决中卫至吴忠城际铁路沙坡头区段征地拆迁工作经费的请示	卫沙政筹发〔2016〕21 号
22	关于拨付东园镇卫谢路改建工程置换房屋面积不足应退款的请示	卫沙政筹发〔2016〕22 号
23	关于拨付卫谢路改建工程房屋征收剩余补偿款的请示	卫沙政筹发〔2016〕23 号
24	关于印发《中卫市沙坡头区人民政府筹备领导小组工作规则(暂行)》的通知	卫沙政筹发〔2016〕24 号
25	关于中卫寺口子加油站建设项目违规用地的检查	卫沙政筹发〔2016〕25 号
26	关于上报《沙坡头区迎水桥镇杨渠村污水一体化处理设施维修完善方案》的报告	卫沙政筹发〔2016〕26 号
27	关于上报沙坡头区 2015 年置换债券资金使用整改情况的报告	卫沙政筹发〔2016〕27 号
28	关于恳请调拨应急公务用车的请示	卫沙政筹发〔2016〕28 号
29	关于拨付时代佳苑项目(九小七中)逾期安置补助费的请示	卫沙政筹发〔2016〕29 号
30	关于上报中卫市沙坡头区扶持村集体经济发展试点项目的报告	卫沙政筹发〔2016〕30 号
31	关于划拨常乐中学后院空地用于常乐镇农村环境卫生保洁服务站建设用地的请示	卫沙政筹发〔2016〕31 号
32	关于沙坡头区兴仁小城镇排水工程建设资金的请示	卫沙政筹发〔2016〕32 号
33	关于“十三五”易地扶贫迁往沙坡头区移民花名册有关问题的报告	卫沙政筹发〔2016〕33 号
34	关于办理双桥二期棚户区改造安置住房项目建设用地手续的请示	卫沙政筹发〔2016〕34 号
35	关于拨付中卫市兴拓农业生产资料有限公司土地补偿费等费用的请示	卫沙政筹发〔2016〕35 号
36	关于办理沙渠美丽村庄文化广场及社区建设项目建设用地的请示	卫沙政筹发〔2016〕36 号
37	关于解决易地扶贫搬迁安置用地的请示	卫沙政筹发〔2016〕37 号
38	关于拨付金泽庭院、祥瑞小区、十里水街建设项目逾期安置补偿费的请示	卫沙政筹发〔2016〕38 号
39	关于规范乡镇使用闲置校产建设村级公益事业项目报批手续的通知	卫沙政筹发〔2016〕39 号
40	关于解决新墩棚户区和金河三期棚户区改造项目征地拆迁遗留问题需用资金的请示	卫沙政筹发〔2016〕40 号
41	关于李彦兵信访维稳工作进展情况的报告	卫沙政筹发〔2016〕41 号
42	关于对中南百货批发市场和禹都大酒店一、二层外围商铺重大火灾隐患进行挂牌督办的批复	卫沙政筹发〔2016〕42 号

续表

序　号	文　件	文　号
43	关于拨付吴忠至中卫城际铁路沙坡头区段征地拆迁工作经费及解决突出问题所需费用的请示	卫沙政筹发〔2016〕43 号
44	关于启用中卫市沙坡头区人民政府印章的请示	卫沙政筹发〔2016〕44 号
45	关于翻建跃进渠上段沙坡头区镇罗镇河沟村境内危桥的请示	卫沙政筹发〔2016〕45 号
46	关于拨付中卫商城管理运行经费的请示	卫沙政筹发〔2016〕46 号
47	关于拨付农村产权抵押贷款风险基金的请示	卫沙政筹发〔2016〕47 号
48	关于对中央督察组转办的宣和镇东台丹阳村明巨电石厂“生产化学染料、排放粉尘、空气污染严重”问题的调查报告	卫沙政筹发〔2016〕48 号
49	关于中卫市沙坡头区柔远镇、常乐镇两家生猪定点屠宰厂“污水不经处理直接排放沟渠”问题的调查报告	卫沙政筹发〔2016〕49 号
50	关于对中央督察组转办的宣和镇华伟化工厂“夜间存在扬尘污染、收尘措施不运行”问题的调查报告	卫沙政筹发〔2016〕50 号
51	关于成立环境保护、安全生产、水源地保护区、秸秆禁烧、封山禁牧督查小组的通知	卫沙政筹发〔2016〕51 号
52	关于对“黄河中卫段南北长滩 40 公里污染严重，污染源主要是旅游垃圾”问题的调查报告	卫沙政筹发〔2016〕52 号

【2016 年中卫市沙坡头区政府筹备工作领导小组办公室发文名录】

序　号	文　件	文　号
1	关于沙坡头区人民政府筹备领导小组组长、副组长工作分工的通知	卫沙政筹办发〔2016〕1 号
2	关于召开沙坡头区 2016 年政策性农业保险会议的通知	卫沙政筹办发〔2016〕2 号
3	关于印发《沙坡头区 2016 年政策性农业保险工作实施方案》的通知	卫沙政筹办发〔2016〕3 号
4	关于印发《沙坡头区 2016 年农机购置补贴实施方案》的通知	卫沙政筹办发〔2016〕4 号
5	关于转发《自治区人民政府办公厅关于 2016 年第一季度来文错情的通报》的通知	卫沙政筹办发〔2016〕5 号
6	关于印发《沙坡头区 2016 年度旱作节水农业技术推广项目实施方案》的通知	卫沙政筹办发〔2016〕6 号
7	关于印发《沙坡头区 2016 年农村阳光沐浴工程实施方案》的通知	卫沙政筹办发〔2016〕7 号
8	关于印发《沙坡头区 2016 年美丽乡村建设方案》的通知	卫沙政筹办发〔2016〕8 号
9	关于《回族百年实录》征稿工作的通知	卫沙政筹办发〔2016〕9 号
10	关于印发沙坡头区开展地震应急防范准备和风险隐患排查及地震应急工作检查实施方案的通知	卫沙政筹办发〔2016〕12 号
11	关于印发沙坡头区 2016 年防震减灾宣传工作方案的通知	卫沙政筹办发〔2016〕13 号
12	关于印发沙坡头区 2016 年地震应急演练工作方案的通知	卫沙政筹办发〔2016〕14 号
13	关于市审计局对沙坡头区 2016 年 3 月国家重大政策措施落实情况跟踪审计发现问题的整改报告	卫沙政筹办发〔2016〕15 号
14	关于转发《中卫市爱卫会办公室关于开展中卫市第四个“爱国卫生日”活动的通知》的通知	卫沙政筹办发〔2016〕16 号
15	关于加强市教育局移交沙坡头区学校资产管理工作的通知	卫沙政筹办发〔2016〕17 号
16	关于进一步加强和规范坟墓迁移管理工作的通知	卫沙政筹办发〔2016〕18 号
17	关于规范政府筹备领导小组常务会议的通知	卫沙政筹办发〔2016〕19 号
18	关于全面治理拖欠农民工工资问题的意见	卫沙政筹办发〔2016〕20 号
19	关于设立中共中卫市沙坡头区人民政府办公室支部委员会的请示	卫沙政筹办发〔2016〕21 号
20	关于印发《沙坡头区农村土地股份合作社改革试点工作实施方案》的通知	卫沙政筹办发〔2016〕22 号
21	关于近期重点工作逾期事项的督办通知	卫沙政筹办发〔2016〕23 号
22	关于印发《沙坡头区夏季消防检查工作方案》的通知	卫沙政筹办发〔2016〕24 号

续表

序　号	文　件	文　号
23	关于转发《市人民政府办公室关于印发中卫市创建国家卫生城市实施方案的通知》的通知	卫沙政筹办发〔2016〕25 号
24	关于召开沙坡头区 2016 年防汛抗旱及林业有害生物防控工作会议的通知	卫沙政筹办发〔2016〕26 号
25	关于转发《中卫市沙坡头区第三轮艾滋病综合防治示范区五年工作规划（2014–2018 年）》的通知	卫沙政筹办发〔2016〕27 号
26	关于转发《关于印发中卫市沙坡头区慢性病综合防控示范区创建工作实施方案的通知》的通知	卫沙政筹办发〔2016〕28 号
27	关于印发《沙坡头区草原生态环境专项整治检查工作实施方案》的通知	卫沙政筹办发〔2016〕29 号
28	关于转发《关于开展 2016 年精准扶贫"脱贫保"工作的通知》的通知	卫沙政筹办发〔2016〕30 号
29	关于成立沙坡头区消防安全领导小组的通知	卫沙政筹办发〔2016〕31 号
30	关于成立沙坡头区 2016 年农村阳光沐浴工程实施工作领导小组的通知	卫沙政筹办发〔2016〕32 号
31	关于开展行政执法专项监督检查的通知	卫沙政筹办发〔2016〕33 号
32	关于做好第三次全国农业普查工作的通知	卫沙政筹办发〔2016〕34 号
33	关于印发《沙坡头区防范和打击非法集资专项排查整治年行动方案》的通知	卫沙政筹办发〔2016〕35 号
34	关于转发《中共中卫市委办公室 市人民政府办公室关于印发〈中卫市党员干部改革创新干事创业容错免责实施办法（试行）〉的通知》的通知	卫沙政筹办发〔2016〕36 号
35	关于转发《中共中卫市委办公室 市人民政府办公室关于印发〈中卫市精准脱贫工作问责办法（试行）〉的通知》的通知	卫沙政筹办发〔2016〕37 号
36	关于转发《自治区人民政府关于大力推进大众创业万众创新若干政策措施的实施意见》的通知	卫沙政筹办发〔2016〕38 号
37	关于转发《中卫市爱卫会办公室关于开展中卫市第六个"爱国卫生日"活动的通知》的通知	卫沙政筹办发〔2016〕39 号
38	关于核拨机关餐厅运行费用的请示	卫沙政筹办发〔2016〕40 号
39	关于转发《市人民政府办公室关于印发中卫市招投标市场专项整治工作实施方案的通知》的通知	卫沙政筹办发〔2016〕41 号
40	关于呈报《沙坡头区兴仁镇团结村、泰和村整村推进项目实施方案》的报告	卫沙政筹办发〔2016〕42 号
41	关于转发《自治区防范与处置非法集资领导小组办公室关于进一步做好防范和处置非法集资信息统计报送工作的通知》的通知	卫沙政筹办发〔2016〕43 号
42	关于召开沙坡头区产业扶贫贷款集中发放仪式的通知	卫沙政筹办发〔2016〕44 号
43	关于转发《自治区人民政府关于加强农村留守儿童关爱保护工作的实施意见》的通知	卫沙政筹办发〔2016〕45 号
44	关于基层武装部长和专干集训的通知	卫沙政筹办发〔2016〕46 号
45	关于印发《沙坡头区农村垃圾治理实施方案》的通知	卫沙政筹办发〔2016〕47 号
46	关于印发《沙坡头区兴仁镇团结村、泰和村整村推进项目实施方案》的通知	卫沙政筹办发〔2016〕48 号
47	关于印发《沙坡头区 2016 年地质灾害防治方案》的通知	卫沙政筹办发〔2016〕49 号
48	关于做好自治区美丽乡村建设中期督查准备工作的通知	卫沙政筹办发〔2016〕50 号
49	关于印发《沙坡头区 2016 年农村生活污水处理及改厕工作实施方案》的通知	卫沙政筹办发〔2016〕51 号
50	关于成立沙坡头区电信普遍服务试点项目建设领导小组的通知	卫沙政筹办发〔2016〕52 号
51	关于印发《沙坡头区 2016 年秸秆有效利用和焚烧污染防控工作方案》的通知	卫沙政筹办发〔2016〕53 号
52	关于转发《沙坡头区 2016 年上半年消防安全形势分析研判报告》的通知	卫沙政筹办发〔2016〕54 号
53	关于成立 2016 年征兵工作领导小组的通知	卫沙政筹办发〔2016〕55 号
54	关于成立沙坡头区秸秆有效利用和焚烧污染防控工作领导小组的通知	卫沙政筹办发〔2016〕56 号
55	关于成立中卫商城管理委员会的通知	卫沙政筹办发〔2016〕57 号
56	关于印发《沙坡头区城市饮用水水源地保护专项治理工作方案》的通知	卫沙政筹办发〔2016〕58 号

【2016 年中卫市沙坡头区人民政府发文名录】

序　号	文　件	文　号
1	关于启用"中卫市沙坡头区人民政府"和废止"中卫市沙坡头区人民政府筹备领导小组"印章的通知	卫沙政发〔2016〕1 号
2	关于启用"中卫市沙坡头区人民政府办公室"和废止"中卫市沙坡头区人民政府筹备领导小组办公室"印章的通知	卫沙政发〔2016〕2 号
3	关于对中央督察组转办的宣和镇力源丰有机肥厂动物粪便露天堆放和宣和镇宣和村有一石膏厂将工业垃圾排入永和村村委会西北角的排洪沟，有臭味问题的调查报告	卫沙政发〔2016〕3 号
4	关于对 "沙坡头区迎水桥镇迎水村 330kV 变电所产生噪声和电磁辐射影响周边群众正常生活"问题的调查报告	卫沙政发〔2016〕4 号
5	关于呈报《自治区扶贫办督导和中宁县扶贫办交叉检查存在问题的整改方案》的报告	卫沙政发〔2016〕5 号
6	关于对中央督察组转办的沙坡头区永康镇徐庄民丰有机肥厂，鸡粪乱堆乱倒，产生臭气，影响居民生活问题的调查报告	卫沙政发〔2016〕6 号
7	关于对中央督察组转办的沙坡头区永康镇刘湾村砂场存在扬尘污染和废水污染问题的调查报告	卫沙政发〔2016〕7 号
8	关于对中央督察组转办的沙坡头区宣和镇旧营村七星渠水管所附近鸡粪厂产生刺鼻臭味问题的调查报告	卫沙政发〔2016〕8 号
9	关于印发 2016 年沙坡头区财政收支预算的通知	卫沙政发〔2016〕9 号
10	关于城市餐厨废弃物随意倾倒有关问题的报告	卫沙政发〔2016〕10 号
11	关于对永新村少数民族特色村寨进行命名挂牌的请示	卫沙政发〔2016〕11 号
12	关于对中央督察组转办的永康镇绿康有机肥厂，鸡粪乱堆乱倒，产生臭气，影响居民生活问题的调查报告	卫沙政发〔2016〕12 号
13	关于调拨应急公务用车的请示	卫沙政发〔2016〕13 号
14	关于对中央督察组转办的沙坡头区永康镇永南村南山附近木炭厂、鸡粪厂、炼胶厂环境污染问题的调查报告	卫沙政发〔2016〕14 号
15	关于拨付高庙公园(一期)西侧棚户区改造项目拆迁服务费、楼房拆除及垃圾清运费的请示	卫沙政发〔2016〕15 号
16	关于印发《中卫市沙坡头区人民政府工作规则(暂行)》的通知	卫沙政发〔2016〕16 号
17	关于解决新墩棚户区改造项目征地遗留问题需用资金的请示	卫沙政发〔2016〕17 号
18	关于对中央督察组转办的宣和镇中卫寺口风景区附近有四五处非法挖沙土的小厂扬尘污染严重问题的调查报告	卫沙政发〔2016〕18 号
19	关于呈报《沙坡头区公务用车制度改革实施方案》的报告	卫沙政发〔2016〕19 号
20	关于迎水桥镇龙宫庙举办传统庙会的批复	卫沙政发〔2016〕20 号
21	关于提请研究《沙坡头区农村产权流转服务工作实施方案》等方案的请示	卫沙政发〔2016〕21 号
22	关于提请研究《沙坡头区"十三五"易地扶贫搬迁安置建设方案》的请示	卫沙政发〔2016〕22 号
23	关于对中央环保督察组转办的沙坡头区南苑路美丽嘉天下小区附近的苏苏餐厅风机产生噪声，存在油烟污染问题的调查报告	卫沙政发〔2016〕23 号
24	关于对中央环保督察组转办的沙坡头区宣和镇寺口风景区北侧宁夏胜金关水泥厂有两条生产线，其中一条生产线生产 3—4 年，至今没有任何审批手续问题的调查报告	卫沙政发〔2016〕24 号
25	关于对中央环保督察组转办的沙坡头区常乐镇宁夏科豪陶瓷有限公司旁边有处煤气站未按正规程序处理焦油废水，由车辆运走问题的调查报告	卫沙政发〔2016〕25 号
26	关于对中央环保督察组转办的沙坡头区宣和镇宏爱村村部南边 1000 米处的禾丰有机肥厂，大气污染严重，有时将未经处理的废水排放至厂区北侧 100 米处的七星渠，担心对水源污染严重问题的调查报告	卫沙政发〔2016〕26 号
27	关于对中央环保督察组转办的沙坡头区宣和镇宣和中学向南 200 米处有一丰源有机肥厂排放臭气，大气污染严重，将未经处理的生产废水随意倾倒，担心对地下水污染问题的调查报告	卫沙政发〔2016〕27 号

续表 1

序　号	文　件	文　号
28	关于拨付绿色产业基地建设资金的请示	卫沙政发〔2016〕28 号
29	关于对中央环保督察组转办的沙坡头区镇罗工业园区鑫胜发工贸有限公司属于报停企业，偷偷生产，排放粉尘，污染大气问题的调查报告	卫沙政发〔2016〕29 号
30	关于印发《沙坡头区农村产权流转服务工作实施方案》等方案的通知	卫沙政发〔2016〕30 号
31	关于对中央环保督察组转办的沙坡头区黄河花园三期附近的经叶子餐厅、翰林酒店、船帮号子餐厅油烟、噪声污染严重问题的调查报告	卫沙政发〔2016〕31 号
32	关于解决南山台扬水泵站管理房及检修中心用地的请示	卫沙政发〔2016〕32 号
33	关于拨付广汇大道、宁钢大道及东扩路绿化带占地租金的请示	卫沙政发〔2016〕33 号
34	关于办理东园镇谢滩村美丽村庄文化广场建设项目用地手续的请示	卫沙政发〔2016〕34 号
35	关于办理镇罗镇镇罗村文化广场及社区建设项目用地手续的请示	卫沙政发〔2016〕35 号
36	关于呈报《全国全域旅游推进会暨全域旅游示范区验收标准研讨班信访维稳工作方案》的请示	卫沙政发〔2016〕36 号
37	关于拨付民生花园建设项目工程款等费用的请示	卫沙政发〔2016〕37 号
38	关于呈报《沙坡头区 2016 年秋冬季农田水利基本建设实施方案》的报告	卫沙政发〔2016〕38 号
39	关于沙坡头区部分地区遭受洪涝灾害情况的报告	卫沙政发〔2016〕39 号
40	关于拨付中国西部军民两用飞艇产业基地项目占地补偿资金的请示	卫沙政发〔2016〕40 号
41	关于成立沙坡头区西气东输三线（中段）中卫至靖边联络线管道建设项目土地和房屋征（占）收补偿安置协调推进工作领导小组的通知	卫沙政发〔2016〕41 号
42	关于申请追认徐传红为烈士的请示	卫沙政发〔2016〕42 号
43	关于办理宁夏夏华肉食品股份有限公司规模化生物天然气工程试点项目土地预审等前期手续的请示	卫沙政发〔2016〕43 号
44	关于拨付东园镇史湖村棚户区改造安置住房建设项目工程款的请示	卫沙政发〔2016〕44 号
45	关于上报《兴仁镇标准化文化服务中心项目建设方案》的报告	卫沙政发〔2016〕45 号
46	关于拨付中卫商城管理运行经费的请示	卫沙政发〔2016〕46 号
47	关于对宣和镇宏爱村团结塘渠道砌护工程立项的报告	卫沙政发〔2016〕47 号
48	关于沙坡头区“十三五”易地扶贫搬迁项目资金存入银行账户的报告	卫沙政发〔2016〕48 号
49	关于沙坡头区兴仁镇脱贫攻坚有关情况的报告	卫沙政发〔2016〕49 号
50	关于实施中卫市沙坡头区新能源汽车分时租赁一体化运营项目的请示	卫沙政发〔2016〕50 号
51	关于上报沙坡头区贯彻落实自治区农村垃圾治理实施方案工作情况的报告	卫沙政发〔2016〕51 号
52	关于呈报《沙坡头区经济社会发展重点工作任务完成情况》的报告	卫沙政发〔2016〕52 号
53	关于上报《沙坡头区关于落实 2016 年重点工作任务及国务院督查工作情况的自查报告》的报告	卫沙政发〔2016〕53 号
54	关于申报创建全国休闲农业和乡村旅游示范县的请示	卫沙政发〔2016〕54 号
55	关于将中卫市苹果产业协会作为沙坡头区苹果地理标志登记申请人的请示	卫沙政发〔2016〕55 号
56	关于研究解决宣和镇少数民族特色小镇建设项目专项建设基金的请示	卫沙政发〔2016〕56 号
57	关于孙玉生反映防洪沟未做处理致使自己及周边二百多亩水稻被风沙打坏要求赔偿损失信访事项复查意见	卫沙政发〔2016〕57 号
58	关于成立 2016 年沙坡头区新型职业农民培育工程工作领导小组的通知	卫沙政发〔2016〕58 号
59	关于将迎水桥小城镇列入 2016 年全国特色小城镇的请示	卫沙政发〔2016〕59 号
60	关于做好农村留守儿童关爱保护工作的实施方案	卫沙政发〔2016〕60 号
61	关于解决被征地农民参加养老保险各类特殊问题的请示	卫沙政发〔2016〕61 号
62	关于同意将中卫市苹果产业协会作为沙坡头区苹果地理标志登记申请人的批复	卫沙政发〔2016〕62 号
63	关于审定《沙坡头区第四排水沟农田排灌水及污水分离建设项目房屋征收与补偿安置方案》的请示	卫沙政发〔2016〕63 号

续表 2

序　号	文　件	文　号
64	关于沙坡头区孙发林、徐玉峰等乡镇防疫员信访问题处理情况的报告	卫沙政发〔2016〕64 号
65	关于解决东园镇史湖村棚户区改造项目供暖等问题的请示	卫沙政发〔2016〕65 号
66	关于拨付文昌镇教育局南侧等棚户区改造项目房屋征收服务费和垃圾清运费的请示	卫沙政发〔2016〕66 号
67	关于沙坡头区兴仁镇贾希贤信访问题办理情况的报告	卫沙政发〔2016〕67 号
68	关于申报标准化现代农业气象服务县(区)的请示	卫沙政发〔2016〕68 号
69	关于香山乡米粮川村盐碱地改造项目资金的请示	卫沙政发〔2016〕69 号
70	关于沙坡头区自发移民人口调查摸底的报告	卫沙政发〔2016〕70 号
71	关于印发《沙坡头区第四排水沟农田排灌水及污水分离建设项目房屋征收社会稳定风险评估报告》的通知	卫沙政发〔2016〕71 号
72	关于拨付宜居家园保障性住房建设项目及应理湖土地收储项目房屋征收服务等费用的请示	卫沙政发〔2016〕72 号
73	关于研究拨付宇丰苑被征收人应退楼层差价款的请示	卫沙政发〔2016〕73 号
74	关于上报融资平台公司债务等有关数据的报告	卫沙政发〔2016〕74 号
75	关于拨付第四排水沟农灌水和污水分离工程房屋征收货币补偿资金的的请示	卫沙政发〔2016〕75 号
76	关于成立市国土资源局沙坡头区分局的请示	卫沙政发〔2016〕76 号
77	关于同意对中南百货批发市场和禹都大酒店一、二层外围商铺重大火灾隐患进行摘牌销案的批复	卫沙政发〔2016〕77 号
78	关于拨付旅游新镇原农牧厂家属楼房屋征收货币补偿资金的请示	卫沙政发〔2016〕78 号
79	关于对中卫市沙坡头区工业园区道路建设项目给予资金支持的请示	卫沙政发〔2016〕79 号
80	关于解决正丰银湖征地项目有关问题的请示	卫沙政发〔2016〕80 号
81	关于解决金河三期棚户区改造项目征收工作有关问题的请示	卫沙政发〔2016〕81 号
82	关于印发《沙坡头区“十三五”易地扶贫搬迁资金管理办法》的通知	卫沙政发〔2016〕82 号
83	关于对效能目标管理职能目标任务食品药品安全项考核不予扣分的请示	卫沙政发〔2016〕83 号
84	关于审定《兴仁镇标准化文化服务中心和镇司法所业务用房项目建设方案》的请示	卫沙政发〔2016〕84 号
85	关于上报 2017 年民生实事的报告	卫沙政发〔2016〕85 号
86	关于拨付柔远物流园区供水管道移线工程建设资金的请示	卫沙政发〔2016〕86 号
87	关于上报《沙坡头区国家级农业可持续发展试验示范区建设项目实施方案》和《沙坡头区农业废弃物资源化综合利用试点项目实施方案》的报告	卫沙政发〔2016〕87 号
88	关于上报沙坡头区 2017 年村镇建设项目计划的报告	卫沙政发〔2016〕88 号
89	关于解决沙坡头区政府融资平台有关问题的请示	卫沙政发〔2016〕89 号
90	关于成立市国土资源局沙坡头区分局的请示	卫沙政发〔2016〕90 号
91	关于拨付常乐镇康乐生态移民区 2015 年土地租金的请示	卫沙政发〔2016〕91 号
92	关于呈报《沙坡头区“十二五”生态移民工作总结》的报告	卫沙政发〔2016〕92 号
93	关于拨付常乐镇泥滩村棚户区改造项目房屋征收工作经费和垃圾清运费	卫沙政发〔2016〕93 号
94	关于呈报《沙坡头区 2016 年农业现代化和农村全面小康的自查报告》的报告	卫沙政发〔2016〕94 号
95	关于贯彻落实《中卫市政府投资项目审计分类管理暂行办法(试行)》的实施意见	卫沙政发〔2016〕95 号
96	关于审定《常乐镇上游村搬迁遗留问题解决方案》的请示	卫沙政发〔2016〕96 号
97	关于童刚区长赴北京、淄博、西安商谈招商引资相关事宜的请示	卫沙政发〔2016〕97 号
98	关于童刚区长赴北京、淄博、西安商谈招商引资相关事宜的请示	卫沙政发〔2016〕98 号
99	关于解决宣和工业园区功能区棚户区改造项目建设资金的请示	卫沙政发〔2016〕99 号
100	关于研究办理沙坡头区全民健身中心项目用地手续的请示	卫沙政发〔2016〕100 号
101	关于 2016 年度气象工作效能目标任务完成情况的报告	卫沙政发〔2016〕101 号
102	关于创新财政支农方式加快发展农业特色优势产业意见落实情况的自查报告	卫沙政发〔2016〕102 号

续表 3

序　号	文　件	文　号
103	峡门水库项目工程坟墓迁移通告	卫沙政发〔2016〕103 号
104	关于对自治区“九部门”扶贫资金监管检查组通报问题的整改报告	卫沙政发〔2016〕104 号
105	关于调整 2017 年脱贫销号村任务的请示	卫沙政发〔2016〕105 号
106	关于印发《沙坡头区安全生产行政责任规定》的通知	卫沙政发〔2016〕106 号
107	关于解决滨河镇高庙村阳光华庭三期工程有关问题的请示	卫沙政发〔2016〕107 号
108	关于上报《沙坡头区 2016 年使用正版软件工作总结》的报告	卫沙政发〔2016〕108 号
109	关于呈报《2017 年“互联网 + 政务服务”工作任务进度表》的报告	卫沙政发〔2016〕109 号
110	关于拨付农副产品加工产业园预留经费的请示	卫沙政发〔2016〕110 号
111	关于印发 2017 年沙坡头区财政收支预算的通知	卫沙政发〔2016〕111 号
112	关于审批沙坡头区城乡建设用地增减挂钩(海原县“十三五”易地扶贫搬迁项目)建新区实施方案的请示	卫沙政发〔2016〕112 号
113	关于对中卫四季鲜农产品综合批发市场重大火灾隐患进行挂牌督办的批复	卫沙政发〔2016〕113 号
114	关于对中卫市康桥商务酒店有限公司和沙坡头区剑桥幼儿园重大火灾隐患进行挂牌督办的批复	卫沙政发〔2016〕114 号

【2016 年中卫市沙坡头区人民政府办公室发文名录】

序　号	文　件	文　号
1	关于启用“中卫市沙坡头区发展和改革局”和废止“中卫市沙坡头区经济发展局”等印章的通知	卫沙政办发〔2016〕1 号
2	关于 1—6 月份重点工作逾期事项的督办通知	卫沙政办发〔2016〕2 号
3	关于印发《沙坡头区落实〈中卫市贫困群众“离土”脱贫扶持政策(试行)〉责任分工》的通知	卫沙政办发〔2016〕4 号
4	关于调整区长、副区长工作分工的通知	卫沙政办发〔2016〕5 号
5	关于沙坡头区惠农政策及涉农工程大排查活动发现问题限期整改的通知	卫沙政办发〔2016〕6 号
6	关于转发《自治区党委农村工作领导小组印发〈关于加强镇的建设的一点思考〉的通知》的通知	卫沙政办发〔2016〕7 号
7	关于印发《沙坡头区体育产业专项调查工作实施方案》的通知	卫沙政办发〔2016〕8 号
8	关于加快推进吴忠至中卫城际铁路沙坡头区段房屋征收工作的通知	卫沙政办发〔2016〕9 号
9	关于扎实做好山洪地质灾害避险转移确保人民群众生命安全的紧急通知	卫沙政办发〔2016〕10 号
10	关于呈报《沙坡头区 2016 年政务服务及政务公开自查报告》的报告	卫沙政办发〔2016〕11 号
11	关于认真做好沙坡头区人大代表建议和政协委员提案办理工作的通知	卫沙政办发〔2016〕12 号
12	关于印发《沙坡头区深化改革保障水安全实施方案》的通知	卫沙政办发〔2016〕13 号
13	关于印发《沙坡头区深化改革保障水安全实施方案》的通知	卫沙政办发〔2016〕14 号
14	关于转发《市人民政府办公室关于印发中卫市特设专业技术岗位管理办法(试行)的通知》的通知	卫沙政办发〔2016〕15 号
15	关于未按时报送月度工作总结及未参加沙坡头区“守法好公民”事迹报告会的通报	卫沙政办发〔2016〕16 号
16	关于印发沙坡头区 2016 年秋季农村环境卫生整治方案的通知	卫沙政办发〔2016〕17 号
17	关于成立沙坡头区软件正版化工作领导小组的通知	卫沙政办发〔2016〕18 号
18	关于加强雷电灾害防御工作的通知	卫沙政办发〔2016〕19 号
19	关于开展“四表合一”采集应用工作的通知	卫沙政办发〔2016〕20 号
20	关于进一步加强固定资产投资工作的通知	卫沙政办发〔2016〕21 号
21	关于成立沙坡头区气象灾害防御指挥部等组织机构的通知	卫沙政办发〔2016〕22 号
22	关于印发《沙坡头区 2016 年度主要污染物总量减排计划》的通知	卫沙政办发〔2016〕23 号
23	关于转发《市人民政府办公室关于印发中卫市沙坡头区公共租赁住房出售实施方案的通知》的通知	卫沙政办发〔2016〕24 号

续表

序 号	文 件	文 号
24	关于全力推进吴忠至中卫城际铁路沙坡头区段房屋征收工作的通知	卫沙政办发〔2016〕25 号
25	关于印发沙坡头区第四排水沟农田排灌水及污水分离建设项目房屋征收与补偿安置方案的通知	卫沙政办发〔2016〕26 号
26	关于召开沙坡头区脱贫攻坚工作推进会的通知	卫沙政办发〔2016〕27 号
27	关于印发《沙坡头区严厉打击非法占用林地等涉林违法犯罪专项行动方案》的通知	卫沙政办发〔2016〕28 号
28	关于沙坡头区 2016 年秋冬季农田水利基本建设和环境卫生综合整治督查情况的通报	卫沙政办发〔2016〕29 号
29	关于印发《沙坡头区 2016 年"扶贫到户、责任到人"扶贫攻坚工程实施方案》的通知	卫沙政办发〔2016〕30 号
30	关于组织开展秋冬季农田水利基本建设义务劳动的通知	卫沙政办发〔2016〕31 号
31	关于转发《自治区政府办公厅关于转发公安厅民政厅卫生计生委〈宁夏回族自治区无户口人员登记户口管理办法〉的通知》的通知	卫沙政办发〔2016〕32 号
32	关于成立综合治税领导小组的通知	卫沙政办发〔2016〕33 号
33	关于上报绿色村庄创建有关资料的通知	卫沙政办发〔2016〕34 号
34	关于印发《沙坡头区冬春火灾防控工作方案》的通知	卫沙政办发〔2016〕35 号
35	关于转发《中卫市爱卫会办公室关于开展中卫市第四季度"爱国卫生日"活动的通知》的通知	卫沙政办发〔2016〕36 号
36	关于转发《自治区人民政府办公厅关于进一步加强"双随机一公开"工作的通知》的通知	卫沙政办发〔2016〕37 号
37	关于对《中卫市各级党委、政府及有关部门环境保护责任》修改建议的报告	卫沙政办发〔2016〕38 号
38	关于印发《沙坡头区气象事业发展"十三五"规划》的通知	卫沙政办发〔2016〕39 号
39	关于对星级和谐社区创建工作进行考核验收的通知	卫沙政办发〔2016〕40 号
40	关于开展农村低保对象核查工作的实施方案	卫沙政办发〔2016〕41 号
41	关于市三届人大五次会议代表建议办理情况的报告	卫沙政办发〔2016〕42 号
42	关于做好 2016 年度法治政府建设考评工作的通知	卫沙政办发〔2016〕43 号
43	关于印发《沙坡头区深化行政审批制度改革加强事中事后监管的实施方案》的通知	卫沙政办发〔2016〕44 号
44	关于转发《中卫市委员会农村工作领导小组办公室〈关于转发全区农民增收研讨会情况报告〉的通知》的通知	卫沙政办发〔2016〕45 号
45	关于进一步做好完善招商引资项目档案资料工作的通知	卫沙政办发〔2016〕46 号
46	关于转发《市人民政府办公室关于预发中卫市市直机关事业单位职工住房补贴的通知》的通知	卫沙政办发〔2016〕47 号
47	关于呈报《沙坡头区 2016 年度政务服务效能目标管理考核自查报告》的报告	卫沙政办发〔2016〕48 号
48	关于上报 2016 年度政务公开相关档案资料的通知	卫沙政办发〔2016〕49 号
49	关于呈报《沙坡头区 2016 年度政务服务效能目标管理考核自查报告》的报告	卫沙政办发〔2016〕50 号
50	关于印发《沙坡头区 2014、2015 年度已脱贫建档立卡贫困户财政专项扶贫资金使用方案》的通知	卫沙政办发〔2016〕51 号
51	关于转发住建部 财政部开展 2016 年农村危房改造绩效评价工作的紧急通知	卫沙政办发〔2016〕52 号
52	关于印发《兴仁镇泰和村肉牛赊养互助联社项目实施方案》的通知	卫沙政办发〔2016〕53 号
53	关于开展 2016 年度政务公开自查自评工作的通知	卫沙政办发〔2016〕54 号
54	关于举办"珍惜生命 关爱健康"健康知识讲座的通知	卫沙政办发〔2016〕55 号
55	关于呈报《沙坡头区 2016 年度政务公开工作总结》的报告	卫沙政办发〔2016〕56 号
56	关于对市委巡察组精准扶贫纪律执行情况专项巡察有关问题的整改报告	卫沙政办发〔2016〕57 号
57	印发《关于贯彻落实国务院第三次大督查反馈意见的整改工作方案》的通知	卫沙政办发〔2016〕58 号
58	关于印发《沙坡头区危险房屋安全排查整治工作实施方案》的通知	卫沙政办发〔2016〕59 号
59	关于印发《沙坡头区 2016 年环境保护大排查大整治专项行动实施方案》的通知	卫沙政办发〔2016〕60 号
60	关于印发《沙坡头区 2016 年冬季应急设施蔬菜开发试点项目实施方案》的通知	卫沙政办发〔2016〕61 号
61	关于报送政府网站资料的通知	卫沙政办发〔2016〕62 号